통합사회1 빈칸 완성 ✏️

KB244843

1. 통합적 관점

인간, 사회, 환경을 바라보는 통합적 관점

㉠: [ ] 관점	㉡: [ ] 관점	㉢: [ ] 관점	㉣: [ ] 관점
법이 정한 절차에 따라 A 지역이 화장장 건설 부지로 결정되었으므로 주민들은 그 결정에 따라야 합니다.	화장장 건설이 공익적 목적을 가지고 있어도 지나치게 사익의 희생을 강요해서는 안 됩니다.	과거와 달리 오늘날에는 공익을 위해 사익이 희생되어야 한다는 주장에 동의하지 않는 사람들이 증가하고 있습니다.	A 지역이 화장장 건설 입지로 정말 적합합니까? A 지역이 화장장 건설 입지로 적합한지를 따져볼 필요가 있습니다.

2. 세계의 기후 구분

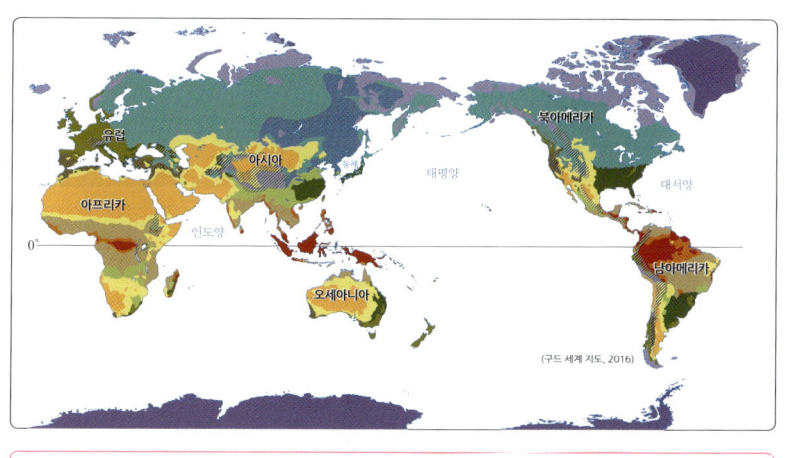

(구드 세계 지도, 2016)

A: [   ]
- 🟥 열대 우림 기후 🟧 열대 몬순 기후 🟨 사바나 기후

B: [   ]
- 🟨 스텝 기후 🟧 사막 기후

C: [   ]
- 🟩 온난 습윤 기후 🟩 서안 해양성 기후 🟩 지중해성 기후 🟩 온대 겨울 건조 기후

D: [   ]
- 🟦 냉대 겨울 건조 기후 🟩 냉대 습윤 기후

E: [   ]
- 🟪 툰드라 기후 🟪 빙설 기후

F: [   ]
- 🔳 고산 기후

3. 자연 재해

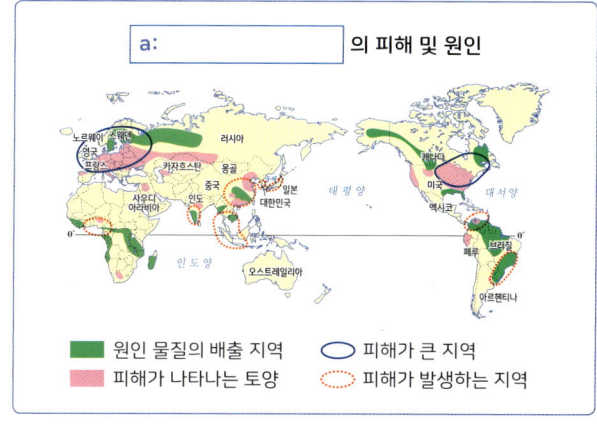

a: [   ] 의 피해 및 원인

- 🟩 원인 물질의 배출 지역 ⬭ 피해가 큰 지역
- 🟥 피해가 나타나는 토양 ⬭ 피해가 발생하는 지역

b: [   ] (으)로 몸살을 앓는 지구촌

러시아, 마을에 북극곰 출몰
바다의 얼음이 녹아 먹이를 구하지 못한 곰의 출몰로 주민 공포 확산.

네팔, 고지대에 뎅기열 유행
모기 증가로 열대 지방에서 유행하던 뎅기열 확산.

페루, 리마의 식수 부족
안데스산맥의 빙하 감소로 물 공급원 부족.

c: [   ]

피해: 건축물과 도로 붕괴, 지진 해일 피해 등

대책: 엄격한 내진 설계 기준법 적용 및 강화, 철저한 방재 기반 시설 구축, 국제 경보 시스템 구축

정답
1. ㉠: 사회적 ㉡: 윤리적 ㉢: 시간적 ㉣: 공간적 **2. A:** 열대 기후 **B:** 건조 기후 **C:** 온대 기후 **D:** 냉대 기후 **E:** 한대 기후 **F:** 고산 기후
3. a: 산성비 **b:** 지구 온난화 **c:** 지진

정답표

Ⅰ. 통합적 관점

핵심 문제
문제편 p.6 해설편 p.2

1 ⑤	2 ⑤	3 ⑤	4 ②	5 ③
6 ④	7 ⑤	8 ⑤	9 ③	10 ⑤
11 ③	12 ③	13 ②	14 ⑤	15 ②
16 ③	17 ②	18 ①	19 ①	20 ③

심화 문제
문제편 p.12 해설편 p.7

1 ①	2 ①	3 ④

서술형 문제
문제편 p.13 해설편 p.8

1 (1) **갑** 사회적 관점 **을** 윤리적 관점 **병** 시간적 관점 **정** 공간적 관점 (2) **모범답안:** 하나의 관점이 아닌 통합적 관점으로 사회 현상을 이해해야 한다.

2 (1) **학생 A:** 공간적 관점 **학생 B:** 윤리적 관점 (2) **모범답안:** 사회 문제에는 다양한 요인이 얽혀 있으므로 올바른 이해를 위해서는 통합적 관점이 필요하기 때문이다. 또한 사회 문제는 구체적 해결 방안을 필요로 한다. 따라서 통합적 관점을 바탕으로 사회 문제에 접근해야 바람직한 해결 방안을 도출할 수 있는 가능성이 높아지기 때문이다.

Ⅱ. 인간, 사회, 환경과 행복

핵심 문제
문제편 p.19 해설편 p.9

1 ②	2 ③	3 ③	4 ③	5 ③
6 ③	7 ③	8 ②	9 ③	10 ③
11 ④	12 ③	13 ④	14 ⑤	15 ②
16 ③	17 ③	18 ①	19 ②	20 ⑤
21 ②	22 ④	23 ④	24 ②	25 ③
26 ④	27 ④	28 ①	29 ②	30 ①
31 ④	32 ③	33 ④	34 ③	35 ①
36 ⑤	37 ④	38 ②	39 ②	40 ④
41 ⑤	42 ④	43 ④		

심화 문제
문제편 p.30 해설편 p.18

1 ②	2 ②	3 ④	4 ③	5 ④
6 ②	7 ④	8 ①	9 ②	10 ⑤
11 ②	12 ⑤	13 ②	14 ④	15 ④

서술형 문제
문제편 p.34 해설편 p.22

1 (1) **사상가** 에피쿠로스 ⊙ 아타락시아 (2) **모범답안:** 사상가(에피쿠로스)는 식욕의 지나친 충족이 쾌락을 줄 수 없다고 보았다. 따라서 A에게 식욕과 같은 필수적인 욕구는 절제하며 충족시키라고 조언할 것이다.

2 (1) **(가)** 에피쿠로스 **(나)** 아리스토텔레스 (2) **모범답안:** 행복의 기준은 시대적 상황에 따라 다를 수 있다.

3 (1) **갑** 질 높은 정주 환경, 경제적 안정 **을** 경제적 안정, 민주주의의 발전 **병** 경제적 안정, 도덕적 실천 (2) **모범답안:** 갑~병은 모두 물질적 조건의

충족, 즉 경제적 안정이 행복을 실현하기 위한 조건 중 하나라고 보고 있다.

4 (1) **(가)** 유교 **(나)** 불교 (2) **모범답안:** 옳지 않은 설명은 ⊙이다. 아리스토텔레스는 인간의 고유한 기능인 이성을 잘 발휘하여 상황에 따라 적절한 행동을 하는 중용을 실천할 때 행복에 이를 수 있다고 보았다.

Ⅲ. 자연환경과 인간

핵심 문제 1회차
문제편 p.45 해설편 p.23

1 ①	2 ②	3 ⑤	4 ⑤	5 ①
6 ④	7 ③	8 ⑤	9 ①	10 ⑤
11 ①	12 ②	13 ③	14 ①	15 ⑤
16 ②	17 ②	18 ⑤	19 ③	20 ①
21 ②	22 ⑤	23 ③	24 ②	25 ④
26 ④	27 ③	28 ②	29 ⑤	30 ①
31 ⑤	32 ③	33 ⑤	34 ①	35 ②
36 ⑤	37 ②	38 ⑤	39 ②	40 ⑤
41 ⑤	42 ④	43 ①	44 ①	45 ④
46 ①	47 ③	48 ①	49 ②	50 ④
51 ⑤	52 ④	53 ④	54 ⑤	55 ②
56 ④	57 ①	58 ①	59 ⑤	60 ⑤
61 ⑤	62 ④	63 ⑤	64 ④	65 ④
66 ⑤	67 ③			

핵심 문제 2회차
문제편 p.63 해설편 p.39

1 ③	2 ④	3 ②	4 ②	5 ②
6 ③	7 ③	8 ④	9 ③	10 ④
11 ⑤	12 ③	13 ④	14 ①	15 ②
16 ②	17 ③	18 ④	19 ③	20 ②
21 ①	22 ⑤	23 ④	24 ①	25 ⑤
26 ①	27 ②	28 ②	29 ④	30 ①
31 ④	32 ④	33 ⑤	34 ③	35 ④
36 ⑤	37 ④	38 ①	39 ④	40 ②
41 ⑤	42 ①	43 ④	44 ①	45 ②
46 ②	47 ①	48 ④	49 ②	50 ④
51 ⑤	52 ②	53 ④	54 ⑤	55 ③
56 ⑤	57 ④	58 ③	59 ⑤	60 ⑤
61 ③	62 ④	63 ②	64 ②	65 ④
66 ⑤				

심화 문제
문제편 p.81 해설편 p.55

1 ②	2 ②	3 ②	4 ①	5 ⑤
6 ②	7 ③	8 ①	9 ④	10 ④
11 ③	12 ④	13 ④	14 ②	15 ③
16 ①	17 ①	18 ①	19 ②	20 ④
21 ⑤	22 ⑤	23 ③	24 ③	25 ⑤

서술형 문제
문제편 p.88 해설편 p.63

1 (1) **모범답안:** 기온의 일교차가 크고, 강수량에 비해 증발량이 많아 습도가 낮고 건조하다. (2) **모범답안:** 좁은 골목에 지붕이 평평하며 창문이 작고 두꺼운 벽으로 이루어진 흙집이 분포한다.

2 (1) ⊙ 석회암 (2) **모범답안:** 투수성이 양호하고 비옥한 석회암 풍화토는 밭농사로 활용할 수 있고, 풍부한 석회암은 시멘트 공업의 원료로 이용될 수 있으며, 다양한 카르스트 지형은 관광 산업 성장에 기여할 수 있다.

3 (1) ⊙ 인간 중심주의 ⓒ 생태 중심주의 (2) **모범답안:** ⊙의 자연관이 지나치게 강조되면 인간은 자연을 하나의 수단으로만 간주하고 자연을 정복하는 것을 당연시한다. 따라서 자연을 함부로 이용하여 훼손한 결과 자원 고갈, 환경오염, 생태계 파괴 등과 같은 환경 위기를 초래하게 된다. ⓒ의 자연관이 지나치게 강조되면 생태계에 대한 인간의 개입 자체를 전혀 허용하지 않는다. 따라서 개발에 대해 무조건적으로 부정하며 전체 생태계를 위한 인간의 희생을 당연시하게 되면서 환경 파시즘에 빠지게 된다. (3) **모범답안:** ⓒ의 관점을 지지한다. 간척 사업을 하게 되면 부족한 용지를 확보할 수 있는 이점이 있지만, 그 결과로 갯벌의 많은 생물의 서식지가 사라지게 된다. 자연 생태계가 파괴되면 그 피해는 궁극적으로 인간에게 되돌아온다. 많은 국가들이 역간척 사업을 시행하고 있는 것도 간척 사업이 미래의 우리 후손에게 돌이킬 수 없는 피해를 준다는 사실을 알기 때문이다.

4 (1) **(가)** 산성비 (2) **모범답안:** 대기 오염 물질에 포함되어 있는 황산화물, 질소 산화물 등의 산성 물질이 대기 중의 수증기와 결합되면서 산성비가 내리게 된다. (3) **모범답안:** 정부는 환경 문제 해결을 위한 정책, 법 제도 등을 정비해야 하고, 기업은 환경오염을 줄이기 위한 시설을 구비하고 친환경 제품을 생산하기 위해 노력해야 한다. 시민 사회는 환경 보호 캠페인 등 많은 사람들이 환경에 관심을 가질 수 있는 다양한 시민운동을 전개하고, 기업과 정부가 환경에 역행하는 부분이 없는지 감시하고 비판해야 한다. 개인적으로는 자원과 에너지를 절약하고, 일회용품 대신 친환경 제품을 사용하는 녹색 소비를 실천해야 한다.

Ⅳ. 문화와 다양성

핵심 문제
문제편 p.98 해설편 p.64

1 ③	2 ③	3 ⑤	4 ②	5 ③
6 ④	7 ③	8 ③	9 ⑤	10 ⑤
11 ⑤	12 ⑤	13 ②	14 ④	15 ③
16 ⑤	17 ②	18 ⑤	19 ①	20 ②
21 ②	22 ⑤	23 ⑤	24 ④	25 ①
26 ③	27 ④	28 ①	29 ④	30 ④
31 ⑤	32 ②	33 ①	34 ③	35 ④

2026 마더텅
전국연합 학력평가 기출문제집
고1 통합사회1

MOTHERTONGUE
마더텅출판사
since1999.4.1.

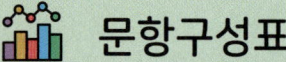

[2026 마더텅 전국연합 학력평가 기출문제집 고1 통합사회1]은

총 439문항의 기출문제를 **단원별로 구성**하였습니다.

- 고1, 고2 전국연합 학력평가 12개년 기출문제 중 고1 통합사회1 교육과정에 맞는 우수 문항 선별 수록(총 439문항)

- 기출문제를 5개 단원으로 나누어 수록하여 단원별 학습에 최적화

- 개념 확인을 위한 OX & 빈칸 채우기 문제와 내신을 잡는 서술형 문제 추가 제공(총 166문항)

- **특별 부록**
  ① 실력 확인을 위한 미니모의고사 2회분(총 20문항) 제공
  ② 2028학년도 대학수학능력시험 예시문항 [25. 04. 15 발표 - 25문항], [24. 09. 26 발표 - 14문항] 전격 수록

고1 통합사회1
개념 + 문제
동영상 강의 QR

단원별 문항 구성표

대단원	OX & 빈칸 채우기	핵심 문제 풀기	심화 문제 풀기	서술형 문제 풀기	합계
Ⅰ. 통합적 관점	13	20	3	2	38
Ⅱ. 인간, 사회, 환경과 행복	33	43	15	4	95
Ⅲ. 자연환경과 인간	34	133	25	4	196
Ⅳ. 문화와 다양성	34	65	18	5	122
Ⅴ. 생활공간과 사회	33	95	22	4	154
합계	**147**	**356**	**83**	**19**	**605**

연도별 문항 구성표

시행연도	3월 학평	6월 학평	9월 학평	10(11)월 학평	고2 3월 학평	연도별 문항 수
2025	6	25	16	-	-	47
2024	6	17	13	11	-	47
2023	4	17	12	9	-	42
2022	7	17	11	10	-	45
2021	8	17	13	10	-	48
2020	8	17	14	10	14	63
2019	7	18	14	9	12	60
2018	2	14	14	9	2	41
2017	-	3	5	5	-	13
2016	-	2	7	3	-	12
2015	-	2	4	7	-	13
2014	-	2	4	2	-	8
OX & 빈칸 채우기	147					
서술형 문제	19					
총 수록 문항 수						605

 # 목차

 # 24일 완성 학습계획표

- 마더텅 기출문제집을 100% 활용할 수 있도록 도와주는 학습계획표입니다. 계획표를 활용하여 학습 일정을 계획하고 자신의 성적을 체크해 보세요.
  꼭 24일 완성을 목표로 하지 않더라도, 스스로 학습 현황을 체크하면서 공부하는 습관은 문제집을 끝까지 푸는 데 도움을 줍니다.
- 날짜별로 정해진 분량에 맞춰 공부하고 학습 결과를 기록합니다.
- 계획은 도중에 틀어질 수 있습니다. 하지만 계획을 세우고 지키는 과정은 그 자체로 효율적인 학습에 큰 도움이 됩니다.
  학습 중 계획이 변경될 경우에 대비해 마더텅 홈페이지에서 학습계획표 PDF 파일을 제공하고 있습니다.

Day	학습 내용		성취도				
			100%	99~75%	74~50%	49~25%	24~0%
1일차	Ⅰ. 통합적 관점	p.4 ~ p.13					
2일차	Ⅱ. 인간, 사회, 환경과 행복	p.14 ~ p.18					
3일차		p.19 ~ p.23					
4일차		p.24 ~ p.27					
5일차		p.28 ~ p.35					
6일차	Ⅲ. 자연환경과 인간	p.36 ~ p.44					
7일차		p.45 ~ p.52					
8일차		p.53 ~ p.59					
9일차		p.60 ~ p.67					
10일차		p.68 ~ p.73					
11일차		p.74 ~ p.80					
12일차		p.81 ~ p.89					
13일차	Ⅳ. 문화와 다양성	p.90 ~ p.97					
14일차		p.98 ~ p.106					
15일차		p.107 ~ p.115					
16일차		p.116 ~ p.123					
17일차	Ⅴ. 생활공간과 사회	p.124 ~ p.130					
18일차		p.131 ~ p.138					
19일차		p.139 ~ p.149					
20일차		p.150 ~ p.156					
21일차		p.157 ~ p.165					
22일차	미니모의고사 1, 2회	p.166 ~ p.171					
23일차	수능 예시문항 1	p.172 ~ p.182					
24일차	수능 예시문항 2	p.183 ~ p.189					

Ⅰ 통합적 관점

통사1-개념 1

1. 인간, 사회, 환경을 바라보는 다양한 관점

1) 관점의 의미

사물이나 현상을 바라볼 때, 그 사람이 초점을 두어 인식하고 생각하는 태도나 방향

2) 다양한 관점

구분	의미	특징
시간적 관점	시간의 흐름에 따른 역사, 시대적 배경을 중심으로 사회를 분석하거나 탐구하는 것	• 역사적 맥락 강조 • 과거뿐만 아니라 미래도 탐구 대상에 포함됨
공간적 관점	개별 공간과 장소 또는 지리적 상호 작용 중심으로 사회를 분석하거나 탐구하는 것	• 공간적 맥락 강조 • 자연환경뿐만 아니라 인문환경도 포함됨
사회적 관점	사회 구조·제도·정책을 중심으로 사회를 분석하거나 탐구하는 것	• 관련 정책·법에 따른 제도가 인간과 사회에 미치는 영향 강조
윤리적 관점	인간이 따라야 할 도덕 규범을 중심으로 사회를 분석하거나 탐구하는 것	• 도덕적 가치 판단 강조 • 바람직한 도덕 원칙을 직접적으로 제시하고자 함

시간적 관점
Q. 인공지능 기술이 상용화되면 미래 사회는 어떻게 변화할까?

공간적 관점
Q. 인공지능 학습에 사용되는 빅 데이터 센터는 어디에 지어야 할까?

인공지능 활용과 관련한 다양한 물음들

사회적 관점
Q. 인공지능의 바람직한 활용을 위해서는 어떤 법안이 필요할까?

윤리적 관점
Q. 인공지능 탑재 자율 주행 자동차는 사고 예상 상황에서 어떤 원칙에 근거하여 판단해야 할까?

2. 인간, 사회, 환경의 통합적 탐구

1) 통합적 관점의 의미와 필요성

① 통합적 관점
  • 인간, 사회, 환경을 시간적, 공간적, 사회적, 윤리적 관점으로 통합하여 바라보는 관점
② 통합적 관점의 필요성
  • 편협한 시각에서 벗어나 객관적 사고가 가능해짐
  • 다양한 관점을 수용하면서 창의적이고 혁신적인 방법으로 사회적 문제를 바라봄

● 개념 돋보기

맥락
어떤 의미를 파악하는 데 관련되는 요인

사회 구조
사회적 관계를 맺는 방식이 정형화된 틀을 이룬 것

사회 제도
사회적 행동을 일정한 방향으로 이끌어 주는 조직화된 관행과 절차

규범
인간이 행동하거나 판단할 때 마땅히 따르고 지켜야 할 가치 판단의 기준

빅 데이터
기존의 데이터 베이스로는 수집, 분석 등을 하기 어려울 정도의 방대한 양의 데이터

인공지능(AI)
인간의 지능이 갖는 논리력, 추리력, 학습력 등을 갖춘 컴퓨터 시스템

- 민주 사회에 기여하는 개방적 사고를 기를 수 있음
- 사회 현상에는 다양한 요인이 얽혀 있으므로 올바른 이해를 위해서 통합적 관점이 필요함
- 통합적 관점을 바탕으로 사회 문제에 접근해야 바람직한 해결 방안을 도출할 수 있는 가능성이 높아짐

2) 구체적 사회 문제에 통합적 관점 적용하기

① 사회 현상 및 사회 문제 파악하기: 교과서, 신문 기사, 뉴스 등을 통해 파악

○○신문	○○○○년 ○○월 ○○일
칼럼	

　　외국인 관광객들의 쓰레기 무단 투기로 인해 서울의 대표적인 관광지들이 어려움을 겪고 있다. 명동, 북촌 등의 관광지는 외국인 관광객 증가에 비례하여 쓰레기 문제가 날로 심해지고 있다. 일부 국가의 관광객들은 분리수거 자체를 낯설어하거나 모르는 경우도 있어 이러한 문제가 발생하는 것으로 전해졌다.

② 시간적 관점에서 탐구하기

시간적 관점	• 2020년~2023년 서울 관광지를 찾은 외국인 관광객 증가 추세 • 2020년~2023년 서울 관광지 쓰레기 무단 투기량 추세

104만 명 2023년 12월 외래관광객 수	**+92.2%** 전년 동월 대비
1,103만 명 2023년 연간 외래관광객 수	**+245%** 전년 누적 대비

출처: 2024년 1월 한국관광통계(한국관광공사, 한국관광 데이터랩 datalab.visitkorea.or.kr)

③ 공간적 관점에서 탐구하기

공간적 관점	• 외국인 관광객들이 주로 찾는 서울 관광지 조사 • 쓰레기 분리수거 안내 문구가 없는 서울 관광지 조사

명동	85.9
홍대	52.8
강남역	45.9
북촌·서촌	40.3
이태원	36.2
인사동·삼청동	36.1
을지로	23.2
잠실	21.1
신촌·이대	16.9
고속터미널	15.7

(출처: 서울관광재단)

④ 사회적 관점에서 탐구하기: 쓰레기 무단 투기를 줄이기 위한 서울시의 정책 조사

⑤ 윤리적 관점에서 탐구하기: 외국인 관광객의 환경 보호 의식을 높이는 방안 제시

⑥ 통합적 관점에서 결론 또는 해결 방안 제시하기

● 개념 돋보기

통합적 관점 적용 과정 한눈에 보기
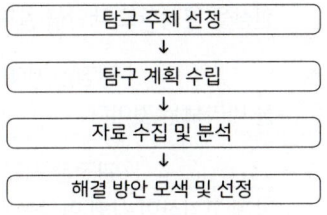

탐구 주제 선정
↓
탐구 계획 수립
↓
자료 수집 및 분석
↓
해결 방안 모색 및 선정

외래
밖에서 옴, 또는 다른 나라에서 옴

외래 관광객
다른 나라에서 온 관광객으로 외국인 관광객을 의미함

OX & 빈칸 채우기

개념 확인을 위한 OX & 빈칸 채우기

1 _____ 관점은 도덕적 가치 판단과 규범적 방향성에 초점을 두고 사회 현상을 바라보는 것이다.

2 _____ 관점은 위치와 장소, 분포 양상, 이동과 네트워크 등의 맥락 속에서 사회 현상을 바라보는 것이다.

3 _____ 관점은 사회 구조와 사회 제도 측면에서 사회 현상을 분석하고 대안을 살펴보는 것이다.

4 _____ 관점은 시대적 배경과 맥락을 토대로 사회 현상을 바라보는 것이다.

5 _____ 관점은 시간적·공간적·사회적·윤리적 관점을 함께 고려하여 사회 현상을 살펴보는 것이다.

6 사회 현상은 하나의 관점을 바탕으로 심층적 연구를 해야 한다. ○ ✕

7 사회 현상은 개별 학문의 경계를 넘어 종합적으로 이해해야 한다. ○ ✕

8 여러 가지 측면으로 복잡한 사회 현상을 이해하고 분석하는 것은 불가능하다. ○ ✕

[9~13] [보기]를 보고 다음 빈칸에 들어갈 말을 쓰시오.

─ [보기] ─

시간적   공간적   사회적   윤리적

9 불꽃 축제 개최에 적합한 최적의 입지를 분석하는 것은 _____ 관점에 해당한다.

10 지역 불꽃 축제 활성화를 위한 제도와 정책을 찾아보는 것은 _____ 관점에 해당한다.

11 출산율이 감소하는 시대적 배경을 분석하는 것은 _____ 관점에 해당한다.

12 저출산 문제 해결을 위한 바람직한 태도를 탐구하는 것은 _____ 관점에 해당한다.

13 독도 해양 생태계 보전과 관련된 법률을 찾아보는 것은 _____ 관점에 해당한다.

1. 윤리적 2. 공간적 3. 사회적 4. 시간적 5. 통합적 6. ✕(다양한 관점에서의 통합적 접근이 필요함) 7. ○ 8. ✕(가능함) 9. 공간적 10. 사회적 11. 시간적 12. 윤리적 13. 사회적

핵심 문제 풀기

개념 이해를 위한 핵심 문제

통사1-문제 1

1

[24년 6월 1번]

다음 사례와 관련하여 A~D 관점에서 탐구할 수 있는 적절한 활동만을 [보기]에서 고른 것은? **2점**

A. 시간적 관점   B. 공간적 관점
C. 사회적 관점   D. 윤리적 관점

<불꽃 축제 장면 중 일부>

─ [보기] ─

ㄱ. A - 불꽃 축제 개최에 적합한 최적의 입지 분석하기

ㄴ. B - 불꽃 축제에 따른 오염 물질의 연도별 배출량 조사하기

ㄷ. C - 지역 불꽃 축제 활성화를 위한 제도와 정책 찾아보기

ㄹ. D - 친환경 불꽃 축제로 전환하기 위한 바람직한 시민의식 알아보기

① ㄱ, ㄴ ② ㄱ, ㄷ ③ ㄴ, ㄷ ④ ㄴ, ㄹ ⑤ ㄷ, ㄹ

2 대표 문제

[25년 6월 1번]

다음은 온라인 게시판의 일부이다. 질문에 옳게 답한 학생만을 고른 것은? **1.5점**

통합사회 학습방

[질문]

공간적 관점은 위치와 분포, 이동과 네트워크를 중심으로 장소와 지역, 지리적 상호작용을 통해 사회현상을 살펴보는 것입니다.
공간적 관점을 중심으로 'A국의 플랜테이션 농업'에 대해 탐구한다면 어떤 내용을 조사해야 할까요?

[답변]

갑: 플랜테이션 농산물의 품질 관리 제도와 정책을 조사합니다.

을: 플랜테이션 농업에서 발생하는 이해 갈등의 바람직한 해결책을 조사합니다.

병: 플랜테이션 농업이 지역의 지리적 조건에 따라 어떻게 분포하고 있는지 조사합니다.

정: 플랜테이션 농업으로 생산된 작물이 생산지에서 소비지로 어떻게 이동하는지 조사합니다.

① 갑, 을 ② 갑, 병 ③ 을, 병 ④ 을, 정 ⑤ 병, 정

3
[24년 9월 1번]

다음 사례와 관련하여 사회 문제를 탐구할 때, 각 관점에 따른 활동 내용으로 적절한 것만을 [보기]에서 고른 것은? 2점

우리나라의 2023년 합계 출산율이 0.72명으로 집계되었다. 이는 세계 최저 수준이다. 저출산 문제가 지속된다면 국가적 비상사태에 직면할 것이라는 우려의 목소리가 높아졌다.

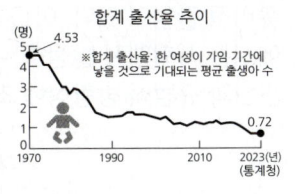
합계 출산율 추이
(명)
※합계 출산율: 한 여성이 가임 기간에 낳을 것으로 기대되는 평균 출생아 수
4.53
0.72
1970 1990 2010 2023(년)
(통계청)

[보 기]
ㄱ. 시간적 관점: 우리나라의 지역별 합계 출산율 비교하기
ㄴ. 공간적 관점: 출산율이 감소하는 시대적 배경 분석하기
ㄷ. 사회적 관점: 출산율에 영향을 미치는 제도 조사하기
ㄹ. 윤리적 관점: 저출산 문제 해결을 위한 바람직한 태도 탐구하기

① ㄱ, ㄴ   ② ㄱ, ㄷ   ③ ㄴ, ㄷ   ④ ㄴ, ㄹ   ⑤ ㄷ, ㄹ

4
[20년 11월 1번]

다음 사례와 관련하여 A~D 관점에서 탐구할 수 있는 적절한 내용만을 [보기]에서 고른 것은? 2점

전 세계의 수많은 아동들이 아동 노동으로 인해 기본적인 권리를 침해당하고 있다. 최근 국제노동기구(ILO)에서는 약 1억 7천만 명의 아동들이 노동 착취를 당하고 있다고 발표하였다.

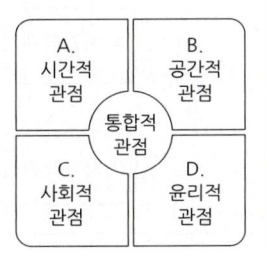
A. 시간적 관점 | B. 공간적 관점
통합적 관점
C. 사회적 관점 | D. 윤리적 관점

[보 기]
ㄱ. A: 아동 노동 비율의 연도별 변화 추이를 조사한다.
ㄴ. B: 아동 노동 착취를 인간 존엄성의 측면에서 조사한다.
ㄷ. C: 아동 노동 근절을 위한 제도와 정책을 조사한다.
ㄹ. D: 아동 노동 비율이 높은 지역의 분포를 조사한다.

① ㄱ, ㄴ   ② ㄱ, ㄷ   ③ ㄴ, ㄷ   ④ ㄴ, ㄹ   ⑤ ㄷ, ㄹ

5
[19년 9월 1번]

다음 사례와 관련하여 A~D의 관점에서 제기할 수 있는 적절한 질문만을 [보기]에서 고른 것은? 2점

최근 반려동물과 생활하는 인구가 급격히 증가한 반면, 학대당하거나 버려지는 반려동물이 계속 늘어나 심각한 사회 문제가 되고 있다.

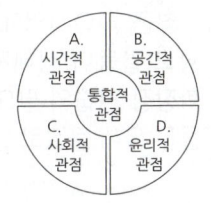
A. 시간적 관점 | B. 공간적 관점
통합적 관점
C. 사회적 관점 | D. 윤리적 관점

[보 기]
ㄱ. A - 반려동물을 대하는 바른 태도는 무엇인가요?
ㄴ. B - 반려동물이 유기되는 지역은 주로 어디인가요?
ㄷ. C - 반려동물의 유기를 예방할 수 있는 제도적 장치에는 무엇이 있나요?
ㄹ. D - 반려동물의 유기는 언제부터 증가하고 있나요?

① ㄱ, ㄴ   ② ㄱ, ㄷ   ③ ㄴ, ㄷ   ④ ㄴ, ㄹ   ⑤ ㄷ, ㄹ

6
[23년 9월 7번]

밑줄 친 ㉠, ㉡의 관점에서 이루어질 수 있는 활동으로 가장 적절한 것은? 3점

과학 기술의 발달로 새롭게 등장한 현대 사회의 문제들을 해결하기 위해서는 다양한 관점에서 총체적 접근이 필요하다. 예를 들어 '자율 주행 자동차의 주행 시스템은 돌발 상황에서 차량 탑승자와 보행자 중 누구를 보호하도록 설계되는 것이 바람직한가?'라는 쟁점이 생길 수 있다. 이를 해결하기 위해서는 무엇보다 ㉠윤리적 관점과 ㉡사회적 관점의 접근이 요구된다.

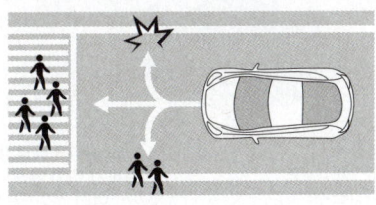

① ㉠: 지역별, 연도별 자율 주행 자동차의 구입 현황 비교하기
② ㉠: 자율 주행 자동차가 주행하기 어려운 공간적 특징 분석하기
③ ㉡: 자동차의 역사적 발전 과정을 분석하여 미래 자동차의 모습 예측하기
④ ㉡: 자율 주행 자동차에 적합한 교통 제도를 수립하고 제도의 변화가 사회에 미칠 영향 예측하기
⑤ ㉠, ㉡: 기후와 지리적 환경이 자율 주행 자동차의 운행에 미치는 영향 탐구하기

7

[21년 6월 1번]

다음 사례와 관련하여 A~D의 관점에서 탐구할 수 있는 적절한 활동만을 [보기]에서 고른 것은? 2점

최근 ○○지역에서 공공시설인 화장장 건립을 둘러싸고 갈등이 심해지고 있다. 장례 문화의 변화로 인해 화장장 건립의 필요성이 증가했지만, 건립 예정지 주민들은 유해 물질로 인한 피해를 입는다며 반발하고 있다.

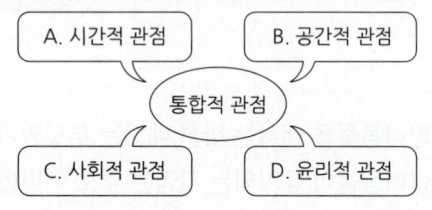

[보 기]

ㄱ. A: 화장장 건립의 입지 조건 조사하기
ㄴ. B: 연도별 화장 비율의 변화 조사하기
ㄷ. C: 화장장 건립 예정지 주민을 위한 보상 제도 알아보기
ㄹ. D: 갈등 해결을 위한 바람직한 시민 태도 알아보기

① ㄱ, ㄴ ② ㄱ, ㄷ ③ ㄴ, ㄷ ④ ㄴ, ㄹ ⑤ ㄷ, ㄹ

8

[21년 9월 1번]

그림의 A~D에 대한 옳은 설명만을 [보기]에서 고른 것은? 2점

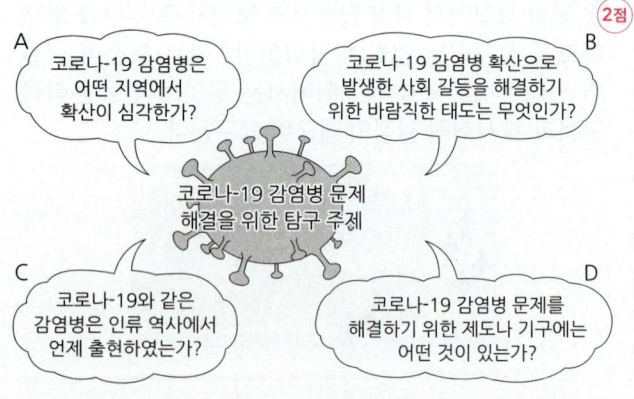

[보 기]

ㄱ. A는 감염병 확산의 시대적 배경과 맥락에 초점을 두고 있다.
ㄴ. B는 공간의 변화가 감염병에 미치는 영향을 모색하고자 한다.
ㄷ. C는 시간적 관점에서 감염병에 대해 살펴보고자 한다.
ㄹ. B는 윤리적 관점, D는 사회적 관점에서 접근하고 있다.

① ㄱ, ㄴ ② ㄱ, ㄷ ③ ㄴ, ㄷ ④ ㄴ, ㄹ ⑤ ㄷ, ㄹ

9

[22년 6월 1번]

밑줄 친 ㉠을 바탕으로 <사례>와 관련한 내용을 탐구하고자 한다. 탐구 활동으로 가장 적절한 것은? 2점

세상을 바라보는 관점에는 시간적, 공간적, 사회적, 윤리적 관점이 있다. 이들 네 가지 중 ㉠ ○○적 관점에서는 사회에서 발생하는 다양한 현상을 도덕적 가치 판단과 규범적 방향성에 초점을 두고 바라본다.

<사례>

서아프리카의 카카오 농장주들은 초콜릿의 원료가 되는 카카오를 조금이라도 저렴하게 생산하고자 싼값에 아동을 고용하고 있다. 이 과정에서 아동을 학대하는 일이 벌어지기도 한다.

① 아동 노동의 역사와 시대적 배경 파악하기
② 아동 노동이 발생한 지역의 자연환경 조사하기
③ 아동 인권 보호를 위한 올바른 가치관 탐색하기
④ 아동을 학대한 농장주의 법적 처벌 절차 확인하기
⑤ 아동 인권 침해가 빈번한 지역의 사회구조 분석하기

10

[20년 9월 1번]

다음 사례와 관련하여 A~D의 관점에서 탐구할 수 있는 적절한 활동만을 [보기]에서 고른 것은? 2점

최근 플라스틱 쓰레기로 인한 환경오염이 심각한 사회문제로 대두되고 있다. ○○ 해변에 떠밀려 온 향유고래 사체 속에서는 플라스틱 컵 115개, 비닐봉지 25개 등 6kg에 달하는 플라스틱 쓰레기가 나오기도 했다.

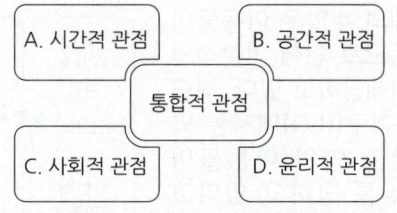

[보 기]

ㄱ. A: 플라스틱 쓰레기의 지역별 배출량 조사하기
ㄴ. B: 플라스틱 쓰레기의 연도별 배출량 변화 분석하기
ㄷ. C: 플라스틱 쓰레기를 줄이기 위한 제도 및 정책 알아보기
ㄹ. D: 플라스틱 쓰레기를 줄이기 위한 바람직한 태도와 습관 찾아보기

① ㄱ, ㄴ ② ㄱ, ㄷ ③ ㄴ, ㄷ ④ ㄴ, ㄹ ⑤ ㄷ, ㄹ

11
[23년 6월 1번]

그림에 나타난 문제를 해결하기 위해 A~D의 관점에서 제기할 수 있는 질문으로 적절한 것만을 [보기]에서 고른 것은? 2점

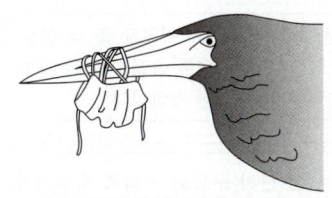

<폐마스크 끈에 부리가 묶인 지빠귀>

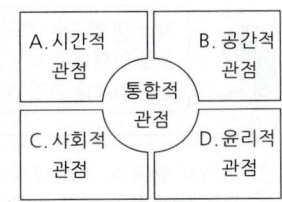

A. 시간적 관점	B. 공간적 관점
	통합적 관점
C. 사회적 관점	D. 윤리적 관점

[보 기]

ㄱ. A - 폐마스크를 수거하는 바람직한 방법은 무엇인가요?

ㄴ. B - 폐마스크로 동물의 피해가 집중된 지역은 어디인가요?

ㄷ. C - 폐마스크의 무단 투기를 막을 제도는 무엇인가요?

ㄹ. D - 폐마스크로 인한 동물의 피해는 언제부터 증가했나요?

① ㄱ, ㄴ ② ㄱ, ㄷ ③ ㄴ, ㄷ ④ ㄴ, ㄹ ⑤ ㄷ, ㄹ

12
[22년 9월 1번]

다음 사례와 관련하여 A~D의 관점에서 탐구할 수 있는 적절한 활동만을 [보기]에서 고른 것은? 2점

우리나라 지방 소도시들의 소멸 가능성을 언급한 감사원 보고서가 발표되었다. 감사원은 수도권 집중화 등으로 인해 지방 소도시들의 인구가 점차 감소하여, 2047년에는 전국 시·군·구의 68%가 소멸 고위험단계에 진입할 것으로 예상하였다.

A. 시간적 관점	B. 공간적 관점
	통합적 관점
C. 사회적 관점	D. 윤리적 관점

[보 기]

ㄱ. A: 지방 소도시의 연도별 인구 증감률 분석하기

ㄴ. B: 지방 소도시 발전을 위한 바람직한 태도 알아보기

ㄷ. C: 수도권 집중화를 완화할 수 있는 정책 찾아보기

ㄹ. D: 전국 시·군·구의 대기업 본사 입지 현황 조사하기

① ㄱ, ㄴ ② ㄱ, ㄷ ③ ㄴ, ㄷ ④ ㄴ, ㄹ ⑤ ㄷ, ㄹ

13
[20년 6월 1번]

㉠에 들어갈 적절한 진술만을 [보기]에서 고른 것은? 2점

옛날 어느 왕이 코끼리 한 마리를 몰고 와 눈이 안 보이는 사람들을 불러 코끼리를 만져 보게 한 뒤 이에 대해 설명하도록 하였습니다. 코끼리의 상아를 만진 사람은 무와 같다고 하였고 꼬리를 만진 사람은 새끼줄과 같다고 하였습니다. 이 이야기는 코끼리의 부분만을 만져 보고 정확한 코끼리의 모습을 알 수 없다는 것을 보여 주고 있습니다. 사회 현상에 대한 이해 역시 마찬가지입니다. 복잡한 사회 현상을 제대로 이해하기 위해서는 ㉠

[보 기]

ㄱ. 다양한 관점에서의 통합적 접근이 요구됩니다.

ㄴ. 각 학문 간의 고유한 경계를 엄격하게 구분해야 합니다.

ㄷ. 인간과 사회 및 환경에 대한 종합적 이해가 필요합니다.

ㄹ. 한 영역의 지식만으로 모든 사회 현상에 접근해야 합니다.

① ㄱ, ㄴ ② ㄱ, ㄷ ③ ㄴ, ㄷ ④ ㄴ, ㄹ ⑤ ㄷ, ㄹ

14
[18년 6월 1번]

A~D의 관점에 해당하는 질문으로 적절한 것을 [보기]에서 고른 것은? 2점

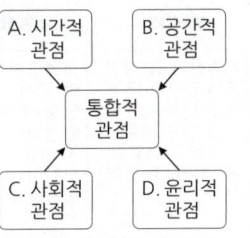

A. 시간적 관점 B. 공간적 관점 C. 사회적 관점 D. 윤리적 관점

[보 기]

ㄱ. A - 커피가 주로 재배되는 지역과 소비되는 지역은 어디일까요?

ㄴ. B - 과거에 비해 현재의 커피 소비량이 증가한 배경은 무엇일까요?

ㄷ. C - 커피 문화 확산에 영향을 준 제도와 정책은 어떤 것이 있을까요?

ㄹ. D - 커피 생산 노동자가 정당한 임금을 받을 수 있도록 하는 바람직한 소비 태도는 무엇일까요?

① ㄱ, ㄴ ② ㄱ, ㄷ ③ ㄴ, ㄷ ④ ㄴ, ㄹ ⑤ ㄷ, ㄹ

15

[21년 11월 1번]

다음 자료와 관련하여 A~D의 관점에서 탐구할 수 있는 적절한 활동만을 [보기]에서 고른 것은? 2점

우리나라 동해안의 해안 침식이 가속화되고 있다. 항만이나 방파제 건설 등 인간의 무분별한 개발로 인해 모래 사장이 빠른 속도로 깎여 나가면서 관광 자원이 상실되고, 해안 도로 및 건물 파손으로 인한 안전사고 발생 가능성이 높아지는 등 피해가 심각하다.

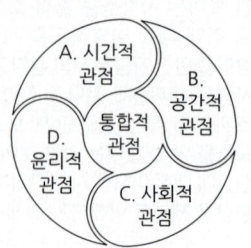

A. 시간적 관점
B. 공간적 관점
C. 사회적 관점
D. 윤리적 관점
통합적 관점

[보 기]

ㄱ. A: 해안 침식의 연도별 진행 과정 분석하기

ㄴ. B: 해안의 무분별한 개발을 막기 위한 바람직한 태도 탐구하기

ㄷ. C: 해안 침식으로 인한 피해의 복구를 지원하는 정책 조사하기

ㄹ. D: 해안 침식이 심각한 지역의 분포 조사하기

① ㄱ, ㄴ ② ㄱ, ㄷ ③ ㄴ, ㄷ ④ ㄴ, ㄹ ⑤ ㄷ, ㄹ

16

[24년 10월 1번]

다음 자료는 학생이 생성형 인공 지능과 대화한 내용의 일부이다. ㉠~㉣ 중 옳은 진술만을 고른 것은? 2점

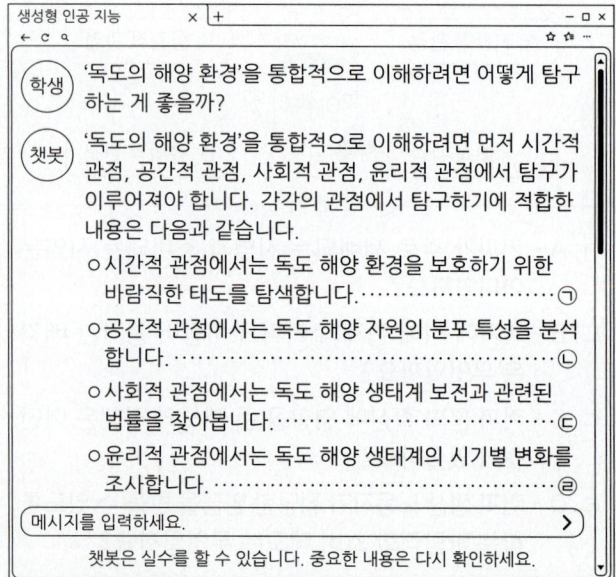

생성형 인공 지능 ☐ ✕ ＋

학생: '독도의 해양 환경'을 통합적으로 이해하려면 어떻게 탐구하는 게 좋을까?

챗봇: '독도의 해양 환경'을 통합적으로 이해하려면 먼저 시간적 관점, 공간적 관점, 사회적 관점, 윤리적 관점에서 탐구가 이루어져야 합니다. 각각의 관점에서 탐구하기에 적합한 내용은 다음과 같습니다.
○ 시간적 관점에서는 독도 해양 환경을 보호하기 위한 바람직한 태도를 탐색합니다. ············ ㉠
○ 공간적 관점에서는 독도 해양 자원의 분포 특성을 분석합니다. ············ ㉡
○ 사회적 관점에서는 독도 해양 생태계 보전과 관련된 법률을 찾아봅니다. ············ ㉢
○ 윤리적 관점에서는 독도 해양 생태계의 시기별 변화를 조사합니다. ············ ㉣

메시지를 입력하세요. ＞

챗봇은 실수를 할 수 있습니다. 중요한 내용은 다시 확인하세요.

① ㉠, ㉡ ② ㉠, ㉢ ③ ㉡, ㉢ ④ ㉡, ㉣ ⑤ ㉢, ㉣

17

[23년 11월 1번]

교사가 제시한 관점 A~D에 대한 설명으로 가장 적절한 것은? (단, A~D는 각각 공간적 관점, 사회적 관점, 시간적 관점, 윤리적 관점 중 하나임.) 2점

 최근 여행지의 경제, 문화, 환경 등에 도움을 줄 수 있는 공정 여행이 주목받고 있습니다. 다음은 공정 여행에 관한 탐구 과제를 관점 A~D에 따라 분류한 것입니다.

| A | 과거와 현재의 여행 방식이 변화된 과정과 공정 여행이 등장한 시대적 배경 조사하기 | B | 현지 문화와 지리적 특성을 고려한 지역별 공정 여행 코스 계획하기 |
| C | 공정 여행을 장려하기 위한 국가 및 지방 자치 단체의 지원 정책 조사하기 | D | 현지 주민들의 삶과 환경을 보호하고 존중하는 여행자의 태도 알아보기 |

① A는 사회 현상을 도덕적 가치에 따라 평가하는 관점이다.

② B는 위치와 장소 등의 공간적 맥락을 중시하는 관점이다.

③ C는 사회 현상을 시간의 흐름 속에서 이해하는 관점이다.

④ D는 사회 구조와 사회 제도의 영향력을 강조하는 관점이다.

⑤ A~D의 관점 중 하나의 관점만으로 사회 현상을 탐구하는 자세가 필요하다.

18

[20년 6월 16번]

다음은 학습 주제에 대한 학생의 발표 장면이다. 이에 대한 옳은 설명만을 [보기]에서 고른 것은? 2점

학습 주제: 다양한 관점에서 우리나라의 인구 고령화 현상 이해하기

 갑 을 병  정

갑: 저출산과 청·장년층의 인구 유출 등으로 인해 농촌의 노인 인구 비율이 도시보다 매우 높게 나타나고 있어요.

을: 고령화가 진행됨에 따라 노인 부양을 위한 기초 연금 등 사회 복지 비용으로 국가 부담이 늘어나고 있어요.

병: 고령화로 인해 증대되는 노인 부양 부담은 개인보다는 사회와 정부가 책임을 지는 것이 바람직하다고 생각해요.

정: 1960년대부터의 출생률 감소와 의료 기술의 발달로 인한 평균 수명 증가 등으로 고령화 현상이 가속화되었어요.

[보 기]

ㄱ. 갑은 고령화 현상의 공간적 특징을 살펴보고 있다.

ㄴ. 을은 제도적 측면에서 고령화 현상의 문제점을 분석하고 있다.

ㄷ. 병은 고령화 현상을 가치 중립적인 입장에서 평가하고 있다.

ㄹ. 정은 고령화의 진행 과정을 시간적 맥락과 무관하게 파악하고 있다.

① ㄱ, ㄴ ② ㄱ, ㄷ ③ ㄴ, ㄷ ④ ㄴ, ㄹ ⑤ ㄷ, ㄹ

19

[25년 9월 1번]

다음 제작 방법에 따라 주사위를 만들고자 한다. A에 들어갈 수 있는 탐구 활동으로 적절한 것은? 2점

[제작 방법]

◦ 주사위 각 면에는 난민 문제에 대해 시간적, 공간적, 사회적, 윤리적 관점이 적용된 탐구 활동이 적힌다.

◦ A와 동일한 관점이 적용된 탐구 활동은 A와 접하는 면에 위치할 수 없으며, A의 반대편에 위치하는 것은 가능하다.

[주사위 도면]

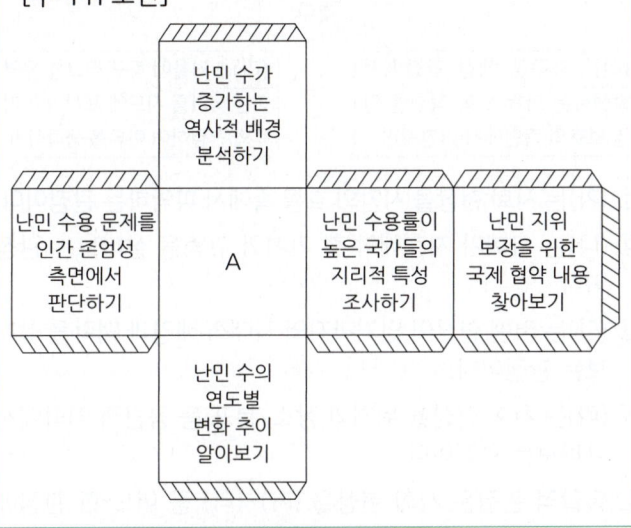

① 난민 수용을 위한 제도 및 정책 분석하기
② 난민 문제를 시간의 흐름 속에서 이해하기
③ 난민 발생 지역과 난민 이동 경로 파악하기
④ 난민 문제 해결의 기준이 되는 도덕적 규범 탐색하기
⑤ 난민 문제 해결을 위해 갖춰야 하는 바람직한 태도 탐구하기

20

[19년 6월 1번]

교사의 물음에 가장 적절하게 응답한 학생은? 2점

○○적 관점으로 인권에 대해 탐구한다면 어떤 내용을 조사해야 할까요?

<○○적 관점>

세상에서 일어나는 다양한 현상을 위치와 장소, 분포 양상, 이동과 네트워크 등의 맥락 속에서 살펴보는 관점

① 갑: 인권 확장의 역사적 전개 과정을 조사합니다.
② 을: 인권이 헌법과 법률에서 어떻게 보장되는지 알아봅니다.
③ 병: 인권 침해 사례를 자연 재해와 연관시켜 지역별로 조사해 봅니다.
④ 정: 시민 불복종 운동에 대한 윤리학자들의 다양한 견해를 살펴봅니다.
⑤ 무: 인권이 침해될 경우 어떻게 하는 것이 바람직한지에 대해 조사합니다.

1 대표 문제

[18년 9월 1번]

그림의 A~D는 다문화 정책 수립을 위한 탐구 주제이다. 이에 대한 옳은 설명을 [보기]에서 고른 것은? 2점

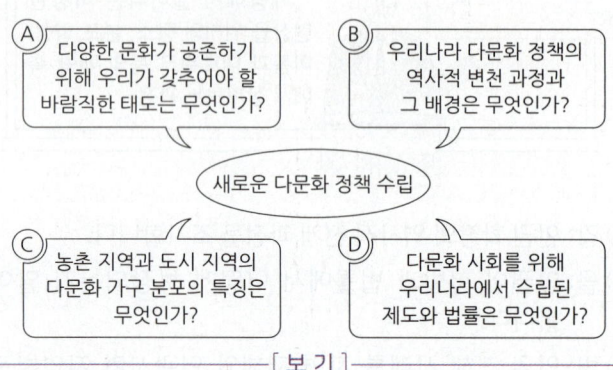

[보 기]

ㄱ. A는 자신과 타인의 이익을 고려해 정책을 모색하고자 한다.
ㄴ. B는 시대적 맥락을 토대로 다문화 정책을 살펴보고자 한다.
ㄷ. D는 개인에게 영향을 미치는 사회 구조와 정책을 간과한다.
ㄹ. A는 공간적 관점, C는 시간적 관점에서 접근하고 있다.

① ㄱ, ㄴ ② ㄱ, ㄷ ③ ㄴ, ㄷ ④ ㄴ, ㄹ ⑤ ㄷ, ㄹ

2 대표 문제

[19년 6월 19번]

다음 입장에 부합하는 진술에만 모두 '√'를 표시한 학생은? 2점

인간을 둘러싸고 발생하는 사회 현상에는 다양한 요인이 영향을 주고 있다. 그러므로 사회 현상을 탐구할 때에는 시간적, 공간적, 사회적, 윤리적 관점을 활용하여 통합적으로 살펴보아야 한다.

진술 \ 학생	갑	을	병	정	무
사회 현상은 개별 학문의 경계를 넘어 종합적으로 이해해야 한다.	√			√	√
사회 현상은 어느 하나의 관점만으로 심층적인 연구를 해야 한다.		√	√	√	
사회 문제를 해결하기 위해 다양한 관점에서 살펴볼 필요가 있다.	√	√			√
복잡한 사회 현상을 여러 가지 측면으로 분석하는 것은 불가능하다.			√	√	√

① 갑 ② 을 ③ 병 ④ 정 ⑤ 무

3

[22년 11월 1번]

다음은 (가)~(라) 관점에서 '축구'와 관련된 탐구 활동을 선정한 것이다. 이에 대한 설명으로 가장 적절한 것은? (단, (가)~(라)는 각각 공간적, 사회적, 시간적, 윤리적 관점 중 하나이다.) 2점

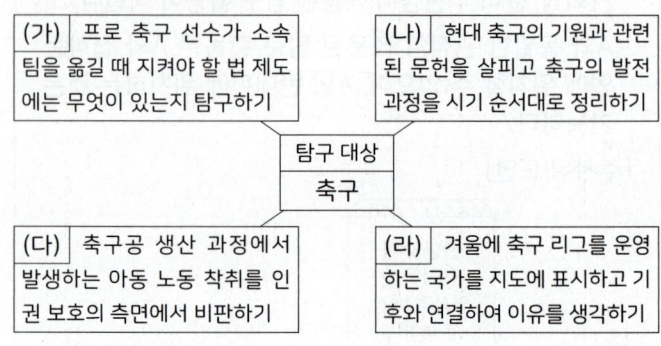

① (가)는 사회 현상을 시간의 흐름 속에서 파악하는 관점이다.
② (나)는 사회가 지향해야 할 가치와 규범을 살펴보는 관점이다.
③ (다)는 어떤 현상이 있기까지의 시대적 배경과 맥락을 살펴보는 관점이다.
④ (라)는 사회 현상을 위치와 장소, 분포 등 공간적 맥락에서 살펴보는 관점이다.
⑤ 통합적 관점은 사회 현상을 (가)~(라) 중 어느 한 관점에서만 탐구하는 것이다.

사고력 향상을 위한 서술형 문제
서술형 문제 풀기

1 다음 대화를 읽고 물음에 답하시오.

> 법이 정한 절차에 따라 A 지역이 화장장 건설 부지로 결정되었으므로 주민들은 그 결정에 따라야 합니다.
>
> 갑

> 화장장 건설이 공익적 목적을 가지고 있어도 지나치게 사익의 희생을 강요해서는 안 됩니다.
>
> 을

> 과거와 달리 오늘날에는 공익을 위해 사익이 희생되어야 한다는 주장에 동의하지 않는 사람들이 증가하고 있습니다.
>
> 병

> A 지역이 화장장 건설 입지로 정말 적합합니까? A 지역이 화장장 건설 입지로 적합한지를 따져볼 필요가 있습니다.
>
> 정

(1) 인간, 사회, 환경을 바라보는 시각과 관련하여, 갑~정의 관점을 각각 쓰시오.

(2) 위의 대화를 통해 도출할 수 있는 결론을 서술하시오.

2 다음 자료를 읽고 물음에 답하시오.

> ○○신문   ○○○○년 ○○월 ○○일
>
> 　지구 온난화로 이상 기후 현상이 세계 곳곳에서 나타나고 있다. 높은 화석 연료 비중과 제조업 중심의 산업 구조를 가진 우리나라도 최근 30년 사이에 평균 온도가 1.4℃ 상승하며 온난화 경향이 더욱 심해졌다. 지구 온도 상승을 1.5℃ 이내로 억제하기 위해서는 2050년까지 탄소 순배출량이 0이 되는 탄소 중립 사회로의 전환이 필요하다. 탄소 중립이란 인간의 활동에 의한 온실가스 배출을 최대한 줄이고, 남은 온실가스는 흡수, 제거해서 실질적인 배출량이 0이 되는 개념이다.

교사: 위 칼럼을 바탕으로 '탄소 중립'의 필요성을 탐구한다면 어떤 접근 방법이 가능할까요?

학생 A: 저는 지역별 산업 구조를 탐구하고 싶습니다. 그리고 제조업 중심의 산업 구조를 가진 지역의 평균 온도가 다른 지역보다 높을지 지역 자료를 조사하려고 합니다.

학생 B: 저는 탄소 중립 정책에 대한 시민들의 참여 의식을 높이는 방안을 제시하고 싶습니다. 지구 온도 상승은 우리 모두가 관심 가져야 할 문제이므로 지구 환경에 대한 시민들의 도덕적 책임이 필요하기 때문입니다.

교사: 모두 좋은 주제를 제시했습니다. 이처럼 ㉠사회 문제에 대해 통합적 관점으로 접근해야 하는 이유는 무엇일까요?

(1) 인간, 사회, 환경을 바라보는 다양한 관점과 관련하여 학생 A, B의 관점을 각각 쓰시오.

(2) 밑줄 친 ㉠에 대한 적절한 답변을 서술하시오.

II 인간, 사회, 환경과 행복

1. 행복의 기준과 의미

1) 행복의 의미

- 삶에서 만족감이나 즐거움을 누리는 상태
- 궁극적인 삶의 목적

> 인간의 행위들이 추구하는 목적들은 점점 상위의 목적으로 올라가다 보면 궁극적인 목적에 이른다. 이 목적은 최고선(最高善)이다. 그렇다면 최고선은 무엇일까? 그것은 행복이다. 행복은 덕에 따른 영혼의 활동이다.
> - 아리스토텔레스, 『니코마코스 윤리학』

2) 행복의 기준

① 행복의 보편성과 상대성

- 보편성: 시대나 지역을 뛰어넘는 인간의 공통된 행복의 기준 존재
- 상대성: 시대 상황이나 지역 여건에 따라 서로 다른 행복의 기준 존재

② 시대적 상황에 따른 행복의 기준

구분	행복의 기준
고대 그리스 시대	배경: 자연에 대한 관심 → 인간에 대한 관심 • 이성적 사유와 철학적 사고를 바탕으로 지혜를 얻고 유덕한 사람이 되는 것
헬레니즘 시대	배경: 잦은 전쟁으로 인해 혼란스러웠던 시대 • 마음의 혼란으로부터의 해방 = 마음의 평온함
중세 시대	배경: 기독교 신(神)을 중심으로 하는 신앙 중심의 시대 • 신앙을 통해 신의 은총을 받고 구원을 통해 천국에 가는 것
근대 시대	배경: 천부인권 등 인간의 권리가 강조되던 시대 • 사회 속에서 자유와 평등과 같은 권리를 보장받는 것
현대 사회	배경: 근대보다 다양한 가치관과 이념이 더욱 옹호되는 시대 • 개인이 느끼는 주관적 만족감 중시

③ 지역적 여건에 따른 행복의 기준

구분	행복의 기준
자연환경 (기후, 지형)	사막 지역: 마실 물이 부족함 → 깨끗한 물을 마실 수 있는 것
	북유럽 지역: 일조량 부족 → 햇볕을 쬘 수 있는 것
인문환경 (종교, 문화, 산업 등)	종교 발달 지역: 종교 교리를 실천하는 것
	민족, 종교 간 갈등 지역: 정치적 안정, 평화의 실현
	기아, 질병 만연 지역: 빈곤 탈출 및 의료 혜택을 누리는 것
	복지 국가, 선진국: 여가 시간, 문화생활 향유 등 삶의 질 향상

● 개념 돋보기

최고선
인간 행위의 최고의 목적이 되는 좋음

은총
신이 내리는 은혜와 사랑

천부인권
인간이 태어나면서부터 가지고 있는 권리

● 개념 돋보기

④ 다양한 사상가들이 주장하는 행복의 기준

• 서양의 행복론

구분	행복의 기준
<고대 그리스 시대> 아리스토텔레스	• 행복을 삶의 궁극적 목적으로 봄 • 이성의 기능을 잘 발휘할 때 행복에 도달할 수 있다고 봄
<헬레니즘 시대> 에피쿠로스	• 아타락시아: 몸의 고통이나 마음의 혼란에서 벗어난 상태 • 행복을 위해 필수적이지 않은 욕구는 삶에서 제거하고, 자연적이고 필수적인 욕구(수면욕, 식욕)는 절제하며 충족시켜야 함
<헬레니즘 시대> 스토아학파	• 아파테이아: 이성적 사고를 방해하는 나쁜 정념(분노, 슬픔 등)에서 벗어난 마음의 평온함 • 행복을 위해 이성을 바탕으로 세계(자연)의 질서(법칙)를 바르게 이해해야 함
<근대 시대> 칸트	• 이성적 존재자인 인간이 마땅히 따라야 할 도덕법칙의 준수는 인간에게 행복을 누릴 자격을 부여함
<근대 시대> 공리주의	• 최대한 많은 사람들에게 최대 행복을 주는 것(최대 다수의 최대 행복) → 인간 행위와 정부 정책의 정당성을 판단하는 기준이 됨

정념
감정에 따라 일어나는 억누르기 어려운 생각

• 동양의 행복론

구분	행복의 기준
유교	• 경제적으로 풍요롭지 않더라도 인간이 마땅히 따라야 할 덕목을 따르고, 도덕적으로 올바르게 살아가는 것
불교	• 수행을 바탕으로 마음속 집착을 벗어버리고 세계에 대한 깨달음을 얻어 열반(해탈)의 경지에 이르는 것
도가	• 이익과 욕망에서 벗어나 만물의 법칙인 도(道)를 깨닫고 정신적으로 자유로운 경지에 노니는 것

열반(해탈)
모든 번뇌 고통에서 벗어나 진리를 깨달은 경지

> 우리는 쾌락의 부재로 인해 고통을 느낀다면 쾌락을 필요로 하지만, 고통을 느끼지 않는다면 더 이상 쾌락을 필요로 하지 않는다. 쾌락은 몸의 고통이나 마음의 혼란으로부터의 자유이다. 그것이 행복한 인생의 시작이자 끝이다.
>
> - 에피쿠로스,『쾌락』
>
> 물고기와 사람은 본성이 각기 다르니 좋고 싫어함도 같지 않다. 그러니까 삶과 죽음은 다르다고 한다. 때문에 옛 성인(聖人)은 본성에 합당하게 따라가는 길을 마련했다. 이것이야말로 조리가 잘 통해서 행복을 내내 간직하는 길이라고 한다.
>
> - 장자,『장자』

3) 삶의 목적으로서의 행복

• 사람들이 추구하는 삶의 다양한 목표나 가치는 행복을 위한 수단임

• 행복해지기 위해서는 자신이 소중하게 생각하는 가치가 무엇인지, 어떤 상황에서 만족감을 느끼는지와 같이 자신의 삶에 대한 성찰이 필요함

• 적극적이고 긍정적인 자세, 좋은 습관을 가지기 위해 노력해야 함

• 삶의 목표를 세우고 이를 달성하기 위해 꾸준히 실천해야 함

행복의 기준
• 객관적 기준: 주거, 소득, 고용, 수명 등의 물질적 조건
• 주관적 기준: 삶의 만족감, 일상생활에서 느끼는 즐거움, 자아실현 등
→ 삶에 대한 객관적 기준과 주관적 기준을 조화롭게 추구해야 함

2. 행복한 삶을 실현하기 위한 조건

1) 질 높은 정주 환경

① 쾌적한 자연환경
- 하천, 대기 등이 심하게 오염된 장소에서는 안정적인 생활을 영위하기 어려우므로 행복 실현에 방해가 됨
- 태풍, 홍수, 지진 등과 같은 천재지변이 자주 발생하는 지역에서는 안정적인 생활을 영위하기 어려우므로 행복 실현에 방해가 됨
  └→ 자연 현상으로 인한 재앙

② 좋은 인문환경
- 좋은 치안, 의료 시설, 문화 시설이 갖추어진 지역에서는 행복 실현에 도움이 되는 다양한 여건이 갖추어져 있음

③ 질 높은 정주 환경을 위한 노력
- 질 높은 정주 환경을 위해 깨끗한 자연환경을 유지하고, 지역 내에 사회 인프라를 구축해야 함
  생활의 기반을 마련하는 중요한 구조물(도로, 학교, 상수원 등) ←┘

> **가거지(可居地)**
> 이중환의 『택리지』에는 사람이 살 만한 곳(가거지)의 조건으로, 지리(풍수지리 사상의 명당), 생리(경제적으로 유리한 지역), 인심(넉넉하고 좋은 인심), 산수(경치가 빼어난 지역)가 서술되어 있다.

2) 경제적 안정

① 경제적 안정: 생활에 필요한 재화, 서비스의 안정적 소유
- 평균 소득 수준이 낮을수록 생계에 필요한 재화, 서비스를 마련하기 어려우므로 행복한 삶을 누리기 어려움
- 대체로 소득 수준과 행복은 비례하는 편이나, 소득 수준이 올라간다고 반드시 행복함을 느끼는 것은 아님
- 맹자는 나라의 근본을 백성으로 여겨 덕으로 다스리는 왕도(王道)정치를 주장함

> **『맹자』에서 살펴본 경제적 안정**
> 일반 백성에게 고정적인 생업(恒産, 항산)이 없으면 흔들림 없는 도덕적인 마음(恒心, 항심)도 없어집니다. 그러므로 지혜로운 왕은 백성들이 생업을 가지게 해 주되 반드시 위로는 부모를 섬기기에 충분하게 하고, 아래로는 자녀를 먹여 살릴 만하게 하여 풍년에는 언제나 배부르고, 흉년에도 죽음을 면하게 됩니다.

② 경제적 안정을 위한 노력
- 정부 정책을 통한 안정적인 일자리 제공, 복지 정책 마련, 경제적 불평등 해소 등

정주 환경
인간이 살아가는 데 필요한 자연환경과 인문환경의 총칭

영위
일을 꾸려 나감

재화
사람이 원하는 것을 충족시켜 주는 모든 물건

3) 민주주의의 발전

① **민주주의**: 국민이 국가의 주권자로 권력을 가지고 그 권력을 스스로 행사하는 제도
　　　　　　　　　　　　　　　　　　　　　　　　　　　　　└→ 어떤 일을 시행함

주권자
국가의 최고 절대권을 가진 자

- 민주주의 지수 순위가 높은 국가는 대체로 행복 지수 순위도 높음
- 민주적인 법, 사회 제도, 정치 문화, 시민 참여 → 적극적인 사회 문제 해결 노력을 가능하게 함 → 능동적인 삶의 태도를 보장하여 삶의 만족을 느낄 가능성이 비민주적 국가의 시민보다 높음

구분	노르웨이	뉴질랜드	아이슬란드	스웨덴	핀란드	덴마크
세계 민주주의 지수 순위[1]	1위	2위	3위	4위	5위	6위
세계 행복 지수 순위[2]	7위	10위	3위	6위	1위	2위

(① 출처: 이코노미스트 인텔리전스 유닛(EIU) '민주주의 지수 2023')
(② 출처: 유엔 지속가능발전해법네트워크(SDSN) '2023 세계행복보고서')

② 민주주의의 발전을 위한 노력

- 국가 차원: 민주적인 정치, 법 제도를 갖추어야 함
- 시민 차원: 민주시민으로서의 책임감을 가지고 정치에 적극 참여해야 함

4) 도덕적 실천

① **도덕적 실천**과 행복의 관계

- 경제적으로 풍요롭더라도 삶의 행복을 느끼지 못하는 사람이 존재함
- 민주주의 체제더라도 집단 이기주의, 계층 갈등이 심한 사회라면 사회 전체적인 행복이 낮을 수 있음
- 도덕적 실천을 통해 개인 차원의 행복감을 증진시킬 수 있고, 사회적 차원으로는 사회적 자본을 증진시켜 다수 시민의 행복감을 증진시킬 수 있음

② 도덕적 실천을 위한 노력

- 신뢰, 협력, 배려와 같은 도덕적 가치를 실현할 수 있는 자원봉사, 기부 활동 등
- **도덕적 성찰**: 역지사지의 마음으로 타인의 입장을 고려할 줄 알아야 함

역지사지
입장을 바꾸어서 다른 사람의 처지에서서 생각을 해 봄

> 사회적 자본이란 개인들 사이의 연계, 그리고 이로부터 발생하는 사회적 네트워크, 호혜성과 신뢰의 규범을 가리킨다. 이런 의미에서 사회적 자본은 몇몇 사람들이 '시민적 품성'이라고 부르던 것과 밀접하게 관련되어 있다.
>
> - 퍼트넘, 『나 홀로 볼링』
>
> 재물이나 명성과 명예는 최대한 많아지도록 마음을 쓰면서도 지혜와 진리, 자신의 영혼이 최대한 훌륭해지도록 하는 일에 대해서는 마음을 쓰지 않는 것을 부끄러워해야 한다. 숙고하지 않는 삶은 살 가치가 없다.
>
> - 소크라테스, 『소크라테스의 변명』

1 시대나 지역을 뛰어넘는 인간의 공통된 행복의 기준이 나타나는 것을 행복의 _____(이)라고 한다.

2 시대 상황이나 지역 여건에 따라 서로 다른 행복의 기준이 나타나는 것을 행복의 _____(이)라고 한다.

3 _____은/는 행복을 삶의 궁극적 목적으로 보고, 이성의 기능을 잘 발휘하여 행복에 도달할 것을 주장한다.

4 _____은/는 육체에 고통이 없고 마음에 불안이 없는 평온한 삶을 추구해야 한다고 주장한다.

5 _____은/는 나쁜 정념의 지배에서 벗어나 초연한 태도로 자연의 질서에 따라 살아야 한다고 주장한다.

6 이성적 사고를 방해하는 나쁜 정념에서 벗어난 마음의 평온함을 _____(이)라고 한다.

7 _____은/는 당위적으로 지켜야 할 도덕 법칙을 실천하는 사람이 행복을 누릴 자격이 있다고 본다.

8 _____와/과 _____은/는 행복은 쾌락의 충족 및 고통의 제거라고 본다.

9 _____은/는 타고난 본성에 따라 자연 그대로의 모습으로 살아가는 것을 행복이라고 본다.

10 _____은/는 '나'에 대한 집착을 벗어버리고 해탈의 경지에 이르는 것을 행복이라고 본다.

11 _____은/는 하늘로부터 부여받은 도덕적 본성을 함양하고 인을 실천하며 사는 것을 행복이라고 본다.

12 에피쿠로스는 정신적인 쾌락이 아닌 육체적인 쾌락만을 추구해야 한다고 본다. ○ ✕

13 에피쿠로스는 모든 욕구를 부정하는 삶을 살아야 한다고 본다. ○ ✕

14 에피쿠로스는 행복을 위해 사치스러운 삶을 추구해야 한다고 본다. ○ ✕

15 에피쿠로스는 건강을 유지할 만큼의 식욕 추구는 행복을 저해한다고 본다. ○ ✕

16 아리스토텔레스는 이성적 기능을 탁월하게 수행할 때 참된 행복이 이루어진다고 본다. ○ ✕

17 아리스토텔레스는 좋은 품성은 한 번의 도덕적 행위만으로 형성된다고 본다. ○ ✕

18 아리스토텔레스는 도덕적 행위를 습관화하는 것은 행복에 이르는 데 기여한다고 본다. ○ ✕

19 아리스토텔레스는 현실 세계에서는 행복한 삶에 도달할 수 없다고 본다. ○ ✕

20 칸트는 행복을 쾌락의 충족이라고 보며, 최대 다수의 최대 행복을 주장한다. ○ ✕

21 도가는 인위적 욕심을 버리고 자연에 따르는 삶을 살아야 한다고 본다. ○ ✕

22 중세 시대에는 신앙을 통해 절대자에 귀의하거나 군주에 복종하는 데에 행복이 있다고 믿었다. ○ ✕

23 오늘날에는 주관적 만족감을 중시함에 따라 행복의 기준이 과거보다 훨씬 단순해졌다. ○ ✕

24 행복한 삶을 실현하기 위한 조건에는 질 높은 정주 환경, _____적 안정, _____의 발전, 도덕적 실천 등이 있다.

25 이중환의 택리지에는 사람이 살만한 곳(가거지)의 조건으로, _____, _____, _____, _____이/가 서술되어 있다.

26 맹자는 백성이 살아갈 수 있는 일정한 재산이나 생업[恒産]이 없으면 도덕적인 마음[恒心]을 유지하기 어렵다고 주장한다. ○ ✕

27 행복한 삶을 위해서는 자신이 소중하게 생각하는 가치, 만족감을 느끼는 상황 등을 성찰해야 한다. ○ ✕

28 시민의 정치 참여 제한은 행복을 실현하는 데에 방해가 된다. ○ ✕

29 일자리 확충, 실업 급여 제공 등의 복지 시행은 경제적 안정보다는 질 높은 정주 환경과 관련된 정책이다. ○ ✕

30 사회적 위험으로부터 국민을 보호하기 위한 제도적 장치를 말하는 사회 안전망은 행복한 삶과 전혀 관련이 없다. ○ ✕

31 역지사지의 마음가짐은 다른 사람의 입장에서 상황을 바라보는 마음가짐을 말한다. ○ ✕

32 도덕적 실천을 통해 개인 차원의 행복감뿐만 아니라 사회적 차원의 행복감도 증진시킬 수 있다. ○ ✕

33 소크라테스는 행복한 삶을 위해 중요한 것은 자신의 행동이 바람직한지에 대한 _____(이)라고 본다.

---

1. 보편성 2. 상대성 3. 아리스토텔레스 4. 에피쿠로스 5. 스토아학파 6. 아파테이아 7. 칸트 8. 벤담, 밀 9. 도가 10. 불교 11. 유교 12. ✕(육체적 쾌락보다 정신적 쾌락이 더 지속 가능하여 바람직함) 13. ✕(식욕과 같은 자연스럽고 필수적인 욕구는 추구해야 함) 14. ✕(물질적인 사치를 추구하는 삶을 추구해야 한다고 보지 않음) 15. ✕(적당한 식욕 추구는 행복 실현에 도움이 됨) 16. ○ 17. ✕(도덕적 행위를 반복적으로 실천함으로써 좋은 품성을 기를 수 있다고 봄) 18. ○ 19. ✕(있다고 봄) 20. ✕(벤담과 밀에 해당하는 내용임) 21. ○ 22. ○ 23. ✕(과거보다 다양하고 복잡해짐) 24. 경제 / 민주주의 25. 지리, 생리, 인심, 산수 26. ○ 27. ○ 28. ○ 29. ✕(경제적 안정을 위해 필요한 정책임) 30. ✕(관련이 있음) 31. ○ 32. ○ 33. 성찰

1 대표 문제   [25년 6월 7번]

다음 동화 속의 '행복한 왕자'가 진정으로 행복해진 이유로 가장 적절한 것은? 1.5점

도시의 높은 탑 꼭대기에 금은보화로 치장한 '행복한 왕자'의 동상이 있었다. 어느날 '행복한 왕자'는 옆에 다가온 제비에게 눈물을 흘리면서 말하였다. "나는 좋은 평판과 더불어 부유하게 생활했고 현실의 내 삶에 만족했어. 죽어서도 멋진 동상으로 남았기에 사람들이 '행복한 왕자'라고 불러 주었지. 생전에는 궁전 바깥에 사는 불쌍한 사람들의 삶을 전혀 몰랐어. 이제 동상이 되어 높은 곳에서 보니 어려운 사람들이 많았고, 저들의 어려움을 모른 채 혼자만 편안하게 살았던 것이 너무 부끄러워. 내 몸을 장식하고 있는 금과 보석을 떼어 병들고 가난한 사람들에게 가져다주면 좋겠어." 그 후, 제비는 '행복한 왕자' 동상의 금은보화를 불쌍한 이들에게 모두 나눠주었고, '행복한 왕자'는 진정으로 행복해졌다.

① 물질적인 부족함 없이 살 수 있었기 때문이다.
② 어려운 사람들에게 도움을 줄 수 있었기 때문이다.
③ 생전에 행복한 왕자라고 불릴 수 있었기 때문이다.
④ 다른 사람보다 좋은 평판을 얻을 수 있었기 때문이다.
⑤ 현실의 삶에 만족하며 즐겁게 살 수 있었기 때문이다.

2   [23년 11월 4번]

다음 신문 칼럼의 입장으로 가장 적절한 것은? 2점

○○신문   □□□□□   **칼럼**   □□□□□

동물의 쾌락을 최대한 누릴 수 있게 보장해 준다고 해서 돼지가 되겠다는 사람은 없을 것이다. 존엄감(sense of dignity)은 저급한 존재가 되지 않으려는 인간의 의지이며, 행복의 본질적인 부분이다. 저급한 존재일수록 감각적 쾌락을 좇아 향유하며 쉽게 만족을 느끼지만, 지성과 상상력 등 고등 능력을 지닌 존재일수록 행복을 얻기 위해 보다 높은 수준의 삶을 선호하고 추구한다. 행복은 만족한 돼지의 삶이 아닌, 끊임없이 사유하고 성찰하는 소크라테스의 삶으로부터 온다는 사실을 명심해야 한다.

① 바람직한 삶에 대한 성찰은 행복의 실현과 무관하다.
② 삶의 질적 수준을 높이기 위해 행복을 포기해야 한다.
③ 존엄감을 지키는 삶의 방식으로 행복을 얻을 수 있다.
④ 인간은 정신적 행복보다 육체적 만족을 추구해야 한다.
⑤ 감각적 쾌락이 충족되면 행복의 본질은 저절로 찾아진다.

3 대표 문제   [25년 6월 5번]

다음은 고대 서양 사상가와 제자의 가상 대화이다. (가)에 들어갈 내용으로 가장 적절한 것은? 1.5점

제자: 스승님은 행복한 삶을 위해 무엇이 중요하다고 생각하십니까?

사상가: 자네는 신전의 벽 한쪽에 새겨진 '너 자신을 알라.'라는 말을 보았는가?

제자: 네, 신전에서 본 적이 있습니다.

사상가: 자네는 그 말의 의미가 무엇인지 주의 깊게 생각해 보았는가? 반성하지 않는 삶은 살 가치가 없다네. 행복한 삶을 위해 중요한 것은 (가) (이)라네.

① 사회적 성공을 통한 경제적인 안정
② 사회적 관습을 그대로 따르려는 의지
③ 자신의 행동이 바람직한지에 대한 성찰
④ 개인의 감정을 근본으로 하는 도덕적 실천
⑤ 감각적 경험에 의해 얻어진 주관적인 신념

4   [25년 9월 2번]

갑, 을 사상가들의 입장으로 옳지 <u>않은</u> 것은? 2점

갑: 행복이란 덕에 따르는 정신의 활동이며, 인간의 모든 행위가 추구하는 최고선이다. 인간만이 지닌 이성을 탁월하게 발휘하여 덕에 따라 살아갈 때 우리는 진정으로 행복할 수 있다.

을: 고통이 존재하지 않을 때는 더 이상의 쾌락은 필요하지 않다. 내가 말하는 쾌락은 방탕한 자들의 쾌락을 의미하는 것이 아니라, 사려 깊음을 통해 얻어지는 몸의 고통이나 마음의 혼란으로부터의 자유를 말한다.

① 갑: 행복한 삶을 위해서는 덕이 반드시 필요하다.
② 갑: 행복은 인간이 추구해야 할 궁극적인 목적이다.
③ 을: 정신적 쾌락보다 감각적 쾌락을 추구해야 한다.
④ 을: 쾌락은 몸과 마음의 고통으로부터 벗어난 상태이다.
⑤ 갑과 을: 행복에 이르기 위해 과도한 욕망을 절제해야 한다.

5

[19년 9월 8번]

갑 사상가의 관점에서 <사례> 속의 A에게 제시할 조언으로 가장 적절한 것은? 2점

> 갑: 우리가 '쾌락이 목적이다'라고 할 때, 이 말은 방탕한 자들의 쾌락이나 육체적 쾌락을 의미하는 것이 아니다. 내가 말하는 쾌락은 몸의 고통이나 마음의 혼란으로부터의 자유이다.
>
> <사례>
>
> 고등학생 A는 공부가 힘들고 괴롭지만 미래에 돈을 많이 벌고 싶어 하기 싫은 공부를 한다. 공부를 많이 해야 남보다 돈을 많이 버는 좋은 직업을 가질 수 있고 그것이 행복이라고 생각하기 때문이다.

① 행복은 육체적 쾌락의 충족에 있음을 명심하렴.
② 행복하려면 모든 욕망을 억제해야 함을 명심하렴.
③ 행복하려면 심신(心身)의 평온함을 갖도록 노력하렴.
④ 행복하려면 부와 명예가 필수 요소라는 것을 명심하렴.
⑤ 행복한 삶을 위해서는 물질적 풍요를 추구하도록 노력하렴.

6

[18년 6월 8번]

다음 글의 내용을 주장한 사상가의 입장에서 대답할 때, (A)에 들어갈 말로 가장 적절한 것은? 3점

> 인간은 생존에 필요한 생명의 기능, 감각과 운동의 기능, 정신의 이성적 활동 기능을 지니고 있다. 이 중 동식물에게는 없고 인간만이 지닌 특별한 기능은 정신의 이성적 활동 기능이다. 이 기능을 훌륭하게 발휘할 때, 삶의 궁극적 목적인 행복에 도달할 수 있다.

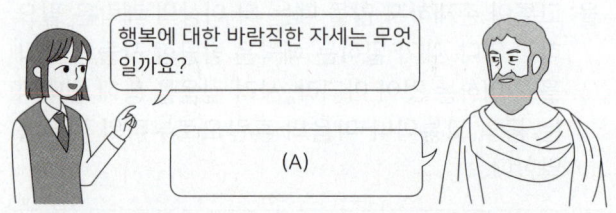

행복에 대한 바람직한 자세는 무엇일까요?

(A)

① 신의 은총을 통해 구원받는 삶을 추구해야 합니다.
② 물질적 풍요를 삶의 궁극적 목적으로 삼아야 합니다.
③ 행복한 삶을 위해서는 이성적 자기 성찰이 필요합니다.
④ 육체적 쾌락의 충족을 통해서 행복을 추구해야 합니다.
⑤ 인위적인 욕심을 버리고 자연에 따르는 삶을 살아야 합니다.

7

[20년 6월 8번]

(가)를 주장한 사상가의 입장에서 볼 때, (나)의 ㉠에 들어갈 진술로 가장 적절한 것은? 3점

(가)	우리는 옷을 필요로 하지만 그렇다고 화려한 옷을 구할 필요는 없다. 우리의 옷이 검소하다고 해서 어떤 고통이 발생하는 것은 아니다. 우리는 몸에 고통이 없고 마음의 불안이 없는 평온한 상태에서 가장 큰 만족을 누릴 수 있다.
(나)	학생: 행복한 삶을 살기 위해서는 어떻게 해야 하나요? 사상가: _____ ㉠ _____

① 육체적이고 감각적인 욕망을 최대한 충족시켜야 합니다.
② 구원을 받기 위해 신의 뜻을 따르려고 노력해야 합니다.
③ 과도한 욕심을 줄이고 정신적인 만족을 추구해야 합니다.
④ 모든 물질적 욕구를 버리고 자연의 순리에 따라야 합니다.
⑤ 만족스럽고 풍요로운 삶을 위해 권력과 명예를 좇아야 합니다.

8

[22년 9월 18번]

다음 글의 관점에서 <사례>의 A에게 제시할 조언으로 가장 적절한 것은? 2점

> 행복은 인간의 궁극적 목적이자 최고선이다. 이를 위해 인간의 고유한 기능을 훌륭하게 수행하는 것이 필요하다. 인간의 세 가지 기능은 영양 섭취와 같이 생존에 필요한 생명의 기능, 감각과 운동의 기능, 정신의 이성적 활동 기능이다. 이 중에서 정신의 이성적 활동 기능은 인간만이 가지고 있다. 인간이 이 기능을 탁월하게 수행할 때 참된 행복이 이루어진다.

> < 사 례 >
>
> 온라인 게임에 중독된 A는 컴퓨터 모니터 속 상대를 공격할 때 쾌락을 느낀다. A는 이런 순간적인 즐거움을 주는 게임이 최고의 행복이라고 생각한다.

① 모든 욕망을 제거하고 세속적인 삶에서 벗어나야 합니다.
② 감각적인 쾌락보다는 이성에 따르는 삶을 추구해야 합니다.
③ 육체적인 고통이 없는 상태만이 행복임을 자각해야 합니다.
④ 게임으로 얻는 순간적인 만족이 최고선임을 깨달아야 합니다.
⑤ 게임보다 운동을 통한 체력 증진이 궁극적 목적이어야 합니다.

9
[18년 11월 15번]

다음 사상가의 입장에서 갑에게 할 수 있는 조언으로 가장 적절한 것은? 2점

> 행복한 인생의 시작이자 끝은 쾌락이다. 왜냐하면 우리는 쾌락을 우리가 타고난 첫 번째 선(善)이라고 인식하기 때문이다. 이때의 쾌락은 방탕한 자들의 쾌락을 의미하는 것이 아니라 몸의 고통이나 마음의 혼란으로부터의 자유이다.

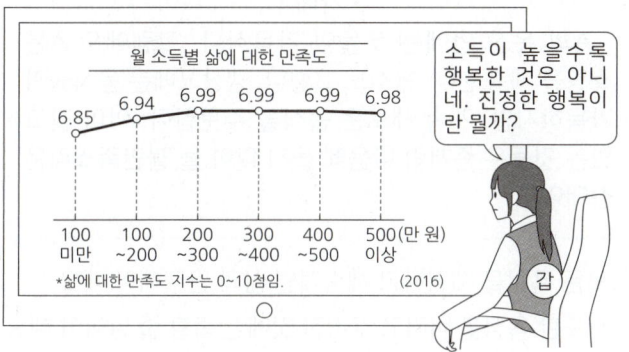

① 행복과 소득 수준이 항상 비례함을 명심하렴.

② 행복은 주어진 운명에 순응하며 사는 것임을 명심하렴.

③ 행복은 육체적 쾌락을 완전하게 충족하며 사는 것임을 명심하렴.

④ 행복은 물질적 욕구를 적극적으로 추구하며 사는 것임을 명심하렴.

⑤ 행복은 불필요한 욕구 충족이 아닌 평온한 마음을 유지하는 것임을 명심하렴.

10
[22년 6월 3번]

(가), (나)에서 공통적으로 강조하는 삶의 태도로 가장 적절한 것은? 2점

> (가) 만족할 줄 모르는 것보다 더 큰 재앙은 없고, 얻기만 바라는 욕심보다 더 큰 허물은 없다. 그래서 만족할 줄 아는 데에서 얻는 만족이야말로 영원한 만족이다.
>
> (나) 우리는 자연적이고 필수적인 욕구를 최소한으로 추구하는 소박한 삶을 살아야 한다. 결핍으로 인한 고통이 제거된다면, 단순한 음식에서도 큰 만족감을 얻을 수 있다.

① 노동을 통한 물질적 풍요를 추구해야 한다.

② 사회에서 성공하여 높은 지위를 획득해야 한다.

③ 지나친 욕구를 절제하여 검소하게 생활해야 한다.

④ 모든 욕구를 제거하고 자연의 이치를 탐구해야 한다.

⑤ 권력 획득을 위해 정치 활동에 적극적으로 참여해야 한다.

11
[24년 9월 14번]

다음 편지를 쓴 고대 서양 사상가가 강조하는 삶의 태도로 가장 적절한 것은? 2점

> ○○○에게
>
> 그동안 별일 없이 지냈는가? 이제 내가 생각하는 쾌락에 대해 이야기하려고 하네. 결핍으로 인한 고통이 제거된다면 단순한 음식도 우리에게 사치스러운 음식과 같은 쾌락을 준다네. 또한 빵과 물은 그것을 필요로 하는 사람에게 가장 큰 쾌락을 제공한다네. 그러므로 사치스럽지 않고 단순한 음식에 길들여지는 것은 우리들에게 완전한 건강을 주며, 우리가 생활하면서 꼭 필요한 것들에 주저하지 않게 해 준다네.

① 모든 욕구를 적극적으로 충족시켜야 한다.

② 행복을 위해 사치스러운 삶을 추구해야 한다.

③ 참된 쾌락을 얻기 위해 모든 욕구를 없애야 한다.

④ 행복한 삶을 위해 욕구를 분별하고 절제해야 한다.

⑤ 정신적 쾌락이 아닌 육체적 쾌락을 추구해야 한다.

12
[21년 6월 3번]

그림은 어느 사상가와 나눈 가상 대화이다. (가)에 들어갈 내용으로 가장 적절한 것은? 3점

① 모든 욕구를 부정하는 삶을 살아야 합니다.

② 부와 명예만을 획득하도록 노력해야 합니다.

③ 과도한 욕심을 버리는 절제된 태도를 지녀야 합니다.

④ 정신적인 쾌락이 아닌 육체적인 쾌락만을 추구해야 합니다.

⑤ 몸의 고통이 계속되어도 경쟁에 집착하는 태도를 지녀야 합니다.

13
[25년 3월 6번]

갑, 을 사상가들의 입장으로 적절한 것만을 [보기]에서 고른 것은? 3점

> 갑: 행복은 덕에 따른 영혼의 활동이다. 행복은 삶의 궁극적인 목적으로 인간의 고유한 기능인 이성을 잘 발휘할 때 달성된다. 마땅한 행위를 알고 습관화해야 행복에 도달할 수 있다.
>
> 을: 쾌락은 행복한 삶의 시작이자 끝이다. 쾌락은 몸의 고통과 마음의 불안이 없는 상태이다. 고통을 제거하려면 고통을 주는 욕구가 무엇인지 이성으로 분별해야 한다. 그래야 행복에 도달할 수 있다.

[보 기]

ㄱ. 갑: 행복은 목적을 달성하기 위한 수단일 뿐이다.

ㄴ. 갑: 행복해지기 위해서는 덕 있는 행위를 습관화해야 한다.

ㄷ. 을: 행복한 삶이란 어떠한 쾌락도 충족하지 않는 삶이다.

ㄹ. 갑과 을: 행복의 실현을 위해서는 이성을 발휘해야 한다.

① ㄱ, ㄴ ② ㄱ, ㄷ ③ ㄴ, ㄷ ④ ㄴ, ㄹ ⑤ ㄷ, ㄹ

14
대표 문제
[24년 6월 17번]

다음 글을 통해 추론할 수 있는 내용으로 가장 적절한 것은? 2점

> 백성에게 살아갈 수 있는 일정한 재산이나 생업[恒産]이 없으면 순수하고 변함없는 도덕적인 마음[恒心]을 유지하기 어렵다. 이러한 마음이 없으면 편벽*되고 악해질 것이며 백성의 삶을 불행하게 만들 것이다.
>
> * 편벽(偏僻): 한쪽으로 치우침.

① 백성의 도덕적인 마음과 행복은 아무런 관계가 없다.

② 백성은 행복한 삶을 위해 물질적 가치를 배제해야 한다.

③ 백성의 도덕적인 마음은 경제적 안정을 위한 우선 조건이다.

④ 백성의 행복을 위해 국가는 경제 활동에 개입해서는 안 된다.

⑤ 백성의 행복을 위해 최소한의 경제적 안정이 보장되어야 한다.

15
[21년 9월 3번]

(가)의 관점에서 <사례>의 A에게 제시할 조언으로 가장 적절한 것은? 2점

> (가) 만족할 줄 알면 수치를 겪지 않으며, 그칠 줄 알면 위태롭지 않을 터인즉, 오랫동안 안전할 수 있다. 만족을 모르는 것보다 더 큰 재앙은 없고, 탐욕을 부리는 것보다 더 큰 허물은 없다. 따라서 만족을 아는 만족이 영원한 만족이다.
>
> <사례>
>
> A의 옷장 안에는 옷들이 가득하다. 그럼에도 A는 쇼핑을 계속 한다. 음식도 그렇다. 냉장고에는 음식들이 가득하지만, 계속 새로운 음식을 주문한다. 이미 갖고 있는 것들은 좀처럼 마음에 들지 않아 늘 불만족스러운 상태이다.

① 모든 욕망을 제거하고 세속적인 삶과 단절해야 해요.

② 과도한 욕심을 버리고 주어진 것에 만족할 줄 알아야 해요.

③ 욕구불만인 상태를 유지하는 것이 행복임을 깨달아야 해요.

④ 현재의 삶에 만족하기만 하는 사람은 발전이 없음을 알아야 해요.

⑤ 육체적 쾌락 충족을 위한 소비가 진정한 소비임을 깨달아야 해요.

16
대표 문제
[25년 6월 12번]

다음을 주장한 서양 사상가 갑과 동양 사상가 을의 입장으로 옳지 <u>않은</u> 것은? 2.5점

> 갑: 행복을 위해 인간의 고유한 기능인 이성적 능력을 발휘해야만 합니다. 따라서 인간의 궁극 목적인 행복은 덕에 따르는 정신의 활동입니다.
>
> 을: 참된 삶을 위해 하늘로부터 부여받은 품성을 함양하고 타인과 함께 살아가야 합니다. 이를 위해 사랑의 정신인 인(仁)을 실천해야 합니다.

① 갑: 도덕적 덕은 옳은 행동의 습관화를 통해 형성된다.

② 갑: 행복한 삶을 살기 위해 반드시 덕을 갖추어야 한다.

③ 을: 행복을 위해 무위자연(無爲自然)의 삶을 추구해야 한다.

④ 을: 인을 실현하기 위해 부모에 대한 효(孝)를 다해야 한다.

⑤ 갑과 을: 참된 행복을 위해 욕구를 절제할 수 있어야 한다.

17

[22년 11월 9번]

(가)에 들어갈 진술로 가장 적절한 것은? 2점

> 물질적 풍요로움은 행복의 조건이 될 수 있지만, 행복 그 자체는 아니다. 아무리 물질적으로 풍요로운 상태라도 우리가 삶에 대해 느끼는 정신적 만족감이 떨어진다면 진정으로 행복하다고 말하기 어렵기 때문이다. 따라서 사람이 행복해지기 위해서는 물질적 조건뿐만 아니라 평화로운 마음, 타인을 배려하며 느끼는 보람 등과 같은 정신적 만족감이 필요하다. 결론적으로, 진정한 행복을 실현하기 위해서는 _____(가)_____

① 자기 자신의 모든 욕망을 제거해야 한다.

② 세속적인 부와 명예를 유일한 가치로 여겨야 한다.

③ 물질적 가치와 정신적 가치를 조화롭게 추구해야 한다.

④ 경제적 안정만으로도 행복이 보장된다는 점을 깨달아야 한다.

⑤ 남을 도우며 느끼는 만족감이 행복과 무관함을 인식해야 한다.

18

[21년 9월 6번]

다음 글에서 강조하고 있는 행복의 의미로 가장 적절한 것은? 2점

> 국내 태양광 스타트업이 개발한 휴대용 배터리가 전기 보급이 충분하지 않은 아프리카 지역에 도움을 주고 있어 화제다. 배터리 보급 이전에는 아이들이 학교에 가지 못하고 전기를 얻기 위해 일을 해야 했지만, 배터리가 보급되면서 아이들은 학교에 갈 수 있게 되었다. 이 스타트업 대표는 "배터리가 소외된 아프리카 지역 아이들에게 교육의 기회를 줄 수 있어 행복하다. 어린 시절에 나의 발명품으로 세상에 기여하는 일을 상상하였는데, 상상하던 일을 실현할 수 있게 되어서 기쁘다."라며 웃었다.

① 행복과 꿈의 실현 여부는 무관하다.

② 행복한 삶과 상상력의 크기는 반비례한다.

③ 물질적 조건만 충족되면 행복한 삶은 실현된다.

④ 행복한 삶을 위한 조건으로 발명은 반드시 필요하다.

⑤ 어려운 처지에 있는 타인을 도움으로써 행복해질 수 있다.

19

[18년 6월 12번]

(가), (나)에 나타난 행복의 기준에 대한 설명으로 옳은 것은? 3점

> (가) 산업화가 한창 진행 중이던 1970년대에는 가난에서 벗어나기 위해 돈을 버는 것에 행복을 느끼는 경우가 많았다. 그러나 현재에는 경제적 가치보다 자신의 삶을 의미 있고 풍요롭게 만드는 것에 더 큰 행복을 느끼는 경우가 많다.
>
> (나) 마실 물이 부족한 사막 지역에서는 깨끗한 물을 얻는 것만으로도 행복을 느끼는 경우가 많다. 한편 일조량이 부족한 북유럽 지역에서는 햇볕을 쬘 수 있는 것만으로도 행복을 느끼는 경우가 많다.

① (가)는 경제적 가치가 행복의 기준이 될 수 없다고 본다.

② (가)는 시대에 따라 행복의 기준이 다를 수 있다고 본다.

③ (나)는 도덕적 실천을 행복의 기준으로 삼아야 한다고 본다.

④ (나)는 자연환경이 행복의 기준에 영향을 줄 수 없다고 본다.

⑤ (가)는 (나)와 달리 행복의 기준을 공간적 관점에서 본다.

20

[21년 11월 6번]

다음 신문 칼럼의 입장으로 가장 적절한 것은? 2점

> ○○신문   ○○○○년 ○○월 ○○일
>
> **칼럼**
>
> 한 연구 결과에 의하면 일주일에 8시간 이상 봉사 활동을 하는 사람 중 95%가 봉사 활동 후 기분이 좋아지는 경험을 했다고 한다. 그들은 힘든 일을 하면서도 힘든 줄 몰랐을 뿐만 아니라 나눔을 실천하는 과정에서 행복감을 느꼈다고 한다. 이런 행복감을 왜 느끼는 것일까? 그것은 봉사 활동을 통해 자신의 이기적인 마음을 넘어 타인과 더불어 행복하게 사는 방법을 배울 수 있기 때문이다. 이러한 맥락에서 간디는 "보상을 구하지 않는 봉사는 남을 행복하게 할 뿐 아니라 우리 자신도 행복하게 한다."라고 하였다.

① 다른 사람과의 비교를 통해 행복을 얻을 수 있다.

② 행복한 삶을 위해서는 물질적으로 풍요로워야 한다.

③ 도덕적 실천은 다른 사람들에게만 행복을 가져다준다.

④ 자기 자신의 다양한 욕망을 자유롭게 추구할 때 행복해진다.

⑤ 타인을 배려하는 마음의 실천은 행복한 삶을 가능하게 한다.

21

[19년 6월 18번]

(가), (나)의 입장에 대한 설명으로 옳지 <u>않은</u> 것은? 2점

> (가) 우리는 행복에 대해 관심이 많다. 이러한 행복은 주변 환경에 많은 영향을 받는다. 따라서 남보다 얼마나 더 좋은 환경에 있는지가 중요하다.
>
> (나) 행복은 우리의 삶에서 매우 중요하다. 이러한 행복은 나의 마음가짐에 달려있다. 따라서 주변 여건에 대한 남들의 시선에 얽매이지 않아야 한다.

① (가)는 외적인 조건이 행복을 결정한다고 본다.
② (가)는 행복의 상대적 조건이 중요하다고 본다.
③ (나)는 타인과의 비교를 통해 행복을 느낀다고 본다.
④ (나)는 자신의 마음가짐이 행복을 결정한다고 본다.
⑤ (가), (나) 모두 행복이 삶의 중요한 가치라고 본다.

22

[23년 9월 4번]

(가), (나)에 나타난 행복의 조건에 대한 옳은 설명만을 [보기]에서 고른 것은? 3점

> (가) A국은 ○○국으로부터 독립하였으나 권위주의 정권이 수립되어 국민들을 과도하게 통제하고 있다. 이로 인해 정치 과정에 참여할 방법이 없어진 국민들은 무력감과 고통에 시달리고 있다.
>
> (나) B국의 세대별 행복 지수를 분석한 결과, 청년층과 노년층의 점수가 낮게 나타났다. 이에 대한 주요 원인으로 청년층은 심각한 취업난으로 인한 경제적 어려움을, 노년층은 부족한 생활비와 미흡한 복지 정책을 손꼽았다.

― [보 기] ―

ㄱ. (가)를 통해 주권 회복이 행복을 보장하는 유일한 조건임을 알 수 있다.
ㄴ. (가)를 통해 시민 참여를 보장하는 민주주의의 실현이 행복의 조건임을 알 수 있다.
ㄷ. (나)를 통해 노년층의 행복 지수는 사회 제도와 무관하게 결정됨을 알 수 있다.
ㄹ. (나)를 통해 경제적인 안정이 청년층과 노년층의 행복에 중요한 요소임을 알 수 있다.

① ㄱ, ㄴ ② ㄱ, ㄷ ③ ㄴ, ㄷ ④ ㄴ, ㄹ ⑤ ㄷ, ㄹ

23

[24년 6월 12번]

다음 글을 통해 추론할 수 있는 진정한 행복의 실현 조건으로 가장 적절한 것은? 2점

> 행복 관련 지수들은 대부분 주거, 소득, 고용, 수명, 교육 등을 행복 실현의 중요한 기준으로 삼는다. 하지만 해당 기준이 충분히 달성된다고 하더라도 스트레스나 상대적 박탈감 등의 요인에 의해 삶에 대해 느끼는 주관적 만족감이 떨어진다면 진정으로 행복한 삶이라고 말하기 어렵다.

① 물질적 풍요로움을 유일한 가치로 여겨야 한다.
② 현재의 행복을 희생하여 미래의 행복을 추구해야 한다.
③ 행복을 개인의 주관적 만족감과는 무관한 것으로 여겨야 한다.
④ 행복의 다양한 기준을 통합적으로 고려해 삶의 질을 높여야 한다.
⑤ 내면적 성장과 자아실현보다 외부 환경 개선을 위해 노력해야 한다.

24

[19년 9월 2번]

행복과 관련하여 다음 글에서 강조하고 있는 내용만을 [보기]에서 고른 것은? 2점

> 행복은 마음의 고요와 평화에서 온다. 마음의 고요와 평화는 애정과 연민에서부터 비롯되며 이를 위해서는 다른 사람의 기분을 섬세하게 헤아리는 세심함과 깊은 배려가 필요하다. 당신이 마음의 평온과 안정이라는 내적 품성을 갖추고 있다면 흔히 남들이 행복을 위한 필수 조건으로 여기는 여러 가지 외적 환경이 갖추어져 있지 않더라도 얼마든지 행복하고 즐거운 인생을 누릴 수 있다.

― [보 기] ―

ㄱ. 물질적 풍요는 행복한 삶을 보장한다.
ㄴ. 다른 사람과의 비교를 통해 행복해질 수 있다.
ㄷ. 타인의 감정을 진정으로 공감할 때 행복할 수 있다.
ㄹ. 남과 더불어 살아가려는 노력은 행복을 가져다준다.

① ㄱ, ㄴ ② ㄱ, ㄷ ③ ㄴ, ㄷ ④ ㄴ, ㄹ ⑤ ㄷ, ㄹ

25
[24년 9월 4번]

다음 글에서 강조하는 내용으로 가장 적절한 것은? (2점)

> 기부와 행복이 상관관계가 있는 것으로 많은 연구들에 의해 밝혀졌다. 기부를 한 사람들이 기부를 하지 않은 사람들에 비해 더 큰 행복감을 느꼈다고 밝혔으며, 기부에 참여한 사람의 행복 지수가 기부에 참여하지 않은 사람보다 더 높은 것으로 나타났다. 또한 기부를 받은 사람도 기부를 받은 후 행복 수준이 상승하였다.

① 기부 활동과 행복한 삶은 연관성이 없다.
② 도덕적 실천은 다른 사람에게만 행복을 가져다준다.
③ 자신과 타인의 비교를 통해서만 행복을 얻을 수 있다.
④ 남에 대한 무관심이 자신과 타인의 행복을 증가시킨다.
⑤ 남과 더불어 살아가려는 노력은 행복한 삶을 가능하게 한다.

27
대표 문제
[20년 6월 2번]

다음 글에 부합하는 내용으로 가장 적절한 것은? (3점)

> 소득의 증가와 행복의 증대는 관련 있지만 산업화된 여러 나라에서 소득 수준은 과거에 비해 크게 높아졌음에도 사람들의 행복감은 이에 비례하여 증가하지 않고 정체되어 나타났다. 이는 소득이 증가해도 일정 수준 이후에는 행복감이 변하지 않을 수 있음을 보여 준다.

① 소득이 적을수록 행복한 삶을 살 수 있다.
② 소득 증가는 행복한 삶과 상관관계가 없다.
③ 소득이 계속 증가할수록 행복은 계속 커진다.
④ 소득이 증가한다고 반드시 더 행복한 것은 아니다.
⑤ 국가가 부유해질수록 국민의 행복감은 더욱 높아진다.

26
[19년 9월 6번]

다음 글을 통해 알 수 있는 A국의 행복한 삶을 위한 조건으로 적절하지 않은 것은? (2점)

> A국의 행복 지수가 높은 이유는 다음과 같다. 첫째, 자연 에너지 강국으로서 에너지 자급률이 100%가 넘으며, 미세먼지 걱정 없는 삶을 살고 있다. 둘째, 국민들은 정부를 신뢰하며 정부는 고(高)세율 정책을 바탕으로 다양한 복지 정책을 추진하고 있다. 병원비가 평생 무료이며 교육비도 대학까지 무료이다. 또한 직장을 잃으면 실업 수당을 받는다. 셋째, 국회의원이 특별한 직업이 아니며, 사회의 다양한 사람들의 권리를 대변하는 다당제가 정착되어 있다. 시민들은 국가 정책 결정 과정에 적극적으로 의견을 제시하고 이는 국가 정책에 반영된다. 마지막으로 사회적 네트워크를 통한 연대와 협동을 강조하여 국민들이 소외감과 외로움을 느끼지 않도록 한다.

① 쾌적한 삶을 위한 깨끗한 자연환경
② 삶의 기본 조건들이 보장되는 복지 제도
③ 시민들의 적극적인 참여를 통한 민주주의 실현
④ 질병·실업 등의 위험을 본인이 책임지는 사회 문화
⑤ 자신뿐만 아니라 타인에게도 관심을 가지는 삶의 태도

28
대표 문제
[25년 6월 18번]

다음 자료의 (가), (나)에서 공통적으로 강조하는 행복 실현의 조건으로 적절한 것만을 [보기]에서 고른 것은? (2점)

> (가) 이중환이 저술한 『택리지』에 의하면 사람이 잘 살 수 있는 좋은 터는 지리(地理, 풍수적 명당)가 좋아야 한다. 그리고 생리(生利, 그 땅에서 생기는 이익, 풍부한 산물)와 인심(人心, 온순하고 순박)이 넉넉해야 하고, 산수(山水, 빼어난 경치)가 좋아야 한다.
>
> (나) 모든 사람은 자신과 가족의 행복 실현을 위해 적절한 생활 수준을 누려야 한다. 여기에는 쾌적한 자연환경뿐만 아니라 주택, 상수도 등의 기반 시설이 해당된다.

[보기]

ㄱ. 인간다운 삶을 위한 주거 환경을 만들어야 한다.
ㄴ. 삶의 질을 높일 수 있는 자연환경이 갖추어져야 한다.
ㄷ. 개인의 행복과는 상관없는 공동체의 이익을 추구해야 한다.
ㄹ. 시민의 참여를 보장할 수 있는 민주적인 법과 제도가 마련되어야 한다.

① ㄱ, ㄴ ② ㄱ, ㄷ ③ ㄴ, ㄷ ④ ㄴ, ㄹ ⑤ ㄷ, ㄹ

29

[19년 6월 5번]

(가), (나)에서 공통적으로 강조하는 행복한 삶의 조건으로 가장 적절한 것은? 2점

> (가) 실학자 이중환은 풍수적으로 좋은 땅, 경제 활동이 유리한 여건, 풍류를 즐길 만한 자연 경관, 좋은 인심과 풍속을 모두 갖추어야 사람이 살기 좋은 곳이라고 하였다.
>
> (나) 최근 사람들은 거주지를 선택할 때 깨끗한 공기, 충분한 녹지 환경, 교육 환경, 의료 시설, 대중 교통의 편리성 등을 중요하게 고려한다.

① 풍요로운 삶을 위해 사회적 지위가 높아야 한다.

② 행복한 삶을 위해 질 높은 정주 환경을 조성해야 한다.

③ 삶의 질을 유지할 수 있도록 경제 규모를 확대해야 한다.

④ 행복한 삶에 대해 성찰하고 도덕적 행위를 실천해야 한다.

⑤ 시민이 자발적으로 참여하는 민주주의 사회를 건설해야 한다.

30

[21년 6월 5번]

(가)에 들어갈 내용으로 가장 적절한 것은? 2점

> 중세에는 종교적 절대자나 군주의 뜻을 따르는 데 개인의 행복이 있다고 여겼다. 근대에 들어 산업화가 시작되면서는 물질적 기반을 확보하고 개인의 권리를 보장 받는 것이 행복의 중요한 기준이라고 보았다. 오늘날에는 물질적 풍요 외에도 자신이 부여한 삶의 가치와 심리적 만족감 등이 중시되고 있다. 결론적으로 행복의 기준은 [(가)   ]

① 시대적 상황에 따라 다르게 나타난다.

② 지역을 초월하여 보편타당하게 정해진다.

③ 타인과의 비교를 통해 절대적으로 결정된다.

④ 의식주 등 기본적 욕구와 상관없이 정해진다.

⑤ 소수 지배자의 통치 목적을 실현하기 위해 정해진다.

31

[18년 9월 8번]

다음 글이 강조하는 내용으로 가장 적절한 것은? 2점

> 소득이 일정한 수준에 도달하면 더 이상 소득이 증가되더라도 행복이 증진되지는 않는다. 하지만 소득이 일정한 수준에 도달하지 않은 경우는 다르다. 특히 기근의 상황에서 행복한 삶은 거의 불가능하다. 흔히 기근으로 인한 고통스러운 삶의 원인을 식량 감소에서 찾지만, 정부가 국민의 복지에 관심을 두고 합당한 식량 정책을 갖추면 식량이 감소해도 기근은 발생되지 않는다. 식량 부족량을 교정할 정부 정책이 실패할 때 기근으로 인해 국민의 삶은 고통스러워진다.

① 정부가 경제 영역에 개입하지 않을 때 국민 행복은 증대된다.

② 경제적 소득이 높아질수록 개인의 삶의 질은 언제나 높아진다.

③ 식량 생산의 증감은 국민 행복의 증감과 절대적으로 비례한다.

④ 정부의 정책 및 사회 제도는 개인의 행복한 삶에 영향을 미친다.

⑤ 행복은 정신적 만족감이므로 기본적인 욕구 충족과 관련이 없다.

32

[22년 9월 2번]

다음을 통해 추론할 수 있는 행복의 조건으로 가장 적절한 것은? 2점

> 일반 백성은 일정한 생업[恒産]이 없으면 흔들림 없는 도덕적인 마음[恒心]도 없어진다. 도덕적인 마음이 없어지면 방자하고 사치스러운 짓을 하게 된다. 그러므로 어질고 지혜로운 통치자는 백성의 생업을 보장해 주어야 하며, 그런 연후에 그가 백성들을 선으로 인도할 때 백성들이 그에 따를 수 있다.

① 도덕적 삶을 위해 물질적 가치를 모두 배제해야 한다.

② 구성원의 참여가 활성화된 민주적 제도를 확립해야 한다.

③ 국가는 사회 구성원 모두의 경제적 안정을 도모해야 한다.

④ 자신의 사회적 지위를 과시하기 위한 소비를 추구해야 한다.

⑤ 생업 보장보다는 쾌적한 자연 환경의 조성을 우선해야 한다.

33
[23년 6월 5번]

행복의 기준에 대한 강연자의 입장으로 가장 적절한 것은? 2점

> 21세기에도 먹을 것이 부족한 지역에서는 음식을 얻으면 행복을 느낄 것이고, 민주주의가 실현되지 않은 국가에서는 정치적 자유를 누릴 때 행복을 느낄 것입니다. 또한 전쟁이 발생한 지역에서는 평화가 행복의 기준이 될 수 있습니다.

① 행복의 기준은 자신이 처해 있는 환경과 무관하다.
② 모든 사람에게 행복의 기준은 획일적으로 적용된다.
③ 지역 여건에 따라 행복의 기준은 다양하게 나타난다.
④ 시대적 상황과 무관하게 행복의 객관적 기준은 동일하다.
⑤ 진정한 행복은 현세(現世)가 아닌 내세(來世)에서 실현된다.

34
[20년 9월 5번]

밑줄 친 ㉠을 통해 알 수 있는 행복의 의미로 가장 적절한 것은? 2점

> 아프리카 ○○ 부족의 문화를 연구하던 인류학자가 아이들을 모아 놓고 게임을 제안했다. 큰 나무 밑에 과자가 가득 담긴 바구니를 놓아두고, 달리기를 하여 나무 밑에 1등으로 도착하는 아이에게 선물로 주는 게임이었다. 그런데 출발을 외치는 순간, 아이들은 마치 약속이라도 한 듯 모두 손을 잡고 뛰어 가는 것이었다. 그리고는 선물 바구니에 있는 과자를 받아 행복한 미소를 지으며 함께 먹기 시작했다. 의아하게 생각한 학자가 그 이유를 묻자, 아이들이 "㉠우분투(Ubuntu)!"라고 답했다.
>
> * 우분투: "네가 있기에 내가 있다. 그리고 우리가 있기에 내가 있다." 라는 뜻을 가진 아프리카 반투어이다.

① 남보다 많은 것을 얻었을 때 느끼는 기분이다.
② 슬픔을 회피하고 거부할 때 얻을 수 있는 정서이다.
③ 공동체 구성원들과 함께 연결되어 느끼는 감정이다.
④ 물질적인 욕망이 충족될 때 얻을 수 있는 감정이다.
⑤ 타인과 분리되어 홀로 있을 때 충족되는 만족감이다.

35
대표 문제
[20년 9월 12번]

㉠에 들어갈 내용으로 가장 적절한 것은? 2점

> 독재자인 A국의 대통령은 정치적 경쟁자나 비판적인 언론인을 투옥시키고, 시민들의 언론·출판·집회·결사의 자유를 억압하였다. A국의 타락한 정치인들은 부정부패로 많은 재산을 축적하였고, 국민들은 빈부격차와 높은 범죄율로 고통 받고 있다. 반면, B국은 정치제도뿐만 아니라, 자신들의 생활과 관련된 문제, 국제문제에 이르기까지 주민들이 직접 참여하여 자신의 의사를 정치에 반영하면서 행복을 스스로 실현하기 위해 노력하고 있다. 이는 행복한 삶을 위해서는 [㉠]이 필요함을 보여준다.

① 시민들의 참여가 보장되는 민주주의 체제 실현
② 사회 비판을 방지하는 국가 중심주의 체제 확립
③ 정치인과 기업 간 정경유착을 통한 경제 성장 도모
④ 빈부 격차 해결을 위한 모든 국민의 사유 재산 국유화
⑤ 정책 결정의 효율성을 높일 수 있는 일당(一黨)제도 추진

36
[윤사 고2 19년 3월 13번]

을이 갑에게 제기할 수 있는 반론으로 가장 적절한 것은? 3점

> 갑: 인민의 주권은 양도될 수 없다. 주권자는 그 자신에 의해서만 온전히 대표될 수 있으며, 다른 누구에 의해 대표될 수 없다. 그래서 대의원을 선출하는 순간, 인민은 자유를 잃게 된다.
>
> 을: 인민이 주권을 직접 행사하는 것이 궁극적으로 바람직하다. 그러나 이는 작은 공동체에서나 가능하며, 현실적으로는 선출된 대표를 통해 통치 권력을 행사하는 대의제가 완전한 정부 형태이다.

① 인민은 대의원에 의해 대표될 수 없음을 간과한다.
② 인민이 정치적 의사 결정을 직접 해야 함을 간과한다.
③ 인민의 직접적인 주권 행사가 바람직한 것임을 간과한다.
④ 인민의 규모에 상관없이 대의제를 추구해야 함을 간과한다.
⑤ 인민의 자유는 대의제를 통해서도 보장될 수 있음을 간과한다.

37

[22년 6월 17번]

다음 글의 입장에서 지지할 내용으로 적절한 것만을 [보기]에서 고른 것은? **2점**

기근의 원인을 홍수와 가뭄에서 찾는 사람들이 있지만, 실제로 많은 국가에서는 그와 같은 자연재해를 겪고도 기근이 일어나지 않았다. 왜냐하면, 민주적 선거가 이뤄지고 정부에 대한 비판과 언론의 자유가 보장된 국가는 굶주림의 고통을 방지하고자 신속하고 체계적으로 대응했기 때문이다.

[보기]

ㄱ. 기근을 피할 수 있는 국가는 없다.
ㄴ. 민주주의 국가는 굶주림의 고통에 적극적으로 대처한다.
ㄷ. 사회 안전망이 갖추어지면 홍수와 가뭄이 발생하지 않는다.
ㄹ. 시민의 활발한 정치 참여는 정부의 기근 방지 노력에 기여한다.

① ㄱ, ㄴ ② ㄱ, ㄷ ③ ㄴ, ㄷ ④ ㄴ, ㄹ ⑤ ㄷ, ㄹ

38

[22년 6월 7번]

다음 가상 편지를 쓴 사람이 강조하는 내용으로 가장 적절한 것은? **2점**

○○에게

행복한 삶을 위해서는 의식주가 어느 정도 충족되어야 한다는 자네의 의견에 공감하네. 경제적 풍요로움은 삶을 윤택하게 하는 데 도움이 되기 때문일세. 그러나 물질적인 요소에 얽매여 바람직한 삶에 대한 숙고와 인간으로서 마땅히 행해야 할 바를 결코 잊어서는 안 되네. 공자는 예(禮)가 아니면 보지도 말며, 듣지도 말며, 말하지도 말며, 움직이지도 말라고 하셨네. 자네가 공자의 가르침을 되새기며 진정으로 행복한 삶이 어떠한 삶인지 고민해 보기 바라네. … (후략).

① 명예와 부의 축적은 행복한 삶의 궁극적 목표이다.
② 윤리적 성찰과 실천은 행복한 삶의 핵심을 이룬다.
③ 정치적으로 안정되지 않으면 행복한 삶이 불가능하다.
④ 질 높은 정주 환경은 행복한 삶의 유일한 선결 조건이다.
⑤ 경제적 안정이 보장되면 행복한 삶은 필연적으로 실현된다.

39

[생윤 17년 6월 6번]

다음 글은 신문 칼럼이다. 칼럼에서 강조하는 삶의 자세로 가장 적절한 것은? **2점**

○○신문	○○○○년 ○○월 ○○일

칼 럼

우리는 매일 반복되는 일상 속에서 하루하루 바쁘게 살아간다. 하지만 우리가 의미 있는 삶을 살아가기 위해서는 습관적인 행위조차도 그 의미를 되새겨 볼 필요가 있다. 『논어』에서는 훌륭한 인격을 갖추기 위해 다음과 같이 매일 세 번 자신의 행동에 대해 반성할 것[一日三省]을 강조한다.

"남을 위해서 일을 하는 데 정성을 다하였는가?
벗들과 함께 서로 사귀는 데 신의(信義)를 다하였는가?
스승에게 배운 것을 익히고 실천했는가?" …(후략)…

① 도덕적 삶을 부정하고 자연의 섭리에 순응해야 한다.
② 자신의 삶을 성찰하고 인격 완성을 위해 노력해야 한다.
③ 자신의 이익에 따라 상대방을 각각 다르게 대해야 한다.
④ 일상생활 속의 사회적 관습은 무비판적으로 따라야 한다.
⑤ 삶에 대한 반성은 타인의 잘못된 행위에 국한시켜야 한다.

40

[생윤 고2 19년 3월 20번]

그림은 영화 대본이다. 갑의 입장으로 가장 적절한 것은? **3점**

< 영화 "갑의 변론" 대본 >
S# 7. 갑은 고대 그리스의 철학자이다. 그는 청년들을 타락시키고 국가가 인정하는 신들을 믿지 않는다는 죄목으로 고발당하여, 아테네의 법정에서 자신을 변론하고 있다.

재판관: 당신은 이곳을 떠나서 침묵하며 살 수는 없겠습니까?
갑: 저는 지혜를 얻기 위한 대화를 하지 않으면서 조용히 살아갈 수는 없습니다. 그렇게 하는 것은 오히려 신에게 복종하지 않는 것입니다. 저는 늘 자신을 성찰하고, 덕(德)과 타인의 언행을 진지하게 검토하려 합니다. 저는 이것이 최대의 선(善)이라고 생각합니다. 검토하지 않는 삶은 인간다운 삶이 아니라고 저는 확신합니다.

① 다른 사람과의 대화는 진리 탐구의 방법이 될 수 없다.
② 인간답게 살기 위해 자신의 부족함을 살펴 개선해야 한다.
③ 자기 삶에 대한 반성이 없어도 최대의 선을 실현할 수 있다.
④ 공동체를 벗어나 은둔의 삶을 살아야 최고선을 얻을 수 있다.
⑤ 좋은 인간관계를 유지하기 위해 타인의 잘못을 묵인해야 한다.

41 대표 문제 [23년 6월 9번]

(가), (나)에서 공통적으로 강조하는 행복한 삶을 위한 자세로 가장 적절한 것은? 2점

> (가) 고대 그리스 철학자 소크라테스는 "반성하지 않는 삶은 살 가치가 없다."라고 하였다. 그는 자신의 삶을 끊임없이 돌아보고 무지(無知)를 깨달아 도덕적인 삶을 사는 것이 행복이라고 주장하였다.
>
> (나) 고등학생 ○○은 사회적으로 인정받는 직업과 자신이 원하는 직업 사이에서 고민하였다. 이후 자신이 소중히 여기는 가치를 인식하고, 자신에게 진정으로 행복감을 주는 직업을 선택하기로 하였다.

① 세속적 성공을 도덕적인 가치보다 우선시해야 한다.
② 개인의 행복보다 타인의 요구를 먼저 고려해야 한다.
③ 육체적인 쾌락을 정신적인 만족감보다 중시해야 한다.
④ 삶에 필요한 도구적 가치를 우선적으로 추구해야 한다.
⑤ 삶을 스스로 점검하고 성찰하는 태도를 함양해야 한다.

42 [24년 3월 4번]

다음 가상 편지에서 강조하는 내용으로 가장 적절한 것은? 2점

> ○○에게
>
> 요즘 자네가 행복에 이르는 방법에 대해 고민하고 있다고 들었네. 행복은 인간의 영혼 중에서 이성과 관련된 능력을 탁월하게 발휘하는 것을 의미한다네. 따라서 이성을 통해 도덕적 행위가 무엇인지를 파악하고 이를 반복적으로 실천한다면 좋은 품성을 기를 수 있을 걸세. 그러면 인간 행위의 최종 목적인 행복에 다가갈 수 있다네.

① 현실 세계에서는 행복한 삶에 도달할 수 없다.
② 좋은 품성은 한 번의 도덕적 행위만으로 형성된다.
③ 인간이 추구하는 궁극적인 목적은 존재하지 않는다.
④ 도덕적 행위를 습관화하는 것은 행복에 이르는 데 기여한다.
⑤ 인간의 기능을 탁월하게 발휘하는 것은 행복과 관계가 없다.

43 [25년 9월 14번]

(가), (나)에 나타난 행복한 삶을 위한 조건에 대한 옳은 설명만을 [보기]에서 고른 것은? 1.5점

> (가) 일반 백성은 고정적인 생업[恒産]이 없으면 흔들림 없는 도덕적인 마음[恒心]을 유지하기 어렵다. 그러므로 현명한 임금은 백성들이 생업을 가지게 해 주되 반드시 위로는 부모를 섬기기에 충분하게 하고, 아래로는 자녀를 먹여 살릴 만하게 하여 백성들을 바른 길로 나아가게 한다.
>
> (나) 무릇 살 터를 잡는 데는 첫째, 지리(地理)가 좋아야 하고 다음은 생리(生利)가 좋아야 하며, 다음은 인심(人心)이 좋아야 하고, 아름다운 산과 물인 산수(山水)가 있어야 한다. 이 네 가지에서 하나라도 모자라면 살기 좋은 땅이 아니다.
>
> * 생리(生利): 지역에서 얻는 경제적 이익
> ** 인심(人心): 넉넉하고 좋은 이웃 간의 정(情)

[보 기]

ㄱ. (가)를 통해 도덕적인 마음은 경제적 안정을 위한 우선 조건임을 알 수 있다.
ㄴ. (가)를 통해 인간다운 삶을 위해 일정한 수준의 소득이 필요함을 알 수 있다.
ㄷ. (나)를 통해 이웃과의 교류가 없는 조용한 곳을 거주지로 정해야 함을 알 수 있다.
ㄹ. (나)를 통해 질 높은 정주 환경을 위해 자연 환경뿐만 아니라 인문 환경도 필요함을 알 수 있다.

① ㄱ, ㄴ ② ㄱ, ㄷ ③ ㄴ, ㄷ ④ ㄴ, ㄹ ⑤ ㄷ, ㄹ

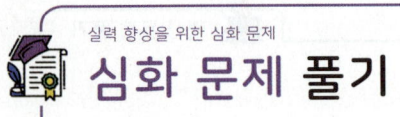

1 대표 문제 [24년 10월 17번]

다음 가상 편지를 쓴 사람의 입장으로 가장 적절한 것은? 2점

> ○○에게
>
> 인간 삶의 목적인 행복이 무엇인지 고민하는 자네의 편지를 잘 읽어 보았다네. 나는 행복이 곧 쾌락이라고 생각한다네. 그러나 오해하지 말았으면 좋겠다네. 당장에는 쾌락을 주더라도 그보다 더 많은 고통이 뒤따르는 쾌락은 우리를 불행하게 만든다네. 내가 말하는 쾌락은 육체의 고통이 없고 마음에 불안이 없는 상태를 의미한다네. 이러한 상태에 도달하려면 우리는 명예욕처럼 삶에 필수적이지 않은 욕구를 버리고, 식욕과 같이 생존을 위한 욕구는 건강을 해치지 않을 정도로만 추구해야 한다네.

① 쾌락은 행복에 어떠한 영향도 끼칠 수 없다.

② 명예를 얻으려는 욕구를 멀리해야 행복할 수 있다.

③ 고통이 뒤따르는 쾌락은 언제나 행복으로 이어진다.

④ 모든 욕구를 적극적으로 추구할수록 행복이 커진다.

⑤ 건강을 유지할 만큼의 식욕 추구는 행복을 저해한다.

2 대표 문제 [23년 6월 3번]

다음의 대화에서 (가)에 들어갈 내용으로 가장 적절한 것은? 2점

> 삶의 궁극적 목적인 행복은 지적 활동을 통해 얻는 것이라고 하셨습니다. 행복해지기 위해서는 구체적으로 어떻게 해야 합니까?

> 인간이 행복해지기 위해서는 동·식물에 없는, 인간만이 지닌 탁월성을 발휘해야 합니다. 구체적인 방법은
> (가)

갑

을

① 감각적 쾌락을 추구하는 삶을 살아야 합니다.

② 이성의 기능을 발휘하여 지혜를 얻어야 합니다.

③ 부와 권력을 최우선시하는 삶을 살아야 합니다.

④ 인간의 본능에 충실하여 욕구를 만족시켜야 합니다.

⑤ 공동체와 관계없이 사적인 이익을 추구해야 합니다.

3 [20년 9월 17번]

(가)의 관점에서 볼 때, (나)의 퍼즐 속 세로 낱말 ❷에 대한 옳은 설명만을 [보기]에서 고른 것은? 2점

(가)	인간은 생존에 필요한 생명의 기능, 감각과 운동의 기능, 정신의 이성적 기능을 지니고 있다. 이성적 기능은 사람만이 가진 특별한 기능이고, 이를 잘 발휘하는 것이 최고의 선(善)이다. 최고선을 실현하는 것이 삶의 궁극적 목적이다.
(나)	(퍼즐) ❶ 여 ❷ / ❸ / 제 도 <가로 열쇠> ❶ 일이나 유람을 목적으로 다른 고장이나 외국에 가는 일 ❸ 삶의 질에 대한 기준을 높이고, 국민 전체가 행복하게 살아갈 수 있도록 하는 데 중점을 두어 노력하는 정책이나 제도 <세로 열쇠> ❷ … 개념

[보 기]

ㄱ. 이성의 기능이 잘 발휘될 때 이뤄진다.

ㄴ. 물질적 조건만 충족되면 얻을 수 있다.

ㄷ. 인간이 추구하는 삶의 궁극적인 목적이다.

ㄹ. 육체적 욕망 충족이 가장 중요한 요소이다.

① ㄱ, ㄴ ② ㄱ, ㄷ ③ ㄴ, ㄷ ④ ㄴ, ㄹ ⑤ ㄷ, ㄹ

4

[20년 11월 12번]

㉠에 대한 강연자의 입장에만 모두 '√'를 표시한 학생은? 3점

우리는 자연적인 쾌락을 최소한으로 추구해야 합니다. 즉, 식사는 잘하되 욕구를 최소한으로 만족시키고, 성적 욕구를 충족하되 일정한 범위를 넘어 서지 말아야 합니다. 왜냐하면 과도한 욕구의 추구는 고통을 일으키기 때문입니다. 이처럼 과도한 욕구를 절제함으로써 얻는 것이 마음의 평온함이며, 이러한 마음의 평온함을 통해 ㉠참된 행복을 얻을 수 있습니다.

입장 / 학생	갑	을	병	정	무
자연적인 쾌락의 극대화를 통해 얻어진다.	√	√		√	
고통이 사라진 마음의 평온함을 통해 얻어진다.			√	√	√
과도한 욕심을 버린 절제 있는 삶을 통해 얻어진다.	√		√		√
정신적 쾌락이 아닌 육체적 쾌락만을 통해 얻어진다.		√		√	√

① 갑 ② 을 ③ 병 ④ 정 ⑤ 무

5 대표 문제

[23년 9월 1번]

다음 글이 강조하는 내용으로 가장 적절한 것은? 2점

사람은 다양한 감각을 통해 사물을 지각하고, 같은 상황에서도 마음이 어떻게 작용하느냐에 따라 기쁨과 같은 긍정적 감정 또는 분노와 같은 부정적 감정을 표출한다. 이와 관련하여 석가모니는 인간의 마음에 도사리는 삼독(三毒), 즉 탐욕과 성냄, 어리석음이 모든 고통의 원인이므로 이를 경계할 것을 강조하였다. 우리는 이러한 진리를 깨닫고 현대 사회가 부추기는 물질적 욕망과 경쟁 속에서 자신의 마음 밭을 가꾸어야 한다. 또한 자신이 가진 것에 감사하고 이웃을 사랑하며 더불어 살아갈 때 진정한 행복이 실현된다.

① 고통의 근원인 감정을 모두 제거해야 한다.
② 세속적 욕망의 성취를 통해 삼독을 소멸시켜야 한다.
③ 경쟁 중심의 사회에서 벗어나 자연 속에서 혼자 살아야 한다.
④ 자신의 마음을 다스리고 이웃 사랑을 실천하는 데 힘써야 한다.
⑤ 분노를 줄이기 위해서는 마음이 아니라 상황을 통제해야 한다.

6

[24년 6월 2번]

다음 사상가의 입장에서 강조하는 행복한 삶을 위한 자세로 가장 적절한 것은? 3점

가장 적은 양을 필요로 하는 사람이 사치에 가장 큰 기쁨을 느낀다. 결핍 때문에 생기는 고통이 제거된다면, 단순한 음식도 우리에게 사치스러운 음식과 같은 쾌락을 준다. 그러므로 쾌락은 몸의 고통이나 마음의 혼란으로부터의 자유이다.

① 정신적 쾌락보다 육체적 쾌락을 추구해야 한다.
② 종교적 절대자인 신의 뜻에 성실히 따라야 한다.
③ 욕구 분별과 절제를 통해 검소한 삶을 살아야 한다.
④ 이성의 기능을 발휘하여 모든 쾌락을 제거해야 한다.
⑤ 모든 욕구를 제거하고 자연의 질서에 순응해야 한다.

7

[25년 6월 17번]

다음 자료의 밑줄 친 ㉠~㉤에 대한 설명으로 옳지 않은 것은? 2.5점

교사: 민주주의를 주제로 발표를 계획하고 있죠? 계획한 내용을 간략히 소개해 주세요.

학생: 우리 모둠은 ㉠민주주의의 의미 및 ㉡민주 시민의 자세를 조사하고자 합니다. 그리고 민주주의의 지리적 확산과 지역적 차이를 파악하고자 합니다. 마지막으로 ㉢민주주의의 실현을 위한 제도적 장치를 살펴볼 것입니다.

교사: 좋아요. ㉣시간적 관점에서의 고찰을 추가한다면 ㉤통합적 관점에서 민주주의를 더욱 잘 파악할 수 있겠습니다.

① ㉠에는 시민이 주권을 가지고 국가를 스스로 다스린다는 정치 이념이 내포되어 있다.
② ㉡으로 주체적이고 자율적인 삶의 태도를 지니는 것을 들 수 있다.
③ ㉢에는 선거 제도, 권력분립 제도가 포함될 수 있다.
④ ㉣이 부각된 사례로 '민주주의 발전을 위한 정책 제안'을 들 수 있다.
⑤ ㉤은 복잡한 사회현상을 종합적으로 이해하기 위해 필요하다.

8

[21년 9월 2번]

다음은 행복 실현의 조건에 관한 게임 규칙을 설명한 것이다. 게임 규칙에 따라 이동하게 될 경로로 옳은 것은? 2점

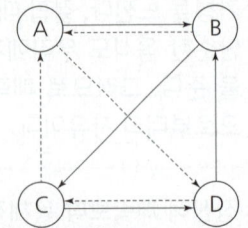

[게임 규칙]
- 출발 지점은 A이다.
- 진술 (가)→(나)→(다)→(라)의 순서대로 진행한다.
- 진술이 행복 실현의 조건에 부합하면 실선 방향으로 한 지점만, 부합하지 않으면 점선 방향으로 한 지점만 이동한다.

순서	진술
(가)	삶의 질을 유지할 수 있는 경제적 안정이 보장되어야 한다.
(나)	시민 참여가 활성화될 수 있는 민주적 제도를 마련해야 한다.
(다)	인간다운 삶을 보장하는 질 높은 정주 환경을 조성해야 한다.
(라)	바람직한 삶에 대한 성찰을 토대로 도덕적 가치를 실천해야 한다.

① A-B-C-D-B ② A-B-C-D-C
③ A-D-B-C-A ④ A-D-C-A-D
⑤ A-D-C-D-B

9

[18년 9월 16번]

다음 글이 강조하는 내용을 [보기]에서 고른 것은? 3점

인간의 궁극적 목적은 완전한 행복이다. 이러한 행복은 도덕성이 바탕이 될 때 가능하며, 도덕성이 높을수록 인간은 진정으로 행복해진다. 도덕성이 우리를 행복할 만한 가치가 있도록 만들기 때문이다. 물론 선한 행위가 언제나 혹은 곧바로 행복을 가져다주지 않을 수 있다. 그럼에도 우리는 선한 행위를 함으로써 스스로를 장래에 행복하게 될 만한 가치가 있도록 만들어야 한다.

[보 기]
ㄱ. 도덕적인 삶은 행복한 삶의 필수 조건이다.
ㄴ. 도덕적 행위는 즉각적으로 행복을 가져온다.
ㄷ. 인간의 궁극적 목적은 선한 삶 속에서 실현된다.
ㄹ. 완전한 행복은 물질적 조건들만 충족되면 실현된다.

① ㄱ, ㄴ ② ㄱ, ㄷ ③ ㄴ, ㄷ ④ ㄴ, ㄹ ⑤ ㄷ, ㄹ

10

[19년 6월 16번]

밑줄 친 ㉠에 해당하는 지역을 지도의 A~C에서 찾아 (가)에 들어갈 내용과 가장 적절하게 연결한 것은? 2점

㉠내가 사는 지역은 내전으로 항상 생명의 위협을 받고 있어서 고향을 떠나는 사람이 늘고 있어. 지금 나에게는 (가) 이/가 가장 필요한 행복의 기준이야. 누구든 가장 부족한 것이 충족될 때 행복해지는 법이거든.

　㉠　　　(가)
① A - 일조량의 확보
② B - 평화와 정치적 안정
③ B - 기아와 질병 탈출
④ C - 일조량의 확보
⑤ C - 평화와 정치적 안정

11

[18년 6월 20번]

학생이 표시한 답이 옳은 것을 ㉠~㉢ 중에서 고른 것은? 3점

<형 성 평 가>
1학년 ○반 ○번 ○○○

※ 글쓴이가 지지할 주장으로 옳으면 '예', 틀리면 '아니요'에 'V'를 표시하시오.

행복한 삶을 실현하기 위한 조건
행복한 삶을 살기 위해서는 의식주와 같이 기본적인 경제적 조건과 안전한 삶의 공간이 갖추어져야 한다. 또한 민주적 절차와 참여가 보장되어야 자유롭고 평등한 삶을 살 수 있다. 아울러 공동체가 유지되려면 사회 구성원들이 올바른 가치관을 가지고 실천하는 풍토가 조성되어야 한다.

- 주장1: 질 높은 정주 환경이 보장되어야 행복한 삶을 살 수 있다.　　　예 ☑ 아니요 □ ·········· ㉠
- 주장2: 국민의 소득 수준과 삶의 질은 서로 관계가 없다.　　　예 ☑ 아니요 □ ·········· ㉡
- 주장3: 행복을 실현하기 위해 국가는 시민의 정치 참여를 제한해야 한다.　　　예 □ 아니요 ☑ ·········· ㉢
- 주장4: 공동체의 행복을 위해서 도덕적 가치를 실천해야 한다.　　　예 □ 아니요 ☑ ·········· ㉣

① ㉠, ㉡ ② ㉠, ㉢ ③ ㉡, ㉢ ④ ㉡, ㉣ ⑤ ㉢, ㉣

12 대표 문제
[21년 6월 8번]

교사의 질문에 적절한 답변을 한 학생만을 고른 것은? 3점

학습 주제: 행복한 삶을 위한 조건
(가) 질 높은 정주 환경
(나) 민주주의의 실현
(다) 경제적 안정
(라) 도덕적 실천

행복한 삶을 위한 조건 (가) ~ (라)에 대해 설명해 보세요.

 갑
 을
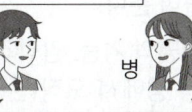 병
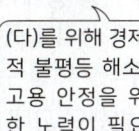 정

갑: (가)는 교통, 복지, 문화 시설 등 인문 환경적 요소만을 포함합니다.

을: (나)는 권위주의적 정치문화의 확산을 통해 달성할 수 있습니다.

병: (다)를 위해 경제적 불평등 해소, 고용 안정을 위한 노력이 필요합니다.

정: (라)를 위해 바람직한 가치를 행동으로 옮기려는 실천의지가 필요합니다.

① 갑, 을   ② 갑, 병   ③ 을, 병   ④ 을, 정   ⑤ 병, 정

14
[윤사 고2 19년 3월 8번]

다음을 주장한 한국 사상가의 관점에만 모두 '√'를 표시한 학생은? 3점

공부를 시작하는 사람은 성인(聖人)이 되는 것을 목표로 삼아야 한다. 보통 사람과 성인의 본성[性]은 동일하다. 비록 기질(氣質)에 맑음과 흐림, 순수함과 잡박함의 차이가 있지만, 참되게 알고 실제로 행하여 본성을 회복한다면 선(善)이 다 갖추어진다.

관점 \ 학생	갑	을	병	정	무
인간의 본성에는 선이 갖추어져 있다.	√	√		√	
인간은 같은 본성을 가지고 태어난다.	√			√	√
성인이 되기 위해 도덕적 수양이 필요하다.			√	√	√
공부의 목표는 악한 본성을 변화시키는 것이다.			√	√		√

① 갑   ② 을   ③ 병   ④ 정   ⑤ 무

13
[윤사 고2 20년 3월 9번]

다음을 주장한 사상가의 입장만을 [보기]에서 고른 것은? 3점

○ 사람들이 사회에 들어가기로 합의하는 주된 목적은 그들의 생명과 재산을 안전하게 향유하는 것이며, 이를 달성하기 위한 주요 수단은 사회에서 확립된 입법권이다.

○ 입법권은 일정한 목적을 위해서만 행사될 수 있는 권력이므로, 입법부가 신탁에 반해 행동할 때 입법부를 폐지하거나 변경할 수 있는 최고 권력은 시민에게 있다.

[보 기]
ㄱ. 국가는 개인의 자유와 권리를 보호해야 한다.
ㄴ. 모든 사람들이 직접 법률을 제정하고 집행해야 한다.
ㄷ. 통치 권력의 정당성은 사회 구성원의 동의로부터 나온다.
ㄹ. 개인의 생명과 재산을 침해하는 입법부도 존속되어야 한다.

① ㄱ, ㄴ   ② ㄱ, ㄷ   ③ ㄴ, ㄷ   ④ ㄴ, ㄹ   ⑤ ㄷ, ㄹ

15
[윤사 고2 20년 3월 16번]

다음을 주장한 한국 사상가의 입장만을 [보기]에서 있는 대로 고른 것은? 3점

○ 말할 때도 움직일 때도 경(敬)해야 하니 잠깐이라도 경을 버릴 수 없다. 경하면 마음은 한결같아지고 마음이 한결같으면 생각은 스스로 고요해질 것이다.

○ 새벽에 잠에서 깨어나 조용히 마음을 정돈해야 한다. 잘못한 일들을 반성하고, 새로 깨달은 것들을 모아서 그 순서와 이치를 분명하고 뚜렷하게 해야 한다.

[보 기]
ㄱ. 마음을 하나로 모아 흐트러짐이 없게 해야 한다.
ㄴ. 자신의 언행을 돌이켜보고 스스로를 살펴야 한다.
ㄷ. 자신의 잘못을 덮어두고 성찰을 그만두어야 한다.
ㄹ. 모든 일을 처리함에 있어 신중하고 조심해야 한다.

① ㄱ, ㄷ   ② ㄱ, ㄹ   ③ ㄴ, ㄷ
④ ㄱ, ㄴ, ㄹ   ⑤ ㄴ, ㄷ, ㄹ

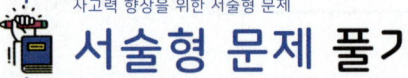
1 다음 자료를 읽고 물음에 답하시오.

쾌락은 행복한 삶의 시작이자 끝으로, ㉠육체의 고통과 마음의 불안이 없는 상태이다. 삶이 즐거우려면 우리의 정신에서 신과 죽음에 대한 잘못된 믿음들을 몰아내야 한다.

<문제 상황>

A는 평소 동영상 스트리밍 플랫폼에서 유행하는 '먹방 콘텐츠'를 자주 시청한다. A는 자신도 먹방 크리에이터처럼 많은 양의 음식을 주문해서 먹어보고 싶다는 생각이 들었다. 하지만 이는 자신의 평소 섭취량을 크게 넘어서는 거라 어떻게 할지 고민하고 있다.

(1) 자료 속 사상가의 이름을 쓰고, 해당 사상가의 입장에서 밑줄 친 ㉠을 나타내는 용어를 쓰시오.

(2) 자료 속 사상가의 관점에서 <문제 상황> 속 A에게 제시할 조언을 서술하시오. (단, '쾌락'과 '필수적 욕구' 용어를 모두 포함하여 작성할 것)

2 다음 글을 읽고 물음에 답하시오.

(가) 쾌락은 행복한 삶의 시작이자 끝이다. 이때의 쾌락은 육체에 고통이 없고 마음에 불안이 없는 것이다. 넘칠 만큼의 음식이나 맛있는 요리가 쾌락적인 삶을 만들어 주는 것은 아니며, 명료한 사고만이 쾌락적인 삶을 만들어 준다.

(나) 인간이 가진 생명의 기능, 감각과 운동의 기능, 정신의 이성적 기능 중에서 오직 인간만의 특별한 기능은 정신의 이성적 활동 기능이다. 이것을 잘 발휘할 때 참된 행복을 이룰 수 있다.

(다) 전쟁이 빈번했던 고대 그리스 사람들은 세상일에서 벗어나 마음의 평온을 얻는 것을 행복으로 보았다. 신이 모든 것의 중심이었던 중세 사람들은 신의 선택을 받아 천국에 갈 때 진정한 행복을 얻을 수 있다고 믿었다. 그리고 인간의 기본적 권리를 강조했던 근대인들은 자유나 평등의 실현 없이는 결코 행복할 수 없다고 생각했다.

(1) (가)와 (나)를 주장한 사람을 각각 쓰시오.

(2) 행복의 기준과 관련하여, (다)에서 강조하고 있는 바를 서술하시오.

3 다음 대화를 읽고 물음에 답하시오.

> 교사: 행복한 삶을 위한 조건에 대해 자신의 생각을 말해 볼까요?
>
> 갑: 깨끗한 자연환경과 안전한 삶의 공간이 마련되어야 하며 일정 수준 이상의 소득도 필요합니다.
>
> 을: 경제적으로 안정된 삶도 중요하지만 자신의 정치적 의사를 표현하고 국가의 정책 결정 과정에 참여할 수 있는 자유의 보장도 필요합니다.
>
> 병: 물질적인 조건의 충족과 함께 바람직한 규범과 가치를 일상생활에서 실천하면서 더 나은 사람이 될 수 있도록 노력하는 것이 필요합니다.

(1) 행복을 실현하기 위한 조건으로 갑~병이 각각 강조하고 있는 바를 쓰시오.

(2) 갑~병이 공통적으로 강조하고 있는 바를 서술하시오.

4 다음 자료를 읽고 물음에 답하시오.

동양의 행복론	서양의 행복론
• [(가)]: 하늘로부터 부여받은 도덕적 본성을 보존하고 함양하면서 사랑의 마음인 인(仁)을 실천하는 것이 행복임 • [(나)]: 자신에 대한 집착에서 벗어나 수행을 통해 해탈의 경지를 추구하는 것이 행복임	• 고대 그리스: 아리스토텔레스는 인간의 고유한 기능인 감각적 기능을 잘 발휘하여 행동할 때 행복할 수 있다고 봄 ·········· ㉠ • 중세 시대: 영원하고 완전한 존재인 신을 인식하고 신과 하나 됨을 통해 참된 행복에 도달할 수 있음 ·········· ㉡

(1) (가)와 (나)에 들어갈 사상을 각각 쓰시오.

(2) ㉠과 ㉡ 중 옳지 않은 설명이 무엇인지 고르고, 그 이유를 바르게 서술하시오.

Ⅲ 자연환경과 인간

통사1-개념 3

1. 자연환경과 인간 생활

1) 자연환경이 인간 생활에 미치는 영향

① 자연환경과 인간 생활의 관계

- 인간은 기후, 지형, 토양, 식생 등의 자연환경에 따라 고유한 생활 양식을 형성함
- 각 지역의 다양한 자연환경은 인간의 거주 조건, 생활 양식, 산업 발달에 큰 영향을 미침

2) 기후와 인간 생활

① 세계의 기후 지역: 기온과 강수량에 따라 지역 구분 → 저위도에서 고위도로 가면서
대체로 열대, 건조, 온대, 냉대, 한대 기후 순으로 나타남

열대 기후 지역	• 일 년 내내 기온이 높고 강수량이 많음 → 옷차림이 얇고 가벼움, 지열과 습기를 차단하고 해충을 막기 위해 고상 가옥에서 생활함 • 음식의 부패를 막기 위해 향신료나 기름을 사용한 음식 문화 발달 • 카카오나 커피, 고무나무 수액 등을 재배하는 플랜테이션 농업, 얌, 카사바 등을 재배하는 화전 농업이 발달함 • 열대림이 넓게 분포함
건조 기후 지역	• 일 년 내내 강수량이 적고 기온의 일교차가 큼 → 온몸을 감싸는 헐렁한 옷차림 발달, 이동식 천막이나 흙벽돌집의 가옥 형태가 나타남 • 강수량보다 증발량이 많음, 일교차는 크지만 연교차는 작음 • 양, 염소 등을 유목, 오아시스 농업, 대추야자나 밀을 재배하는 관개 농업이 발달함
온대 기후 지역	• 기온이 온화하여 인간 생활에 유리하고 계절의 변화가 뚜렷함 • 지중해성 기후: 여름철에는 고온 건조한 환경에서도 잘 자라는 올리브, 오렌지 등과 같은 경엽수를 이용한 수목 농업, 비교적 온난하고 강수량이 많은 겨울철에는 밀, 보리 등의 곡물 농업이 발달함 • 온대 계절풍 기후: 벼농사가 발달하여 쌀을 이용한 음식 문화가 발달함
냉대 기후 지역	• 겨울이 길고 추우며 기온의 연교차가 큼 • 침엽수를 이용한 통나무집의 가옥 형태, 임업이 발달함
한대 기후 지역	• 겨울이 매우 길고 기온이 매우 낮으며 강수량이 적음 • 툰드라 기후 지역: 최난월 평균 기온이 0~10℃, 짧은 여름 동안 토양층이 녹아 건물이 붕괴되는 것을 막기 위해 땅속 깊이 기둥을 박고 지표면에서 바닥을 띄운 고상 가옥이나 송유관을 지음, 고기와 가죽을 얻기 위해 순록을 유목

● 개념 돋보기

자연을 대하는 인간의 태도 변화
전통적으로 인간은 자연환경에 순응하며 살아왔으나 최근에는 자연환경의 제약을 극복하고 적극적으로 이용하는 경우가 많아짐

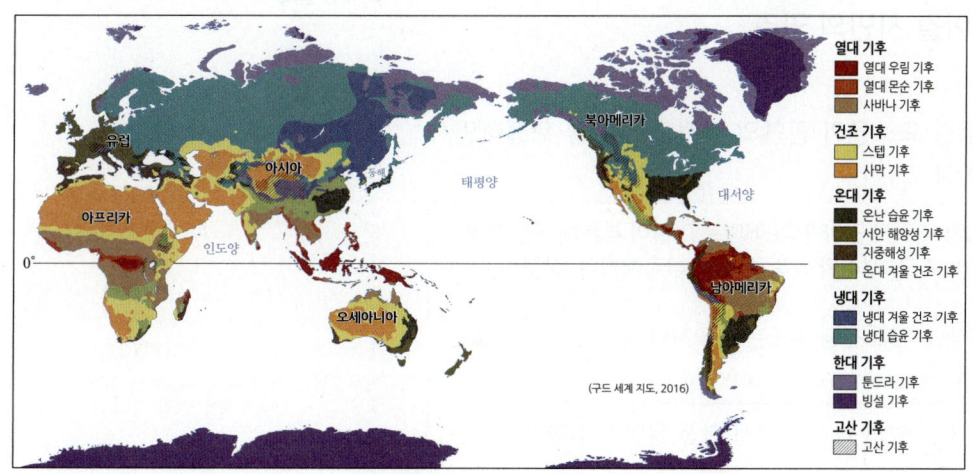

● 개념 돋보기

↑ 세계의 기후 구분

(구드 세계 지도, 2016)

3) 지형과 인간 생활

① 세계의 다양한 지형

- 산지, 평야, 해안, 사막, 화산, 빙하 등 다양한 지형이 나타남
- 지형은 교통과 산업 등 인간 생활에 많은 영향을 미치며, 지형에 따라 다양한 산업이 발달함

  예 높은 산지나 사막은 교통의 장애를 유발, 하천은 지역 간 교통로로 이용

② 지형과 인간 생활의 관계

산지 지역	• 해발 고도가 높고 경사가 급해 인간 생활에 불리함 • 밭농사, 가축 사육, 광업, 고산 도시, 관광 산업 등 발달
평야 지역	• 지형이 완만하고 평탄하여 경지 개간과 교통로 건설에 유리하므로 교통이 발달하여 인간 생활에 유리함 • 다양한 농업, 하천 주변에 많은 인구, 도시 발달
해안 지역	• 육지와 바다가 만나는 곳은 교역과 인간 생활에 유리함 • 농업, 어업, 양식업, 대규모 항구와 산업 단지, 해안 지형을 이용한 관광 산업 발달
화산, 빙하, 카르스트 지형	자연경관을 이용한 관광 산업 발달

고산 도시
해발 고도가 높은 산지 지역에 발달한 도시로, 적도 부근의 고산 지대는 연중 온화한 고산 기후가 나타나므로 고온 다습한 저지대에 비해 인간 생활에 유리함

카르스트 지형
석회암의 주성분인 탄산칼슘이 이산화탄소를 포함한 빗물이나 지하수에 용식되어 형성된 지형

4) 안전하고 쾌적한 환경에서 살아갈 시민의 권리

● 개념 돋보기

① 인간의 생활을 위협하는 **자연재해**

- 자연재해: 기후, 지형 등의 자연환경 요소들이 인간의 안전한 생활을 위협하면서 인간에게 피해를 주는 현상

기후적 요인에 의한 자연재해	가뭄	• 오랜 기간 비가 내리지 않아 땅이 메마르고 물이 부족해지는 현상 • 농작물이 말라 죽고, 식수와 각종 용수가 부족해지며, 산불이 나기 쉬워짐 • 다른 자연재해에 비해 진행 속도는 느리지만 장기간에 걸쳐 넓은 범위에 피해를 줌
	홍수	• 갑작스럽게 많은 양의 비가 내려서 하천 등이 범람하여 생기는 재해 • 가옥이 침수되고, 산사태가 유발되며, 각종 질병을 유발함 • 우리나라에서 가장 빈번하게 발생하는 재해로, 주로 여름철에 발생함
	폭설 (대설)	• 단시간에 많은 눈이 집중적으로 내려서 생기는 재해 • 교통이 혼잡해지고, 비닐하우스가 무너져 내리는 등의 피해가 발생함
	태풍	• 열대 해상에서 발생하여 중위도 지역으로 이동하는 열대 저기압으로 많은 비와 강한 바람을 동반함 • 각종 시설물의 파괴 또는 침수를 유발하고, 해일이 발생하는 등의 피해를 줌
	폭염	• 여러 날 동안 계속되는 매우 심한 더위로, 기상청에서는 일 최고 기온이 33℃ 이상 지속될 때 '폭염'으로 정의함 • 밤에도 기온이 내려가지 않아 매우 더운 현상이 지속되는 열대야도 함께 나타날 수 있음
지형적 요인에 의한 자연재해	화산 활동	• 지각의 갈라진 틈으로 마그마가 분출하는 현상 • 용암, 화산 가스, 화산재 등에 의해 주거지와 농경지 등이 피해를 입으며 항공기 운항에도 차질을 초래함 • 판의 경계부나 환태평양 조산대에서 활발하게 일어남
	지진	• 지구 내부 에너지로 인해 땅이 흔들리고 갈라지는 현상 • 건축물이나 도로가 파괴되고 많은 사상자가 생길 수 있음 • 환태평양 조산대, 알프스·히말라야 조산대 등 지각판의 경계에서 주로 발생함
	산사태	• 지진이나 집중 호우 등으로 인해 토양층이 순식간에 흘러 내리는 현상 • 도로나 건물에 피해를 유발함

열대 저기압의 발생
해수면의 온도가 높아지면서 대기가 불안정해져 공기 중에 수증기가 많은 곳에서 발생함

마그마
땅속 깊은 곳에서 지열에 의해 암석이 녹아 생긴 물질

- 자연재해에 따른 피해: 인명 및 재산 피해, 생산·생활 공간과 사회 기반 시설을 파괴하여 지역 경제에 악영향을 끼침

- 자연재해에 대한 대응: 발생 시기와 피해 규모를 예측하기 어려우므로 평상시에 예보 활동과 대피 훈련을 실시해야 하고, 재해 발생 시에는 신속하게 복구 체계를 마련해야 함 → 피해 최소화 대책 마련, 특별 재난 지역의 지정, 재난 지원금 지급, 풍수해 보험의 보험료 보조 등
  └→ 대형사고나 재난을 당해 정부의 사고 수습이 필요한 지역

② 안전하고 쾌적한 환경에서 살아갈 시민의 권리 보장 →시민의 생존권과 인간의 존엄성을 보장하기 위한 기본권

- 헌법에 보장된 기본권: 헌법 제34조와 제35조에 안전권과 환경권 보장
- 헌법 정신에 따른 법률 제정: 「재난 및 안전 관리 기본법」, 「자연재해대책법」, 「국민 안전교육 진흥 기본법」 등 국민의 생명과 재산 보호를 법적으로 보장함
- 안전하고 쾌적한 환경 속에서 살아가기 위한 노력

국가적(사회적) 차원	• 개인의 안전과 행복을 위한 노력과 적극적인 역할 수행 • 자연재해 대피 요령 안내, 자연재해 발생 지역에 대한 특별 재난 지역 지정, 스마트 재난 관리 시스템 구축, 풍수해 보험 지원
개인적 차원	• 재해·재난 대비 안전 교육 및 대응 훈련에 적극적으로 참여 • 국민 스스로 안전에 대한 권리 인식 → 국가나 지방 자치 단체에 안전 조치 요청, 신속한 복구와 피해 보상 신청 • 공동체의 빠른 회복을 위해 함께 노력하는 성숙한 시민 의식

2. 인간과 자연의 관계

1) 자연을 바라보는 다양한 관점

① 인간 중심주의 자연관

- 의미: 이성을 지닌 인간을 가장 가치 있는 존재로 여기고, 인간의 이익이나 필요에 따라 자연의 가치를 평가하는 관점
- 특징
  - 이분법적 관점: 인간과 자연을 분리하여 바라봄 → 인간을 자연과 구별되는 우월한 존재로 인식
  - 자연의 도구적·수단적 가치 강조: 자연을 인간의 욕구를 충족하는 도구로 이용
- 인간 중심주의 사상가
  - 아리스토텔레스: "식물은 동물의 생존을 위해서, 동물은 인간의 생존을 위해서 존재한다." → 모든 존재는 목적을 지니고 있는데, 동식물은 궁극적으로 인간을 위해 존재함
  - 아퀴나스: "신의 섭리에 따라 동물은 인간이 사용하도록 운명 지어졌다.", "야수를 죽이는 것이 죄라고 주장하는 사람은 오류를 범하고 있다."
  - 베이컨: "방황하고 있는 자연을 사냥해서 노예로 만들어 인간의 이익에 봉사하도록 해야 한다." → 과학의 목적은 자연을 인간의 의도에 맞게 변형하여 인간의 활동 영역을 넓히는 것임
  - 데카르트: "우리는 자연의 주인이자 소유자가 될 수 있다. 인간은 정신을 소유한 존엄한 존재이지만, 자연은 의식이 없는 물질이다." → 이성을 지닌 인간과 물질적 자연을 이분법적으로 분리할 수 있으며 인간이 자연의 주인이자 소유자가 될 수 있음
  - 칸트: "동물에 관한 우리의 의무는 인간성 실현을 위한 간접적인 도덕적 의무에 불과하다."

● 개념 돋보기

자연재해와 관련된 헌법 조항
- 제34조 제6항: 국가는 재해를 예방하고 그 위험으로부터 국민을 보호하기 위해 노력하여야 한다.
- 제35조 제1항: 모든 국민은 건강하고 쾌적한 환경에서 생활할 권리를 가지며, 국가와 국민은 환경 보전을 위하여 노력하여야 한다.

스마트 재난 관리 시스템
기관이나 부서별로 관리되는 영상 정보, 통계 정보, 기상 정보, 교통 정보, 119 신고 내용 등 각종 재난 정보를 통합하고 연계한 재난 정보 통합 시스템

풍수해 보험
자연재해로 재산 피해를 입었을 경우 피해 복구 비용을 보상받을 수 있는 보험으로, 보험료의 일부를 국가와 지방 자치 단체에서 보조함

- 평가
  - 과학 기술의 발전과 경제 성장을 이루는 사상적 바탕이 되어 인간의 삶을 풍요롭게 하는 데 도움을 줌
  - 인간 중심주의를 지나치게 강조하면 산업화·도시화 과정에서 **환경 파괴의 요인**이 됨 → 지구 온난화와 같은 환경적 재앙, 인간의 지속 가능한 생존이 위협받게 되는 역설적 결과를 초래함

② 생태 중심주의 자연관
  - 의미: 무생물을 포함한 생태계 전체를 도덕적 고려의 대상으로 여기는 입장
  - 특징
    - 전일론적 관점: 인간을 포함한 자연 전체를 하나로 바라보는 관점 → 인간도 자연을 구성하는 일부라고 인식
    - 자연의 **내재적 가치** 강조: 자연은 그 자체로 본래의 가치를 지니고 있음
  - **레오폴드의 대지 윤리**: 생태계의 의의를 유기체와 무생물의 상호 의존으로 보고 공동체의 범위를 동물, 식물, 토양, 물 등을 비롯한 대지까지 확장함
  - 평가
    - 인간이 생태계를 보전해야 할 의무가 있다는 점을 일깨움으로써 환경 문제 해결의 실마리를 제공함
    - 생태 중심주의를 지나치게 강조하면 생태계 보호를 위해 인간의 희생까지도 강요하는 등 환경 파시즘으로 이어질 우려가 있음

2) 인간과 자연의 바람직한 관계

① 인간과 자연의 **유기적 관계**: 인간은 자연의 일부로서 다른 생명체 및 환경과 밀접한 관계를 맺으며 생태계를 구성함 → 무분별한 자연 개발로 인한 피해는 인간에게 되돌아 옴

전체를 구성하고 있는 각 부분이 서로 밀접하게 관련이 있어 떼어낼 수 없는 관계

② 인간과 자연의 조화를 중시한 동양의 자연관

유교	• 만물이 본래적 가치를 지님 • 인간과 자연이 조화를 이루는 **천인합일(天人合一)**의 경지를 추구함 • 인간이 하늘의 도(道)를 본받아 다른 인간과 존재를 사랑하고 어질게 행동하는 **인(仁)을 베푸는 것**을 바람직한 삶으로 파악함
불교	• 연기설에 따라 만물이 독립적으로 존재할 수 없다고 봄 • **서로 연결되어 상호 의존하는 연기(緣起)**를 깨닫고, 모든 생명을 소중히 여기며 **자비**를 베풀 것을 강조함
도가	• 자연 그대로의 질서를 따르는 **무위자연(無爲自然)**을 추구하며, 인간의 의지, 욕구와 관계없이 존재하는 자연의 가치와 아름다움을 강조함 • 인간은 자연의 한 부분으로 **자연의 섭리에 순응**하고 **자연과 조화**를 이루어야 한다고 봄

● 개념 돋보기

내재적 가치
존재 자체가 지닌 독립적·고유의 가치

환경 파시즘
생태계 전체의 선을 위해 인간 개인의 선을 희생할 수 있다고 보는 극단적 생태 중심주의

인간과 자연의 관계 변화
인간은 산업화 이전까지 자연에 순응하며 생활하였으나, 산업화 이후에 자연을 무분별하게 이용하고 개발함 → 오늘날에는 지속 가능한 발전과 환경 친화적 삶의 중요성이 대두됨

연기설
인간을 포함한 세상 모든 것들이 그물망처럼 연결되어 있으며, 서로가 서로의 원인이자 결과라는 불교의 입장

③ 인간과 자연의 공존을 위한 노력

개인적 차원	• 생태계의 한 구성원으로서 환경친화적인 가치 추구 → 자연 보호에 대한 책임 의식을 가지고 일상생활에서 실천하려고 노력 • 미래 세대와 생태계 전체를 도덕적으로 고려하는 생태 공동체 의식 정립
사회적 차원	인간과 자연의 공존을 위한 사회 제도 개발 → 생태 도시와 슬로 시티 지정, 생태 통로 건설, 자연 휴식년제 도입, 환경 영향 평가 제도, 갯벌 복원 및 하천 생태계 복원 사업 등

3. 환경 문제 해결을 위한 노력

1) 다양한 환경 문제

① 환경 문제의 종류: 지구 온난화, 사막화, 열대림 파괴, 오존층 파괴, 산성비 등

② 환경 문제의 원인

• 산업 발달, 인구 증가에 따른 자원 소비 증가

• 생활 수준 향상으로 오염 물질 배출 증가, 자연의 자정 능력 상실 → 생태계 파괴

    ↳ 어느 정도의 오염 물질을 스스로
       정화하는 능력

③ 환경 문제의 특징

• 정상 상태로 회복하는 데 오랜 시간이 걸리고, 많은 비용이 발생하며 복원이 어려워
   인간의 생존을 위협함

• 발생 지역을 넘어 인접한 국가와 **전 지구에 광범위한 영향**을 끼침

④ 대표적인 환경 문제

지구
온난화
	• 원인: 석탄이나 석유 등의 화석 연료 사용 증가, 삼림 파괴로 인한 온실가스
	  배출량 증가
	• 영향: 극지방 빙하 면적 감소, 해수면 상승으로 저지대 침수, 동식물 서식 환경
	  변화, 기상 이변 발생 → 기후 변화 협약(1992), 교토 의정서(1997), 파리
	  협정(2015)
	• 대책: 화석 연료 사용량 감축, 조림 사업 실시 등

오존층 파괴	• 원인: 오존층 파괴 물질인 **염화 플루오린화 탄소(CFCs)의 사용 증가** • 영향: 지상에 도달하는 자외선 증가로 피부 및 눈 질환 증가, 농작물 수확량 감소 → **몬트리올 의정서(1987)** • 대책: 염화 플루오린화 탄소 배출 규제, 대체 냉매제 개발 등
산성비	• 원인: 화력 발전소와 공장 매연, 자동차 배기가스 • 영향: 삼림과 농작물 피해, 하천과 호수의 산성화, 건축물과 조각상 부식 • 대책: 공장, 자동차에 탈황 시설 설치, 대체 에너지 자원 개발, 국가 간 협력 등
사막화	• 원인: 극심한 가뭄, 과도한 경작과 목축 • 영향: 사막 지역 확대, 식량 및 물 부족 문제 • 대책: 과도한 방목 및 개간 규제, 조림 사업 실시 등 → 사막화 방지 협약(1994)
열대림 파괴	• 원인: 무분별한 벌목과 개간, 목축 등 • 영향: 동식물 서식지 파괴로 생물 종 감소 • 대책: 열대 우림 보호 → 생물 다양성 협약(1992)

● 개념 돋보기

생태 도시
인간과 자연환경이 조화를 이루며 공생
할 수 있는 체계를 갖춘 지속 가능한 도시

슬로 시티(slow city)
공해 없는 자연 속에서 전통문화와
자연을 보호하면서 느림의 삶을 추구하는
국제 운동

자연 휴식년제
생태계를 복원하기 위해 일정 기간
동안 사람들의 출입을 통제하는 제도

환경 영향 평가 제도
대규모 개발 사업이 자연환경에 어떤
영향을 미치는지 사전에 조사하고 평가
하여 그 영향을 최소화하고 환경 파괴
방지책을 마련하고자 하는 제도

오존층
지상에서 20~25 km 상공에 있는 오존
을 많이 포함하고 있는 대기층으로,
자외선을 잘 흡수하는 성질이 있음

염화 플루오린화 탄소(CFCs)
염소와 불소를 포함한 유기 화합물을
총칭하는 것으로, 프레온 가스로 알려
져 있으며, 주로 냉장고나 에어컨 등의
냉매, 발포제, 분사제 등으로 사용됨

황사	• 원인: 중국, 몽골의 사막 지대에서 작은 모래나 먼지가 편서풍을 타고 날아옴 • 영향: 농작물 피해, 호흡기 및 눈 질환 발생
미세 플라스틱	• 원인: 플라스틱으로 이루어진 일회용품의 과도한 사용과 배출 → 플라스틱이 　　분해되는 과정에서 미세 플라스틱 발생 • 영향: 물과 생태계 오염, 사람 몸에 침투하여 생명을 위협
해양 쓰레기 섬	• 원인: 해양으로 유입된 쓰레기가 해류를 따라 이동 → 쓰레기 섬 형성 • 영향: 해양 환경 손상, 미세 플라스틱 발생

2) 환경 문제 해결을 위한 다양한 주체들의 노력

> 환경 문제와 관련한 주요 국제 협약
> ① 람사르 협약(1971): 습지의 파괴를 막고 물새가 서식하는 습지대를 보호함
> ② 런던 협약(1972): 폐기물의 해양 투기 방지를 약속함
> ③ 몬트리올 의정서(1987): 오존층 보호를 위해 염화 플루오린화 탄소의 사용을 규제함
> ④ 바젤 협약(1989): 유해 폐기물의 국가 간 이동 및 처리를 통제함
> ⑤ 기후 변화 협약(1992): 지구 온난화 방지를 위해 온실가스를 규제함
> ⑥ 생물 다양성 협약(1992): 지구상의 생물 종을 보호하기 위한 협약
> ⑦ 사막화 방지 협약(1994): 심각한 가뭄이나 사막화의 영향을 받는 국가들을 지원함
> ⑧ 교토 의정서(1997): 기후 변화 협약에 따라 온실가스 감축 목표치를 규정함
> ⑨ 파리 협정(2015): 선진국과 개발 도상국 모두에 온실가스 감축 의무를 부여함

① 정부의 노력

- **환경 관련 법과 제도 마련**
  - 환경정책기본법 및 자연환경보전법 제정
  - 오염 물질 배출 시 형사 처벌 및 행정 처분
  - 온실가스 배출권 거래제: 온실가스 배출 허용량의 초과분과 절약분을 매매할 수 있는 제도
  - 환경 영향 평가: 개발 사업 진행 이전에 환경에 미칠 영향을 최소화할 방안을 강구하고 사업을 진행
- 저탄소 녹색 성장 정책 추진
  - 친환경 기업에 보조금 지급, 신·재생 에너지 산업 육성
- 친환경 제품에 대한 정보 제공
  - 탄소 발자국 라벨 부착: 상품을 생산하고 소비, 폐기하는 과정에서 발생하는 이산화 탄소의 총량을 상품에 표기
  - 에너지 소비 효율 등급 표시제: 에너지 소비 효율에 따라 1~5등급으로 구분하여 상품에 표시하고, 5등급 미달 제품은 판매 금지
- 환경 정책 및 에너지 절약 실천 방안 홍보
- 국제 환경 협약에 가입하여 국제 사회의 환경 문제 해결 노력에 동참

환경정책기본법
환경 피해를 예방하기 위해 환경보전에 관한 국민의 권리, 의무와 국가의 책무를 규정한 법률

자연환경보전법
자연환경 보호, 생태계 보전 등에 필요한 사항을 규정한 법률

② 기업의 노력

- 기업 윤리와 사회적 책임 의식 준수

  - 환경 오염 물질 축소 및 방지 시설 정비, 환경 친화적 기술 개발 및 제품 생산

- 신·재생 에너지 사용 확대

  - 기업에서 사용하는 전력을 재생 에너지로 대체하려는 노력을 통해 RE100에 동참

- 기술 혁신을 통한 오염 물질 배출 최소화

③ 시민 사회의 노력

- 정부의 환경 정책 지지 및 비판

- 기업의 환경 파괴 행위 감시

- 환경 관련 시민운동 전개

  - 환경 관련 비정부 기구(NGO) 조직: 그린피스, 세계자연기금, 지구의 벗 등

④ 생태시민으로서의 노력

- 생태시민의 의미

  - 지속 가능한 삶을 추구하는 시민

  - 환경 문제에 대한 책임감을 가진 시민

  - 환경 문제를 해결하기 위해 적극적으로 실천하는 시민

  - 환경과 교감하고 생태적 틀에서 환경 문제를 이해할 수 있는 생태 소양을 갖춘 시민

  - 인간 중심적 관점에서 탈피해 인간과 자연의 공존을 추구하는 생태전환적 사고를 지닌 시민

- 생태시민으로서의 실천 방안

  - 녹색 소비: 제품의 생산, 유통, 소비, 폐기하는 전 과정에서 환경친화적인 가치를 충족한 상품을 구매

  - 로컬 푸드 운동: 장거리 이동에 따른 환경 피해를 최소화할 수 있도록 지역 내에서 생산한 농산품을 구매하자는 운동

  - 플로깅(Plogging): 스웨덴어 'plocka upp(줍다)'과 'jogga(조깅하다)'의 합성어, 쓰레기를 주우면서 달리는 운동

  - 자원 및 에너지 절약: 일회용품 사용 지양, 재사용 및 재활용의 생활화, 대중교통 이용 등

RE100
'Renewable Electricity 100'의 약자로, 기업이 사용하는 전력의 100%를 2050년까지 재생 에너지로 전환하겠다는 캠페인

비정부 기구(NGO)
권력이나 이윤을 추구하지 않고 인간의 가치를 옹호하는 비영리 순수 민간단체로 정부의 간섭을 받지 않고 UN에 의견을 제시할 수 있음

로컬 푸드
소비되는 곳과 가까운 곳에서 재배 또는 생산되는 식자재

OX & 빈칸 채우기

1 _____ 기후 지역은 적도 주변에 분포하며 일 년 내내 기온이 높고 강수량이 많다.

2 _____ 기후 지역은 연 강수량이 적고 기온의 일교차가 크다.

3 _____ 기후 지역은 중위도에 분포하며 계절의 변화가 뚜렷하고 기온이 온화하여 인간 생활에 유리하다.

4 _____ 기후 지역은 고위도에 분포하며 연교차가 크고 겨울이 길고 추우며, 침엽수림 지대의 분포로 임업이 발달하였다.

5 _____ 기후 지역은 주로 북극과 남극 주변에 분포하며 겨울이 매우 길고 기온이 몹시 낮다.

6 _____ 지역은 해발고도가 높고 경사가 급해 인간 생활에 불리하며, 밭농사, 광업 등이 발달하게 된다.

7 _____ 지역은 지형이 완만하고 평탄하여 인간 생활에 유리하며, 다양한 농업이 발달하고 하천 주변에 도시가 형성된다.

8 _____ 지역은 육지와 바다가 만나기 때문에 교역과 인간 생활에 유리하며, 어업, 양식업 등이 발달하게 된다.

9 _____ 은/는 기후, 지형 등의 자연환경 요소들이 인간의 안전한 생활을 위협하면서 인간에게 피해를 주는 현상을 말한다.

10 열대 기후 지역에서는 난방 열기로 지반이 녹는 것을 막기 위해 지은 고상 가옥을 볼 수 있다.

11 건조 기후 지역에는 강한 햇빛과 모래 바람을 막기 위한 헐렁하고 온 몸을 감싸는 의복이 발달하였다.

12 온대 기후 지역에서는 대규모로 상품 작물을 재배하는 플랜테이션 농업이 이루어진다.

13 툰드라 기후 지역에서는 습기와 해충의 피해를 차단하기 위한 고상 가옥이 발달하였다.

14 화산 활동, 지진, 지진해일 등은 기상 현상에 의한 자연재해이다.

15 태풍은 열이 과잉 공급된 저위도의 열대 해상에서 발생하여 열이 부족한 중위도 및 고위도로 이동한다.

16 _____ 중심주의 자연관은 인간을 가장 가치 있는 존재로 여기고 인간의 이익에 따라 자연의 가치를 평가하는 관점이다.

17 _____ 중심주의 자연관은 무생물을 포함한 생태계 전체를 도덕적 고려의 대상으로 여기는 관점이다.

18 인간 중심주의 자연관에 따르면, 자연의 가치는 유용성을 기준으로 판단해야 한다.

19 인간 중심주의 자연관에 따르면, 인간의 복지를 위해 자연을 지배해야 한다.

20 생태 중심주의 자연관에 따르면, 이성을 지닌 인간은 자연보다 우월한 존재이다.

21 생태 중심주의 자연관에 따르면, 자연이 지닌 본래적 가치를 인정해야 한다.

22 _____ 은/는 화석 연료 사용 증가, 온실가스 배출량 증가 등으로 지구의 평균 온도가 상승하는 현상을 말한다.

23 _____ 이/가 파괴되면 지상에 도달하는 자외선이 증가하여 피부 및 눈 질환을 증가시킬 수 있다.

24 _____ 은/는 공장 매연, 자동차 배기가스 등의 원인으로 산성을 띤 대기오염 물질이 빗물에 섞여 내리는 것을 말한다.

25 _____ 은/는 극심한 가뭄, 과도한 경작과 목축 등의 원인으로 사막 지역이 확대되는 현상을 말한다.

26 _____ 이/가 무분별한 벌목과 개간 등의 원인으로 파괴되면 동식물 서식지가 파괴되어 생물 종이 감소할 수 있다.

27 _____ 은/는 중국, 몽골의 사막 지대에서 작은 모래나 먼지가 편서풍을 타고 날아오는 것을 말한다.

28 플라스틱은 초미립자 크기로 분해되어도 _____ (으)로 남아 해양이나 담수의 환경을 심각하게 오염시킨다.

29 기후 변화 문제를 해결하기 위해서 국제 사회가 체결한 2015년 파리 기후 변화 협약은 선진국에만 온실가스 감축 의무를 부여하였다.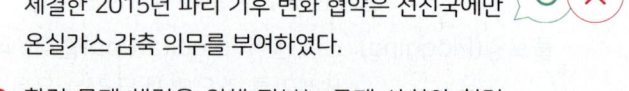

30 환경 문제 해결을 위해 정부는 국제 사회와 협력하고 환경 보전을 위한 제도를 만들어야 한다.

31 환경 문제 해결을 위해 기업은 이윤 창출 활동을 배제하고 자연환경을 보호해야 한다.

32 환경 문제 해결을 위해 시민 단체는 기술 투자를 하여 친환경 제품을 개발해야 한다.

33 환경 문제 해결을 위해 개인은 일상 생활에서 녹색 소비를 실천해야 한다.

34 환경 문제 해결을 위해 개인은 신·재생 에너지 산업을 육성한다.

1. 열대 2. 건조 3. 온대 4. 냉대 5. 한대 6. 산지 7. 평야 8. 해안 9. 자연재해 10. ×(툰드라 기후 지역의 가옥에 대한 설명임) 11. ○ 12. ×(열대 기후 지역에서 이루어짐) 13. ×(열대 기후 지역의 가옥에 대한 설명임) 14. ×(지각 변동에 의한 자연재해임) 15. ○ 16. 인간 17. 생태 18. ○ 19. ○ 20. ×(인간 중심주의 자연관에 해당하는 설명임) 21. ○ 22. 지구 온난화 23. 오존층 24. 산성비 25. 사막화 26. 열대림 27. 황사 28. 미세 플라스틱 29. ×(1997년 교토 의정서에 대한 설명임) 30. ○ 31. ×(기업이 이윤 창출 활동을 배제하는 것은 적절하지 않음) 32. ×(환경 문제 해결을 위한 기업의 노력임) 33. ○ 34. ×(환경 문제 해결을 위한 정부의 노력임)

1
[18년 6월 13번]

지도에 표시된 지역의 공통점으로 옳은 것을 [보기]에서 고른 것은? 3점

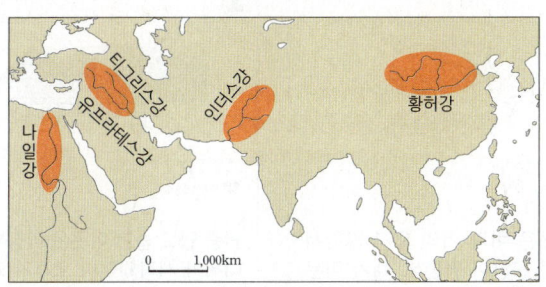

[보 기]

ㄱ. 고대 문명의 발상지이다.

ㄴ. 비옥한 충적 평야가 분포한다.

ㄷ. 습도가 높아 주민들은 주로 고상 가옥에 거주한다.

ㄹ. 벼농사가 발달하여 전통적으로 쌀을 주식으로 한다.

① ㄱ, ㄴ   ② ㄱ, ㄷ   ③ ㄴ, ㄷ   ④ ㄴ, ㄹ   ⑤ ㄷ, ㄹ

2 대표 문제
[25년 6월 14번]

다음은 학생의 탐구 활동 보고서이다. 밑줄 친 ㉠에 대한 설명으로 옳은 것은? 1.5점

탐구 주제	자연환경이 인간 생활에 미치는 영향
탐구 대상	㉠ ○○ 기후 지역의 전통 가옥과 의복 <전통 가옥>　<전통 의복>
탐구 내용	• 전통 가옥인 흙벽돌집은 비가 거의 오지 않아 지붕 모양이 평평하고, 창문이 작고 벽이 두껍다. 좁은 간격의 건물들 사이에 생긴 그늘로 더위를 피할 수 있다. • 전통 의복은 강한 햇볕과 모래바람을 막기 위해 온몸을 감싸는 헐렁한 형태이다.

① 계절풍의 영향으로 벼농사가 발달한다.

② 오아시스 농업이나 관개 농업이 발달한다.

③ 이동식 화전 농업을 통해 얌, 카사바를 재배한다.

④ 올리브, 포도 등을 재배하는 수목 농업이 주로 발달한다.

⑤ 대규모 침엽수림의 나무를 베어 목재나 종이를 생산한다.

3 대표 문제
[25년 6월 13번]

다음은 수행평가의 일부이다. (가)에 들어갈 내용으로 가장 적절한 것은? 2점

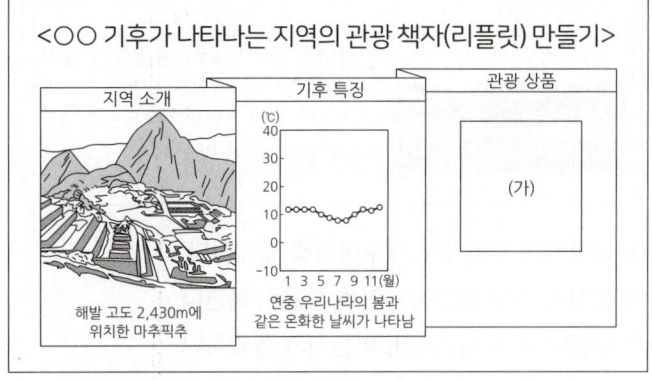

① 유람선을 타고 피오르 관광하기

② 밤하늘을 물들이는 오로라 관찰하기

③ 현지인과 함께하는 고무나무 수액 채취하기

④ 넓은 초원에서 이동식 가옥인 게르 체험하기

⑤ 고산 도시에서 라마, 알파카와 함께 영상 촬영하기

4 대표 문제
[24년 10월 7번]

(가) 기후 지역에 대한 설명으로 옳은 것은? 2점

① 오아시스 주변에서 대추야자가 재배된다.

② 타이가라고 불리는 침엽수림 지대가 분포한다.

③ 주민들은 순록을 길러 가옥의 재료와 식량을 얻는다.

④ 일 년 내내 눈과 얼음으로 덮여 있어 식생이 자라지 못한다.

⑤ 지열을 차단하고 해충을 피하기 위한 고상 가옥이 발달한다.

5

[23년 11월 13번]

다음 자료는 다큐멘터리 대본의 일부이다. 밑줄 친 '이 지역'의 전통적인 주민 생활에 대한 설명으로 옳은 것은? 3점

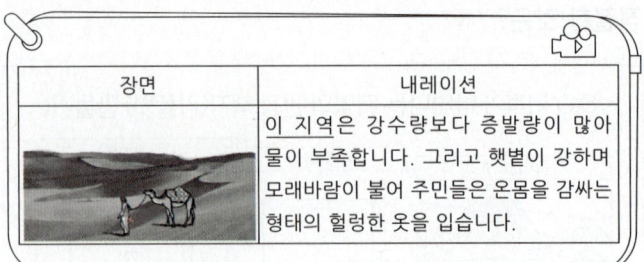

장면	내레이션
	이 지역은 강수량보다 증발량이 많아 물이 부족합니다. 그리고 햇볕이 강하며 모래바람이 불어 주민들은 온몸을 감싸는 형태의 헐렁한 옷을 입습니다.

① 오아시스 주변에서 대추야자를 재배한다.

② 농업이 거의 불가능하여 순록을 유목한다.

③ 여름이 고온 다습하여 벼농사가 활발하다.

④ 풍부한 침엽수를 이용하여 통나무집을 짓는다.

⑤ 지면의 열과 습기를 피하기 위해 고상 가옥을 짓는다.

7

[19년 11월 3번]

(가), (나)는 누리 소통망(SNS)에 소개된 여행기이다. 이에 해당하는 지역을 지도의 A~C에서 고른 것은? 3점

(가)

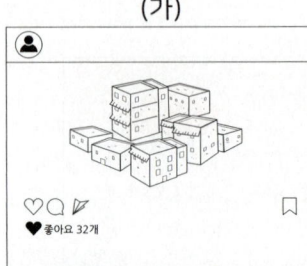

♡ ◯ ✎
♥ 좋아요 32개

이곳은 비가 거의 오지 않아서 지붕 모양이 평평해. 내가 머문 곳은 흙벽돌집인데 벽이 두껍고 창문은 작아. 좁은 간격의 건물들 사이에 그늘이 있어 더위를 피할 수 있었어.

(나)

♡ ◯ ✎
♥ 좋아요 56개

연중 덥고 습한 이곳은 아침부터 더위가 시작되더니 오후가 되자 갑자기 스콜이 내렸어. 이곳의 전통 가옥은 열기와 습기를 피하기 위해 지면에서 띄워 세운 고상식 가옥이야.

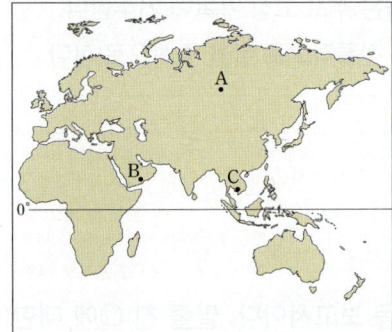

	(가)	(나)
①	A	B
②	B	A
③	B	C
④	C	A
⑤	C	B

6

[18년 11월 4번]

열대 기후에서 나타나는 주민 생활의 모습을 그림의 ㉠~㉣에서 고른 것은? 2점

㉠ 고기와 가죽을 얻기 위한 순록 유목

㉡ 습기와 해충의 피해를 차단하기 위한 고상 가옥

㉢ 강한 햇빛과 모래 바람을 막기 위한 의복

㉣ 연중 고온다습한 기후에서 잘 자라는 카카오 재배

① ㉠, ㉡   ② ㉠, ㉢   ③ ㉡, ㉢   ④ ㉡, ㉣   ⑤ ㉢, ㉣

8

[20년 11월 4번]

(가) 기후에서 나타나는 주민 생활에 대한 설명으로 옳은 것은? 2점

(가) 기후가 나타나는 ○○섬에서 영화 '△△△ 공원'의 촬영이 이루어졌다. 감독은 거대하고 원시적인 이곳의 밀림을 보고 촬영지로 선택하였다고 한다. 이곳은 8월 평균 기온 25.8℃, 1월 평균 기온 21.7℃로 연중 기온이 높다.

① 순록을 길러 식량과 가옥의 재료를 얻는다.

② 풍부한 침엽수를 이용하여 통나무집을 짓는다.

③ 체온 유지를 위해 동물의 털로 만든 옷을 입는다.

④ 건조한 여름철에 올리브, 포도 등을 주로 재배한다.

⑤ 대규모로 상품 작물을 재배하는 플랜테이션 농업을 한다.

9

[22년 11월 11번]

(가)~(다) 지역에 대한 설명으로 옳은 것은? 3점

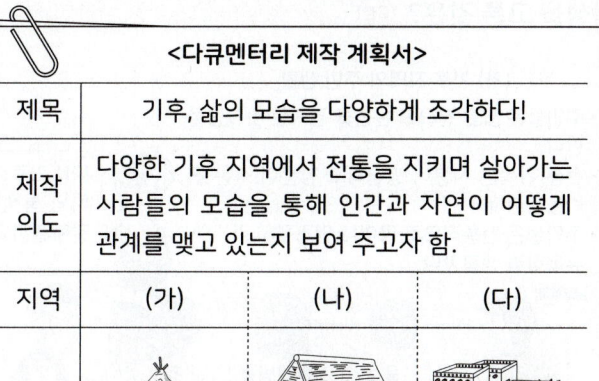

		<다큐멘터리 제작 계획서>		
제목	기후, 삶의 모습을 다양하게 조각하다!			
제작 의도	다양한 기후 지역에서 전통을 지키며 살아가는 사람들의 모습을 통해 인간과 자연이 어떻게 관계를 맺고 있는지 보여 주고자 함.			
지역	(가)	(나)		(다)
예상 촬영 장면	유목하여 기른 순록의 가죽으로 이동식 천막을 만들어 생활하는 모습	지열과 습기를 차단하고 해충을 막기 위해 고상 가옥에서 생활하는 모습		대추야자를 재배하며 지붕이 평평한 흙집에서 생활하는 모습

① (가)는 (나)보다 고위도에 위치한다.

② (다)는 (나)보다 연 강수량이 많다.

③ (가)와 (다)는 모두 침엽수림이 넓게 분포한다.

④ (가)~(다)는 모두 벼농사가 발달한다.

⑤ (가)는 건조 기후, (나)는 열대 기후, (다)는 한대 기후에 속한다.

10

[22년 6월 6번]

다음 자료는 현지에서 촬영한 영화의 장면들이다. (가) 지역에 대한 설명으로 옳은 것만을 [보기]에서 고른 것은? 3점

<(가) 지역에서 촬영한 영화 장면>

 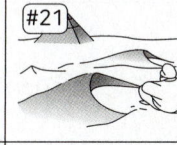 

#20	#21	#22
일상에서 벗어나 사막으로 여행을 떠난 주인공	모래 언덕에 앉아 피라미드를 보던 중	운명의 여인을 만나게 되는데 …

[보 기]

ㄱ. 침엽수림이 넓게 분포한다.

ㄴ. 주민들은 전통적으로 순록을 유목한다.

ㄷ. 흙으로 벽을 두껍게 만든 전통 가옥이 나타난다.

ㄹ. 오아시스 주변에서 농사를 짓는 주민을 볼 수 있다.

① ㄱ, ㄴ ② ㄱ, ㄷ ③ ㄴ, ㄷ ④ ㄴ, ㄹ ⑤ ㄷ, ㄹ

11

[21년 11월 5번]

다음 자료는 어떤 기후 지역을 여행한 기록의 일부이다. 이 기후 지역에 대한 설명으로 옳은 것은? 2점

- 여행 기간: 1895년 ○월 ○일~△월 △일
- 준비물: 물 455리터, 낙타 8마리, 양 3마리, 천막, 나침반, 지도 등
- □월 □일: 오아시스 마을을 빠져나오자 넓은 모래벌판이 시작되었다. 한낮의 온도는 50℃까지 올라갔고 모래 언덕들은 놀라울 정도로 빠르게 쌓여 60m까지 높아졌다.
- ◇월 ◇일: 물은 거의 바닥이 났고 타는 듯한 갈증에 우물을 파기 시작했다. 50cm쯤 파자 모래가 축축해졌고, 1m쯤 파헤치자 물이 솟아올랐다. 소금기가 있었지만 5일 동안 물을 마시지 못한 낙타들은 열심히 마셔댔다.

① 강수량보다 증발량이 많다.

② 일 년 내내 비가 많이 내린다.

③ 넓은 침엽수림 지대가 분포한다.

④ 주민들은 수렵과 순록 유목을 한다.

⑤ 여름이 고온 다습하여 벼농사가 활발하다.

12

[21년 3월 11번]

다음 영상 대화의 ㉠~㉫ 중 적절하지 않은 내용을 고른 것은? 3점

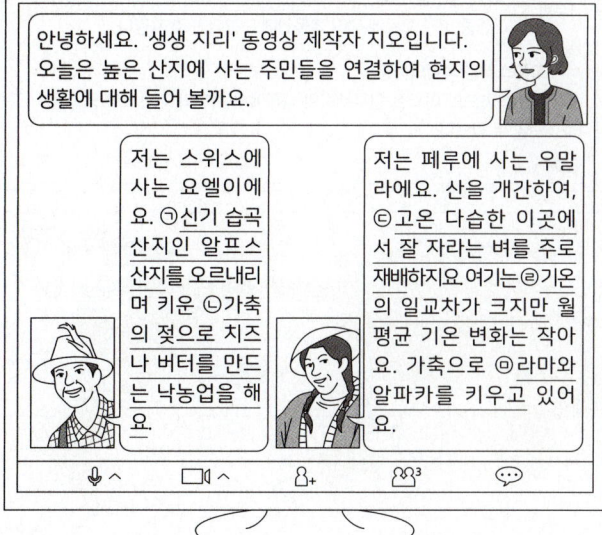

안녕하세요. '생생 지리' 동영상 제작자 지오입니다. 오늘은 높은 산지에 사는 주민들을 연결하여 현지의 생활에 대해 들어 볼까요.

저는 스위스에 사는 요엘이에요. ㉠신기 습곡 산지인 알프스 산지를 오르내리며 키운 ㉡가축의 젖으로 치즈나 버터를 만드는 낙농업을 해요.

저는 페루에 사는 우말라예요. 산을 개간하여, ㉢고온 다습한 이곳에서 잘 자라는 벼를 주로 재배하지요. 여기는 ㉣기온의 일교차가 크지만 월평균 기온 변화는 작아요. 가축으로 ㉤라마와 알파카를 키우고 있어요.

① ㉠ ② ㉡ ③ ㉢ ④ ㉣ ⑤ ㉤

13

[21년 9월 11번]

다음은 학생이 작성한 학습 카드의 일부이다. (가)에 들어갈 내용으로 옳은 것은? 2점

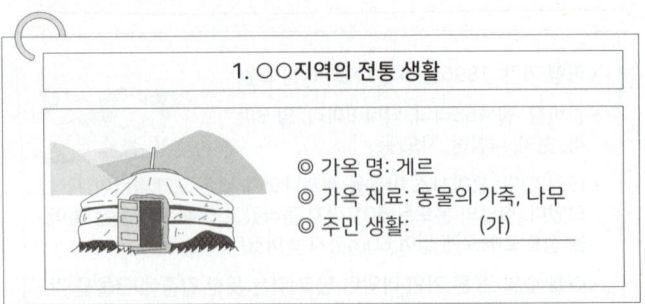

1. ○○지역의 전통 생활

◎ 가옥 명: 게르
◎ 가옥 재료: 동물의 가죽, 나무
◎ 주민 생활: _____(가)_____

① 쌀로 만든 밥과 국수를 주식으로 이용
② 나무를 베어 주로 목재나 종이를 생산
③ 물과 풀을 찾아 가축과 함께 이동하는 유목 생활
④ 포도, 오렌지, 올리브 등을 재배하는 수목 농업 발달
⑤ 숲을 태워 카사바 등을 재배하는 이동식 화전 농업 생활

14

[18년 6월 2번]

다음 게시물의 작성자가 여행하고 있는 지역을 지도의 A~E에서 고른 것은? 3점

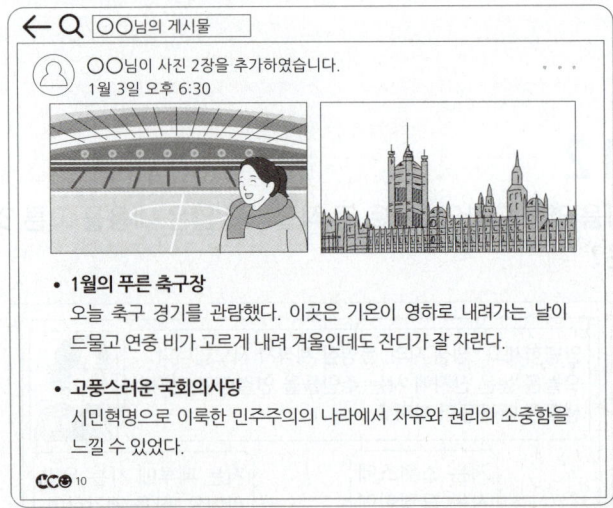

← Q ○○님의 게시물

○○님이 사진 2장을 추가하였습니다.
1월 3일 오후 6:30

• **1월의 푸른 축구장**
오늘 축구 경기를 관람했다. 이곳은 기온이 영하로 내려가는 날이 드물고 연중 비가 고르게 내려 겨울인데도 잔디가 잘 자란다.

• **고풍스러운 국회의사당**
시민혁명으로 이룩한 민주주의의 나라에서 자유와 권리의 소중함을 느낄 수 있었다.

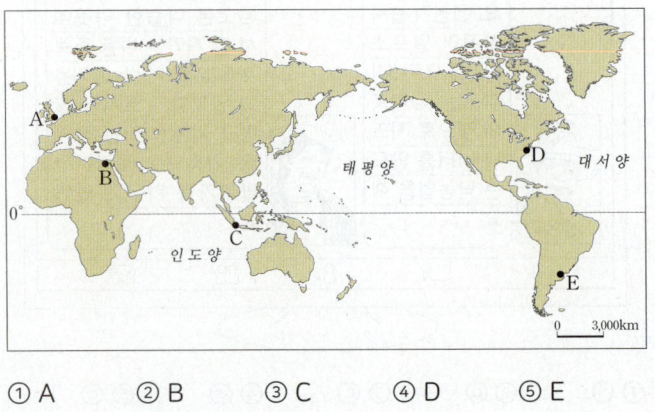

① A　　② B　　③ C　　④ D　　⑤ E

15

[18년 3월 10번]

다음은 지리 수업 장면이다. 교사의 질문에 옳게 답한 학생을 고른 것은? 2점

(가) 기후 지역의 주민 생활
• 주민들은 얇은 천으로 온몸을 감싸는 옷차림을 한다.
• 전통 가옥은 지붕이 평평하고 창문이 작은 흙벽돌집이다.
• 주민들은 전통적으로 양이나 염소를 유목하며 생활한다.

(가) 기후 지역의 특색을 말해 볼까요?

갑: 겨울이 길고 여름이 짧아요.
을: 흐린 날이 많고 습도가 높아요.
병: 일 년 내내 0℃ 미만이에요.
정: 사계절의 변화가 뚜렷해요.
무: 연 강수량이 매우 적어요.

① 갑　　② 을　　③ 병　　④ 정　　⑤ 무

16

[19년 6월 2번]

자료의 (가)~(다)에 해당하는 지역을 지도의 A~E에서 고른 것은? 3점

(가)	(나)	(다)
여름철 고온 건조한 기후로 인해 햇빛이 매우 강하다. 이를 반사시키기 위해 벽이 흰색으로 칠해져 있고, 가옥 간의 간격이 좁다.	연중 고온 다습하여 음식이 쉽게 상한다. 이를 막기 위해 기름에 볶거나 튀기는 요리가 발달해 있으며 향신료를 많이 사용한다.	해발고도가 높고 연중 우리나라의 봄과 같은 날씨가 나타난다. 주로 목축을 하며, 가축으로부터 옷의 재료를 얻는다.

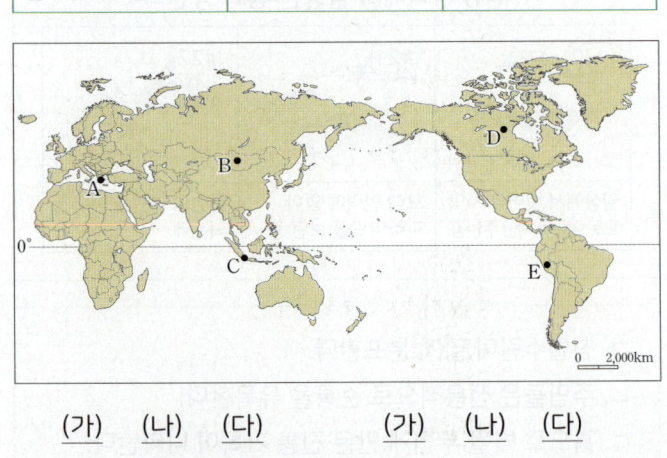

	(가)	(나)	(다)		(가)	(나)	(다)
①	A	B	D	②	A	C	E
③	B	D	E	④	C	A	B
⑤	C	E	D				

17 대표 문제 [21년 6월 14번]

다음 자료의 (가)에 들어갈 내용으로 가장 적절한 것은? 2점

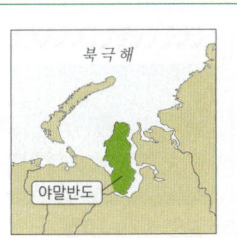

'세상의 끝'이라는 의미의 야말 반도는 짧은 여름철에만 푸른 땅이 드러나며 1년 중 약 9개월은 얼어 있는 수많은 호수가 있다. 이 지역의 주민들은 호수의 얼음을 깨서 식수로 사용하기도 하고, [(가)] 하며 생활하였다. 그러나 최근에는 천연가스 개발로 인해 철도와 도로가 생기면서 다양한 변화를 겪고 있다.

① 오아시스 주변에서 대추야자를 수확
② 고기와 가죽을 얻기 위해 순록을 유목
③ 이동식 경작을 통해 카사바, 얌 등을 재배
④ 낙타를 타고 무리 지어 이동하면서 물자를 운반
⑤ 지면에서 올라오는 열기를 피하기 위해 고상 가옥에서 거주

18 [19년 6월 11번]

밑줄 친 ㉠~㉤에 대한 설명으로 옳지 않은 것은? 3점

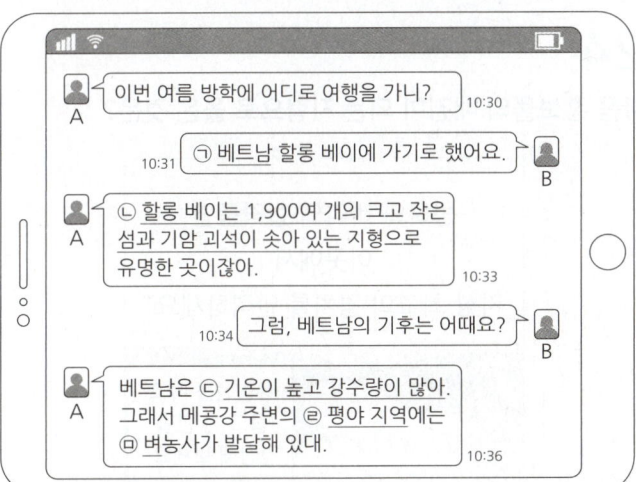

A: 이번 여름 방학에 어디로 여행을 가니? 10:30
B: ㉠ 베트남 할롱 베이에 가기로 했어요. 10:31
A: ㉡ 할롱 베이는 1,900여 개의 크고 작은 섬과 기암 괴석이 솟아 있는 지형으로 유명한 곳이잖아. 10:33
B: 그럼, 베트남의 기후는 어때요? 10:34
A: 베트남은 ㉢ 기온이 높고 강수량이 많아. 그래서 메콩강 주변의 ㉣ 평야 지역에는 ㉤ 벼농사가 발달해 있대. 10:36

① ㉠은 쌀국수가 유명하며 주요 커피 생산국 중 하나이다.
② ㉡은 석회암의 용식 작용으로 만들어진 카르스트 지형이다.
③ ㉢으로 인해 창문이 작고 폐쇄적인 가옥 구조가 나타난다.
④ ㉣은 산지 지역에 비해 경지 개간 및 주변과의 교류가 유리하다.
⑤ ㉤은 밀보다 단위 면적당 생산량이 많아 인구 부양력이 크다.

19 [23년 6월 2번]

다음은 두 기후 지역의 전통 가옥을 나타낸 것이다. (가), (나) 기후 지역의 상대적 특성을 그래프로 나타낼 때, A, B에 들어갈 항목으로 옳은 것은? 3점

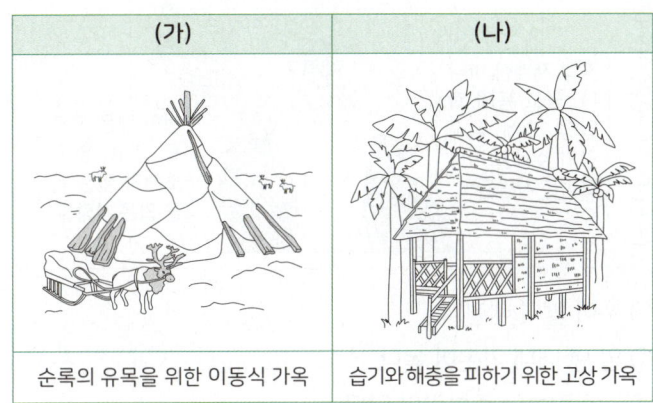

(가)	(나)
순록의 유목을 위한 이동식 가옥	습기와 해충을 피하기 위한 고상 가옥

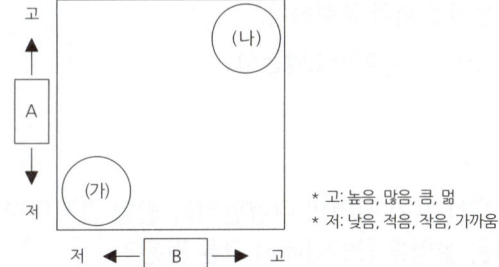

* 고: 높음, 많음, 큼, 멂
* 저: 낮음, 적음, 작음, 가까움

	A	B
①	식생 밀도	기온의 연교차
②	연 강수량	기온의 연교차
③	연평균 기온	연 강수량
④	연평균 기온	적도와의 거리
⑤	적도와의 거리	식생 밀도

20 [23년 3월 7번]

그림은 세계 어느 지역에서 운전할 때 조심해야 하는 상황이다. 이 지역의 기후 특성에 대한 설명으로 옳은 것은? 2점

〈눈이나 얼음 위에서 운전할 때〉   〈운전 중 순록을 만났을 때〉

① 겨울이 춥고 길다.
② 일 년 내내 스콜이 내린다.
③ 상록 활엽수의 밀림이 넓게 분포한다.
④ 열대 저기압의 영향을 빈번하게 받는다.
⑤ 여름에 아열대 고압대의 영향을 많이 받는다.

21

[20년 3월 11번]

다음 자료는 여행 기록의 일부이다. 여행 지역의 기후 특색으로 옳은 것은? (2점)

직접 재배한 바나나, 망고 등의 과일을 배에 싣고 강의 수로를 따라 모여든 사람들

챙이 넓은 모자를 쓰고, 얇고 소매가 짧은 옷을 입은 사람들

① 눈이 많이 내린다.
② 일 년 내내 기온이 높다.
③ 강수량보다 증발량이 많다.
④ 사계절의 변화가 뚜렷하다.
⑤ 연중 편서풍의 영향을 받는다.

22

[18년 9월 6번]

다음은 (가), (나) 지역의 다큐멘터리 촬영 일지이다. 이에 대한 옳은 설명을 [보기]에서 고른 것은? (3점)

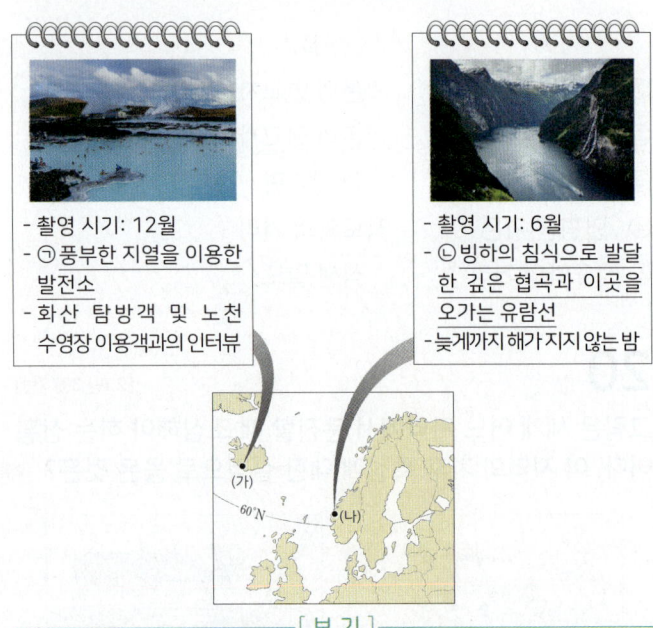

- 촬영 시기: 12월
- ㉠풍부한 지열을 이용한 발전소
- 화산 탐방객 및 노천 수영장 이용객과의 인터뷰

- 촬영 시기: 6월
- ㉡빙하의 침식으로 발달한 깊은 협곡과 이곳을 오가는 유람선
- 늦게까지 해가 지지 않는 밤

[보 기]

ㄱ. ㉠은 화력 발전보다 온실가스 배출량이 많다.
ㄴ. ㉡은 지형 조건을 활용한 관광 산업의 사례이다.
ㄷ. (가)는 지각판의 경계에 위치하여 지진이 자주 발생한다.
ㄹ. (나)는 우리나라보다 저위도에 위치한다.

① ㄱ, ㄴ   ② ㄱ, ㄷ   ③ ㄴ, ㄷ   ④ ㄴ, ㄹ   ⑤ ㄷ, ㄹ

23

대표 문제

[20년 6월 7번]

다음은 (가), (나) 지역에 대한 다큐멘터리 촬영 계획서이다. ㉠, ㉡에 들어갈 내용으로 옳은 것은? (3점)

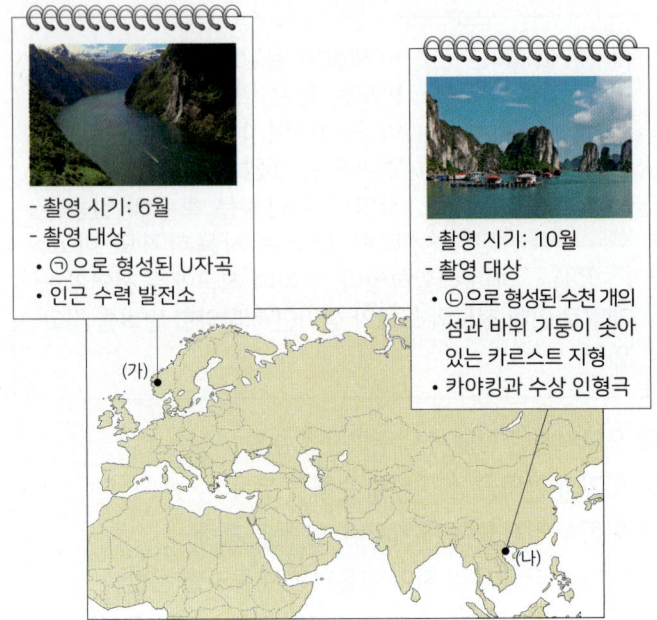

- 촬영 시기: 6월
- 촬영 대상
  • ㉠으로 형성된 U자곡
  • 인근 수력 발전소

- 촬영 시기: 10월
- 촬영 대상
  • ㉡으로 형성된 수천 개의 섬과 바위 기둥이 솟아 있는 카르스트 지형
  • 카야킹과 수상 인형극

	㉠	㉡
①	빙하의 퇴적	빙하의 침식
②	빙하의 퇴적	석회암의 용식
③	빙하의 침식	석회암의 용식
④	빙하의 침식	빙하의 퇴적
⑤	석회암의 용식	빙하의 침식

24

[19년 3월 8번]

다음 홍보물의 배경이 되는 지형으로 옳은 것은? (2점)

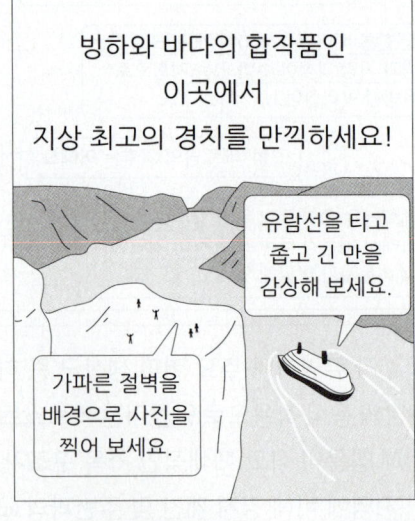

빙하와 바다의 합작품인 이곳에서 지상 최고의 경치를 만끽하세요!

유람선을 타고 좁고 긴 만을 감상해 보세요.

가파른 절벽을 배경으로 사진을 찍어 보세요.

① V자곡   ② 삼각주   ③ 피오르
④ 버섯바위   ⑤ 용암 동굴

정답과 해설 21 p.28 22 p.28 23 p.29 24 p.29

25
[25년 6월 6번]

다음은 온라인 공유 게시판의 일부이다. 밑줄 친 ㉠~㉣에 대한 옳은 설명만을 [보기]에서 있는 대로 고른 것은? 2.5점

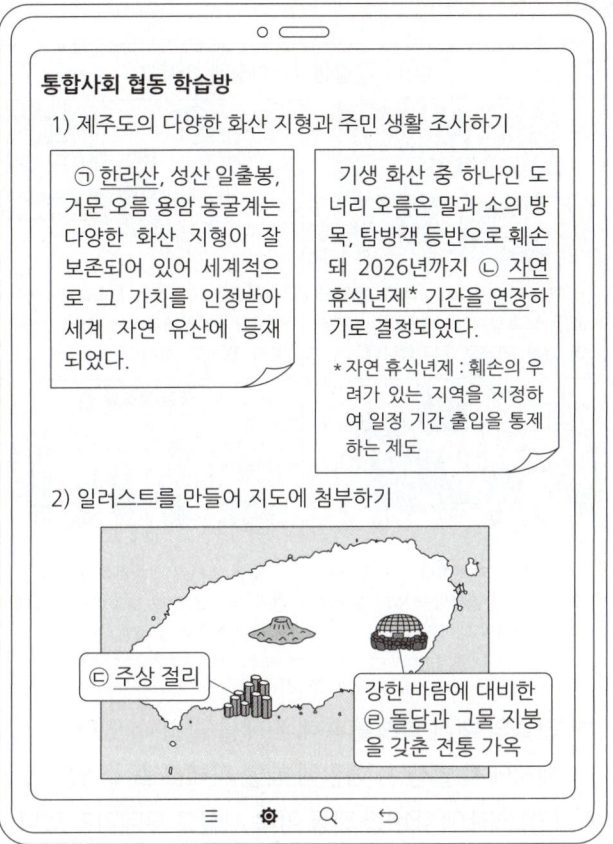

통합사회 협동 학습방

1) 제주도의 다양한 화산 지형과 주민 생활 조사하기

㉠ 한라산, 성산 일출봉, 거문 오름 용암 동굴계는 다양한 화산 지형이 잘 보존되어 있어 세계적으로 그 가치를 인정받아 세계 자연 유산에 등재되었다.

기생 화산 중 하나인 도너리 오름은 말과 소의 방목, 탐방객 등반으로 훼손돼 2026년까지 ㉡ 자연 휴식년제* 기간을 연장하기로 결정되었다.

* 자연 휴식년제 : 훼손의 우려가 있는 지역을 지정하여 일정 기간 출입을 통제하는 제도

2) 일러스트를 만들어 지도에 첨부하기

㉢ 주상 절리

강한 바람에 대비한 ㉣ 돌담과 그물 지붕을 갖춘 전통 가옥

[보 기]

ㄱ. ㉠의 정상부에는 분화구에 물이 고인 호수가 있다.

ㄴ. ㉡은 생태계를 보존하기 위한 노력으로 볼 수 있다.

ㄷ. ㉢은 용암이 냉각 및 수축되는 과정에서 형성되었다.

ㄹ. ㉣은 주로 주변에서 얻기 쉬운 석회암을 이용하여 쌓았다.

① ㄱ, ㄷ   ② ㄱ, ㄹ   ③ ㄴ, ㄹ
④ ㄱ, ㄴ, ㄷ   ⑤ ㄴ, ㄷ, ㄹ

26
[22년 3월 9번]

(가), (나) 지형의 형성 과정을 설명할 때, 공통적으로 포함되는 지형 형성 작용으로 옳은 것은? 2점

(가) 시 스택과 시 아치(프랑스)

(나) 해안 절벽(제주도)

① 바람의 퇴적 작용   ② 빙하의 침식 작용

③ 조류의 퇴적 작용   ④ 파랑의 침식 작용

⑤ 파랑의 퇴적 작용

27
[21년 6월 2번]

밑줄 친 '이 지역'의 특성으로 옳은 것은? 3점

#페루 #쿠스코 #하늘도시 #세계문화유산

쿠스코

<판초를 입은 원주민과 알파카>

이 지역은 연중 봄과 같이 온화하지만 아침, 저녁으로 쌀쌀하여 일교차가 큰 편입니다. 그래서 원주민들은 보온을 위해 알파카나 라마의 털로 만든 판초를 즐겨 입습니다.

① 고위도에 위치한다.

② 열대림이 넓게 분포한다.

③ 해발 고도가 높은 곳이다.

④ 바다와 가까워서 어업에 유리하다.

⑤ 계절풍의 영향으로 벼농사가 발달한다.

28

[25년 6월 3번]

다음은 신문 기사의 일부이다. 밑줄 친 ㉠~㉣에 대한 설명으로 옳은 것만을 [보기]에서 고른 것은? 2점

○○신문

할롱베이, 부유 쓰레기로 '몸살'

〈할롱베이〉　〈할롱베이의 부유 쓰레기〉

할롱베이는 물에 잠긴 ㉠카르스트(Karst) 지형으로 유명하다. ㉡할롱베이의 약 1,600개의 크고 작은 기암 괴석과 섬들이 ㉢독특한 자연 경관을 이루고 있다. 하지만 최근 할롱베이는 무분별한 개발과 관광객들이 버린 쓰레기로 몸살을 앓고 있으며, 이에 당국은 자연 그 자체를 보존하기 위해서 ㉣폐기물 투기 행위에 대한 단속을 강화할 방침이다.

[보 기]

ㄱ. ㉠은 기반암이 용식 작용을 받아 형성되었다.

ㄴ. ㉡의 주된 기반암은 현무암이다.

ㄷ. ㉢은 관광 산업 발달에 유리한 조건이 될 수 있다.

ㄹ. ㉣은 경제적 측면만을 강조한 해결 방안으로 환경적 측면이 배제되어 있다.

① ㄱ, ㄴ　② ㄱ, ㄷ　③ ㄴ, ㄷ　④ ㄴ, ㄹ　⑤ ㄷ, ㄹ

29

[19년 9월 3번]

다음 정책들의 공통적인 시행 목적으로 가장 적절한 것은? 3점

보도 자료	보도 자료
냉방시설 갖춘 4만 여 곳을 '무더위 쉼터'로 지정... 냉방비 지원 - 국민안전처, '범정부 폭염 대책' 발표-	정부, 실효성 있는 내진 보강 및 지진 방재 대책 마련 - 행정안전부 '지진 대응 매뉴얼' 발표-

① 폭염과 지진의 발생 횟수를 최소화한다.

② 재난을 분산하고 재해 관련 기술을 개발한다.

③ 환경 문제로 인한 국가 간 분쟁을 원만하게 해결한다.

④ 자연재해의 피해를 개인적 차원에서 전적으로 해결한다.

⑤ 안전하고 쾌적한 환경에서 살아갈 시민의 권리를 보장한다.

30

[24년 3월 8번]

다음 자료는 어느 자연재해 발생 시 행동 요령의 일부이다. (가)에 대한 설명으로 옳은 것만을 [보기]에서 고른 것은? 2점

(가) 발생 시 이렇게 하세요

책상이나 탁자 아래로 들어가 몸을 보호합니다. 흔들림이 멈추면 건물 밖으로 대피합니다.

계단을 이용하여 신속하게 대피합니다. 엘리베이터는 절대 사용하지 않도록 합니다.

밖에서는 가방이나 손으로 머리를 보호하며, 건물에서 멀리 떨어져 주위를 살피며 대피합니다.

넓은 공터로 대피하여 공공 기관에서 방송을 통해 제공하는 정보에 따라 침착하게 행동합니다.

[보 기]

ㄱ. 건물의 내진 설계를 통해 피해를 줄일 수 있다.

ㄴ. 해저에서 발생 시 해안에 해일 피해를 줄 수 있다.

ㄷ. (가) 재해에 대비한 전통 가옥 시설로 우데기가 있다.

ㄹ. 기후적 요인에 의해 발생하는 대표적인 자연재해이다.

① ㄱ, ㄴ　② ㄱ, ㄷ　③ ㄴ, ㄷ　④ ㄴ, ㄹ　⑤ ㄷ, ㄹ

31 대표 문제 [20년 9월 2번]

표는 우리나라 자연 재난 행동 요령의 일부이다. A, B에 들어갈 질문으로 가장 적절한 것은? 2점

재난 유형	자연 재난 행동 요령
(가)	• 하천이나 해변, 저지대에 주차된 차량은 안전한 곳으로 이동시키고, 농경지는 배수로를 정비한다. • 바람에 날아갈 위험이 있는 지붕 및 간판, 선박이나 어망·어구 등은 미리 결박하여 피해를 최소화한다.
(나)	• 흔들림이 멈춘 후, 당황하지 말고 화재에 대비하여 가스와 전깃불을 끈다. • 중심이 낮고 튼튼한 탁자의 아래로 들어가 탁자 다리를 꼭 잡고 몸을 보호한다.

A → 예 → (가)

B → 예 → (나)

① A: 우리나라에는 주로 겨울에 영향을 줍니까?

② A: 주로 지각판의 경계에서 빈번하게 발생합니까?

③ A: 열대 해상에서 발생하여 고위도로 이동하면서 폭풍우를 동반합니까?

④ B: 중국 내륙의 사막화에 의해 발생 빈도가 증가하고 있습니까?

⑤ B: 한꺼번에 많은 눈이 내려 인명 및 재산 피해를 발생시킵니까?

32 [19년 6월 9번]

다음은 뉴스의 한 장면이다. 밑줄 친 ㉠~㉣에 대한 옳은 설명을 [보기]에서 고른 것은? 3점

㉠중국 쓰촨성의 구채구는 우리나라 관광객들이 많이 찾는 곳인데요, 1년 전 규모 7.0의 ㉡지진으로 큰 피해를 입었다가 최근 복구됐습니다. 현장에서 특파원이 보도합니다.

백두산의 해발 고도보다 ㉢높은 곳에 위치한 구채구가 본래의 아름다운 모습을 되찾았습니다. 하지만 ㉣자연재해로 파괴된 자연을 인위적으로 복원하는 것에 대해 찬반 논란이 있습니다.

[보 기]

ㄱ. ㉠은 환태평양 조산대에 속하여 지진이 빈번하다.

ㄴ. ㉡은 지형적인 요인으로 발생한 자연재해이다.

ㄷ. ㉢은 비슷한 위도의 상하이보다 연평균 기온이 높다.

ㄹ. ㉣을 반대하는 사람들은 주로 생태 중심주의적 자연관을 가진다.

① ㄱ, ㄴ   ② ㄱ, ㄷ   ③ ㄴ, ㄷ   ④ ㄴ, ㄹ   ⑤ ㄷ, ㄹ

33 [20년 3월 13번]

다음 자료의 (가) 자연재해에 대한 옳은 설명만을 [보기]에서 고른 것은? 2점

<긴급 재난 문자>
[기상청] 12월 30일 00:32 경남 ○○시 동북동쪽 16km 지역, 규모 3.5의 (가) 발생 / 낙하물로부터 몸 보호, 진동 멈춘 후 야외로 대피하며 여진 주의

[보 기]

ㄱ. 강한 바람과 많은 비를 동반한다.

ㄴ. 기후적 요인에 의한 자연재해이다.

ㄷ. 건물의 내진 설계를 통해 피해를 줄일 수 있다.

ㄹ. 판의 경계에 위치한 국가에서 발생 빈도가 높다.

① ㄱ, ㄴ   ② ㄱ, ㄷ   ③ ㄴ, ㄷ

④ ㄴ, ㄹ   ⑤ ㄷ, ㄹ

34

[20년 11월 11번]

밑줄 친 ㉠~㉣에 대한 옳은 설명만을 [보기]에서 고른 것은? 2점

- ㉠환태평양 조산대에 위치한 멕시코는 2017년 강한 지진으로 인해 최소 90명이 사망하고 수백만 명의 이재민이 발생하였다. 특히, 멕시코 남부 빈민촌의 피해가 컸으며 갈 곳을 잃은 주민들은 열악한 환경 속에서 ㉡안전권을 보장받지 못하였다.
- 2018년 ㉢폭염으로 프랑스, 그리스 등 유럽 여러 국가에서 사상 최고 기온이 기록되었다. 특히, 독일에서는 폭염에 이어 극심한 ㉣가뭄으로 라인강의 수위가 낮아졌으며, 일부 지역은 선박 운행이 중단되면서 경제적으로 큰 타격을 입었다.

[보 기]

ㄱ. ㉠은 지각판의 움직임이 활발한 지역이다.
ㄴ. ㉡은 안전하고 쾌적한 환경에서 살아갈 권리이다.
ㄷ. ㉢은 시가지와 농경지 등의 침수 피해를 가져온다.
ㄹ. ㉣은 열대 저기압이 통과할 때 주로 발생한다.

① ㄱ, ㄴ ② ㄱ, ㄷ ③ ㄴ, ㄷ ④ ㄴ, ㄹ ⑤ ㄷ, ㄹ

35

[23년 6월 17번]

다음 글의 관점에 부합하는 진술에만 모두 '√'를 표시한 학생은? 3점

자연을 인간의 이익을 위한 대상으로만 평가해서는 안 되며, 생태계 내의 모든 존재는 그 자체로 존중받아야 한다. 인간과 자연은 공존하는 관계에 있으므로 생태계를 도덕적으로 대우해야 한다.

진술 \ 학생	갑	을	병	정	무
생태계 전체는 하나의 유기체이다.	√	√		√	
인간과 자연은 동등하지 않으며 위계 관계에 있다.	√			√	√
인간은 자연과 조화를 이루며 더불어 살아가는 존재이다.			√	√	√
자연은 있는 그대로가 아닌 인간을 위한 도구적 가치만을 지닌다.			√	√	√

① 갑 ② 을 ③ 병 ④ 정 ⑤ 무

36

대표 문제

[23년 3월 6번]

다음 신문 칼럼의 입장으로 가장 적절한 것은? 2점

○○신문   ○○○○년 ○월 ○일

칼 럼

심각해지는 환경 파괴와 이로 인한 기후 변화 문제에 대응하기 위해 우리는 다음 사상가의 말에 귀를 기울일 필요가 있다. "인간은 지구라는 생명 공동체의 정복자가 아니라 단지 구성원이자 시민일 뿐이다. 생명 공동체의 온전함과 안정성 그리고 아름다움의 보존에 이바지하는 것은 옳다. 그렇지 않으면 그르다." 이 사상가의 말처럼 인간은 자연과 조화를 이루는 겸손한 구성원으로 살아가야 한다.

① 인간은 이성을 지니므로 본질적으로 자연보다 우월하다.
② 자연은 인간의 행복과 풍요로움을 위한 수단에 불과하다.
③ 자연은 인간에게 유용성을 가져다줄 때만 가치를 지닌다.
④ 자연이 지닌 가치는 오직 경제적 관점에서 평가되어야 한다.
⑤ 인간과 동식물은 생명 공동체에서 상호 의존하는 구성원들이다.

37

[24년 3월 6번]

다음 신문 칼럼의 입장으로 적절한 것만을 [보기]에서 고른 것은? 2점

○○신문   ○○○○년 ○월 ○일

칼 럼

오늘날 인류는 심각한 환경 위기에 직면해 있다. 자연을 단지 인간의 소유물이자 이익 추구의 수단으로 보고 무분별하게 착취한 결과, 환경이 심각하게 파괴되었고 이로 인해 인류의 삶마저 위협받고 있다. 이제 인간은 자연의 본래적 가치를 존중해야 한다. 인간은 자연의 지배자가 아니며, 자연의 모든 존재는 인간과 평등한 구성원이라는 점을 인정해야만 한다.

[보 기]

ㄱ. 자연의 모든 존재는 평등하다.
ㄴ. 자연은 인간의 소유물로서 존재한다.
ㄷ. 자연은 그 자체로 소중한 가치를 지닌다.
ㄹ. 자연은 인간이 정복하고 지배해야 할 대상이다.

① ㄱ, ㄴ ② ㄱ, ㄷ ③ ㄴ, ㄷ ④ ㄴ, ㄹ ⑤ ㄷ, ㄹ

38

[25년 3월 1번]

다음을 주장한 사상가의 입장으로 가장 적절한 것은? 2점

대지 윤리는 공동체의 범위를 흙, 물, 식물, 동물을 포괄하는 대지까지 확장한다. 그리고 인간의 역할을 대지 공동체의 정복자에서 평범한 구성원으로 변화시킨다. 인간은 상호 의존적인 부분들로 이루어진 대지 공동체를 그 자체로 존중해야 한다. 어떤 행위가 대지 공동체의 온전성, 안정성, 아름다움을 보전하는 경향이 있다면 그 행위는 옳다.

① 이성을 지니지 않은 개체는 도덕적 고려의 대상이 아니다.
② 대지 공동체의 모든 구성원은 서로 무관한 독립적 존재다.
③ 무생물은 인간의 욕구 충족을 위한 수단적 가치만을 지닌다.
④ 인간은 대지 공동체의 다른 구성원보다 본질적으로 우월하다.
⑤ 대지 공동체의 온전성을 위한 인간의 행위는 정당화될 수 있다.

39

[23년 9월 5번]

갑, 을의 입장에 대한 설명으로 옳지 <u>않은</u> 것은? 3점

[△△산 케이블카 설치에 대한 토론]

갑: 자연은 그 자체로 가치를 지니기 때문에 인간은 자연을 파괴할 권리가 없습니다. △△산 케이블카 설치로 인해 경제적 이익은 얻을 수 있을 것입니다. 그러나 장기적인 관점에서 보면 관광객의 증가로 멸종 위기 야생 생물의 서식지가 훼손될 것이 분명합니다.

을: △△산 케이블카 설치로 인해 자연환경 훼손의 우려가 있다는 것은 인정합니다. 하지만 장기적으로 보면 관광객의 증가로 고용 창출 및 지역 경제 활성화에 큰 도움이 될 것입니다. 무엇보다 자연은 인간을 위해 사용될 때 존재 가치가 있습니다.

① 갑은 케이블카 설치로 경제적 이익은 얻을 수 있다고 본다.
② 갑은 자연이 인간을 위해서만 존재하므로 인간은 자연을 개발할 권리가 있다고 본다.
③ 을은 인간 중심주의의 입장에서 자연의 가치를 판단하고 있다.
④ 을은 인간의 경제적 이익을 실현하기 위해서 자연환경을 이용할 수 있다고 본다.
⑤ 갑과 을은 모두 케이블카 설치로 자연환경이 훼손될 우려가 있다고 본다.

40

[21년 6월 4번]

인간과 자연의 관계에 대한 강연자의 입장으로 가장 적절한 것은? 2점

토양에서 식물이 자라고 동물은 그 식물을 먹고 그들의 배설물은 토양의 영양분이 되는 것처럼, 여러 고리로 연결된 자연은 하나의 유기적인 전체입니다. 인간도 자연의 평범한 구성원 중 하나로서 자연 속 다른 존재들과 유기적 관계를 맺으며 살아갑니다.

① 인간은 자연보다 우월한 존재이다.
② 인간과 자연은 서로 관계없는 별개의 존재이다.
③ 자연은 인간의 풍요로운 삶을 위한 도구에 불과하다.
④ 자연의 가치는 인간의 경제적 이익에 따라 평가된다.
⑤ 인간을 포함한 자연 전체의 조화와 균형을 고려해야 한다.

41 대표 문제

[24년 10월 15번]

(가)의 갑, 을의 입장에서 서로에게 제기할 수 있는 비판을 (나) 그림으로 표현할 때, A, B에 해당하는 내용으로 가장 적절한 것은? 3점

(가)	갑: 인간은 자연의 사용자이다. 관찰을 통해 자연의 질서를 이해함으로써 자연을 복종시키면 인간 생활은 더 윤택해진다. 자연에 대한 지식이 곧 인간의 힘이다. 을: 인간은 생명 공동체의 지배자가 아니며 대지 위의 모든 존재는 평등한 구성원이다. 생명 공동체의 온전함, 안정, 아름다움의 보전에 기여한다면 그 행위는 옳다.
(나)	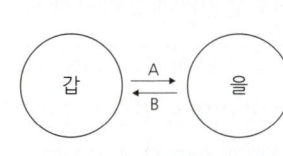 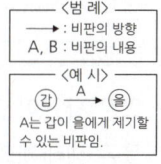

① A: 인간에게 자연은 어떠한 가치도 없음을 간과한다.
② A: 인간이 자연을 지배하는 것은 부당함을 간과한다.
③ A: 인간은 자연의 안정을 위해 노력해야 함을 간과한다.
④ B: 인간은 자연으로부터 독립된 존재임을 간과한다.
⑤ B: 인간은 자연 그 자체의 가치를 존중해야 함을 간과한다.

42

[22년 11월 5번]

갑의 입장에서 을의 입장에 대해 제기할 수 있는 비판으로 가장 적절한 것은? 3점

> 갑: 인간은 자연의 지배자가 아닌 자연의 한 구성원으로서 자연을 보전할 도덕적 의무를 지닌다. 자연은 다양한 구성원이 엮인 생태계로서 그 자체만으로도 가치를 지닌다.
>
> 을: 인간은 자연의 지배자로서 자연을 정복하고 이용할 권리를 지닌다. 자연은 인간의 욕구 충족을 위한 도구이며 인간에게 혜택을 줄 때에만 가치를 지닌다.

① 인간이 자연보다 우위에 있다는 점을 간과한다.
② 인간은 자연으로부터 독립된 존재라는 점을 간과한다.
③ 인간의 행복을 위해 자연을 이용할 수 있음을 간과한다.
④ 자연은 인간의 이익과 무관하게 가치를 지닐 수 있음을 간과한다.
⑤ 자연 전체의 균형보다 인간의 이익을 먼저 고려해야 함을 간과한다.

43

[18년 11월 2번]

갑, 을의 자연관에 대한 옳은 설명을 [보기]에서 고른 것은? 3점

> 갑: ○○ 지역에 스키장이 건설된 이후 스키를 즐기러 오는 사람들이 증가하였으며, 이에 따른 경제적 효과가 크게 나타나고 있다. 인간이 자연을 적극적으로 이용할 때 비로소 자연의 진정한 가치가 극대화될 수 있다.
>
> 을: ○○ 지역의 스키장 건설로 수백 년 동안 자라 온 나무들이 사라졌으며 생태계가 파괴되고 산사태의 위험성이 커졌다. 인간도 자연의 일부에 불과하므로 자연에 남긴 상처는 그대로 인간에게 돌아오게 된다.

─── [보 기] ───
ㄱ. 갑은 자연이 인간의 이익을 위한 도구라고 여긴다.
ㄴ. 을은 생태계의 균형과 안정을 중시한다.
ㄷ. 을은 갑과 달리 인간이 자연보다 우월한 존재라고 여긴다.
ㄹ. 갑, 을은 모두 자연을 개발과 극복의 대상으로 바라본다.

① ㄱ, ㄴ　② ㄱ, ㄷ　③ ㄴ, ㄷ　④ ㄴ, ㄹ　⑤ ㄷ, ㄹ

44

[19년 3월 2번]

(가)의 입장에서 (나) 그림 속 주장을 지지할 근거로 가장 적절한 것은? 3점

(가)	인간은 자연의 한 구성원에 불과하다. 그러므로 우리는 자연의 가치를 인간에게 얼마나 이익이 되는가로 평가해서는 안 된다. 자연은 그 자체로 가치를 지닌 도덕적 존중의 대상이다.
(나)	사라져 가는 갯벌을 보호합시다!

① 갯벌은 본래적 가치를 지니는 존재이다.
② 갯벌은 도덕적 고려의 대상에 포함되지 않는다.
③ 갯벌은 인간의 풍요로운 삶을 위한 수단일 뿐이다.
④ 갯벌은 인간에 의해 마음대로 이용될 수 있는 대상이다.
⑤ 갯벌의 가치는 인간에게 제공하는 이익으로만 결정된다.

45

[20년 3월 5번]

갑, 을의 입장에 대한 설명으로 가장 적절한 것은? 3점

> 갑: 지금까지 철새와 습지를 보호하느라 주민이 재산권을 제대로 행사할 수 없었다. 자연은 인간의 도구이며, 인간의 욕구 충족에 기여하는 한에서 가치를 지닐 뿐이다. 저수지를 개발하여 주민의 욕구를 충족시켜야 한다.
>
> 을: 저수지 개발 사업이 진행되면 습지의 생태계가 파괴되어 철새가 서식할 곳이 없어진다. 자연은 인간을 위한 도구가 아니며, 그 자체로 가치를 지닌다. 따라서 인간은 자연과 조화롭게 관계를 맺고 살아야 한다.

① 갑은 자연이 인간보다 본질적으로 우위에 있다고 본다.
② 갑은 인간의 이익을 위해 자연을 이용할 수 없다고 본다.
③ 을은 자연을 인간의 복지를 위해 지배해야 한다고 본다.
④ 을은 자연이 지닌 본래적 가치를 인정해야 한다고 본다.
⑤ 갑, 을은 인간과 자연을 상호 무관한 독립적 존재라고 본다.

46

[18년 6월 3번]

다음 글에 나타난 자연관에 대한 설명으로 가장 적절한 것은? 2점

> 들꽃은 우리의 누이이고 순록과 말과 독수리는 우리의 형제이다. 세상의 모든 것은 하나로 연결되어 있다. 대지(大地)에 일어나는 일은 대지의 아들에게도 일어난다. …(중략)… 사람이 땅을 파헤치는 것은 곧 그들 자신의 삶도 파헤치는 것이다. 대지는 인간에게 속한 것이 아니며, 인간이 오히려 대지에 속해 있다.

① 인간 역시 자연의 일부임을 자각한다.
② 자연을 도구적 가치의 관점에서 바라본다.
③ 자연을 이용하고 개발하는 것을 정당화한다.
④ 자연은 인간의 욕구를 충족시키기 위해 존재한다.
⑤ 인간은 다른 모든 존재와 구분되는 우월한 존재이다.

47

[23년 9월 19번]

다음 편지에서 강조하는 내용으로 가장 적절한 것은? 2점

> 당신들은 이 땅에 와서, 무엇을 세우려 하십니까? 내가 보기에 당신들은 그저 땅을 파헤치고 건물을 세우고 나무들을 쓰러뜨릴 뿐입니다. 또한 우리는 하늘과 땅을 사고판다는 당신들의 생각을 이해할 수 없습니다. 공기의 신선함이나 물의 광채가 우리 것이 아닌데 어떻게 팔 수 있나요? 우리는 대지의 일부분이며, 대지는 우리의 일부분입니다. 들꽃은 우리의 누이이고, 순록과 말과 독수리는 우리의 형제입니다. …(중략)… 세상의 모든 것은 하나로 연결되어 있습니다.
>
> -인디언 추장의 편지 中 일부-

① 인간 이외의 자연 만물은 경제적 가치로만 평가되어야 한다.
② 인간은 동·식물을 포함하는 모든 자연에 대한 소유권을 가진다.
③ 인간은 대지의 일부로 자연과 유기적 관계임을 인식해야 한다.
④ 인간은 대지에 속한 다른 존재보다 더 가치 있고 우월한 존재이다.
⑤ 인종과 상관없이 모든 인간에게 자연을 지배할 동등한 권리를 부여해야 한다.

48

[생윤 15년 11월 2번]

(가) 사상의 관점에서 (나)의 문제를 해결하기 위한 자세로 가장 적절한 것은? 3점

(가)	연기(緣起)는 모든 현상이 원인과 조건에 의해 서로 관련되어 생겨난다는 것이다. 즉 만물은 서로 의존 관계에 있음을 의미한다.
(나)	태평양의 어느 섬에서는 매년 평균 4만 마리 정도의 새들이 어이없는 죽음을 당한다. 죽은 새들의 뱃속에서는 작은 플라스틱 조각들이 가득했다. 반짝거리고 예쁜 플라스틱을 먹이로 생각했던 것이다. 인간의 무분별한 행동으로 인해 발생한 환경 오염은 인간에게 부메랑이 되어 비극으로 돌아오게 될 것이다.

① 인간과 자연의 상호 연계성을 깨달아 조화를 추구해야 한다.
② 자연을 인간의 행복을 위한 수단적 가치로 인식해야 한다.
③ 인간은 자연에 대한 주인으로서의 권리를 행사해야 한다.
④ 생태계 이용을 위해 과학 기술을 발전시켜 나가야 한다.
⑤ 기계론적 관점에서 자연의 운영 원리를 파악해야 한다.

49 대표 문제

[24년 9월 13번]

(가) 사상의 관점에서 (나)의 문제를 해결하기 위해 제시할 수 있는 적절한 주장만을 [보기]에서 고른 것은? 2점

(가)	세상의 모든 존재는 원인[因]과 조건[緣]의 상호 관계에 의해서 끊임없이 생멸(生滅)한다. 따라서 이 세상 어느 것도 독립하여 스스로 존재하는 것은 없다.
(나)	○○연구소는 세계 각국의 무분별한 자원 개발과 환경 파괴로 지구 온도가 지속적으로 상승할 것으로 예측하였다. 이로 인해 대규모의 사상자가 나올 것이라고 경고했다.

[보 기]

ㄱ. 인간을 자연 생태계 일부로 인식해야 한다.
ㄴ. 인간에게 주는 이익에 따라 자연을 평가해야 한다.
ㄷ. 인간과 자연이 공존할 수 있는 방안을 모색해야 한다.
ㄹ. 인간은 자연의 주인으로서 지배적 권리를 강화해야 한다.

① ㄱ, ㄴ ② ㄱ, ㄷ ③ ㄴ, ㄷ ④ ㄴ, ㄹ ⑤ ㄷ, ㄹ

50
[25년 6월 21번]

(가)의 관점에서 (나)의 밑줄 친 ㉠~㉣을 평가한 것으로 옳은 것만을 [보기]에서 있는 대로 고른 것은? 2점

(가) 인간과 자연 중 한쪽만을 강조하는 사고로는 현실의 문제를 해결할 수 없다. 인간이 기본적인 삶을 유지하면서 살아가려면 자연을 개발의 대상이 아닌 인간과 유기적으로 연결되어 있는 대상으로 인식하는 사고의 전환이 필요하다.

(나) ○○시는 2007년부터 ㉠생태계 회복을 위한 ㉡하천 복원 사업을 추진하고 있다. 콘크리트 등 인공 소재로 조성했던 호안*을 흙·자갈·큰 돌 같은 자연 소재로 복원하는 ㉢자연형 호안 조성 사업을 시행하고 생태공원을 조성하는 등 ㉣생물종 다양성 증가를 위한 여러 노력을 기울였다. 그 결과, 수목은 4배 이상, 하천 서식 생물종은 30% 가까이 늘어났으며, 생태공원에서 수달, 삵, 맹꽁이 등 멸종 위기 동물의 서식이 확인되기도 했다.

* 호안: 강이나 바다의 기슭이나 둑 따위가 무너지지 않도록 보호하는 장치

─[보 기]─
ㄱ. 생태 도시를 지정하는 것은 ㉠에 기여하는 방안이다.
ㄴ. ㉡은 자연에 대한 인간의 윤리적 책임을 강조한 것이다.
ㄷ. ㉢은 하천의 자정 능력을 향상시키고자 한다.
ㄹ. ㉣은 인간과 자연의 공존을 위협한다.

① ㄱ, ㄴ 　② ㄱ, ㄹ 　③ ㄷ, ㄹ
④ ㄱ, ㄴ, ㄷ 　⑤ ㄴ, ㄷ, ㄹ

51
[18년 6월 15번]

환경 문제에 관한 퍼즐이다. (가)에 들어갈 내용으로 적절한 것은? 2점

<가로 열쇠>
㉠ : 중국이나 몽골의 건조 기후 지역에서 발원하여 바람을 타고 이동하는 작은 모래나 먼지
㉡ : 온실가스 증가로 인해 지표 및 대기의 평균 온도가 상승하는 현상

<세로 열쇠>
㉢ : ＿＿＿＿＿＿＿ (가) ＿＿＿＿＿＿＿

① 대기오염 물질이 안개와 결합하는 현상
② 지표면에 도달하는 자외선의 양이 증가하는 현상
③ 산성을 띤 대기오염 물질이 빗물에 섞여 내리는 현상
④ 플랑크톤의 이상 증식으로 바닷물이 붉게 변하는 현상
⑤ 가뭄 및 과도한 방목과 경작으로 땅이 사막처럼 변하는 현상

52
[20년 3월 14번]

다음 자료의 (가) 현상이 심화될 경우 우리나라에서 나타날 수 있는 변화로 가장 적절한 것은? 3점

< ＿＿(가)＿＿ (으)로 몸살을 앓는 지구촌 >

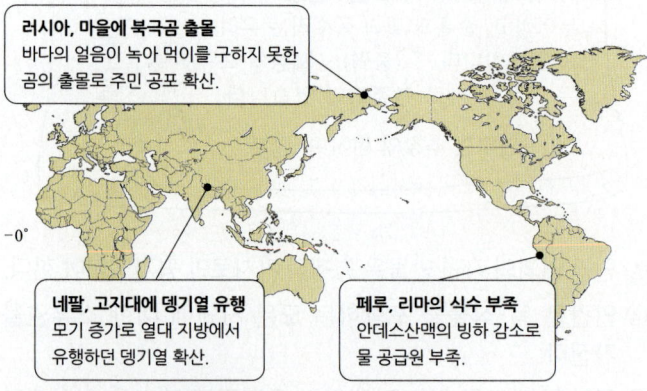

① 가을 단풍 시작일이 빨라질 것이다.
② 침엽수림 분포 면적이 넓어질 것이다.
③ 한류성 물고기의 어획량이 늘어날 것이다.
④ 여름철 열대야의 발생 일수가 증가할 것이다.
⑤ 사과 재배에 적합한 지역이 남쪽으로 이동할 것이다.

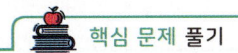

53 대표 문제 [23년 6월 12번]

자료를 통해 파악할 수 있는 환경 문제가 심화될 경우 예상되는 변화로 가장 적절한 것은? 3점

<북극해 빙하 분포 면적의 변화>

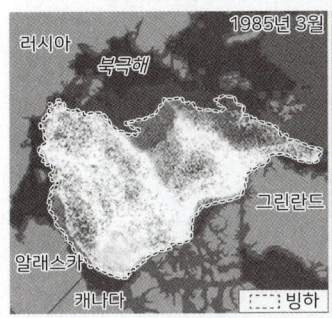
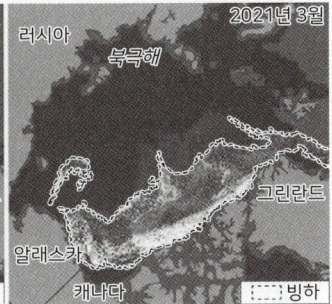

* 표시된 빙하는 형성된 지 3년 이상 된 것임.

① 북극해의 해수 염도가 높아질 것이다.

② 동아시아의 겨울철 지속 기간이 길어질 것이다.

③ 한반도의 침엽수림 분포 면적이 확대될 것이다.

④ 남태평양 해안 저지대의 침수 위험이 증가할 것이다.

⑤ 알프스산맥에 분포하는 만년설 범위가 확대될 것이다.

54 [21년 11월 9번]

㉠에 들어갈 내용으로 가장 적절한 것은? 2점

이산화 탄소 배출량이 증가하여 지구 평균 기온이 상승할 경우 우리나라의 계절 시작일 및 계절 지속 기간은 변화될 것이다. 특히, 우리나라 남부 지방에 위치한 부산은 이러한 변화가 클 것으로 예측되어 현재보다 2090년대에 ㉠ 이라고 전망된다.

<부산의 계절 시작일과 계절 지속 기간 예상 변화>

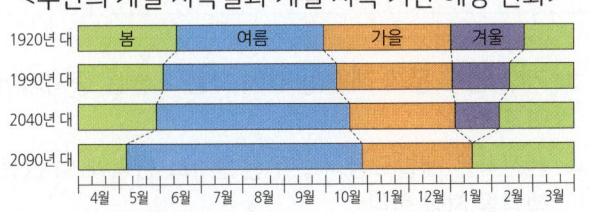

① 여름 시작일이 늦어질 것

② 겨울의 지속 기간이 길어질 것

③ 열대야 발생 일수가 증가할 것

④ 서리가 내리는 날이 많아질 것

⑤ 해안 저지대의 침수 가능성이 낮아질 것

55 [20년 6월 3번]

그림은 어느 환경 문제와 관련된 포스터이다. 이 환경 문제가 심화될 경우 나타날 수 있는 변화에 대한 추론으로 적절하지 않은 것은? 2점

① 북극해의 해수 염도가 낮아질 것이다.

② 냉대림의 분포 면적이 넓어질 것이다.

③ 고산 지대의 만년설이 감소할 것이다.

④ 남태평양 섬의 해안 저지대가 침수될 것이다.

⑤ 열대성 질병과 관련된 피해가 늘어날 것이다.

56 [22년 9월 9번]

환경 문제 (가)가 지속될 경우 예상되는 현상으로 옳지 않은 것은? 2점

그래프는 1850년부터 2020년까지 지구 표면의 연평균 온도 변화를 나타낸 것이다. 21세기 첫 20년 동안(2001~2020년) 지구 표면온도는 1850~1900년에 비해 약 0.99℃ 더 높아졌다. 이는 산업 혁명 이후 인구 및 화석 연료 사용량 증가에 따라 (가) 현상이 가속화되어 나타난 것으로 분석되고 있다.

<지구 표면의 연평균 온도 변화>

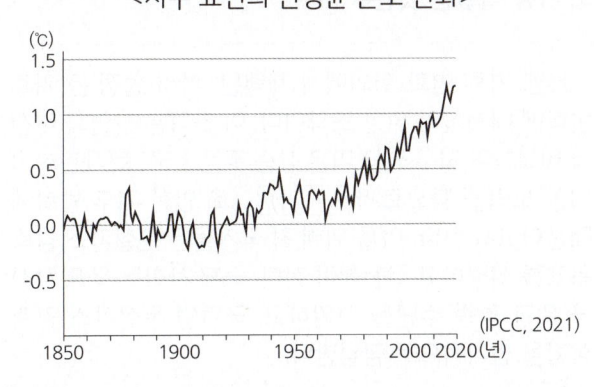

① 벚꽃의 개화 시기가 빨라질 것이다.

② 고산 지대의 빙하 면적이 감소할 것이다.

③ 대도시 지역의 열대야 현상이 증가할 것이다.

④ 여름철보다 겨울철의 지속 기간이 길어질 것이다.

⑤ 해수면 상승으로 해안 저지대의 침수 위험이 증가할 것이다.

57 대표 문제 [25년 6월 20번]

다음 자료에 대한 설명으로 옳은 것은? 2점

June ——— 2025	September ——— 2025

6월 17일
세계 사막화 방지의 날

1994년 세계 ㉠사막화 방지를 위해 [(가)] 을/를 채택하면서 이날을 '세계 사막화 방지의 날'로 제정하였다.

9월 16일
세계 오존층 보호의 날

1987년 ㉡오존층 파괴 물질의 사용 규제를 명시한 [(나)] 을/를 채택하면서 이날을 '세계 오존층 보호의 날'로 제정하였다.

① ㉠의 대표적인 사례 지역으로 사헬 지대, 아랄해 일대가 있다.

② ㉡으로 인해 지표로 도달하는 자외선이 감소한다.

③ ㉡의 주요 원인은 장기간의 가뭄, 과도한 방목 및 개간 등이다.

④ ㉠과 ㉡을 해결하기 위해서는 인간과 자연을 분리하는 이분법적 세계관이 필요하다.

⑤ (가)는 몬트리올 의정서, (나)는 바젤 협약이다.

58 [21년 9월 16번]

(가)에 해당하는 환경 문제가 지속될 경우 예상되는 현상으로 가장 적절한 것은? 2점

유엔 기후 변화 회의에서 채택된 '파리 협정'은 기후 변화에 대처하기 위한 조약이다. 이 조약은 산업화 이전과 비교하여 지구 평균 기온 상승 폭을 1.5℃로 제한하기 위한 노력을 함으로써 [(가)]로 인한 기후 변화에 대응하고자 한다. 이를 위해 각 국가들은 온실가스 감축 목표를 설정하고 실천해야 한다. 국제 사회는 목표 달성을 위한 각종 수단을 지원하고, 국가별 온실가스 감축 상황을 정기적으로 점검한다.

① 냉대림의 분포 범위가 축소될 것이다.

② 열대성 질병의 발병률이 감소할 것이다.

③ 고산 지대의 만년설 면적이 증가할 것이다.

④ 호수 및 하천의 결빙 일수가 증가할 것이다.

⑤ 해안 저지대의 침수 가능성이 낮아질 것이다.

59 [18년 11월 1번]

다음 자료는 어떤 환경 문제에 대한 통합적 관점을 나타낸 것이다. (가)에 해당하는 환경 문제로 옳은 것은? 2점

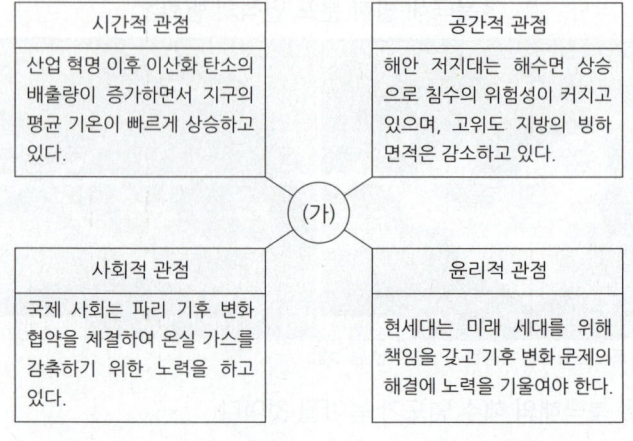

시간적 관점
산업 혁명 이후 이산화 탄소의 배출량이 증가하면서 지구의 평균 기온이 빠르게 상승하고 있다.

공간적 관점
해안 저지대는 해수면 상승으로 침수의 위험성이 커지고 있으며, 고위도 지방의 빙하 면적은 감소하고 있다.

(가)

사회적 관점
국제 사회는 파리 기후 변화 협약을 체결하여 온실 가스를 감축하기 위한 노력을 하고 있다.

윤리적 관점
현세대는 미래 세대를 위해 책임을 갖고 기후 변화 문제의 해결에 노력을 기울여야 한다.

① 황사   ② 사막화   ③ 산성비

④ 오존층 파괴   ⑤ 지구 온난화

60 [19년 9월 9번]

다음 글에서 강조하고 있는 내용만을 [보기]에서 고른 것은? 3점

온실가스로 인한 기후 변화는 산업화 과정에서 오염 물질을 직접 배출한 국가뿐만 아니라 이와 무관하게 살아온 국가의 사람들에게도 피해를 준다. 예를 들어 몰디브, 투발루 등은 지구 온난화로 해수면이 상승하여 수몰 위기에 처해 있다. 따라서 개발을 먼저 시작했던 선진국들은 개발의 부작용이 다른 국가 사람들의 생존까지 위협할 수 있음을 깨닫고, '오염자 부담 원칙'에 따라 온실가스 감축을 위해 적극적으로 나서야 할 것이다.

* 오염자 부담 원칙: 환경을 오염시킨 자에게 그 비용을 부담시킨다는 원칙

— [보 기] —

ㄱ. 기후 변화 문제 해결을 위해 모든 개발은 중지되어야 한다.

ㄴ. 선진국은 개발도상국보다 온실가스 감축에 더 많은 책임을 져야 한다.

ㄷ. 국제 사회는 개별 국가가 발생시키는 환경 문제에 대해 개입해서는 안 된다.

ㄹ. 각 국가는 자국의 환경오염이 전 세계에 영향을 줄 수 있음을 자각해야 한다.

① ㄱ, ㄴ   ② ㄱ, ㄷ   ③ ㄴ, ㄷ   ④ ㄴ, ㄹ   ⑤ ㄷ, ㄹ

정답과 해설   57 p.37   58 p.37   59 p.37   60 p.37

61
[25년 6월 22번]

다음 자료의 밑줄 친 ㉠~㉣에 대한 설명으로 옳은 것만을 [보기]에서 있는 대로 고른 것은? 1.5점

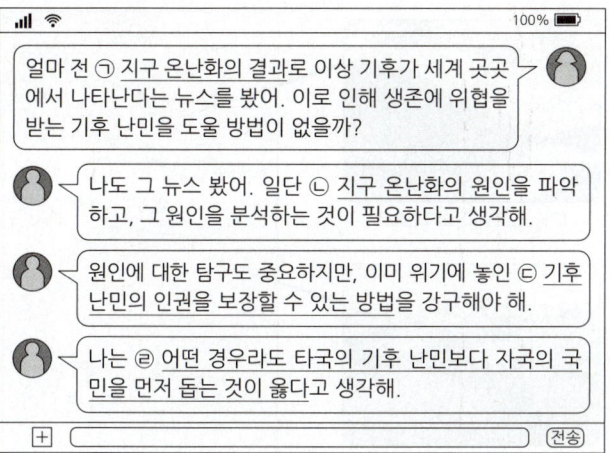

얼마 전 ㉠지구 온난화의 결과로 이상 기후가 세계 곳곳에서 나타난다는 뉴스를 봤어. 이로 인해 생존에 위협을 받는 기후 난민을 도울 방법이 없을까?

나도 그 뉴스 봤어. 일단 ㉡지구 온난화의 원인을 파악하고, 그 원인을 분석하는 것이 필요하다고 생각해.

원인에 대한 탐구도 중요하지만, 이미 위기에 놓인 ㉢기후 난민의 인권을 보장할 수 있는 방법을 강구해야 해.

나는 ㉣어떤 경우라도 타국의 기후 난민보다 자국의 국민을 먼저 돕는 것이 옳다고 생각해.

[보 기]

ㄱ. ㉠으로 빙하가 녹아 해안 저지대 침수가 나타날 수 있다.

ㄴ. ㉡으로 열대 우림 지역 개발로 인한 삼림 파괴를 들 수 있다.

ㄷ. ㉢으로 기후 난민의 안전을 보장하는 정책 마련을 들 수 있다.

ㄹ. ㉣은 세계는 하나의 공동체이기 때문에 국내 문제와 국제 문제를 동등하게 인식해야 한다는 입장이다.

① ㄱ, ㄴ   ② ㄱ, ㄹ   ③ ㄷ, ㄹ
④ ㄱ, ㄴ, ㄷ   ⑤ ㄴ, ㄷ, ㄹ

62
대표 문제
[22년 6월 14번]

다음은 학생 필기 내용의 일부이다. ㉠~㉤ 중 옳지 <u>않은</u> 것은? 2점

<환경 문제의 발생 원인과 각 주체의 해결 노력>

1. 발생 원인: 산업화와 인구 증가로 인한 자원 소비량 증가 ·········· ㉠

2. 각 주체의 해결 노력
  ○ 정부: 환경 문제 해결을 위한 정책 시행 ·········· ㉡
  ○ 시민 단체: 정부의 환경 정책에 대한 감시와 비판 ··· ㉢
  ○ 기업: 환경 보호를 위한 법률 제정 ·········· ㉣
  ○ 개인: 일상생활에서 녹색 소비 실천 ·········· ㉤

① ㉠   ② ㉡   ③ ㉢   ④ ㉣   ⑤ ㉤

63
[23년 3월 12번]

다음 자료를 통해 파악할 수 있는 환경 문제를 해결하기 위한 방안으로 가장 적절한 것은? 3점

**국제 연합(UN)의 승인을 받은 새로운 국가!
'쓰레기 섬나라'를 소개합니다!**

○ 국명 : 쓰레기 제도(The Trash Isles)
○ 위치 : 북태평양
○ 면적 : 약 160만 km²(한반도의 약 8배)
○ 특징 : 국가 면적이 계속 넓어지고 있음.

① 나무 심기
② 외출 시 전등 끄기
③ 샤워할 때 물 아껴 쓰기
④ 자가용 대신 대중교통 이용하기
⑤ 일회용 플라스틱 제품 사용 줄이기

64
[23년 9월 8번]

밑줄 친 ㉠~㉣에 대한 옳은 설명만을 [보기]에서 고른 것은? 3점

기후 변화의 주요 원인 중 하나인 ㉠지구 온난화는 자연적 요인과 인위적 요인에 의해 발생한다. 주된 인위적 요인에는 ㉡화석 에너지의 사용량 증가에 따른 온실가스 배출량의 증가가 있다. 이에 따른 기후 변화 문제를 해결하기 위해서 국제 사회는 1997년 교토 의정서, 2015년 ㉢파리 기후 변화 협약 등을 체결하였다. 국제 사회의 노력에 발맞추기 위해서는 ㉣정부의 정책 마련과 함께 국민들의 지속적인 실천이 필요하다.

[보 기]

ㄱ. ㉠의 영향으로 봄꽃의 개화 시기가 늦어질 것이다.

ㄴ. ㉡의 주요 원인은 산업화와 인구 증가이다.

ㄷ. ㉢은 선진국에만 온실가스 감축 의무를 부여하였다.

ㄹ. ㉣의 사례에는 탄소 배출권 거래제가 있다.

① ㄱ, ㄴ   ② ㄱ, ㄷ   ③ ㄴ, ㄷ   ④ ㄴ, ㄹ   ⑤ ㄷ, ㄹ

65

(가), (나) 제도에 대한 옳은 설명만을 [보기]에서 고른 것은? 3점

(가) 도시 개발 사업이나 산업단지 조성, 에너지 개발 산업 등을 시행할 때 환경에 미치는 영향을 미리 예측하여 법률에 따라 평가하는 제도이다.

(나) 정부는 기업에 온실가스 배출 허용량을 정해주고, 기업에서는 그 범위 내에서 온실가스를 감축하되 남거나 부족한 배출권은 다른 기업과 거래할 수 있는 제도이다.

[보 기]

ㄱ. (가)는 일반적으로 환경단체가 평가 주체가 된다.

ㄴ. (나)는 탄소 배출권 매매를 활성화시킨다.

ㄷ. (나)의 예로 경유를 연료로 하는 차량의 환경개선 부담금 부과를 들 수 있다.

ㄹ. (가), (나) 모두 쾌적한 환경 보존과 지속 가능한 발전을 위한 제도이다.

① ㄱ, ㄴ   ② ㄱ, ㄷ   ③ ㄴ, ㄷ   ④ ㄴ, ㄹ   ⑤ ㄷ, ㄹ

66

자료와 관련된 문제를 해결하기 위한 각 주체의 노력으로 옳은 것만을 [보기]에서 고른 것은? 2점

<환경 위기 시계>

2000년 8:56 → 2005년 9:05 → 2010년 9:19 → 2015년 9:27 ⇒ 위험 2020년 9:47

* 환경 위기 시계: 지구 환경 파괴에 대한 위기감을 표현한 것으로 12시에 가까울수록 지구 환경이 극도로 위험해짐을 나타냄.

[보 기]

ㄱ. 정부는 환경 관련 국제 협약을 탈퇴한다.

ㄴ. 시민 단체는 친환경 제품을 인증하는 법률을 제정한다.

ㄷ. 소비자는 친환경 제품을 사용하여 에너지를 절약한다.

ㄹ. 기업은 노후 생산 시설을 정비하는 친환경 경영을 실천한다.

① ㄱ, ㄴ   ② ㄱ, ㄷ   ③ ㄴ, ㄷ   ④ ㄴ, ㄹ   ⑤ ㄷ, ㄹ

67

(가), (나)에 대한 옳은 설명만을 [보기]에서 고른 것은? 1.5점

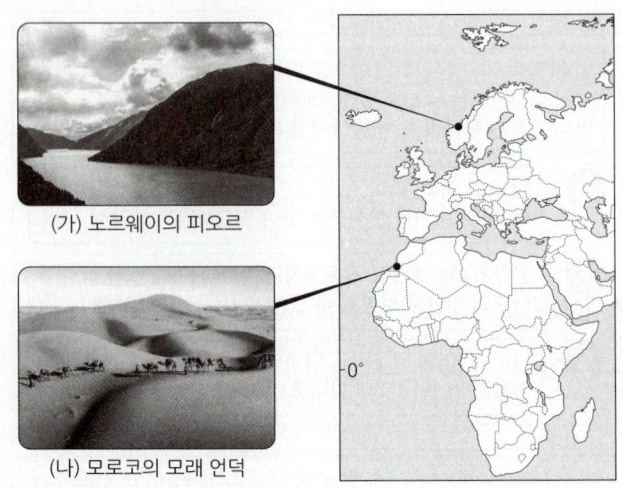

(가) 노르웨이의 피오르

(나) 모로코의 모래 언덕

[보 기]

ㄱ. (가)는 카르스트 지형으로 관광 산업에 활용된다.

ㄴ. (나)에서는 강한 햇빛과 모래바람을 막기 위한 전통 의복을 볼 수 있다.

ㄷ. (가)는 (나)보다 수력 발전소 입지에 유리하다.

ㄹ. (가)는 바람의 퇴적, (나)는 빙하의 침식 작용으로 주로 형성되었다.

① ㄱ, ㄴ   ② ㄱ, ㄷ   ③ ㄴ, ㄷ   ④ ㄴ, ㄹ   ⑤ ㄷ, ㄹ

1
[24년 6월 7번]

다음 자료는 어느 지역 여행 기록의 일부이다. 이 기후 지역의 전통 음식 문화에 대한 설명으로 가장 적절한 것은? 2점

낙타를 타고 뜨겁게 달궈진 모래 언덕을 올랐다. 뜨거운 햇살 때문에 머리를 보호하기 위해 두건을 썼다. 선글라스 없이는 강렬한 햇빛에 눈을 뜨기도 어려웠다. 가끔 바람이 불면 작은 모래 알갱이가 피부에 닿아서 따끔거렸다.

① 과일과 채소를 얻기 어려워 날고기를 통해 비타민을 섭취한다.

② 음식이 쉽게 상하기 때문에 쌀국수에 향신료를 많이 사용한다.

③ 물이 부족하여 오아시스 농업을 통해 재배한 대추야자를 말려 먹는다.

④ 토양이 척박하여 이동식 화전 농업을 통해 재배한 카사바를 조리해 먹는다.

⑤ 식초와 소금으로 간을 한 쌀밥 위에 날생선을 얹은 초밥을 만들어 먹는다.

2
[21년 9월 17번]

자료는 어느 지역의 지리 정보이다. 이에 해당하는 지역을 지도의 A~E에서 고른 것은? 2점

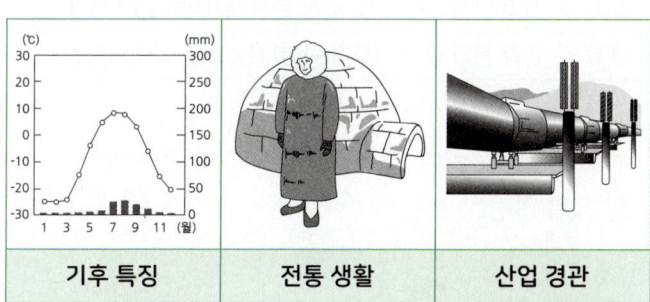

| 기후 특징 | 전통 생활 | 산업 경관 |

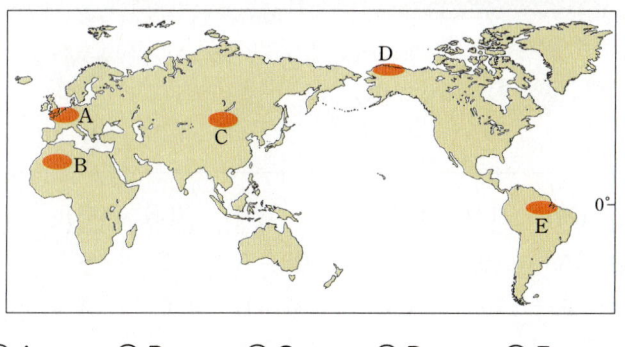

① A   ② B   ③ C   ④ D   ⑤ E

3
[22년 3월 7번]

다음 자료의 ㉠을 지도의 A~E에서 고른 것은? 3점

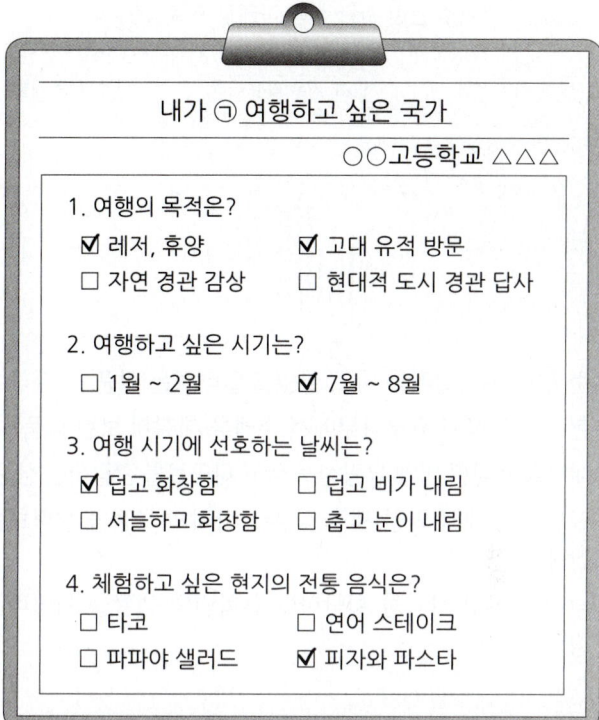

내가 ㉠ 여행하고 싶은 국가
○○고등학교 △△△

1. 여행의 목적은?
☑ 레저, 휴양   ☑ 고대 유적 방문
☐ 자연 경관 감상   ☐ 현대적 도시 경관 답사

2. 여행하고 싶은 시기는?
☐ 1월 ~ 2월   ☑ 7월 ~ 8월

3. 여행 시기에 선호하는 날씨는?
☑ 덥고 화창함   ☐ 덥고 비가 내림
☐ 서늘하고 화창함   ☐ 춥고 눈이 내림

4. 체험하고 싶은 현지의 전통 음식은?
☐ 타코   ☐ 연어 스테이크
☐ 파파야 샐러드   ☑ 피자와 파스타

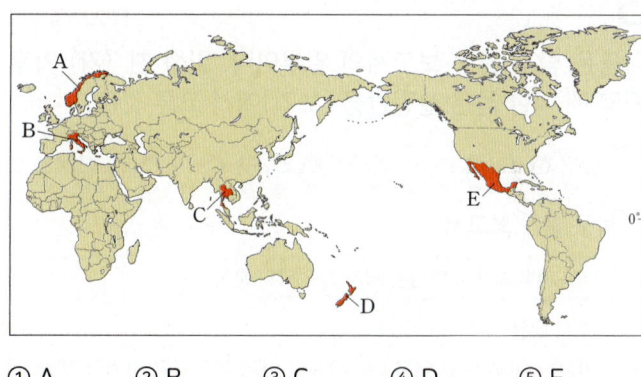

① A   ② B   ③ C   ④ D   ⑤ E

4

[19년 9월 5번]

다음은 통합사회 프로젝트 수행평가의 일부이다. (가)에 들어갈 내용으로 가장 적절한 것은? 3점

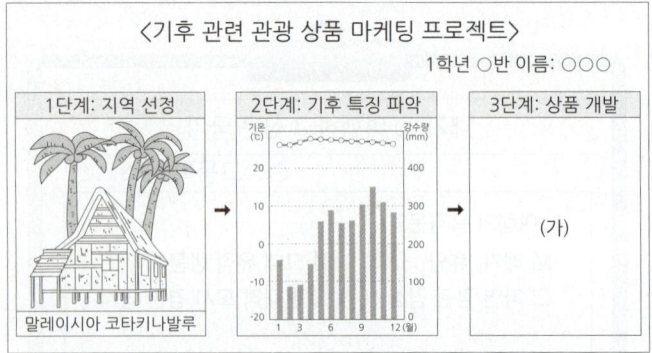

〈기후 관련 관광 상품 마케팅 프로젝트〉

1학년 ○반 이름: ○○○

1단계: 지역 선정 / 2단계: 기후 특징 파악 / 3단계: 상품 개발 (가)

말레이시아 코타키나발루

① 순록이 끄는 썰매를 타고 설원을 달려보는 상품

② 현지인과 함께 고무나무에서 수액을 채취해 보는 상품

③ 대낮같이 환한 밤에 유람선을 타고 피오르를 관광하는 상품

④ 포도 수확에서 와인 제조 및 저장까지의 과정을 살펴보는 상품

⑤ 낙타를 타고 사막을 횡단하며 유목민의 생활을 체험하는 상품

5

[20년 6월 5번]

다음은 탐구 활동 보고서의 일부이다. 밑줄 친 '(가) 기후 지역'에 대한 옳은 설명만을 [보기]에서 고른 것은? 2점

탐구 활동 보고서

1학년 ○반 이름 : □□□

주제 : 기후 특색이 반영된 세계 각 지역의 문화

◎ 조사 내용

기온이 매우 높고 더운 (가) 기후 지역의 주민들은 강렬한 햇볕에 의한 화상을 방지하고 바람이 불어 모래가 세차게 날아드는 것을 막기 위해 짧은 옷을 입지 않고 오히려 온몸을 천으로 감싸는 옷을 입는다.
이 지역의 대표적인 작물은 오아시스 농업과 관개 농업으로 생산되는 대추야자이다. 대추야자 나무는 목재와 땔감으로 사용되며, 열매는 주로 말려서 식량으로 이용된다.

─────[보 기]─────

ㄱ. 강수량보다 증발량이 많다.

ㄴ. 거의 매일 대류성 강수가 나타난다.

ㄷ. 바람에 의한 지형 형성 작용이 활발하다.

ㄹ. 기온의 일교차보다 기온의 연교차가 크다.

① ㄱ, ㄴ ② ㄱ, ㄷ ③ ㄴ, ㄷ ④ ㄴ, ㄹ ⑤ ㄷ, ㄹ

6

[22년 6월 15번]

그림은 지도에 표시된 A~C 지역을 질문에 따라 구분한 것이다. (가), (나)에 들어갈 질문으로 옳은 것을 [보기]에서 고른 것은? 3점

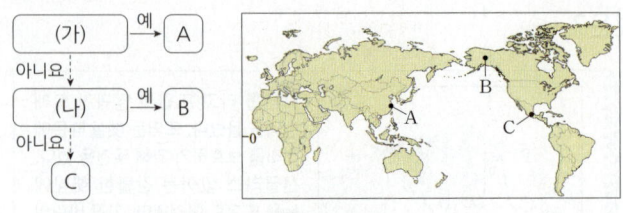

(가) → 예 → A
↓ 아니요
(나) → 예 → B
↓ 아니요
C

─────[보 기]─────

ㄱ. 백야 현상이 나타나는가?

ㄴ. 계절풍의 영향으로 벼농사가 발달하였는가?

ㄷ. 연중 온화하고, 일교차가 큰 고산 기후가 나타나는가?

	(가)	(나)		(가)	(나)
①	ㄱ	ㄴ	②	ㄱ	ㄷ
③	ㄴ	ㄱ	④	ㄴ	ㄷ
⑤	ㄷ	ㄴ			

7

[20년 6월 4번]

다음 자료는 국가별 관광 상품을 정리한 것이다. (가)~(다)에 해당하는 국가를 지도의 A~C에서 고른 것은? 3점

국가	관광 상품
(가)	낙타와 말을 기르며 생활하는 유목민 가옥 체험
(나)	지열 발전소 견학 및 노천 온천과 백야(白夜) 체험
(다)	연중 봄과 같은 기후가 나타나는 고산 도시 트레킹
⋮	⋮

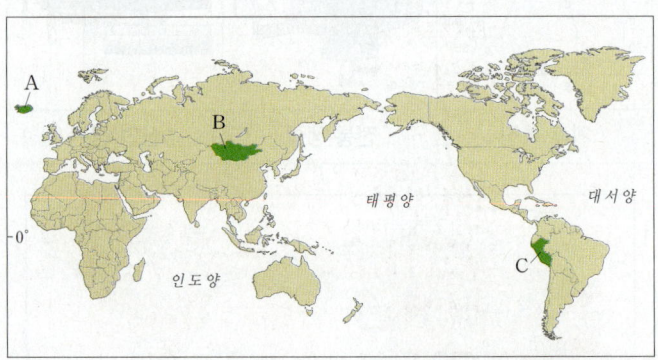

	(가)	(나)	(다)		(가)	(나)	(다)
①	A	B	C	②	A	C	B
③	B	A	C	④	B	C	A
⑤	C	A	B				

8 대표 문제 [21년 6월 11번]

(가)~(다)에 해당하는 지역을 지도의 A~E에서 고른 것은? 3점

(가)	(나)	(다)

강수량보다 증발량이 많아 건조한 지역으로 강한 햇볕을 막기 위해 예로부터 온몸을 감싸는 헐렁한 옷인 '깐두라'를 입었다.	연중 고온다습한 지역으로 음식이 쉽게 상하기 때문에 향신료와 고기 등으로 속을 채워 넣고 튀긴 만두인 '빠스테우'를 즐겨 먹는다.	여름과 겨울의 기온 차이가 매우 큰 지역으로 '타이가'라는 침엽수림이 넓게 분포하여 통나무로 만든 '이즈바'라는 전통 가옥이 발달했다.

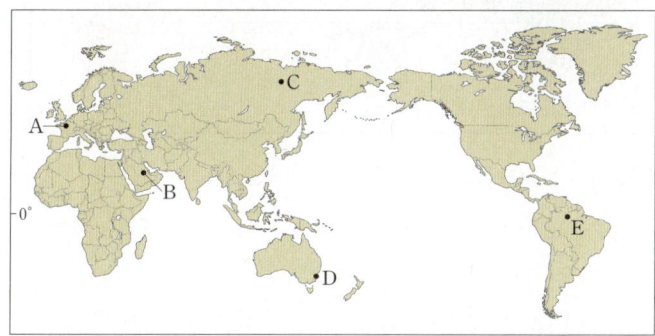

	(가)	(나)	(다)		(가)	(나)	(다)
①	A	B	C	②	A	D	E
③	B	A	D	④	B	E	C
⑤	C	E	D				

9 [22년 3월 8번]

다음 자료의 (가)에 주민 생활 모습을 표현할 경우 가장 적절한 것은? 2점

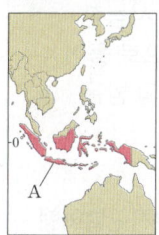 

A 국가의 화폐(1992년 발행)

① 순록을 유목하는 모습

② 올리브를 수확하는 모습

③ 고무나무에서 수액을 채취하는 모습

④ 라마와 알파카를 대규모로 키우는 모습

⑤ 오아시스 주변에서 대추야자를 재배하는 모습

10 [20년 9월 8번]

밑줄 친 ㉠지역의 특징으로 옳은 것은? 3점

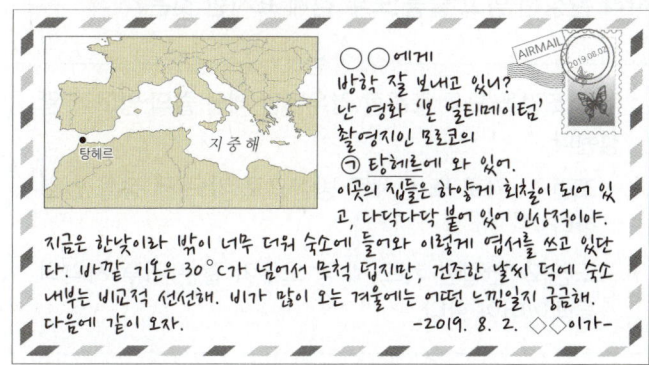

① 해안가에 위치하여 연중 강수량이 풍부하다.

② 타이가라고 불리는 침엽수림 지대가 분포한다.

③ 날생선이나 날고기 위주의 식습관이 나타난다.

④ 오렌지, 토마토 등을 재배하는 수목 농업이 발달하였다.

⑤ 스콜을 피하기 위해 건물의 처마가 길게 돌출되어 있다.

11 [23년 9월 14번]

(가)~(다)의 촬영 장소로 적합한 기후가 나타나는 지역을 지도의 A~C에서 고른 것은? 3점

	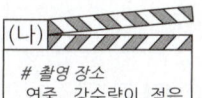	
# 촬영 장소 연중 기온이 높고 습한 지역 # 촬영 장면 지열과 해충 차단을 위해 지어진 고상 가옥을 배경으로, 향신료를 넣고 기름에 볶아 만드는 전통 음식을 소개하는 주민을 촬영	# 촬영 장소 연중 강수량이 적은 건조한 지역 # 촬영 장면 지붕이 평평하고 창문이 좁으며 벽이 두꺼운 전통 가옥을 배경으로, 지역 특산물인 대추야자를 소개하는 주민을 촬영	# 촬영 장소 연중 기온이 낮고 겨울이 긴 지역 # 촬영 장면 순록 유목 시 거주하는 전통적인 이동식 가옥을 배경으로, 비타민 섭취를 위해 먹는 날고기 음식을 소개하는 주민을 촬영

	(가)	(나)	(다)		(가)	(나)	(다)
①	A	B	C	②	A	C	B
③	B	C	A	④	C	A	B
⑤	C	B	A				

12

[22년 9월 17번]

다음은 세계 기후 지역의 특징을 활용한 게임이다. 이에 따라 완성된 빙고 줄을 모두 검게 표시한 것은? 3점

<게임 방법>

아래 조건을 모두 충족할 경우에만 해당 줄의 빙고가 완성된다.
- 조건 1: 가로 또는 세로 방향으로 카드 세 장을 연결한다.
- 조건 2: 연결한 카드 세 장 모두가 같은 기후 지역의 특색이어야 한다.

[전통 가옥]	[전통 음식] 기름에 볶거나 튀기는 음식	[전통 의복]
[전통 농업] 이동식 화전 농업	[전통 가옥]	[전통 음식] 채소 재배가 어려워 비타민 섭취를 위해 육류를 날로 먹는 경우가 많음
[전통 의복]	[전통 농업] 오아시스 농업	[전통 가옥]

① ② ③

④ ⑤

13

[19년 3월 7번]

다음은 자연 탐사를 하면서 어느 동물의 특징을 기록한 것이다. 탐사 지역을 지도의 A~E에서 고른 것은? 2점

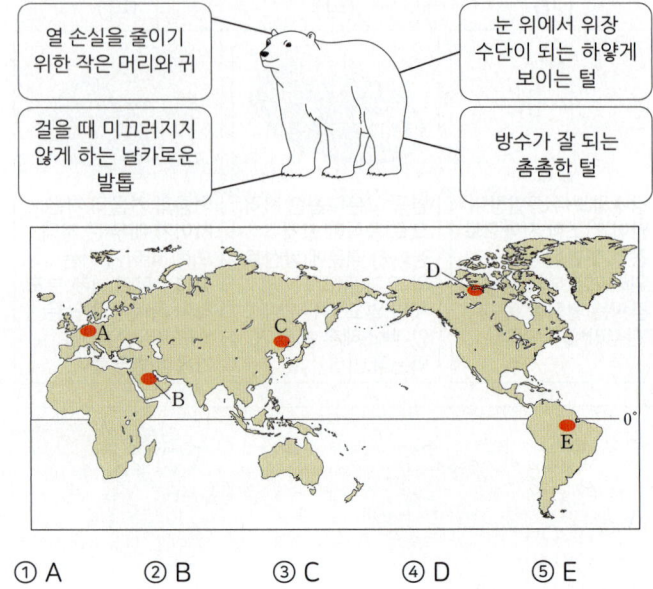

열 손실을 줄이기 위한 작은 머리와 귀

눈 위에서 위장 수단이 되는 하얗게 보이는 털

걸을 때 미끄러지지 않게 하는 날카로운 발톱

방수가 잘 되는 촘촘한 털

① A   ② B   ③ C   ④ D   ⑤ E

14

[23년 6월 8번]

자료는 어느 지역 여행기의 일부이다. 이 기후 지역 주민들의 전통적인 생활 모습에 대한 설명으로 옳은 것은? 2점

모래 언덕을 뜨겁게 달군 강렬한 햇볕과 숨을 들이쉴 때마다 들어오는 모래 알갱이…… 밤하늘을 수놓은 별은 총총 빛났고, 서늘한 밤공기가 텐트 안으로 들어왔다. 그렇게 사막의 밤은 저물었다.

#사막투어 #낙타 #지구별여행

① 오아시스 주변에서 대추야자를 재배한다.
② 계절풍 기후를 이용하여 쌀과 차를 재배한다.
③ 땔감을 구하기 어려워 날고기를 주로 섭취한다.
④ 풍부한 침엽수를 이용해 통나무집을 짓고 산다.
⑤ 이동식 화전 농업을 통해 카사바 등을 재배한다.

정답과 해설   12 p.42 13 p.42 14 p.42

15
[23년 6월 19번]

다음은 학생의 탐구 활동 계획서이다. (가), (나)에 대한 답변으로 옳은 것은? 3점

탐구 목표	지리적 관점으로 미술 작품을 분석할 수 있다.	
작품명	커피(Coffee)	작가 · 칸디도 포르티나리
탐구 작품		
탐구 활동	• 작품 속 사람들은 무엇을 하고 있는가?····커피콩 수확 • 작품 속 작물은 주로 어떤 기후에서 재배되는가?···(가) • 작품 속 농업 방식은 무엇인가?················(나)	

	(가)	(나)
①	열대 기후	이동식 화전 농업
②	열대 기후	플랜테이션 농업
③	건조 기후	오아시스 농업
④	건조 기후	플랜테이션 농업
⑤	온대 기후	오아시스 농업

16
[18년 9월 3번]

(가), (나)와 같은 전통 가옥이 주로 분포하는 지역을 지도의 A~D에서 고른 것은? 2점

(가)	(나)

타이가의 침엽수를 이용한 통나무집	열기와 습기를 피하기 위한 고상가옥

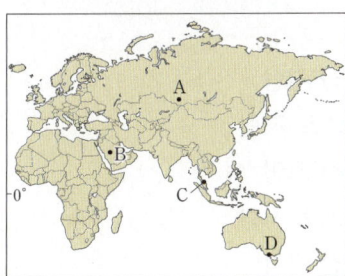

	(가)	(나)
①	A	B
②	A	C
③	B	C
④	B	D
⑤	D	A

17
[20년 3월 9번]

다음 자료의 ㉠~㉣ 중 옳은 설명만을 고른 것은? 3점

관광 스탬프로 보는 대한민국 방방곡곡

㉠화강암이 지하수에 녹아 형성된 동굴 (단양 고수동굴)

㉡파도의 퇴적 작용으로 형성된 모래사장 (낙산 해수욕장)

㉢용암이 분출하여 형성된 화산체 (성산 일출봉)

㉣하천의 침식 작용으로 형성된 삼각주 (낙동강 삼각주)

① ㉠, ㉡   ② ㉠, ㉢   ③ ㉡, ㉢

④ ㉡, ㉣   ⑤ ㉢, ㉣

18
[24년 6월 5번]

다음은 여행 상품 안내 포스터의 일부이다. 밑줄 친 ㉠, ㉡의 주된 형성 작용으로 옳은 것은? 2점

신나는 세계 여행

중국 구이린의 보트 투어
중국 남부에 위치한 구이린은 웅장한 ㉠탑 카르스트가 병풍처럼 둘러싸고 있는 아름다운 관광지로 유명하다.

노르웨이 송네 피오르 투어
노르웨이의 송네 피오르는 ㉡U자곡의 가파른 절벽이 장관을 이루는 관광지로 유명하다.

	㉠	㉡
①	빙하의 침식 작용	하천의 퇴적 작용
②	빙하의 퇴적 작용	석회암의 용식 작용
③	하천의 침식 작용	빙하의 퇴적 작용
④	석회암의 용식 작용	빙하의 침식 작용
⑤	석회암의 용식 작용	하천의 퇴적 작용

19

[21년 6월 9번]

다음은 여행 안내서의 일부이다. (가)에 들어갈 옳은 내용만을 [보기]에서 고른 것은? 3점

뉴질랜드 북섬, 타우포 여행 안내

지구가 살아 있다는 증거! 마그마가 지각의 갈라진 틈을 뚫고 분출하여 형성된 지형과 관련된 다양한 경관들을 만나 보세요.

[추천 장소 1]

분화구가 함몰된 후 물이 고여 형성된 타우포 호수

[추천 장소 2]

(가)

[보 기]

ㄱ. 석회암이 물에 녹아 만들어진 기암괴석

ㄴ. 최대 20m 높이로 솟아 오르는 간헐천

ㄷ. 땅속의 열에너지로 전력을 생산하는 발전소

ㄹ. 빙하의 침식과 해수면 상승으로 형성된 피오르

① ㄱ, ㄴ ② ㄱ, ㄷ ③ ㄴ, ㄷ ④ ㄴ, ㄹ ⑤ ㄷ, ㄹ

20

[18년 3월 13번]

다음 자료의 ㉠과 관련된 지형으로 옳은 것은? 2점

사진은 스위스의 융프라우 전망대(3,454m)에서 찍은 알레치 빙하입니다. ㉠계곡을 메운 거대한 얼음 덩어리는 산 아래로 천천히 이동하면서 주변을 침식하여 지형을 변화시킨답니다.

① 삼각주 ② U자곡 ③ 버섯바위
④ 석회 동굴 ⑤ 주상 절리

21

대표 문제 [25년 3월 12번]

다음 자료의 (가)에 해당하는 국가를 지도의 A~E에서 고른 것은? 2점

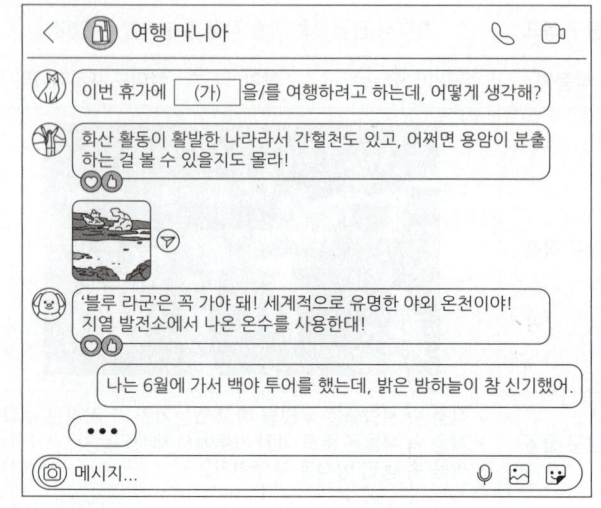

여행 마니아

이번 휴가에 (가) 을/를 여행하려고 하는데, 어떻게 생각해?

화산 활동이 활발한 나라라서 간헐천도 있고, 어쩌면 용암이 분출하는 걸 볼 수 있을지도 몰라!

'블루 라군'은 꼭 가야 돼! 세계적으로 유명한 야외 온천이야! 지열 발전소에서 나온 온수를 사용한대!

나는 6월에 가서 백야 투어를 했는데, 밝은 밤하늘이 참 신기했어.

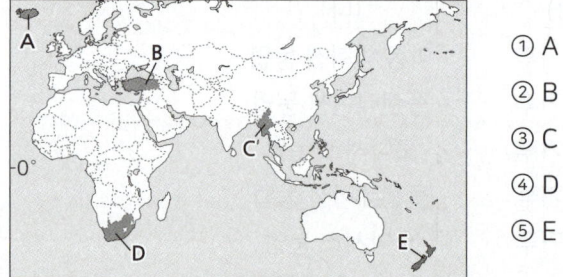

① A
② B
③ C
④ D
⑤ E

22

[24년 10월 11번]

다음은 누리 소통망(SNS)에 게시된 여행기이다. 밑줄 친 ㉠, ㉡에 해당하는 지형으로 옳은 것은? 2점

Love_tongsa

㉠ 지열로 데워진 물과 수증기가 분출하는 간헐천인데, 물줄기가 솟아오를 때마다 모두가 감탄했어!
#미국 #옐로스톤 국립 공원

Love_tongsa

㉡ 석회암의 용식으로 만들어진 높은 봉우리들인데, 뗏목을 타고 경관을 보니 정말 멋지더라!
#중국 #구이린

	㉠	㉡
①	빙하 지형	화산 지형
②	빙하 지형	카르스트 지형
③	화산 지형	빙하 지형
④	화산 지형	카르스트 지형
⑤	카르스트 지형	화산 지형

23

[25년 6월 9번]

다음 자료의 밑줄 친 ㉠~㉢에 대한 설명으로 옳은 것만을 [보기]에서 있는 대로 고른 것은? (1.5점)

> ㉠ 자연재해대책법
> 제1장 총칙
> 제1조(목적) 이 법은 ㉡태풍, ㉢홍수 등 자연현상으로 인한 재난으로부터 국토를 보존하고 국민의 생명·신체 및 재산과 주요 기간시설을 보호하기 위하여 자연재해의 예방·복구 및 그 밖의 대책에 관하여 필요한 사항을 규정함을 목적으로 한다. …(후략)

[보 기]

ㄱ. ㉠을 통해 국가는 국민의 생명과 재산을 보호하고자 한다.

ㄴ. ㉡은 강한 바람과 많은 비를 동반하는 열대 저기압이다.

ㄷ. ㉢의 피해를 줄이기 위한 시설에는 다목적 댐, 저수지 등이 있다.

ㄹ. 우리나라는 여름철보다 겨울철에 ㉡과 ㉢으로 인한 피해가 크다.

① ㄱ, ㄴ   　② ㄱ, ㄹ   　③ ㄷ, ㄹ
④ ㄱ, ㄴ, ㄷ   　⑤ ㄴ, ㄷ, ㄹ

24

[23년 9월 2번]

자연재해 (가), (나)에 대한 설명으로 옳은 것은? (단, (가), (나)는 각각 지진, 태풍 중 하나임.) (2점)

자연재해 발생 시 국민 행동 요령	행정안전부
(가) 발생 시 국민 행동 요령	**(나) 발생 시 국민 행동 요령**
• 산사태, 절벽 붕괴에 주의하고, 해안에서 해일 특보가 발령되면 높은 곳으로 대피합니다. • 떨어지는 물건에 다치지 않게 가방이나 손으로 머리를 보호합니다. • 흔들림이 멈추면 건물과 거리를 두고 운동장이나 공원 등 넓은 공간으로 대피합니다.	• 경보 발령 시 어업 활동을 중단하고, 피서객·저지대 주민은 신속히 안전지대로 대피합니다. • 강풍에 대비하여 비닐하우스·재배 시설 등은 단단히 고정합니다. • 축대와 담장은 사전에 점검·보수하고, 가로등·고압 전선 등 전기 시설물 접근을 금지합니다.

① (가)는 건물의 내진 설계로 피해를 줄일 수 있다.

② (가)는 열대 해상에서 발생하여 고위도 지역으로 이동한다.

③ (나)는 여름보다 겨울에 자주 발생한다.

④ (나)는 대기 중의 미세 먼지 농도를 증가시킨다.

⑤ (가)는 기후적 요인, (나)는 지형적 요인에 의해 발생한다.

25

[22년 6월 12번]

다음은 어떤 자연재해를 대비한 개인 안전 점검표의 일부이다. 이 자연재해에 대한 설명으로 가장 적절한 것은? (2점)

점검 항목	예	아니요
○ ○○ 피해를 예방하기 위해 크고 무거운 물건을 선반에 올려 두지 않고, 선반은 벽에 단단히 고정시켜 두십니까?	☐	☐
○ ○○이 발생하면 문틀이 틀어져 문이 안 열리게 되는 경우가 있으므로, 문을 열어서 출구를 확보해 두어야 한다는 사실에 대해서 알고 있습니까?	☐	☐
○ 번화가(빌딩가)에서는 떨어지는 물체(유리 파편, 간판 등)가 가장 위험하므로 우선 갖고 있는 소지품으로 머리를 보호하면서 건물과 떨어진 넓은 장소로 대피하거나, 대형 건물 안으로 대피하는 방법에 대해서 알고 있습니까?	☐	☐

(국민재난안전포털)

① 열대 해상에서 발생하며 강풍과 폭우를 동반한다.

② 신속한 제설 작업으로 교통 혼란을 줄일 수 있다.

③ 무더위로 인한 일사병과 열사병을 유발할 수 있다.

④ 오랫동안 비가 오지 않아 각종 용수가 부족해진다.

⑤ 내진 설계 기준을 강화함으로써 피해를 줄일 수 있다.

26

[24년 9월 20번]

우리나라에 영향을 주는 자연재해 A~C에 대한 설명으로 옳지 않은 것은? (단, A~C는 각각 지진, 폭설, 태풍 중 하나임.) (2점)

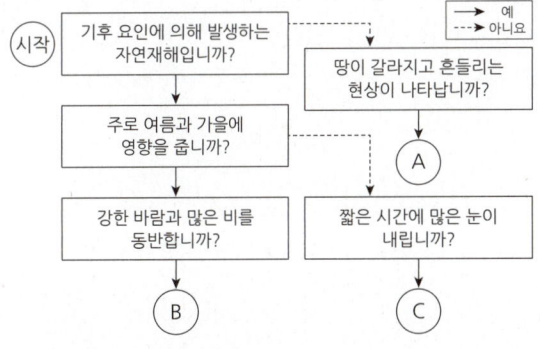

① A는 예측하여 대피할 수 있다.

② B는 적도 부근 해상에서 발생하는 열대 이동성 저기압이다.

③ C는 항공기 운항에 지장을 준다.

④ A는 C와 달리 계절적 영향을 받지 않는다.

⑤ B는 C보다 하천 범람으로 농경지를 침수시킬 위험이 크다.

27

[25년 3월 9번]

다음 자료의 (가)에 들어갈 내용으로 옳은 것은? 2점

<자연재해 자음 · 모음 십자말풀이>

[자음 칸] ■ [모음 칸] □ 예시) 바람 → ㅂ ㅏ ㄹ ㅏ ㅁ

자연재해에 잘 대비해야 해!

[가로 열쇠]
1. 열대 지역에서 발생하여 중위도 지역으로 이동하는 저기압
2. _____ (가)

[세로 열쇠]
3. 짧은 기간 동안 많은 양의 눈이 내리는 현상
4. 집중 호우 등으로 하천이 범람하여 가옥이나 농경지가 물에 잠기는 현상

① 매우 심한 더위가 나타나는 현상
② 장기간 비가 내리지 않아 땅이 메마른 현상
③ 지구 내부 에너지에 의해 땅이 흔들리는 현상
④ 평년보다 기온이 매우 낮아 추위가 심한 현상
⑤ 해저에서 지진이 발생하여 거대한 파도가 해안을 덮치는 현상

28

[21년 6월 10번]

다음은 어느 자연재해에 대한 긴급 재난 문자의 일부이다. 이 자연재해에 대한 설명으로 옳은 것은? 2점

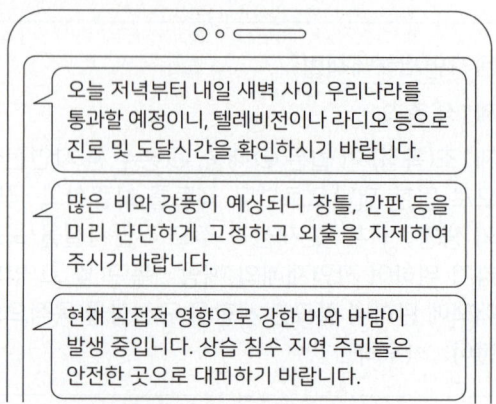

오늘 저녁부터 내일 새벽 사이 우리나라를 통과할 예정이니, 텔레비전이나 라디오 등으로 진로 및 도달시간을 확인하시기 바랍니다.

많은 비와 강풍이 예상되니 창틀, 간판 등을 미리 단단하게 고정하고 외출을 자제하여 주시기 바랍니다.

현재 직접적 영향으로 강한 비와 바람이 발생 중입니다. 상습 침수 지역 주민들은 안전한 곳으로 대피하기 바랍니다.

① 대기 중 미세 먼지 농도를 상승시킨다.
② 열대 저기압이 이동할 때 주로 발생한다.
③ 우리나라에서는 한랭건조한 겨울에 나타난다.
④ 두 지각판이 분리되는 경계에서 발생 빈도가 높다.
⑤ 해저 지진으로 발생한 거대한 파도가 육지로 밀려오는 현상이다.

29

[24년 6월 15번]

다음은 통합사회 수업 장면의 일부이다. (가)에 대한 옳은 설명만을 [보기]에서 고른 것은? 2점

자연재해 중 (가) 의 주요 발생 지점을 표시한 지도입니다.

교사

─── [보 기] ───
ㄱ. 적도 부근에서 발생해 중위도 지역으로 이동한다.
ㄴ. 땅이 갈라지고 건축물과 도로 등이 붕괴될 수 있다.
ㄷ. 제방 건설, 산림 조성 등의 대책으로 예방할 수 있다.
ㄹ. 지각판이 충돌하거나 분리되는 지역에서 주로 발생한다.

① ㄱ, ㄴ   ② ㄱ, ㄷ   ③ ㄴ, ㄷ   ④ ㄴ, ㄹ   ⑤ ㄷ, ㄹ

30

[22년 3월 11번]

A를 주제로 다큐멘터리를 제작할 때, (가)에 들어갈 장면으로 가장 적절한 것은? 2점

| A의 이동 경로 | A의 위성 사진 | (가) |

①
침수된 집과 도로

② 물이 말라 갈라진 호수 바닥

③
용암이 흘러내리는 분화구

④
지진으로 갈라진 도로

⑤
도로에 가득 쌓인 눈

31

대표 문제

[21년 9월 20번]

자료는 자연재해를 유형에 따라 구분한 것이다. 이에 대한 옳은 설명만을 [보기]에서 있는 대로 고른 것은? (단, (가), (나)는 각각 지진, 태풍 중 하나이다.) 2점

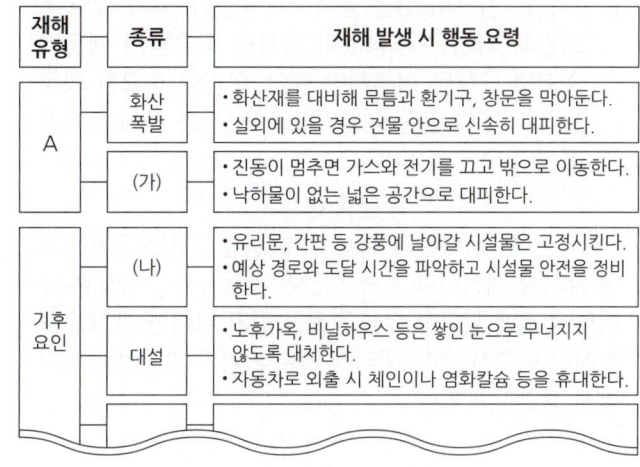

재해 유형	종류	재해 발생 시 행동 요령
A	화산 폭발	• 화산재를 대비해 문틈과 환기구, 창문을 막아둔다. • 실외에 있을 경우 건물 안으로 신속히 대피한다.
A	(가)	• 진동이 멈추면 가스와 전기를 끄고 밖으로 이동한다. • 낙하물이 없는 넓은 공간으로 대피한다.
기후 요인	(나)	• 유리문, 간판 등 강풍에 날아갈 시설물은 고정시킨다. • 예상 경로와 도달 시간을 파악하고 시설물 안전을 정비한다.
기후 요인	대설	• 노후가옥, 비닐하우스 등은 쌓인 눈으로 무너지지 않도록 대처한다. • 자동차로 외출 시 체인이나 염화칼슘 등을 휴대한다.

[보 기]

ㄱ. A는 지형 요인이다.

ㄴ. (가)로 인한 시설물 피해는 내진 설계를 통해 줄일 수 있다.

ㄷ. (나)는 우리나라에서 주로 겨울에 발생한다.

ㄹ. (나)는 저위도의 열대 해상에서 발생한 저기압이다.

① ㄱ, ㄴ　　② ㄱ, ㄷ　　③ ㄷ, ㄹ
④ ㄱ, ㄴ, ㄹ　　⑤ ㄴ, ㄷ, ㄹ

32

[22년 9월 6번]

다음 자료의 (가) 자연재해에 대한 설명으로 옳은 것은? 2점

🔊
⚠ 긴급 재난 문자

[행정안전부] ○월 ○일 15시 00분 (가) 경보 발령
'강한 바람과 집중 호우가 예상되오니, 해안 지대 접근 금지, 선박 대피 및 결박, 부착물 고정 등을 통해 시설물 피해가 없도록 주의하시기 바랍니다.'

💬
[△△고등학교] (가) 경보 발령에 따른 안전수칙 안내
☑ 저지대나 상습 침수지역은 우회하여 안전한 길로 보행하세요.
☑ 호우로 인한 물 웅덩이나 간판 등의 낙하물에 주의하세요.

① 대기 중 미세 먼지 농도를 상승시킨다.

② 지형적 요인에 의해 발생하는 자연재해이다.

③ 판의 경계에 위치한 국가에서 발생 빈도가 높다.

④ 열대 해상에서 발생하여 고위도 지방으로 이동한다.

⑤ 우리나라에서는 한랭 건조한 겨울철에 주로 영향을 받는다.

33

[23년 11월 15번]

갑의 입장에서 <문제 상황> 속 A국에 제시할 조언으로 가장 적절한 것은? 3점

갑: 자연은 인간의 삶을 윤택하게 하는 도구가 아니다. 인간과 자연은 끊임없이 영향을 주고받기 때문에 조화와 균형을 이루어야 한다. 인간의 중요한 의무는 생태계의 안정을 유지하고 자연 그 자체의 가치를 존중하는 것이다.

<문제 상황>

A국은 심해 채굴의 허용 여부를 결정하는 국제회의에 참석할 예정이다. A국은 전기 자동차나 스마트폰 배터리 제조에 필요한 핵심 광물을 얻기 위해 심해 채굴을 찬성해야 할지, 해양 생태계 훼손을 막기 위해 반대해야 할지 고민하고 있다.

① 인간은 해양 생태계와 분리된 존재임을 기억하세요.
② 심해 채굴로 인해 발생할 경제적 효용만을 고려하세요.
③ 해양 생태계의 본래적 가치보다 도구적 가치를 중시하세요.
④ 심해 채굴로 인해 해양 생태계에 미칠 부작용은 무시하세요.
⑤ 인간은 해양 생태계를 보전할 도덕적 의무가 있음을 명심하세요.

34 대표 문제

[24년 9월 18번]

갑, 을 사상가들의 입장에 대한 설명으로 가장 적절한 것은? 2점

갑: 생명 공동체의 온전성, 안정성, 아름다움의 보존에 기여한다면 그 행위는 옳다. 대지의 이용을 경제적 관점뿐만 아니라 윤리적, 심미적 관점에서도 검토해야 한다.

을: 지식은 힘이다. 방황하는 자연을 사냥해서 인간의 이익에 봉사하도록 해야 한다. 이를 위해 인간은 자연이 어떻게 작동하는지 알고, 자연을 이용할 수 있어야 한다.

① 갑은 인간을 자연보다 더 가치 있고 우월한 존재로 본다.
② 을은 자연의 모든 생명체를 인간과 동등한 가치를 지닌 존재로 본다.
③ 갑은 을과 달리 생태계 전체의 유기적 관계를 중시해야 한다고 본다.
④ 을은 갑과 달리 자연이 인간의 이익과 무관하게 가치를 지닌다고 본다.
⑤ 갑, 을 모두 자연을 경제적 관점에서 이용할 수 없다고 본다.

35

[18년 9월 9번]

(가), (나)의 입장에 대한 설명으로 옳은 것은? 3점

(가) 자연은 그 자체로 가치가 있으므로 영구 보전되어야 한다. 따라서 인간에게 자연을 개발할 권리는 없다.

(나) 자연을 보존한다는 이유로 개발을 멈추어서는 안 된다. 인간의 이익을 위해 필요하다면 자연을 개발해야 한다.

① (가)는 인간의 복지를 위해 자연이 보존되어야 함을 강조한다.
② (가)는 인간의 능력을 신장시켜 자연을 정복해야 함을 강조한다.
③ (나)는 인간이 자연 그 자체의 가치를 존중해야 함을 강조한다.
④ (나)는 자연이 인간의 편리함과 행복을 위한 수단임을 강조한다.
⑤ (가), (나)는 자연의 보전보다 인간의 이익이 우선됨을 강조한다.

36

[18년 9월 5번]

갑은 긍정, 을은 부정의 대답을 할 질문으로 옳은 것은? 3점

갑: 생태계 전체의 구성원인 인간은 동료나 전체 공동체에 대해 존경심을 가져야 한다. 어떤 것이 생태계 전체의 온전성 등에 기여하면 옳고, 그렇지 않으면 그르다.

을: 인간의 자연에 대한 지배권은 오직 기술과 학문의 발달에 달려 있다. 방황하는 자연을 사냥해서 노예로 만들어 인간의 이익에 봉사하도록 해야 한다.

① 개별 구성원의 존속이 생태계 전체의 보전보다 우선하는가?
② 이성적으로 사고할 수 있는 인간은 도덕적 존중의 대상인가?
③ 인간 이외의 자연은 인간의 이익에 기여할 때 가치가 있는가?
④ 풍요로운 삶을 위해 인간은 자연을 관찰하고 이용해야 하는가?
⑤ 인간은 자연의 지배자가 아니라 단지 구성원 중 하나일 뿐인가?

37
[20년 6월 10번]

갑, 을의 입장으로 적절한 것만을 [보기]에서 고른 것은? 3점

> 갑: 인간은 자연의 사용자이자 해석자이다. 인간의 지식이 곧 인간의 힘이며, 과학의 목적은 자연을 정복해 인간의 물질적 생활 수준을 향상시키는 데 있다.
>
> 을: 인간은 생명 공동체의 평범한 구성원이자 시민이다. 우리는 인간에 대한 존중뿐만 아니라 생명 공동체 자체에 대한 존중을 통해 대지와 사람의 조화를 추구해야 한다.

─[보 기]─

ㄱ. 갑: 자연의 가치는 유용성을 기준으로 판단해야 한다.

ㄴ. 을: 생태계 전체를 하나의 살아있는 유기체로 보아야 한다.

ㄷ. 을: 인간은 자연의 지배자로서 책임 의식을 가져야 한다.

ㄹ. 갑, 을: 생명을 지닌 모든 존재는 그 자체로 가치가 있다.

① ㄱ, ㄴ ② ㄱ, ㄷ ③ ㄴ, ㄷ ④ ㄴ, ㄹ ⑤ ㄷ, ㄹ

38
[21년 3월 4번]

다음 가상 편지를 쓴 사람의 입장만을 [보기]에서 고른 것은? 2점

> ○○○ 선생님께
> 선생님, 경제 개발을 위해 그린벨트를 해제한다는 기사를 보고 걱정이 앞섭니다. 자연은 모든 존재가 서로 의존하면서 함께 살아가는 거대한 생태계이며, 인간은 자연의 주인이 아니라 자연의 한 구성원일 뿐입니다. 토양, 물, 식물, 동물 등은 원래 그 자체로 소중한 가치를 지니고 있습니다. 따라서 인간의 경제적 이익을 위해 자연을 무분별하게 이용해서는 안 됩니다. …(후략).

─[보 기]─

ㄱ. 자연 만물은 상호 의존하는 관계에 있다.

ㄴ. 인간은 자연의 본래적 가치를 존중해야 한다.

ㄷ. 인간의 삶에 도움을 주는 자연만이 가치를 지닌다.

ㄹ. 이성을 지닌 존재인 인간이 자연을 지배해야 한다.

① ㄱ, ㄴ ② ㄱ, ㄷ ③ ㄴ, ㄷ ④ ㄴ, ㄹ ⑤ ㄷ, ㄹ

39
[20년 11월 14번]

갑, 을의 입장만을 [보기]의 A~D에서 고른 것은? 3점

> 갑: 인간은 자연의 주인이자 소유자가 될 수 있다. 왜냐하면 인간은 정신을 소유한 존엄한 존재이지만, 자연은 의식이 없는 물질이며 그 자체로 가치를 지닐 수 없기 때문이다.
>
> 을: 인간은 자연에 대한 소유자가 아닌 자연의 한 구성원이다. 인간은 자연이 그 자체로 가치가 있는 존재임을 인식하고, 도덕적 고려의 범위를 동식물과 대지로 확대해야 한다.

─[보 기]─

		자연은 인간의 이익과 무관하게 가치를 지니는가?	
		예	아니요
인간은 자연보다 우월한 존재인가?	예	A	B
	아니요	C	D

	갑	을		갑	을
①	A	C	②	A	D
③	B	C	④	B	D
⑤	C	B			

40
[21년 9월 12번]

다음 글에 나타난 자연관에 대한 옳은 설명만을 [보기]에서 고른 것은? 2점

> 바람직한 대지 이용을 오직 경제적 문제로만 생각하지 말라. 윤리적·심미적으로 무엇이 옳은가의 관점에서도 검토하라. 생명 공동체의 온전성과 안정성 그리고 아름다움의 보전에 기여하는 대지 이용이라면 그것은 옳다. 그렇지 않다면 그르다.

─[보 기]─

ㄱ. 자연은 내재적 가치를 지니고 있다고 본다.

ㄴ. 자연과 인간을 구분하는 이분법적 세계관을 중시한다.

ㄷ. 생태계 전체를 하나의 유기체로 보아야 함을 강조한다.

ㄹ. 자연을 인간의 풍요로운 삶과 이익을 위한 도구로만 본다.

① ㄱ, ㄴ ② ㄱ, ㄷ ③ ㄴ, ㄷ ④ ㄴ, ㄹ ⑤ ㄷ, ㄹ

41

[20년 9월 14번]

(가)의 관점에서 <사례> 속의 A에게 제시할 조언으로 가장 적절한 것은? 2점

(가) 우리는 대지의 일부분이며, 대지는 우리의 일부분이다. 들꽃은 우리의 누이이고, 순록과 말과 독수리는 우리의 형제이다. 세상의 모든 것은 하나로 연결되어 있다.

<사례>

대량으로 돼지를 사육하는 축산업자 A는 축산 비용을 줄이기 위해 암퇘지들을 몸을 돌릴 수도 없을 만큼 좁은 출산용 우리에 가둬두고 키운다. 왜냐하면 우리에서 암퇘지가 돌아눕다가 새끼가 깔려 죽을 수도 있기 때문이다.

① 동물은 인간과 분리된 존재임을 기억하세요.

② 모든 자연은 인간의 지배하에 있음을 명심하세요.

③ 인간이 생존하기 위해 대량 축산이 필요함을 알아야 해요.

④ 동물의 대량 사육은 자연에 영향을 주지 않음을 생각해야 해요.

⑤ 공장형 축산은 생태계의 균형을 파괴할 수 있음을 깨달아야 해요.

42

[22년 9월 7번]

다음은 갑, 을의 가상 대화이다. 갑, 을의 입장으로 가장 적절한 것은? (단, 갑, 을의 입장은 각각 인간 중심주의, 생태 중심주의 중 하나이다.) 3점

대지 윤리는 인간을 대지 공동체의 정복자에서 그 구성원으로 변화시키는 것입니다. 공동체의 구성원은 전체 공동체에 대해 존경심을 가져야 합니다.

과학의 목적은 자연을 인간의 의도에 맞도록 변형함으로써 인간의 활동 영역을 넓히는 것입니다. 자연이 인간에게 이롭도록 지식을 활용해야 합니다.

갑

을

① 갑: 생태계 전체를 도덕적으로 고려해야 한다.

② 갑: 이분법적 세계관을 통해 인간과 자연을 구분해야 한다.

③ 을: 인간을 포함한 자연 전체는 하나의 살아있는 유기체이다.

④ 을: 대지 위의 모든 존재는 생명 공동체의 평등한 구성원이다.

⑤ 갑, 을: 인간이 자연의 정복자이자 지배자가 되어야 한다.

43

[21년 11월 14번]

갑, 을의 입장에서 <문제 상황> 속 A에게 제시할 적절한 조언만을 [보기]에서 고른 것은? 2점

갑: 인간은 자연과 구별되는 우월한 존재로, 자신의 이익과 행복 증진을 위해 자연을 수단으로 이용할 수 있다. 따라서 자연의 가치는 인간의 필요에 따라 평가되어야 한다.

을: 인간은 자연으로부터 독립된 존재가 아니라 자연의 한 구성원이며, 자연 안의 모든 것은 평등하다. 따라서 인간은 자연 그 자체의 가치를 존중해야 한다.

<문제 상황>

○○군 군수인 A는 관광객 유치를 위해 ○○군 내 위치한 △△산에 케이블카를 설치하자는 지역 주민들의 요구와 환경 보호를 위해 케이블카 설치를 반대하는 시민 단체의 주장 사이에서 어느 쪽의 의견을 수용할지 고민하고 있다.

[보 기]

ㄱ. 갑: 자연의 도구적 가치보다 본래적 가치를 중시하세요.

ㄴ. 갑: 케이블카 설치로 기대되는 경제적 이득을 따져보세요.

ㄷ. 을: 인간은 자연을 지배할 수 있는 권리가 있음을 명심하세요.

ㄹ. 을: 케이블카 설치가 생태계에 미칠 부정적 영향을 고려하세요.

① ㄱ, ㄴ   ② ㄱ, ㄷ   ③ ㄴ, ㄷ   ④ ㄴ, ㄹ   ⑤ ㄷ, ㄹ

44

[생윤 고2 20년 3월 2번]

(가), (나) 사상이 공통적으로 지지할 견해로 가장 적절한 것은? 2점

(가) 사람의 힘이 더해지지 않은 자연 그대로의 질서를 따르는 무위자연(無爲自然)을 추구해야 한다.

(나) 만물이 인연(因緣)으로 연결되어 있음을 깨닫고 모든 생명을 소중히 여기는 자비를 베풀어야 한다.

① 인간은 자연과 공존하면서 조화를 이루어야 한다.

② 인간은 과학 기술을 활용하여 자연을 개발해야 한다.

③ 인간은 자연을 신의 창조물로 여기고 잘 가꾸어야 한다.

④ 인간은 자연적 본성에서 벗어나 도덕성을 실현해야 한다.

⑤ 인간은 자신의 이익을 위해 자연을 정복하고 지배해야 한다.

45

[윤사 고2 20년 3월 20번]

다음 고대 동양 사상가의 관점에서 <문제 상황> 속 K에게 제시할 조언으로 가장 적절한 것은? (2점)

> 기계가 있으면 기계를 쓸 일이 생기고, 기계를 쓰게 되면 기계에 대한 욕심이 생긴다. 욕심이 생기면 순수하고 깨끗한 마음이 사라지고, 정신과 본성이 안정되지 못하여 도(道)를 담을 수 없다.

<문제 상황>

K는 스마트폰 게임에 중독되어 일상생활에 많은 지장을 받고 있다. 그런데도 K는 최신 게임을 즐길 수 있는 고성능 스마트폰을 새로 사야할지 고민하고 있다.

① 새로운 기계를 소유하려는 욕구를 충족해야 하네.
② 기계의 속박에서 벗어나 도에 따르는 삶을 살아야 하네.
③ 삶의 질 향상을 위해 기계에 대한 의존도를 높여야 하네.
④ 새롭게 등장하는 기계의 사용법을 신속하게 습득해야 하네.
⑤ 기계를 적극적으로 활용하여 정신적 즐거움을 지향해야 하네.

46 대표 문제

[19년 6월 6번]

(가)에 들어갈 탐구 주제로 가장 적절한 것은? (2점)

▶ 탐구 목적: 세계적으로 알려진 도시의 성공 사례를 조사하여 지역의 바람직한 발전 방향을 모색한다.
▶ 탐구 주제: _____(가)_____

<사례 1> 독일 프라이부르크	<사례 2> 브라질 쿠리치바
• 태양 에너지 및 수력 발전을 통한 에너지 효율 추구 • 자전거 중심의 교통 체계 운영 • 쓰레기 재활용을 통한 절약의 생활화 • 도시 면적의 40%에 이르는 숲 조성	• 버스 전용 차선 및 보행자 도로 우선 확보 • 굴절 버스 및 원통형 정류장 도입을 통한 시민 편의 확대 • 70%에 달하는 쓰레기 재활용률 • 슬럼가 및 유휴지를 녹지 공원으로 조성

① 교통 발달로 인해 물류 중심지로 성장한 도시
② 중화학 공업 중심으로 산업 구조를 재편한 도시
③ 전통문화를 보전하고 느림의 삶을 실천하는 도시
④ 지역 활성화를 위해 대규모 휴양 시설이 많은 도시
⑤ 환경 친화적인 방법으로 지역 개발을 진행하는 도시

47 대표 문제

[24년 6월 6번]

지도는 환경 문제의 분포 지역을 나타낸 것이다. 지도에 표시된 (가), (나) 환경 문제에 대한 설명으로 옳은 것은? (단, (가), (나)는 각각 사막화, 열대림 파괴 중 하나임.) (3점)

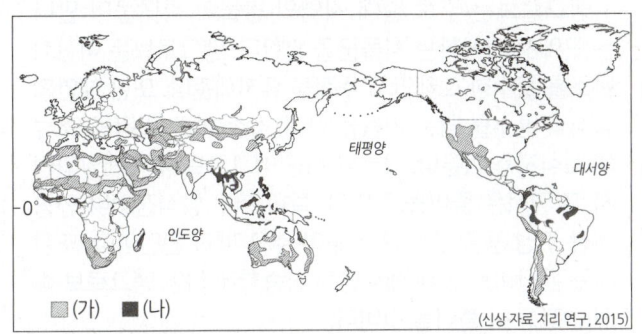

(신상 자료 지리 연구, 2015)

① (가)는 극심한 가뭄과 인간의 과도한 개발로 나타난다.
② (가)는 우리나라에 영향을 미치지 않는 환경 문제이다.
③ (나)로 인해 벚꽃의 개화 시기가 늦어진다.
④ (나)는 강수량보다 증발량이 많은 지역에서 발생한다.
⑤ (가), (나) 모두 북반구에서만 나타나는 현상이다.

48

[21년 6월 18번]

그림이 공통적으로 다루고 있는 환경 문제에 대한 설명으로 옳지 않은 것은? (2점)

① 대기 오염 물질이 빗물과 결합하여 내리는 현상이다.
② 해수면이 상승하여 저지대의 침수 위험성이 높아진다.
③ 이산화 탄소 등 온실가스 배출량 증가가 주요 원인이다.
④ 전 지구적으로 이상 기후 현상의 발생 빈도를 증가시킨다.
⑤ 문제 해결을 위한 국제 협력으로 파리 기후 협약이 체결되었다.

49
[18년 9월 18번]

다음 글에 부합되는 주장을 하고 있는 학생을 고른 것은? (2점)

맹그로브는 주로 열대 지역의 강물과 바닷물이 만나는 곳에서 서식하는 식물군을 말한다. 맹그로브는 이산화 탄소를 흡수하고 해안의 수질을 유지해준다. 또한 해안의 침식과 홍수를 막는 기능을 하며, 각종 어류·갑각류·조류의 서식지를 이룬다. 그러나 최근 맹그로브 숲이 개발되면서 그 면적은 줄어들고 있다. 특히 새우 양식장이나 인공 어장 조성 등은 맹그로브 숲의 주요 파괴 원인이다. 또한 지구 온난화로 인해 해수면이 상승하게 되면 맹그로브 숲의 면적은 더 줄어들 것이다.

갑: 열대 해안 지역의 해일 피해를 줄이려면 맹그로브 숲을 보전해야 합니다.

을: 맹그로브 숲을 양식장으로 개발하여 생물종의 다양성을 확보해야 합니다.

병: 화석 연료의 사용이 증가하면 맹그로브 숲은 더 줄어들 것입니다.

정: 새우 양식장이 증가할수록 열대 해안의 수질은 좋아질 것입니다.

① 갑, 을 ② 갑, 병 ③ 을, 병 ④ 을, 정 ⑤ 병, 정

50
[21년 3월 14번]

다음 자료는 뉴스 보도의 일부이다. (가)에 들어갈 내용으로 적절하지 <u>않은</u> 것은? (2점)

아프리카 가나의 한 마을이 전자 제품 쓰레기장으로 변했습니다. 구호품 명목으로 선진국에서 들여온 전자 제품들이 대부분 사용할 수 없는 중고품이었기 때문입니다. 주민들은 전선의 구리 등을 얻기 위해 매일 전자 쓰레기를 불태우고 있습니다. 그 결과 (가)

① 주민들의 건강이 위협을 받고 있습니다.

② 선진국의 책임을 묻는 여론이 커지고 있습니다.

③ 가나 정부의 환경 비용 부담이 커지고 있습니다.

④ 이산화 탄소 배출량이 감소하고 대기 오염이 완화되고 있습니다.

⑤ 전자 쓰레기의 국가 간 이동 규제에 대한 필요성이 높아지고 있습니다.

51
[22년 11월 3번]

(가)에 해당하는 환경 문제가 지속될 경우 우리나라에서 나타날 수 있는 변화에 대한 추론으로 가장 적절한 것은? (2점)

○○ 신문   20○○년 ○월 ○○일

북극해에서 열린 특별한 콘서트

이탈리아의 한 피아노 연주자는 빙하가 떠다니는 북극해에서 '북극을 위한 비가(悲歌)'를 연주했다. 이 곡은 북극 빙하를 녹이는 (가) 의 위험을 경고하기 위해 작곡된 것이다. 그가 연주하는 도중에도 빙하의 일부가 떨어져 내리는 소리는 멈추지 않았다.

① 봄꽃의 개화 시기가 늦어질 것이다.

② 열대야 발생 일수가 감소할 것이다.

③ 냉대림의 분포 면적이 넓어질 것이다.

④ 열대성 질병의 발병률이 감소할 것이다.

⑤ 해안 저지대의 침수 위험이 증가할 것이다.

52 대표 문제
[24년 9월 6번]

다음 자료는 환경 문제를 해결하기 위해 체결된 국제 협약이다. (가)~(라)에 대한 옳은 설명만을 [보기]에서 고른 것은? (3점)

람사르 협약(1971년)	몬트리올 의정서(1987년)
·체결 도시 : 람사르(이란)	·체결 도시 : 몬트리올(캐나다)
·주요 협약 내용 : (가)	·주요 협약 내용 : (나)
생물 다양성 협약(1992년)	파리 협정(2015년)
·체결 도시 : 리우데자네이루(브라질)	·체결 도시 : 파리(프랑스)
·주요 협약 내용 : (다)	·주요 협약 내용 : (라)

[보 기]

ㄱ. (가)는 습지의 파괴를 막고, 물새의 서식지를 보호하는 협약이다.

ㄴ. (나)는 선진국과 개발도상국이 힘을 모아 온실가스 배출량을 단계적으로 감축하는 협약이다.

ㄷ. (다)는 멸종 위기에 처한 생물종의 보호 및 번식을 위한 협약이다.

ㄹ. (라)는 오존층 파괴 물질의 생산 및 사용을 단계적으로 감축하는 협약이다.

① ㄱ, ㄴ ② ㄱ, ㄷ ③ ㄴ, ㄷ ④ ㄴ, ㄹ ⑤ ㄷ, ㄹ

53

[18년 6월 16번]

다음 국제 협약과 관련된 환경 문제를 해결하기 위한 노력으로 적절한 것을 [보기]에서 고른 것은? (2점)

UN 기후 변화 협약 195개 참가국은 '교토 의정서'를 대신할 '파리 기후 협약'을 만장일치로 채택하였다. 이 협약의 당사국들은 2050년 이후에는 인간의 온실가스 배출량과 지구가 흡수하는 능력이 균형을 이루어야 한다고 촉구했다. 또한 이 협약에는 선진국뿐만 아니라 개발 도상국에도 온실가스 감축 의무를 부여하고 기후 변화로 피해를 입는 국가를 돕는 내용도 포함되었다.

[보 기]

ㄱ. 화석 연료의 가격을 인하한다.
ㄴ. 탄소 배출량이 적은 제품을 사용한다.
ㄷ. 대기 오염 물질의 배출 규제를 완화한다.
ㄹ. 시민 단체에 가입하여 환경 감시 활동을 한다.

① ㄱ, ㄴ   ② ㄱ, ㄷ   ③ ㄴ, ㄷ   ④ ㄴ, ㄹ   ⑤ ㄷ, ㄹ

54

[24년 10월 19번]

다음은 신문 기사의 일부이다. 환경 문제 (가)에 대한 설명으로 옳은 것은? (3점)

○○신문　　　　　　　　　○○○○년 ○○월 ○○일

아프리카 사헬 지대에서 ＿(가)＿ 이/가 심화됨에 따라 토양이 황폐해져 식량 생산량이 감소하고 있다. 이를 해결하기 위한 여러 노력 중 '하프 문(Half-moons)' 조성 프로젝트가 주목받고 있다. 하프 문은 반달 모양의 구덩이로, 구덩이 속에 빗물이 고이게 함으로써 식물의 생장을 돕는 기능을 한다.

<하프 문을 조성하는 모습>

① 농경지 확대, 상업적 벌목 등으로 인해 열대림이 파괴되는 현상이다.
② 매연을 비롯한 대기 오염 물질이 안개와 결합하여 나타나는 현상이다.
③ 황산화물과 질소 산화물 등의 대기 오염 물질이 비와 섞여 내리는 현상이다.
④ 염화 플루오린화 탄소(CFCs)의 사용량 증가로 인해 성층권의 오존층이 파괴되는 현상이다.
⑤ 지속적인 가뭄, 과도한 경작 및 방목 등으로 인해 기존에 사막이 아니던 곳이 사막으로 변해 가는 현상이다.

55

[25년 6월 11번]

다음 자료에 대한 설명으로 옳은 것은? (단, A~C는 각각 기업, 정부, 시민 단체 중 하나임.) (2점)

○A는 미세플라스틱이 인체에 심각한 위협이 됨을 알리고 ㉠건강하고 쾌적한 환경에서 생활할 권리 보장을 위한 대책을 촉구하는 집회를 열었다.
○B는 미세플라스틱 배출로 인한 해양 오염 문제의 심각성을 인지하고 전문가들과 함께하는 공식적인 공청회를 열어 ㉡이와 관련한 규제 정책의 보완에 나섰다.
○C는 미세플라스틱으로 인한 오염 문제를 개선하기 위해 친환경 경영을 선언하고 생분해성 플라스틱 소재의 개발과 생산에 나섰다.

① ㉠은 헌법에서 보장되지 않는다.
② ㉡으로는 '폐수 처리 기준의 완화'를 들 수 있다.
③ B는 국제 협약을 맺어 국제 사회와 협력할 수 있다.
④ B와 달리 C는 환경 오염 행위를 감시하고 법적 제재를 가할 수 있다.
⑤ C와 달리 A는 기술 혁신을 통해 오염 물질 배출을 줄일 수 있다.

56 대표 문제

[24년 6월 16번]

(가)~(다)에 대한 설명으로 옳은 것은? (단, (가)~(다)는 각각 기업, 시민 단체, 정부 중 하나임.) (3점)

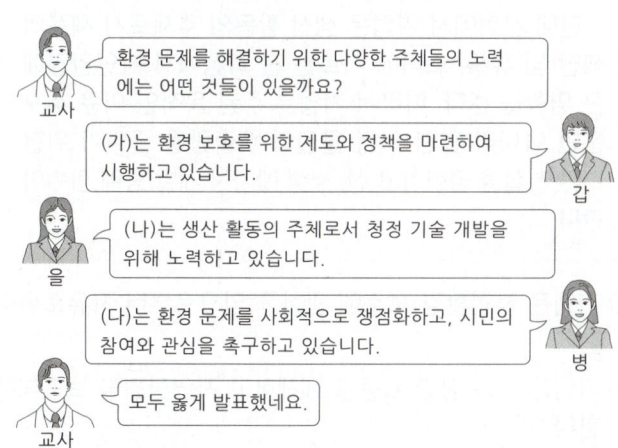

교사: 환경 문제를 해결하기 위한 다양한 주체들의 노력에는 어떤 것들이 있을까요?

갑: (가)는 환경 보호를 위한 제도와 정책을 마련하여 시행하고 있습니다.

을: (나)는 생산 활동의 주체로서 청정 기술 개발을 위해 노력하고 있습니다.

병: (다)는 환경 문제를 사회적으로 쟁점화하고, 시민의 참여와 관심을 촉구하고 있습니다.

교사: 모두 옳게 발표했네요.

① (가)는 시민 단체이다.
② (나)는 환경 문제 해결을 위한 국제 조약 체결의 주체이다.
③ (다)는 이윤 추구를 목적으로 친환경 상품 생산에 힘쓴다.
④ (나)는 (가)의 의견을 반영하여 환경 관련 법을 제정한다.
⑤ (다)는 (가)의 활동을 감시하고 비판하는 역할을 수행한다.

57

[19년 6월 17번]

다음은 주요 환경 문제를 정리한 노트의 일부이다.
(가)~(라)에 들어갈 내용으로 옳은 것만을 [보기]에서
있는 대로 고른 것은? (3점)

환경 문제	원인	영향	국제 협약
오존층 파괴	염화 플루오린화 탄소의 증가	(가)	몬트리올 의정서
사막화	(나)	토양의 황폐화	사막화 방지 협약
지구 온난화	온실가스 배출량 증가	(다)	(라)

[보 기]

ㄱ. (가) - 피부암, 백내장 등의 질병 유발

ㄴ. (나) - 과도한 경작과 방목

ㄷ. (다) - 북극해 일대의 해수 염도 상승

ㄹ. (라) - 파리 기후 협약

① ㄱ, ㄴ   ② ㄴ, ㄷ   ③ ㄷ, ㄹ

④ ㄱ, ㄴ, ㄹ   ⑤ ㄱ, ㄷ, ㄹ

58

[20년 6월 17번]

다음 글에서 강조하는 입장으로 가장 적절한 것은? (2점)

현대 사회에서 기업은 생산 활동의 주체로서 제품의 생산 및 유통, 소비에 이르는 전 과정에서 자연환경에 큰 영향을 준다. 따라서 기업은 주된 목적인 이윤 추구뿐만 아니라 환경 오염 물질의 배출량을 줄이기 위한 기반 시설을 정비하고 신·재생 에너지 개발 등에 힘써야 한다.

① 기업은 자연환경 보호에 관한 책임으로부터 자유로워야 한다.

② 기업은 이윤 창출 활동을 배제하고 자연환경을 보호해야 한다.

③ 기업은 환경 오염 문제 해결에 이바지하기 위해 노력해야 한다.

④ 기업은 시장 원리에 따라 오직 원가 절감을 위해 힘써야 한다.

⑤ 기업의 이윤 극대화 추구가 기업의 유일한 목적임을 알아야 한다.

59

[25년 6월 8번]

다음 자료의 (가)에 들어갈 내용으로 적절한 것만을 [보기]에서 있는 대로 고른 것은? (1.5점)

스마트폰 등 디지털 기기 사용 시간이 늘어나면서 온실가스 배출량이 증가하고 있다. 그 이유는 디지털 기기에서 사용하는 네트워크는 데이터 센터와 연결되어 있는데, 데이터 센터의 적정 온도를 유지하기 위해 냉각 장치가 작동되는 과정에서 온실가스가 배출되기 때문이다. 데이터 센터 이외에도 정보 통신 기기 및 서비스의 생산과 폐기에 이르는 전 과정에서 발생하는 온실가스의 양을 '디지털 탄소 발자국'이라 한다. 이러한 디지털 탄소 발자국을 줄이기 위해 생태 시민으로서 지녀야 할 자세는 [(가)] 등이 있다.

[보 기]

ㄱ. 스마트폰을 비롯한 디지털 기기 자주 교체하기

ㄴ. 네트워크 사용량 감소를 위해 디지털 기기 사용 시간 줄이기

ㄷ. 디지털 기기 관련 기업에 탄소 배출을 줄이는 생산 방식 요구하기

ㄹ. 데이터 센터의 운영 과정에서 발생하는 온실가스의 위험성에 대해 경각심 지니기

① ㄱ, ㄷ   ② ㄱ, ㄹ   ③ ㄴ, ㄹ

④ ㄱ, ㄴ, ㄷ   ⑤ ㄴ, ㄷ, ㄹ

60

[22년 3월 13번]

신문 기사 내용과 같은 정책이 필요한 이유로 가장 적절한 것은? (2점)

○○신문

2021년 △월 △일

최근 우리나라 정부는 2030년까지 이산화 탄소 포집·저장 및 관련 기술 개발에 대규모로 투자할 계획을 발표했다. 이산화 탄소 포집·저장 기술이란 산업 시설에서 배출된 불순물 중 이산화 탄소만을 분리하여 액화한 후 저장하는 것을 말한다. 우리나라에서는 한국에너지기술연구원이 최초로 이산화 탄소 포집 기술을 개발하여 관련 기업에 기술을 이전해 주고 있다.

① 미세 먼지 감소   ② 삼림 파괴 방지

③ 수질 오염 방지   ④ 전자 쓰레기 감소

⑤ 지구 온난화 완화

61

[19년 6월 7번]

다음 글에 나타난 문제를 해결하기 위한 기업의 노력으로 적절한 내용을 [보기]에서 고른 것은? 2점

> 다큐멘터리 '플라스틱의 일생'에 따르면, 플라스틱의 생산량은 급증하고 있는 반면 재활용률은 9%에 불과하다고 한다. 플라스틱은 초미립자 크기로 분해되어도 미세 플라스틱으로 남아 해양이나 담수의 환경을 심각하게 오염시키고 있다고 한다.

[보 기]

ㄱ. 기술 투자를 하여 친환경 제품을 개발한다.
ㄴ. 환경 오염 물질 배출량의 법적 기준을 지킨다.
ㄷ. 종이 빨대를 사용하는 사업체에 세제 혜택을 준다.
ㄹ. 미세 플라스틱이 포함된 제품의 판매 금지를 법제화한다.

① ㄱ, ㄴ ② ㄱ, ㄷ ③ ㄴ, ㄷ ④ ㄴ, ㄹ ⑤ ㄷ, ㄹ

62

[19년 9월 11번]

환경 문제 해결을 위한 밑줄 친 ㉠, ㉡의 활동으로 적절하지 <u>않은</u> 것은? (단, ㉠, ㉡은 각각 정부와 시민 단체 중 하나이다.) 2점

> 플라스틱 사용으로 인한 환경 문제가 심각하게 대두된 가운데 전 세계적으로 일회용품 사용 감축을 위한 정책들이 시행되고 있다. 매년 1인당 100kg에 이르는 플라스틱 사용으로 연간 플라스틱 소비량 1위를 기록한 우리나라는 지난해 '재활용 쓰레기 대란'을 빚었다. 이에 ____㉠____ 은 같은 해 8월부터 커피 전문점 매장 내 일회용 플라스틱 컵 사용을 금지하는 규제에 나서고 있다. 이에 발맞춰 환경 보호를 목적으로 시민들이 자발적으로 구성한 ____㉡____ 은 일회용품 줄이기 캠페인을 지속적으로 진행할 예정이다.

① ㉠은 환경 관련 법과 제도를 마련하여 시행한다.
② ㉠은 환경 영향 평가를 통해 환경오염을 최소화하려고 한다.
③ ㉡은 환경 관련 정책 결정 과정에 영향력을 행사할 수 있다.
④ ㉡은 노후화된 기반 시설을 정비하거나 청정 기술을 개발한다.
⑤ ㉠과 ㉡ 모두 환경 문제 해결을 위해 국제 사회와 연대 및 협력을 하고 있다.

63

[19년 3월 11번]

(가)에 들어갈 내용으로 적절하지 <u>않은</u> 것은? 2점

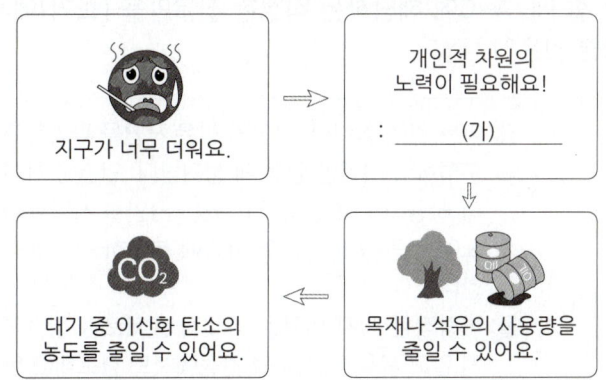

① 외출 시 전등을 끈다.
② 육류를 더 많이 섭취한다.
③ 일회용 컵을 사용하지 않는다.
④ 비닐 봉투보다 장바구니를 사용한다.
⑤ 가까운 거리는 걷거나 자전거를 이용한다.

64

[19년 11월 1번]

다음은 통합사회 수업 장면이다. 학생들의 발표에 대한 설명으로 가장 적절한 것은? 2점

학습 주제: 사막화 현상의 이해

1. 원인: 오랜 가뭄 및 인간의 무분별한 개발 등
2. 피해: 농업 생산량 감소, 거주 불가 지역 확대 등

사막화 현상을 다양한 관점에서 자유롭게 발표해 보세요.

 갑: 1960년대 후반부터 사막화의 피해가 공론화되며 전 세계적인 이슈가 되었어요.

 을: 중앙 아시아와 사헬 지대 주변 지역 등으로 그 범위가 확대되고 있어요.

 병: 사막화는 인간 중심주의의 산물이에요. 인간과 자연의 조화로운 공존이 필요해요.

 정: 사막화로 인해 생계 수단을 잃은 주민들을 위한 다양한 정책적 지원이 필요해요.

① 갑은 사막화 현상을 도덕적 가치에 따라 평가하고 있다.
② 을은 사막화 현상이 분포하는 장소와 양상에 주목하고 있다.
③ 병은 사막화 현상의 원인을 사회 제도적 측면에서 분석하고 있다.
④ 정은 사막화의 진행 과정을 시대적 배경과 맥락으로 살펴보고 있다.
⑤ 병과 달리 정은 생태 중심주의에서 사막화의 대안을 찾고 있다.

65

(가)의 갑, 을 사상가들의 입장을 (나) 그림으로 탐구하고자 할 때, A~C에 해당하는 적절한 질문만을 [보기]에서 고른 것은? 2.5점

(가)	갑: 아는 것이 힘이다. 인간의 힘은 자연을 파악하고 분석하여 지식을 얻을 때 생겨난다. 인간은 자연의 사용자로서 방황하고 있는 자연을 사냥해서 노예로 만들어 인간의 이익에 봉사하도록 해야 한다. 을: 바람직한 대지 이용을 경제적 문제로만 생각하지 말고 윤리적, 심미적 관점에서도 검토해야 한다. 생명 공동체의 통합성과 안정성, 아름다움의 보전에 이바지한다면 그것은 옳고, 그렇지 않다면 그르다.

(나)

사상가 갑, 을의 입장을 탐구한다.

〈범 례〉
▢ : 출발 조건
◇ : 판단 내용
┄┄▶ : 판단 방향
▱ : 사상가의 입장

A → (아니요) → C
A → (예) → B → (예) → 갑의 입장
C → (예) → 을의 입장

[보 기]

ㄱ. A: 인간의 생존을 위해 대지를 자원으로 활용할 수 있는가?

ㄴ. B: 자연의 가치는 인간의 이익과 필요에 따라 평가되는가?

ㄷ. C: 인간은 자연 내의 다른 생명체보다 우월한 존재인가?

ㄹ. C: 무생물을 포함한 생태계 전체를 도덕적으로 고려해야 하는가?

① ㄱ, ㄴ ② ㄱ, ㄷ ③ ㄴ, ㄷ ④ ㄴ, ㄹ ⑤ ㄷ, ㄹ

66

다음 자료의 (가)에 해당하는 환경 문제를 해결하기 위한 대책으로 가장 적절한 것은? 1.5점

< (가) 의 주요 집적 지역 공식 화폐 >

국제 연합(UN)은 해류 순환과 바람의 작용으로 태평양에 쌓인 (가) 의 주요 집적 지역을 정식 국가로 인정하였다. 공식 여권, 화폐를 만들고 국민을 모집하였는데, 공식 화폐에는 전 세계가 배출한 (가) 로 고통받는 바다사자, 갈매기, 거북이 등이 등장한다.

① 국제 사회는 몬트리올 의정서를 준수해야 한다.

② 정부는 플라스틱 제품 사용 규제를 완화해야 한다.

③ 시민 단체는 친환경 제품을 인증하는 법률을 제정한다.

④ 기업은 이윤 추구를 위해 일회용품 생산량을 증가시켜야 한다.

⑤ 개인은 생태 시민으로서 플라스틱 제품 사용량을 줄여야 한다.

심화 문제 풀기

1

[21년 3월 8번]

학생의 대답 (가)에 들어갈 내용으로 옳은 것은? 3점

월 국가	1월	2월	3월	4월	5월	6월	7월	8월	9월	10월	11월	12월
뉴질랜드												
이탈리아												

• 두 국가의 키위 수확 시기

▨ 수확 시기   (대한 무역 투자 진흥 공사)

• 이탈리아에서 더위가 한창일 때 뉴질랜드에서는 눈이 내린다. 그래서 7월이 되면, 뉴질랜드의 눈 덮인 스키장에서 스키를 즐기기 위해 전 세계에서 사람들이 찾아온다.

뉴질랜드의 키위 수확 시기가 이탈리아와 다르고, 사람들이 7월에 스키를 타러 오는 이유는 무엇일까?

뉴질랜드는 _____(가)_____ 때문이야.

① 해발 고도가 높기
② 남반구에 위치하기
③ 섬으로 이루어졌기
④ 편서풍의 영향을 받기
⑤ 날짜 변경선에 가깝기

2

[21년 3월 9번]

다음 자료는 두 지역의 도로 표지판이다. (가), (나) 지역에 대한 옳은 설명만을 [보기]에서 고른 것은? 3점

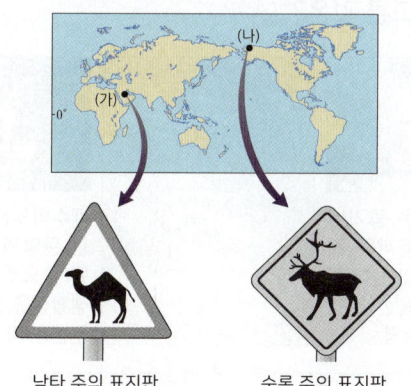

낙타 주의 표지판   순록 주의 표지판

─────[보 기]─────

ㄱ. (가)의 전통 가옥은 벽이 두껍고 지붕이 평평하다.
ㄴ. (나)는 일 년 내내 비가 많이 내린다.
ㄷ. (가)는 (나)보다 연평균 기온이 높다.
ㄹ. (가)는 카카오, (나)는 올리브가 대표적인 작물이다.

① ㄱ, ㄴ   ② ㄱ, ㄷ   ③ ㄴ, ㄷ   ④ ㄴ, ㄹ   ⑤ ㄷ, ㄹ

3

[24년 3월 10번]

다음 자료는 어느 여행 프로그램을 소개한 것이다. (가)에 공통으로 들어갈 내용으로 가장 적절한 것은? 3점

세계 지리 기행 ― 그리스 편 '눈부신 섬으로의 여행'

(1부) 환상의 섬 산토리니

___(가)___ 이 지역은 하얀 벽과 파란 지붕에 강렬한 햇빛이 내리쬐어 더욱 눈이 부시다. 화산섬에서 새하얀 마을을 산책하고 있노라니 마치 영화 속 장면에 들어온 것 같은 기분이 드는데…….

(2부) 올리브 나무의 섬 크레타

올리브는 ___(가)___ 이 지역에서 수목 농업으로 재배되는 대표 작물이다. 무려 3,000년 이상의 세월을 견딘 것으로 전해지는 올리브 나무를 구경하고 농장에서 갓 만든 신선한 올리브유를 맛보자!

① 겨울이 춥고 건조한
② 여름이 덥고 건조한
③ 여름이 서늘하고 습한
④ 일 년 내내 스콜이 내리는
⑤ 연중 봄과 같이 온화한

4

[20년 6월 13번]

그림은 두 지역의 전통 가옥을 나타낸 것이다. (가) 지역에 대한 (나) 지역의 상대적 특징을 그림의 A~E에서 고른 것은? 2점

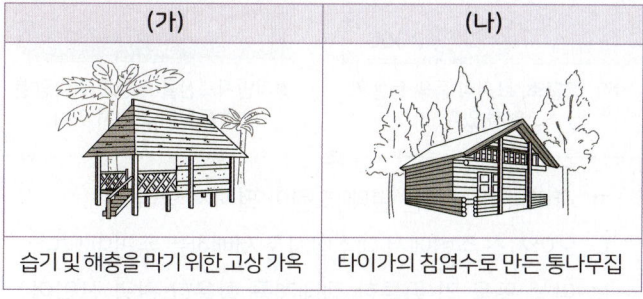

(가)	(나)
습기 및 해충을 막기 위한 고상 가옥	타이가의 침엽수로 만든 통나무집

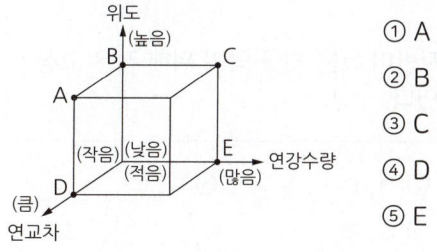

① A
② B
③ C
④ D
⑤ E

5 대표 문제 [24년 9월 7번]

다음은 두 지역의 전통 가옥을 소개한 자료이다. (가) 기후 지역과 비교한 (나) 기후 지역의 상대적 특징을 그래프 A~E에서 고른 것은? 3점

(가)	(나)

<몽골의 게르>	<타이의 고상 가옥>

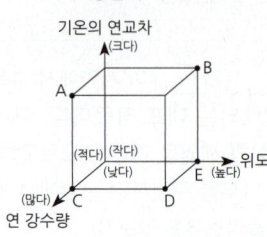

① A
② B
③ C
④ D
⑤ E

7 [25년 6월 2번]

다음 자료는 지도에 표시된 두 지역의 생활 모습을 나타낸 것이다. (가) 지역과 비교한 (나) 지역의 상대적 특징을 그림의 A~E에서 고른 것은? 2.5점

 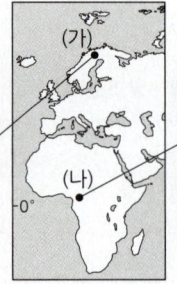 

개 썰매를 끌고 있는 원주민 / 카카오를 수확하는 농민

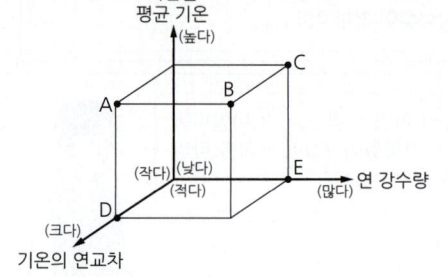

① A
② B
③ C
④ D
⑤ E

6 [20년 3월 8번]

다음 자료의 (가) 국가에 대한 옳은 설명만을 [보기]에서 고른 것은? 3점

(가) 국가의 화폐	(가) 국가의 우편엽서

사자, 코뿔소, 코끼리 등의 동물이 그려져 있다.	킬리만자로산을 배경으로 다양한 야생 동물이 그려져 있다.

[보 기]

ㄱ. 사바나라 불리는 열대 초원이 펼쳐져 있다.

ㄴ. 오아시스 주변에서 대추야자를 재배하는 주민이 많다.

ㄷ. 야생 동물 및 독특한 생태계를 활용한 관광 산업이 발달했다.

ㄹ. 난방 열기로 지반이 녹는 것을 막기 위해 지은 고상 가옥을 볼 수 있다.

① ㄱ, ㄴ ② ㄱ, ㄷ ③ ㄴ, ㄷ
④ ㄴ, ㄹ ⑤ ㄷ, ㄹ

8 [24년 6월 9번]

(가), (나) 지역의 공통점으로 옳은 설명만을 [보기]에서 있는 대로 고른 것은? 3점

지하의 뜨거운 증기나 지하수를 활용하여 지열 에너지를 생산하고, 온천수를 이용한 관광업이 발달한 지역 / 베수비오산 폭발로 멸망한 문명의 유적이 발굴된 곳으로 고대 로마의 생활상을 생생하게 보여 주는 지역

[보 기]

ㄱ. 화산 활동이 활발하다.

ㄴ. 판의 경계부에 위치한다.

ㄷ. 여름철 백야 현상이 나타난다.

ㄹ. 연중 강수량이 고르게 나타난다.

① ㄱ, ㄴ ② ㄱ, ㄷ ③ ㄷ, ㄹ
④ ㄱ, ㄴ, ㄹ ⑤ ㄴ, ㄷ, ㄹ

9

[23년 6월 11번]

(가)에 들어갈 내용으로 옳은 것은? 3점

수업 주제: 카르스트 지형의 형성과 주민 생활

• 사례 지역: 중국 구이린
　　　　　　베트남 할롱 베이
• 형성 과정: ___(가)___ 형성된다.
• 주민 생활: 지형을 활용한
　　　　　관광업 종사자
　　　　　비율이 높다.

① 빙하에 의해 기반암이 깎이는 과정에서
② 용암이 급격하게 식어 수축되는 과정에서
③ 파랑에 의해 운반된 모래가 쌓이는 과정에서
④ 빗물과 지하수에 의해 석회암이 녹는 과정에서
⑤ 바람이 운반한 모래가 기반암을 깎는 과정에서

10

[22년 6월 9번]

다음 자료는 여행 중인 두 학생이 주고받은 휴대전화 문자 내용이다. 밑줄 친 ㉠~㉤에 대한 설명으로 옳지 않은 것은? 3점

안녕? ○○야! 나는 오늘 ㉠ 노르웨이에 도착했어. 여기서 제일 신기했던 것은 ㉡ 지붕에 풀이 자라는 전통 가옥이었어. 이 모습을 통해 노르웨이의 기후를 예상해 볼 수 있었지. 점심을 먹은 후에는 유람선을 타고 ㉢ 피오르 관광을 다녀왔는데, 경치가 멋있었어.

그래! □□야! 나도 오늘 카르스트 지형으로 유명한 베트남 할롱 베이로 이동했어. ㉣ 할롱 베이 바다에 솟아 있는 크고 작은 기암괴석을 봤는데 감탄사가 절로 나왔어. 오후에는 ㉤ 베트남 전통 의상인 아오자이를 입어 보았는데, 얇고 바람이 잘 통했어.

① ㉠은 베트남보다 고위도에 위치한다.
② ㉡은 추운 겨울에 보온성을 높이는 데 도움이 된다.
③ ㉢은 빙하의 침식으로 형성된 골짜기에 바닷물이 들어와 만들어졌다.
④ ㉣은 지하 깊은 곳의 마그마가 지표로 분출하여 형성되었다.
⑤ ㉤은 고온 다습한 기후에 적합한 옷이다.

11 대표 문제

[24년 9월 2번]

다음은 다큐멘터리 촬영 계획의 일부이다. (가)~(다) 지역을 지도의 A~D에서 고른 것은? 3점

■ 제작 의도: 지형을 활용하여 살아가는 다양한 주민 생활 소개

■ 촬영 장면

(가)	유람선 위에서 푸른 바다 곳곳에 솟아오른 석회암 바위들에 얽힌 전설을 관광객에게 설명하고 있는 주민들의 모습
(나)	끝없이 펼쳐진 넓은 평야 지대에서 대형 농기계를 이용하여 대규모로 상업적 밀 농사를 짓고 있는 농부들의 모습
(다)	험준한 고산 지대에 건설된 옛 제국의 유적지에서 전통 복장을 입고 흥겨운 노래를 부르며, 관광객을 맞이하고 있는 원주민들의 모습

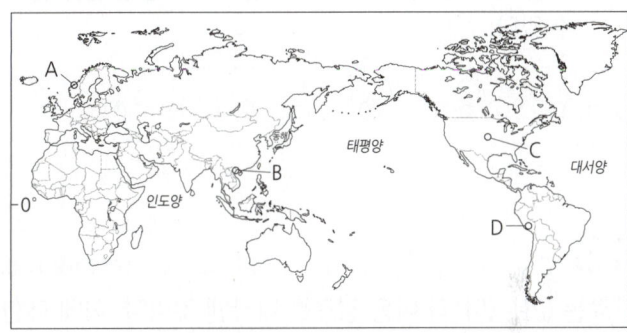

	(가)	(나)	(다)		(가)	(나)	(다)
①	A	B	C	②	A	C	D
③	B	C	D	④	B	D	C
⑤	D	B	A				

12

[19년 11월 9번]

다음 자료는 자연재해 (가)의 주요 발생 지점과 피해 및 대책을 나타낸 것이다. 이에 대한 옳은 설명만을 [보기] 에서 고른 것은? (3점)

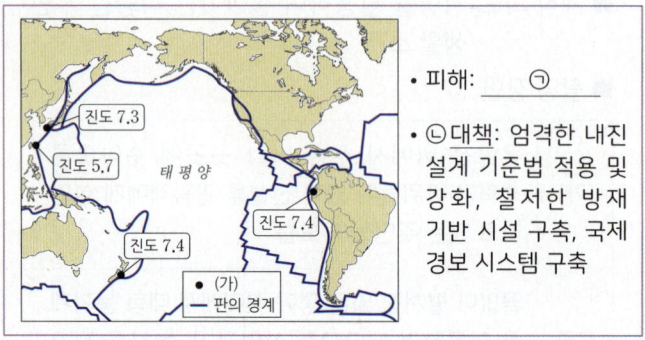

- 피해: ㉠
- ㉡대책: 엄격한 내진 설계 기준법 적용 및 강화, 철저한 방재 기반 시설 구축, 국제 경보 시스템 구축

[보 기]

ㄱ. (가)는 기후적 요인에 의한 자연재해이다.

ㄴ. (가)는 지각판끼리 충돌하는 지역에서 주로 발생한다.

ㄷ. ㉠에는 강한 바람과 많은 강수로 인한 풍수해가 들어 갈 수 있다.

ㄹ. ㉡을 통해 실현하고자 하는 인권으로 안전권을 들 수 있다.

① ㄱ, ㄴ ② ㄱ, ㄷ ③ ㄴ, ㄷ ④ ㄴ, ㄹ ⑤ ㄷ, ㄹ

13

[23년 6월 13번]

자료는 (가), (나)의 이동 경로를 나타낸 것이다. 이에 대한 옳은 설명만을 [보기]에서 고른 것은? (단, (가), (나)는 각각 태풍, 황사 중 하나임.) (2점)

(가)의 이동 경로

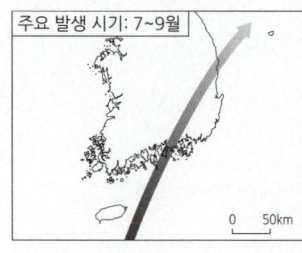

(나)의 이동 경로

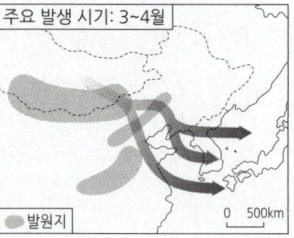

[보 기]

ㄱ. (가)는 지형적 요인에 의해 발생한다.

ㄴ. (가)는 주로 강풍과 폭우를 동반한다.

ㄷ. (나)는 열대 해상에서 발생하여 고위도로 이동한다.

ㄹ. (나)로 인해 호흡기 질환과 같은 신체적 피해가 발생 한다.

① ㄱ, ㄴ ② ㄱ, ㄷ ③ ㄴ, ㄷ ④ ㄴ, ㄹ ⑤ ㄷ, ㄹ

14 대표 문제

[24년 6월 11번]

다음은 자연재해에 관한 안전 안내 문자 내용의 일부이다. 이에 대한 옳은 설명만을 [보기]에서 고른 것은? (단, (가)~(다)는 각각 대설, 태풍, 황사 중 하나임.) (3점)

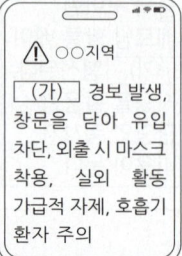
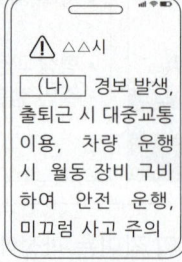
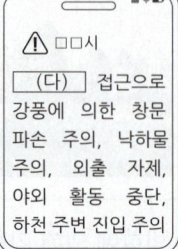

[보 기]

ㄱ. (가)는 대기 중 미세 먼지 농도를 증가시킨다.

ㄴ. (나)에 대비하여 건물의 내진 설계를 실시한다.

ㄷ. (다)는 (가)보다 많은 강수를 동반하는 자연재해이다.

ㄹ. (나), (다) 모두 고위도 지역에서 주로 발생한다.

① ㄱ, ㄴ ② ㄱ, ㄷ ③ ㄴ, ㄷ ④ ㄴ, ㄹ ⑤ ㄷ, ㄹ

15 대표 문제

[25년 6월 4번]

(가)의 갑, 을 사상가들의 입장을 (나) 그림으로 표현할 때, A~C에 해당하는 진술로 가장 적절한 것은? (2.5점)

(가)	갑: 인간은 자연의 사용자이며 해설자로서 자신의 의지에 따라 사용하지 못할 것은 자연 내에 아무 것도 없다. 따라서 우리는 자연이 인간에게 이로움을 줄 수 있도록 과학적 지식을 활용해야 한다. 을: 인간은 상호 의존적인 부분들로 이루어진 공동체의 한 구성원이다. 따라서 인간은 생명 공동체를 보존하기 위해 대지를 이용할 때 경제적 관점뿐만 아니라 윤리적, 심미적 관점에서도 검토해야 한다.
(나)	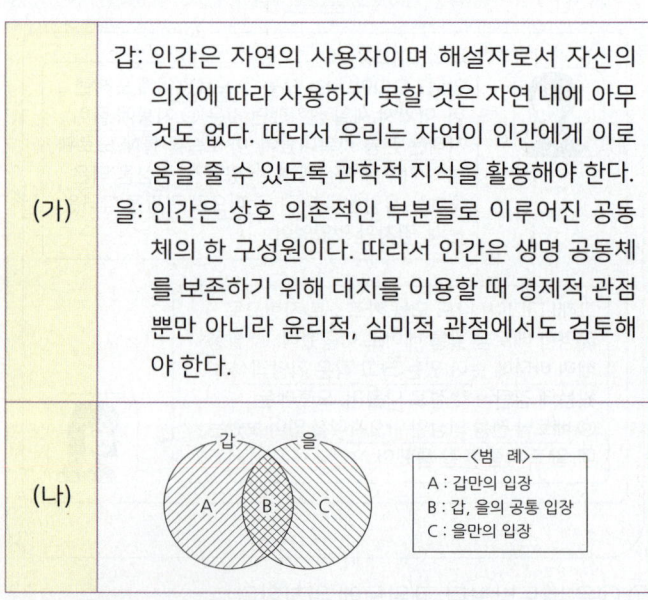

① A: 인간은 내재적 가치를 지닌 존재이다.

② A: 인간은 생태계 전체를 도덕적으로 고려해야 한다.

③ B: 인간은 필요에 따라 자연을 이용할 수도 있다.

④ B: 인간을 포함한 자연 전체는 하나의 살아있는 유기체이다.

⑤ C: 인간은 자연의 주인으로서 책임감을 지녀야 한다.

16

[22년 6월 5번]

다음 글의 입장에 부합하는 진술에만 모두 '√'를 표시한 학생은? **3점**

> 인간과 자연은 상호 의존적인 존재이다. 인간은 생명 공동체의 평범한 구성원으로서 공동체 자체를 존중해야 한다. 이는 인간의 바람직한 대지 이용을 오직 경제적 문제로만 생각하지 말아야 함을 의미하며, 도덕적 고려의 범위를 동물, 식물, 토양, 물까지 확대 적용하는 것이다. 어떤 것이 생명 공동체의 온전성, 안정성, 아름다움의 보전에 이바지한다면 그것은 옳고, 그렇지 않다면 그르다.

진술 \ 학생	갑	을	병	정	무
인간은 생명 공동체의 안정과 균형에 기여해야 한다.	√	√		√	
인간은 자연으로부터 분리된 존재이며, 자연보다 우월한 존재이다.			√	√	√
자연은 그 자체로 가치를 지니며, 인간은 생명 공동체의 한 구성원이다.	√		√		√
인간 이외의 모든 존재는 인간의 행복과 복지를 위한 도구에 불과하다.		√		√	√

① 갑　　② 을　　③ 병　　④ 정　　⑤ 무

17

[24년 6월 8번]

(가), (나)의 자연관에 대한 설명으로 옳은 것은? **3점**

> (가) 인간은 자연의 사용자 및 해석자로서 자연의 질서에 관해 실제로 관찰하고 고찰한 것만큼 무엇인가를 할 수 있다. 인간의 지식이 곧 인간의 힘이다.
>
> (나) 인간은 생명 공동체인 대지의 구성원이다. 인간의 행위가 생명 공동체의 온전성, 안정성, 아름다움에 이바지한다면 옳은 것이며, 그렇지 않다면 그른 것이다.

① (가)는 자연을 인간의 이익을 위한 지배 대상으로 본다.
② (가)는 자연의 도구적 가치보다 본래적 가치를 중시한다.
③ (나)는 인간을 자연과 구별되는 우월한 존재로 본다.
④ (나)는 생태계 전체의 보전보다 개별 구성원의 존속을 중시한다.
⑤ (가), (나) 모두 자연을 도덕적 고려 대상으로 보아야 함을 강조한다.

18

[19년 9월 12번]

갑에 비해 을의 자연관이 갖는 상대적 특징을 그림 A~E에서 고른 것은? **3점**

갑: 자연은 과학적으로 분석 가능한 대상일 뿐입니다. 따라서 이성을 가진 인간이 자연을 정복하고 개조하여 이용하는 것은 정당한 일입니다.

을: 인간은 자연에서 독립된 존재가 아니라 자연의 일부입니다. 따라서 자연을 수단으로 보는 관점에서 벗어나, 그 자체로 가치가 있음을 알아야 합니다.

① A　　② B　　③ C　　④ D　　⑤ E

19

[19년 6월 14번]

표는 어느 자연관에 대한 한 학생의 질문 응답지이다. 응답이 모두 옳다고 할 때, (가), (나)에 들어갈 질문으로 옳은 것은? **3점**

질문	예	아니요
인간은 자연과 독립된 우월한 존재인가?		√
자연은 그 자체로 가치를 지니고 있는가?	√	
(가)	√	
(나)		√

[보 기]
ㄱ. (가): 자연은 인간의 풍요로운 삶을 위한 도구인가?
ㄴ. (가): 자연을 도덕적 고려의 대상으로 보아야 하는가?
ㄷ. (나): 세상의 모든 것은 하나로 연결되어 있는가?
ㄹ. (나): 개별 구성원의 존속이 생태계 전체의 보전보다 우선하는가?

① ㄱ, ㄴ　　② ㄱ, ㄷ　　③ ㄴ, ㄷ　　④ ㄴ, ㄹ　　⑤ ㄷ, ㄹ

20

[생윤 16년 9월 12번]

(가)의 자연관에서 (나)의 A에게 할 수 있는 조언으로 가장 적절한 것은? 3점

(가)	하늘은 아버지이고, 땅은 어머니이다. 천지에 가득 찬 기운은 나의 몸이요, 천지를 운용하는 원리는 나의 본성이 된다. 사람들과 나는 한 배에서 나왔고, 만물은 나와 더불어 한 형제이다.
(나)	○○시(市)에서 도로를 건너는 야생 동물들이 차에 치여 죽는 사고가 빈번하자 ○○시장 A는 생태 통로를 설치하여 야생 동물들을 구해야 하는지를 고민하고 있다.

① 자연은 이성적 능력이 없는 물질적 존재임을 명심하세요.
② 자연은 인위적 통제가 가능한 도구적 존재임을 고려하세요.
③ 자연은 물리적 설명이 가능한 기계적 존재임을 인식하세요.
④ 자연은 인간과 분리될 수 없는 유기적 존재임을 명심하세요.
⑤ 자연을 인간의 이익 충족을 위한 수단적 존재로 인식하세요.

21

[25년 6월 25번]

다음은 학생 발표회의 일부이다. 밑줄 친 ㉠~㉤에 대한 설명으로 옳지 <u>않은</u> 것은? 2.5점

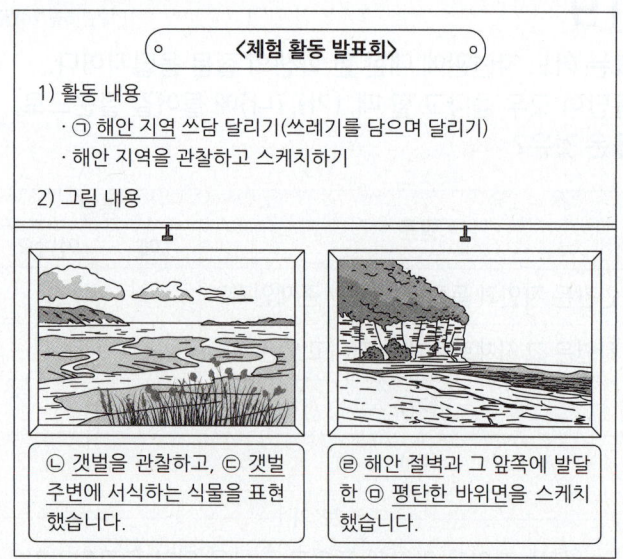

① ㉠은 육지와 바다가 만나는 공간으로 해안 생물의 서식지 역할을 한다.
② ㉡은 오염 물질 정화의 기능을 가진다.
③ 국제 사회는 람사르 협약을 통해 ㉡을 보호하고자 노력한다.
④ ㉢은 육지 식물에 비해 염분에 강한 특성을 지닌다.
⑤ ㉣과 ㉤은 주로 조류의 퇴적 작용으로 형성되었다.

22

[22년 6월 19번]

다음 자료는 세미나 개최 안내 포스터이다. (가)에 대한 설명으로 옳은 것은? 3점

> **세계 　(가)　 방지의 날* 기념 세미나 개최**
> 1. 일시: 2022.6.17.(금) 13:30 ~ 16:00
> 2. 장소: ○○대학교 □□회의실
> 3. 발표 내용
>   ○ 원인 분석: 장기간의 가뭄, 과도한 방목 및 개간을 중심으로
>   ○ 발생 지역 소개: 사헬 지대, 아랄해, 몽골
>   ○ 성과 공유: 아시아 지역의 토지 황폐화 방지 사업
>   　　　　　　　몽골 △△ 희망의 숲 조성 사업
>
> * 매년 6월 17일은 국제 연합(UN)에서 　(가)　 방지 협약 채택일을 기념하기 위해 정한 날입니다.

① 농경지 확대, 상업적 벌목 등으로 인해 열대림이 파괴되는 현상이다.
② 황산화물과 질소산화물 등의 대기 오염 물질이 비와 섞여 내리는 현상이다.
③ 연기(smoke)와 안개(fog)의 합성어로 대기 오염에 의하여 나타나는 연무 현상이다.
④ 염화 플루오린화 탄소(CFCs)의 사용량 증가로 성층권의 오존층이 파괴되는 현상이다.
⑤ 자연적 또는 인위적 요인에 의해 기존에 사막이 아니던 곳이 점차 사막으로 변해가는 현상이다.

23 대표 문제

[21년 6월 12번]

환경 문제 해결을 위한 (가), (나)의 활동만을 [보기]에서 고른 것은? (단, (가), (나)는 각각 정부, 시민 단체 중 하나임.) 3점

> 과도한 일회용 플라스틱 포장재를 제조업체나 유통업체에 반납하는 '플라스틱 어택(Plastic Attack)' 운동이 우리 사회에 변화를 불러오고 있다. 환경 문제에 관심을 가진 사람들이 자발적으로 조직한 (가) 은/는 길거리에 버려진 일회용 컵을 주워 해당 매장에 반납하고 일회용품 사용 규제를 촉구하는 서명 운동을 진행하였다. 이에 (나) 은/는 일회용 컵 보증금제를 2022년 6월부터 부활시키는 등 자원 재사용과 재활용 촉진을 위한 제도를 마련하겠다고 밝혔다.

[보 기]
ㄱ. (가)는 환경과 관련된 법을 만들고 집행한다.
ㄴ. (나)는 이윤 추구를 위해 친환경 상품을 생산·유통한다.
ㄷ. (가)는 여론을 형성하여 (나)의 환경 정책 결정 과정에 영향을 미친다.
ㄹ. (가), (나)는 환경 보호 실천 방안 등에 관한 홍보 및 교육 활동을 한다.

① ㄱ, ㄴ ② ㄱ, ㄷ ③ ㄴ, ㄷ ④ ㄴ, ㄹ ⑤ ㄷ, ㄹ

24

[20년 9월 13번]

㉠, ㉡에 들어갈 내용으로 적절하지 않은 것은? 3점

> ○○시에 들어설 조력 발전소 건설을 놓고 해당 지역 주민들과 관련자들의 의견이 찬성과 반대로 나뉘어 팽팽히 맞서고 있다.

조력 발전소 건설		
	찬성	반대
주장 및 근거	㉠	㉡

① ㉠: 신·재생 에너지 정책에 일조할 수 있다.
② ㉠: 고용 창출 및 지역 경제 활성화 효과가 나타날 수 있다.
③ ㉡: 화력 발전보다 대기오염 물질을 많이 발생시킨다.
④ ㉡: 생물종 다양성 감소 등 생태계에 악영향을 끼칠 수 있다.
⑤ ㉡: 갯벌 면적 감소로 지역 주민들의 생계에 악영향을 끼칠 수 있다.

25

[25년 9월 17번]

그래프는 지도에 표시된 세 지역의 기후 값을 나타낸 것이다. 이에 대한 설명으로 옳지 않은 것은? 2.5점

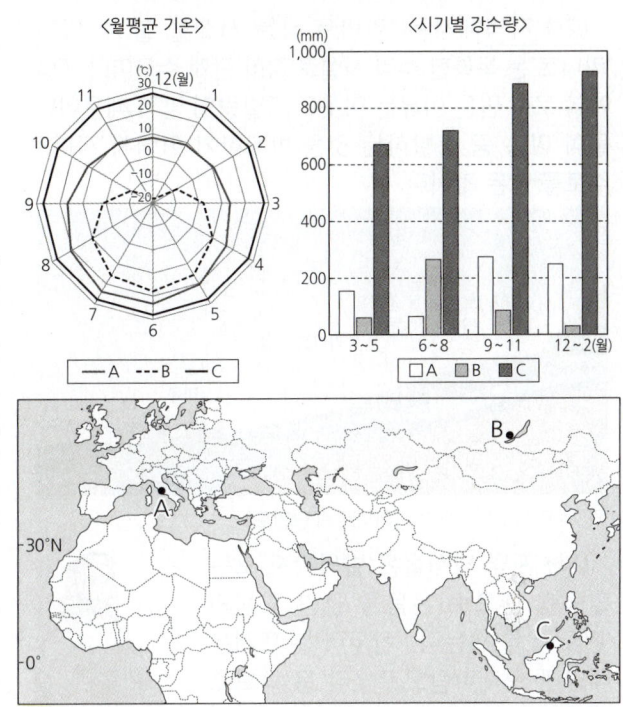

〈월평균 기온〉 〈시기별 강수량〉
— A --- B — C

① A에는 오렌지, 올리브 등을 재배하는 수목 농업이 활발하다.
② B에는 타이가라고 불리는 침엽수림이 넓게 분포한다.
③ C에는 지면의 열과 습기를 피하기 위해 고상 가옥이 발달한다.
④ A는 B보다 12~2월 강수 집중률이 높다.
⑤ C는 B보다 기온의 연교차가 크다.

1 다음 자료를 읽고 물음에 답하시오.

　(가) 지역에서는 '카나트'라는 시설을 볼 수 있다. '카나트'는 독특한 수리 시설로 지하 관개 수로이다. 지하에 수로를 만든 이유는 이곳이 증발량이 많기 때문이다. 물이 이동 중 증발하는 것을 방지하기 위해서 지하로 수로를 만든 것이다.

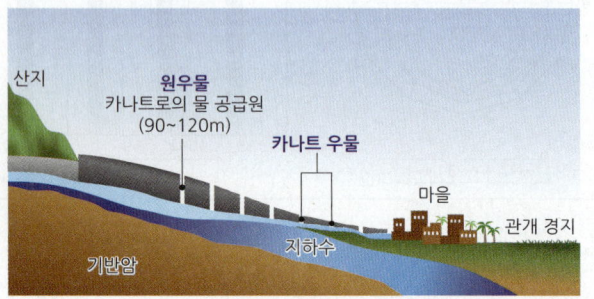

[카나트의 단면도]

　(나) 지역 남성들은 발목까지 오는 헐렁한 면으로 온몸을 감싼 흰색의 '칸두라'를 입는다. '칸두라'는 뜨거운 태양과 모래바람으로부터 몸을 보호해준다. 또한 기온이 떨어지는 야간에는 몸을 따뜻하게 유지시켜 준다.

[칸두라]

(1) (가), (나) 지역에서 공통적으로 나타나는 기후 특성에 대해 기후 요소를 활용하여 3가지 이상 서술하시오.

(2) (가), (나) 지역에 분포하는 전통 가옥의 공통점에 대해 3가지 이상 서술하시오.

2 다음 자료를 읽고 물음에 답하시오.

　(　㉠　)(으)로 이루어진 튀르키예의 ㉡파묵칼레는 '목화의 성'이라는 뜻으로 거인들이 단구 지형에서 목화를 말렸다는 전설에서 유래했다. 실제로 뜨거운 물에 용해된 탄산칼슘이 식으면서 단구 모양으로 굳어졌다.

　(　㉠　)(으)로 이루어진 강원도 ㉢삼척의 환선굴은 약 5억 3천년 전에 생성된 동양 최대 크기의 동굴로, 총 길이는 6.5km이다. 동굴 내부에는 여러 모양의 종유석, 석순, 석주가 웅장하게 잘 발달되어 있다.

(1) ㉠에 들어갈 암석을 쓰시오.

(2) ㉡, ㉢에서 공통적으로 발달할 수 있는 산업을 기반암의 특성과 관련지어 2가지 이상 서술하시오.

3 다음 글을 읽고 물음에 답하시오.

> 자연의 가치를 인간의 이익에 초점을 맞춰 평가하는 관점을 (㉠) 자연관이라고 한다. (㉠) 자연관은 인간과 자연을 분리하여 바라보는 이분법적 자연관이다. 따라서 인간의 삶을 윤택하게 하기 위해서는 자연을 적극적으로 이용해야 한다고 주장한다.
> 모든 생명체가 그렇듯이 인간도 자연의 일부라고 보는 관점을 (㉡) 자연관이라고 한다. (㉡) 자연관은 인간과 자연과의 조화에 초점을 맞춘다. 따라서 자연의 가치를 인간이 판단할 수 없고, 인간과 자연은 끊임없이 상호작용을 하고 있음을 강조한다.

(1) ㉠, ㉡에 들어갈 자연관을 쓰시오.

(2) ㉠, ㉡의 자연관이 지나치게 강조될 때 발생할 수 있는 문제점을 각각 서술하시오.

(3) 간척 사업 추진에 대한 자신의 생각을 ㉠, ㉡ 관점 중 하나를 선택해서 제시하시오.

4 다음 자료를 보고 물음에 답하시오.

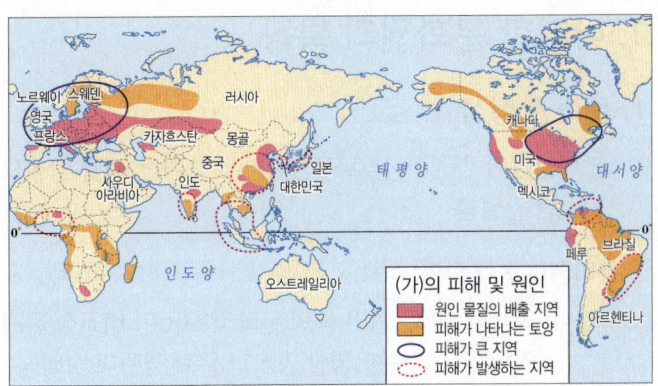

[(가)로 인한 피해 지역 및 원인 물질 배출 지역]

(1) (가)에 들어갈 용어를 쓰시오.

(2) (가)의 발생 원인에 대해 서술하시오.

(3) 환경 문제를 해결하기 위한 노력을 정부, 기업, 시민 사회, 개인의 입장에서 각각 서술하시오.

IV 문화와 다양성

1. 다양한 문화권의 특징

1) 문화권 형성

① 문화: 인간이 환경과 상호 작용하면서 생겨난 생활 양식으로, 의식주, 언어, 종교, 풍습 등을 말함

② 문화권(=문화 지역)

- 의미: 의식주, 민족, 언어 등의 문화적 요소가 비교적 유사한 지리적 범위 → 같은 문화권에서는 비슷한 생활 양식과 문화 경관이 나타남

- 경계: 주로 산맥, 하천, 사막, 바다 등 자연환경을 경계로 문화권이 나누어지지만, 문화권마다 경계에 점이 지대가 나타남

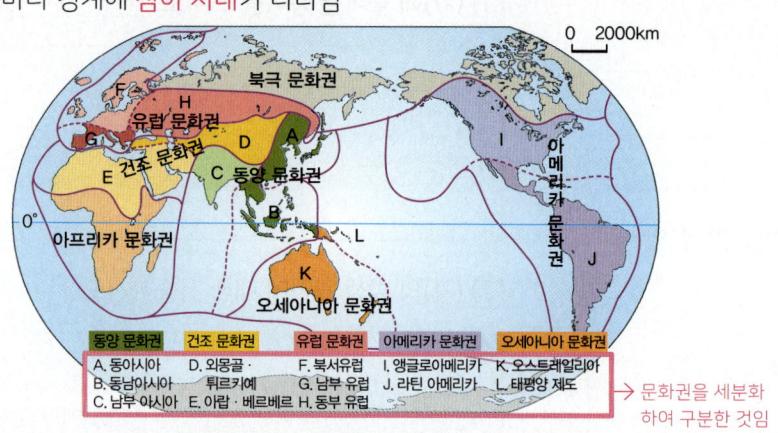

↑ 문화적 특성을 고려한 세계 권역 구분

2) 문화권 형성에 영향을 주는 요인

① 자연환경: 기후와 지형 등

- 의복

  - 열대 기후 지역: 통풍이 잘 되는 형태의 간단한 의복을 입는 문화 발달

  - 건조 기후 지역: 강한 햇볕과 모래바람으로부터 몸을 보호할 수 있도록 온몸을 감싸는 헐렁한 의복을 입는 문화 발달

  - 한대 기후 지역: 보온을 위한 털옷 등을 입는 의복 문화 발달

- 음식

  - 아시아의 계절풍 지역: 고온 다습한 계절풍과 하천 주변의 비옥한 땅은 벼농사를 짓기에 적합하여 쌀을 주식으로 하는 음식 문화가 발달함

  - 건조 기후 지역과 유럽: 건조하고 냉량한 기후로 인해 밀농사와 목축업이 발달하여 빵과 고기를 이용한 음식 문화가 발달함

  - 남아메리카의 고산 지역: 냉량한 기후를 이용해 감자와 옥수수를 기르고 이를 이용한 음식 문화가 발달함

● 개념 돋보기

문화 경관
어떤 특정한 장소에 특정 문화를 가진 사람들이 오랜 기간 동안 거주하면서 만들어 놓은 지역의 문화적 특성을 의미함

점이 지대
다른 지리적 특성을 가진 지역과 지역 사이에서 두 지역의 특성을 모두 갖는 지역

- 주거
  - 열대 기후 지역: 지면의 열기와 습기를 차단하고 해충을 막기 위한 고상 가옥이나 수상 가옥이 발달함
  - 한대 기후 지역: 툰드라 기후 지역에서는 가옥의 열이 언 땅을 녹여 가옥을 붕괴시키지 않도록 지면과 떨어뜨린 고상 가옥을 지으며, 그 외 눈을 이용한 움집이나 천막집 등의 가옥이 발달함
  - 유목 지역: 가축의 털과 가죽 등을 이용하여 유목에 용이한 이동식 가옥이 발달함

② 인문환경: 종교, 산업, 언어, 제도 등
  - 종교: 크리스트교 문화권, 불교 문화권, 이슬람교 문화권, 힌두교 문화권 등
  - 산업
    - 농경 문화권: 정착 생활, 공동체 문화, 농작물의 생장 주기에 따른 생활 방식
    - 유목 문화권: 이동 생활, 가축을 이용한 의식주 문화
    - 상공업 중심 문화권: 인구, 건물과 다양한 산업 시설의 높은 밀집도, 출퇴근을 위한 이동

툰드라 기후 지역의 고상식 가옥

3) 세계 문화권별 특징

① 북극 문화권
  - 범위: 북극해 연안의 한대 기후 지역
  - 특징: 이누이트, 네네츠족 등 소수 민족 거주 및 순록 유목, 수렵, 어로 등의 생활 방식

② 아메리카 문화권
  - 범위: 아메리카 대륙에 나타나는 문화권 → 아메리카 원주민 문화, 유럽 문화, 세계 각지 이주민 문화 등 여러 문화가 공존함
  - 구분
    - 앵글로아메리카 문화권: 북서유럽 문화의 영향을 받아 개신교가 우세하고 주로 영어를 사용함 → 세계 경제의 중심지이며 기업적인 농목업이 나타남
    - 라틴 아메리카 문화권: 남부 유럽 문화의 영향을 받아 가톨릭교도가 우세하고 주로 에스파냐어와 포르투갈어를 사용함 → 원주민인 인디오, 백인, 흑인, 이들 간의 혼혈족 등 다양한 인종과 그에 따른 다양한 문화가 나타남

③ 오세아니아 문화권
  - 범위: 오스트레일리아, 뉴질랜드, 남태평양 제도
  - 특징
    - 영국의 식민 지배 → 원주민 문화 파괴, 유럽 문화 전파, 영어 사용 인구와 개신교도의 비율이 높음
    - 자연환경을 활용한 관광 산업 발달

이누이트
주로 북극해 연안에 사는 수렵·어로 인종으로, 멀리 사냥을 나갈 때의 임시 거처로 얼음집인 이글루를 짓곤 함

④ 동양 문화권(=아시아 문화권)

- 범위: 동아시아, 동남아시아, 남부 아시아 → 고온 다습한 **계절풍**의 영향으로 벼농사
  발달
  ↳ 대륙과 해양의 온도 차이에
의해 계절에 따라 풍향이
바뀌는 바람

- 구분
  - 동아시아 문화권: 유교와 불교 문화, 젓가락과 **한자** 사용
  - 동남아시아 문화권: 태평양과 인도양을 잇는 위치에 있어 **다양한 문화가 혼재**함
    → 불교·이슬람교·크리스트교 문화, 중국·인도 문화 등
  - 남부 아시아 문화권: 외세 침입이 잦아 다양한 종교와 언어, 민족 등이 나타남

⑤ 아프리카 문화권

- 범위: 사하라 사막 이남의 중남부 아프리카 → 주로 **열대 기후**가 나타남

- 특징
  - 부족 단위의 공동체 생활
  - 토속 신앙의 비율이 높으나, 유럽인의 식민 지배로 일부 지역은 크리스트교가 나타남
  - 원시 농업·수렵·채집 생활, 이동식 화전 농업, **플랜테이션 농업** 발달
  - 식민지 시대의 영토대로 독립 → 종족의 경계와 국경이 일치하지 않아 잦은 분쟁이
    일어남

⑥ 건조 문화권(=이슬람 문화권)

- 범위: 북부 아프리카, 서남아시아, 중앙아시아 일대

- 특징
  - **이슬람교**를 믿는 인구의 비율이 높고 대부분 아랍어를 사용함
  - **오아시스 농업**, 유목, 석유 사업 발달

⑦ 유럽 문화권

- 범위: 유라시아 대륙에서 아시아와 구분되는 지역 → 크리스트교의 비율이 높으며,
  민주주의와 자본주의의 기원지

- 구분
  - 북서유럽 문화권: 게르만족과 개신교도의 비율이 높으며, **혼합 농업**과 **낙농업**이
    발달함
  - 남부 유럽 문화권: 라틴족과 가톨릭교도의 비율이 높으며, **수목 농업**이 발달함
  - 동부 유럽 문화권: 슬라브족과 그리스 정교도의 비율이 높으며, 농업 종사자 비율이
    비교적 높음

● 개념 돋보기

이동식 화전 농업
토양이 척박한 열대 기후 지역에서 숲에 불을 질러 조성한 농경지에서 농작물을 재배하고, 경지가 황폐해지면 다른 지역으로 이동한 후 다시 불을 질러 농경지를 조성하여 농사를 짓는 방법

플랜테이션
열대 기후 지역에서 선진국의 자본과 원주민의 값싼 노동력으로 넓은 농경지에서 커피, 카카오 등의 기호 작물과 천연고무 등의 원료 작물을 대규모로 재배하는 상업적인 농업 형태

혼합 농업
농작물 재배와 가축 사육을 유기적으로 결합한 농업 형태

수목 농업
고온 건조한 여름철 기후에 잘 견디는 올리브, 오렌지, 포도 등을 재배하는 농업 방식

2. 문화 변동과 전통문화

1) 문화 변동

① 문화 변동의 의미: 한 사회의 문화적 특성이 새로운 문화 요소의 등장이나 다른 문화 요소와의 접촉을 이유로 변화하는 현상

② 문화 변동의 요인

• 내재적 요인: 한 사회 내부에서 새로운 문화 요소가 등장하면서 그 사회의 문화 변동을 일으키는 요인 → 발명과 발견

 - 발명: 기존에는 없었던 새로운 문화 요소를 만들어 냄 예 한글 창제, 컴퓨터 발명 등

 - 발견: 기존에 있었지만 널리 알려지지 않았던 문화 요소를 찾아냄 예 불, 전기 등의 발견

• 외재적 요인: 한 사회 외부에서 새로운 문화 요소가 유입되면서 그 사회의 문화 변동을 일으키는 요인 → 문화 전파

 - 직접 전파: 두 문화가 직접적으로 접촉하여 일어나는 전파로, 주로 교역, 전쟁, 정복, 부족 간 혼인 등에 의해 나타남

 - 간접 전파: 인쇄물, 인터넷 등의 매개체를 통해 두 문화가 간접적으로 접촉하여 일어나는 전파

 - 자극 전파: 다른 문화로부터 유입된 문화 요소에 의해 새로운 발명이 일어나는 것 예 신라의 이두 문자, 체로키 부족의 체로키어 등

③ 문화 변동의 양상

• 변동 소재에 따른 구분

내재적 변동	발명, 발견 등에 의해 한 사회 내부에서 새로운 문화 요소가 등장한 후에 사회 구성원들에 의해 그것이 수용되고 확산되며 나타나는 문화 변동
외재적 변동 (문화 접변)	둘 이상의 서로 다른 문화가 오랫동안에 걸쳐 접촉하면서 문화 전파가 이루어져 한쪽 또는 양쪽 사회 모두의 문화 체계에 변화가 나타나는 문화 변동

• 강제성 및 자발성에 따른 구분

강제적 문화 접변	정복 등의 지배적 위치에 있는 사회의 문화 요소가 피지배적 위치에 있는 사회에 강제로 이식되어 나타나는 문화 변동
자발적 문화 접변	다른 사회의 문화 요소를 자발적으로 자기 사회의 문화 체계 속으로 수용하여 일어나는 문화 변동

• 문화 접변의 결과

문화 병존 (문화 공존)	기존의 문화 요소와 전파된 문화 요소가 함께 공존하는 현상으로 문화 공존이라고도 함 예 필리핀 사람들이 영어와 필리핀어를 공용어로 사용하는 것
문화 융합	기존의 문화 요소와 전파된 문화 요소가 만나 이전에 없던 새로운 문화가 나타나는 현상 예 유럽의 가톨릭교와 멕시코의 토착 문화가 융합한 과달루페의 성모상
문화 동화 (문화 대체)	기존의 문화 요소가 전파된 문화 요소에 흡수되어 기존의 정체성을 잃어버린 현상 예 아메리카 원주민이 유럽 문화와 접촉하면서 고유 문화를 상실한 것

2) 전통문화의 의의와 창조적 계승

① 전통문화의 의의
- 문화의 정체성: 한 사회의 고유성과 정체성을 유지할 수 있게 함
- 사회 통합의 기반: 사회 구성원 간 유대감을 증진시키고 세대 간을 이어주는 역할을 함
- 문화의 다양성: 각 나라나 사회가 전통문화를 유지하는 것은 세계의 문화 다양성을 증진하는 데 도움을 줌

② 전통문화의 창조적 계승
- 의미: 고유한 전통문화의 정체성은 유지하면서 시대적 변화에 맞춰 전통문화를 재창조하는 것 → 생활 한복, 퓨전 국악 뮤지컬, 이날치 등
- 방안: 시대의 흐름에 걸맞게 전통문화를 재해석, 외래문화를 비판적으로 수용하여 우리의 전통문화와 융합

3. 문화 상대주의와 보편 윤리

1) 문화 절대주의

① 자문화 중심주의
- 의미: 자기 문화만 옳고 우수하다고 여기고 다른 문화를 열등한 것으로 대하는 태도
- 순기능: 문화적 동일성에 기여, 자문화에 대한 자긍심 고양
- 문제점: 제국주의를 정당화할 수 있음, 국수주의로 흐를 수 있음, 타 문화를 배척하여 문화적으로 고립되고 정체될 수 있음

② 문화 사대주의
- 의미: 특정 다른 문화만을 옳고 우수하다고 여기고 자문화를 평가절하하는 태도
- 순기능: 외래문화를 받아들이는 데 개방적인 태도를 가짐
- 문제점: 외래문화를 비판적으로 수용할 수 없음, 자문화의 주체성과 정체성 상실, 전통문화의 소멸

③ 문화 절대주의의 문제점: 문화적 차이에 대한 바람직한 이해가 결여되어 있음

2) 문화 상대주의

① 의미: 문화를 그 사회의 역사적·사회적 맥락 속에서 이해하려는 태도 → 문화 간 우열을 평가할 수 없으며, 각 문화는 고유한 가치를 지니고 있다고 봄

② 필요성
- 한 사회의 문화는 그 사회의 맥락 속에서 이해해야 올바르게 이해할 수 있음
- 다양한 문화적 차이를 편견 없이 받아들여 문화의 공존을 도모할 수 있음
- 문화 간 우열을 가리면서 발생하는 여러 갈등을 방지할 수 있음

③ 한계: 인간 존엄성과 같은 보편적 가치를 부정하는 문화까지 무분별하게 인정하는 극단적 문화 상대주의(윤리 상대주의)로 흐를 수 있음 → 관용의 역설

● 개념 돋보기

전통문화
한 사회에서 오랫동안 전승되어 내려오는 문화 요소 중 오늘날까지 그 가치를 인정받고 있는 것

한국의 전통문화
대표적인 한국의 전통문화로는 한글, 한옥, 온돌, 한복, 김치, 불고기, 농경문화의 상부상조 정신 등이 있음

제국주의
다른 나라에 침략하여 자국의 세력을 확장하고자 하는 사상이나 정책

국수주의
극단적인 형태의 민족주의로, 자국의 전통만을 우수하다고 여겨 타국을 배척하는 태도

관용의 역설
무제한적인 관용은 불관용까지 관용해 버리는 모순적인 상황으로 흐를 수 있음

● 개념 돋보기

3) 보편 윤리와 문화 성찰

① **보편 윤리**의 의미: 시대와 장소에 상관없이 모든 사람이 존중하고 따라야 할 객관적·일반적인 도덕 원리 **예** 황금률

② 보편 윤리를 통한 문화 성찰: 보편 윤리를 바탕으로 문화에 대해 성찰하는 것은 극단적 문화 상대주의로 빠지는 것을 방지하고, 문화의 질적 발전을 실현할 수 있음

황금률
남에게 대접 받고자 하는 대로 남을 대접하라는 윤리 원칙

4. 다문화 사회와 문화 다양성

1) 다문화 사회의 의미와 영향

① **다문화 사회**의 의미와 등장 배경

- 의미: 인종, 언어, 종교 등 서로 다른 다양한 문화적 배경을 가진 사람들이 함께 사는 사회

- 등장 배경
  - 교통과 통신의 발달에 따른 세계화: 국제적인 이동이 비교적 쉬워져 서로 다른 문화권의 교류가 잦아짐
  - 우리나라의 경우: 국제결혼 이주민, 외국인 근로자, 유학생, 북한이탈주민 등의 증가

② 다문화 사회의 영향

- 긍정적 영향
  - 문화적 다양성 증대: 새로운 문화의 유입은 사회 구성원에게 다양한 문화적 경험을 제공하고, 타 문화에 대한 편견과 선입견을 약화시킬 뿐만 아니라 문화적 자극을 제공하여 문화 발전에 기여함
  - 노동력 부족 현상 해소: 외국인 노동자의 유입은 부족한 노동력을 채워주고, 국제결혼 이주민은 젊은 층이 부족한 농어촌 사회에 활력을 줌

- 부정적 영향
  - 사회 통합의 어려움: 문화적 차이를 이해하지 못해 갈등이 발생하여 사회적 통합이 어려울 수 있음
  - 타 문화나 외국인에 대한 편견과 차별: 주류 집단이 소수 집단에 대한 편견을 가지고 차별할 우려가 있으며, 인종 차별을 저지르거나 외국인 근로자에 대한 차별 등을 저지를 수 있음

다문화 가족
단일하지 않은 국적, 인종, 문화를 가진 사람들로 구성된 가족

③ 보편 윤리에 근거한 자문화 성찰

- 연고주의는 공동체의 결속에 기여할 수 있지만 입학, 채용 등에서 혈연, 학연, 지연 등의 개인적 배경 요소를 전문성보다 더 중요하게 여기면 공정성을 잃을 수 있으므로 이에 대한 비판적 성찰이 필요함

- 권위주의는 가부장적 전통에 영향을 받아 생겨난 현상으로, 권위주의가 지나치면 사회 구성원 간의 평등한 관계를 어렵게 하며, 더 나아가 인권을 침해하는 문제까지 발생시킬 수 있으므로 이에 대한 비판적 성찰이 필요함

2) 다문화 사회의 갈등 해결

① 개인적 차원

- 문화 상대주의 태도: 다른 문화도 자기 문화와 마찬가지로 고유한 가치가 있음을 인정하고 존중해야 함
- 관용의 자세: 이주민을 외지인으로 바라보지 않고 우리 사회를 구성하는 나와 같은 구성원으로 인식하여 배척하지 말아야 함

② 사회적 차원

- 이주민들을 위한 법과 제도: 외국인 근로자 차별 금지, 국제결혼 이민자의 정착 지원 등을 위한 법과 제도 및 다양한 프로그램을 제정하고 시행
- 다문화 교육: 이주민들을 위한 언어 교육 시행, 다양한 문화를 체험하고 이해할 수 있는 행사 개최 등
- 다문화 정책

구분	동화주의	다문화주의
의미	이민자가 출신 국가의 다양한 특성을 완전히 포기하고 주류 사회의 일원이 되는 것을 목표로 하는 정책	이민자가 문화적 정체성을 유지하면서 살아갈 수 있도록 소수자 집단의 문화 고유성을 인정하고 다양한 문화의 공존을 목표로 하는 정책
특징	이민자가 주류 문화로 편입되어 주류 사회의 언어와 문화, 사회적 가치 등을 받아들이도록 함	주류 문화와 비주류 문화의 구분 없이 여러 문화가 대등하게 공존하도록 함
예시	용광로 이론	샐러드 볼 이론

● 개념 돋보기

다문화 정책과 관련한 대표적인 관점

- 용광로 이론(동화주의): 용광로에 다양한 금속을 넣으면 녹아서 하나가 되듯이, 이주민의 문화가 주류 문화에 동화되어야 한다는 입장
- 샐러드 볼 이론(다문화주의): 다양한 재료들이 한데 모여 조화를 이루는 샐러드 볼처럼, 이주민의 문화와 주류 문화 모두가 고유성을 유지하며 공존하고 조화를 이루어야 한다는 입장

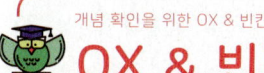

1 _____은/는 인간이 환경과 상호 작용하며 생겨난 생활 양식으로, 의식주, 언어, 종교 등을 말한다.

2 _____은/는 의식주, 언어 등의 문화적 요소가 비교적 유사한 지리적 범위를 말한다.

3 _____은/는 다른 지리적 특성을 가진 지역과 지역 사이에서 두 지역의 특성을 모두 갖는 지역을 말한다.

4 북극 문화권은 이누이트 등 소수 민족이 거주하고 순록 유목, 수렵, 어로 등의 생활 방식이 특징이다. ○ ✕

5 앵글로아메리카 문화권은 가톨릭교가 우세하고 주로 영어를 사용한다. ○ ✕

6 라틴 아메리카 문화권은 개신교가 우세하고 주로 에스파냐어, 포르투갈어를 사용한다. ○ ✕

7 오세아니아 문화권은 영국 식민 지배의 영향으로 영어 사용 인구가 많고 개신교도 비율이 높다. ○ ✕

8 동아시아 문화권은 유교와 불교 문화가 발달하였고, 젓가락과 한자를 사용한다. ○ ✕

9 동남아시아 문화권은 오직 인도의 영향만 받아 불교 문화만 존재한다. ○ ✕

10 남부 아시아 문화권은 힌두교를 중심으로 이슬람교, 불교 등의 종교가 다양하게 혼재한다. ○ ✕

11 아프리카 문화권은 식민 지배의 영향으로 국경과 종족의 경계가 불일치하여 분쟁이 잦다는 특징이 있다. ○ ✕

12 건조 문화권은 이슬람교를 믿는 인구의 비율이 높고 대부분 영어를 사용한다. ○ ✕

13 북서유럽 문화권은 슬라브족과 개신교도의 비율이 높다. ○ ✕

14 남부 유럽 문화권은 라틴족과 가톨릭교도의 비율이 높다. ○ ✕

15 동부 유럽 문화권은 게르만족과 그리스 정교도의 비율이 높다. ○ ✕

16 _____은/는 새로운 문화 요소가 등장하거나 다른 문화 요소와 접촉하여 한 사회의 문화적 특성이 변화하는 현상이다.

17 발명과 발견은 문화 변동의 _____ 요인이다.

18 직접 전파, 간접 전파, 자극 전파는 문화 변동의 _____ 요인이다.

19 _____은/는 기존의 문화 요소와 전파된 문화 요소가 함께 공존하는 현상을 말한다.

20 _____은/는 기존의 문화 요소와 전파된 문화 요소가 만나 이전에 없던 새로운 문화가 나타나는 현상을 말한다.

21 _____은/는 기존의 문화 요소가 전파된 문화 요소에 흡수되어 기존의 정체성을 잃어버린 현상을 말한다.

22 _____은/는 한 사회에서 오랫동안 전승되어 내려오는 문화 요소 중 오늘날까지 그 가치를 인정받고 있는 것이다.

23 유럽의 가톨릭교와 멕시코의 토착 문화가 융합한 과달루페의 성모상은 문화 동화의 사례이다. ○ ✕

24 필리핀 사람들이 영어와 필리핀어를 공용어로 사용하는 것은 문화 병존의 사례이다. ○ ✕

25 대표적인 한국의 전통문화로는 한글, 한옥, 온돌 등이 있다. ○ ✕

26 _____은/는 자기 문화만 옳고 우수하다고 여겨 다른 문화를 열등한 것으로 대하는 태도이다.

27 _____은/는 특정 다른 문화만을 옳고 우수하다고 여겨 자문화를 평가절하하는 태도이다.

28 _____은/는 문화를 그 사회의 역사적·사회적 맥락 속에서 이해하려는 태도이다.

29 _____은/는 시대와 장소에 상관없이 모든 사람이 존중하고 따라야 할 객관적·일반적인 도덕 원리이다.

30 문화 상대주의는 보편적 가치를 부정하는 문화까지 무분별하게 인정하는 극단적 문화 상대주의로 흐를 수 있다. ○ ✕

31 보편 윤리를 바탕으로 문화에 대해 성찰하는 것은 극단적 문화 상대주의에 빠지게 하므로 조심해야 한다. ○ ✕

32 _____은/는 인종, 언어, 종교 등 서로 다른 문화적 배경을 가진 사람들이 함께 사는 사회이다.

33 _____은/는 이주민 문화가 주류 문화에 동화되어야 한다는 관점이다.

34 _____은/는 이주민 문화와 주류 문화가 고유성을 유지한 채 조화를 이루어야 한다는 관점이다.

1. 문화 2. 문화권 3. 점이 지대 4. ○ 5. ✕(개신교가 우세함) 6. ✕(가톨릭교가 우세함) 7. ○ 8. ○ 9. ✕(중국, 인도 등의 영향으로 불교, 이슬람교, 크리스트교 등 다양한 문화가 혼재함) 10. ○ 11. ○ 12. ✕(대부분 아랍어를 사용함) 13. ✕(게르만족의 비율이 높음) 14. ○ 15. ✕(슬라브족의 비율이 높음) 16. 문화 변동 17. 내재적 18. 외재적 19. 문화 병존(문화 공존) 20. 문화 융합 21. 문화 동화(문화 대체) 22. 전통 문화 23. ✕(문화 융합의 사례임) 24. ○ 25. ○ 26. 자문화 중심주의 27. 문화 사대주의 28. 문화 상대주의 29. 보편 윤리 30. ○ 31. ✕(극단적 문화 상대주의로 빠지는 것을 방지해 줌) 32. 다문화 사회 33. 용광로 이론(동화주의) 34. 샐러드 볼 이론(다문화주의)

1

[세지 고2 18년 3월 9번]

(가), (나) 전통 음식과 관련이 깊은 국가를 지도의 A~C 에서 고른 것은? 2점

(가) | (나)

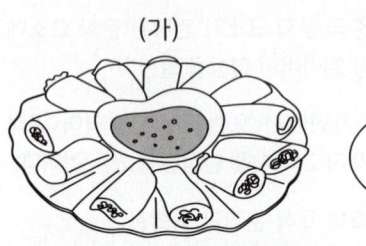

쌀로 만든 얇은 피를 뜨거운 물에 살짝 적신 후 고기, 채소 등을 싸서 먹는다.

옥수수 가루를 반죽하여 얇고 둥근 모양으로 구운 후 고기, 채소 등을 싸서 먹는다.

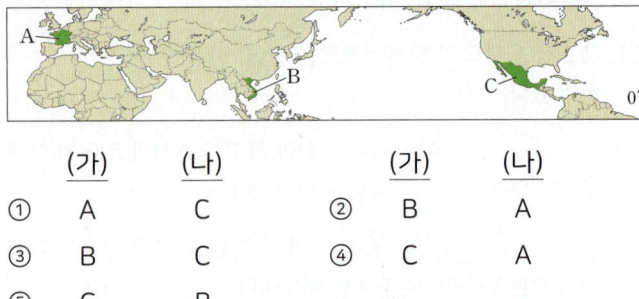

	(가)	(나)		(가)	(나)
①	A	C	②	B	A
③	B	C	④	C	A
⑤	C	B			

3

[지리 16년 9월 4번]

다음 자료는 TV 프로그램 촬영 계획의 일부이다. (가), (나)에 해당하는 지역을 지도의 A~C에서 고른 것은? 2점

<세계 전통 음식을 찾아서>

촬영 지역	촬영 내용
(가)	#1. 고온 다습한 여름과 드넓은 평야 #2. 1년에 세 번 벼를 수확하는 사람들 #3. 담백한 육수의 쌀국수 요리
(나)	#1. 고온 건조한 여름과 올리브 농장 #2. 온난 습윤한 겨울철에 밀을 재배하는 사람들 #3. 싱싱한 조개로 맛을 낸 파스타 요리

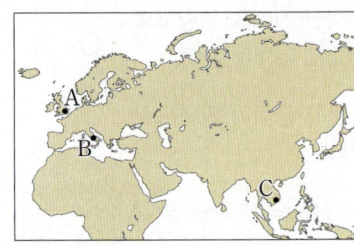

	(가)	(나)
①	A	B
②	A	C
③	B	C
④	C	A
⑤	C	B

2

[지리 15년 11월 8번]

다음 자료는 다문화 체험 답사 계획서이다. 답사 지역의 체험 음식으로 적절하지 <u>않은</u> 것은? 3점

- 주제: 외국인 마을에서의 다문화 체험
- 활동: 외국인 마을을 방문하여 그 나라의 전통 음식 맛보기
- 답사 지역과 체험 음식

광희동 몽골 타운
B: 양고기를 이용한 만두와 양고기 찜

연남동 화교 마을
A: 북경식 오리 구이와 사천식 마파두부 덮밥

이태원동 이슬람 마을
C: 돼지고기를 이용한 바비큐

이촌동 리틀 도쿄
D: 생선을 이용한 초밥과 생선회

반포동 프랑스 인 서래 마을
E: 밀을 이용한 프랑스식 타르트와 바게트 빵

① A   ② B   ③ C   ④ D   ⑤ E

4

대표 문제

[세지 고2 19년 3월 17번]

다음 글의 ㉠~㉤에 대한 옳은 설명을 [보기]에서 고른 것은? 3점

○○항공사는 종교적 신념으로 일반 기내식을 먹기 힘든 고객을 위해 특별 기내식을 제공한다. ㉠이슬람교 신자용에는 ㉡ 와/과 술을 사용하지 않고, ㉢힌두교 신자용에는 ㉣ 을/를 넣지 않는다. 또, ㉤불교 성직자와 채식주의자를 위해서는 별도의 메뉴를 마련해 놓고 있다.

[보 기]

ㄱ. ㉠ 신자는 메카를 향해 기도한다.
ㄴ. ㉢ 신자 수는 유럽 문화권이 가장 많다.
ㄷ. ㉤의 대표적 종교 경관으로 탑과 불상이 있다.
ㄹ. ㉡과 ㉣에 공통으로 들어갈 식재료는 돼지고기이다.

① ㄱ, ㄴ   ② ㄱ, ㄷ   ③ ㄴ, ㄷ   ④ ㄴ, ㄹ   ⑤ ㄷ, ㄹ

5

[19년 3월 10번]

(가) 종교를 믿는 주민들의 생활 모습으로 가장 적절한 것은? 3점

모든 소의 거래 및 도축 금지

인도 총리 담화

맞아! (가) 를 믿는 우리는 소를 신성시 하지.

① 돼지고기를 금기시하여 먹지 않는다.
② 매일 다섯 번씩 메카를 향해 기도를 한다.
③ 갠지스강에서 종교 의식으로 목욕을 한다.
④ 높은 첨탑이 있는 교회나 성당에서 기도를 한다.
⑤ 성인이 되기 전 사찰에서 승려 생활을 해야 한다.

6 대표 문제

[지리 14년 9월 4번]

(가)~(라) 경관과 관련된 종교에 대한 설명으로 옳은 것은? 3점

(가)

비슈누와 여러 신들이 조각된 신전

(나)

거대한 부처상과 여러 개의 탑

(다)

높은 첨탑과 돔형 지붕의 모스크

(라)

고딕 양식의 건축물과 십자가

① (가)는 세계적으로 신자가 가장 많은 종교이다.
② (가)는 유럽 문화권 형성에 많은 영향을 주었다.
③ (나)는 성지 순례 등의 5대 의무 실천을 강조한다.
④ (다)의 신자들은 돼지고기를 금기시한다.
⑤ (라)는 교리에 따라 살생을 금하며 채식을 선호한다.

7

[25년 6월 16번]

다음은 인터뷰 장면의 일부이다. (가)에 들어갈 종교에 대한 설명으로 옳은 것은? 1.5점

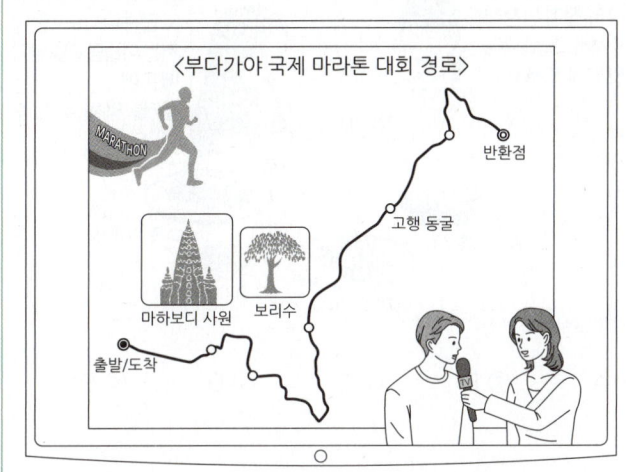

〈부다가야 국제 마라톤 대회 경로〉

반환점

고행 동굴

마하보디 사원 보리수

출발/도착

기자: 이곳은 부다가야 국제 마라톤 대회 현장입니다. 마라톤을 완주한 소감을 말씀해 주세요.

선수: 완주하여 기쁩니다. 또한 다른 문화 경관을 보며 달리는 이색적인 경험을 했습니다.

기자: 이곳 부다가야는 (가) 의 주요 성지 중 한 곳인데, 특히 어떤 장소가 기억에 남습니까?

선수: 보리수가 있는 마하보디 사원의 불상과 탑이 기억에 남습니다. 그리고 창시자가 고행한 장소로 알려진 동굴을 지나며 저도 힘든 순간을 견딜 수 있었습니다.

① 예수를 구원자로 믿는다.
② 세계에서 신자 수가 가장 많다.
③ 깨달음을 통한 해탈과 열반을 강조한다.
④ 메카로의 성지 순례를 종교적 의무로 한다.
⑤ 라마단 기간 중 해가 떠 있는 시간에는 금식한다.

8

[지리 16년 11월 3번]

밑줄 친 ㉠에 들어갈 음식으로 적절한 것을 그림의 A~E 에서 고른 것은? (단, 음식의 주재료만 고려함.) 2점

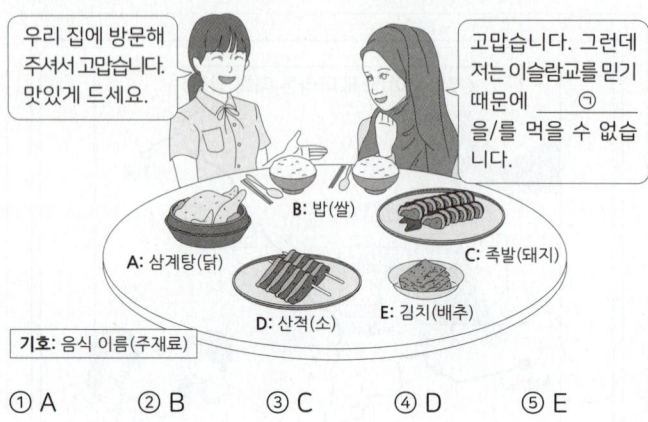

① A　　② B　　③ C　　④ D　　⑤ E

9

[23년 11월 2번]

다음 자료는 어떤 문화권의 특징을 워드 클라우드로 표현한 것이다. (가)에 해당하는 문화권을 지도의 A~E에서 고른 것은? 3점

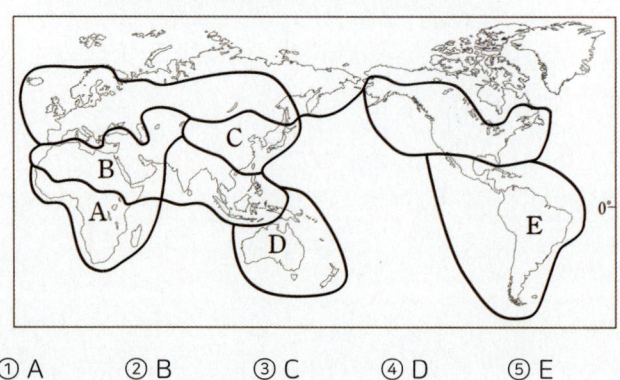

① A　　② B　　③ C　　④ D　　⑤ E

10

[세지 고2 20년 3월 2번]

(가) 문화권을 지도의 A~E에서 고른 것은? 2점

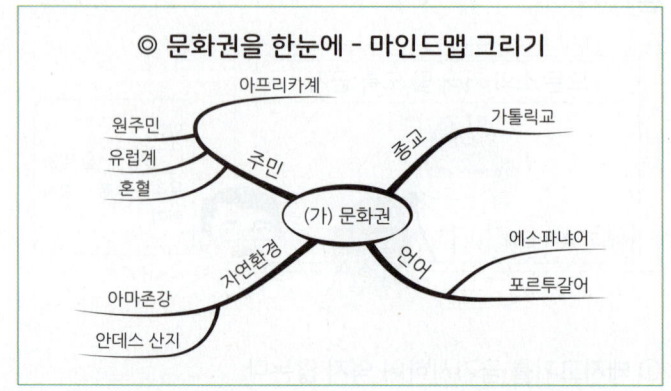

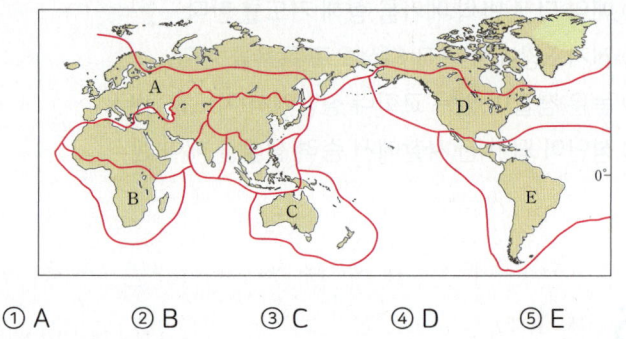

① A　　② B　　③ C　　④ D　　⑤ E

11

[지리 15년 9월 3번]

다음 자료는 어떤 문화 지역의 특징을 나타낸 것이다. 이에 해당하는 지역을 지도의 A~E에서 고른 것은? 2점

- 유럽의 식민 지배를 받은 지역이다.
- 원주민 문화, 유럽 문화, 흑인 문화가 혼합되어 있다.
- 주민들은 주로 가톨릭교를 믿고, 대부분의 국가에서 에스파냐어를 사용한다.

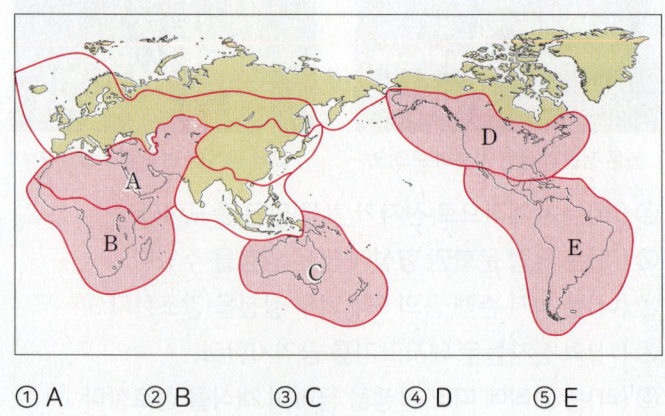

① A　　② B　　③ C　　④ D　　⑤ E

12 대표 문제　　　　　　　　　　[25년 6월 15번]

다음은 학교 급식 안내문의 일부이다. (가) 문화권을 지도의 A~E에서 고른 것은? 2점

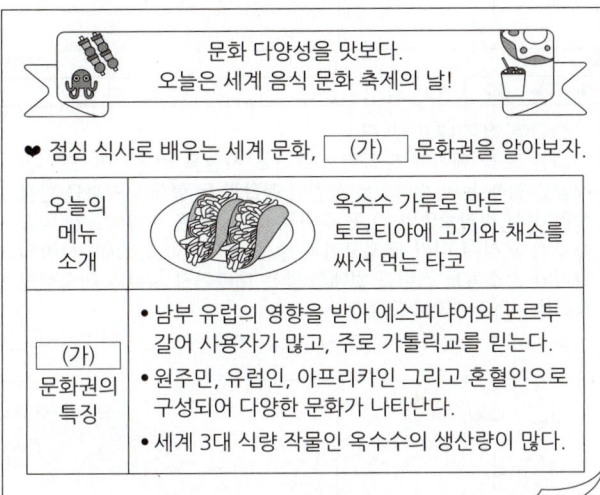

① A　　② B　　③ C　　④ D　　⑤ E

14　　　　　　　　　　[24년 10월 9번]

다음은 여행을 주제로 하는 인터넷 방송의 일부이다. (가) 국가가 포함된 문화권을 지도의 A~E에서 고른 것은? 3점

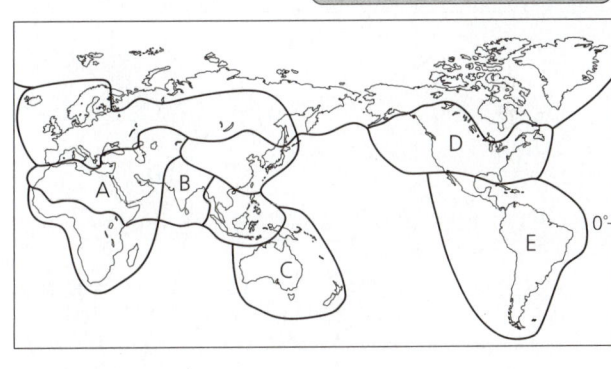

① A　　② B　　③ C　　④ D　　⑤ E

13　　　　　　　　　　[지리 17년 6월 3번]

다음 낱말 카드에 제시된 문화 요소가 가장 뚜렷하게 나타나는 문화 지역을 지도의 A~E에서 고른 것은? 2점

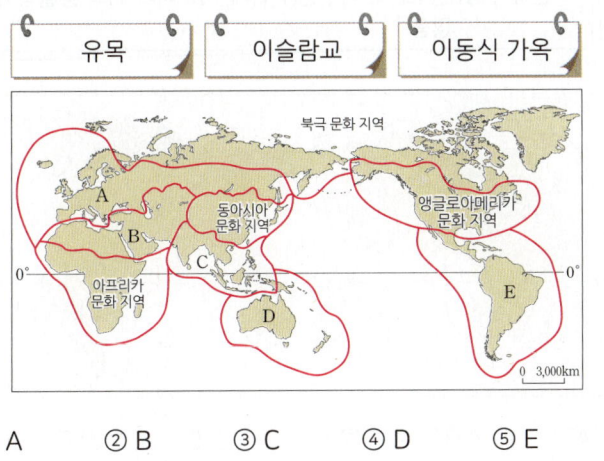

① A　　② B　　③ C　　④ D　　⑤ E

15　　　　　　　　　　[23년 3월 10번]

다음 자료의 (가) 국가를 지도의 A~E에서 고른 것은? 2점

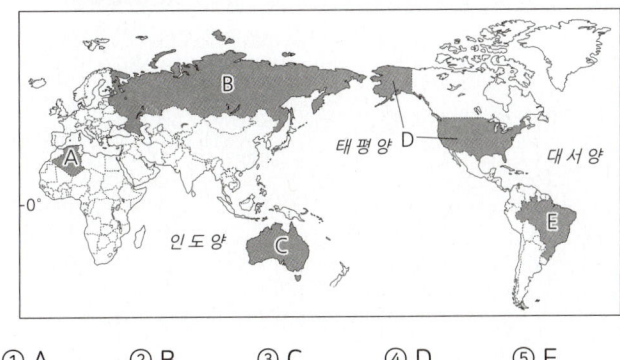

① A　　② B　　③ C　　④ D　　⑤ E

16

[22년 11월 6번]

다음 자료는 누리 소통망(SNS)에 게시된 여행기이다. 두 여행 지역이 모두 속한 문화권을 지도의 A~E에서 고른 것은? 2점

성모상이 원주민처럼 검은 머리에 갈색 피부를 하고 전통 의상을 입고 있었다. 에스파냐가 이 지역을 식민 지배할 때 가톨릭교를 전파하는 과정에서 현지 종교와 융합되어 나타난 모습이라고 한다. 내일은 에스파냐어로 인사해야지!

가톨릭 신자의 비율이 높은 이 도시의 산봉우리에 거대한 예수상이 서 있었다. 곧 카니발이 열리니까 삼바 춤을 구경해 봐야지! 유럽과 아프리카의 문화가 섞여서 만들어진 독특한 문화를 경험할 수 있는 곳이라 새롭다.

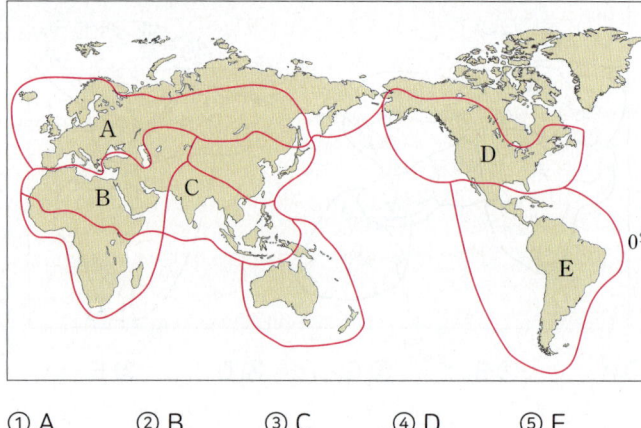

① A   ② B   ③ C   ④ D   ⑤ E

17

[18년 11월 20번]

다음은 어느 문화권을 여행하면서 보낸 전자 우편 중 일부이다. 이에 해당하는 문화권을 지도의 A~E에서 고른 것은? 2점

○○아, 잘 지내고 있니?
나는 오늘 메카에 도착해서 △△△ 사원을 방문했어. 뜨거운 태양을 향해 높이 솟아있는 사원의 첨탑과 돔 형태의 지붕을 한참 동안 서서 바라보았어. 이곳 주민들의 대부분은 이슬람교를 믿고 종교적 교리에 따라 돼지고기와 술을 금기시하고 있어. 사막의 열기와 건조함을 견디고 열매를 맺는 대추야자 나무의 이국적인 풍경을 너에게 보여주고 싶어.

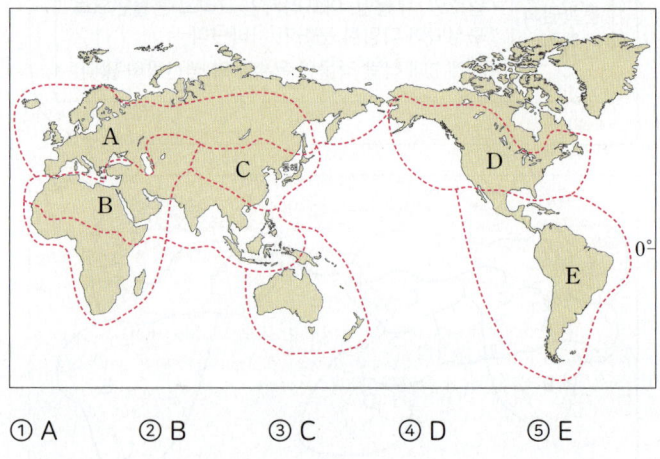

① A   ② B   ③ C   ④ D   ⑤ E

18

[19년 11월 18번]

다음 자료의 (가) 문화권에 해당하는 지역을 지도의 A~E에서 고른 것은? 3점

(가) 문화권

• 종교: 대부분의 주민들이 가톨릭교를 믿음.

• 언어: 주로 에스파냐어, 포르투갈어를 공용어로 사용함.

• 민족 구성: 원주민과 이주민(유럽계, 아프리카계)의 혼혈족이 많음.

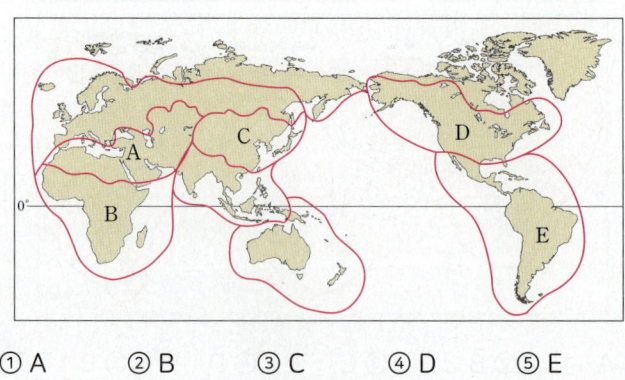

① A   ② B   ③ C   ④ D   ⑤ E

19

[25년 3월 11번]

다음 자료의 ㉠~㉤에 대한 설명으로 옳지 <u>않은</u> 것은? 2점

<판초를 입은 원주민과 라마>

<쿠스코 대성당에 있는 성화 '최후의 만찬'의 일부분>

드디어 페루 쿠스코 시내 구경을 시작했다. ㉠연중 봄과 같이 온화한 기후가 나타난다고는 하지만 기온의 ⓛⓛⓛ ㉡ ⓛⓛ 이/가 커서 아침, 저녁으로 꽤 쌀쌀하다. 판초를 입은 원주민이 ㉢알파카와 라마를 데리고 다니는 모습을 보니 제대로 남미를 여행하는 기분이 든다. 쿠스코는 한때 잉카 제국의 수도였지만, 이후 ㉣유럽의 식민 지배를 받은 영향으로 유럽풍 건축물을 많이 볼 수 있다. 그중에서 광장에 있는 대성당을 방문하였다. 가장 인상 깊었던 것은 성화(聖畫)인 '최후의 만찬'이다. ㉤크리스트교 성서의 내용을 그린 것이지만 식탁의 한 가운데에는 페루 원주민의 전통 음식인 꾸이*가 그려져 있다.

* 꾸이: 기니피그를 통째로 구워서 만든 요리

① ㉠은 적도 부근의 저지대에서 주로 나타나는 특징이다.
② ㉡에 들어가기에 적절한 말은 '일교차'이다.
③ ㉢은 안데스 산지에서 짐을 나르는 데 유용한 가축이다.
④ ㉣로 인해 페루에서는 에스파냐어가 공용어로 사용된다.
⑤ ㉤은 유럽 문화와 원주민 문화가 융합된 사례이다.

20

[세지 고2 20년 3월 6번]

(가)에 들어갈 내용으로 가장 적절한 것은? 2점

중국에서 가장 인상 깊었던 곳은 청진사였다. 청진사는 불교 사찰이 아니라 이슬람 사원이다. 사원의 외관은 중국 전통 기와집과 비슷하고 여러 채의 기와집들이 마당을 사이에 두고 옹기종기 모여 있었다. 그러나 내부는 모스크와 비슷하고, 지붕 꼭대기에는 이슬람교의 상징인 초승달 문양 장식이 있었다. 나는 청진사에서 (가) 의 사례를 경험할 수 있었다.

① 문화 동화
② 문화 융합
③ 문화 상대주의
④ 문화 사대주의
⑤ 자문화 중심주의

21

[생윤 고2 20년 3월 10번]

다음 글에서 강조하는 내용으로 가장 적절한 것은? 2점

전통문화의 무조건적인 보존만을 중시하는 태도도 옳지 않지만 외래문화를 무분별하게 받아들이려는 태도 역시 바람직하지 않다. 최근 전통문화를 소재로 한 드라마나 공연 등이 해외에서 인기를 얻고 있는데, 이는 세계인이 공감할 수 있도록 전통문화에 외래문화의 요소들을 적절하게 결합했기 때문이다. 앞으로도 우리는 전통문화를 창조적으로 계승해 나가기 위해 노력해야 한다.

① 전통문화를 지키기 위해 외래문화와의 접촉을 줄여야 한다.
② 전통문화의 원형을 있는 그대로 유지하려고 노력해야 한다.
③ 세계화의 흐름에 맞게 외래문화를 여과 없이 수용해야 한다.
④ 새로운 문화 창출을 위해 전통문화의 고유성을 버려야 한다.
⑤ 외래문화의 비판적 수용을 통해 전통문화를 발전시켜야 한다.

22

[23년 11월 10번]

(가), (나)에 나타난 문화 변동에 대한 설명으로 옳은 것은? 2점

(가) 싱가포르는 불교의 베삭 데이, 이슬람교의 하리 라야 푸아사, 기독교의 크리스마스 등 다양한 종교의 기념일을 공휴일로 지정하고 있다. 이처럼 싱가포르에는 다른 지역에서 전파된 여러 종교가 공존하고 있다.

(나) 수리남에는 유럽, 아프리카 등 여러 지역 출신의 이민자가 많다. 이러한 문화적 다양성을 바탕으로 카세코라는 새로운 대중음악 양식이 만들어졌다. 카세코는 수리남 전통 악기를 활용한 리듬, 서양 악기를 활용한 멜로디, 아프리카 특유의 가창 방식이 한데 어우러진 특징이 있다.

* 베삭 데이: 석가모니의 탄생을 기리는 불교 축제
** 하리 라야 푸아사: 라마단이 끝나는 것을 기념하는 이슬람교 축제

① (가)에서는 문화 융합이 나타난다.
② (가)에서는 발견에 의한 문화 변동이 나타난다.
③ (나)에서는 문화 동화가 나타난다.
④ (나)에서는 (가)에서와 달리 간접 전파가 나타난다.
⑤ (나)에서는 (가)에서와 달리 새로 창조된 문화 요소가 나타난다.

정답과 해설 19 p.68 20 p.69 21 p.69 22 p.69

23

[20년 11월 3번]

문화 변동의 양상 (가), (나)에 대한 설명으로 옳은 것은?

2점

> • 국악 심포니 오케스트라는 국악기, 양악기를 함께 편성하여 국악 오페라, 국악 뮤지컬 등을 공연한다. 이처럼 국악과 서양 음악을 접목하여 하나의 독특한 음악 장르를 만든 것은 [(가)]의 사례이다.
> • 미국 로스앤젤레스의 코리아타운은 '미국 안의 또 다른 한국'으로 불린다. 한국 음식, 한국어 등 한국 문화가 미국 문화와 함께 존재하는 것은 [(나)]의 사례이다.

① (가)는 발견으로 인해 나타난 문화 변동이다.

② (가)는 문화 병존, (나)는 문화 동화이다.

③ (가)는 (나)와 달리 다른 사회 문화 요소가 전달되어 나타난다.

④ (나)는 (가)와 달리 새로운 문화 요소가 창조되어 나타난다.

⑤ (가), (나)는 모두 문화적 다양성을 보존하는 데 기여할 수 있다.

24 대표 문제

[24년 10월 18번]

(가), (나)에 나타난 문화 변동에 대한 설명으로 옳은 것은?

2점

> (가) 갑국은 고유한 언어를 사용하고 있었으나 A국의 식민 지배를 받으면서 A국의 언어만을 사용하도록 강요 당했다. 그 결과 갑국의 고유한 언어는 사라지고, 갑국 사람들은 A국의 언어만을 사용하게 되었다.
> (나) 을국은 토착 종교가 널리 퍼져 있었으나 B국에서 온 선교사들의 포교 활동으로 인해 B국 종교가 전파 되었다. 그 결과 토착 종교의 교리와 B국 종교의 교리가 결합된 새로운 교리의 종교가 만들어져 을국의 많은 사람들이 이를 믿게 되었다.

① (가)에서는 문화 융합이 나타난다.

② (가)에서는 발견에 의한 문화 변동이 나타난다.

③ (나)에서는 문화 동화가 나타난다.

④ (나)에서는 직접 전파에 의한 문화 변동이 나타난다.

⑤ (가)와 (나)에서는 모두 자발적 문화 접변이 나타난다.

25

[20년 3월 10번]

다음은 수업 장면의 일부이다. (가)에 들어갈 용어로 가장 적절한 것은? 2점

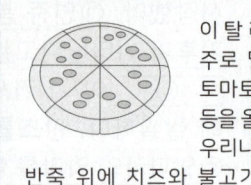

이탈리아의 피자는 주로 밀가루 반죽 위에 토마토 소스와 치즈, 햄 등을 올려 만든다. 그러나 우리나라에서는 쌀가루 반죽 위에 치즈와 불고기를 올린 피자를 만들어 먹기도 한다.

① 문화 융합   ② 문화 갈등   ③ 문화 동화

④ 문화 소멸   ⑤ 문화 획일화

26

[21년 11월 13번]

(가), (나)에 나타난 문화 변동에 대한 설명으로 옳은 것은? 2점

> (가) 남아메리카에 위치한 페루는 스페인의 식민지였다. 당시 스페인 점령군은 원주민 문화를 탄압하며 스페인어 사용을 강제하였다. 하지만 케추아어와 같은 원주민 언어는 그 명맥을 유지하여 현재도 스페인어와 함께 페루의 공용어로 사용되고 있다.
> (나) 중국의 특별 행정 지구인 마카오는 포르투갈의 식민지였다. 당시 마카오에 머물던 포르투갈 사람들은 자신들의 전통 방식으로 음식을 조리하여 먹었는데, 이러한 과정에서 중국 요리법과 포르투갈 요리법이 결합되어 매케니즈라는 새로운 형태의 음식이 탄생하였다.

① (가)에서는 문화 병존이 나타난다.

② (가)에서는 발명에 의한 문화 변동이 나타난다.

③ (나)에서는 문화 동화가 나타난다.

④ (가)에서는 (나)와 달리 직접 전파가 나타난다.

⑤ (나)에서는 (가)와 달리 강제적인 문화 접변이 나타난다.

27

[22년 3월 10번]

다음 자료의 (가)에 들어갈 내용으로 가장 적절한 것은? (3점)

북부 아프리카에 위치한 국가인 말리에는 독특한 형태의 모스크가 있다. 모스크의 상징인 돔 지붕과 첨탑 대신 평평한 지붕 위에 진흙 탑이 올려져 있고, 초승달과 별 장식 대신 풍요와 번창을 의미하는 타조알 장식이 있다. 이처럼 문화는 다른 지역으로 전파되면서 원래의 모습이 변형되기도 한다. ___(가)___도 그러한 사례 중 하나이다.

① 세계 대부분의 국가에서 청바지를 입는 것
② 라틴 아메리카 대부분의 국가에서 에스파냐어를 사용하는 것
③ 멕시코의 과달루페에 검은 머리, 갈색 피부의 성모상이 있는 것
④ 프랑스가 공공장소에서 히잡 착용을 금지하는 법을 제정한 것
⑤ 인도에서 힌디어를 포함한 20여 개 언어를 공용어로 사용하는 것

28

[세지 고2 19년 3월 14번]

다음 자료의 (가)에 들어갈 내용으로 가장 적절한 것은? (2점)

제목: ___(가)___

사례 1
유럽의 가톨릭 성모 마리아상에 멕시코 원주민의 검은 머리와 갈색 피부를 반영하여 만든 과달루페 성모상

 # 사례 2
아프리카 고유의 음악이 영국과 미국 음악의 영향을 받아 생겨난 자메이카의 '레게' 음악

① 기존 문화와 외래문화의 융합
② 세계화로 인한 문화의 획일화
③ 국가 및 지역 간 상호 의존성 약화
④ 문화 전파에 따른 지역 간 갈등 증가
⑤ 외래문화 유입에 반발한 자문화 중심주의의 강화

29

[21년 3월 10번]

다음 자료를 통해 옳게 추론한 내용만을 [보기]에서 고른 것은? (2점)

'바인 미'는 프랑스의 식민 지배 당시 전해진 빵인 바게트에 속 재료를 넣어 만든 베트남식 샌드위치이다. 밀가루로 만든 바게트에 햄, 치즈, 토마토 등을 넣어 만드는 프랑스식과 달리 바인 미는 밀가루와 쌀가루를 섞어 만든 바게트에 절인 무나 오이, 고수와 각종 고기를 넣어 만든다.

프랑스식 바게트 샌드위치

베트남식 바게트 샌드위치

[보 기]
ㄱ. 서로 다른 문화가 만나면 갈등이 지속된다.
ㄴ. 문화는 한 지역에서 다른 지역으로 전파된다.
ㄷ. 문화는 종교에 따라 지역마다 다르게 나타난다.
ㄹ. 둘 이상의 문화가 만나면 문화 변용이 나타나기도 한다.

① ㄱ, ㄴ ② ㄱ, ㄷ ③ ㄴ, ㄷ ④ ㄴ, ㄹ ⑤ ㄷ, ㄹ

30

[22년 11월 16번]

밑줄 친 ⍟~⍟에 대한 옳은 설명만을 [보기]에서 고른 것은? (2점)

A국 사람들은 자신들의 문자를 가지고 있지 않았다. 그러나 ⊙B국 무역 상인들의 무역 활동을 통해 B국의 문자가 A국에 알려지게 되었고, ⓒA국 사람들은 B국 문자의 모양과 발음에서 아이디어를 얻어 자신들의 문자인 □□ 문자를 만들었다. 한편 ⓒC국은 자신들이 독자적으로 만든 문자를 가지고 있었지만, C국 언어학자들을 통해 전파된 B국의 문자를 편리하게 느끼고 이를 사용하는 사람들이 많아지면서 ⓔB국의 문자와 C국의 문자를 공식적으로 모두 사용하게 되었다.

[보 기]
ㄱ. ⊙은 간접 전파의 사례이다.
ㄴ. ⓒ은 자극 전파의 사례이다.
ㄷ. ⓒ은 발견의 사례이다.
ㄹ. ⓔ은 문화 병존의 사례이다.

① ㄱ, ㄴ ② ㄱ, ㄷ ③ ㄴ, ㄷ ④ ㄴ, ㄹ ⑤ ㄷ, ㄹ

31

[25년 6월 10번]

다음 자료는 문화 변동 양상과 관련된 생성형 인공지능(AI)과의 대화 내용이다. 이에 대한 설명으로 옳은 것은? (단, 생성형 인공지능(AI)의 답변은 옳은 내용임.) 2점

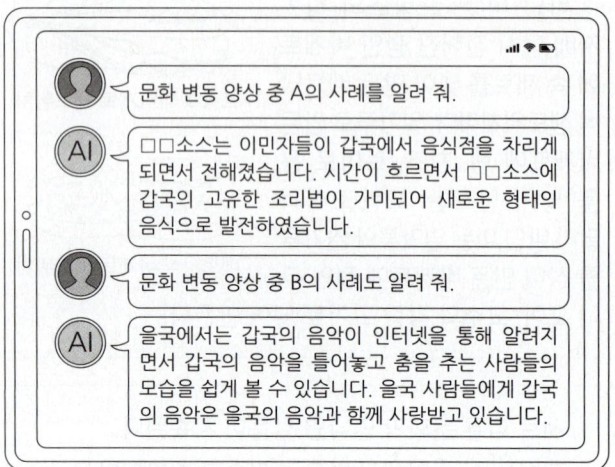

① A는 문화 동화이다.
② B는 문화 융합이다.
③ 갑국에서는 발견으로 인한 문화 변동이 나타났다.
④ 을국과 달리 갑국에서는 자발적 문화 접변이 나타났다.
⑤ 갑국과 을국에서는 모두 문화의 다양성이 증대되었다.

32

[윤사 고2 19년 3월 12번]

그림의 강연자가 지지할 주장만을 [보기]에서 있는 대로 고른 것은? 2점

인간의 존엄성을 실현하기 위해, 문화 간의 차이를 인정하지 않는 태도를 극복해야 합니다. 각 문화는 서로 다른 환경과 맥락 속에서 형성되므로, 다른 집단의 문화가 자기 집단의 문화와 다를지라도 이를 존중하는 자세가 필요합니다. 즉 의복이나 언어, 관습 등의 차이가 증오의 계기가 되지 않게 해야 합니다.

─────[보 기]─────

ㄱ. 문화의 차이를 차별의 근거로 삼지 말아야 한다.
ㄴ. 단일한 기준으로 모든 문화의 우열을 가려야 한다.
ㄷ. 인간 존중의 가치를 훼손하는 문화도 허용해야 한다.
ㄹ. 관용을 바탕으로 다양한 문화의 공존을 추구해야 한다.

① ㄱ, ㄷ   ② ㄱ, ㄹ   ③ ㄴ, ㄷ
④ ㄱ, ㄴ, ㄹ   ⑤ ㄴ, ㄷ, ㄹ

33

[일사 14년 6월 9번]

그림은 A국 법원의 판결을 다룬 신문 기사이다. 이를 올바른 문화 이해의 태도로 가장 적절하게 평가한 학생은? 2점

○○ 신 문

제 △△△호 ○판

A국 법원은 약혼자와 연락을 주고받았다는 이유로 15세 딸을 살해한 아버지에 대해 가벼운 벌금형을 내렸다. 이러한 판결은 혼인 전 남녀의 접촉을 금지하고 있는 A국의 관습을 인정한 것이다. 실제 A국에서는 여성들이 가족들에 의해 부당한 죽임을 당해도 가해자는 가벼운 처벌을 받는다.

① 갑: 인류의 보편적 가치를 무시하는 판결이야.
② 을: 아버지의 권리를 인정한 합리적인 판결이야.
③ 병: 우리나라와 다른 판결이므로 잘못된 것이야.
④ 정: A국 고유의 문화이므로 법원의 판결을 존중해야 해.
⑤ 무: A국의 전통적인 관습에 따른 것이므로 옳은 판결이야.

34

대표 문제

[21년 3월 7번]

다음 신문 칼럼의 입장으로 가장 적절한 것은? 2점

○○신문   ○○○○년 ○○월 ○○일

칼 럼

다문화 사회에서 조화롭게 살아가기 위해서는 다양한 문화를 이해하고 존중하는 태도가 필요하다. 하지만 명예 살인과 같이 부당하게 생명을 해치거나 인간 존엄성을 훼손하는 문화까지 인정해서는 안 된다. 따라서 다른 문화를 바라볼 때 보편적 도덕 가치에 어긋남이 없는지 살펴야 한다. …(후략).

① 다양한 문화를 하나의 문화로 통합해야 한다.
② 다른 문화에 대한 배타적인 태도를 유지해야 한다.
③ 보편 윤리를 기준으로 다른 문화를 성찰해야 한다.
④ 자기 문화의 관점으로만 다른 문화를 평가해야 한다.
⑤ 어떠한 경우에도 다른 문화를 비판하지 말아야 한다.

35

[윤사 고2 20년 3월 6번]

㉠에 들어갈 진술로 가장 적절한 것은? 2점

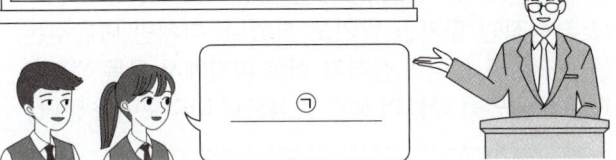

> 학습 목표
> ▶ 타 문화를 바라보는 올바른 태도를 기른다.

> 타 문화를 바라볼 때 각 사회의 문화를 고유한 가치가 있는 것으로 이해하는 태도를 가질 필요가 있지만, 인간 존엄성을 무시하는 문화를 용인해서는 안 됩니다. 우리는 인권, 자유와 같은 보편 윤리의 차원에서 문화를 검토해야 합니다. 이를 실천하기 위해 어떻게 해야 할까요?
>
> ㉠

① 모든 사회에 보편적으로 적용되는 윤리를 부정해야 합니다.

② 자문화를 기준으로 하여 타 문화들의 우열을 가려야 합니다.

③ 다른 나라의 문화를 무조건 존중하는 시각을 갖춰야 합니다.

④ 생명권을 침해하는 문화에 대해 비판적으로 고찰해야 합니다.

⑤ 타 문화와 비교하여 자문화를 열등한 것으로 평가해야 합니다.

36

[25년 6월 23번]

다음 글의 관점에 부합하는 진술에만 모두 '✔'를 표시한 학생은? 2.5점

> 문화를 올바르게 이해하려면 각 문화의 고유한 의미와 가치를 존중하면서도 인간 존엄성 등을 기준으로 하는 보편 윤리의 차원에서 성찰해야 한다.

진술 \ 학생	갑	을	병	정	무
극단적 문화 상대주의는 경계해야 한다.	✔			✔	✔
자국의 문화도 비판과 성찰을 해야 한다.	✔	✔		✔	
다른 문화에 대해서 항상 배타적인 태도를 가져야 한다.		✔	✔		✔
가족의 명예를 실추시켰다는 이유로 가족 구성원을 살해하는 문화도 수용해야 한다.			✔	✔	✔

① 갑   ② 을   ③ 병   ④ 정   ⑤ 무

37

[19년 3월 18번]

갑, 을이 지닌 문화 이해의 태도에 대한 옳은 설명을 [보기]에서 고른 것은? 2점

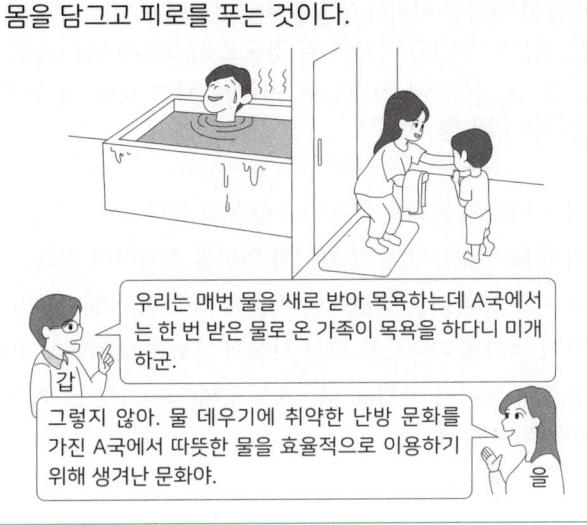

> A국에서는 욕조에 물을 받아, 온 가족이 순서대로 이용한다. 한 번 받은 물에 아빠, 엄마, 자녀들이 차례대로 몸을 담그고 피로를 푸는 것이다.

> 갑: 우리는 매번 물을 새로 받아 목욕하는데 A국에서는 한 번 받은 물로 온 가족이 목욕을 하다니 미개하군.

> 을: 그렇지 않아. 물 데우기에 취약한 난방 문화를 가진 A국에서 따뜻한 물을 효율적으로 이용하기 위해 생겨난 문화야.

[보 기]

ㄱ. 갑의 태도는 자기 문화의 정체성을 약화시킬 우려가 있다.

ㄴ. 을의 태도는 문화를 그것이 생겨난 사회의 맥락에서 이해한다.

ㄷ. 갑의 태도는 을의 태도와 달리 문화의 다양성 보존에 기여한다.

ㄹ. 을의 태도는 갑의 태도와 달리 문화의 우열을 판단하지 않는다.

① ㄱ, ㄴ   ② ㄱ, ㄷ   ③ ㄴ, ㄷ   ④ ㄴ, ㄹ   ⑤ ㄷ, ㄹ

38

[일사 16년 11월 8번]

다음에 나타난 문화 이해의 태도로 가장 적절한 것은? 2점

> 칼라하리 사막 인근의 한 원주민 부족에게는 큰 짐승을 많이 잡아온 사람에게 비난과 조롱을 하는 '사냥꾼을 모욕해야 할 의무'라는 풍습이 있다. 언뜻 보면 사냥에 성공한 사람을 시기하고 질투하는 것처럼 보이는 이 풍습은 자신이 대단한 사람이 된 것으로 착각해서 다른 사람들을 업신여기고 자만심에 빠지게 되는 것을 방지해 준다는 의미를 지닌다.

① 다른 나라의 문화는 무조건 수용해야 한다.
② 각 문화가 갖는 고유한 가치와 의미를 존중해야 한다.
③ 각 사회의 문화는 객관적인 기준에 따라 평가해야 한다.
④ 자기 문화를 기준으로 다른 사회의 문화를 이해해야 한다.
⑤ 인류의 보편적 가치를 훼손하는 문화일지라도 그 가치를 인정해야 한다.

39

[21년 11월 11번]

다음 글의 필자가 지닌 문화 이해의 태도에 대한 설명으로 가장 적절한 것은? 3점

> 베트남에서 볼 수 있는 독특한 모습 중 하나가 강가의 무덤이다. 여름철 장마와 홍수로 인한 훼손 우려로 강가에 무덤을 만들면 안 된다고 생각하는 우리에게 이러한 모습은 매우 낯설다. 하지만 1년 중 여름이 긴 베트남에서는 시원하고 경치가 좋은 강가가 오히려 좋은 무덤 자리로 인식된다. 그러므로 강가의 무덤은 고인이 편안한 휴식을 취하길 바라는 베트남 사람들의 입장에서 이해되어야 한다.

① 문화적 다양성을 저해할 수 있다.
② 문화의 우열을 평가할 수 있다고 본다.
③ 자문화에 대한 주체성을 상실할 수 있다.
④ 타 문화에 대한 맥락적인 이해의 중요성을 강조한다.
⑤ 타 문화와의 접촉 과정에서 문화 간 갈등을 초래한다.

40

[23년 11월 17번]

다음 글의 필자가 지닌 문화 이해의 태도에 대한 설명으로 옳은 것은? 3점

> 몽골의 마유주는 말의 젖을 가죽으로 만든 자루에 넣어 숙성시켜 만든 것으로 몽골인들이 물처럼 즐겨 마시는 술의 일종이다. 그런데 마유주는 발효되어 시큼한 향과 맛이 나는 데다가 가죽 냄새도 배어 있어 서양의 한 경제 전문지에서 세계 10대 혐오 음식으로 선정할 정도로 부정적인 평가를 받기도 하였다. 하지만 마유주는 물이 귀하고 음식이 상하기 쉬운 환경에서 유목 생활을 하는 몽골인들 나름의 생존 방식으로 바라보아야 한다.

① 문화 간에는 우열이 존재한다고 본다.
② 자문화를 기준으로 타 문화를 평가한다.
③ 자문화보다 타 문화가 우월하다고 본다.
④ 자문화의 정체성을 상실할 우려가 있다.
⑤ 문화를 해당 사회의 맥락에서 이해하려고 한다.

41

[일사 17년 11월 13번]

다음 글의 필자가 지닌 문화 이해의 태도에 대한 설명으로 가장 적절한 것은? 2점

> 서양의 시각에서 보면 손으로 직접 음식을 집어먹는 행위는 비위생적이고 야만적인 행동이라 여겨질 수 있다. 그러나 많은 인도인들은 오히려 위생적이라는 이유를 들며 손으로 음식을 먹는다. 그들은 타인의 타액이 묻었던 스푼이나 포크는 아무리 깨끗하게 닦아도 불결함이 남는다고 생각한다. 또한 인도인들은 손으로 음식을 먹으면 신에 의해 소화액이 생긴다고 믿는다. 이처럼 특정한 문화 현상의 의미를 이해하기 위해서는 그 문화 현상이 해당 사회의 문화적 전통과 사회적 맥락에 의해 형성된 것임을 고려해야 한다.

① 문화를 평가의 대상으로 본다.
② 자기 집단의 유대를 강화시킨다.
③ 문화의 다양성 유지에 기여한다.
④ 자기 문화의 주체성 상실을 초래한다.
⑤ 문화 제국주의로 변질될 가능성이 높다.

정답과 해설 | 38 p.73 | 39 p.73 | 40 p.73 | 41 p.73

42

[18년 11월 7번]

문화 이해의 태도 A, B에 대한 설명으로 옳은 것은? 2점

> _____A_____는 자신의 생활양식을 가장 좋은 것으로 보고, 다른 것은 나쁘거나 열등한 것으로 보는 태도이다. 이 태도가 지나치면 민족적, 인종적 우월주의로 변질되어 갈등을 초래할 수 있다. 한편, _____B_____는 각각의 문화는 그 사회의 요구에 의해서만 판단될 수 있고, 절대적 판단 기준을 가질 수 없다고 보는 태도이다. 이에 따르면 특정의 문화는 그 사회의 필요에 의해 나타난 것이므로 존중받을 가치가 있다고 본다.

① A는 문화의 다양성을 추구한다.
② B는 각 사회의 문화는 나름의 의미를 지닌다고 본다.
③ B는 A와 달리 국제적 고립을 초래할 수 있다.
④ B는 A에 비해 집단 내의 일체감과 자부심을 높인다.
⑤ A, B는 모두 문화의 우열을 평가할 수 있다고 본다.

43 대표 문제

[22년 11월 12번]

갑~병의 문화 이해의 태도에 대한 설명으로 옳은 것은? (단, 갑~병의 태도는 각각 문화 사대주의, 문화 상대주의, 자문화 중심주의 중 하나이다.) 3점

> 갑: 우리나라 가수가 전 세계적으로 유명한 것은 당연한 일이에요. 우리나라의 대중음악은 수준이 매우 낮은 다른 나라들의 대중음악보다 훨씬 뛰어나니까요.
> 을: 저는 그렇게 생각하지 않아요. 노래의 멜로디나 가사 모두 ○○국의 대중음악이 더 우수한걸요. 우리나라의 대중음악은 ○○국의 이러한 우수성을 절대 따라갈 수 없어요.
> 병: 각국의 대중음악은 해당 국가의 정서나 문화적 맥락 속에서 이해해야 해요. 따라서 우리나라와 ○○국의 대중음악 중에서 무엇이 더 나은지는 가릴 수 없어요.

① 갑의 태도는 모든 문화의 고유한 가치를 인정한다.
② 을의 태도는 문화의 다양성을 보존하는 데 유리하다.
③ 병의 태도는 자문화보다 타문화를 우월한 것으로 본다.
④ 갑, 을의 태도는 모두 문화 간의 우열을 평가할 수 없다고 본다.
⑤ 갑의 태도는 병의 태도보다 문화적 마찰을 일으킬 가능성이 높다.

44

[19년 11월 16번]

갑~병이 지닌 문화 이해의 태도에 대한 진술로 옳은 것은? 2점

> 갑: 티베트의 전통 인사법은 모자를 벗고 혀를 내미는 거래. 메롱하고 놀리는 게 인사라니 너무 미개한 풍습이라고 생각해. 우리처럼 머리 숙여 인사하는 풍습이 제일 품위 있지.
> 을: 티베트의 전통 인사법은 자신이 뿔이 없고 혀가 있으니 괴물이 아니라는 것을 보이기 위한 것으로 상대방을 해치지 않는다는 의미를 담고 있어. 문화는 다 나름의 가치를 지니는 거지.
> 병: 우리나라 인사법보다 프랑스식 볼 뽀뽀인 비즈(bise)가 더 근사해. 예술의 나라인 프랑스 인사니까 최고라 할 수 있잖아.

① 갑의 태도는 자기 문화의 정체성을 상실할 우려가 크다.
② 을의 태도는 문화가 형성되는 맥락적 이해를 중시한다.
③ 갑과 달리 병의 태도는 국수주의로 흐를 가능성이 크다.
④ 병과 달리 을의 태도는 다른 문화와 갈등을 초래할 우려가 크다.
⑤ 을, 병의 태도는 모두 문화를 평가하는 절대적 기준이 있다고 본다.

45

[일사 14년 9월 3번]

다음 대화 중 을의 문화 이해 태도에 대한 설명으로 가장 적절한 것은? 2점

> 갑: ○○부족 사회에서는 일처다부제가 존재한대. 정말일까?
> 을: 맞아. 큰형이 결혼하면 그 남동생들은 자연스럽게 형수의 배우자가 된대.
> 갑: 그렇다면 너무 미개한 문화 아냐?
> 을: 그렇지 않아. ○○부족 사회는 산악지형이라 농지가 부족하기 때문에 농지를 물려받을 상속자의 수를 제한하기 위해 이러한 생활양식이 형성되었다고 봐.

① 다른 나라의 문화를 우수하다고 평가한다.
② 문화를 평가하는 절대적인 기준이 있다고 본다.
③ 다문화 사회에서 경계해야 할 문화 이해 태도이다.
④ 각 사회가 처한 환경과 사회적 맥락에서 문화를 이해한다.
⑤ 자기 문화의 우수성을 강조하여 다른 문화를 낮게 평가한다.

46
[일사 16년 9월 1번]

(가)에 들어갈 문화 이해 태도에 대한 설명으로 옳은 것은? 2점

일부일처제를 따르던 유럽인들은 과거 중동의 아랍 세계에서 나타난 일부다처제에 대해 도덕적 타락 또는 야만적 행태로 평가하였다. 하지만 일부다처제가 성행한 것은 척박한 자연 환경으로 인해 희소한 자원을 둘러싼 전투에서 성인 남자들이 많이 전사하여 성비가 불균형해졌기 때문이다. 따라서 유럽인들에게는 왜 중동의 아랍 세계에서 일부다처제가 나타났는지 중동 아랍인들의 입장에서 바라보려는 ____(가)____ 가 필요하다.

① 문화를 사회적 맥락에서 분리하여 이해하고자 한다.
② 문화를 평가의 대상이 아니라 이해의 대상으로 본다.
③ 문화를 판단하는 기준이 자기 집단의 내부에 존재한다.
④ 자기 민족의 우월성을 내세우는 사상과 맥락을 같이 한다.
⑤ 민족 문화의 가치를 과소평가하여 자문화의 정체성을 상실할 우려가 있다.

47
[일사 17년 9월 13번]

밑줄 친 단체가 가지고 있는 문화 이해 태도에 대한 설명으로 옳은 것은? 2점

○○○ 단체는 자신들의 문화만을 우월하게 여겨 특정 인종과 그들의 문화를 비하하고 증오한다. 실제로 이 단체는 특정 인종을 대상으로 무차별적인 폭탄 테러, 총격 사건 등을 일으켜 전 세계인의 지탄을 받고 있다.

① 문화의 다양성 보존에 기여한다.
② 자신의 문화적 정체성을 상실하게 한다.
③ 문화를 평가하는 기준이 자기 집단 외부에 존재한다.
④ 각 사회의 제도, 규범 등을 그 사회의 맥락에서 이해한다.
⑤ 다양한 문화와의 교류를 막아 국제적 고립을 가져올 우려가 있다.

48
[일사 15년 9월 8번]

갑, 을의 문화 이해의 태도에 대한 설명으로 가장 적절한 것은? 2점

갑: 얼마 전 해외여행을 다녀왔어. 그 나라의 유명한 식당에 갔는데, 현지인들이 맨 손으로 밥과 반찬을 섞어 먹고 있었어. 정말 미개한 행동이지 뭐야.

을: 그 나라 사람들의 행동은 전통과 자연 환경, 종교 등 여러 요인들이 복합적으로 작용하여 삶의 전반에 자연스럽게 형성된 것이므로 그들을 비난해서는 안 된다고 봐.

① 갑의 태도는 문화의 다양성을 보존하는 데 기여한다.
② 갑의 태도는 자기 문화에 대한 주체성을 상실할 우려가 있다.
③ 을은 문화 간 우열을 평가할 수 있다고 본다.
④ 갑은 을에 비해 타문화 수용이 용이한 태도를 보이고 있다.
⑤ 을은 갑과 달리 사회적 배경과 맥락을 고려하는 태도를 보이고 있다.

49
[일사 16년 6월 3번]

다음 글에 나타난 문화 이해의 태도에 대한 설명으로 가장 적절한 것은? 3점

세계화의 진전에 따라 문화 간의 교류가 활발해지고 있어 타 문화에 대한 올바른 이해가 필요하다. 문화는 자연 환경, 사회적 조건, 독특한 역사적 경험을 통해 만들어진 생활 양식이라는 것을 알고 서로 다른 문화의 가치관과 규범의 차이를 인정하는 태도를 가져야 한다.

① 자기 문화의 정체성을 상실할 우려가 있다.
② 문화의 다양성을 증진하는 데 기여할 수 있다.
③ 인류의 보편적 가치를 부정하는 문화도 인정한다.
④ 문화 간의 우열을 정하는 기준이 존재한다고 본다.
⑤ 타 문화와 접촉 과정에서 문화적 마찰을 발생시킬 가능성이 크다.

50

[24년 10월 2번]

다음 자료에 나타난 갑, 을의 문화 이해 태도에 대한 설명으로 옳은 것은? 3점

모두가 춤추고 노래하는 A국의 흥겨운 추모 문화

갑: A국의 흥겨운 추모 문화는 고인에 대한 예의에 어긋나는 것 같아 너무 미개해. 엄숙한 분위기에서 묵념하고 슬퍼하는 우리나라의 추모 문화가 가장 우수해.

을: A국의 흥겨운 추모 문화는 고인에 대한 존중을 표현하는 전통적인 방식이야. 이러한 맥락에서 이해하면 그들의 추모 문화도 나름대로 의미가 있는 거야.

① 갑의 태도는 외부 문화의 수용에 적극적이다.
② 갑의 태도는 자기 문화의 정체성을 상실할 우려가 크다.
③ 을의 태도는 국수주의로 이어질 우려가 크다.
④ 을의 태도는 문화의 다양성 보존에 기여한다.
⑤ 갑과 을의 태도는 모두 문화 간에 우열이 존재하지 않는다고 본다.

51

[20년 3월 2번]

다음 글의 입장만을 [보기]에서 고른 것은? 2점

해외로 이주한 한인들은 타국에서 차별과 편견으로 인해 힘겨운 시간을 보냈다. 우리는 이러한 한인들의 삶을 돌이켜 보아 우리 사회의 이주민들을 차별해서는 안 된다. 그리고 이주민들의 문화를 존중하고 그들의 입장을 이해하여 그들과 조화롭게 살기 위해 노력해야 한다.

[보기]

ㄱ. 이주민이 겪는 차별을 불가피한 것으로 보아야 한다.
ㄴ. 이주민의 고통에 대해 역지사지의 자세를 가져야 한다.
ㄷ. 이주민을 배려하고 우리 사회의 구성원으로 포용해야 한다.
ㄹ. 이주민의 문화를 우리 문화에 흡수하여 동화시켜야 한다.

① ㄱ, ㄴ ② ㄱ, ㄷ ③ ㄴ, ㄷ ④ ㄴ, ㄹ ⑤ ㄷ, ㄹ

52

[일사 15년 6월 16번]

밑줄 친 ㉠에 해당하는 적절한 사례를 [보기]에서 고른 것은? 2점

다문화 사회에서는 서로 다른 문화를 가진 구성원들이 함께 살아가면서 여러 가지 문제가 발생하기도 한다. 이를 해결하기 위해서는 제도적 차원의 해결 방안만으로는 한계가 있으며, 사회 구성원들의 ㉠의식적 차원의 노력이 병행되어야 한다.

[보기]

ㄱ. 다문화 가족의 채용을 촉진하는 법률 제정
ㄴ. 외국인 근로자의 인권을 존중하는 태도 정착
ㄷ. 국제 결혼 이민자를 위한 출산 지원 센터 설치
ㄹ. 다양한 문화적 차이를 인정하는 관용의 자세 함양

① ㄱ, ㄴ ② ㄱ, ㄷ ③ ㄴ, ㄷ ④ ㄴ, ㄹ ⑤ ㄷ, ㄹ

53

[일사 17년 11월 10번]

다음과 같은 축제를 통해 기대할 수 있는 효과를 [보기]에서 고른 것은? 2점

지구촌 한마음 축제

국민과 재한 외국인이 더불어 살아갈 수 있는 사회 환경을 조성하기 위하여 제정한 세계인의 날을 기념하고자 「지구촌 한마음 축제」에 초대하오니 많은 참석 바랍니다.
• 일시: 2017년 5월 20일 13:00~17:00
• 장소: △△광장   • 주최: ○○시

- 진행 순서 -

순서	내용
1부	시립 국악단 공연, 세계 각국의 전통 춤 공연
2부	세계 의상 패션쇼, 글로벌 어린이 합창단 공연
3부	국가별 전통 물품 전시, 세계 먹거리 장터 운영

[보기]

ㄱ. 외래문화보다 우수한 한국 전통문화를 홍보할 수 있다.
ㄴ. 문화 향유의 범위와 대상을 확대시키는 계기가 될 수 있다.
ㄷ. 문화에 대한 개방적이고 관용적인 태도를 함양시킬 수 있다.
ㄹ. 재한 외국인의 문화를 한국 사회의 주류 문화에 동화시킬 수 있다.

① ㄱ, ㄴ ② ㄱ, ㄷ ③ ㄴ, ㄷ ④ ㄴ, ㄹ ⑤ ㄷ, ㄹ

54

[일사 15년 9월 19번]

다음 대화에서 을의 입장에 부합하는 사례를 [보기]에서 고른 것은? 2점

외국인 근로자가 급증하고 있습니다. 이들과 더불어 살아가기 위한 방법에 대해 이야기해 봅시다.

외국인 근로자도 권리를 보호받아야 한다는 국민들의 인식이 필요해요.

그것보다는 제도적 차원의 대책이 우선되어야 해요.

갑   을

[보 기]

ㄱ. 외국인 근로자에 대한 관용의 자세 함양

ㄴ. 외국인 근로자의 인권을 존중하는 태도 확립

ㄷ. 외국인 근로자의 사회 보장 확대를 위한 관련법 제정

ㄹ. 외국인 근로자 대상 지방 자치 단체 산하 상담 기구 설치

① ㄱ, ㄴ   ② ㄱ, ㄷ   ③ ㄴ, ㄷ   ④ ㄴ, ㄹ   ⑤ ㄷ, ㄹ

55 대표 문제

[22년 3월 2번]

갑, 을의 입장으로 가장 적절한 것은? 3점

사회 안에서 기존 문화와 이주민 문화가 모두 대등한 지위를 가지고 각자의 특성을 유지할 때 조화로운 사회를 실현할 수 있습니다.

사회 안에서 기존 문화와 이주민 문화가 함께 녹아들어 새로운 하나의 문화가 되어야 진정한 사회 통합을 실현할 수 있습니다.

갑   을

① 갑: 다양한 문화의 고유한 정체성을 인정해야 한다.

② 갑: 문화 간의 우열을 구분하여 위계질서를 세워야 한다.

③ 을: 기존 문화를 버리고 이주민 문화로 대체해야 한다.

④ 을: 문화의 단일성이 아닌 문화의 다양성을 추구해야 한다.

⑤ 갑, 을: 이주민 문화를 기존 문화로 흡수하고 통합해야 한다.

56

[일사 14년 11월 10번]

그림은 A국 출신 이주민 여성들의 대화 장면이다. 대화 내용에 부합하는 다문화 정책의 사례로 적절한 것을 [보기]에서 고른 것은? 2점

출산 후 한국식 산후 조리를 고집하는 시어머니 때문에 한여름인데도 찜통 같은 방에서 지내다가 땀띠로 고생했어요.

우리에게만 한국 문화에 적응할 것을 요구하지 말고 한국인들도 우리 이주민들의 문화를 이해하고 보호하려 노력해야 해.

맞아. 그러면 한국 문화가 더욱 풍부해질 거야.

[보 기]

ㄱ. 이주민에게 한국어를 무상으로 교육한다.

ㄴ. 이주민을 강사로 활용하는 다문화 체험 프로그램을 실시한다.

ㄷ. 이주민에 대한 편견과 고정관념을 없애는 캠페인을 전개한다.

ㄹ. 이주민을 위해 한국 생활 정보를 제공하는 지원 센터를 운영한다.

① ㄱ, ㄴ   ② ㄱ, ㄷ   ③ ㄴ, ㄷ   ④ ㄴ, ㄹ   ⑤ ㄷ, ㄹ

57

[지리 14년 11월 7번]

지도는 우리나라의 지역별 국제 결혼율을 나타낸 것이다. A 지역보다 B 지역에서 비율이 높게 나타나는 원인으로 가장 적절한 것은? 2점

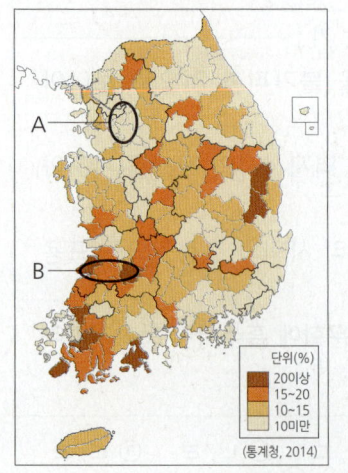

단위(%)
20이상
15~20
10~15
10미만

(통계청, 2014)

① 노동력의 고령화

② 관광 산업의 발달

③ 생산 공장의 인력 부족

④ 청장년층의 성비 불균형

⑤ 해외 다국적 기업의 국내 진출

58
[일사 15년 11월 11번]

다음은 갑국과 을국의 이민자 정책이다. 이에 대한 옳은 설명을 [보기]에서 고른 것은? 2점

- 갑국의 이민자 정책은 이민자들이 자신의 전통 문화를 버리고 갑국의 문화에 완전히 동화되는 것을 지향한다. 이를 위해 이민자들에게 갑국의 언어, 전통, 역사 등을 교육하고 있다.
- 을국의 이민자 정책은 타 문화에 대한 존중을 바탕으로 한다. 이민자들의 전통 문화 유지를 장려하며 이를 통해 서로 다른 문화가 어우러져 함께 공존하는 사회를 추구하고 있다.

[보기]
ㄱ. 갑국 정책은 이민자의 문화 정체성을 훼손할 우려가 있다.
ㄴ. 을국 정책은 문화 간 차이를 인정하는 관용의 자세를 중시한다.
ㄷ. 갑국과 달리 을국의 정책은 사회 통합을 목적으로 한다.
ㄹ. 갑국과 을국 정책은 모두 문화 다양성 보존에 기여한다.

① ㄱ, ㄴ ② ㄱ, ㄷ ③ ㄴ, ㄷ ④ ㄴ, ㄹ ⑤ ㄷ, ㄹ

59
[생윤 고2 20년 3월 16번]

다음 신문 칼럼의 ㉠에 들어갈 진술로 가장 적절한 것은? 2점

○○신문　　　　　　　　　○○○○년 ○○월 ○○일

칼 럼

통계청 조사에 의하면 2019년 국내 거주 외국인의 수가 200만 명을 넘어섰다. 우리 사회의 민족, 인종 구성이 다양해진 만큼 다양한 문화가 일상생활에 스며들게 되었다. 이에 대해 어떤 사람들은 이민자들의 문화를 인정하면 사회 질서 유지가 어려우므로 이민자들이 자신의 문화를 포기하고 우리 문화에 적응해야 한다고 주장한다. 그러나 다문화 시대에는 다양한 문화가 대등한 입장을 유지하면서 조화를 이룰 수 있도록 해야 한다. 이를 위해서는 　　㉠　　

① 주류 문화의 정체성만을 인정해야 한다.
② 각 문화의 고유성을 존중하고 배려해야 한다.
③ 다양한 문화들을 주류 문화로 흡수해야 한다.
④ 문화들 간에 위계를 세워 질서를 유지해야 한다.
⑤ 주류 문화를 중심으로 비주류 문화를 수용해야 한다.

60
[일사 16년 6월 12번]

갑, 을의 입장에 대한 옳은 진술을 [보기]에서 고른 것은? 2점

[보기]
ㄱ. 갑의 입장은 정책 추진 과정의 문화 갈등을 줄이는 데 효과적이다.
ㄴ. 을의 입장은 타 문화에 대하여 관용적 태도를 가진다.
ㄷ. 갑에 비해 을의 입장은 소수 인종 차별 문제의 발생 가능성이 낮다.
ㄹ. 갑, 을의 입장은 모두 개성을 존중하면서 전체와 조화를 추구한다.

① ㄱ, ㄴ ② ㄱ, ㄷ ③ ㄴ, ㄷ ④ ㄴ, ㄹ ⑤ ㄷ, ㄹ

61
[일사 16년 9월 18번]

(가), (나)에 대한 설명으로 옳은 것은? 3점

갑국은 유입되는 이주민을 수용·통합하는 방식으로 두 가지 방안을 고려하고 있다. 　(가)　는 이주민이 출신국의 언어·문화·사회적 특성을 완전히 포기하여 주류 사회의 성원들과 차이가 없게 되는 것을 이상으로 삼는다. 　(나)　는 이주민이 그들만의 문화를 지켜가는 것을 인정하고 장려하며, 정책 목표를 이주민 집단의 주류 사회로의 동화가 아닌 공존에 둔다.

① (가)는 (나)보다 문화의 다양성을 장려한다.
② (가)는 (나)보다 이주민의 문화 정체성을 훼손할 우려가 크다.
③ (나)는 (가)보다 자문화 중심주의 입장을 강조하고 있다.
④ 이주민 문화가 갑국 문화에 흡수되어 사라질 가능성은 (가)보다 (나)가 크다.
⑤ 이주민 문화에 대한 체험 프로그램 정책 시행은 (나)보다 (가)에 입각한 것이다.

62

[24년 3월 2번]

갑, 을의 입장으로 적절한 것만을 [보기]에서 고른 것은?

(2점)

> 갑: 이민자들은 거주국의 문화를 받아들여야 한다. 이민자들의 문화가 거주국의 문화에 동화되면 사회의 단결력을 증진할 수 있기 때문이다.
>
> 을: 이민자들의 문화와 거주국의 문화 각각의 정체성을 동등하게 존중해야 한다. 여러 문화가 존중되고 조화를 이루면 문화적 역동성을 증진할 수 있기 때문이다.

─[보 기]─

ㄱ. 갑: 거주국 문화에 이민자 문화를 편입시켜야 한다.

ㄴ. 을: 다양한 문화가 공존하면 문화적 역동성이 증진된다.

ㄷ. 을: 단일 문화를 형성하여 사회의 단결력을 증진해야 한다.

ㄹ. 갑과 을: 여러 문화의 정체성은 동등하게 존중되어야 한다.

① ㄱ, ㄴ　② ㄱ, ㄷ　③ ㄴ, ㄷ　④ ㄴ, ㄹ　⑤ ㄷ, ㄹ

63

[25년 9월 12번]

(가)의 관점에 비해 (나)의 관점이 갖는 상대적 특징을 그림의 ㉠~㉤ 중에서 고른 것은? (2점)

> < 다문화 사회를 바라보는 관점 >
>
> (가) 거대한 용광로 안에 다양한 금속을 넣으면 녹아서 하나가 되는 것처럼, 이민자들을 주류 문화로 동화시켜 단일한 문화를 만들어야 한다.
>
> (나) 샐러드 볼(Salad bowl)에 담긴 재료들이 본연의 맛을 내며 조화를 이루는 것처럼, 이민자들의 정체성을 인정하고 문화의 다양성을 존중해야 한다.

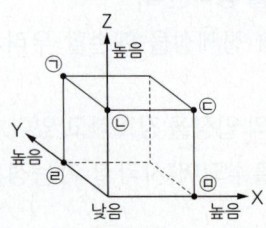

- X: 사회 내 문화의 획일성을 강조하는 정도
- Y: 이민자의 고유한 문화를 존중하는 정도
- Z: 타문화에 대해 관용적인 태도를 보이는 정도

① ㉠　② ㉡　③ ㉢　④ ㉣　⑤ ㉤

64

[25년 9월 8번]

갑~병의 문화 이해 태도에 대한 설명으로 옳은 것은? (단, 갑~병의 태도는 각각 문화 사대주의, 문화 상대주의, 자문화 중심주의 중 하나임.) (1.5점)

> '흑화(Blackening)'는 결혼식을 앞둔 신랑, 신부에게 초콜릿, 배설물 등의 끈적끈적하고 악취가 나는 것들을 던지는 ○○국의 결혼 문화이다. 이 문화에는 결혼 후에 겪을 수 있는 어려움을 미리 경험함으로써 서로를 더 잘 이해하고 배려할 수 있도록 하는 의미가 담겨 있다.

> 갑: 신랑, 신부에게 화려한 장신구를 선물하는 우리 △△국의 세련된 결혼 문화와 비교할 때, ○○국의 문화는 너무 미개해요.
>
> 을: 깔끔하지 못한 우리 ○○국의 결혼 문화가 알려지다니 부끄럽네요. △△국의 문화를 적극적으로 도입하면 좋겠어요.
>
> 병: 모든 문화는 고유한 의미와 가치가 있어요. 문화를 그 사회의 맥락에서 살펴보고 이해하려는 태도를 갖춰야 해요.

① 갑의 태도는 자신의 문화가 상대적으로 열등하다고 본다.

② 을의 태도는 선진 문물 수용에 소극적이라는 비판을 받는다.

③ 병의 태도는 문화 간에 우열이 존재한다고 본다.

④ 갑과 달리 을의 태도는 문화 간 갈등을 초래할 위험이 있다는 비판을 받는다.

⑤ 병과 달리 갑, 을의 태도는 문화 다양성을 저해할 수 있다는 비판을 받는다.

65

[25년 9월 18번]

다음 자료는 서술형 문항 및 답안에 대한 교사의 채점 결과이다. 이에 대한 옳은 설명만을 [보기]에서 고른 것은? (단, A~C는 각각 문화 병존, 문화 융합, 문화 동화 중 하나임.) 2.5점

[문항] A~C의 적합한 사례를 한 가지씩 서술하시오.

(○: 맞음, ×: 틀림)

구분	학생의 답안	채점 결과
A	아메리카 원주민이 유럽의 식민 지배를 당하는 과정에서 고유 언어를 상실하고 영어를 사용하게 된 것	×
B	(가)	○
C	우리나라의 전통적인 한옥 양식과 서양의 바실리카 양식이 결합하여 성공회 강화 성당이 새로운 형태로 건축된 것	○

[보 기]

ㄱ. A와 달리 B는 문화적 다양성 증진에 기여한다.

ㄴ. B와 달리 C는 기존의 문화 요소와 외래문화 요소가 결합하여 제3의 문화가 나타나는 현상이다.

ㄷ. B, C와 달리 A는 문화 변동 과정에서 자문화의 정체성을 상실한다.

ㄹ. (가)에는 '우리나라의 전통 의학인 한의학과 서양 의학이 공존하는 것'이 들어갈 수 없다.

① ㄱ, ㄴ   ② ㄱ, ㄷ   ③ ㄴ, ㄷ   ④ ㄴ, ㄹ   ⑤ ㄷ, ㄹ

1

[세지 고2 20년 3월 3번]

다음은 형성 평가지의 일부이다. ㉠~㉢ 중 답이 옳게 표시된 것만을 고른 것은? 3점

※ 그림은 두 종교의 대표적인 경관이다. (가), (나) 종교에 대한 내용이 맞으면 '예', 틀리면 '아니요'에 √표 하시오. (단, (가), (나)는 각각 크리스트교와 힌두교 중 하나임.)

다양한 신의 모습이 조각된 (가)의 사원

십자가와 종탑이 있는 (나)의 사원

① (가)는 남부 아시아에서 기원하였다.
　　　　　　　　예 □ 아니요 ☑ ············· ㉠

② (가)의 신도들은 성스러운 강에서 몸을 씻는 의식을 한다.
　　　　　　　　예 ☑ 아니요 □ ············· ㉡

③ (나)의 신도들은 돼지고기를 금기시한다.
　　　　　　　　예 ☑ 아니요 □ ············· ㉢

④ (나)는 주로 유럽, 아메리카 및 오세아니아 지역에서 믿는다.　예 ☑ 아니요 □ ············· ㉣

① ㉠, ㉡　　② ㉠, ㉢　　③ ㉡, ㉢　　④ ㉡, ㉣　　⑤ ㉢, ㉣

2

[지리 17년 9월 7번]

지도는 문화 지역을 구분한 것이다. A 지역 주민들이 주로 믿는 종교에 대한 옳은 설명을 [보기]에서 고른 것은? 3점

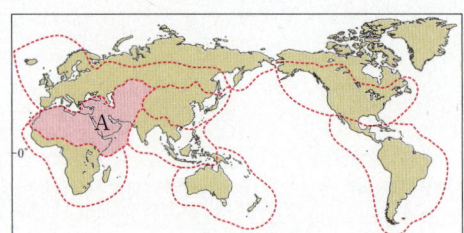

[보 기]

ㄱ. 종교 교리에 따라 돼지고기를 금기시한다.
ㄴ. 여성 신도들은 히잡이나 차도르 등을 착용한다.
ㄷ. 십자가와 첨탑이 있는 교회가 대표적 종교 경관이다.
ㄹ. 민간 신앙에서 생긴 수많은 신들을 숭배하는 다신교이다.

① ㄱ, ㄴ　　② ㄱ, ㄷ　　③ ㄴ, ㄷ　　④ ㄴ, ㄹ　　⑤ ㄷ, ㄹ

3

대표 문제

[20년 11월 2번]

자료의 (가) 문화권을 지도의 A~E에서 고른 것은? 3점

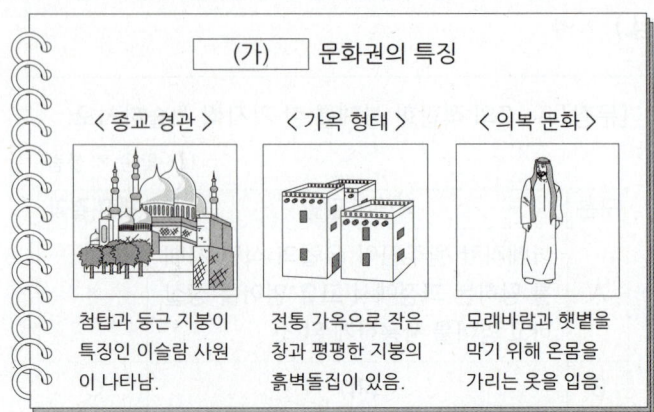

(가) 문화권의 특징

< 종교 경관 >　　< 가옥 형태 >　　< 의복 문화 >

첨탑과 둥근 지붕이 특징인 이슬람 사원이 나타남.

전통 가옥으로 작은 창과 평평한 지붕의 흙벽돌집이 있음.

모래바람과 햇볕을 막기 위해 온몸을 가리는 옷을 입음.

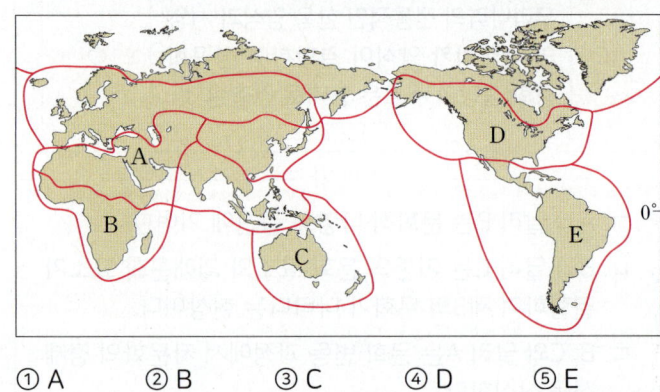

① A　　② B　　③ C　　④ D　　⑤ E

4

[21년 11월 20번]

다음은 통합사회 온라인 수업 장면이다. 교사의 질문에 옳게 대답한 학생은? 2점

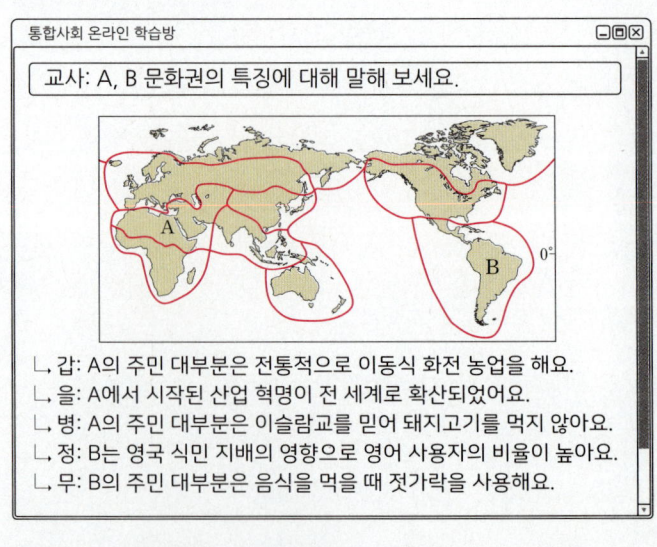

통합사회 온라인 학습방

교사: A, B 문화권의 특징에 대해 말해 보세요.

└ 갑: A의 주민 대부분은 전통적으로 이동식 화전 농업을 해요.
└ 을: A에서 시작된 산업 혁명이 전 세계로 확산되었어요.
└ 병: A의 주민 대부분은 이슬람교를 믿어 돼지고기를 먹지 않아요.
└ 정: B는 영국 식민 지배의 영향으로 영어 사용자의 비율이 높아요.
└ 무: B의 주민 대부분은 음식을 먹을 때 젓가락을 사용해요.

① 갑　　② 을　　③ 병　　④ 정　　⑤ 무

5

[세지 고2 19년 3월 9번]

그림은 주요 문화권을 구분한 것이다. (가)~(마)에 해당하는 문화권과 지도의 A~E가 바르게 연결된 것은? 3점

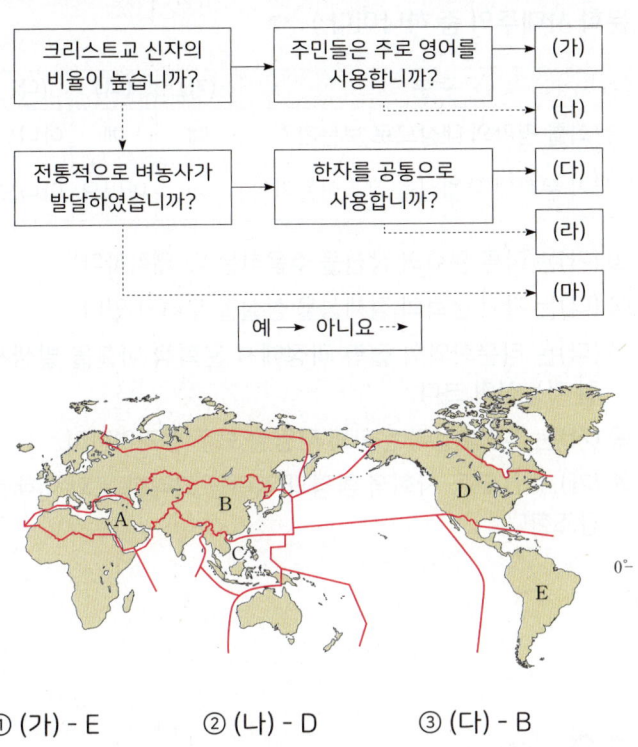

① (가) - E   ② (나) - D   ③ (다) - B
④ (라) - A   ⑤ (마) - C

6 대표 문제

[사문 고2 19년 3월 9번]

그림의 A~C에 해당하는 문화 접변의 양상으로 옳은 것은? (단, A~C는 각각 문화 동화, 문화 병존, 문화 융합 중 하나이다.) 3점

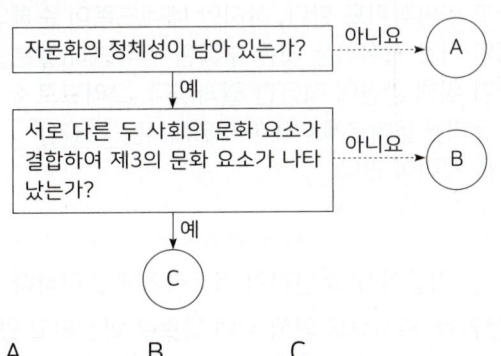

	A	B	C
①	문화 동화	문화 병존	문화 융합
②	문화 동화	문화 융합	문화 병존
③	문화 병존	문화 동화	문화 융합
④	문화 병존	문화 융합	문화 동화
⑤	문화 융합	문화 병존	문화 동화

7

[사문 고2 20년 3월 19번]

그림은 문화 접변의 결과를 A~C로 분류한 것이다. 이에 대한 설명으로 옳은 것은? (단, A~C는 각각 문화 동화, 문화 병존, 문화 융합 중 하나이다.) 3점

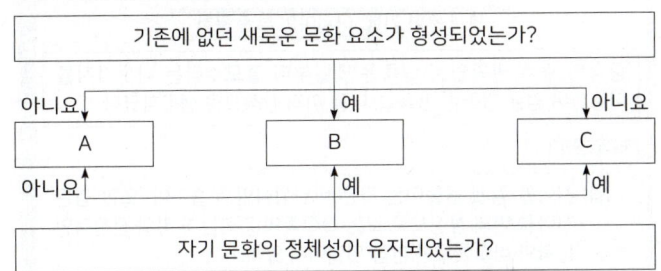

① A의 사례로 우리나라에 있는 차이나타운을 들 수 있다.
② B의 사례로 불고기 피자와 같은 퓨전 음식을 들 수 있다.
③ C는 전통 문화가 외래문화에 흡수된 경우이다.
④ A는 C와 달리 문화의 다양성 신장에 기여한다.
⑤ A는 문화 병존, B는 문화 융합, C는 문화 동화이다.

8

[25년 6월 19번]

다음은 A국을 여행하며 쓴 일기이다. 밑줄 친 ㉠~㉤에 대한 설명으로 옳은 것은? 2.5점

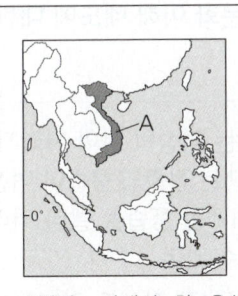

- 1일차 - ○○역사박물관을 방문하여 ㉠ '쯔놈(chu nôm)' 문학에 관한 자료를 관람함. 쯔놈은 A국이 중국의 지배를 받던 시대에 ㉡ 도입된 한자에서 얻은 아이디어를 활용하여 개발한 문자 체계임.

- 2일차 - 시내의 한 음식점에 들러 '분짜(bun cha)'를 점심으로 먹음. 분짜는 구운 돼지고기와 ㉢ 쌀로 만든 얇은 국수, 그리고 새콤달콤한 소스를 함께 먹는 요리임. 점심 식사 후 관광지의 한 가게에 들러 ㉣ A국의 전통 의복을 빌려 입고 기념 사진을 찍음. 거리에서 만난 ㉤ 현지어를 사용하는 사람들의 활기찬 모습이 인상적임.

① ㉠은 자극 전파의 사례이다.
② ㉡은 매개체를 통해 전파된 문화 요소이다.
③ A국의 기후는 ㉢을 생산하기에 불리하다.
④ ㉣은 추위를 견디기 위해 주요 소재로 털가죽을 이용한다.
⑤ ㉤으로 주로 영어가 사용된다.

9

[20년 11월 20번]

갑, 을의 문화 이해 태도에 대한 설명으로 옳은 것은? 3점

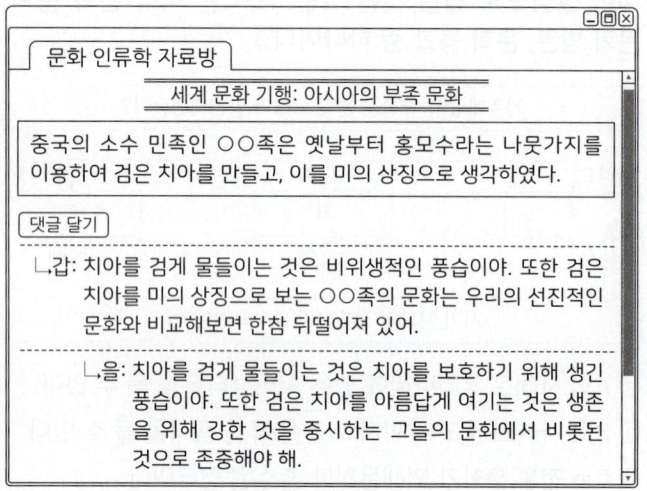

① 갑의 태도는 이질적인 문화 요소의 수용을 원활하게 한다.

② 갑의 태도는 타 문화의 우수성을 내세워 자문화를 낮게 평가한다.

③ 을의 태도는 문화의 우열을 평가하는 절대적 기준을 강조한다.

④ 을의 태도는 다양한 문화를 맥락적으로 이해하는 데 도움을 준다.

⑤ 갑, 을의 태도는 모두 모든 문화의 고유한 가치를 존중한다.

10

[일사 15년 11월 7번]

다음 대화에 나타난 갑, 을의 문화 이해 태도에 대한 설명으로 옳은 것은? 3점

> 갑: 어제 TV를 보니 A국에서는 여성의 발이 자라지 못하도록 천으로 꽁꽁 동여매는 전족의 풍습이 여전히 남아 있대. A국이 이런 미개한 풍습을 빨리 버려야만 우리처럼 선진국이 될 수 있어.
>
> 을: 전족 때문에 발 모양뿐 아니라 자세도 기형적으로 변하는 등 인권이 유린되는 모습이 안타까웠어. 하지만 그것 역시 나름의 의미와 가치를 지닌 전통 풍습이니 존중해 줘야 해.

① 갑은 자국 문화에 대한 자부심이 약하다.

② 갑은 A국 문화를 그 사회의 맥락에서 이해하고 있다.

③ 을은 문화 사대주의적 태도를 지니고 있다.

④ 을은 보편적 가치를 침해하는 풍습까지 문화로 인정하고 있다.

⑤ 갑, 을 모두 문화에는 우열이 있다고 본다.

11

[일사 15년 6월 12번]

문화 이해 태도 (가)~(다)에 대한 설명으로 옳은 것은? (단, (가)~(다)는 각각 문화 상대주의, 자문화 중심주의, 문화 사대주의 중 하나이다.) 3점

구 분	(가)	(나)	(다)
문화를 평가의 대상으로 보는가?	예	예	아니요
자기 문화의 우월성을 강조하는가?	예	아니요	아니요

① (가)는 다른 문화의 장점을 수용하는 데 유리하다.

② (나)는 자기 문화의 정체성을 상실할 우려가 있다.

③ (다)는 타문화와의 접촉 과정에서 문화적 마찰을 발생시킬 가능성이 크다.

④ (가)는 (다)와 달리 문화의 다양성 보존에 기여한다.

⑤ (가), (나) 모두 사회적 환경과 맥락을 고려한 문화 이해를 강조한다.

12 대표 문제

[25년 6월 24번]

다음 자료에 대한 설명으로 옳은 것만을 [보기]에서 고른 것은? 2점

> 러시아의 네네츠족은 ㉠북극 문화권에서 ㉡전통적으로 사냥, 어로, 유목 생활을 하는 민족이다. 그들은 순록을 잡아 생고기와 피를 섭취하고, 가죽으로 집과 옷을 만들어 생활한다. ㉢어떤 사람들은 자신의 문화를 우월하다고 여기며 네네츠족의 전통적인 식문화를 야만스럽다고 비난하기도 한다. 하지만 네네츠족이 순록의 생고기와 피를 섭취하는 것은 부족한 비타민과 철분을 보충하기 위해 환경에 적응한 결과이다. 그러므로 우리가 다른 문화를 올바르게 이해하기 위해서는 ___(가)___ 하는 태도를 지녀야 한다.

[보 기]

ㄱ. ㉠은 기온이 낮아 인간이 거주하기에 불리하다.

ㄴ. 산업화·도시화로 인해 ㉡의 모습은 확산되고 있다.

ㄷ. ㉢과 같은 태도는 국수주의로 변질될 수 있다는 비판을 받는다.

ㄹ. (가)에는 '자문화보다 타문화를 동경'이 들어갈 수 있다.

① ㄱ, ㄴ ② ㄱ, ㄷ ③ ㄴ, ㄷ ④ ㄴ, ㄹ ⑤ ㄷ, ㄹ

13
[일사 17년 6월 10번]

문화 이해 태도 A~C에 대한 설명으로 옳은 것은? (단, A~C는 각각 문화 사대주의, 문화 상대주의, 자문화 중심주의 중 하나이다.) 2점

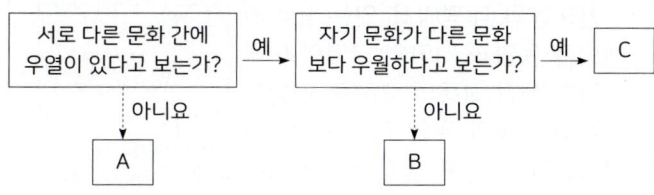

① A는 문화 사대주의이다.

② B는 자문화 중심주의이다.

③ C는 문화의 다양성을 보존하는 데 유리하다.

④ A는 C와 달리 다문화 사회에서 요구되는 문화 이해 태도이다.

⑤ B, C 모두 문화를 그 사회의 맥락 속에서 이해하고자 한다.

14
[일사 14년 9월 13번]

다음 두 사례에서 공통적으로 나타나는 문제점을 극복하기 위한 적절한 방안을 [보기]에서 고른 것은? 2점

- △△나라에서 유학 온 외국인 대학생이 학교 식당에서 자국의 풍습에 따라 손으로 음식을 먹는 모습을 보고 한국 학생들이 불쾌해 하며 자리를 피했다.
- 한국인 근로자들은 이슬람교도인 외국인 근로자가 직장 회식에서 삼겹살을 먹지 않아 한국 직장 문화에 적응하지 않는 것으로 오해하며 언짢아했다.

─[보 기]─

ㄱ. 단일 민족 의식을 강화한다.

ㄴ. 다른 문화에 대한 관용의 자세를 지닌다.

ㄷ. 서로의 문화를 이해할 수 있는 기회를 자주 마련한다.

ㄹ. 문화의 차이를 '다름'이 아닌 '틀림'으로 인식하는 태도를 지닌다.

① ㄱ, ㄴ   ② ㄱ, ㄷ   ③ ㄴ, ㄷ   ④ ㄴ, ㄹ   ⑤ ㄷ, ㄹ

15
[일사 17년 9월 7번]

자료에 대한 옳은 분석을 [보기]에서 고른 것은? 3점

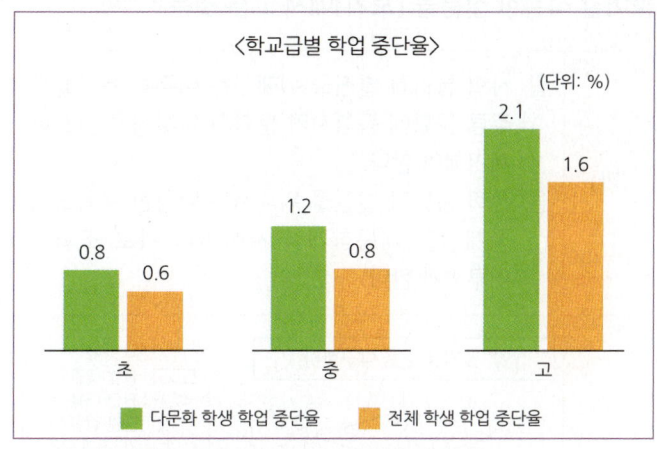

〈학교급별 학업 중단율〉
(단위: %)

초: 0.8 / 0.6
중: 1.2 / 0.8
고: 2.1 / 1.6

■ 다문화 학생 학업 중단율   ■ 전체 학생 학업 중단율

* 다문화 학생 학업 중단율: 다문화 학생 중 학업 중단 학생 비율
** 전체 학생 학업 중단율: 전체 학생 중 학업 중단 학생 비율

─[보 기]─

ㄱ. 상급 학교로 갈수록 학업 중단 학생 수가 증가한다.

ㄴ. 학업을 중단한 다문화 학생 수는 초등학교가 가장 적다.

ㄷ. 상급 학교로 갈수록 다문화 학생의 학업 중단율은 높아진다.

ㄹ. 다문화 학생과 전체 학생의 학업 중단율 차이는 고등학교에서 가장 크다.

① ㄱ, ㄴ   ② ㄱ, ㄷ   ③ ㄴ, ㄷ   ④ ㄴ, ㄹ   ⑤ ㄷ, ㄹ

16 대표 문제
[19년 11월 11번]

다문화 정책과 관련된 (가), (나)의 관점에 대한 설명으로 옳은 것은? 2점

(가) 이주민들에게 자신들의 민족적 정체성을 버리고 우리 문화만을 배우라고 강요할 수는 없다. 샐러드 볼처럼 여러 문화가 평화롭게 공존해야 문화적 갈등을 해결할 수 있다.

(나) 서로 다른 여러 금속을 용광로에 넣으면 모두 녹아서 하나가 된다. 이처럼 다양한 이주민들의 문화를 우리 문화라는 용광로 속에 완전히 녹여야 문화적 갈등을 해결할 수 있다.

① (가)는 (나)에 비해 문화적 동질성을 강조한다.

② (나)는 (가)에 비해 문화 병존을 중시한다.

③ (가)와 달리 (나)는 이주민을 통합의 주체로 인식한다.

④ (나)보다 (가)가 문화적 다양성 확보에 유리하다.

⑤ (가), (나)는 모두 자문화 중심주의적 태도를 기본으로 한다.

17

[생윤 고2 19년 3월 9번]

(가)의 갑, 을의 입장을 (나) 그림으로 탐구할 때, A~C에 들어갈 적절한 질문을 [보기]에서 고른 것은? 3점

(가)	갑: 사회 통합과 발전을 위해서는 비주류 문화들을 주류 문화에 동화시켜 문화의 이질성을 완전히 제거해야 한다. 을: 사회 통합과 발전을 위해서는 다양한 문화들이 정체성을 대등하게 유지하면서 서로 조화를 이루어야 한다.
(나)	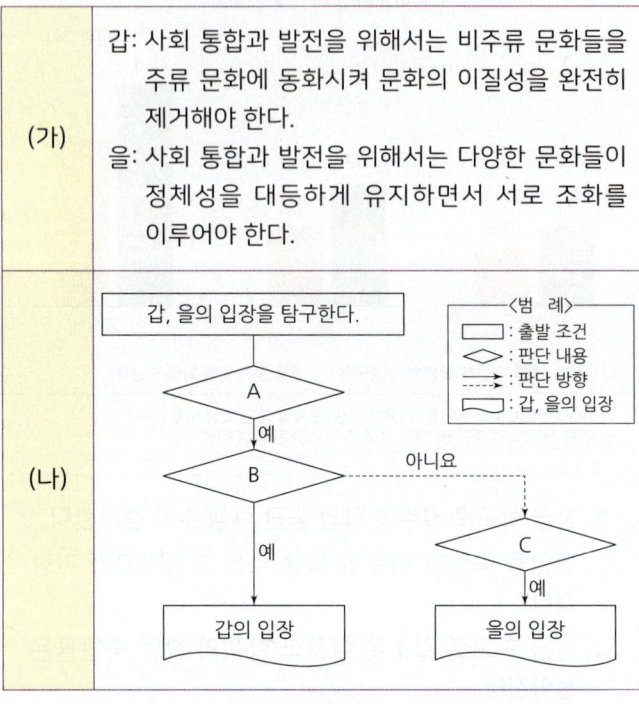

[보 기]

ㄱ. A: 다양한 문화들 간의 우열을 인정해야 하는가?
ㄴ. B: 비주류 문화의 고유성을 인정하고 존중해야 하는가?
ㄷ. B: 사회 통합을 위해 문화의 단일성을 유지해야 하는가?
ㄹ. C: 다양한 문화가 동등하게 어울리며 공존해야 하는가?

① ㄱ, ㄴ ② ㄱ, ㄷ ③ ㄴ, ㄷ ④ ㄴ, ㄹ ⑤ ㄷ, ㄹ

18

[25년 9월 5번]

다음 자료에 대한 설명으로 옳은 것은? (단, A~D는 각각 불교, 이슬람교, 크리스트교, 힌두교 중 하나임.) 2.5점

인도양과 태평양을 잇는 믈라카 해협은 동양과 서양의 교역이 이루어지던 해상 교통의 요지로, 다양한 민족의 이동과 문화 교류가 활발하였다. 이로 인해 말레이시아에는 ⊙여러 민족과 종교가 유입되어 공존하게 되면서 다양한 종교의 축제일이 공휴일로 지정되었다.

<2025년 말레이시아의 공휴일 중 일부>

종교	명칭(날짜)	설명
A	Hari Raya Puasa (3월 31일 ~ 4월 1일)	라마단이 끝나는 날로 신도들은 친구나 이웃을 집에 초대하여 음식과 선물을 교환하고 함께 축하한다.
B	Wesak Day (5월 12일)	창시자의 탄생, 깨달음, 열반을 기념하는 날로 신도들은 등불을 밝히며 승려에게 음식을 공양한다.
C	Deepavali (10월 20일)	'빛의 축제'로 불리며 신도들이 밤새도록 곳곳에 등불을 켜 여러 신들에게 기도하고, 음식과 선물을 교환한다.
D	Christmas (12월 25일)	구원자로 믿는 이의 탄생 기념일로 신도들은 교회에 가서 예배를 드리거나 가족과 행복한 시간을 보낸다.

① ⊙은 내재적 요인에 의한 문화 변동의 사례이다.
② A의 신도들은 종교 의식으로 갠지스강에서 목욕을 한다.
③ B의 여성 신도들은 히잡이나 차도르 등을 착용한다.
④ A는 소고기, C는 돼지고기를 금기시한다.
⑤ 유럽 문화권에서는 D가 B보다 신자 수가 많다.

서술형 문제 풀기

1 지도는 세계의 문화권을 구분한 것이다. 물음에 답하시오.

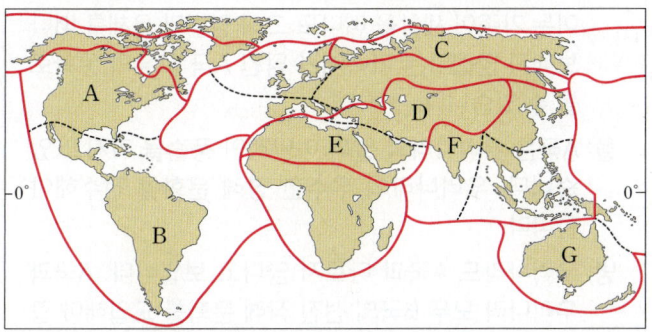

(1) B에서 사용되는 주요 언어 2개를 쓰시오.

(2) A, G에서 주로 사용하는 언어와 신봉하는 종교는 유사성이 많다. A, G의 언어 및 종교를 기술하고, 두 지역에서 문화적 유사성이 나타나는 배경에 대해 서술하시오.

(3) C, D에서 공통적으로 행해진 원주민들의 전통 경제 활동을 쓰시오.

(4) E, F에서 각각 신자 수 비중이 가장 높은 종교를 적고, 해당 지역 주민의 생활 모습을 종교와 관련하여 2개씩 기술하시오.

2 다음 대화를 읽고 물음에 답하시오.

교사: 문화 변동 양상 A~C에 대해 설명해 볼까요? 단, A~C는 각각 문화 동화, 문화 병존, 문화 융합 중 하나입니다.

갑: A의 사례로는 필리핀 사람들이 영어와 타갈로그어를 모두 사용하는 것을 들 수 있습니다.

을: B는 한 사회의 문화가 다른 사회의 문화에 흡수되어 정체성을 상실하는 현상을 의미합니다.

병: C의 사례로는 유럽의 가톨릭교와 멕시코의 토착 문화가 결합되어 탄생한 과달루페 성모상이 있습니다.

교사: 세 학생 모두 잘 이해하고 있네요.

(1) A~C에 해당하는 문화 변동 양상을 각각 쓰시오.

(2) 문화 변동 양상 A~C의 공통점을 서술하고, A, B와 달리 C에서 나타나는 차이점을 서술하시오.

3 다음 대화를 읽고 물음에 답하시오.

갑: A국에서는 가족 중 누군가가 죽었을 때 그의 시신을 다른 가족들과 나누어 먹는 풍습이 존재한다고 합니다. 이는 가족이 세상을 떠나도 그의 영혼과 육체를 떠나보내지 않겠다는 가족애가 담긴 A국 고유의 문화로 볼 수 있습니다.

을: A국은 우리나라와 달리 야만적인 풍습을 가지고 있습니다. 우리나라의 우수한 장례 문화를 전수해야 합니다.

병: 우리나라도 A국과 다르지 않다고 보입니다. A국과 우리나라 모두 B국의 선진 장례 문화를 도입해야 합니다.

정: A국의 풍습은 인류의 보편적 가치를 침해하는 행위로 절대 용납되어서는 안 됩니다.

(1) 을과 병이 가지고 있는 문화 이해 태도를 각각 쓰시오.

(2) 갑의 문화 이해 태도를 쓰고, 갑과 정의 문화 이해 태도를 비교하여 서술하시오.

4 다음 글을 읽고 물음에 답하시오.

교통·통신의 발달과 세계화의 영향으로 다양한 인종, 종교, 언어 등을 가진 사람들이 함께 살아가는 다문화 사회가 형성된다. 체류 유형별로는 외국인 근로자가 가장 많고, 그다음으로 외국 국적 동포, 외국인 주민 자녀, 국제결혼 이민자 순으로 나타난다. 다문화 사회로의 진행은 우리 사회에 ㉠긍정적인 영향을 주기도 하지만, 문화적 갈등을 초래하기도 한다. 이런 갈등을 해결하기 위해서는 ㉡개인적 차원의 노력과 사회적 차원의 노력이 병행되어야 한다.

(1) ㉠에 해당하는 내용 3개를 쓰시오.

(2) ㉡에 해당하는 내용 3개를 쓰시오.

5 다음 대화를 읽고 물음에 답하시오.

A국 내에서 외국인 주민 수가 증가하고 있습니다. 이에 대한 대처 방안을 제시해 볼까요?

갑: 다른 맛을 가진 채소와 과일들이 조화를 이루어 샐러드를 만들어 내듯이, 다양한 구성원들이 공존하면서 각각의 색깔을 지니도록 노력해야 합니다.

을: 원주민들은 이민자들이 출신국의 언어, 문화, 사회적 특성을 포기하고 주류 사회의 일원이 될 수 있도록 편입시켜야 합니다.

(1) 갑과 을의 다문화 정책을 각각 쓰시오.

(2) 갑과 을의 다문화 정책의 차이점을 서술하시오.

V 생활공간과 사회

통사1-개념 5

1. 산업화와 도시화에 따른 변화

● 개념 돋보기

1) 산업화와 도시화

① **산업화**: 농업 중심 사회에서 광공업, 서비스업 중심 사회로의 변화 → 생산력 증가, 생활 수준 향상, 인구 증가 등

② **도시화**: 산업화와 함께 나타나며, **이촌 향도 현상**으로 도시에 거주하는 인구 비율이 증가하고 도시적 생활양식이 확산됨

③ 우리나라: 1960년대 이후 경제 개발 계획의 시행으로 대도시를 중심으로 각종 산업 단지를 조성하면서 본격적인 산업화·도시화가 이루어짐

도시화
도시화 정도는 도시화율로 나타내는데, 도시화율은 총인구에서 도시에 거주하는 인구가 차지하는 백분율로 나타냄

이촌 향도 현상
촌락에 거주하는 사람들이 높은 소득, 새로운 직장, 교육, 문화 등을 위해 도시로 이주하는 현상

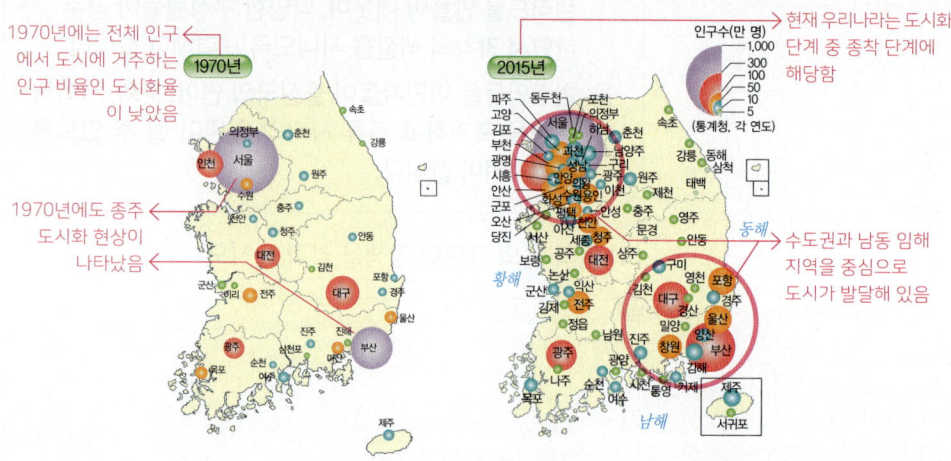

▲ 우리나라의 도시 발달

도시 내부 구조
• 도심: 도시의 중심 지역으로 행정·금융 기관, 백화점, 대기업 본사 등이 밀집되어 있음
• 부도심: 도심의 기능을 분담하는 지역으로 교통이 편리한 곳에 위치함

종주 도시화
제1의 도시에 인구와 기능이 과잉으로 집중되는 현상

2) 산업화·도시화에 따른 변화

① 산업화·도시화에 따른 공간의 변화

• 거주 공간의 변화

  - 토지의 집약적 이용 → 고층 건물, 아파트와 같은 공동 주택 등장

  - 다양한 기능을 수행하는 공간 형성: 주거, 업무, 상업, 교육, 여가 등의 기능을 수행하기 위한 다양한 공간이 형성됨

• 생태환경의 변화

  - 도시 내 하천의 인위적 개발, 지표 포장 면적 확대로 녹지 면적 감소 → 생물 종 다양성 감소

② 산업화·도시화에 따른 생활양식의 변화

• **도시성의 확산**

  - 산업화·도시화를 통해 주변의 교외 및 촌락 지역으로 점차 확산됨

  - 자율성과 다양성이 존중되지만, 사회적 유대감이 약해지기도 함

• 직업 분화 촉진

  - 산업화로 분업화·기계화가 이루어지고, 2·3차 산업 발달

  - 직업 분화, 전문성 증가 → 다양한 직업 종사, 직업 간 소득 차 증가

도시성
도시에 거주하는 사람들이 가지는 특징적인 사고 및 행동 양식

산업 구조의 고도화
경제가 발전할수록 산업별 생산액 비중, 산업별 종사자 비중 등이 3차 산업>2차 산업>1차 산업 순으로 높게 나타나게 되는데, 이렇게 변화되어 가는 현상을 산업 구조의 고도화라고 함

● 개념 돋보기

• 개인주의적 가치관 확산

  - 공동체 의식 약화, 개인의 가치와 성취를 중시하는 가치관 확산 → 개인 간 경쟁 치열

3) 산업화·도시화에 따른 문제 및 해결 방안

① 산업화·도시화에 따른 문제

• 주택 문제: 인구 밀집으로 주택 수요 증가 → 주택 부족, 집값 상승, 불량 주택 지역 형성

• 교통 문제: 교통량 증가, 도로 및 교통 시설 부족 → 교통 혼잡, 주차난

• 환경 문제

  - 산업 폐수, 생활 하수로 인한 수질 오염

  - 산업 폐기물, 생활 쓰레기 등의 증가로 인한 토양 오염

  - 공장 매연, 자동차 배기가스 등으로 인한 대기 오염

  - 열섬 현상 발생

• 노동 문제

  - 산업화의 영향으로 사회가 요구하는 능력이나 직업이 변화하면서 일할 능력과 의사가 있음에도 불구하고 일자리를 갖지 못하는 실업 문제 발생

  - 노동자와 사용자 사이의 노사 갈등 발생

• 타인에 대한 무관심과 이기주의로 인한 문제

  - 개인 중심의 생활, 타인이나 사회의 이익보다 자신의 이익을 우선적으로 추구하는 경향 증가 → 인간 소외, 인간성 상실, 공동체 의식 약화 등의 문제 발생

• 지역 격차

  - 도시 거주 환경 간의 격차: 인구가 밀집하면서 주택이 부족하여 집값이 상승하면 소득에 따라 주거 지역이 분리되고 주거 환경의 격차가 커짐

  - 도시와 촌락의 격차: 인구와 다양한 시설이 도시에 집중하면서 촌락은 노동력 부족, 의료나 교통 등의 생활 기반 시설 유지 어려움 등의 문제를 겪음

② 해결 방안

• 사회적 차원에서의 해결 방안

  - 주택 공급, 도시 재개발 사업, 교통 체계 개편을 위한 각종 정책 추진

  - 고용 보험·노인 돌봄 서비스 등의 사회 복지 제도, 최저 임금제·비정규직 보호법 등의 제도 시행

• 개인적 차원에서의 해결 방안

  - 공동체 의식 함양

  - 대중교통 이용, 쓰레기 분리 배출 등 환경 문제 해결을 위한 노력

산업화·도시화에 따른 촌락의 문제
• 이촌 향도에 따른 인구 감소: 마을 공동체 약화, 노동력 부족, 학생 수 감소, 폐교 증가
• 각종 기능과 산업 시설의 도시 집중으로 경제 활동 위축 등 사회적·경제적 문제 발생

열섬 현상
• 도심의 기온이 주변보다 높게 나타나는 현상
• 원인: 냉난방·자동차 등에서의 인공열 발생, 아스팔트·콘크리트 등의 포장 면적 증가 등
• 대책: 바람길 조성, 건물 옥상 녹화 사업, 하천 복원 등

2. 교통·통신 및 과학기술의 발달에 따른 변화

1) 교통·통신 및 과학기술의 발달

① 사람, 물자, 정보 등의 이동에 따른 시간적·공간적 제약 감소

② 정보화 사회로의 전환: 지식과 정보가 중요한 생산 요소

③ 제4차 산업 혁명 시대로의 진입

- 빅데이터: 방대한 데이터에서 신속하게 필요한 정보를 추출하고 분석하는 기술
- 인공 지능(AI): 학습, 추리, 적응 등 인간 지능과 유사한 기능을 갖춘 컴퓨터 시스템
- 사물 인터넷(IoT): 정보를 수집, 제어, 관리할 수 있도록 사물에 센서를 장착하여 인터넷으로 연결한 시스템
- 클라우드: 데이터를 중앙 컴퓨터에 저장해두고 장소에 구애받지 않고 데이터를 이용할 수 있는 인터넷 기반의 컴퓨팅 기술

④ 공간 정보 기술의 발달: 지리 정보 시스템(GIS), 위성 위치 확인 시스템(GPS)을 활용한 교통 통제 및 재난 안전 관리 등

지리 정보 시스템(GIS)
각종 지리 정보를 데이터베이스화하고 컴퓨터를 이용하여 분석·가공해 실생활에 다양하게 활용하도록 만든 시스템

위성 위치 확인 시스템(GPS)
인공위성에서 발사되는 전파를 바탕으로 현재의 위치를 알아내는 시스템

2) 교통·통신 및 과학기술의 발달에 따른 변화

① 생활공간 및 생활 양식의 변화

- 대도시권 발달
  - 통근·통학 가능 범위 확대
  - 대도시 주변의 위성 도시 성장
    ↳ 중심 대도시 옆에 위치하여 대도시의 영향을 받으며 해당 도시의 기준을 일부 담당하는 작은 도시
- 여가 활동의 변화
  - 여가 활동 시간의 증가
  - 장거리 해외여행 등 여가 공간의 확대
  - 가상 현실을 활용한 디지털 놀이 문화 확산
- 누리 소통망(SNS) 보편화
  - 인간관계 다양화
  - 정치 참여 기회 확대 → 전자 민주주의 실현
  - 쌍방향 의사소통 활발
- 원격 연수, 원격 진료, 원격 수업 등 확대

② 경제 활동의 변화

- 국제 무역 활발
  - 항공기를 이용한 신속한 화물 운송 가능
  - 대형 선박을 이용한 대량 화물 운송 증가
- 다국적 기업 성장
  - 다국적 기업: 세계 각지에 자회사, 지사, 공장 등을 배치하고 생산, 판매 활동을 전 세계를 대상으로 수행하는 기업
    ↳ 본사 관할 아래 일정 타지역에서 본사의 일을 맡아 하는 곳
  - 공간적 분업: 본사, 생산 공장, 판매 지사, 연구소 등이 최적 지점을 찾아 서로 다른 지역에 각각 분리하여 입지

자회사
다른 회사에 종속되거나 지배받고 있는 회사

- 금융 거래 활성화: 이동 통신기기를 활용한 모바일 금융 서비스 증가
- 업무의 **시·공간적 제약 감소**: 재택근무, 화상 회의 등
- 상품 구매의 시·공간적 제약 감소: 무점포 상점 등 **전자 상거래** 성장

③ 생태 환경 보호 활동
→ 농작물에 피해를 입히는 병이나 해충
- 삼림 보호: 항공기·헬기를 이용한 산불 진화 및 병해충 구제
- 생물 다양성 보전: GPS를 활용한 멸종 위기 동물 보호, 드론을 활용한 생태환경 조사 등

3) 교통·통신 및 과학기술의 발달에 따른 문제점과 해결 방안

① 환경 피해

- 환경 오염
  - 교통량 증가로 인한 대기 오염, 소음 증가
  - 해상 사고에 따른 기름 유출로 해양 오염 발생
  - 전자 폐기물로 인한 환경 오염 발생
- 생태계 파괴
  - 도로 건설로 인한 동물 이동 경로 차단
  - 해상 무역 증가에 따른 외래 생물 유입으로 해양 생태환경 교란
  - 전염병 확산: 특정 지역의 전염병이 항공 승객을 통해 빠르게 확산
- 해결 방안: 친환경 자동차 및 친환경 도로 보급, 생태 통로 조성, 선박 평형수 관리
  협약 준수, 출입국 관리 강화, 국제 협력 등

선박 운행 때 무게 중심 ←┘
을 위해 선박 안에 채워
넣는 바닷물

② 정보화로 인한 문제

- 인터넷 중독: 대면 인간관계 약화, 일생 생활 부적응 등
- **사생활 침해**: 개인 정보 유출로 인한 피해 발생
- **사이버 범죄**: 익명성을 악용한 사이버 명예 훼손, 해킹 등 증가
- 비대면 인간관계: 인간 소외 현상 심화
- **정보 격차**: 정보 기기 접근성 및 활용 능력 차이로 인한 지역·계층·연령별 정보 습득
  량 차이 확대
- 해결 방안: 상담 치료 활성화, 인터넷 사용 습관 개선, 통신 윤리 규정 강화, 보안 프로
  그램 보급, 정보 소외 계층에 대한 지원 증대, 정보 기반 시설 구축, 정보 윤리
  실천 등

인간 소외 현상
인간이 만든 피조물에 의하여 인간이
지배당하거나 인간의 본성이 상실되는
현상

③ 노동 시장 양극화

- 노동 가치의 하락: 기계와 인공 지능이 인간의 노동력을 대체하여 전통 제조업 종사
  자의 대량 실직 발생
- 생산 수단의 독점: 인공 지능을 개발, 운영할 수 있는 일부 전문가와 기업이 시장을 장악
- 해결 방안: 첨단 정보 통신 기술 교육을 통해 제4차 산업 혁명에 적응, 새로운 일자리
  창출 등

노동 시장 양극화
새로 등장한 산업에 적응한 노동자와
적응하지 못한 노동자 간 고용 안정성
과 임금 격차가 커지는 현상

④ 지역 격차 심화

- **빨대 효과**: 교통이 발달한 대도시가 중소 도시의 자본, 노동력 등을 흡수
- 해결 방안: 대도시 기능 지방 분산, 지역 특화 산업 개발, 지역 간 균형 발전 등 등

3. 지역의 공간 변화

1) 지역의 공간 변화

① 지역: 지리적 특성이 다른 지역과 구별되는 지표상의 공간 범위

② 지역성: 지역이 지닌 고유한 특성으로, 자연환경과 인문환경 등의 상호 작용으로 형성
되며, 산업화와 도시화 과정에서 변화함

③ 지역은 산업화·도시화, 교통과 통신·과학기술의 발달 등으로 인해 공간 변화가 이루어짐

2) 지역 조사

① 지역 조사: 인간을 둘러싼 자연환경과 인문환경을 이해하고, 지역성을 밝히기 위해 지역
에 관한 다양한 지리 정보를 수집하고 분석·종합하여 살펴보는 것

② 지역 조사 과정

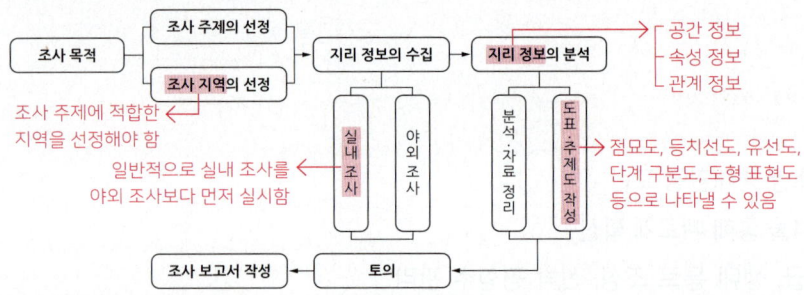

지리 정보
• 공간 정보: 장소나 지역의 위치와
  관련된 정보
• 속성 정보: 장소나 지역의 특성과
  관련된 정보
• 관계 정보: 다른 지역이나 현상들
  과의 관계를 나타낸 정보

③ 지역 정보 수집 방법

실내 조사	문헌 조사	다양한 문헌들을 통해 정보를 수집, 지리적 특성과 해당 지역의 변화 및 지역 간 상호 관계를 파악하는 데 용이함
	인터넷 활용	인터넷을 통해 정보를 수집, 공간적 제약을 극복하면서 지역의 다양한 지리 정보를 수집할 수 있음
	지도 분석	실제 지역을 축소하여 필요한 정보를 기호로 표현한 지도를 통해 정보를 수집 → 지리 정보 파악의 기본이 됨
	원격 탐사	항공기나 인공위성을 통해 정보를 주기적 또는 필요한 시기에 수집 → 접근하기 어려운 지역의 정보 수집 가능
야외(현지) 조사	실측, 관찰, 면담, 설문 조사 등을 통해 현장에서 직접 정보를 수집	

> **지역 조사 단계별 조사 내용 사례**
> ① 주제 및 지역 선정
>   ○○구 △△백화점 입지와 주변 상권의 변화
> ② 지리 정보 수집
>   • 실내 조사: △△백화점 주변 상권 변화에 대한 문헌 자료를 도서관에서 수집
>   • 실외 조사: △△백화점 주변 지역을 답사하고 주변 가게 사장님들 인터뷰
> ③ 지리 정보 분석
>   • 분석·자료 정리: 수집한 자료를 정리하고 상권의 변화 등 분석
>   • 도표·주제도 작성: 수집한 자료를 바탕으로 △△백화점 입지 전후의 상권 변화를 도표로 제작
> ④ 보고서 작성
>   △△백화점 입지 전후의 상권 변화에 관한 보고서 작성

● 개념 돋보기

3) 지역의 공간 변화에 따른 문제점과 해결 방안

① 지역의 공간 변화에 따른 문제점

- 대도시: 인구 과밀화로 인한 시설 부족, 시설 노후화, 다양한 도시 문제 발생, 공동체
  의식 약화 등
- 중소 도시와 촌락: 일자리와 문화 공간 부족, 대도시로의 인구 유출, 노동력 부족,
  청장년층의 성비 불균형, 지역 경제 침체 등

② 지속가능한 지역 문제 해결을 위한 노력

- 개인적 차원: 지역 주민은 개인적 이해관계를 넘어 지역 공동체의 이익과 함께 고려
  하는 태도를 갖추어야 함
  성숙한 시민 의식을 바탕으로 지역 문제 해결을 위해 적극적으로 참여
  하고 실천해야 함
- 지역적 차원: 지역 문제 해결을 위해 주민들의 참여를 유도하는 제도나 정책을 마련
  해야 함
  의사결정 과정에 주민 의견을 적극적으로 반영하며 합리적이고 실효성
  있는 해결 방안을 찾으려고 노력해야 함

지역 문제 해결 절차
① 지역 조사 계획 수립
  - 조사 주제 및 지역 선정
  - 조사 내용, 항목 및 조사 방법 구상
② 지역 정보 수립 및 정리
  - 실내 조사
  - 야외 조사
③ 지역 문제 원인 파악
④ 지역 문제 해결 방안 모색
⑤ 지역 문제 해결을 위한 실천

지역 문제
지역 주민들의 삶에 불편을 주거나 주민들 사이에 갈등을 일으키는 문제

OX & 빈칸 채우기

1 _____ 은/는 농업 중심 사회에서 광공업, 서비스업 중심 사회로 변화하는 것을 말한다.

2 _____ 은/는 도시에 거주하는 인구 비율이 증가하고 도시적 생활 양식이 확산되는 것을 말한다.

3 _____ 은/는 도시에 거주하는 사람들이 가지는 특징적인 사고 및 행동 양식을 말한다.

4 _____ 현상은 촌락에 거주하는 사람들이 높은 소득, 새로운 직장 등을 이유로 도시로 이주하는 현상을 말한다.

5 _____ 현상은 도심의 기온이 주변보다 높게 나타나는 현상을 말한다.

6 1970년 대의 우리나라는 2020년 대의 우리나라에 비해 도시화율이 높다.

7 산업화·도시화가 진행되면 고층 건물, 아파트 등이 등장하여 토지 이용의 집약도가 높아진다.

8 산업화·도시화가 진행되면 2·3차 산업이 발달하여 직업의 분화 정도가 높아진다.

9 일반적으로 산업화·도시화는 개인의 자율성보다 사회적 유대감을 중시하는 분위기를 확산시킨다.

10 논이나 밭은 도시적 토지 이용에 해당하는 사례이다.

11 _____ 은/는 정보가 사회의 가장 중요한 자원이 되어 정보를 중심으로 사회나 경제가 운영되는 것을 말한다.

12 정보화의 진행으로 행정 기관에 직접 방문하지 않고 인터넷으로 민원서류의 신청 및 발급이 가능해진다.

13 누리 소통망(SNS)의 보편화로 정치 참여 방법의 다양성이 감소한다.

14 교통·통신의 발달은 도시의 기능과 영향력이 주변 지역까지 확대된 _____ 이/가 형성되는 배경으로 작용한다.

15 교통·통신의 발달은 세계 여러 나라에 걸쳐 연구·개발·생산·판매 등을 하는 _____ 이/가 등장하는 배경으로 작용한다.

16 교통과 통신이 발달하면 국가 간 금융 거래량은 감소하지만 자국 내 금융 거래량은 증가한다.

17 _____ 은/는 사회적·경제적·지역적·신체적 여건으로 인해 정보 통신 서비스에 접근·이용할 수 있는 기회에 차이가 생기는 현상을 말한다.

18 정보화에 따라 비대면 관계의 증가로 인한 인간 소외 현상이 나타날 수 있다.

19 정보화에 따라 개인의 정보, 기록이 노출되거나 악용되는 사생활 침해 문제가 증가한다.

20 정보화에 따른 사이버 범죄 증가를 막기 위해 정보 시스템 보안 관련 기구 및 전문 인력을 강화해야 한다.

21 정보 격차는 사회 불평등을 심화시키는 요인이 된다.

22 정보화 기기에 대한 과도한 의존으로 인해 인터넷 중독 문제가 심각해지고 있다.

23 _____ 은/는 대도시가 주변 중소 도시의 인구나 경제력 등을 흡수하는 현상을 말한다.

24 교통이 발달한 지역은 경제 활동이 활성화되지만, 교통 조건이 불리한 지역은 경제 활동이 위축되어 지역 격차가 일어날 수 있다.

25 교통·통신의 발달에 따른 생태 환경 파괴를 막기 위해 새로운 교통로를 건설해야 한다.

26 _____ 은/는 지역이 지닌 고유한 특성을 말한다.

27 _____ 은/는 지역성을 밝히기 위해 지역에 관한 다양한 지리 정보를 수집하고 분석·종합하여 살펴보는 것을 말한다.

28 지역 조사 과정 중 _____ 의 단계에서는 문헌 조사, 인터넷 조사, 지도 분석 등의 활동을 한다.

29 지역 조사 과정 중 _____ 의 단계에서는 실측, 관찰, 면담, 설문 조사 등의 활동을 한다.

30 지역 조사 과정에서 일반적으로 실내 조사보다 야외 조사를 먼저 실시한다.

31 야외 조사에서 활용할 설문지 및 지도 준비 등 야외 조사의 사전 작업은 야외 조사 단계에 포함된다.

32 대도시의 경우 인구가 과밀하여 인구에 비해 시설이 부족할 수 있다.

33 대도시와 멀리 떨어진 촌락의 경우 교육 및 의료, 문화 시설 부족으로 인한 인구 유출이 일어날 수 있다.

1. 산업화 2. 도시화 3. 도시성 4. 이촌 향도 5. 열섬 6. ×(도시화율이 낮음) 7. ○ 8. ○ 9. ×(일반적으로 산업화·도시화는 개인주의적 가치관을 확산시킴) 10. ×(촌락적 토지 이용에 해당함) 11. 정보화 12. ○ 13. ×(정치 참여 방법의 다양성이 증가함) 14. 대도시권 15. 다국적 기업 16. ×(국가 간 금융 거래량도 증가함) 17. 정보 격차 18. ○ 19. ○ 20. ○ 21. ○ 22. ○ 23. 빨대 효과 24. ○ 25. ×(새로운 교통로 건설은 생태 환경 파괴의 원인이 됨) 26. 지역성 27. 지역 조사 28. 실내 조사 29. 야외 조사 30. ×(실내 조사를 먼저 실시함) 31. ×(실내 조사 단계에 포함됨) 32. ○ 33. ○

1

[19년 11월 12번]

그래프는 우리나라 도시화율과 산업 구조의 변화를 나타낸 것이다. 이에 대한 분석으로 옳은 것은? 2점

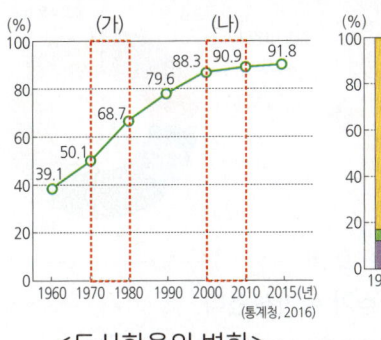

<도시화율의 변화>

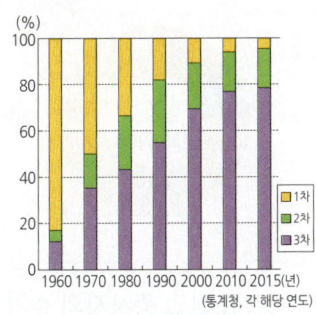

<산업 구조의 변화>

① 1960년은 도시 인구가 촌락 인구보다 많다.

② 2015년은 2차 산업의 비중이 가장 크다.

③ (가) 시기보다 (나) 시기에 직업이 다양해지고 분화된다.

④ (가) 시기보다 (나) 시기에 이촌향도 현상이 활발히 진행된다.

⑤ (나) 시기보다 (가) 시기에 도시에서 토지 이용의 집약도가 높다.

2

대표 문제

[20년 9월 9번]

(가) 시기와 비교한 (나) 시기 생활양식의 상대적 특징을 그림의 A~E에서 고른 것은? 3점

(가) 1968년 ○월 ○일

　오늘은 모내기를 하였다. 아빠는 모판을 나르고, 엄마와 나는 모를 심었다. 옆집 아저씨와 뒷집 삼촌, 저 멀리 덕만이네까지 아침 일찍부터 품앗이하러 우리 논으로 오셨다. 모내기 중간에 둘러 앉아 먹은 새참은 정말 꿀맛이었다.

(나) 2020년 ○월 ○일

　어제는 금요일이라 퇴근길 지하철이 유난히 붐벼 피곤했다. 주말이라 늦잠을 자고 싶었지만 사다리차 소리에 잠에서 깼다. 옆집에 누군가가 이사를 오는 것 같았다. 그러나 누가 살았는지, 또 누가 새로 이사를 오는지 나는 알 수가 없었다.

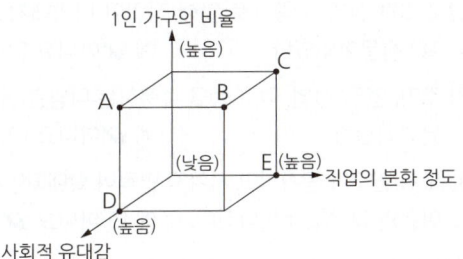

① A　　② B　　③ C　　④ D　　⑤ E

3

[22년 11월 4번]

다음은 학생들의 형성 평가 답안을 정리한 것이다. 각 진술에 대해 모두 옳게 응답한 학생은? 3점

○ 산업화·도시화로 인해 나타나는 변화에 대한 진술이 맞으면 'O', 틀리면 'X'를 표시하시오.

진술 \ 학생	갑	을	병	정	무
도시 내 토지 이용의 집약도가 높아진다.	O	O	O	O	X
도시에 거주하는 인구의 비율이 증가한다.	O	O	O	X	X
인공적으로 포장된 지표 면적이 감소한다.	O	X	X	X	X
사람들이 종사하는 직업의 종류가 다양해진다.	O	O	X	X	X

① 갑　　② 을　　③ 병　　④ 정　　⑤ 무

4

[19년 3월 13번]

다음 자료는 십자말풀이의 일부이다. (가)에 들어갈 내용으로 옳은 것은? 3점

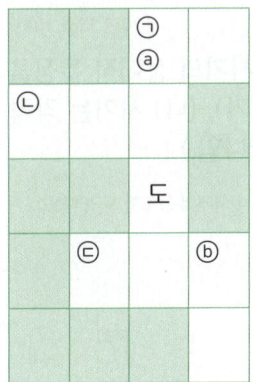

<가로 열쇠>

㉠ 위도가 같은 지점을 연결한 가상의 가로선

㉡ 자원이 고르게 분포하지 않고 특정 지역에 치우쳐서 분포하는 특성

㉢ 도시 인구가 증가하고 도시적 생활양식이 확산되는 현상

<세로 열쇠>

ⓐ 　　　　　(가)

ⓑ 땅속 깊은 곳의 마그마가 지표로 분출하여 형성된 산

① 대도시의 일부 기능을 분담하는 도시

② 도심의 일부 기능을 나누어 맡는 지역

③ 도시의 무질서한 팽창을 막기 위한 지역

④ 사람과 환경이 조화와 공존을 이루는 도시

⑤ 관청이나 대기업 본사 등이 밀집된 도시의 중심 지역

5

[19년 6월 20번]

지도는 우리나라의 시기별 도시 분포와 도시 인구를 나타낸 것이다. (가) 시기와 비교한 (나) 시기의 상대적 특징을 그림의 A~E에서 고른 것은? 3점

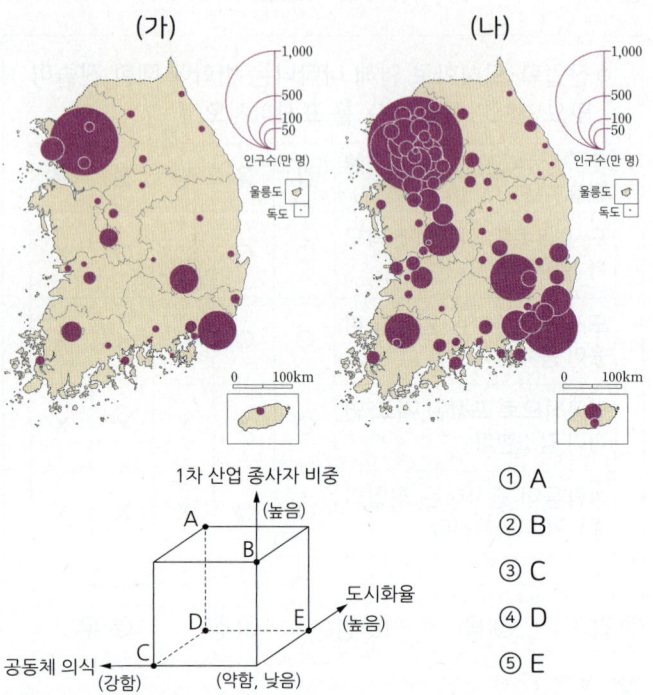

① A
② B
③ C
④ D
⑤ E

6

[20년 11월 10번]

그래프의 (가) 시기와 비교한 (나) 시기의 상대적 특징을 그림의 A~E에서 고른 것은? (단, (가), (나) 시기는 각각 우리나라의 1975년, 2019년 중 하나임.) 3점

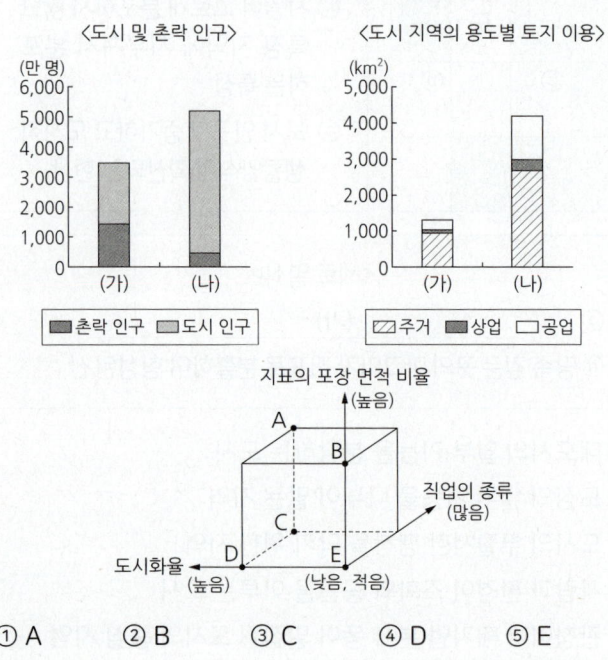

① A   ② B   ③ C   ④ D   ⑤ E

7

[19년 9월 13번]

다음은 ○○시 지역 조사 결과이다. 이 지역의 변화에 대한 적절한 분석 및 추론만을 [보기]에서 고른 것은? 2점

<산업별 인구 구조 변화>

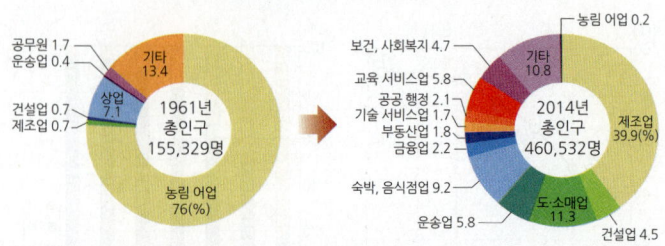

[보 기]

ㄱ. 1차 산업 종사자의 수가 증가하였다.
ㄴ. 주민들이 종사하는 직업의 분야가 다양해졌다.
ㄷ. 보건·금융·교육 분야의 편의 시설이 증가하였다.
ㄹ. 제조업의 쇠퇴로 생태환경의 변화가 발생하였다.

① ㄱ, ㄴ   ② ㄱ, ㄷ   ③ ㄴ, ㄷ   ④ ㄴ, ㄹ   ⑤ ㄷ, ㄹ

8

[23년 9월 3번]

다음은 학생이 작성한 형성 평가지이다. 옳은 답변만을 고른 것은? 2점

〈형 성 평 가〉

※ 산업화·도시화에 따른 생활 공간과 생활 양식의 변화에 대한 설명이 맞으면 '예', 틀리면 '아니요'에 ✔ 표시 하시오.

[설명1] 집단보다 개인의 목표를 중시하는 개인주의적 가치관이 확산되었다.   예 □ 아니요 ✔……㉠

[설명2] 2, 3차 산업의 증가로 인해 직업이 다양해지고 세분화·전문화되었다.   예 ✔ 아니요 □……㉡

[설명3] 주거, 업무, 상업, 여가 등을 수행하는 다양한 공간으로 분화되었다.   예 ✔ 아니요 □……㉢

[설명4] 도시 인구가 증가하고 시가지 면적이 확대되면서 토지 이용의 집약도가 높아졌다.   예 □ 아니요 ✔……㉣

① ㉠, ㉡   ② ㉠, ㉢   ③ ㉡, ㉢   ④ ㉡, ㉣   ⑤ ㉢, ㉣

9
[20년 6월 20번]

그래프는 우리나라 도시 인구와 도시화율 변화를 나타낸 것이다. 이에 대한 옳은 설명만을 [보기]에서 있는 대로 고른 것은? (3점)

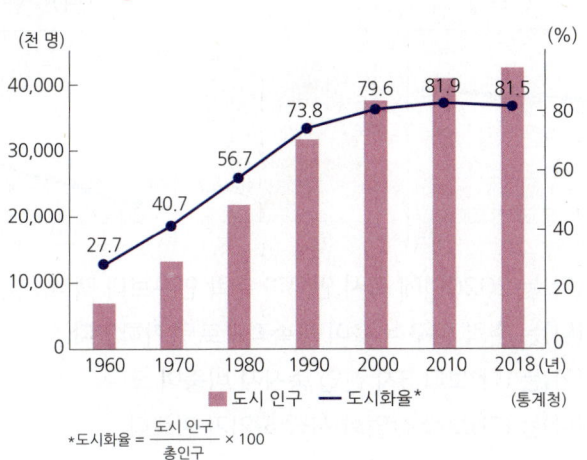

*도시화율 = $\dfrac{\text{도시 인구}}{\text{총인구}} \times 100$

[보 기]

ㄱ. 1970년은 도시 인구보다 촌락 인구가 많다.

ㄴ. 촌락 인구는 1960년이 2010년보다 더 많다.

ㄷ. 3차 산업 종사자 비중은 1960년>1980년>2010년일 것이다.

ㄹ. 1980년~1990년이 2000년~2010년보다 도시 인구가 많이 증가하였다.

① ㄱ, ㄷ　　　② ㄱ, ㄹ　　　③ ㄴ, ㄷ
④ ㄱ, ㄴ, ㄹ　　⑤ ㄴ, ㄷ, ㄹ

10
[18년 11월 14번]

그래프는 세 국가의 도시 인구 비율 변화를 나타낸 것이다. (가)~(다) 국가에 대한 설명으로 옳은 것은? (3점)

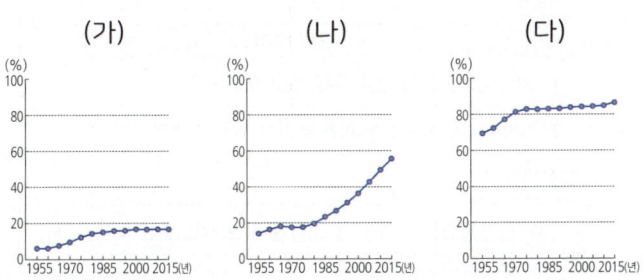

① (가)는 2015년에 도시 인구가 촌락 인구보다 많다.

② (가)는 (나)보다 2015년 도시화율이 높다.

③ (나)는 (다)보다 1990년 이후 이촌향도 현상이 뚜렷하다.

④ (다)는 (나)보다 산업화 시작 시기가 늦다.

⑤ 3차 산업 종사자 비중은 (가)>(나)>(다) 순으로 높다.

11
[24년 6월 19번]

(가) 지역에 비해 (나) 지역이 지니는 상대적 특징을 그래프의 A~E에서 고른 것은? (3점)

(가) 지역의 경관

논밭이 넓게 펼쳐져 있고, 건물의 높이가 낮다.

(나) 지역의 경관

지표의 포장 비율이 높고, 고층 건물이 많다.

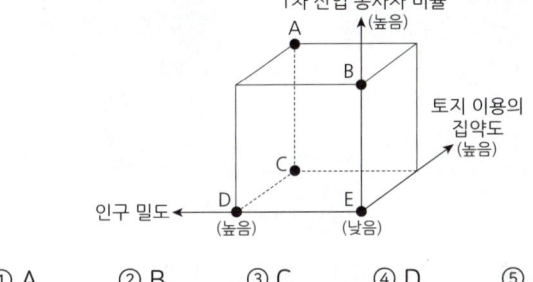

① A　　② B　　③ C　　④ D　　⑤ E

12
[18년 9월 14번]

그래프는 우리나라 (가), (나) 시기의 산업별 취업자 수와 용도별 토지 면적을 나타낸 것이다. 이에 대한 설명으로 옳은 것은? (단, (가), (나)는 1980년, 2015년 중 하나이며 A, B는 논·밭, 도로 중 하나임.) (2점)

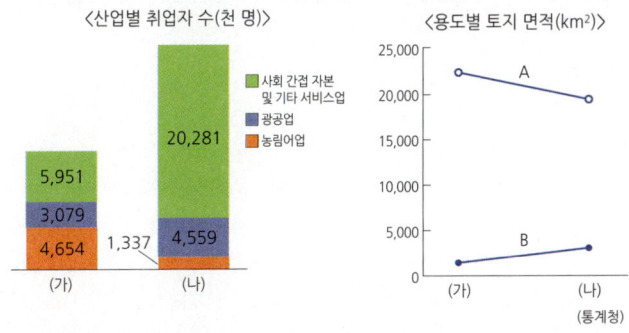

① (가) 시기는 (나) 시기보다 인구가 많다.

② (가) 시기는 (나) 시기보다 직업의 종류가 다양하다.

③ (나) 시기는 (가) 시기보다 도시화율이 높다.

④ (나) 시기는 (가) 시기보다 근로자의 평균 임금이 낮다.

⑤ A는 도로, B는 논·밭이다.

13

[23년 11월 7번]

다음 자료는 통합사회 학습지의 일부이다. 정답 스티커를 옳게 붙인 답안을 고른 것은? 3점

○ 지도는 (가), (나) 시기의 우리나라 도시 분포 및 도시 인구를 나타낸 것입니다. 아래 진술을 읽고 진술이 맞으면 '◉', 틀리면 '✖' 모양의 정답 스티커를 순서대로 답안에 붙이세요. 단, (가)와 (나)는 각각 1970년과 2020년 중 하나입니다.

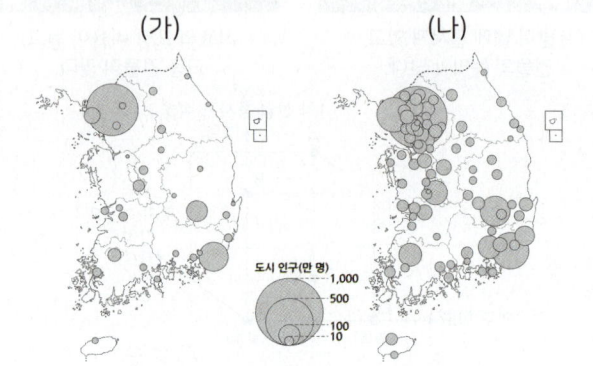

(가)   (나)

도시 인구(만 명)
1,000
500
100
10

* 도시 인구는 해당 연도의 행정 구역을 기준으로 함.

진술	답안
(가)는 (나)보다 도시화율이 높다.	
(나)는 (가)보다 3차 산업 종사자 비율이 높다.	
(나)는 (가)보다 도시 내 토지 이용의 집약도가 높다.	

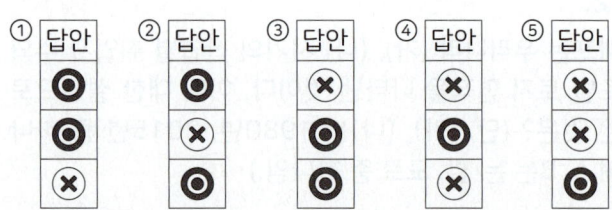

① 답안 ◉ ◉ ✖
② 답안 ◉ ✖ ◉
③ 답안 ✖ ◉ ◉
④ 답안 ✖ ◉ ✖
⑤ 답안 ✖ ✖ ◉

14

[21년 11월 3번]

다음 자료는 (가), (나) 국가의 도시화율 변화를 나타낸 것이다. 이에 대한 설명으로 옳은 것은? 3점

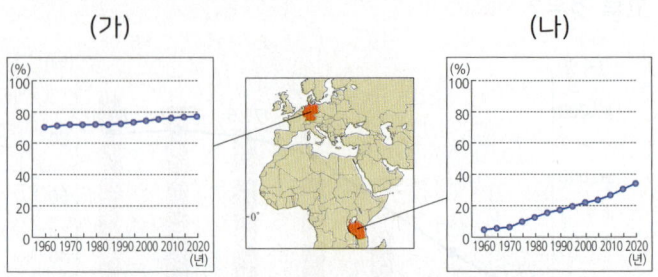

(가)   (나)

① (가)는 2020년에 도시 인구가 촌락 인구보다 적다.
② (나)는 촌락 인구 비율이 지속적으로 증가하였다.
③ (가)는 (나)보다 3차 산업 종사자 비중이 크다.
④ (나)는 (가)보다 산업화 시작 시기가 이르다.
⑤ (나)는 (가)보다 2000년 이후 도시화 진행 속도가 느리다.

15

[24년 6월 10번]

밑줄 친 ㉠~㉤에 대한 설명으로 옳지 않은 것은? 3점

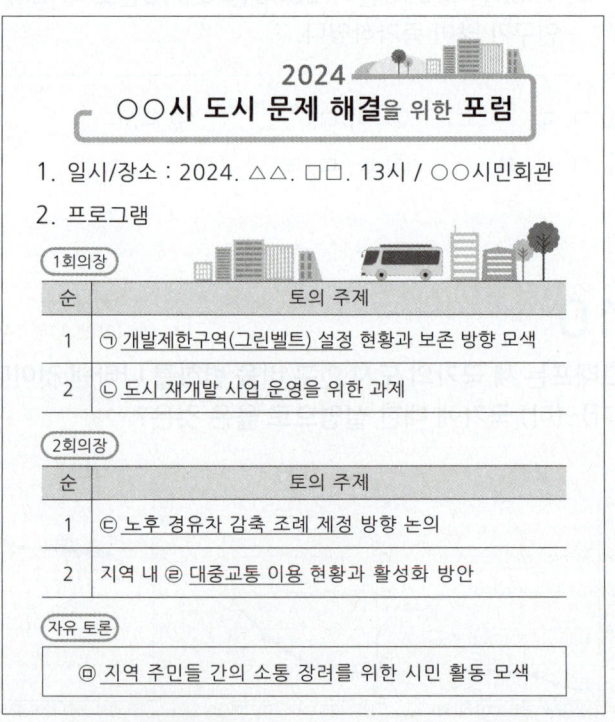

① ㉠은 도시의 무질서한 팽창을 막기 위한 방안에 해당한다.
② ㉡은 도시 기반 시설을 확충하기 위한 방안에 해당한다.
③ ㉢은 개인적 차원에서 실행 가능한 방안에 해당한다.
④ ㉣은 교통 체증 문제를 해결하기 위한 방안에 해당한다.
⑤ ㉤은 공동체의 결속력을 강화하기 위한 방안에 해당한다.

16 대표 문제 [19년 6월 12번]

밑줄 친 ㉠~㉣에 대한 옳은 내용을 [보기]에서 고른 것은? 3점

○ ○ 신 문   △△△△년 △월 △△일

수도권 과밀화 해법 찾아 나서

수도권 3개 시·도가 정책 간담회를 열고, ㉠수도권의 과밀화로 인한 문제점을 해결하기 위해 공동 대응하기로 합의했다. 수도권은 전 국민의 약 50%가 거주하며, ㉡출퇴근 인구의 약 41.3%가 수도권 내의 지역 간 경계를 넘나드는 공동 생활 권역이다. 이에 3개 시·도와 국토교통부는 도심 혼잡을 줄이고 ㉢광역 교통을 효율화하는 정책을 추진할 계획이다.
… (중략) … 또한 신혼부부와 저소득층에 저렴한 주거 공간을 제공하기 위해 ㉣유휴지, 개발 제한 구역 등을 활용해 신규 공공 주택 지구로 개발하기로 했다.

[보 기]

ㄱ. ㉠: 주택 부족, 교통 체증, 환경 오염이 대표적이다.
ㄴ. ㉡: 직장과 주거지의 분리 현상이 나타나고 있다.
ㄷ. ㉢: 대중 교통의 활성화로 대도시권이 축소될 것이다.
ㄹ. ㉣: 열섬 현상이 완화되는 효과를 기대할 수 있다.

① ㄱ, ㄴ   ② ㄱ, ㄷ   ③ ㄴ, ㄷ   ④ ㄴ, ㄹ   ⑤ ㄷ, ㄹ

17 [한지 고2 19년 3월 12번]

다음 자료의 (가)에 들어갈 내용으로 옳지 <u>않은</u> 것은? 2점

앵커: 폭염이 기승을 부리고 있습니다. 특히 대도시의 경우 '열섬 현상'까지 더해져 무더위가 더욱 심해지고 있습니다. 기후 전문가를 모시고 열섬 현상에 대해 알아보겠습니다.

기후 전문가: 열섬 현상이란 도시 내부의 기온이 주변의 교외 지역보다 높게 나타나는 현상입니다. 열섬 현상의 원인은 (가) 등이 있습니다.

① 녹지 면적의 확대
② 자동차 통행량의 증가
③ 냉방 시설에서 나오는 인공열 증가
④ 밀집한 고층 건물로 인한 바람길 차단
⑤ 하천 주변 습지에 대규모 주차장 건설

18 대표 문제 [18년 6월 6번]

학생의 일기를 통해 추론할 수 있는 내용으로 가장 적절한 것은? 2점

○○년 ○월 ○일

동대구역에서 오전 8시에 출발하는 고속 열차에 몸을 실었다. 서울에 오전 10시쯤 도착하여 전문 서점에 들러 음반과 도서를 구입하였다. 간단히 점심을 먹고 소극장에서 연극을 보았다. 배우들의 연기는 훌륭했고, 연출력 또한 수준급이었다. 고속 열차를 타고 집에 돌아와 가족들과 맛있는 저녁을 먹었다. 시험 스트레스를 한 방에 날려버린 보람찬 하루였다.

① 도시화로 인해 공동체 의식이 약화되었다.
② 교통의 발달에 따라 생활권이 확대되었다.
③ 문화 활동에 참여할 수 있는 기회가 축소되었다.
④ 정보 기술의 발달에 따라 쌍방향 통신이 실현되었다.
⑤ 교통수단의 변화로 인해 시공간적 제약이 증가하였다.

19 [23년 6월 18번]

(가)에 들어갈 학생의 답변으로 가장 적절한 것은? 2점

교사: 서울-춘천 고속 국도, 경춘선 복선 전철, 도시 간 특급열차(ITX)의 개통으로 서울-춘천 간 교통 수단이 확충되었습니다. 두 지역에 나타날 수 있는 변화에 대해 의견을 나눠볼까요?

학생: (가)

① 서울의 대학 병원 기능이 약화됩니다.
② 물류의 평균 이동 시간이 증가합니다.
③ 여가를 즐길 공간의 범위가 축소됩니다.
④ 서울에서 춘천을 찾는 관광객이 감소합니다.
⑤ 서울-춘천 간 통근·통학 비율이 증가합니다.

20

[19년 6월 8번]

지도와 같은 국가 철도망이 구축될 경우 예상되는 변화로 적절하지 <u>않은</u> 것은? 2점

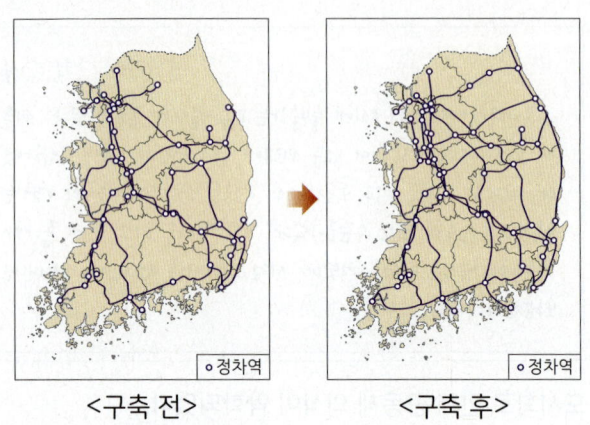

<구축 전> → <구축 후>

① 신규 정차역 주변의 상권이 축소될 것이다.
② 주민들의 일상적인 생활 범위가 확대될 것이다.
③ 수도권과 강원권 간의 접근성이 향상될 것이다.
④ 철도 건설로 인해 삼림 훼손 면적이 늘어날 것이다.
⑤ 지역 간 이동 시 소요되는 평균 시간이 단축될 것이다.

21

[21년 6월 13번]

다음 신문 기사를 바탕으로 예상할 수 있는 지역 변화로 적절하지 <u>않은</u> 것은? 3점

> ○○ 신문
>
> **중부 내륙, 본격적 고속 열차 시대 열려**
>
> 2021년 1월, 서울 청량리역과 안동역 사이에 고속 열차 노선이 개통되었다. 최대 시속 260km의 고속 열차가 원주, 영주 등 8개 역을 거치면서 중부 내륙 지역에도 고속 철도 시대가 열리게 되었다. 청량리에서 안동까지 무궁화호 열차로 3시간 54분 걸리던 이동 시간이 2시간 3분으로 크게 단축되었다.

① 지역 간 접근성이 향상될 것이다.
② 주민들의 일상생활 범위가 확대될 것이다.
③ 철도의 여객 수송 분담률이 증가할 것이다.
④ 경제 활동의 시·공간적 제약이 커질 것이다.
⑤ 신규 정차역 주변에 새로운 상권이 형성될 것이다.

22

[20년 9월 19번]

다음 글에 대한 설명으로 옳지 <u>않은</u> 것은? 2점

> (가) 과거 부여는 강경과 함께 금강 수운의 중심으로 지역 경제의 중심지 역할을 하였다. 그러나 도로와 철도 등의 발달로 교통 체계가 변화하면서 지역의 중심 기능이 대전·천안 등 새로운 중심지로 이전되었고, ㉠부여의 지역 경제는 침체되었다.
>
> (나) 2009년 서울-춘천 고속 국도의 개통으로 두 도시 간 이동 시간이 단축되면서 ㉡춘천시의 음식·숙박업 매출이 증가하였다. 반면 ㉢서울의 학원, 대형 병원, 쇼핑센터 등을 이용하는 춘천 인구가 증가하면서 관련 업종의 매출은 감소하였다.

① ㉠을 해결하기 위해 지역 특색에 맞는 산업을 육성해야 한다.
② ㉡의 원인으로는 춘천시의 관광객 증가를 들 수 있다.
③ ㉢을 통해 서울의 일부 기능이 춘천으로 흡수되고 있음을 알 수 있다.
④ (가)는 교통 발달로 인한 지역 격차 발생을 나타내고 있다.
⑤ (나)는 교통 발달로 인한 생활권 범위 확대를 나타내고 있다.

23

[지리 14년 9월 8번]

다음은 상거래 방식의 사례이다. (가), (나) 방식의 특징으로 옳은 것은? 2점

(가) ○○문고에서 책을 구입하는 영희   (나) 인터넷으로 책을 주문하는 철수

① (가)는 택배 산업의 발달을 가져왔다.
② (나)는 소비자가 판매자를 직접 만나 구매한다.
③ (가)는 (나)보다 상권의 범위가 넓다.
④ (나)는 (가)보다 매장 관리 비용이 많이 든다.
⑤ (나)는 (가)보다 구매 활동의 시간적 제약이 적다.

24

[지리 17년 11월 8번]

다음 자료는 서로 다른 상거래 방식을 나타낸 것이다. (가)와 비교한 (나)의 상대적 특징으로 옳은 것은? 2점

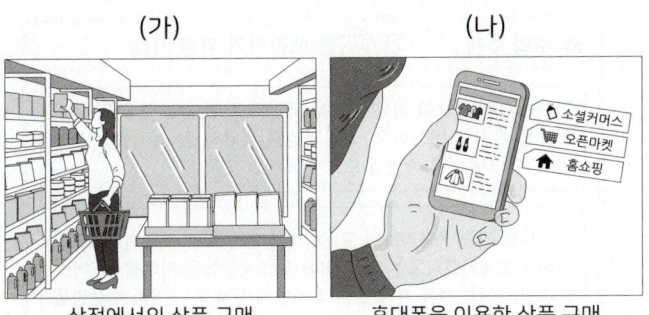

(가) 상점에서의 상품 구매   (나) 휴대폰을 이용한 상품 구매

① 상품의 판매 범위가 넓다.

② 구매 활동의 시간적 제약이 크다.

③ 상품 전시 공간의 필요성이 크다.

④ 판매자와 소비자 간에 대면 접촉이 잦다.

⑤ 상품 구매를 위한 소비자의 평균 이동 거리가 길다.

26 대표 문제

[22년 6월 2번]

그림은 A, B 사회의 일반적인 특징을 비교한 것이다. 이에 대한 설명으로 옳은 것은? (단, A, B는 각각 산업 사회, 정보 사회 중 하나임.) 3점

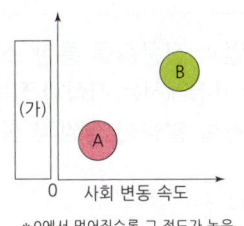

* 0에서 멀어질수록 그 정도가 높음.

① A는 지식과 정보가 가장 중요한 생산 요소이다.

② B는 산업 구조에서 1차 산업이 차지하는 비중이 가장 높다.

③ A는 B에 비해 인간관계를 맺는 방식이 다양하다.

④ B는 A에 비해 정치 참여의 기회가 축소되었다.

⑤ (가)에는 '쌍방향 매체의 활용 정도'가 들어갈 수 있다.

25

[지리 15년 11월 15번]

그림은 두 가지 유통 구조를 나타낸 것이다. (가)에 대한 (나)의 상대적인 특성을 [보기]에서 고른 것은? 2점

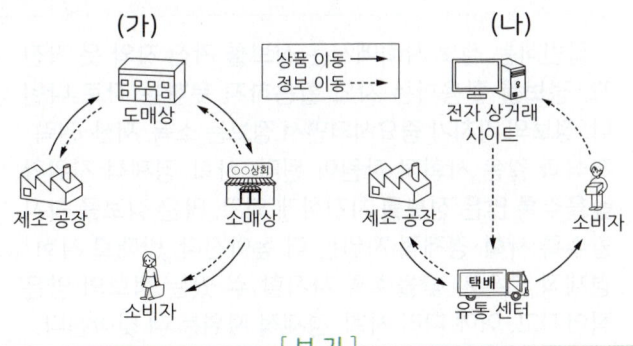

상품 이동 →
정보 이동 ┄┄→

[보 기]

ㄱ. 인터넷 활용도가 높다.

ㄴ. 무점포 상점의 비중이 낮다.

ㄷ. 상거래 활동의 시간적 제약이 작다.

ㄹ. 상품 구매 시 소비자의 이동 거리가 멀다.

① ㄱ, ㄴ   ② ㄱ, ㄷ   ③ ㄴ, ㄷ   ④ ㄴ, ㄹ   ⑤ ㄷ, ㄹ

27

[23년 6월 6번]

자료를 통해 추론할 수 있는 사회의 일반적인 변화 내용으로 가장 적절한 것은? 2점

<매체별 뉴스 이용률 추이>

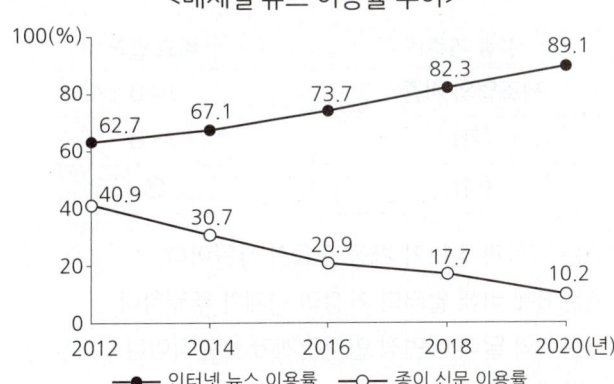

(한국언론진흥재단, 2022)

① 쌍방향 통신매체의 영향력이 증가할 것이다.

② 개인 정보 유출에 의한 사생활 침해 빈도가 감소할 것이다.

③ 재택근무의 축소로 가정과 직장의 분리가 뚜렷해질 것이다.

④ 익명성을 악용한 사이버 범죄의 발생 가능성이 낮아질 것이다.

⑤ 시·공간의 제약으로 전자 상거래 관련 업종이 쇠퇴할 것이다.

28 [21년 9월 10번]

(가)와 비교한 (나)의 상대적인 특징을 그림의 ㉠~㉤에서 고른 것은? (단, (가), (나)는 각각 산업 사회, 정보 사회 중 하나이다.) 2점

(가)에서는 분업과 전문화를 통한 소품종 대량 생산이 주로 나타난다. (나)에서는 지식과 정보가 중요한 자원이 되며, 가상공간을 활용한 쌍방향 통신 매체가 활용된다.

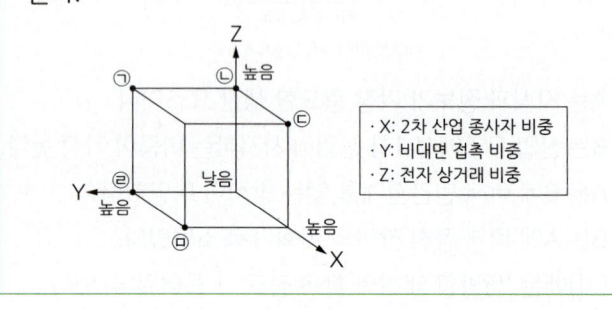

· X: 2차 산업 종사자 비중
· Y: 비대면 접촉 비중
· Z: 전자 상거래 비중

① ㉠   ② ㉡   ③ ㉢   ④ ㉣   ⑤ ㉤

29 [23년 9월 10번]

표는 A, B 사회를 비교한 것이다. 이에 대한 설명으로 옳은 것은? (단, A, B는 각각 산업 사회와 정보 사회 중 하나임.) 3점

분류 기준	비교 결과
제조업의 비중	A>B
(가)	A<B
(나)	㉠

① A는 지식과 정보가 가장 중요한 자원이다.
② A는 B에 비해 일터와 가정의 경계가 뚜렷하다.
③ B는 A와 달리 대면적 인간관계가 보편적이다.
④ (가)에 '소품종 대량 생산 방식의 비중'이 들어갈 수 있다.
⑤ (나)가 '기술 발전의 속도'라면 ㉠은 'A>B'이다.

30 [24년 6월 18번]

다음은 교사가 수업 시간에 제시한 자료이다. (가)에 들어갈 내용으로 가장 적절한 것은? 2점

🔊 수업 주제 : ⎡ (가) ⎤ 를 해결하기 위한 사례

○○시는 정보화 취약 계층을 대상으로 정보 통신 기기 활용 교육을 실시할 예정이다. 교육과정은 컴퓨터 및 스마트폰 사용 기초, 인터넷 이용 방법 등으로 이루어져 있다.

정부는 전국 공공장소의 근거리 무선망을 확대 구축하고, 노후 장비를 교체하겠다고 밝혔다. 이에 따라 국민들은 지하철 역, 버스 정류장, 공원, 전통 시장 등의 장소에서 무료로 근거리 무선망을 이용할 수 있게 될 전망이다.

① 정보 격차 문제   ② 사생활 침해 문제
③ 저작권 침해 문제   ④ 인터넷 중독 문제
⑤ 허위 정보 유포 문제

31 대표 문제 [24년 9월 8번]

다음 글에서 부각되는 정보 사회의 문제점으로 가장 적절한 것은? 2점

급변하는 정보 사회에서는 정보를 가진 자와 못 가진 자, 정보를 활용하는 자와 활용하지 못하는 자로 나뉜다. 정보의 가치가 중요시되면서 정보는 소득·재산·권력·지식과 같은 사회적 자원이 된다. 사회·경제적 지위가 높을수록 많은 정보를 차지하게 되고, 많은 정보를 차지할수록 사회·경제적 지위는 더 높아진다. 반대로 사회·경제적 지위가 낮을수록 차지할 수 있는 정보의 양은 적어지고, 이에 따라 사회·경제적 지위는 더 낮아진다.

① 개인 정보 유출과 사생활 침해 문제가 발생한다.
② 정보 격차는 사회 불평등을 심화시키는 요인이 된다.
③ 비대면 관계의 증가로 인한 인간 소외 현상이 나타난다.
④ 국가에 의한 정보 통제와 감시가 증가하는 문제가 나타난다.
⑤ 정보 통신 기기의 과다 사용으로 인한 중독 문제가 발생한다.

32
[23년 9월 9번]

다음 자료에서 부각되는 정보 사회의 문제점으로 적절한 것만을 [보기]에서 고른 것은? 2점

사이버렉카

- 사이버(Cyber)와 렉카(Wrecker: 견인차)의 합성어
- 교통사고 현장에 달려가는 견인차처럼 사회적 이슈가 발생했을 때 재빨리 영상을 만들어 온라인 공간에 게시하고 조회수를 올리는 사람을 뜻함.
- 온라인 공간에서 유명인들의 사생활 정보, 가짜 뉴스 등을 유포하고 사실을 왜곡하여 부정적 여론을 조성함.

[보 기]

ㄱ. 정보 독점으로 인해 감시 사회가 도래한다.
ㄴ. 세대 간 정보 격차로 인해 불평등이 심화된다.
ㄷ. 허위 정보의 유포로 인해 사회적 혼란이 발생한다.
ㄹ. 개인 정보 유출로 인한 사생활 침해 문제가 확대된다.

① ㄱ, ㄴ   ② ㄱ, ㄷ   ③ ㄴ, ㄷ   ④ ㄴ, ㄹ   ⑤ ㄷ, ㄹ

33
[20년 6월 9번]

다음 토론의 핵심 쟁점으로 가장 적절한 것은? 2점

갑: 개인의 행복 추구권 보장이나 사생활 보호를 위해 개인 정보에 대한 자기 결정권을 존중해야 합니다.

을: 동의합니다. 다만 공익과 관련된 개인의 정보는 개인이 마음대로 삭제해서는 안 됩니다.

갑: 아닙니다. 원하지 않는 개인의 정보를 삭제할 수 있는 '잊힐 권리'는 어떤 경우에도 무조건 보장해야 합니다.

을: 그렇지 않습니다. '잊힐 권리'도 중요하지만 이를 지나치게 강조하면 국민의 '알 권리'가 심각하게 침해될 수 있습니다.

① 정보 사회에서 개인의 사생활을 존중해야 하는가?
② 정보의 가치는 사회적 효용으로 결정할 수 있는가?
③ 사이버 공간에서의 표현의 자유를 인정해야 하는가?
④ 해킹을 방지하기 위한 제도적 장치를 마련해야 하는가?
⑤ 개인 정보에 대한 자기 결정권을 절대적으로 보장해야 하는가?

34
[19년 9월 10번]

자료와 같은 환경이 구축될 경우 나타날 수 있는 현상에 대한 적절한 추론만을 [보기]에서 있는 대로 고른 것은? 2점

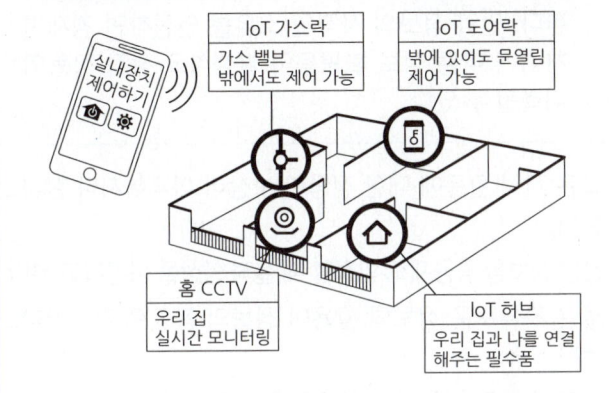

사물인터넷(IoT)은 인터넷을 기반으로 모든 사물을 연결하여 사람과 사물, 사물과 사물 간의 정보를 상호 소통하는 지능형 기술 및 서비스를 말한다. 사물인터넷의 결과물은 빅데이터로 축적되어 여러 분야에 이용된다.

[보 기]

ㄱ. 생활의 시공간적 제약이 증가할 것이다.
ㄴ. 생활의 편리성과 효율성이 향상될 것이다.
ㄷ. 빅데이터를 이용한 정보 통제와 감시가 증가할 것이다.
ㄹ. 개인 정보 유출로 인한 사생활 침해 문제가 증가할 것이다.

① ㄱ, ㄴ   ② ㄱ, ㄷ   ③ ㄷ, ㄹ
④ ㄱ, ㄴ, ㄹ   ⑤ ㄴ, ㄷ, ㄹ

35

[생윤 16년 9월 17번]

갑, 을의 입장에 대한 설명으로 옳지 <u>않은</u> 것은? (3점)

> 갑: 정보는 개인이 노력하여 만든 지적 활동의 산물이다. 따라서 정보 창작자에게 합당한 대가를 지불하고 이용해야 한다. 정보의 사적인 소유를 인정하면 창작 의욕이 고취되어 양질의 정보가 생산될 수 있다.
>
> 을: 정보는 인류 공동의 지적 산물이다. 따라서 비용을 지불하지 않고 자유롭게 정보를 이용할 수 있어야 한다. 만약 정보의 사적인 소유를 인정하면 경제력 차이에 따른 정보 불평등이 발생하고 창작 활동이 위축될 수 있다.

① 갑은 지적 활동에 대한 정당한 보상이 이루어져야 한다고 본다.

② 갑은 정보를 공공재로 인정할 때 질적 향상을 이룬다고 본다.

③ 을은 자유로운 정보의 활용이 정보의 공유로 가능하다고 본다.

④ 을은 정보의 소유권 보장으로 정보 격차 문제가 생긴다고 본다.

⑤ 갑, 을은 정보를 생산하는 창작 활동을 인정해야 한다고 본다.

36

[18년 9월 13번]

다음 글을 통해 파악할 수 있는 현대 사회의 특징으로 가장 적절한 것은? (2점)

> 우리는 누리 소통망(SNS)을 통해 다양한 정보를 실시간으로 주고받을 수 있음은 물론 회사에 나가지 않고도 자택에서 근무를 할 수 있게 되었다. 하지만 악의적인 비방과 욕설로 인한 인권 침해는 물론 타인의 지나친 간섭과 통제로 인한 문제가 증가하고 있다. 대다수의 국민들은 누리 소통망 안에서 발생하는 문제를 더 이상 사용자의 자율적 규제 역량에만 맡길 수 없다는 데 한 목소리를 내고 있다.

① 대면적 인간관계가 증대되고 있다.

② 사생활 침해 가능성이 감소하고 있다.

③ 직장인의 근무 형태가 획일화되고 있다.

④ 정보 교류의 공간적 범위가 좁아지고 있다.

⑤ 정보 윤리 관련 법안의 필요성이 커지고 있다.

37

[22년 6월 20번]

갑, 을의 입장에 대한 설명으로 옳은 것만을 [보기]에서 있는 대로 고른 것은? (3점)

> 갑: 정보 사회에서는 개인이 자신의 정보가 포털 사이트 등을 통해 타인에게 알려지길 원하지 않을 경우, 자신의 정보를 통제할 수 있는 '잊힐 권리'가 보장되어야 한다.
>
> 을: 정보 사회에서는 누구나 자유롭게 정보에 접근할 수 있어야 하고, 공동체에 유익하거나 사람들이 알아야 할 정보라면 삭제를 금지할 수 있는 '알 권리'가 보장되어야 한다.

[보기]

ㄱ. 갑은 개인에게 자신의 정보에 대한 삭제권이 주어져야 한다고 본다.

ㄴ. 갑은 개인 정보 유출로부터 인권을 보호할 수 있는 장치가 마련되어야 한다고 본다.

ㄷ. 을은 공동체의 이익을 위한 정보는 열람 가능해야 한다고 본다.

ㄹ. 을은 자신의 정보 공개 여부에 대한 모든 권한은 자신에게 있어야 한다고 본다.

① ㄱ, ㄴ ② ㄱ, ㄹ ③ ㄷ, ㄹ
④ ㄱ, ㄴ, ㄷ ⑤ ㄴ, ㄷ, ㄹ

38

[생윤 15년 11월 17번]

그림은 어떤 학생이 작성한 노트 필기의 일부이다. ㉠~㉤ 중 옳지 <u>않은</u> 것은? (2점)

> ### 사이버 불링(cyber bullying)
>
> 1. 의미
>   - 이메일, SNS, 인터넷 카페 등을 이용하여 특정인을 집단적으로 괴롭히는 현상
> 2. 특징
>   - 시공간의 제약을 받지 않고 끊임없이 발생한다. ········ ㉠
>   - 주로 언어폭력, 거짓 정보 유포 등을 통해 이루어진다. ·· ㉡
> 3. 예방 및 대응책
>   - 표현의 자유를 무한히 허용하는 정책을 시행한다. ····· ㉢
>   - 상대방의 사진, 동영상을 동의 없이 공개하지 않는다. ·· ㉣
>   - 비속어나 욕설 사용을 자제하고 바른 언어를 사용한다. ·· ㉤

① ㉠ ② ㉡ ③ ㉢ ④ ㉣ ⑤ ㉤

39

[19년 11월 2번]

다음을 통해 추론할 수 있는 현대 사회의 특징으로 옳은 진술만을 [보기]에서 있는 대로 고른 것은? 2점

정보화에 따라 사회의 여러 분야에서 변화가 나타났다. 인터넷 쇼핑을 통한 간편한 물건 구매, 화상 회의를 통한 재택 근무, 인터넷이나 휴대 전화를 이용한 온라인 교육과 원격 진료 등이 가능하게 되었다. 또한 누리 소통망(SNS)을 통한 교류가 확대되면서 가상 공간에서 개개인의 가치관을 공유하는 새로운 인간관계가 형성되기도 하였다. 한편, 개인의 행동이나 기록이 정보화 기기에 노출되는 빈도가 증가하면서 새로운 문제점도 확산되고 있다.

[보 기]

ㄱ. 개인 정보 유출로 인한 사생활 침해의 가능성이 커질 것이다.
ㄴ. 인간관계의 폭이 확대되면서 대면 접촉의 비중이 증가할 것이다.
ㄷ. 직장과 주거지의 물리적 거리에 따른 공간적 제약이 완화될 것이다.
ㄹ. 전자 상거래의 활성화로 무점포 업체 및 국내 택배업이 성장할 것이다.

① ㄱ, ㄴ   ② ㄱ, ㄷ   ③ ㄴ, ㄹ
④ ㄱ, ㄷ, ㄹ   ⑤ ㄴ, ㄷ, ㄹ

40

[일사 15년 9월 3번]

(가)에 들어갈 답변으로 가장 적절한 것은? 2점

교사: 최근 SNS(Social Network Service) 상에서 관심사가 비슷한 사람들끼리 외모, 취미, 가족 정보 등을 주고받는 일이 많아졌습니다. 이들의 정보가 보이스 피싱* 등의 범죄 행위에 악용되는 사례가 나타나고 있어요. 이에 대한 대책에는 어떤 것이 있을까요?

학생: _____ (가)

*보이스 피싱(voice phishing): 음성(voice)과 개인 정보(private data), 낚시(fishing)를 합성한 신조어로, 전화를 통해 개인 정보를 빼내어 악용하는 범죄이다.

① 국가가 개인 정보를 독점해야 합니다.
② SNS 상에서 표현의 자유를 확대해야 합니다.
③ 지적 창작물에 대한 권리 보호를 강화해야 합니다.
④ 소득 수준에 따른 정보 격차를 완화시켜야 합니다.
⑤ 제3자에게 개인 정보가 유출되지 않도록 해야 합니다.

41

[22년 6월 13번]

(가), (나) 사례에 해당하는 정보 사회의 문제점으로 가장 적절한 것은? 2점

(가) 인터넷, 스마트 기기를 이용한 비대면 금융 거래가 보편화되면서 오프라인 점포 수를 줄이는 금융 기관이 많아지고 있다. 이에 따라 인터넷과 모바일을 활용한 금융 거래에 익숙하지 않은 노년층이 불편함을 겪고 있다.
(나) 인터넷상에서 '신상털기'가 무분별하게 이뤄지면서 사건 당사자의 안전을 위협하거나 심리적 고통을 야기하기도 한다.

	(가)	(나)
①	정보 격차	인터넷 중독
②	정보 격차	사생활 침해
③	저작권 침해	인터넷 중독
④	저작권 침해	사생활 침해
⑤	인터넷 중독	저작권 침해

42 대표 문제

[22년 6월 4번]

'공공 기관 이전에 따른 ○○군의 변화'를 주제로 지역 조사를 하고자 한다. (가), (나) 단계에 해당하는 활동으로 옳은 것만을 [보기]에서 있는 대로 고른 것은? 2점

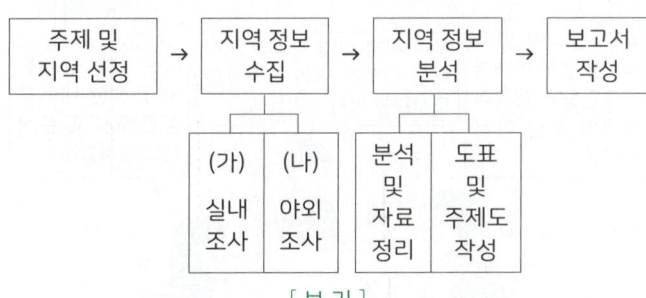

[보 기]

ㄱ. (가): ○○군으로 이전한 공공 기관 주변의 상인을 찾아가 설문 조사를 한다.
ㄴ. (가): ○○군청 누리집에서 공공 기관 이전 전후의 ○○군 산업별 취업자 통계 자료를 수집한다.
ㄷ. (나): ○○군 항공 사진에서 식별하기 어려웠던 건물을 현장에 가서 직접 촬영한다.
ㄹ. (나): ○○군으로 이전한 공공 기관 앞 도로에 가서 지나가는 차량의 수를 세어 기록한다.

① ㄱ, ㄴ   ② ㄱ, ㄹ   ③ ㄷ, ㄹ
④ ㄱ, ㄴ, ㄷ   ⑤ ㄴ, ㄷ, ㄹ

43

[24년 6월 4번]

다음은 지역 조사 과정을 나타낸 것이다. A~E 단계에 해당하는 활동으로 가장 적절한 것은? 2점

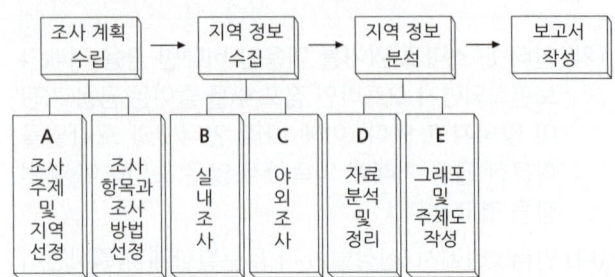

① A: 수집한 정보를 항목별로 구분해 중요한 지리 정보를 선별한다.
② B: 인터넷을 활용하여 ○○시의 인구 통계 자료를 조사한다.
③ C: ○○시의 출생자 수 변화를 통계 지도와 표로 표현한다.
④ D: ○○시청 인구정책과를 방문하여 담당자와 면담한다.
⑤ E: '○○시의 인구 변화'를 주제로 결정한다.

44

[19년 11월 19번]

다음은 지역 조사 활동을 위한 모둠원 간의 대화 장면이다. 이에 대한 옳은 설명만을 [보기]에서 고른 것은? 2점

─────[보 기]─────
ㄱ. ㉠을 조사하기 위한 주요 방법으로는 설문, 면담 등이 있다.
ㄴ. ㉡은 지역 조사 단계 중 실외 조사에 해당된다.
ㄷ. ㉢은 그래프, 지도 등으로 표현하는 것이 지리 정보 파악에 용이하다.
ㄹ. 일반적으로 지역 조사는 을보다 갑의 활동이 먼저 이루어진다.

① ㄱ, ㄴ   ② ㄱ, ㄷ   ③ ㄴ, ㄷ   ④ ㄴ, ㄹ   ⑤ ㄷ, ㄹ

45

[18년 6월 7번]

지역 조사 과정 중 (가), (나) 단계에 해당하는 옳은 활동을 [보기]에서 고른 것은? 2점

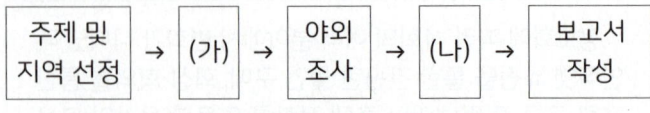

─────[보 기]─────
ㄱ. '경주의 불교문화'를 주제로 결정한다.
ㄴ. 불교문화와 관련한 문헌 자료를 조사한다.
ㄷ. 답사 자료를 바탕으로 불교 유적 분포도를 그린다.
ㄹ. 경주의 남산을 중심으로 불교문화 유적을 답사한다.

	(가)	(나)		(가)	(나)
①	ㄱ	ㄴ	②	ㄱ	ㄷ
③	ㄴ	ㄷ	④	ㄴ	ㄹ
⑤	ㄷ	ㄹ			

46

[23년 9월 6번]

다음 자료는 지역 조사 과정을 나타낸 것이다. (가)~(다)에 들어갈 적절한 활동만을 [보기]에서 고른 것은? 2점

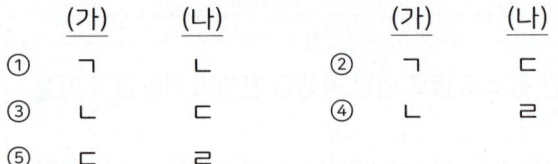

─────[보 기]─────
ㄱ. ◇◇ 전통 시장의 위치, 교통망, 상점 수 등을 인터넷을 활용하여 조사한다.
ㄴ. ◇◇ 전통 시장을 방문하여 이용자를 대상으로 이용 횟수, 만족도 등을 설문 조사한다.
ㄷ. ◇◇ 전통 시장 이용자의 만족도, 업종별 상점 현황을 분석하여 도표나 그래프 등으로 표현한다.

	(가)	(나)	(다)		(가)	(나)	(다)
①	ㄱ	ㄴ	ㄷ	②	ㄱ	ㄷ	ㄴ
③	ㄴ	ㄷ	ㄱ	④	ㄷ	ㄱ	ㄴ
⑤	ㄷ	ㄴ	ㄱ				

47

[25년 9월 11번]

다음 자료를 바탕으로 예상할 수 있는 지역의 변화로 적절한 것은? (1.5점)

2024년 12월 개통한 광역 철도인 대경선(대구·경북)은 구미에서 경산까지 총 61.85km를 잇는 비수도권 최초의 광역 철도로, 대구·경북 350만 시·도민에게 수도권 수준의 광역 전철 혜택을 제공한다. 대경선은 7개 역을 1시간 이내에 연결하며, 하루 최대 왕복 100회 운행한다. 동대구역과 대구역에서는 도시 철도 1호선과 환승이 가능하다.

① 경산 주민들의 일상생활 범위가 확대될 것이다.
② 구미~경산 간 시·공간적 제약이 증가될 것이다.
③ 구미~대구 간 이동하는 평균 시간은 증가될 것이다.
④ 광역 철도의 신규 정차역 주변 상권이 축소될 것이다.
⑤ 대경선을 이용하는 주민들의 통근권이 축소될 것이다.

48

[25년 9월 19번]

다음은 지역 조사를 위한 온라인 모둠 활동의 장면이다. 밑줄 친 ㉠~㉤에 대한 설명으로 옳지 않은 것은? (2점)

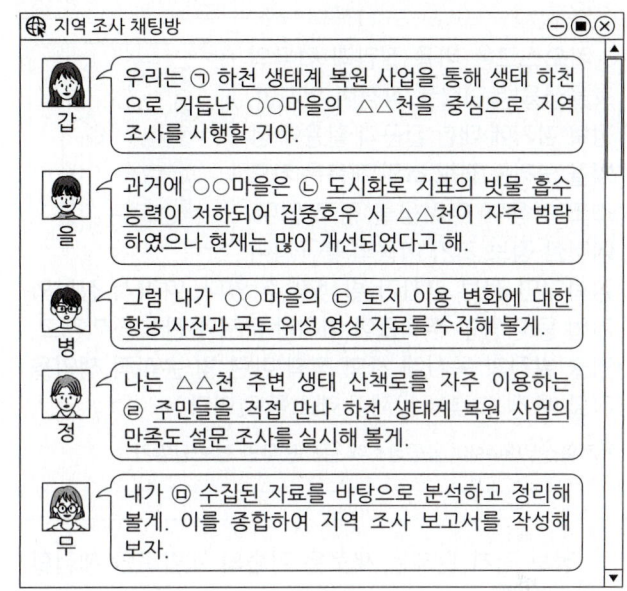

지역 조사 채팅방

갑: 우리는 ㉠ 하천 생태계 복원 사업을 통해 생태 하천으로 거듭난 ○○마을의 △△천을 중심으로 지역 조사를 시행할 거야.

을: 과거에 ○○마을은 ㉡ 도시화로 지표의 빗물 흡수 능력이 저하되어 집중호우 시 △△천이 자주 범람하였으나 현재는 많이 개선되었다고 해.

병: 그럼 내가 ○○마을의 ㉢ 토지 이용 변화에 대한 항공 사진과 국토 위성 영상 자료를 수집해 볼게.

정: 나는 △△천 주변 생태 산책로를 자주 이용하는 ㉣ 주민들을 직접 만나 하천 생태계 복원 사업의 만족도 설문 조사를 실시해 볼게.

무: 내가 ㉤ 수집된 자료를 바탕으로 분석하고 정리해 볼게. 이를 종합하여 지역 조사 보고서를 작성해 보자.

① ㉠으로 인해 △△천 주변에 생물종 다양성이 증가할 것이다.
② ㉡은 아스팔트 등 포장된 지표의 면적이 감소하였기 때문이다.
③ ㉢은 문헌이나 인터넷을 통해 수집할 수 있다.
④ ㉣은 지역 조사 단계 중 야외 조사에 해당한다.
⑤ ㉤에서는 도표, 그래프, 통계 지도 등을 작성할 수 있다.

49

[25년 9월 20번]

다음 글의 관점에 부합하는 진술만을 [보기]에서 고른 것은? 1.5점

키오스크는 비용 절감과 업무의 효율성을 높인다는 장점이 있지만, 정보 기기에 대한 접근과 활용에 장벽을 느끼는 정보 소외 계층은 키오스크 사용에 어려움을 겪고 있다. 이러한 정보 기기 이용의 불균형이 심화되면 정보 격차가 발생할 수 있다. 따라서 정부와 기업 등 다양한 주체들이 이러한 문제에 관심을 가지고, 기술 발전과 동시에 사회 정책 마련 및 윤리적 책임을 다할 때 정보 격차 문제가 해소될 것이다.

* 키오스크(kiosk): 공공장소에 설치된 무인 정보 단말기

─────[보 기]─────

ㄱ. 정보 격차 문제는 새로운 기술의 개발로만 해결할 수 있다.

ㄴ. 다양한 주체들은 정보 소외 계층의 어려움에 공감하고 배려해야 한다.

ㄷ. 정부는 정보 격차로 인한 불평등 완화를 위해 맞춤형 정보 교육을 실시해야 한다.

ㄹ. 기업은 키오스크 보급으로 인해 발생하는 문제에 대한 사회적 책임으로부터 자유로워야 한다.

① ㄱ, ㄴ ② ㄱ, ㄷ ③ ㄴ, ㄷ ④ ㄴ, ㄹ ⑤ ㄷ, ㄹ

1 대표 문제 [24년 9월 11번]

(가)와 비교한 (나)의 상대적 특징에 대한 추론으로 옳지 않은 것은? (단, (가), (나)는 각각 우리나라의 1970년, 2020년 중 하나임.) 2점

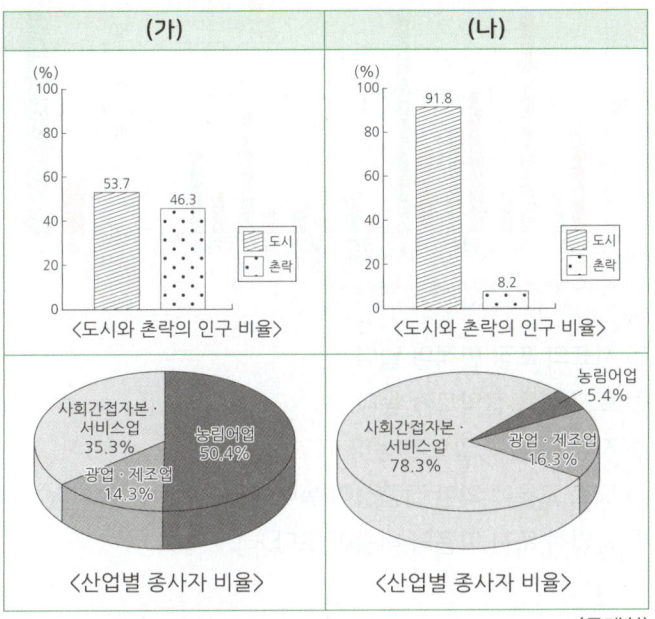

(통계청)

① 1인 가구의 비중이 증가하였을 것이다.
② 도시의 토지 이용 집약도가 높아졌을 것이다.
③ 사람들이 종사하는 직업의 종류가 다양해졌을 것이다.
④ 공동체 의식보다 개인주의적 가치관이 확산되었을 것이다.
⑤ 지표의 포장 면적 확대로 불투수 면적이 감소하였을 것이다.

2 [22년 9월 15번]

그래프는 두 시기의 우리나라 산업별 종사자 현황과 도시 인구 비율을 나타낸 것이다. (가)에 대한 (나)의 상대적 특성을 그림의 A~E에서 고른 것은? (단, (가), (나)는 1970년, 2019년 중 하나이다.) 3점

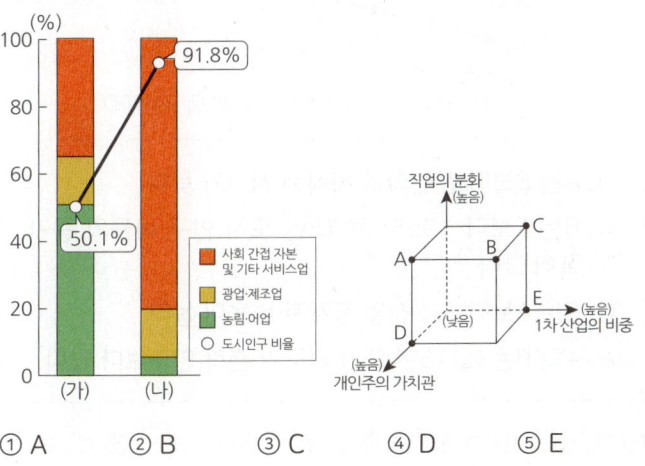

① A   ② B   ③ C   ④ D   ⑤ E

3 [21년 6월 17번]

그래프는 우리나라의 도시화율과 산업별 취업자 현황을 나타낸 것이다. 1970년과 비교한 2015년의 상대적 특성으로 옳지 않은 것은? 3점

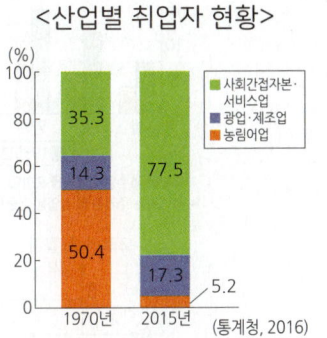

① 도시 인구 비율이 높다.
② 직업의 분화 정도가 높다.
③ 이촌 향도 현상이 활발하다.
④ 도시의 시가지 면적이 넓다.
⑤ 3차 산업 종사자 비율이 높다.

4 [18년 6월 4번]

그래프의 A에서 B로 이동했을 때 나타날 수 있는 일반적인 현상으로 적절하지 않은 것은? 2점

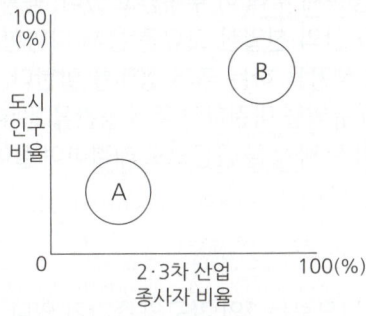

① 직업의 종류가 다양해질 것이다.
② 개인주의 가치관이 확산될 것이다.
③ 도시의 주택 문제가 증가할 것이다.
④ 가구당 평균 구성원 수가 늘어날 것이다.
⑤ 도시의 토지 이용 집약도가 높아질 것이다.

5
[22년 6월 16번]

그래프는 우리나라 ○○시의 용도별 토지 면적 변화를 나타낸 것이다. 1995년과 비교한 2019년의 상대적 특징을 그림의 A~E에서 고른 것은? (단, ○○시의 연도별 총면적은 유의미한 차이가 없음.) 3점

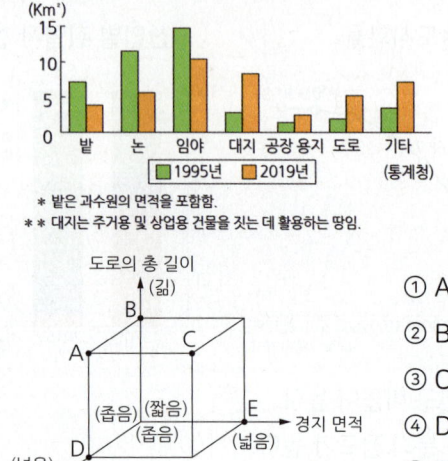

* 밭은 과수원의 면적을 포함함.
** 대지는 주거용 및 상업용 건물을 짓는 데 활용하는 땅임.

① A
② B
③ C
④ D
⑤ E

7
[21년 9월 15번]

자료는 ○○시의 용도별 토지 이용과 총인구를 나타낸 것이다. (가) 시기와 비교한 (나) 시기의 상대적 특징으로 옳지 않은 것은? 3점

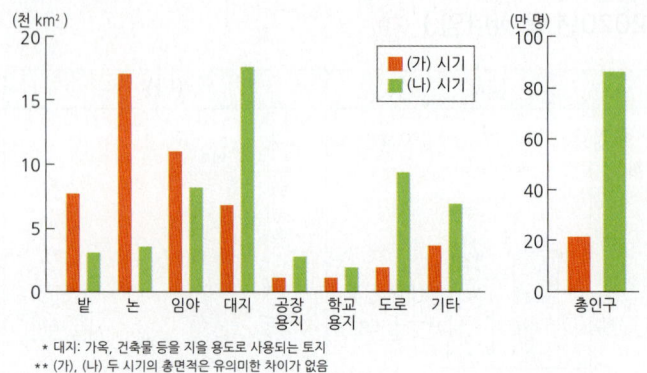

* 대지: 가옥, 건축물 등을 지을 용도로 사용되는 토지
** (가), (나) 두 시기의 총면적은 유의미한 차이가 없음

① 지표의 포장 면적이 넓다.
② 토지 이용 집약도가 높다.
③ 지역 내 인구 밀도가 높다.
④ 도로 교통에 의한 접근성이 높다.
⑤ 농업적 토지 이용의 비중이 크다.

6
[18년 9월 19번]

㉠~㉣에 대한 옳은 설명을 [보기]에서 고른 것은? 2점

○ 최근 경제 트렌드로 ㉠'1코노미'가 주목받고 있다. 1코노미를 지향하는 사람들은 단체와 조직을 우선시하는 삶에 피곤함을 느껴 혼자만의 소비 생활을 즐긴다. 하지만 ㉡누리 소통망(SNS)을 통해 사회적 관계망을 유지하고 있기에 심리적으로 혼자가 아니라고 여긴다.

○ 최근 ㉢'공동체 주택'이 주목받고 있다. 공동체 주택이란 주민들 간의 친밀한 교류를 통해 다양한 분야에서 협력적인 생활을 하는 주거 형태를 말한다. ㉣주민들은 공동의 규약을 마련하여 주거 공간을 공유하고 주거비용, 육아 문제 등을 공동으로 해결하며 살아간다.

* 1코노미: 숫자 1과 이코노미(Economy)의 합성어

─────[보 기]─────

ㄱ. ㉠의 배경으로는 1인 가구의 증가가 있다.
ㄴ. ㉡은 정보화로 인한 생활의 변화를 나타낸다.
ㄷ. ㉣은 사회적 유대감보다 개인의 자율성을 강조한다.
ㄹ. ㉠은 ㉢과 달리 공동체의 결속과 소통을 중시한다.

① ㄱ, ㄴ ② ㄱ, ㄷ ③ ㄴ, ㄷ ④ ㄴ, ㄹ ⑤ ㄷ, ㄹ

8
[세지 고2 19년 3월 12번]

그래프의 A~C 국가에 대한 옳은 설명을 [보기]에서 고른 것은? (단, A~C는 말레이시아, 케냐, 프랑스 중 하나임.) 2점

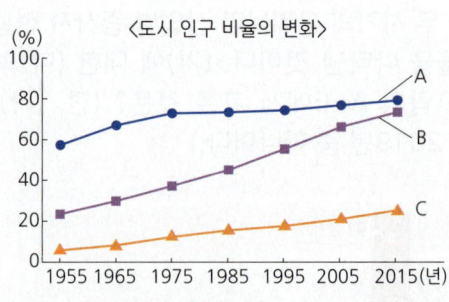

─────[보 기]─────

ㄱ. A는 B보다 산업화가 시작된 시기가 늦다.
ㄴ. B는 C보다 1955~2015년 도시 인구 비율의 증가폭이 크다.
ㄷ. C는 A보다 3차 산업 종사자 비율이 높다.
ㄹ. A와 B는 2015년 도시 인구가 촌락 인구보다 많다.

① ㄱ, ㄴ ② ㄱ, ㄷ ③ ㄴ, ㄷ ④ ㄴ, ㄹ ⑤ ㄷ, ㄹ

9

[20년 9월 15번]

밑줄 친 ㉠~㉤에 대한 설명으로 적절하지 <u>않은</u> 것은? ②점

제목: 산업화와 ㉠<u>도시화</u>에 따른 생활공간의 변화

1. 거주 공간의 변화
   - ㉡<u>고층 건물과 아파트의 증가</u>
   - 다양한 기능으로 도시 내부 공간 분화
   - ㉢<u>대도시권의 등장</u>
2. 생태 환경의 변화
   - 대기·수질·토양 오염 심화
   - ㉣<u>토양의 빗물 흡수 능력 저하</u>
   - ㉤<u>도심의 열섬 현상 발생</u>

① ㉠: 일반적으로 선진국보다 개발도상국의 진행 속도가 빠르다.

② ㉡: 토지 이용의 집약도가 상승했음을 보여준다.

③ ㉢: 대도시와 인근 도시 간의 상호작용이 줄어들게 된다.

④ ㉣: 콘크리트, 아스팔트 등으로 포장된 지표의 면적이 증가하였기 때문이다.

⑤ ㉤: 도심의 녹지 부족과 인공 열 방출 등으로 발생한다.

10

[세지 고2 20년 3월 20번]

(가)~(다) 국가에 대한 옳은 설명만을 [보기]에서 고른 것은? (단, (가)~(다)는 각각 에티오피아, 영국, 중국 중 하나임.) ③점

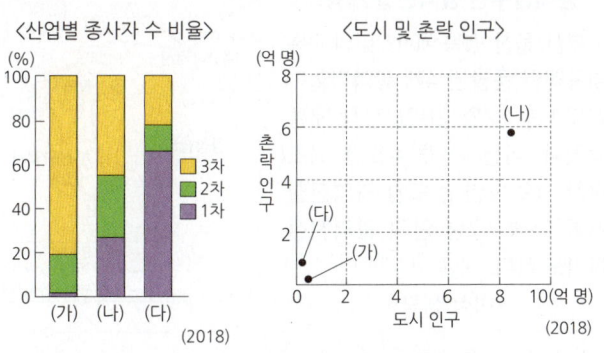

〈산업별 종사자 수 비율〉   〈도시 및 촌락 인구〉

[보 기]

ㄱ. (다)는 1차 산업보다 2차 산업 종사자 수가 많다.

ㄴ. (나)는 (가)보다 산업화에 진입한 시기가 이르다.

ㄷ. (나)는 (다)보다 도시화율이 높다.

ㄹ. (가)는 유럽, (나)는 아시아에 위치한다.

① ㄱ, ㄴ　② ㄱ, ㄷ　③ ㄴ, ㄷ　④ ㄴ, ㄹ　⑤ ㄷ, ㄹ

11

[19년 9월 16번]

밑줄 친 '괭이부리마을'의 생활공간 변화에 대한 설명으로 옳지 <u>않은</u> 것은? ③점

지금 괭이부리마을이 있는 자리는 원래 땅보다 갯벌이 더 넓은 바닷가였다. 그 바닷가에 '고양이 섬'이라는 작은 섬이 있었다. 소나무 숲이 우거진 곳이었던 이 섬은 바다가 메워지면서 흔적도 없어졌고, 오랜 세월이 지나면서 그곳은 숲 대신 공장 굴뚝과 판잣집들만 빼곡히 들어찬 공장 지대가 되었다. 이후 일자리를 찾아 도시로 올라온 이농민들은 괭이부리마을 판자촌에 둥지를 틀었다. 판잣집이라도 얻을 돈이 있는 사람은 다행이었지만, 그나마 전셋돈마저 없는 사람들은 시궁창 위에도 다락집을 짓고, 기찻길 바로 옆에도 집을 지었다.

① 간척사업으로 갯벌이 감소하였다.

② 어업에 종사하는 주민 비율이 증가하였다.

③ 주택 문제와 같은 도시 문제가 발생하였다.

④ 공업단지의 조성으로 유입 인구가 증가하였다.

⑤ 공장 지대와 같은 새로운 기능을 수행하는 공간이 나타났다.

12

[20년 6월 15번]

자료에 제시된 지역의 변화로 옳은 것을 그래프의 A~E에서 고른 것은? ③점

○○ 지역은 과거에는 논농사 중심의 전형적인 농촌이었다. 그러나 인근 대도시로 연결되는 고속 국도가 개통되면서 교통 여건이 크게 개선되어 인근 대도시로부터 많은 인구가 유입되었다. 이로 인해 논에는 대규모 아파트 단지가 들어섰고 대형 마트, 아울렛 등 각종 상업 시설들이 입지하였다.

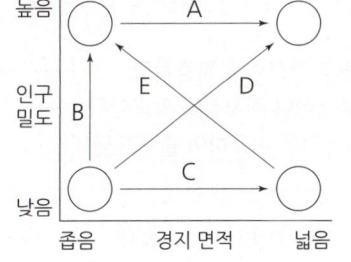

① A
② B
③ C
④ D
⑤ E

13
[23년 6월 10번]

그래프는 우리나라의 산업별 종사자 비중과 도시 인구 비율 변화를 나타낸 것이다. 1960년과 비교한 2020년의 상대적 특성으로 옳은 것은? 2점

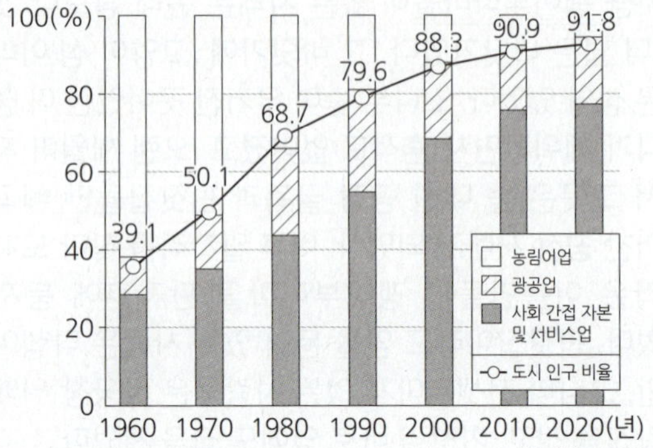

(통계청, 2021)

① 직업의 종류가 다양하다.
② 촌락 인구의 비율이 높다.
③ 토지 이용의 집약도가 낮다.
④ 1차 산업 종사자 비중이 높다.
⑤ 개인주의적 가치관이 약화된다.

14
[18년 9월 11번]

다음은 학생이 작성한 수행 평가 답안지의 일부이다. ㉠~㉤ 중 옳지 않은 것은? 2점

수행 평가

1학년 ○반 이름: ○○○

■ 다음 자료를 읽고 밑줄 친 부분의 원인과 대책을 쓰시오.

최근 서울을 비롯한 대도시 지역에 서식하는 매미가 농촌보다 최대 13배까지 많은 것으로 밝혀졌다. 매미의 유충은 기온이 높은 곳에서 성장하기 좋은데 도시 내부가 교외에 비해 기온이 높기 때문에 매미의 밀도가 높게 나타난다.

지역별 매미 밀도

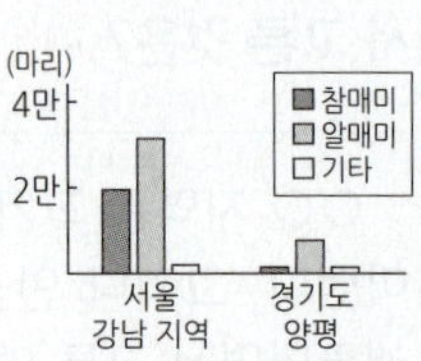

(2010년 8월, 1km²당 개체수)

◎ 학생 답안
▶ 원 인
1. 콘크리트 건축물과 아스팔트 도로의 복사열 .... ㉠
2. 냉·난방 장치나 자동차에서 배출되는 인공열 .... ㉡
▶ 대 책
1. 건물 옥상 정원과 가로수를 확충한다. .... ㉢
2. 도심 하천을 복개하여 주차장을 확충한다. .... ㉣
3. 대중교통과 자전거를 이용하여 출·퇴근한다. .... ㉤

① ㉠ ② ㉡ ③ ㉢ ④ ㉣ ⑤ ㉤

15 대표 문제
[21년 6월 6번]

다음은 학생 필기 내용의 일부이다. (가)~(마)에 들어갈 내용으로 적절하지 않은 것은? 2점

★ 도시 문제와 해결 방안
1. 발생 원인: (가)
2. 문제점과 해결 방안

문제점	해결 방안	
	개인적 차원	사회적 차원
수질 오염	샴푸, 세제 등의 사용 자제	(나)
교통 체증	(다)	(라)
사회적 유대감 약화	이웃을 배려하는 태도 함양	(마)

① (가) - 인구와 기능의 과도한 도시 집중
② (나) - 생활 오·폐수 배출 및 처리 기준 완화
③ (다) - 버스, 지하철 등 대중교통 수단의 이용
④ (라) - 승용차 요일제 실시 및 혼잡통행료 부과
⑤ (마) - 마을 공동체 회복을 위한 지원 정책 시행

16
[22년 9월 11번]

다음 신문 기사를 바탕으로 예상할 수 있는 지역의 변화로 적절하지 않은 것은? 3점

○○신문 2021년 □월 △일

'첫 비수도권 광역전철' 동해남부선 광역전철 개통!

부산·울산·경북 메가시티의 교통 대동맥인 동남권 4개 광역전철이 2021년 12월 28일 정식 개통되었다. 이는 비(非)수도권 최초이자, 1974년 수도권 광역전철 개통 이래 47년 만의 광역전철이기도 하다.

……이하 생략……

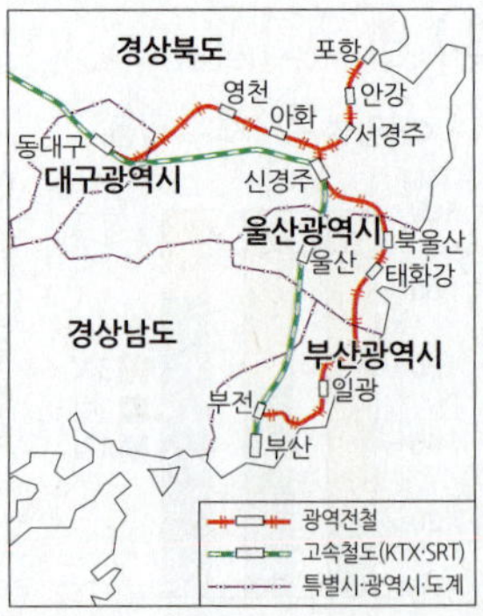

① 광역전철역 주변의 상권은 확대될 것이다.
② 광역전철 이용 주민들의 통근권이 확대될 것이다.
③ 지역 간 이동 시 소요되는 평균 시간이 단축될 것이다.
④ 광역전철 인근 주민들은 고속철도로의 접근성이 향상될 것이다.
⑤ 대도시가 주변 지역의 경제력을 흡수하는 현상이 없어질 것이다.

정답과 해설 13 p.101 14 p.101 15 p.101 16 p.101

17

[18년 11월 5번]

다음에 나타난 생활의 변화에 대한 옳은 진술만을 [보기]에서 있는 대로 고른 것은? 2점

> 고속 열차의 등장 이후 서울에서 부산까지 2시간 40분 정도면 이동할 수 있을 정도로 이동 시간이 단축되었다. 또한 자동차와 같은 교통수단을 개인이 소유하는 경우가 많아지면서 우리나라 전국 곳곳을 자유롭게 오가는 사람들이 많아졌다. 뿐만 아니라 항공 교통이 발달하면서 해외 여행객 수가 크게 증가하였다.

[보 기]

ㄱ. 지역 간의 접근성이 향상되었다.
ㄴ. 통근·통학 가능 범위가 확대되었다.
ㄷ. 여가 활동의 공간 범위가 축소되었다.
ㄹ. 경제 활동의 시·공간적 제약이 작아졌다.

① ㄱ, ㄴ ② ㄱ, ㄷ ③ ㄷ, ㄹ
④ ㄱ, ㄴ, ㄹ ⑤ ㄴ, ㄷ, ㄹ

18

[22년 11월 10번]

다음은 어느 학생이 쓴 일기이다. 밑줄 친 ㉠~㉣에 대한 옳은 설명만을 [보기]에서 고른 것은? 3점

> 2022년 ○월 ○일
> 예전에는 보령에서 안면도 영목항까지 90분이 넘게 걸렸는데 ㉠새로 개통한 보령 해저 터널을 통과하니 10여 분 만에 도착했다. 영목항의 한 식당 사장님은 ㉡해저 터널 개통 이후 관광객이 많이 늘어나 지역 상인들이 장사할 맛이 난다고 하셨다. 하지만 ㉢관광객의 증가로 지역 주민들이 피해를 입기도 한다는 말씀에 마음이 무겁기도 했다. 여행 중 먹지 못해 아쉬웠던 요리인 게국지를 집으로 돌아오는 길에 ㉣인터넷을 통해 주문했다.

[보 기]

ㄱ. ㉠으로 인해 보령-안면도 영목항 간 접근성은 낮아졌다.
ㄴ. ㉡을 통해 해저 터널 개통이 영목항 일대의 지역 경제 활성화에 이바지함을 알 수 있다.
ㄷ. ㉢의 사례로 관광객들의 쓰레기 무단 투기 증가를 들 수 있다.
ㄹ. ㉣의 등장으로 소비자의 상품 구입에 대한 시·공간적 제약은 강화되었다.

① ㄱ, ㄴ ② ㄱ, ㄷ ③ ㄴ, ㄷ ④ ㄴ, ㄹ ⑤ ㄷ, ㄹ

19

[24년 6월 3번]

다음 신문 기사의 (가)에 들어갈 내용으로 가장 적절한 것은? 2점

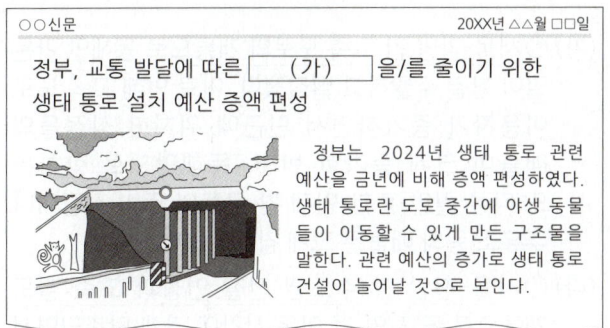

○○신문   20XX년 △△월 □□일

정부, 교통 발달에 따른 (가) 을/를 줄이기 위한 생태 통로 설치 예산 증액 편성

> 정부는 2024년 생태 통로 관련 예산을 금년에 비해 증액 편성하였다. 생태 통로란 도로 중간에 야생 동물들이 이동할 수 있게 만든 구조물을 말한다. 관련 예산의 증가로 생태 통로 건설이 늘어날 것으로 보인다.

① 도시 팽창 ② 공간 불평등
③ 생태 서식지 단절 ④ 외래 생물종 전파
⑤ 생활 양식의 획일화

20 대표 문제

[23년 11월 12번]

다음 자료는 학생이 생성형 인공 지능과 대화한 내용의 일부이다. 밑줄 친 ㉠~㉣에 대한 옳은 설명만을 [보기]에서 있는 대로 고른 것은? 2점

> 교통의 발달과 정보화에 따른 우리 생활의 변화를 알려 줘.
>
> AI 교통의 발달과 정보화에 따른 우리 생활의 변화를 알려 드릴게요.
> 1. ㉠교통의 발달로 지역 간 접근성이 향상되고, 교류가 활발해져 지역 경제가 활성화되었어요. 하지만 도로, 철도 등의 건설로 인해 산림이 훼손되고 녹지 면적이 감소하여 ㉡생태 환경의 변화가 나타났어요.
> 2. 정보화로 많은 정보를 쉽고 빠르게 주고받을 수 있게 되면서 우리 생활이 편리해졌어요. ㉢전자 상거래가 활성화되었고, 원격 근무나 화상 회의가 가능해졌어요. 하지만 ㉣정보화로 인한 다양한 문제가 발생했어요.
>
> Send a message

[보 기]

ㄱ. ㉠으로 인해 개인의 일상생활 범위가 확대되었다.
ㄴ. ㉡의 사례로 '교통로 건설에 따른 야생 동물의 이동 통로 단절'을 들 수 있다.
ㄷ. ㉢으로 인해 소비 활동의 공간적 제약이 강화되었다.
ㄹ. ㉣로 지역 간, 계층 간 정보 격차 발생을 들 수 있다.

① ㄱ, ㄴ ② ㄱ, ㄷ ③ ㄷ, ㄹ
④ ㄱ, ㄴ, ㄹ ⑤ ㄴ, ㄷ, ㄹ

21
[21년 11월 10번]

다음 글에 대한 옳은 설명만을 [보기]에서 있는 대로 고른 것은? **3점**

> (가) ⊙서울-양양 간 고속 도로의 개통으로 동해안 가는 길이 한결 수월하고 빨라졌다. 이로 인해 고속 도로 이용자가 증가하면서 인근에 위치한 상점들의 매출이 크게 증가한 반면, 동해안으로 향하는 또 다른 길인 홍천-인제 간 국도의 주변 식당이나 주유소 등의 매출은 크게 감소하였다.
>
> (나) ⓛ서울-천안 간 수도권 전철 연장과 고속 철도 개통으로 두 지역 간 이동 시간이 크게 단축되면서 천안 및 인근 지역에서 수도권으로 출근하는 직장인의 수가 이전보다 증가하였다. 또한 수도권에서 천안 인근의 대학으로 통학하는 대학생의 수도 증가하였다.

[보 기]
ㄱ. ⊙으로 서울-양양 간 접근성이 향상되었다.
ㄴ. ⓛ으로 서울-천안 간 시·공간적 제약이 증가하였다.
ㄷ. (가)에서는 교통의 변화가 지역 경제에 미치는 영향이 나타난다.
ㄹ. (나)에서는 교통의 발달로 인한 일상 생활권의 확대가 나타난다.

① ㄱ, ㄴ　　② ㄱ, ㄷ　　③ ㄴ, ㄷ
④ ㄱ, ㄷ, ㄹ　　⑤ ㄴ, ㄷ, ㄹ

22
[지리 14년 6월 9번]

(가)에 비해 (나)의 상거래 방식이 가지는 특징으로 옳은 것은? **2점**

(가)	(나)

① 상권이 더 좁다.
② 유통 비용이 많이 든다.
③ 제품의 가격 비교가 어렵다.
④ 구매 활동의 시간적 제약이 적다.
⑤ 제품 구매를 위한 평균 이동 거리가 멀다.

23
[지리 17년 9월 14번]

다음 자료와 같은 상거래 방식의 확대가 가져올 변화로 적절하지 <u>않은</u> 것은? **2점**

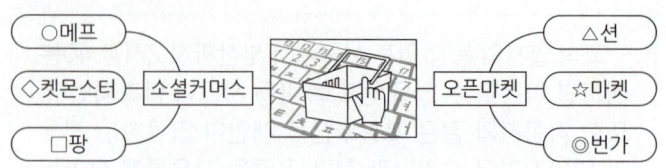

* 소셜커머스: 온라인상에서 일정 수 이상의 구매자를 모아 할인가로 상품을 판매하는 방식
** 오픈마켓: 개인이나 소규모 업체가 온라인상에 개설한 상점을 통해 구매자에게 상품을 판매하는 방식

① 물류 센터와 택배 산업이 발달한다.
② 상거래 활동의 시간적 제약이 적어진다.
③ 상품을 진열하는 매장의 필요성이 커진다.
④ 물건을 구입할 수 있는 경로가 다양해진다.
⑤ 상품 구매 활동을 위한 공간 이동이 감소한다.

24
[22년 6월 8번]

그래프는 온라인 쇼핑의 판매 매체별 거래액 변화를 나타낸 것이다. 이에 대한 분석 및 추론으로 옳은 것만을 [보기]에서 고른 것은? (단, 온라인 쇼핑은 모바일 쇼핑과 인터넷 쇼핑으로만 구분함.) **3점**

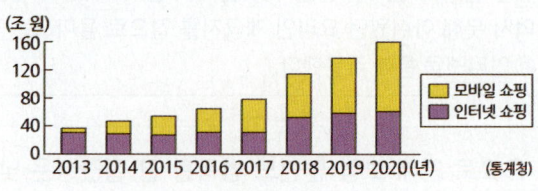

[보 기]
ㄱ. 택배 산업의 성장이 동반되었을 것이다.
ㄴ. 상품을 구매할 때 시공간의 제약이 커졌을 것이다.
ㄷ. 2017년에는 모바일 쇼핑 거래액이 인터넷 쇼핑 거래액보다 많다.
ㄹ. 온라인 쇼핑 거래액에서 인터넷 쇼핑 거래액이 차지하는 비중은 2020년이 2015년보다 높다.

① ㄱ, ㄴ　　② ㄱ, ㄷ　　③ ㄴ, ㄷ　　④ ㄴ, ㄹ　　⑤ ㄷ, ㄹ

25

[21년 3월 17번]

그림을 통해 추론할 수 있는 현대 사회의 특징으로 가장 적절한 것은? (2점)

오늘 뉴스가 궁금해.

NEWS

지하철을 타서 다행이야.

폭설로 도로가 정체되고 있으니 지하철을 이용하세요.

① 제조업의 비중이 높다.

② 대면적 인간 관계가 보편적이다.

③ 지식과 정보의 습득이 용이하다.

④ 일터와 가정의 경계가 뚜렷하다.

⑤ 생산자와 소비자의 구분이 명확하다.

26

[생윤 17년 11월 19번]

다음 토론의 핵심 쟁점으로 가장 적절한 것은? (3점)

> 갑: 사이버 공간에서는 누구나 자유로운 의사 표현이 가능하며, 자신이 원하는 정보를 쉽게 얻을 수 있습니다.
>
> 을: 그렇습니다. 하지만 한 번 공개된 개인 정보는 정보 주체의 의지와 상관없이 지속적으로 남아 있게 되어 사생활 침해의 우려가 있으므로 잊힐 권리의 보장이 필요합니다.
>
> 갑: 아닙니다. 잊힐 권리를 보장하여 개인의 자기 정보 통제권을 강화하면 대중이 필요로 하는 정보까지도 삭제되어 알 권리를 침해할 수 있습니다.
>
> 을: 그렇지 않습니다. 잊힐 권리를 보장하는 것은 타인의 부당한 감시나 침해, 남용으로부터 개인 정보를 보호하기 때문에 대중의 알 권리 침해와는 무관합니다.

① 잊힐 권리의 보장은 대중의 알 권리를 제한하는가?

② 현실 공간에서도 잊힐 권리는 반드시 적용되어야 하는가?

③ 잊힐 권리의 보장으로 지적 재산권 침해 문제가 발생하는가?

④ 사이버 공간에서의 개인 정보 유출 문제는 개인의 책임인가?

⑤ 사이버 공간에서의 표현의 자유 제약은 익명성을 약화시키는가?

27

[20년 6월 11번]

갑, 을의 입장에 대한 옳은 설명만을 [보기]에서 고른 것은? (3점)

> 갑: 정부는 정보화 시대에 나타나는 소프트웨어의 불법 복제 문제를 해결하기 위해 노력해야 한다. 왜냐하면 많은 노력을 기울여 만든 지적 창작물에 대한 창작자의 권리가 법적으로 보장되지 않을 경우, 창작 의욕이 떨어져 사회 발전이 저해될 수 있기 때문이다.
>
> 을: 정부는 정보화 시대에 나타나는 정보 격차 심화 문제를 해결하기 위해 노력해야 한다. 왜냐하면 정보 격차를 해소하기 위한 각종 정부 지원 정책이 마련되지 않을 경우, 이는 사회 구성원 간의 사회적·경제적 격차를 심화시키는 요인이 되어 사회 발전을 저해할 수 있기 때문이다.

[보기]

ㄱ. 갑은 생산된 정보를 창작자의 사유재산으로 보아야 한다고 본다.

ㄴ. 갑은 정보의 소유권을 강조하면 소프트웨어의 발전이 저해된다고 본다.

ㄷ. 을은 정보 격차를 줄이기 위한 사회 제도적 지원이 필요하다고 본다.

ㄹ. 을은 정보가 독점될수록 사회 구성원 간의 정보 격차가 축소될 것이라고 본다.

① ㄱ, ㄴ   ② ㄱ, ㄷ   ③ ㄴ, ㄷ   ④ ㄴ, ㄹ   ⑤ ㄷ, ㄹ

28

[20년 11월 15번]

다음은 교사가 수업 시간에 제시한 자료이다. (가)에 들어갈 내용으로 가장 적절한 것은? 2점

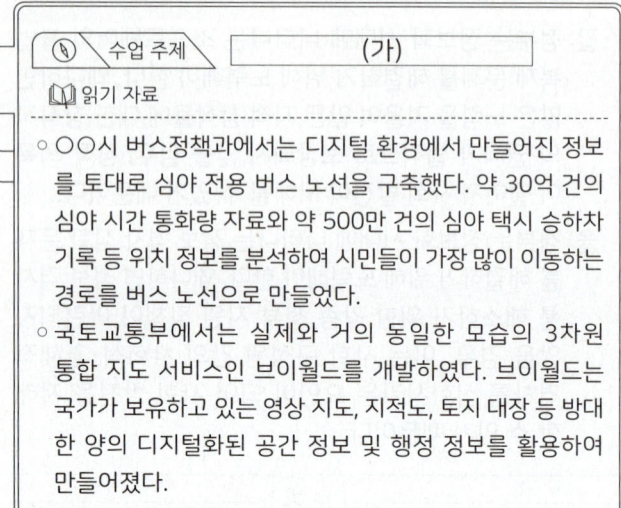

- ○○시 버스정책과에서는 디지털 환경에서 만들어진 정보를 토대로 심야 전용 버스 노선을 구축했다. 약 30억 건의 심야 시간 통화량 자료와 약 500만 건의 심야 택시 승하차 기록 등 위치 정보를 분석하여 시민들이 가장 많이 이동하는 경로를 버스 노선으로 만들었다.
- 국토교통부에서는 실제와 거의 동일한 모습의 3차원 통합 지도 서비스인 브이월드를 개발하였다. 브이월드는 국가가 보유하고 있는 영상 지도, 지적도, 토지 대장 등 방대한 양의 디지털화된 공간 정보 및 행정 정보를 활용하여 만들어졌다.

① 공간 정보 빅 데이터의 활용
② 정보 윤리 교육의 확대 방안
③ 전자 상거래 발달로 인한 변화
④ 정보 격차와 정보 불평등 문제
⑤ 인터넷을 통한 전자 민주주의 실현

29

[생윤 17년 9월 7번]

그림은 수업 장면이다. 소전제 ㉠에 대한 반론의 근거로 가장 적절한 것은? 3점

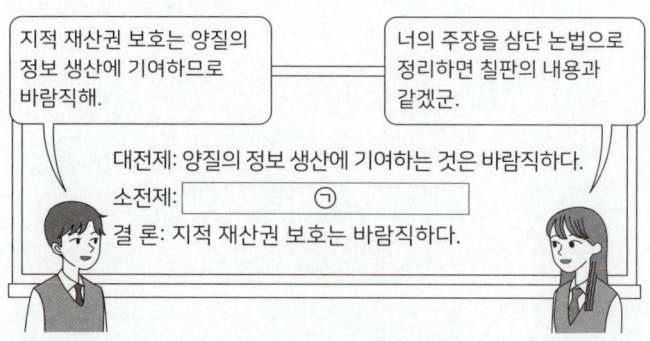

① 정보 공유가 보다 확장되면 지적 정보의 가치가 하락한다.
② 정보 생산자에 대한 경제적 보상은 창작 의욕을 고취한다.
③ 지적 재산권 보호는 정보 생산자와 사회 전체의 이익이 된다.
④ 정보 공유는 저작물에 대한 생산자의 지적 재산권을 침해한다.
⑤ 정보 사유는 정보 접근 기회를 제한해 양질의 정보 생산을 저해한다.

30

[18년 6월 10번]

그림과 같은 환경이 구축될 경우 나타날 수 있는 일반적인 현상으로 적절하지 **않은** 것은? 3점

* 스마트 시티(smart city) : 정보 통신 기술을 이용해 도시의 공공 기능을 네트워크화하여 각종 도시 문제를 해결하는 이른바 똑똑한 도시

① 일상생활에서 대면 접촉이 증가할 것이다.
② 도시의 주요 기능이 통합적으로 관리될 것이다.
③ 개인 정보 보호에 대한 중요성이 높아질 것이다.
④ 새로운 법과 제도에 대한 요구가 증가할 것이다.
⑤ 정보 통신 기술에 대한 활용도가 높아질 것이다.

31

[일사 17년 11월 19번]

다음 자료를 통해 공통적으로 파악할 수 있는 정보 사회의 문제점으로 가장 적절한 것은? 2점

- 가수 A의 가정 환경과 같은 신상 정보가 불법적으로 유출된 후 누리 소통망(SNS)을 통해 급속히 확산되었다. 이에 대해 가수 A의 소속사는 경찰에 수사를 의뢰했고 현재 조사가 진행 중이다.
- 주부 B는 인터넷 쇼핑 사이트에 회원으로 가입하기 위해 자신의 주소, 전화번호 등을 입력하였다. 그런데 그 이후 가입하지도 않은 인터넷 쇼핑 사이트에서 판매하는 상품의 홍보 문자와 전화에 시달리고 있다.

① 정보 조작이나 왜곡의 가능성이 높아진다.
② 정보 격차에 의한 정보 불평등 문제가 발생한다.
③ 인터넷의 익명성을 악용한 사이버 폭력이 증가한다.
④ 거짓 정보의 확산으로 인해 사회적 혼란이 가중된다.
⑤ 개인 정보 유출에 따른 사생활 침해 가능성이 높아진다.

정답과 해설 | 28 p.104 | 29 p.105 | 30 p.105 | 31 p.105

32

[18년 11월 9번]

다음은 정보화에 관한 수업 장면의 일부이다. 교사의 질문에 대한 답변으로 가장 적절한 것은? **2점**

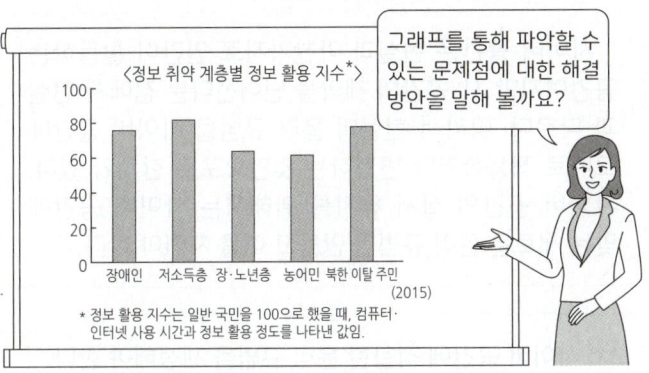

① 정보 시스템 보안 전문 인력을 양성해야 합니다.
② 악성 댓글 작성자에 대한 처벌을 강화해야 합니다.
③ 유해 사이트 접속을 차단하는 장치를 개발해야 합니다.
④ 정보 취약 계층을 대상으로 정보 활용 교육을 강화해야 합니다.
⑤ 개인 정보 도용을 막을 수 있는 법적·제도적 장치를 보완해야 합니다.

33 대표 문제

[19년 6월 3번]

다음은 수행평가 보고서의 일부이다. 밑줄 친 ㉠~㉤ 중 옳지 <u>않은</u> 것은? **2점**

<수행평가 보고서>

1학년 △반 이름: ○○○

◎ 조사 주제: 정보화에 따른 문제점과 해결 방안

	문제점	해결 방안
인터넷 중독	대면적 인간관계의 약화로 일상 생활에 지장 발생	㉠정보 통신 서비스의 접근성 향상
사생활 침해	폐쇄 회로 텔레비전(CCTV)과 ㉡휴대 전화 위치 추적 등을 통한 감시나 통제 가능	㉢개인정보 보호법 등 법률 정비 및 강화
사이버 범죄	㉣해킹, 프로그램 불법 복제, 사이버 폭력, 전자 상거래 사기 등	㉤정보 통신 윤리 교육 강화

① ㉠   ② ㉡   ③ ㉢   ④ ㉣   ⑤ ㉤

34

[21년 9월 13번]

(가), (나)에 나타난 정보 사회의 문제에 대한 설명으로 가장 적절한 것은? **3점**

> (가) 은행원 갑은 금융 상품을 소개하는 이메일을 다수에게 발송하였다. 그런데 해당 메일에 특정 고객들의 이름, 전화번호 등이 포함된 파일이 첨부되어 금융 범죄에 악용되었다.
>
> (나) 평소 디지털 기기 활용에 익숙하지 않은 노인 을은 식사를 하기 위해 대형마트 내 식당을 방문하였다. 그런데 판매 직원은 없고, 사용 방법을 모르는 무인 단말기만 있어서 음식을 주문하지 못하였다.

① (가)는 정보 기기 중독 예방 정책의 필요성을 보여준다.
② (가)는 상품에 대한 허위·과장 홍보의 문제점을 나타낸다.
③ (나)는 정보 소외 계층을 위한 교육의 필요성을 보여준다.
④ (나)는 (가)와 달리 개인 정보 유출 문제에 해당한다.
⑤ (가), (나) 모두 익명성을 바탕으로 한 사이버 범죄에 해당한다.

35

[생윤 고2 19년 3월 19번]

갑, 을의 입장에 대한 옳은 설명을 [보기]에서 고른 것은? **2점**

> 갑: 정보는 인류의 경험이 담긴 공동의 자산이며, 자유롭게 나누면 나눌수록 정보의 가치가 커진다. 따라서 정보를 사적 소유물로 인정해서는 안 된다.
>
> 을: 정보는 개인의 시간과 노력을 통해 만들어진 것이며, 경제적 보상이 주어질 때 양질의 정보가 생산된다. 따라서 정보를 사적 소유물로 인정해야 한다.

[보 기]

ㄱ. 갑은 정보가 공유될수록 정보의 가치가 떨어진다고 본다.
ㄴ. 갑은 정보가 지닌 공공재적 특성을 중시해야 한다고 본다.
ㄷ. 을은 정보 창작자의 노력에 대해 대가를 지불해야 한다고 본다.
ㄹ. 갑, 을은 정보 창작자에게 배타적 소유권을 부여해야 한다고 본다.

① ㄱ, ㄴ   ② ㄱ, ㄷ   ③ ㄴ, ㄷ   ④ ㄴ, ㄹ   ⑤ ㄷ, ㄹ

36

[일사 16년 11월 17번]

다음 글의 필자가 강조하는 정보화 사회의 문제점을 [보기]에서 고른 것은? 2점

정보화 사회로의 이행은 산업 구조의 변화뿐 아니라 사회 갈등 관계의 변화도 초래한다. 산업 사회의 주된 갈등이 노동자와 사용자 간의 갈등이었던 반면 정보화 사회에서의 주요 갈등은 시민과 정보 독점 관료 간의 갈등이다. 정보화가 진행되면서 수없이 많은 정보의 관리가 요구되고 이에 따라 정보를 독점적으로 관리하는 정보 독점 관료가 필연적으로 등장한다. 이들이 과학과 합리성을 명분으로 내세워 의사 결정을 독점함에 따라 이로부터 배제되고 소외된 다수 시민과 갈등을 일으킨다.

[보 기]

ㄱ. 정보의 소유와 통제를 둘러싼 갈등이 심화된다.
ㄴ. 대면적 접촉의 감소로 인해 인간 소외가 확대된다.
ㄷ. 정보 독점으로 인해 새로운 사회 불평등이 유발된다.
ㄹ. 인터넷 사용을 스스로 조절 못하는 인터넷 중독이 나타난다.

① ㄱ, ㄴ ② ㄱ, ㄷ ③ ㄴ, ㄷ ④ ㄴ, ㄹ ⑤ ㄷ, ㄹ

37

[21년 6월 16번]

다음 사례를 통해 공통적으로 추론할 수 있는 정보 사회의 문제점으로 가장 적절한 것은? 2점

• 코로나19로 인한 '사회적 거리 두기'로 등교 수업이 제한되면서 비대면 원격 수업이 늘어나고 있다. 정보화 기기와 인터넷이 마련되어 있는 학생들에 비해 그렇지 못한 소외 계층 가정의 학생들은 수업에 참여하기 어려워졌다.
• 무인 주문 기계를 활용하는 식당이나 매장이 늘어나고 있다. 기기 조작에 능숙한 젊은 세대에 비해 노인 세대 등 기기 조작을 어려워하는 사람들은 주문에 불편함을 겪고 있다.

① 정보 접근 및 이용에서 격차가 발생하고 있다.
② 타인의 지적 재산권 침해 현상이 심화되고 있다.
③ 허위 정보의 유포로 인한 사회적 혼란이 증대되고 있다.
④ 개인 정보 유출로 인한 사생활 침해 문제가 확산되고 있다.
⑤ 정보화 기기에 대한 과도한 의존으로 인해 인터넷 중독 문제가 심각해지고 있다.

38

[생윤 16년 9월 11번]

다음에서 주장하고 있는 내용으로 적절한 것을 [보기]에서 고른 것은? 2점

사이버 공간은 현실과 마찬가지로 인간이 활동하는 공간이지만 시·공간의 제약을 넘어선다는 점에서 현실과 다르다. 따라서 현실의 윤리 규범을 사이버 공간에 그대로 적용하거나 변형하는 것만으로는 한계가 있다. 사이버 공간의 질서 유지를 위해서는 사이버 공간에 맞는 새로운 윤리 규범을 만들고 이를 지켜야 한다.

[보 기]

ㄱ. 사이버 공간에 적합한 윤리 규범을 제정해야 한다.
ㄴ. 사이버 공간에서는 도덕적 의무를 따를 필요가 없다.
ㄷ. 사이버 공간은 현실과 다른 시·공간적 특성을 지닌다.
ㄹ. 사이버 공간의 인간은 윤리적 제약에서 자유로워야 한다.

① ㄱ, ㄴ ② ㄱ, ㄷ ③ ㄴ, ㄷ ④ ㄴ, ㄹ ⑤ ㄷ, ㄹ

39

[19년 9월 18번]

자료의 (가)에 들어갈 내용으로 가장 적절한 것은? 2점

지역 조사 주제: _____ (가)

조사 계획

○ 거제시 방문객을 대상으로 거가대교 이용 목적을 조사한다.
○ 거가대교 개통 전후 거제시 주요 명소의 방문객 수 변화를 조사한다.
○ 거가대교 개통에 따른 거제시 숙박업 및 음식점업의 변화 현황을 조사한다.

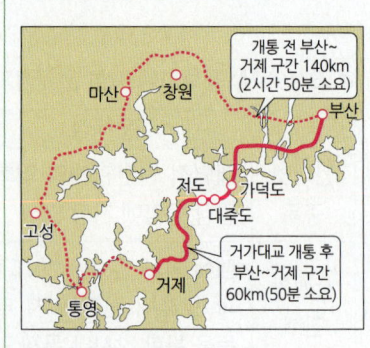

① 거가대교 개통 후 거제시 지형 변화
② 거제시의 시대별 제조업 종사자 수의 변화
③ 거가대교 개통 후 거제시 관광 산업의 변화
④ 거가대교 개통 전후 거제시 행정 구역의 변화
⑤ 거가대교 개통으로 인한 거제시 생태 환경 변화

40

[19년 6월 4번]

'○○군의 축산업 실태'에 대해 지역 조사를 하고자 한다. (가) 단계에 해당하는 활동으로 옳은 것만을 [보기]에서 있는 대로 고른 것은? 3점

[보 기]

ㄱ. 축산업 현황을 ○○군 홈페이지를 통해 조사한다.

ㄴ. ○○군 축산업자와 면담 시 필요한 설문지를 작성한다.

ㄷ. 수집한 자료를 토대로 ○○군의 목장 분포도를 작성한다.

ㄹ. ○○군의 자연환경에 대한 야외 조사 계획서를 작성한다.

① ㄱ, ㄷ   ② ㄴ, ㄷ   ③ ㄴ, ㄹ
④ ㄱ, ㄴ, ㄹ   ⑤ ㄱ, ㄷ, ㄹ

41

[22년 9월 5번]

다음은 학생의 지역 조사 활동 과정을 나타낸 것이다. 밑줄 친 ㉠~㉤에 대한 설명으로 옳지 않은 것은? 3점

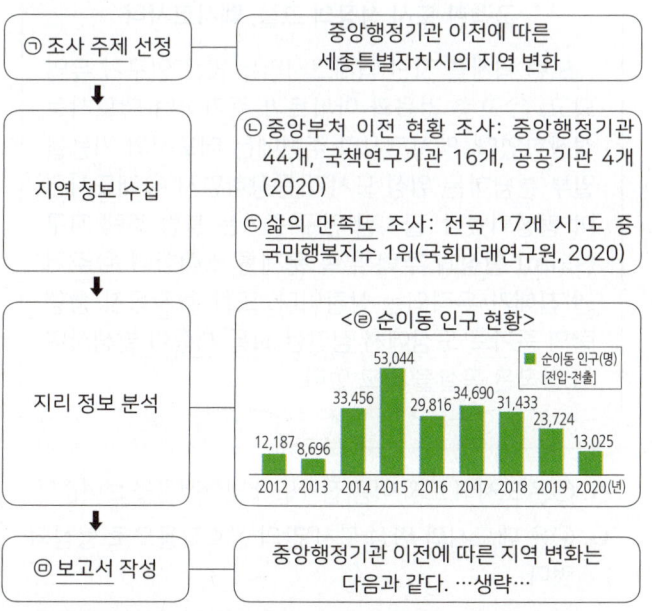

① ㉠은 조사 목적에 맞게 선정되어야 한다.

② ㉡은 문헌이나 인터넷 조사 활동을 통해 수집할 수 있다.

③ ㉢은 인공위성의 영상 촬영을 통해 정보 수집이 가능하다.

④ ㉣은 조사 지역의 인구 변화 과정을 나타낸 그래프이다.

⑤ ㉤은 포스터 또는 카드 뉴스의 형태로도 제작할 수 있다.

42

[21년 6월 19번]

그림은 지역 조사 과정을 나타낸 것이다. A~C 단계에서 실시하는 활동을 <지역 조사 계획서>의 ㄱ~ㄷ에서 고른 것은? 2점

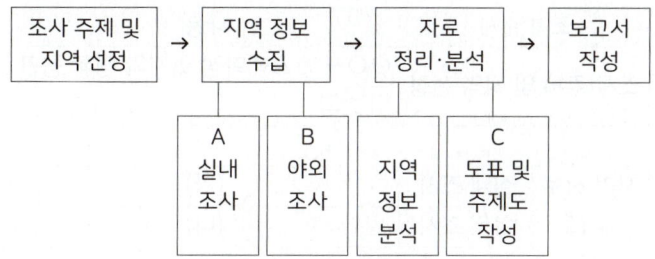

<지역 조사 계획서>

○ 조사 주제: ○○시 마을 기업 운영 이후 지역 변화

○ 주요 활동 계획

ㄱ. 마을 기업 설립이 지역에 미친 영향을 주민과의 면담을 통해 조사한다.

ㄴ. 연도별 마을 기업 설립 현황 등과 관련된 문헌 및 통계 자료를 수집한다.

ㄷ. 수집한 시기별 지역 총생산 자료를 막대 그래프로 표현한다.

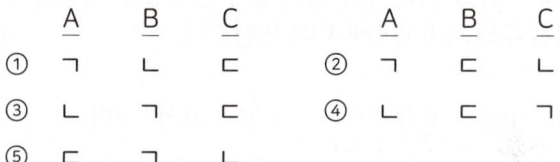

	A	B	C			A	B	C
①	ㄱ	ㄴ	ㄷ		②	ㄱ	ㄷ	ㄴ
③	ㄴ	ㄱ	ㄷ		④	ㄴ	ㄷ	ㄱ
⑤	ㄷ	ㄱ	ㄴ					

43

대표 문제

[23년 6월 4번]

지역 조사 과정 중 (가) 단계에 해당하는 활동으로 가장 적절한 것은? 3점

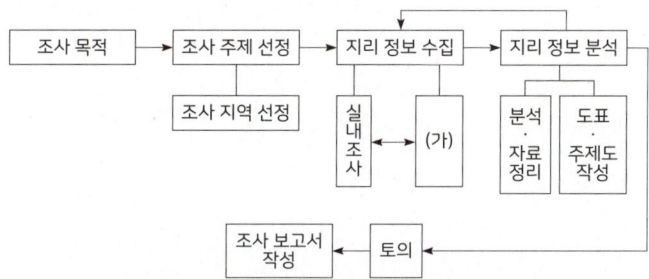

① ○○ 지역의 교통량과 상권 변화를 주제로 정한다.

② 수집한 자료를 유형별로 분류하고 시각적으로 표현한다.

③ ○○ 지역의 시청을 방문하여 담당자와 면담을 실시한다.

④ 도서관에서 교통량과 상권 변화에 관한 문헌을 조사한다.

⑤ 교통량과 상권 변화에 대한 ○○ 지역 답사 일정을 수립한다.

44
[20년 6월 6번]

다음 자료는 지역 조사 과정을 나타낸 것이다. (가)~(다)에 해당하는 활동으로 옳은 것만을 [보기]에서 고른 것은? 2점

조사 순서		내용
조사 주제 및 지역 선정		○○시 △△백화점 입지와 생활 공간의 변화
지리 정보 수집	실내 조사	(가)
	야외 조사	(나)
지리 정보 분석		(다)
보고서 작성		△△백화점 입지로 인한 지역 경관 변화에 관한 보고서를 작성한다.

[보 기]

ㄱ. △△백화점 주변 지역을 답사하고 경관을 촬영한다.

ㄴ. △△백화점 주변의 경관 변화에 대한 문헌 자료를 도서관에서 수집한다.

ㄷ. 수집된 자료를 토대로 △△백화점 입지 전후의 지가 (地價) 변화를 지도로 제작한다.

ㄹ. ○○시청을 방문하여 담당 공무원과 △△백화점 입지 후의 지역 변화에 대해 면담한다.

	(가)	(나)	(다)		(가)	(나)	(다)
①	ㄱ	ㄴ	ㄹ	②	ㄱ	ㄹ	ㄷ
③	ㄴ	ㄱ	ㄷ	④	ㄴ	ㄱ	ㄹ
⑤	ㄹ	ㄷ	ㄱ				

45
[24년 10월 5번]

그림의 과정에 따라 '태화강의 오염과 복원'에 대한 지역 조사를 진행하고자 한다. 밑줄 친 ㉠에 해당하는 활동으로 옳은 것은? 2점

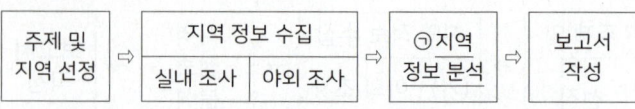

① 태화강과 그 주변을 답사하며 복원된 경관을 촬영한다.

② 태화강의 수질 변화에 대한 통계 수치를 그래프로 제작한다.

③ 태화강 인근 지역의 공업화가 태화강의 오염에 미친 영향을 다룬 문헌 자료를 조사한다.

④ 태화강의 복원을 위한 지방 자치 단체 및 지역 주민의 노력을 보도한 신문 기사를 스크랩한다.

⑤ 태화강의 수질 변화 과정에 대해 태화강 인근 지역에 30년 이상 거주한 주민과 면담을 실시한다.

46
[25년 9월 21번]

다음 신문 기사의 밑줄 친 ㉠~㉣에 대한 옳은 설명만을 [보기]에서 고른 것은? 2점

○○신문　　　　　　　　　　　○○○○년 ○○월 ○○일

급격한 도시 성장의 그늘, 멕시코시티

오랜 역사를 지닌 멕시코시티는 많은 인구가 유입되고, ㉠고층 건물과 아파트가 증가하며 대도시로 성장하였다. 멕시코시티 주변에는 대도시의 기능을 일부 분담하는 위성 도시가 등장하면서 ㉡대도시권이 형성되었다. 급속한 인구 증가는 불량 주택 지구 (slum) 형성과 주택 부족 문제를 초래하여 ㉢주거권 침해가 우려되는 상황이다. 또한 ㉣자동차 통행량의 증가로 도심에서 심각한 교통 체증이 발생하여 시 당국은 몸살을 앓고 있다.

[보 기]

ㄱ. ㉠은 도시의 토지 이용 집약도가 낮아졌음을 보여준다.

ㄴ. ㉡은 대도시와 위성 도시 간의 상호작용으로 형성되었다.

ㄷ. ㉢은 문화생활에 참여하고 예술을 감상하는 혜택을 나누어 가질 권리를 의미한다.

ㄹ. ㉣의 해결 방안으로 승용차 요일제 실시 및 혼잡 통행료 부과 정책이 있다.

① ㄱ, ㄴ　② ㄱ, ㄷ　③ ㄴ, ㄷ　④ ㄴ, ㄹ　⑤ ㄷ, ㄹ

1

[19년 9월 19번]

그래프는 A~C국의 도시화율 변화를 나타낸 것이다. 이에 대한 옳은 분석만을 [보기]에서 고른 것은? 3점

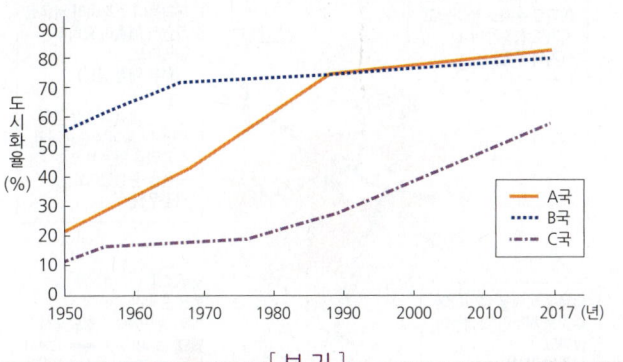

[보 기]

ㄱ. A국은 2000년 이후 촌락에 거주하는 인구 비중이 높아졌다.

ㄴ. B국은 1990년 이후 이촌향도 현상이 가속화되었다.

ㄷ. 2017년 C국은 촌락보다 도시에 거주하는 인구가 많다.

ㄹ. 1990년 이후 도시화 진행 속도는 B국보다 C국이 빠르다.

① ㄱ, ㄴ   ② ㄱ, ㄷ   ③ ㄴ, ㄷ   ④ ㄴ, ㄹ   ⑤ ㄷ, ㄹ

2

[20년 6월 19번]

다음 자료는 A, B의 일반적 특징을 비교한 것이다. 그래프의 (가), (나)에 들어갈 내용으로 옳은 것은? (단, A, B는 각각 전통 사회, 산업 사회 중 하나이다.) 2점

구분	A	B
동력 자원	인력, 가축	석탄, 석유
산업 구조	농업 중심	제조업 중심
생산 방식	가내 수공업	공장제 기계공업

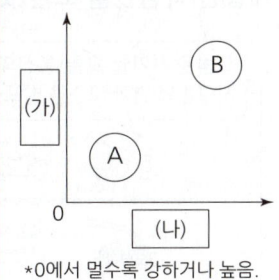

*0에서 멀수록 강하거나 높음.

	(가)	(나)
①	공동체 의식	직업의 분화 정도
②	공동체 의식	서비스 산업의 비중
③	직업의 분화 정도	1차 산업의 비중
④	토지 이용의 집약도	1차 산업의 비중
⑤	서비스 산업의 비중	토지 이용의 집약도

3

[세지 고2 18년 3월 11번]

그래프는 두 국가의 도시 인구와 도시화율을 나타낸 것이다. (가), (나) 국가에 대한 설명으로 옳은 것은? 3점

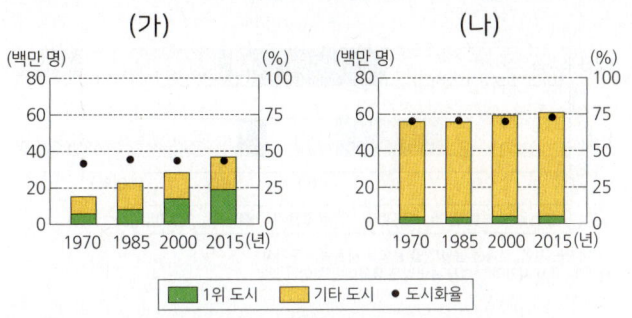

① (가)는 1970년보다 2015년의 촌락 인구가 적다.

② (나)는 2015년에 도시 인구가 촌락 인구보다 2배 이상 많다.

③ (가)는 (나)보다 1970년부터 2015년까지 도시 인구 증가폭이 작다.

④ (나)는 (가)보다 2015년에 전체 도시에서 1위 도시가 차지하는 인구 비중이 크다.

⑤ (가), (나)의 도시화율은 2015년에 종착 단계에 해당한다.

4 대표 문제

[23년 6월 14번]

지도는 어느 지역의 토지 이용 변화를 나타낸 것이다. (가) 시기와 비교한 (나) 시기의 상대적 특성을 그림의 A~E에서 고른 것은? 3점

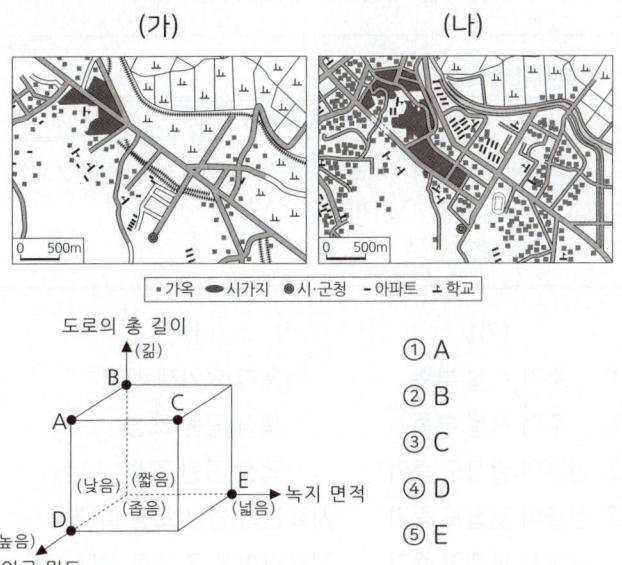

① A
② B
③ C
④ D
⑤ E

5
[24년 10월 20번]

다음 자료는 두 시기의 ○○시 용도별 토지 이용 비율과 총인구를 나타낸 것이다. (가), (나) 시기에 대한 옳은 설명만을 [보기]에서 고른 것은? (단, (가), (나) 시기는 각각 1998년, 2021년 중 하나임.) 3점

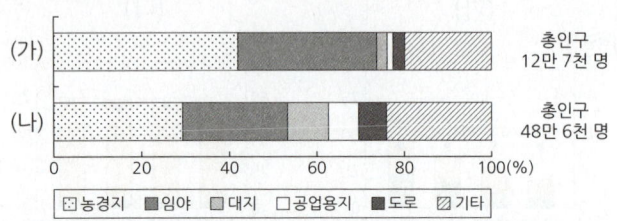

* 대지는 가옥, 건축물 등을 지을 용도로 사용되는 토지임.
** (가), (나) 시기의 ○○시 총면적은 유의미한 차이가 없음.

―――――――[보 기]―――――――
ㄱ. (가)는 (나)보다 인구 밀도가 낮다.
ㄴ. (가)는 (나)보다 지표의 포장 면적이 좁다.
ㄷ. (나)는 (가)보다 토지 이용 집약도가 낮다.
ㄹ. (나)는 (가)보다 3차 산업 종사자 수가 적다.
――――――――――――――――――

① ㄱ, ㄴ   ② ㄱ, ㄷ   ③ ㄴ, ㄷ   ④ ㄴ, ㄹ   ⑤ ㄷ, ㄹ

6
[18년 6월 11번]

(가), (나)에 들어갈 내용으로 옳은 것은? 2점

통합 사회 학습방 Q&A
Q 도시의 열섬 현상에 대해 알려 주세요.

└ A • 의미: 도심 지역의 기온이 주변 지역에 비해 높게 나타나는 현상
　　• 원인: ＿＿＿＿＿(가)＿＿＿＿＿
　　• 해결 방안: ＿＿＿＿＿(나)＿＿＿＿＿

	(가)	(나)
①	주거 시설 부족	승용차 요일제 시행
②	주거 시설 부족	옥상 공원 조성
③	건물의 밀집도 증가	옥상 공원 조성
④	건물의 밀집도 증가	지표면의 인공 포장 확대
⑤	자동차 통행량 증가	지표면의 인공 포장 확대

7
[18년 9월 12번]

자료는 서울로의 통근·통학자 비율과 철도 노선의 확대로 인한 A~C지역의 변화를 인터뷰한 내용이다. 이에 대한 옳은 설명을 [보기]에서 고른 것은? 3점

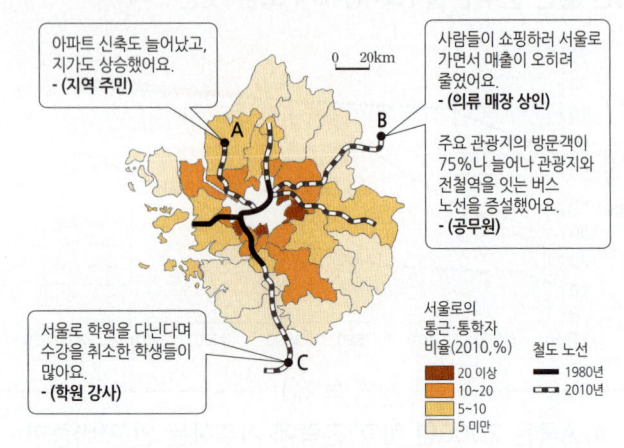

―――――――[보 기]―――――――
ㄱ. A는 전입 인구보다 전출 인구가 많다.
ㄴ. B의 주요 관광지는 접근성이 향상되었다.
ㄷ. B와 C에서는 대도시의 서비스 기능이 중소도시에 흡수되는 현상이 나타난다.
ㄹ. 서울과 가까울수록 통근·통학자 비율이 높은 편이다.
――――――――――――――――――

① ㄱ, ㄴ   ② ㄱ, ㄷ   ③ ㄴ, ㄷ   ④ ㄴ, ㄹ   ⑤ ㄷ, ㄹ

8 대표 문제
[세지 고2 20년 3월 12번]

다음은 수업 장면의 일부이다. 교사의 질문에 적절하게 대답한 학생만을 고른 것은? 2점

① 갑, 을   ② 갑, 병   ③ 을, 병   ④ 을, 정   ⑤ 병, 정

9

[25년 3월 10번]

다음 자료를 토대로 지리 정보 체계(GIS)를 활용하여 소프트웨어 개발 연구소를 건설하고자 한다. A~E 중 연구소의 입지로 가장 적합한 국가를 고른 것은? (단, 합산 점수가 가장 높은 국가를 선택함.) 3점

<배점 기준>

항목\점수	코딩 기술 수준	개발자 시간당 평균 인건비 (단위: 달러)	의사소통 원활 정도
3	매우 우수	25 미만	매우 원활
2	우수	25 이상 40 미만	원활
1	양호	40 이상	양호

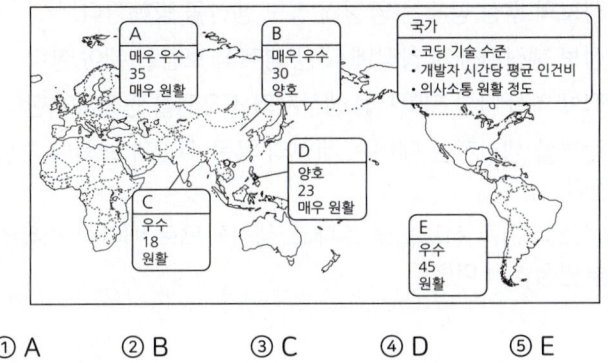

① A ② B ③ C ④ D ⑤ E

10

[지리 16년 9월 18번]

그림은 두 가지 유형의 상거래 방식을 나타낸 것이다. (가)에 대한 (나)의 상대적 특징으로 옳은 것을 [보기]에서 고른 것은? 2점

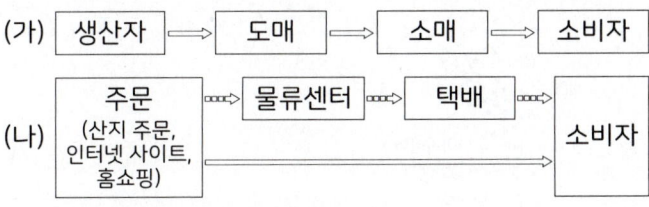

─ [보 기] ─

ㄱ. 유통 비용이 많이 든다.

ㄴ. 상품의 판매 범위가 넓다.

ㄷ. 무점포 상점의 비중이 낮다.

ㄹ. 상품 구입의 시간적 제약이 작다.

① ㄱ, ㄴ ② ㄱ, ㄷ ③ ㄴ, ㄷ
④ ㄴ, ㄹ ⑤ ㄷ, ㄹ

11

[20년 9월 20번]

자료에 대한 분석으로 옳지 <u>않은</u> 것은? 3점

<정보 소외 계층 정보 격차 지수>

(단위: %)

연도\항목	2008년			2018년		
계층	장애인	저소득층	장노년층	장애인	저소득층	장노년층
접근 지수	7.4	12.1	7.5	92.0	94.9	90.1
역량 지수	34.0	30.9	65.5	66.9	85.3	50.0
활용 지수	31.2	29.0	55.1	73.6	84.3	62.8

* 정보 소외 계층 정보 격차 지수는 일반 국민의 PC·모바일 기기 정보화 수준을 100으로 가정했을 때, 정보 소외 계층의 정보화 수준을 나타냄.

** 접근 지수는 PC·모바일 기기 보유 정도, 역량 지수는 PC·모바일 기기 이용 능력 정도, 활용 지수는 인터넷 양적·질적 활용 정도를 나타냄.

① 2008년 정보 소외 계층 중 기기 이용 능력은 장노년층이 가장 높다.

② 2018년 인터넷 활용 교육이 가장 필요한 계층은 장노년층이다.

③ 2018년 정보 소외 계층 중 저소득층의 정보화 수준이 가장 높다.

④ 2008년 대비 2018년 모든 계층의 역량 지수가 향상되었다.

⑤ 2008년 대비 2018년 정보 소외 계층 중 접근 지수는 장애인이 가장 크게 향상되었다.

12 대표 문제 [24년 9월 3번]

B와 비교한 A의 상대적 특징에 대한 설명으로 옳은 것은? (단, A, B는 각각 산업 사회, 정보 사회 중 하나임.) 2점

> _____A_____는 지식과 정보가 부의 원천이 되는 사회로, 정보 통신 기기를 이용해 많은 양의 정보를 신속하게 처리한다. 또한 인터넷이 발달함에 따라 사회와 생활 양식에 다양한 변화가 나타난다. _____B_____는 자본과 노동이 제품 생산의 중심이 되는 사회로, 공업과 서비스업의 비중이 높아지며 농업 사회에 비해 제품의 생산력과 생활 수준이 크게 올라간다.

① 재택근무의 비중이 낮다.
② 전자 상거래의 비중이 낮다.
③ 직업의 동질성 정도가 높다.
④ 소품종 대량 생산 방식의 비중이 높다.
⑤ 쌍방향 매체를 통한 정보 전달의 비중이 높다.

14 [24년 3월 1번]

(가)의 주장을 (나)와 같이 나타낼 때, ㉠에 대한 반론의 근거로 가장 적절한 것은? 3점

(가)	개인이 생산한 정보를 사회 구성원들이 무상으로 공유하는 것은 개인의 소유권을 침해하므로 옳지 않다.
(나)	○ 도덕 원리: 개인의 소유권을 침해하는 것은 옳지 않다. ○ 사실 판단: ㉠ ○ 도덕 판단: 개인이 생산한 정보를 사회 구성원들이 무상으로 공유하는 것은 옳지 않다.

① 정보의 무상 공유는 양질의 정보 생산을 방해한다.
② 정보 생산자에게 창작에 대한 경제적 보상을 해야 한다.
③ 정보 역시 다른 재화처럼 생산자의 소유권을 인정해야 한다.
④ 정보를 생산하는 데에는 개인의 많은 시간과 노력이 투입된다.
⑤ 정보는 기존 정보들을 토대로 생산되므로 배타적 소유권을 인정받기 어렵다.

13 [22년 9월 3번]

(가), (나) 사례에 나타난 정보 사회의 특징에 대한 설명으로 가장 적절한 것은? 2점

> (가) 갑은 누리소통망(SNS)에 국가 정책에 대한 자신의 견해를 담은 게시글을 올렸다. 어떤 누리꾼이 게시글에 반박 댓글을 적자, 갑은 재반박하는 댓글을 달았다.
> (나) 을은 장기 입원 중인 학생으로 교사의 실시간 원격 수업을 수강한다. 학습 수준을 고려한 수준별 쌍방향 수업을 통해 을은 학업을 지속하고 있다.

① (가)는 대면적 인간관계가 강화되는 모습이 나타난다.
② (가)는 정치 참여 방법의 다양성이 감소하는 사례에 해당한다.
③ (나)는 정보 교류의 공간적 제약이 확대되는 현상을 보여 준다.
④ (나)는 학습권 보장을 위해 정보화 기기가 활용된 사례에 해당한다.
⑤ (가)는 (나)와 달리 쌍방향적인 의사소통 과정이 나타난다.

15 [지리 15년 11월 2번]

그래프는 국가별 1인당 소득과 정보화 수준의 정도를 나타낸 것이다. 이를 통해 학습할 수 있는 주제로 가장 적절한 것은? 2점

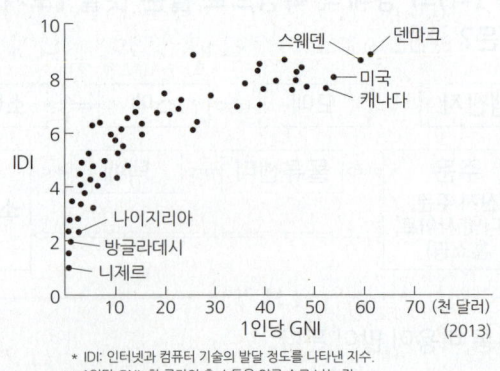

* IDI: 인터넷과 컴퓨터 기술의 발달 정도를 나타낸 지수.
** 1인당 GNI: 한 국가의 총 소득을 인구 수로 나눈 값.

① 개인 정보 보호의 중요성
② 국가 권력의 감시와 정보 통제
③ 좋은 댓글 달기 운동의 필요성
④ 선진국과 개발도상국 간의 정보 격차
⑤ 인터넷 중독이 개인에게 미치는 악영향

정답과 해설 12 p.112 13 p.112 14 p.112 15 p.112

16 [19년 6월 10번]

자료에 대한 분석 및 추론으로 옳은 것은? 3점

> ○○연구기관은 정보 취약 계층의 디지털 정보화 수준을 '접근', '역량', '활용' 부문으로 나누어 측정하였다. '접근'은 정보화 기기 보유 및 인터넷 사용 환경 조성 여부를, '역량'은 정보화 기기 기본 이용 능력을, '활용'은 인터넷의 양적·질적 활용 정도를 측정하는 지표이다. 조사한 결과는 다음과 같다.
>
> <정보 취약 계층의 부문별 디지털 정보화 수준>
> (단위: %)
>
> | 부문
연도
정보 취약 계층 | 접근 | | 역량 | | 활용 | |
> |---|---|---|---|---|---|---|
> | | 2014년 | 2017년 | 2014년 | 2017년 | 2014년 | 2017년 |
> | 농어민 | 68.1 | 90.4 | 40.7 | 53.4 | 48.6 | 63.3 |
> | 장·노년층 | 67.3 | 89.9 | 23.4 | 41.0 | 39.7 | 59.9 |
> | 평균 | 72.3 | 91.0 | 34.5 | 51.9 | 47.7 | 65.3 |
>
> * 각 수치는 일반 국민을 100으로 가정했을 때의 비교 수준임.

① '활용' 부문의 디지털 정보화 수준은 인터넷 설치 여부로 측정할 수 있다.

② 2014년 '역량' 부문에서 일반 국민 대비 정보 격차는 농어민보다 장·노년층이 더 크다.

③ 2017년에 PC나 모바일 기기 이용 교육은 장·노년층보다 농어민에게 더 필요하다.

④ 2017년 장·노년층의 디지털 정보화 수준은 모든 부문에서 정보 취약 계층의 평균보다 높다.

⑤ '활용' 부문에서 2014년 대비 2017년 디지털 정보화 수준의 변화율은 장·노년층보다 농어민이 더 크다.

17 [생윤 고2 20년 3월 9번]

㉠에 들어갈 진술로 가장 적절한 것은? 3점

> 잊힐 권리는 공개를 원하지 않는 민감한 자기 정보들이 포털 사이트 등을 통하여 사람들에게 공개되지 않도록 정보 삭제를 요구할 수 있는 권리이다. 나는 잊힐 권리가 개인의 행복 추구나 사생활 보호 차원에서 반드시 보장되어야 한다고 본다. 그런데 어떤 사람들은 잊힐 권리가 언론의 자유와 국민의 알 권리를 침해할 수 있으며 과거의 과오를 감추기 위한 수단으로 악용될 수도 있다고 주장한다. 나는 이러한 입장이 [㉠]고 생각한다.

① 잊힐 권리보다 국민의 알 권리가 우선함을 간과하고 있다

② 대중을 위해 자유로운 정보 공개가 필요함을 간과하고 있다

③ 공익을 위해 사생활 보호가 제한될 수 있음을 간과하고 있다

④ 잊힐 권리가 표현의 자유를 침해할 수 있음을 간과하고 있다

⑤ 개인 정보에 대한 자기 결정권을 존중해야 함을 간과하고 있다

18 대표 문제 [21년 9월 18번]

다음은 지역 조사 단계에 따른 모둠 활동 일지이다. ㉠~㉤에 대한 설명으로 옳지 않은 것은? 3점

> [○○모둠 지역 조사 활동 일지]
>
> ○월 10일: 모둠 회의를 통해 ㉠'□□시 지역 변화에 따른 산업 시설 활용 방안'을 조사하기로 결정하고, 공장과 같은 산업 시설의 이전이 많은 △△지역을 조사 장소로 선정함.
>
> ○월 15일: 계획에 따라 ㉡□□시청에 방문하여 과거 산업 시설의 분포를 알 수 있는 지도와 통계 자료를 조사함.
>
> ○월 20일: 산업시설 이전으로 인한 지역 변화를 알아보기 위해 ㉢야외 조사를 준비함.
>
> ○월 25일: ㉣△△지역에 직접 방문하여 주민들에게 산업 시설의 활용 방안을 묻는 설문 조사를 실시함.
>
> ○월 30일: 각 조사 과정에서 ㉤수집된 자료를 분석하고 정리한 내용을 종합하여 지역 조사 보고서를 완성함.

① ㉠은 조사 주제에 해당한다.

② ㉡은 실내 조사 활동에 해당한다.

③ ㉢에서는 사진 촬영, 면담 등을 실시할 수 있다.

④ ㉣을 위한 설문 문항 제작은 ㉢ 이후에 실시한다.

⑤ ㉤에서는 수집된 자료를 이용해 도표, 그래프, 통계 지도 등을 작성할 수 있다.

19

[20년 9월 4번]

다음은 학생이 작성한 지역 조사 보고서의 일부이다. 밑줄 친 ㉠~㉤에 대한 설명으로 옳지 <u>않은</u> 것은? 3점

주제: ㉠ _____

1. ㉡지역 정보: 한반도 남서 해상에 있는 대한민국 최대의 섬으로, 유네스코(UNESCO) 세계지질공원으로 선정됨.

2. 지역 변화의 원인

관광객 수 변화
(천 명)

1990년	2000년	2010년	2018년
2,992	4,110	7,587	14,314

3. 지역 변화의 양상

㉢산업 구조 변화

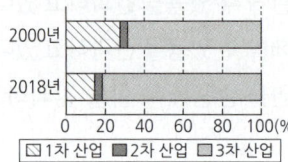

2000년
2018년
0 20 40 60 80 100(%)
□1차 산업 ■2차 산업 □3차 산업

㉣범죄 및 교통사고 발생 건수

범죄 발생 건수

2000년	2018년
21,867	27,428

교통사고 발생(자동차) 건수

2000년	2018년
3,048	4,239

4. ㉤문제점 및 해결 방안 제시

① ㉠에는 '관광객 증가로 인한 제주도의 공간 변화'가 적절하다.

② ㉡은 인터넷이나 문헌 등을 통해 조사할 수 있다.

③ ㉢을 통해 서비스업 비율이 증가했음을 알 수 있다.

④ ㉣을 통해 지역 주민의 생활환경이 나빠졌음을 추론할 수 있다.

⑤ ㉤은 지역 조사 단계 중 문제 인식 및 지역 정보 수집에 해당한다.

20

[24년 9월 17번]

다음 자료는 지역 조사 과정을 나타낸 것이다. (가)~(라) 단계의 활동 내용으로 적절한 것을 [보기]에서 고른 것은? 3점

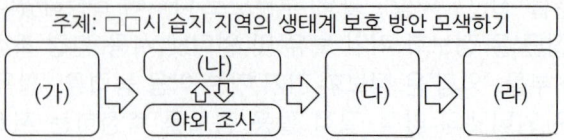

주제: □□시 습지 지역의 생태계 보호 방안 모색하기

(가) ⇨ (나) ⇧⇩ 야외 조사 ⇨ (다) ⇨ (라)

[보 기]

ㄱ. □□시 시기별 습지 면적 자료를 지리 정보 체계(GIS)로 분석하여 통계 지도로 작성하였다.

ㄴ. □□시 △△ 방조제 내·외측에 위치한 내륙 및 연안 갯벌 습지를 조사 지역으로 선정하였다.

ㄷ. □□시 습지에 대한 지역 조사 내용을 분석·종합하여 습지 생태계 보호를 위한 보고서를 작성하였다.

ㄹ. 인터넷 지도인 '국토 정보맵'에서 △△ 방조제 내·외측에 위치한 습지 면적, 동식물 개체 수 등을 조사하였다.

	(가)	(나)	(다)	(라)		(가)	(나)	(다)	(라)
①	ㄱ	ㄴ	ㄷ	ㄹ	②	ㄴ	ㄱ	ㄹ	ㄷ
③	ㄴ	ㄹ	ㄱ	ㄷ	④	ㄷ	ㄴ	ㄱ	ㄹ
⑤	ㄷ	ㄹ	ㄱ	ㄴ					

21

[18년 9월 7번]

다음은 지역 조사를 위한 모둠 활동의 한 장면이다. ⊙~⑩에 대한 설명으로 옳지 않은 것은? 3점

> 갑: 우리는 담장 벽화로 새롭게 단장한 ○○마을에 대해 알아볼 거야. 이곳은 ⊙낙후된 지역의 문제를 도시 재생 사업을 통해 해결한 곳으로 유명해.
>
> 을: ○○마을은 벽화가 생기기 전엔 어떤 모습이었을까?
>
> 병: 그건 ⓒ과거의 거리뷰(Street viewership) 사진을 검색해보고, 구청에서 인구 자료를 확인하면 돼.
>
> 정: 요즘 마을의 벽화를 보러 오는 ⓒ관광객이 많아졌다고 들었어. 주말에는 직접 ○○마을에 가서 ⓔ야외 조사도 해보자.
>
> 무: [⑩] 등을 통해 벽화가 마을의 재생에 도움이 되었는지 확인할 수 있을 거야.

① ⊙에는 주거지 노후화나 인구 감소 등이 있다.

② ⓒ은 실내 조사에 해당한다.

③ ⓒ을 통해 ○○마을의 2차 산업이 성장하고 있음을 알 수 있다.

④ ⓔ에는 사진 촬영 및 관광객들과의 인터뷰 등이 있다.

⑤ ⑩에는 '인구수 변화와 주민들의 만족도'가 적절하다.

22

[25년 9월 9번]

그래프는 (가)~(다) 국가의 도시화율과 국내 총생산(GDP)을 나타낸 것이다. 이에 대한 설명으로 옳은 것은? (단, (가)~(다)는 각각 독일, 에티오피아, 타이 중 하나임.) 2.5점

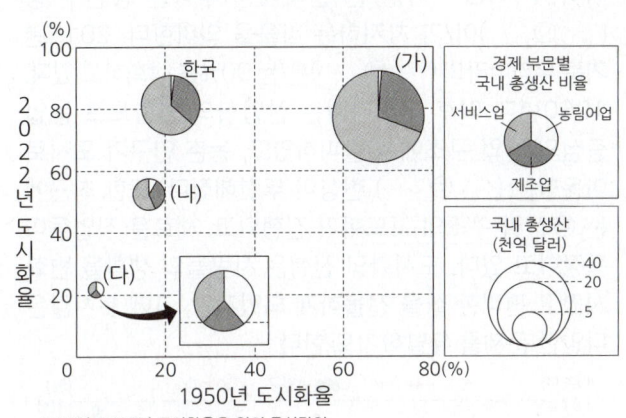

* 1950년, 2022년 도시화율은 원의 중심값임.
** 국내 총생산(GDP)은 2022년 기준임.

① 한국은 (다)보다 국내 총생산에서 농림어업이 차지하는 비율이 높다.

② (나)는 (다)보다 서비스업 부가가치액이 많다.

③ (다)는 (가)보다 산업화가 시작된 시기가 이르다.

④ 타이는 독일보다 1950년 도시화율이 높다.

⑤ 에티오피아는 2022년에 도시 인구가 촌락 인구보다 많다.

1 다음 자료를 읽고 물음에 답하시오.

그래프는 우리나라의 (㉠) 변화를 나타낸 것이다. (㉠)은/는 전국에 거주하는 총인구 중 (㉡)이/가 차지하는 비율을 의미한다. 2015년 기준 우리나라의 (㉠)은/는 90%를 상회하고 있다. 1960년대 이후 우리나라는 산업화의 영향으로 농업 중심의 산업 구조에서 탈피하였고, 농촌 인구가 도시로 이동하는 (㉢) 현상이 뚜렷해졌다. 또한 최근에는 ㉣산업 구조의 고도화가 진행되고, 새로운 직업들이 등장하고 있다. 도시화의 진행은 사람들의 생활을 변화시켰고 편리한 삶을 선물하게 되었지만, 그에 못지않은 다양한 문제를 유발하기도 한다.

(1) ㉠, ㉡, ㉢에 들어갈 단어를 쓰시오.

(2) ㉣에 대해 설명하시오.

2 다음 자료를 읽고 물음에 답하시오.

도시의 규모가 커지면 도심에는 집심 현상이 뚜렷한 업무 및 상업 기능이 남고, 이심 현상이 뚜렷한 주거 기능과 공업 기능은 주변 지역으로 나가면서 도시 내 지역 분화가 이루어진다. 한편, 도시의 성장은 도시의 기능을 주변으로 확장시키는데, 이런 현상을 (㉠) 현상이라고 한다. (㉠) 현상을 통해 도시의 기능이 주변으로 확대되면 대도시와 그 영향권으로 구성된 (㉡)이/가 형성된다. (㉡) 내에는 대도시의 기능 일부를 분담하는 (㉢)이/가 위치한다.

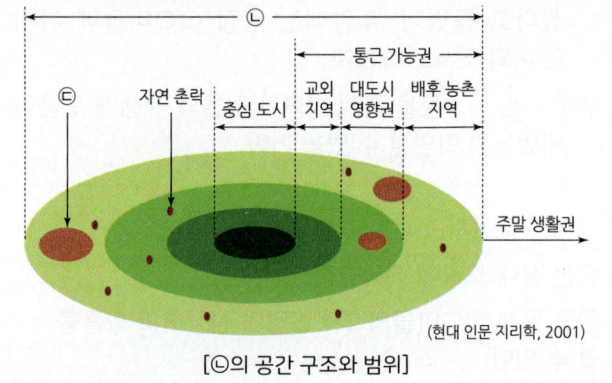

(현대 인문 지리학, 2001)

[㉡의 공간 구조와 범위]

(1) ㉠, ㉡, ㉢에 들어갈 용어를 쓰시오.

(2) ㉠과 ㉡의 형성에 영향을 준 공통적인 배경에 대해 서술하시오.

3 다음 글을 읽고 물음에 답하시오.

> 2004년 개통된 (㉠)은/는 자동차보다 많은 승객을 이동시킬 수 있고, 항공기나 선박에 비해서도 많은 ㉡장점을 가진 교통수단이다. (㉠)(으)로 인한 이동 시간의 단축은 지방 도시의 산업 발전과 인구의 수도권 집중을 완화할 수 있어 소외된 지역이 발전의 혜택을 누릴 수 있게 해준다. 그러나 ㉢빨대 효과라는 부작용이 생길 수도 있음을 간과해서는 안 된다.

(1) ㉠에 들어갈 교통수단을 쓰시오.

(2) 항공기와 선박과 비교한 ㉡을 2개 이상 서술하시오.

(3) ㉢에 대해 설명하시오.

4 다음 자료를 읽고 물음에 답하시오.

> 특정 지역의 지리적 현상을 조사하여 지역성을 규명하는 것을 지리 조사라고 한다. 지리 조사의 순서는 먼저 조사 목적에 맞는 연구 주제와 그에 부합되는 지역을 선정한 후, 지리 정보를 수집한다. 지리 정보를 수집하는 방법에는 (㉠)와/과 (㉡)이/가 있는데, (㉠)을/를 먼저 진행하는 것이 일반적이다. 지리 정보 수집이 끝나면 수집된 자료를 분석한 후 지도 및 도표 등으로 정리하여 보고서를 작성한다.

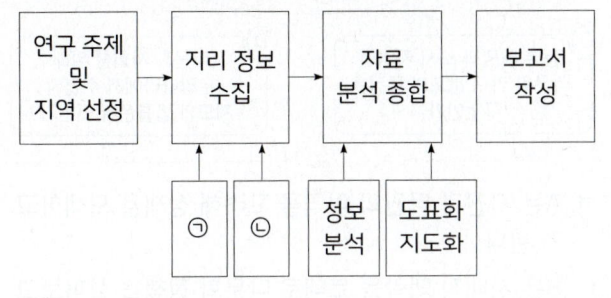

(1) ㉠, ㉡에 들어갈 용어를 쓰시오.

(2) ㉠, ㉡의 사례에 해당하는 활동을 각각 3개씩 서술하시오.

정답과 해설 **3** p.115 **4** p.116

V. 생활공간과 사회 **165**

1

[18년 9월 1번]

그림의 A~D는 다문화 정책 수립을 위한 탐구 주제이다. 이에 대한 옳은 설명을 [보기]에서 고른 것은? 2점

- Ⓐ 다양한 문화가 공존하기 위해 우리가 갖추어야 할 바람직한 태도는 무엇인가?
- Ⓑ 우리나라 다문화 정책의 역사적 변천 과정과 그 배경은 무엇인가?

새로운 다문화 정책 수립

- Ⓒ 농촌 지역과 도시 지역의 다문화 가구 분포의 특징은 무엇인가?
- Ⓓ 다문화 사회를 위해 우리나라에서 수립된 제도와 법률은 무엇인가?

[보 기]

ㄱ. A는 자신과 타인의 이익을 고려해 정책을 모색하고자 한다.

ㄴ. B는 시대적 맥락을 토대로 다문화 정책을 살펴보고자 한다.

ㄷ. D는 개인에게 영향을 미치는 사회 구조와 정책을 간과한다.

ㄹ. A는 공간적 관점, C는 시간적 관점에서 접근하고 있다.

① ㄱ, ㄴ   ② ㄱ, ㄷ   ③ ㄴ, ㄷ   ④ ㄴ, ㄹ   ⑤ ㄷ, ㄹ

2

[20년 11월 12번]

㉠에 대한 강연자의 입장에만 모두 '√'를 표시한 학생은? 3점

우리는 자연적인 쾌락을 최소한으로 추구해야 합니다. 즉, 식사는 잘하되 욕구를 최소한으로 만족시키고, 성적 욕구를 충족하되 일정한 범위를 넘어 서지 말아야 합니다. 왜냐하면 과도한 욕구의 추구는 고통을 일으키기 때문입니다. 이처럼 과도한 욕구를 절제함으로써 얻는 것이 마음의 평온함이며, 이러한 마음의 평온함을 통해 ㉠ 참된 행복을 얻을 수 있습니다.

입장 \ 학생	갑	을	병	정	무
자연적인 쾌락의 극대화를 통해 얻어진다.	√	√		√	
고통이 사라진 마음의 평온함을 통해 얻어진다.			√	√	√
과도한 욕심을 버린 절제 있는 삶을 통해 얻어진다.	√		√		√
정신적 쾌락이 아닌 육체적 쾌락만을 통해 얻어진다.		√		√	√

① 갑   ② 을   ③ 병   ④ 정   ⑤ 무

3

[19년 6월 2번]

자료의 (가)~(다)에 해당하는 지역을 지도의 A~E에서 고른 것은? 3점

(가)	(나)	(다)

여름철 고온 건조한 기후로 인해 햇빛이 매우 강하다. 이를 반사시키기 위해 벽이 흰색으로 칠해져 있고, 가옥 간의 간격이 좁다.

연중 고온 다습하여 음식이 쉽게 상한다. 이를 막기 위해 기름에 볶거나 튀기는 요리가 발달해 있으며 향신료를 많이 사용한다.

해발고도가 높고 연중 우리나라의 봄과 같은 날씨가 나타난다. 주로 목축을 하며, 가축으로부터 옷의 재료를 얻는다.

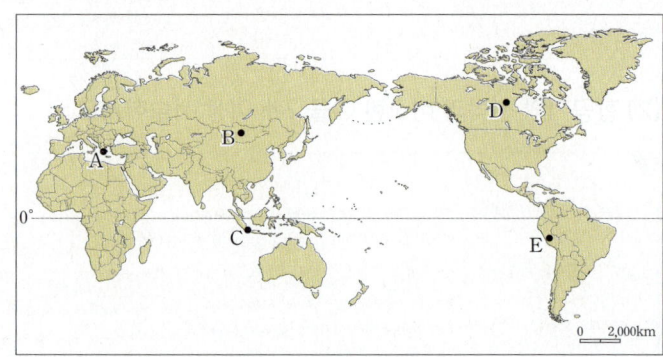

0   2,000km

	(가)	(나)	(다)		(가)	(나)	(다)
①	A	B	D	②	A	C	E
③	B	D	E	④	C	A	B
⑤	C	E	D				

4

[24년 6월 8번]

(가), (나)의 자연관에 대한 설명으로 옳은 것은? (3점)

> (가) 인간은 자연의 사용자 및 해석자로서 자연의 질서에 관해 실제로 관찰하고 고찰한 것만큼 무엇인가를 할 수 있다. 인간의 지식이 곧 인간의 힘이다.
>
> (나) 인간은 생명 공동체인 대지의 구성원이다. 인간의 행위가 생명 공동체의 온전성, 안정성, 아름다움에 이바지한다면 옳은 것이며, 그렇지 않다면 그른 것이다.

① (가)는 자연을 인간의 이익을 위한 지배 대상으로 본다.

② (가)는 자연의 도구적 가치보다 본래적 가치를 중시한다.

③ (나)는 인간을 자연과 구별되는 우월한 존재로 본다.

④ (나)는 생태계 전체의 보전보다 개별 구성원의 존속을 중시한다.

⑤ (가), (나) 모두 자연을 도덕적 고려 대상으로 보아야 함을 강조한다.

5

[19년 6월 17번]

다음은 주요 환경 문제를 정리한 노트의 일부이다. (가)~(라)에 들어갈 내용으로 옳은 것만을 [보기]에서 있는 대로 고른 것은? (3점)

환경 문제	원인	영향	국제 협약
오존층 파괴	염화 플루오린화 탄소의 증가	(가)	몬트리올 의정서
사막화	(나)	토양의 황폐화	사막화 방지 협약
지구 온난화	온실가스 배출량 증가	(다)	(라)

[보 기]

ㄱ. (가) - 피부암, 백내장 등의 질병 유발

ㄴ. (나) - 과도한 경작과 방목

ㄷ. (다) - 북극해 일대의 해수 염도 상승

ㄹ. (라) - 파리 기후 협약

① ㄱ, ㄴ   ② ㄴ, ㄷ   ③ ㄷ, ㄹ

④ ㄱ, ㄴ, ㄹ   ⑤ ㄱ, ㄷ, ㄹ

6

[21년 11월 20번]

다음은 통합사회 온라인 수업 장면이다. 교사의 질문에 옳게 대답한 학생은? (2점)

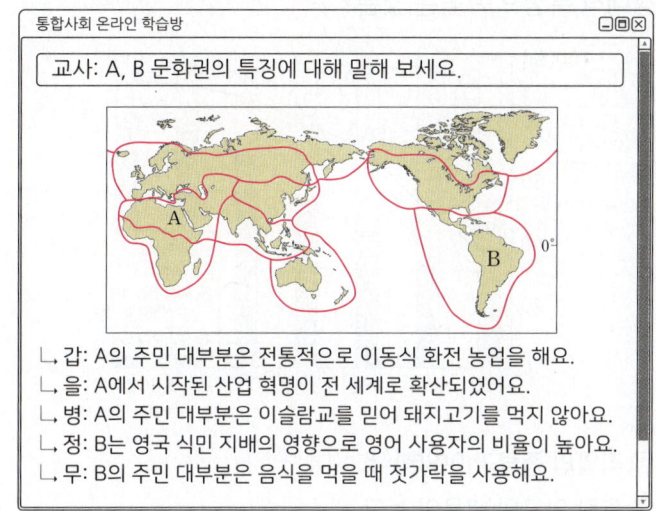

통합사회 온라인 학습방

교사: A, B 문화권의 특징에 대해 말해 보세요.

ㄴ 갑: A의 주민 대부분은 전통적으로 이동식 화전 농업을 해요.

ㄴ 을: A에서 시작된 산업 혁명이 전 세계로 확산되었어요.

ㄴ 병: A의 주민 대부분은 이슬람교를 믿어 돼지고기를 먹지 않아요.

ㄴ 정: B는 영국 식민 지배의 영향으로 영어 사용자의 비율이 높아요.

ㄴ 무: B의 주민 대부분은 음식을 먹을 때 젓가락을 사용해요.

① 갑   ② 을   ③ 병   ④ 정   ⑤ 무

7

[21년 3월 7번]

다음 신문 칼럼의 입장으로 가장 적절한 것은? (2점)

> ○○신문   ○○○○년 ○○월 ○○일
>
> **칼 럼**
>
> 다문화 사회에서 조화롭게 살아가기 위해서는 다양한 문화를 이해하고 존중하는 태도가 필요하다. 하지만 명예 살인과 같이 부당하게 생명을 해치거나 인간 존엄성을 훼손하는 문화까지 인정해서는 안 된다. 따라서 다른 문화를 바라볼 때 보편적 도덕 가치에 어긋남이 없는지 살펴야 한다. …(후략).

① 다양한 문화를 하나의 문화로 통합해야 한다.

② 다른 문화에 대한 배타적인 태도를 유지해야 한다.

③ 보편 윤리를 기준으로 다른 문화를 성찰해야 한다.

④ 자기 문화의 관점으로만 다른 문화를 평가해야 한다.

⑤ 어떠한 경우에도 다른 문화를 비판하지 말아야 한다.

8

[23년 6월 10번]

그래프는 우리나라의 산업별 종사자 비중과 도시 인구 비율 변화를 나타낸 것이다. 1960년과 비교한 2020년의 상대적 특성으로 옳은 것은? 2점

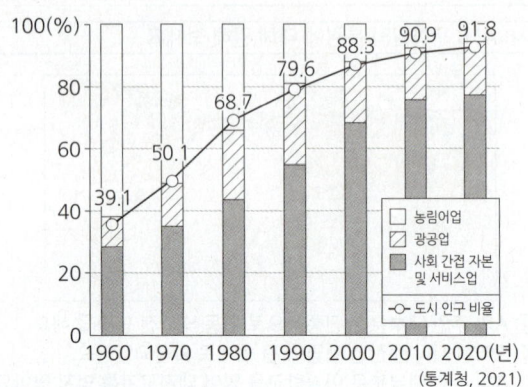

(통계청, 2021)

① 직업의 종류가 다양하다.
② 촌락 인구의 비율이 높다.
③ 토지 이용의 집약도가 낮다.
④ 1차 산업 종사자 비중이 높다.
⑤ 개인주의적 가치관이 약화된다.

9

[24년 9월 8번]

다음 글에서 부각되는 정보 사회의 문제점으로 가장 적절한 것은? 2점

급변하는 정보 사회에서는 정보를 가진 자와 못 가진 자, 정보를 활용하는 자와 활용하지 못하는 자로 나뉜다. 정보의 가치가 중요시되면서 정보는 소득·재산·권력·지식과 같은 사회적 자원이 된다. 사회·경제적 지위가 높을수록 많은 정보를 차지하게 되고, 많은 정보를 차지할수록 사회·경제적 지위는 더 높아진다. 반대로 사회·경제적 지위가 낮을수록 차지할 수 있는 정보의 양은 적어지고, 이에 따라 사회·경제적 지위는 더 낮아진다.

① 개인 정보 유출과 사생활 침해 문제가 발생한다.
② 정보 격차는 사회 불평등을 심화시키는 요인이 된다.
③ 비대면 관계의 증가로 인한 인간 소외 현상이 나타난다.
④ 국가에 의한 정보 통제와 감시가 증가하는 문제가 나타난다.
⑤ 정보 통신 기기의 과다 사용으로 인한 중독 문제가 발생한다.

10

[24년 9월 17번]

다음 자료는 지역 조사 과정을 나타낸 것이다. (가)~(라) 단계의 활동 내용으로 적절한 것을 [보기]에서 고른 것은? 3점

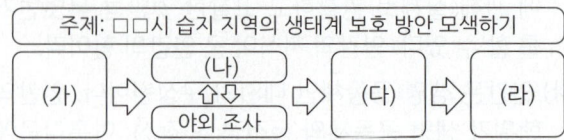

[보 기]

ㄱ. □□시 시기별 습지 면적 자료를 지리 정보 체계(GIS)로 분석하여 통계 지도로 작성하였다.

ㄴ. □□시 △△ 방조제 내·외측에 위치한 내륙 및 연안 갯벌 습지를 조사 지역으로 선정하였다.

ㄷ. □□시 습지에 대한 지역 조사 내용을 분석·종합하여 습지 생태계 보호를 위한 보고서를 작성하였다.

ㄹ. 인터넷 지도인 '국토 정보맵'에서 △△ 방조제 내·외측에 위치한 습지 면적, 동식물 개체 수 등을 조사하였다.

	(가)	(나)	(다)	(라)		(가)	(나)	(다)	(라)
①	ㄱ	ㄴ	ㄷ	ㄹ	②	ㄴ	ㄱ	ㄹ	ㄷ
③	ㄴ	ㄹ	ㄱ	ㄷ	④	ㄷ	ㄴ	ㄱ	ㄹ
⑤	ㄷ	ㄹ	ㄱ	ㄴ					

1

[20년 9월 1번]

다음 사례와 관련하여 A~D의 관점에서 탐구할 수 있는 적절한 활동만을 [보기]에서 고른 것은? (2점)

최근 플라스틱 쓰레기로 인한 환경오염이 심각한 사회문제로 대두되고 있다. ○○ 해변에 떠밀려 온 향유 고래 사체 속에서는 플라스틱 컵 115개, 비닐봉지 25개 등 6kg에 달하는 플라스틱 쓰레기가 나오기도 했다.

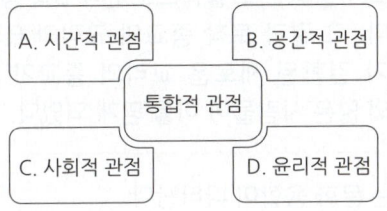

A. 시간적 관점   B. 공간적 관점

통합적 관점

C. 사회적 관점   D. 윤리적 관점

─────── [보 기] ───────

ㄱ. A: 플라스틱 쓰레기의 지역별 배출량 조사하기

ㄴ. B: 플라스틱 쓰레기의 연도별 배출량 변화 분석하기

ㄷ. C: 플라스틱 쓰레기를 줄이기 위한 제도 및 정책 알아보기

ㄹ. D: 플라스틱 쓰레기를 줄이기 위한 바람직한 태도와 습관 찾아보기

① ㄱ, ㄴ ② ㄱ, ㄷ ③ ㄴ, ㄷ ④ ㄴ, ㄹ ⑤ ㄷ, ㄹ

2

[21년 6월 8번]

교사의 질문에 적절한 답변을 한 학생만을 고른 것은? (3점)

학습 주제: 행복한 삶을 위한 조건

(가) 질 높은 정주 환경
(나) 민주주의의 실현
(다) 경제적 안정
(라) 도덕적 실천

행복한 삶을 위한 조건 (가) ~ (라)에 대해 설명해 보세요.

갑 / 을 / 병 / 정

갑: (가)는 교통, 복지, 문화 시설 등 인문 환경적 요소만을 포함합니다.

을: (나)는 권위주의적 정치문화의 확산을 통해 달성할 수 있습니다.

병: (다)를 위해 경제적 불평등 해소, 고용 안정을 위한 노력이 필요합니다.

정: (라)를 위해 바람직한 가치를 행동으로 옮기려는 실천의지가 필요합니다.

① 갑, 을 ② 갑, 병 ③ 을, 병 ④ 을, 정 ⑤ 병, 정

3

[21년 6월 9번]

다음은 여행 안내서의 일부이다. (가)에 들어갈 옳은 내용만을 [보기]에서 고른 것은? (3점)

뉴질랜드 북섬, 타우포 여행 안내

지구가 살아 있다는 증거! 마그마가 지각의 갈라진 틈을 뚫고 분출하여 형성된 지형과 관련된 다양한 경관들을 만나 보세요.

[추천 장소 1]   [추천 장소 2]

분화구가 함몰된 후 물이 고여 형성된 타우포 호수

타우포호

(가)

─────── [보 기] ───────

ㄱ.

석회암이 물에 녹아 만들어진 기암괴석

ㄴ.

최대 20m 높이로 솟아 오르는 간헐천

ㄷ.

땅속의 열에너지로 전력을 생산하는 발전소

ㄹ.

빙하의 침식과 해수면 상승으로 형성된 피오르

① ㄱ, ㄴ ② ㄱ, ㄷ ③ ㄴ, ㄷ ④ ㄴ, ㄹ ⑤ ㄷ, ㄹ

4

[23년 9월 2번]

자연재해 (가), (나)에 대한 설명으로 옳은 것은? (단, (가), (나)는 각각 지진, 태풍 중 하나임.) **2점**

자연재해 발생 시 국민 행동 요령	🏛 행정안전부
(가) 발생 시 국민 행동 요령	**(나) 발생 시 국민 행동 요령**
• 산사태, 절벽 붕괴에 주의하고, 해안에서 해일 특보가 발령되면 높은 곳으로 대피합니다. • 떨어지는 물건에 다치지 않게 가방이나 손으로 머리를 보호합니다. • 흔들림이 멈추면 건물과 거리를 두고 운동장이나 공원 등 넓은 공간으로 대피합니다.	• 경보 발령 시 어업 활동을 중단하고, 피서객·저지대 주민은 신속히 안전지대로 대피합니다. • 강풍에 대비하여 비닐하우스·재배 시설 등은 단단히 고정합니다. • 축대와 담장은 사전에 점검·보수하고, 가로등·고압 전선 등 전기 시설물 접근을 금지합니다.

① (가)는 건물의 내진 설계로 피해를 줄일 수 있다.

② (가)는 열대 해상에서 발생하여 고위도 지역으로 이동한다.

③ (나)는 여름보다 겨울에 자주 발생한다.

④ (나)는 대기 중의 미세 먼지 농도를 증가시킨다.

⑤ (가)는 기후적 요인, (나)는 지형적 요인에 의해 발생한다.

5

[18년 6월 16번]

다음 국제 협약과 관련된 환경 문제를 해결하기 위한 노력으로 적절한 것을 [보기]에서 고른 것은? **2점**

> UN 기후 변화 협약 195개 참가국은 '교토 의정서'를 대신할 '파리 기후 협약'을 만장일치로 채택하였다. 이 협약의 당사국들은 2050년 이후에는 인간의 온실가스 배출량과 지구가 흡수하는 능력이 균형을 이루어야 한다고 촉구했다. 또한 이 협약에는 선진국 뿐만 아니라 개발 도상국에도 온실가스 감축 의무를 부여하고 기후 변화로 피해를 입는 국가를 돕는 내용도 포함되었다.

[보 기]

ㄱ. 화석 연료의 가격을 인하한다.

ㄴ. 탄소 배출량이 적은 제품을 사용한다.

ㄷ. 대기 오염 물질의 배출 규제를 완화한다.

ㄹ. 시민 단체에 가입하여 환경 감시 활동을 한다.

① ㄱ, ㄴ ② ㄱ, ㄷ ③ ㄴ, ㄷ ④ ㄴ, ㄹ ⑤ ㄷ, ㄹ

6

[24년 10월 18번]

(가), (나)에 나타난 문화 변동에 대한 설명으로 옳은 것은? **2점**

> (가) 갑국은 고유한 언어를 사용하고 있었으나 A국의 식민 지배를 받으면서 A국의 언어만을 사용하도록 강요당했다. 그 결과 갑국의 고유한 언어는 사라지고, 갑국 사람들은 A국의 언어만을 사용하게 되었다.
>
> (나) 을국은 토착 종교가 널리 퍼져 있었으나 B국에서 온 선교사들의 포교 활동으로 인해 B국 종교가 전파되었다. 그 결과 토착 종교의 교리와 B국 종교의 교리가 결합된 새로운 교리의 종교가 만들어져 을국의 많은 사람들이 이를 믿게 되었다.

① (가)에서는 문화 융합이 나타난다.

② (가)에서는 발견에 의한 문화 변동이 나타난다.

③ (나)에서는 문화 동화가 나타난다.

④ (나)에서는 직접 전파에 의한 문화 변동이 나타난다.

⑤ (가)와 (나)에서는 모두 자발적 문화 접변이 나타난다.

7

[24년 3월 2번]

갑, 을의 입장으로 적절한 것만을 [보기]에서 고른 것은? **2점**

> 갑: 이민자들은 거주국의 문화를 받아들여야 한다. 이민자들의 문화가 거주국의 문화에 동화되면 사회의 단결력을 증진할 수 있기 때문이다.
>
> 을: 이민자들의 문화와 거주국의 문화 각각의 정체성을 동등하게 존중해야 한다. 여러 문화가 존중되고 조화를 이루면 문화적 역동성을 증진할 수 있기 때문이다.

[보 기]

ㄱ. 갑: 거주국 문화에 이민자 문화를 편입시켜야 한다.

ㄴ. 을: 다양한 문화가 공존하면 문화적 역동성이 증진된다.

ㄷ. 을: 단일 문화를 형성하여 사회의 단결력을 증진해야 한다.

ㄹ. 갑과 을: 여러 문화의 정체성은 동등하게 존중되어야 한다.

① ㄱ, ㄴ ② ㄱ, ㄷ ③ ㄴ, ㄷ ④ ㄴ, ㄹ ⑤ ㄷ, ㄹ

8

[23년 11월 12번]

다음 자료는 학생이 생성형 인공 지능과 대화한 내용의 일부이다. 밑줄 친 ㉠~㉣에 대한 옳은 설명만을 [보기]에서 있는 대로 고른 것은? 2점

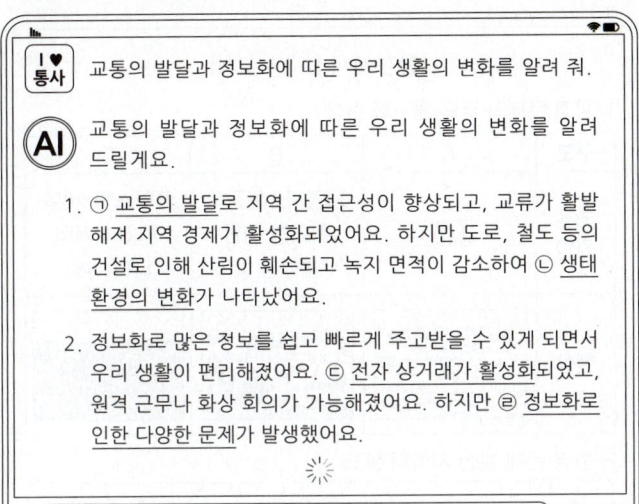

I♥통사
교통의 발달과 정보화에 따른 우리 생활의 변화를 알려 줘.

AI
교통의 발달과 정보화에 따른 우리 생활의 변화를 알려 드릴게요.

1. ㉠ 교통의 발달로 지역 간 접근성이 향상되고, 교류가 활발해져 지역 경제가 활성화되었어요. 하지만 도로, 철도 등의 건설로 인해 산림이 훼손되고 녹지 면적이 감소하여 ㉡ 생태 환경의 변화가 나타났어요.

2. 정보화로 많은 정보를 쉽고 빠르게 주고받을 수 있게 되면서 우리 생활이 편리해졌어요. ㉢ 전자 상거래가 활성화되었고, 원격 근무나 화상 회의가 가능해졌어요. 하지만 ㉣ 정보화로 인한 다양한 문제가 발생했어요.

Send a message

[보 기]

ㄱ. ㉠으로 인해 개인의 일상생활 범위가 확대되었다.

ㄴ. ㉡의 사례로 '교통로 건설에 따른 야생 동물의 이동 통로 단절'을 들 수 있다.

ㄷ. ㉢으로 인해 소비 활동의 공간적 제약이 강화되었다.

ㄹ. ㉣로 지역 간, 계층 간 정보 격차 발생을 들 수 있다.

① ㄱ, ㄴ ② ㄱ, ㄷ ③ ㄷ, ㄹ
④ ㄱ, ㄴ, ㄹ ⑤ ㄴ, ㄷ, ㄹ

9

[24년 6월 10번]

밑줄 친 ㉠~㉤에 대한 설명으로 옳지 않은 것은? 3점

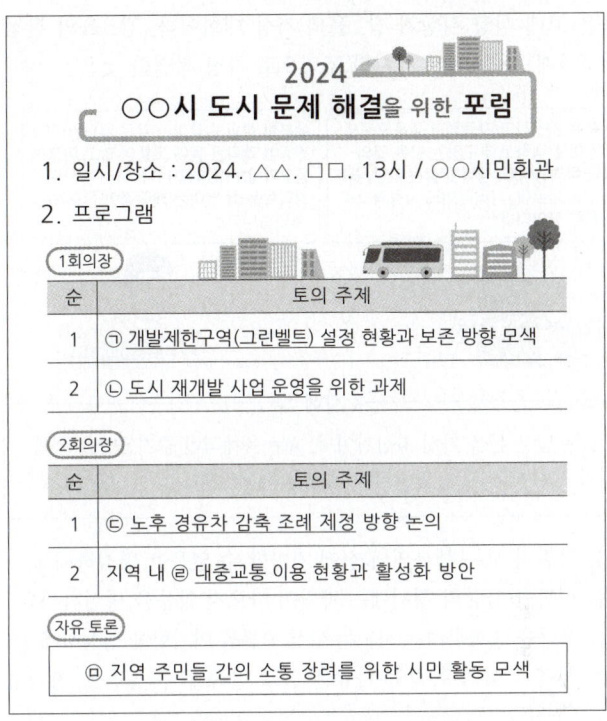

2024 ○○시 도시 문제 해결을 위한 포럼

1. 일시/장소 : 2024. △△. □□. 13시 / ○○시민회관
2. 프로그램

1회의장
순	토의 주제
1	㉠ 개발제한구역(그린벨트) 설정 현황과 보존 방향 모색
2	㉡ 도시 재개발 사업 운영을 위한 과제

2회의장
순	토의 주제
1	㉢ 노후 경유차 감축 조례 제정 방향 논의
2	지역 내 ㉣ 대중교통 이용 현황과 활성화 방안

자유 토론
| ㉤ 지역 주민들 간의 소통 장려를 위한 시민 활동 모색 |

① ㉠은 도시의 무질서한 팽창을 막기 위한 방안에 해당한다.

② ㉡은 도시 기반 시설을 확충하기 위한 방안에 해당한다.

③ ㉢은 개인적 차원에서 실행 가능한 방안에 해당한다.

④ ㉣은 교통 체증 문제를 해결하기 위한 방안에 해당한다.

⑤ ㉤은 공동체의 결속력을 강화하기 위한 방안에 해당한다.

10

[19년 6월 4번]

'○○군의 축산업 실태'에 대해 지역 조사를 하고자 한다. (가) 단계에 해당하는 활동으로 옳은 것만을 [보기]에서 있는 대로 고른 것은? 3점

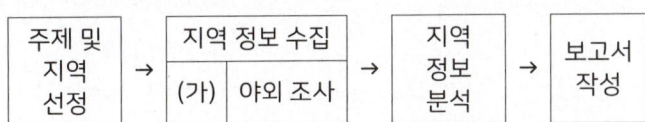

주제 및 지역 선정	→	지역 정보 수집		→	지역 정보 분석	→	보고서 작성
		(가)	야외 조사				

[보 기]

ㄱ. 축산업 현황을 ○○군 홈페이지를 통해 조사한다.

ㄴ. ○○군 축산업자와 면담 시 필요한 설문지를 작성한다.

ㄷ. 수집한 자료를 토대로 ○○군의 목장 분포도를 작성한다.

ㄹ. ○○군의 자연환경에 대한 야외 조사 계획서를 작성한다.

① ㄱ, ㄷ ② ㄴ, ㄷ ③ ㄴ, ㄹ
④ ㄱ, ㄴ, ㄹ ⑤ ㄱ, ㄷ, ㄹ

1

다음은 고대 서양 사상가 갑, 을의 가상 대화이다. 갑, 을의 관점에서 〈사례〉 속 A에게 제시할 조언으로 가장 적절한 것은? 2점

행복은 완전하고 자족적인 좋음으로서 인간이 선택하고 추구하는 모든 것의 궁극 목적입니다. 행복한 삶은 가장 좋고 가장 즐거우며, 윤리적이고 지성적으로 탁월한 삶입니다.

행복한 삶의 시작이자 끝은 쾌락입니다. 진정한 쾌락은 몸에 고통이 없고 마음에 동요가 없는 상태입니다. 사려 깊으며 정의로운 삶 없이는 쾌락적인 삶도 있을 수 없습니다.

갑

을

― 〈 사례 〉 ―

A는 많은 돈을 가진 자산가이다. A는 육체적인 즐거움만을 행복이라 생각하고 매일 향락적인 생활을 하고 있다.

① 갑: 물질적 부는 행복의 실현에 기여할 수 없음을 명심하세요.
② 갑: 행복한 사람의 행위에는 쾌락이 따르지 않음을 명심하세요.
③ 을: 욕구를 충족하려는 시도는 항상 고통을 야기함을 명심하세요.
④ 을: 쾌락이 삶의 목적인 사람은 결코 만족할 수 없음을 명심하세요.
⑤ 갑과 을: 이성을 동반한 덕을 통해 행복을 성취할 수 있음을 명심하세요.

2

다음 자료는 환경 문제에 대한 탐구 보고서의 일부이다. 이에 대한 옳은 설명만을 〈보기〉에서 고른 것은? 1.5점

[환경 문제 탐구 보고서]

1. 환경 문제의 주요 원인과 현상

구분	A	B	C
주요 원인	(가)	농경지·목장의 확대를 위한 무분별한 벌목	플라스틱, 비닐 등 쓰레기의 바다 유입
현상			

2. 환경 문제 발생 지역의 분포

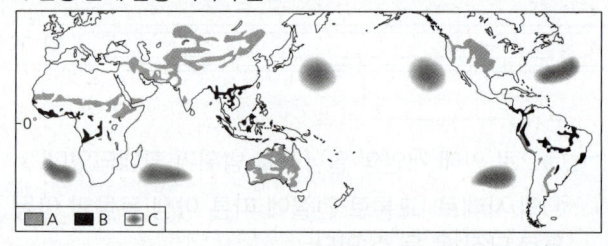

A B C

― 〈 보기 〉 ―

ㄱ. B에 의해 생물종 다양성이 증가한다.
ㄴ. C는 해류의 순환으로 쓰레기가 집적되어 나타난다.
ㄷ. A는 B보다 연 강수량이 많은 곳에서 주로 나타난다.
ㄹ. (가)에는 '과도한 목축 및 경작'이 들어갈 수 있다.

① ㄱ, ㄴ ② ㄱ, ㄷ ③ ㄴ, ㄷ ④ ㄴ, ㄹ ⑤ ㄷ, ㄹ

3

다음은 세계의 문화권에 대한 온라인 수업 자료의 일부이다. 이에 대한 설명으로 옳지 <u>않은</u> 것은? **2.5점**

세계의 문화권은 위치, 자연환경, 종교, 민족(인종), 언어, 전통 산업 등 다양한 요소를 복합적으로 고려하여 아래 지도와 같이 구분할 수 있다.

> 알고 싶은 문화권을 클릭하면 설명을 볼 수 있어요.

◎ **오세아니아 문화권**
    오세아니아 문화권의 지리적 범위는 오스트레일리아, 뉴질랜드, 남태평양의 여러 섬을 포함한다.

● **오스트레일리아의 다문화 역사와 정책**
    오스트레일리아는 20세기 초 백호주의를 내세우며 아시아계 등의 이민을 제한했다. 또한 ㉠ <u>원주민의 자녀를 부모로부터 강제로 분리하여 주류 집단의 언어와 생활양식 등을 강요하는 정책</u>을 펼치며 원주민의 인권을 침해했다. 그러나 1970년대에 백호주의 폐지 이후, ㉡ <u>주류 문화와 소수 문화가 대등하게 조화를 이루려고 하는 정책</u>을 바탕으로 다양한 민족(인종)과 문화가 공존하는 사회로 발전하고 있다.

① ㉠은 소수 문화를 주류 문화로 동화시키려는 정책이다.
② ㉡은 다문화주의 정책이다.
③ 오스트레일리아는 A에 속한 국가의 식민 지배를 받았다.
④ B는 이슬람교 신자 수가 크리스트교 신자 수보다 많다.
⑤ C와 D를 구분하는 경계는 리오그란데강이다.

4

갑, 을 사상가들 중 적어도 한 사람이 긍정할 진술로 적절한 것만을 〈보기〉에서 있는 대로 고른 것은? **2점**

갑: 인간의 지식과 인간의 힘은 서로 다른 것이 아니다. 방황하고 있는 자연을 사냥해 노예로 만들어 인간의 이익에 봉사하도록 해야 한다.
을: 인간은 대지의 이용을 윤리적으로 검토해야 한다. 대지는 단지 흙이 아니라 토양, 식물 및 동물이라는 회로를 통해 흐르는 에너지의 근원이다.

〈 보기 〉

ㄱ. 인간과 달리 자연은 어떠한 가치도 지니지 않는다.
ㄴ. 인간은 자연의 정복자가 아니라 구성원 중 하나일 뿐이다.
ㄷ. 인간과 자연을 차등적으로 구별하는 것은 이성에 부합한다.
ㄹ. 인간의 욕구를 충족하기 위해 자연을 활용하는 것은 정당화될 수 없다.

① ㄱ, ㄹ   ② ㄴ, ㄷ   ③ ㄷ, ㄹ
④ ㄱ, ㄴ, ㄷ   ⑤ ㄱ, ㄴ, ㄹ

5

다음 자료의 (가)~(다) 지역에 대한 설명으로 옳은 것은? (단, (가)~(다)는 각각 지도에 표시된 세 지역 중 하나임.) 2.5점

지도에 표시된 세 지역에서 나타나는 전통적인 생활 모습의 특징은 다음과 같다. 한 지역에서는 양, 염소 등을 기르는 유목 생활을, 또 다른 지역에서는 지면의 열기와 습기를 차단하기 위한 고상 가옥을, 마지막 한 지역에서는 올리브 등을 재배하는 수목 농업을 볼 수 있다. 이렇게 지역별로 주민 생활이 다르게 나타나는 이유는 기온과 강수량 등 그 지역의 독특한 기후 특성의 영향을 받기 때문이다. 이러한 기후 특성을 보여 주는 지표 중 기온 편차와 강수 편차는 다음과 같이 계산할 수 있다.

○ 월 기온 편차 = 월평균 기온 − 연평균 기온

○ 월 강수 편차 = 월 강수량 − $\left(\dfrac{연\ 강수량}{12}\right)$

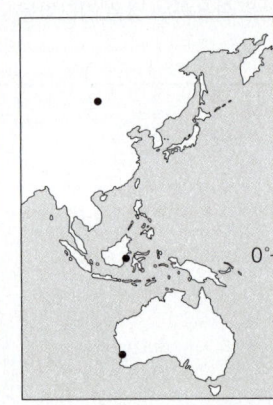 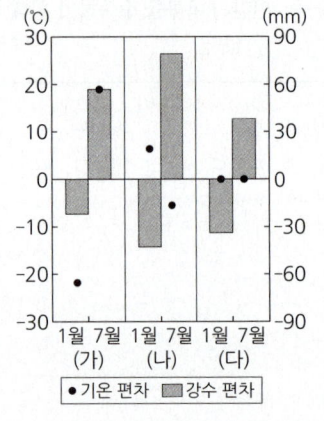

① (가)는 남반구에 위치한다.
② (나)가 위치한 국가의 전통 가옥은 이동 생활에 유리한 게르이다.
③ (다)가 위치한 국가의 전통 음식은 향신료가 들어간 볶음밥이다.
④ (다)는 (가)보다 기온의 연교차가 크다.
⑤ (가)와 (나)는 모두 여름 강수량이 겨울 강수량보다 많다.

6

다음 자료는 도시화에 대한 것이다. 이에 대한 설명으로 옳은 것은? (단, A, B는 각각 도시, 촌락 중 하나이고, (가)~(다)는 각각 대한민국, 베트남, 영국 중 하나임.) 1.5점

도시화는 전체 인구 중에서 도시에 거주하는 인구의 비율이 높아지거나 도시적 생활양식이 확대되는 현상이다. 도시화 과정은 도시화율에 따라 ⊙ 초기 단계, ⓒ 가속화 단계, ⓒ 종착 단계로 구분되는데, 도시화율은 국가 내 도시와 촌락 인구로 알 수 있다. 전체 인구 중 도시 인구의 비율을 기준으로, 초기 단계는 0~20%, 종착 단계는 80~100%로 구분할 수 있다. 도시화는 전 세계적으로 진행되고 있으며, 국가에 따라 진행 과정과 속도가 다르게 나타난다.

〈국가별 도시 및 촌락 인구 변화〉

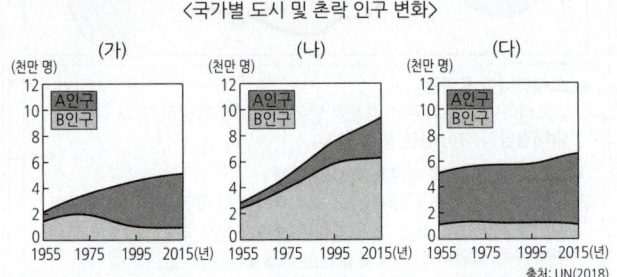

① 영국은 대한민국보다 1970년대에 도시 인구 증가율이 높다.
② ⓒ은 ⊙보다 1차 산업 종사자 비율이 높다.
③ (나)는 2015년에 ⓒ에서 ⓒ으로 진입하였다.
④ (가)는 (다)보다 교외화 현상의 출현 시기가 이르다.
⑤ (가)~(다) 중 1955년의 도시화율은 (다)가 가장 높다.

7

다음 자료에 대한 설명으로 옳은 것은? **2점**

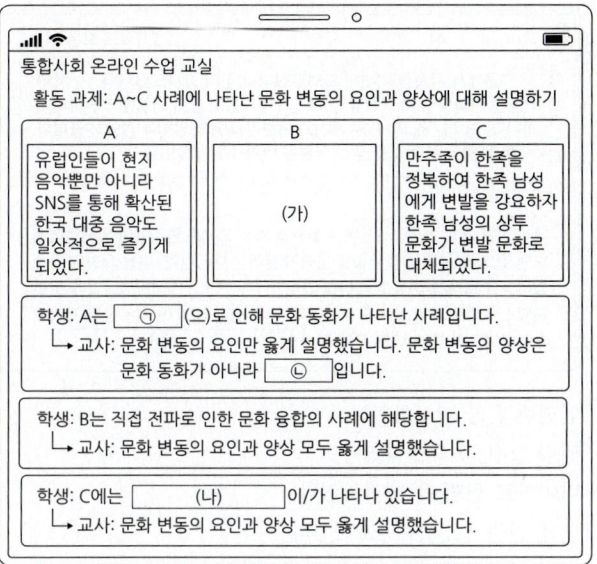

통합사회 온라인 수업 교실

활동 과제: A~C 사례에 나타난 문화 변동의 요인과 양상에 대해 설명하기

A	B	C
유럽인들이 현지 음악뿐만 아니라 SNS를 통해 확산된 한국 대중 음악도 일상적으로 즐기게 되었다.	(가)	만주족이 한족을 정복하여 한족 남성에게 변발을 강요하자 한족 남성의 상투 문화가 변발 문화로 대체되었다.

학생: A는 　⊙　(으)로 인해 문화 동화가 나타난 사례입니다.

↳ 교사: 문화 변동의 요인만 옳게 설명했습니다. 문화 변동의 양상은 문화 동화가 아니라 　ⓒ　입니다.

학생: B는 직접 전파로 인한 문화 융합의 사례에 해당합니다.

↳ 교사: 문화 변동의 요인과 양상 모두 옳게 설명했습니다.

학생: C에는 　(나)　이/가 나타나 있습니다.

↳ 교사: 문화 변동의 요인과 양상 모두 옳게 설명했습니다.

① A와 달리 C는 발견에 의한 문화 변동의 사례이다.

② ⊙에는 '직접 전파'가 들어간다.

③ ⓒ에는 '문화 융합'이 들어간다.

④ (가)에는 '멕시코에서 토착 신앙과 에스파냐인이 들여온 가톨릭교가 결합하여 새로운 형태의 성모상이 탄생하였다.'가 들어갈 수 있다.

⑤ (나)에는 '자극 전파로 인한 문화 병존'이 들어갈 수 있다.

8

다음 대화에서 갑~병의 입장에 대한 설명으로 옳은 것은? **1.5점**

갑: A국은 여성이 부모의 허락 없이 혼인하는 행위를 가족의 명예를 훼손하는 것으로 간주하여 금지합니다. 이에 반해 우리나라에서는 혼인의 자유와 같은 개인의 권리를 헌법상 기본권으로 보장하고 있습니다. A국은 후진적인 자신의 문화를 버리고 우리나라를 본받아야 합니다.

을: 저는 갑의 입장에 동의하지 않습니다. 문화는 그 문화가 형성된 사회의 맥락 속에서 이해해야 합니다. 부모의 권위에 대한 가족 구성원들의 복종을 바탕으로 사회 질서를 유지해 온 A국의 전통을 고려하면 혼인에 대한 개인의 결정권을 허용하지 않는 A국의 문화도 당연히 존중받아야 합니다.

병: 저는 을과 생각이 다릅니다. 배우자 선택의 문제는 인권의 관점에서 접근해야 합니다. 인권은 누구나 태어나면서부터 갖게 되는 당연한 권리로 개별 사회나 국가를 초월하여 반드시 지켜져야 합니다. 이러한 기준에 비추어 각 사회의 문화를 성찰하는 태도가 필요합니다.

① 갑은 모든 문화의 고유한 가치를 존중해야 한다고 본다.

② 을은 자기 문화를 기준으로 타문화를 평가해야 한다고 본다.

③ 병은 보편적으로 지켜야 할 가치나 원리가 존재한다고 본다.

④ 갑과 달리 병은 인권이 헌법을 통해 보장되어야 한다고 본다.

⑤ 갑, 을, 병 모두 인권의 불가침성을 강조한다.

9

다음 자료는 교통 발달에 따른 지역 변화에 대한 것이다. 이에 대한 옳은 설명만을 〈보기〉에서 고른 것은? 1.5점

2029년 개통을 목표로 페마른벨트(Fehmarnbelt) 해저 터널 공사가 진행되고 있다. 덴마크와 독일을 도로와 고속 철도로 연결하는 이 터널은 매년 수백만 명이 이용하는 기존의 여객선 노선을 대체할 것이다. 이에 따라 뢰드부 지역 주민의 　(가)　이/가 예상된다. 또한 B 도로 이용 시 이동 거리가 현재 이용 중인 A 도로에 비해 약 160 km 단축되어 코펜하겐과 함부르크 간의 육상 물류비가 크게 절감될 것이다. 한편, 일각에서는 해저 터널의 완공 후 교통 발달에 의한 ㉠ 빨대 효과를 우려하기도 한다.

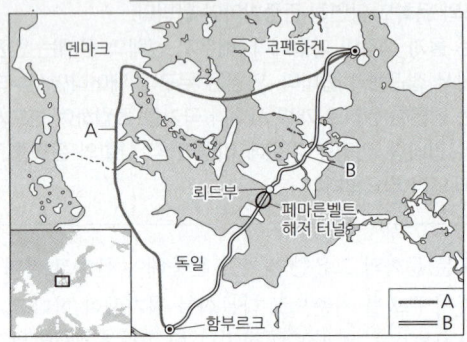

〈 보기 〉

ㄱ. 해저 터널이 완공되면 코펜하겐의 접근성이 좋아질 것이다.
ㄴ. ㉠은 대도시의 인구와 경제력이 주변 중소 도시로 분산되는 현상이다.
ㄷ. (가)에는 '생활권 확대'가 들어갈 수 있다.
ㄹ. 해저 터널이 완공되면 함부르크와 코펜하겐 간 이동 소요 시간은 A 도로가 B 도로보다 짧을 것이다.

① ㄱ, ㄴ ② ㄱ, ㄷ ③ ㄴ, ㄷ ④ ㄴ, ㄹ ⑤ ㄷ, ㄹ

10

(가)에 들어갈 내용으로 옳은 것은? 1.5점

【사료로 보는 역사】

"공께서 저희를 기꺼이 도와주신다니 깊이 감사드립니다. … 저희 국왕은 가톨릭 우대 정책을 펼치고 의회의 동의 없이 정책을 추진하려고 합니다. 저희는 종교, 자유, 재산과 관련한 국왕의 정책에 불만이 큽니다. … 우리 왕국 사람 스물 중 열아홉은 변화를 갈망합니다."

해설

위 서신은 국왕 제임스 2세에게 불만을 품은 고위층 인사들이 윌리엄에게 보낸 것으로, 본인들의 국왕을 물리쳐 달라는 내용이다. 이들 요청에 응해 윌리엄은 함대를 이끌고 바다를 건너가 런던으로 진군하였고, 겁에 질린 제임스 2세는 프랑스로 도주하였다. 이후 윌리엄과 메리는 공동 왕으로 추대되었으며, 의회의 요구에 따라 　(가)　

① 「인민헌장」을 발표하였다.
② 「권리 장전」을 승인하였다.
③ 「바이마르 헌법」을 제정하였다.
④ 「세계 인권 선언」을 공포하였다.
⑤ 「인간과 시민의 권리 선언」을 선포하였다.

11

다음 자료에 대한 설명으로 옳은 것은? 2점

○ 군사 훈련을 받던 갑은 훈련소 측으로부터 종교 행사에 참여하도록 강요받았다. 갑은 거부 의사를 밝혔으나 강압적 조치에 의해 결국 종교 행사에 참여할 수밖에 없었다. 이에 갑은 종교 활동을 자유롭게 할 수 있다는 내용의 ⊙ 기본권을 침해받았다며 헌법재판소에 심판을 청구하였다.

○ 국회의원이 꿈이었던 을은 검정고시에 합격하고 국립 ○○ 대학교의 수시 모집에 지원하고자 하였다. 하지만 법률에 근거하여 규정된 국립 ○○ 대학교 수시 모집 요강에서는 검정고시 출신자의 응시 자격을 제한하였다. 이에 을은 능력에 따라 균등하게 교육받을 수 있다는 내용의 ⊙ 기본권을 침해받았다며 헌법재판소에 심판을 청구하였다.

① ⊙은 국가로부터 간섭받지 않을 권리로서의 기본권에 해당한다.

② ⊙은 국가의 정치적 의사 결정 과정에 참여할 수 있는 권리로서의 기본권에 해당한다.

③ ⊙과 ⊙ 모두 정당한 목적이 있다면 법률적 근거가 없어도 제한될 수 있다.

④ 갑과 달리 을은 기본권 보장을 위한 수단적 성격을 지닌 기본권을 행사하였다.

⑤ 을과 달리 갑은 헌법 소원 심판을 청구하였다.

12

다음 자료에 대한 옳은 설명만을 〈보기〉에서 고른 것은? 2.5점

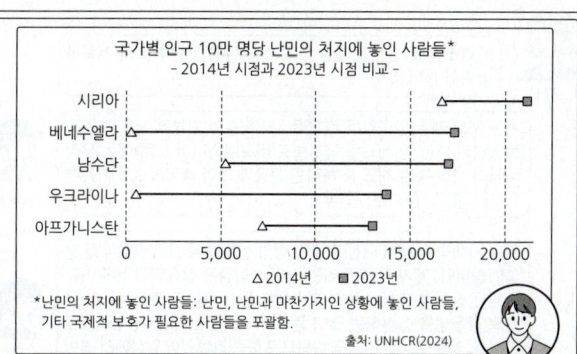

국가별 인구 10만 명당 난민의 처지에 놓인 사람들*
- 2014년 시점과 2023년 시점 비교 -

△ 2014년   ■ 2023년

*난민의 처지에 놓인 사람들: 난민, 난민과 마찬가지인 상황에 놓인 사람들, 기타 국제적 보호가 필요한 사람들을 포괄함.

출처: UNHCR(2024)

그래프에 제시된 국가의 난민들을 연구한 결과에 따르면, ⊙ 그들은 주류 집단에 속한 사람들에게 차별받고 있었으며, 스스로도 차별받는다고 인식하고 있었습니다. 다행히 국제 사회의 행위 주체 A와 B가 이들을 위해 노력하고 있습니다. 가령, 국제 연합과 같은 A는 난민 문제를 공론화하고 있으며, 국제 앰네스티, 국경 없는 의사회 등 민간 주도로 구성된 B는 난민 구호를 위한 세계 시민들의 연대를 촉구하고 있습니다.

〈 보기 〉

ㄱ. 2023년 인구 10만 명당 난민의 처지에 놓인 사람들은 제시된 국가 중 베네수엘라가 가장 적다.

ㄴ. 각 국가 인구 중 난민의 처지에 놓인 사람들의 2014년과 2023년 간 비율 차이는 시리아보다 우크라이나가 크다.

ㄷ. ⊙은 사회적 소수자에 해당한다.

ㄹ. A와 달리 B는 국제법을 바탕으로 가입국 간 합의를 통해 활동한다.

① ㄱ, ㄴ   ② ㄱ, ㄷ   ③ ㄴ, ㄷ   ④ ㄴ, ㄹ   ⑤ ㄷ, ㄹ

13

밑줄 친 ㉠~㉤에 대한 설명으로 가장 적절한 것은? 2.5점

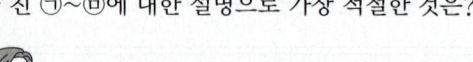
교사: 사회 불평등 현상에 대한 자료 수집 현황과 향후 조사 계획을 발표해 볼까요?

갑: 저는 사회 계층 양극화를 주제로 저소득층의 기본적 생활 수준을 보장하기 위한 ㉠ 제도를 국가별로 비교했습니다. 이후에는 우리나라의 사회 복지 제도 중 하나인 공공 부조가 효과적으로 기능한 ㉡ 사례를 조사하고자 합니다.

을: 저는 사회적 약자에 대한 차별과 정의 실현을 주제로 인터뷰를 진행했습니다. 제가 만난 장애인 지원 센터장은 장애인과 비장애인 모두 공동체에 대한 소속감과 유대를 통해 형성된 정체성을 바탕으로 공동선을 실현하는 것이 중요하다는 ㉢ 관점을 가지고 있었습니다. 저는 이러한 관점을 바탕으로 중증 장애인이 일상에서 겪는 구조적 차별과 실질적 어려움을 확인하고 장애인의 기본적 욕구를 충족하기 위해 자원을 분배하는 ㉣ 방안을 조사하겠습니다.

병: 저는 공간 불평등을 주제로 수도권 과밀 문제의 주요 원인을 정리하고, 그중 하나로 우리나라가 국토 개발 초기 단계에 시행했던 ㉤ 정책에 대해 조사했습니다. 이후에는 이 문제를 해결하기 위한 지역 격차 완화 정책에 대해 조사할 예정입니다.

① ㉠은 '적극적 평등 실현 조치'에 해당한다.
② ㉡으로 기초 연금을 통해 빈곤에 처한 노인 가구의 생활 여건이 개선된 것을 들 수 있다.
③ ㉢은 사회적 존재로서 구성원의 책임과 의무보다 독립적 자아로서 개인의 자유와 권리를 강조한다.
④ ㉣에서는 필요에 따른 분배보다 업적에 따른 분배를 강조할 것이다.
⑤ ㉤의 사례로 비수도권 지역에 혁신도시를 건설하여 공공 기관을 이전한 것을 들 수 있다.

14

교사의 질문에 대한 학생의 답변으로 옳지 <u>않은</u> 것은? 2.5점

거의 정의로운 국가 내에서 시민은 법과 정책이 어느 정도의 부정의를 넘어서지만 않는다면 보통 그 법과 정책에 따라야 한다. 하지만 자기 자신과 타인의 기본적 자유가 부정되는 것을 묵인해야 한다는 것은 아니다. 시민은 법이나 정책이 심각하게 부정의할 경우 불복종할 수 있다. 시민 불복종은 다수가 공유하고 있는 정의관을 근거로 정당화되며, 법에 대한 충실성의 한계 내에서 행해진다.

 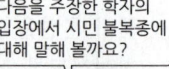 
다음을 주장한 학자의 입장에서 시민 불복종에 대해 말해 볼까요?

① 부정의한 법일지라도 시민 불복종의 대상이 아닐 수 있어요.
② 폭력 행위에 가담하는 것은 시민 불복종으로 간주될 수 없어요.
③ 시민 불복종은 공유된 정의관에 근거하여 헌법 체계에 저항하는 행위예요.
④ 시민 불복종은 처벌이 따를 수 있음에도 불구하고 공개적으로 행해지는 위법 행위예요.
⑤ 기본적 자유 보장을 요구할 권리가 체제 유지를 위한 준법 의무와 충돌할 때 시민 불복종이 발생할 수 있어요.

15

(가)의 갑, 을 사상가들의 입장을 (나) 그림으로 표현할 때, A~C에 해당하는 적절한 진술만을 〈보기〉에서 고른 것은? 2.5점

(가)	갑: 원초적 입장의 사람들은 누구도 자신이 처한 우연적 여건을 알지 못한다. 이러한 상황에 놓인 사람들은 자신이 가장 불리한 상황에 놓일 가능성을 염두에 두고 정의의 원칙에 합의하게 된다. 을: 개인은 자신의 정당한 소유물에 대한 배타적이고 절대적인 권리를 지닌다. 취득과 이전에서의 정의의 원리 또는 교정의 원리에 의해 어떤 소유물에 대한 권리를 부여받았다면 그 권리는 정당하다.
(나)	갑 을 A B C 〈범 례〉 A : 갑만의 입장 B : 갑, 을의 공통 입장 C : 을만의 입장

〈 보기 〉
ㄱ. A: 정의의 원칙은 우연성이 배제된 상황에서 합의된다.
ㄴ. A: 분배 결과의 정당성 여부는 분배 과정의 정당성에 달려 있다.
ㄷ. B: 최대 다수의 복지 증진을 목적으로 소수자의 자유가 침해되어서는 안 된다.
ㄹ. C: 개인의 자기 노동의 산물에 대해서만 소유 권리를 지닐 수 있다.

① ㄱ, ㄴ   ② ㄱ, ㄷ   ③ ㄴ, ㄷ   ④ ㄴ, ㄹ   ⑤ ㄷ, ㄹ

16

그림의 강연자가 지지할 입장으로 가장 적절한 것은? 2점

형벌은 결코 범죄자 자신의 선(善)을 비롯한 어떤 다른 선을 증진하기 위해 가해질 수는 없고, 오직 범죄자가 범죄를 저질렀기 때문에 가해져야 합니다. 인간은 물건처럼 타인의 의도를 위한 수단으로 취급될 수 없을 뿐만 아니라 자신이 의욕한 행위에 대해 책임지는 존엄한 존재이기 때문입니다. 또한 형벌의 본질은 범죄 행위에 대한 응당한 보복을 가하는 것에 있으며, 공적 정의가 원리와 표준으로 삼아야 하는 것은 동등성의 원리입니다. 만약 어떤 사람이 살인을 했다면 그는 죽어야만 합니다. 제아무리 고통 가득한 생이라 해도 생과 사 사이에 동종성은 없기 때문입니다.

① 살인범이라 하더라도 그의 존엄성은 마땅히 존중되어야 한다.
② 형벌은 개인의 선이 아니라 공동체 전체의 선을 증진하기 위한 수단이다.
③ 범죄자가 자신이 저지른 범죄 행위에 대해 책임지도록 하는 형벌은 없다.
④ 범죄자가 형벌로 인해 받는 고통은 그가 범죄로 인해 끼친 해악을 능가해야 한다.
⑤ 살인에 대한 사형 이외의 형벌은 범죄 예방 효과가 감소하므로 교정적 정의에 부합하지 않는다.

17

밑줄 친 '이 시기'에 있었던 사실로 옳은 것은? 1.5점

이 시기는 제임스 와트가 개량한 증기 기관이 새로운 동력으로 사용되기 전까지 지속된 시대로, 서유럽의 통치자들이 본인의 권력 강화를 위해 중앙 집권적 관료제와 상비군을 유지하고자 하였다. 그들은 이러한 통치 체제 확립에 필요한 자금을 마련하기 위해 교역을 장려했으며, 일부 상인에게는 막대한 세금 납부를 조건으로 특혜를 부여하였다. 이러한 제휴는 통치자와 상인 모두의 부와 권력을 증대하였다. 통치자들은 금이나 은을 확보하여 많은 함선을 만들고 강력한 군사력을 갖추어 영토 확장을 도모하였다. 또한 통치자와 상인 계층은 완전히 새로운 교역망을 통한 막대한 이윤 창출을 기대하였다.

① 대공황이 발생하였다.
② 독점 자본주의가 등장하였다.
③ 중상주의 정책이 확산하였다.
④ 두 차례의 석유 파동이 일어났다.
⑤ 서브프라임 모기지가 증가하였다.

18

다음을 주장한 사상가의 입장으로 적절한 것만을 〈보기〉에서 고른 것은? 1.5점

> 폭력을 예방하고 제거하려면 직접적 폭력, 구조적 폭력, 문화적 폭력에 대한 정확한 진단과 예측, 그리고 처방이 필요하다. 폭력은 직접적─구조적─문화적 폭력의 삼각형의 어느 꼭짓점에서도 시작될 수 있고 다른 꼭짓점으로 쉽게 전달된다. 평화를 구축하는 활동들은 구조적 평화와 문화적 평화를 구축하는 활동과 동일하다고 할 수 있다. 평화는 과정이자, 갈등을 비폭력적이고 창조적으로 변환하는 것이다.

〈 보기 〉

ㄱ. 집단 간 갈등은 무조건 회피해야 한다.
ㄴ. 정치적 억압을 줄이면 구조적 폭력이 감소한다.
ㄷ. 문화적 폭력은 직접적 폭력의 정당화에 이용될 수 있다.
ㄹ. 대외적 선제공격은 평화를 구축하는 활동이 될 수 있다.

① ㄱ, ㄴ ② ㄱ, ㄷ ③ ㄴ, ㄷ ④ ㄴ, ㄹ ⑤ ㄷ, ㄹ

19

다음 자료에 대한 설명으로 옳은 것은? (단, A~C는 각각 정기 예금, 주식, 채권 중 하나임.) 2점

> 표는 갑이 금융 상품 A, B, C 중 하나를 선택하여 투자하기 위해 작성한 것이다. 갑은 편익과 기회비용만을 고려하여 금융 상품을 선택하며 세 상품 모두 명시적 비용은 없다. 이때 편익은 수익성과 안전성 등을 고려하여 화폐 단위로 평가한 것이다.

금융 상품	A	B	C
편익(만 원)	90	80	100
이자 수익	있음	없음	있음
시세 차익	없음	있음	있음

① A는 배당 수익을 기대할 수 있다.
② C는 예금자 보호 제도의 적용을 받는다.
③ 일반적으로 B는 A에 비해 안전성이 높다.
④ 채권 선택의 암묵적 비용은 100만 원이다.
⑤ 정기 예금 선택의 기회비용과 주식 선택의 기회비용은 같다.

20

다음 자료는 세계 도시에 대한 것이다. A~D 기능에 해당하는 지표로 옳은 것은? 2점

> 세계화로 인해 세계의 중심지 역할을 하는 세계 도시가 출현했다. 세계 도시의 선정 기준과 방법은 조사 기관마다 차이가 있는데, 그중 ○○ 연구소는 2024년에 48개 주요 도시를 대상으로 6가지 기능(거주, 경제, 문화 교류, 연구 · 개발, 접근성, 환경)을 70개 지표를 활용하여 산출한 점수로 종합 순위를 발표했다. 종합 순위 1위 도시는 '문화 교류'에서 1위를 유지했고 허브 공항 효과로 '접근성'에서도 1위에 올랐다. 종합 순위 2위 도시는 '경제' 및 '연구 · 개발'에서 1위를 차지했으나, '거주'와 '환경'에서는 30위권으로 밀려났다. 종합 순위 3위 도시는 환율 상승에 따른 해외 관광객 증가로 '문화 교류'에서 3위로 올랐고, '거주'와 '연구 · 개발'에서도 3위를 차지했다. 종합 순위 4위 도시는 올림픽 개최에 힘입어 '문화 교류'에서 2위로 올랐다.

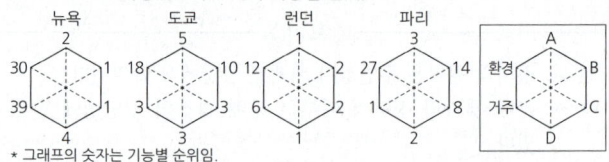

〈최상위 4개 도시의 기능별 순위〉

* 그래프의 숫자는 기능별 순위임.

	A	B	C	D
①	국제 직항 노선 수	세계 500대 기업 수	특허 등록 건수	외국인 방문자 수
②	국제 직항 노선 수	세계 500대 기업 수	외국인 방문자 수	특허 등록 건수
③	세계 500대 기업 수	특허 등록 건수	외국인 방문자 수	국제 직항 노선 수
④	세계 500대 기업 수	특허 등록 건수	국제 직항 노선 수	외국인 방문자 수
⑤	외국인 방문자 수	국제 직항 노선 수	특허 등록 건수	세계 500대 기업 수

21

다음 수업 장면에서 〈상황 1〉, 〈상황 2〉에 대한 설명으로 옳은 것은? 2.5점

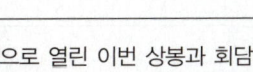

다음 자료에는 X재와 Y재만을 생산하는 갑국과 을국이 각 재화 1단위를 생산하는 데 필요한 노동자 수가 상황별로 제시되어 있습니다. 이 자료를 분석하여 무역의 발생 원리에 대해 알아봅시다.

〈상황 1〉			〈상황 2〉		
구분	X재	Y재	구분	X재	Y재
갑국	1명	2명	갑국	1명	2명
을국	2명	1명	을국	2명	3명

① 〈상황 1〉에서 갑국은 X재와 Y재 생산에 모두 절대 우위를 갖는다.

② 〈상황 2〉에서 무역이 발생하는 이유를 절대 우위로 설명할 수 있다.

③ 〈상황 2〉에서 X재 1단위 생산을 위해 포기해야 하는 Y재의 양은 갑국이 을국보다 많다.

④ 〈상황 1〉과 〈상황 2〉에서 Y재를 특화해서 생산하는 나라는 모두 갑국이다.

⑤ 〈상황 1〉과 〈상황 2〉 모두에서 무역이 발생하는 이유를 비교 우위로 설명할 수 있다.

22

다음 문서에 대한 설명으로 옳은 것은? 2.5점

남북 정상들은 분단 역사상 처음으로 열린 이번 상봉과 회담이 서로 이해를 증진시키고 남북 관계를 발전시키며 평화 통일을 실현하는 데 중대한 의의를 가진다고 평가하고 다음과 같이 선언한다.

1. 남과 북은 나라의 통일문제를 그 주인인 우리 민족끼리 서로 힘을 합쳐 자주적으로 해결해 나가기로 하였다.
2. 남과 북은 나라의 통일을 위한 남측의 연합제 안과 북측의 낮은 단계의 연방제 안이 서로 공통성이 있다고 인정하고 앞으로 이 방향에서 통일을 지향시켜 나가기로 하였다.
3. 남과 북은 올해 8·15에 즈음하여 흩어진 가족, 친척 방문단을 교환하며 비전향 장기수 문제를 해결하는 등 인도적 문제를 조속히 풀어 나가기로 하였다.
4. 남과 북은 경제협력을 통하여 민족경제를 균형적으로 발전시키고, 사회, 문화, 체육, 보건, 환경 등 제반 분야의 협력과 교류를 활성화하여 서로의 신뢰를 다져 나가기로 하였다.

① 미국과 소련 간 냉전 체제가 형성되기 이전에 합의되었다.

② 평화 통일을 위해 사회·문화적 교류가 필요함을 간과하고 있다.

③ 6·25 전쟁을 일단락하는 정전 협정과 같은 연도에 발표되었다.

④ 분단으로 인해 발생하는 유·무형의 비용을 절감할 수 있는 방안을 제시하고 있다.

⑤ 남북한의 정치 체제 통합 없이는 상호 협력과 신뢰가 가능하지 않음을 강조하고 있다.

23

다음 자료에 대한 옳은 설명만을 〈보기〉에서 고른 것은? 2점

중국에서 연구 사업으로 진행한 ⬚ ⊙ ⬚ 이/가 한중 양국 간 주요 현안으로 부각된 것은 2004년 6월 해당 사무처가 A 지역 관련 연구 내용을 공개하면서부터다. 연구 내용에 대한 우리 국민의 관심과 우려가 고조되자, 정부도 본격적인 대응책을 마련하고 중국 정부에 공식적으로 문제를 제기하였다. 2004년 8월 24일 양측 정부는 다음 내용을 구두로 합의하였다. '첫째, 중국 측은 고구려사 문제가 양국 간 중대 현안으로 대두된 것에 유념한다. 둘째, 양측은 향후 역사 문제로 인해 한중 간 우호 협력 관계가 손상되는 것을 방지하기 위해 노력한다. … 다섯째, 양측은 학술 교류의 조속한 개최를 위해 노력한다.' 이어 양국은 2006년 10월 한중 정상 회담에서 ⊙ 을/를 비롯한 역사 인식 문제가 양국 관계에 부정적 영향을 주어선 안 된다는 원칙에 다시 합의하였다.

〈한중 현안 바로 알기〉

〈 보기 〉

ㄱ. ⊙은 발해사 연구를 포함하였다.
ㄴ. ⊙은 태정관 지령문을 근거로 삼았다.
ㄷ. A 지역에는 냉대 기후가 나타난다.
ㄹ. A 지역은 티베트 자치구에 해당한다.

① ㄱ, ㄴ ② ㄱ, ㄷ ③ ㄴ, ㄷ ④ ㄴ, ㄹ ⑤ ㄷ, ㄹ

24

그래프는 지도에 표시된 네 국가의 특성에 대한 것이다. 이에 대한 설명으로 옳은 것은? 2점

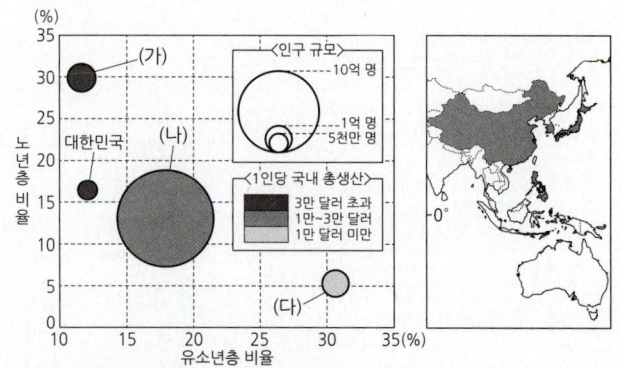

* 유소년층 비율과 노년층 비율은 원의 가운데 값임.
출처: UN(2022)

① (나)는 초고령 사회에 해당한다.
② (다)는 대한민국보다 생산 가능 인구가 많다.
③ (나)는 (가)보다 중위 연령이 높다.
④ (다)는 (가)보다 총부양비가 높다.
⑤ 국내 총생산은 (가) > (나) > (다) 순으로 많다.

25

다음 자료에 대한 설명으로 옳은 것은? (단, (가)~(라)는 각각 석유, 석탄, 수력, 천연가스 중 하나임.) 1.5점

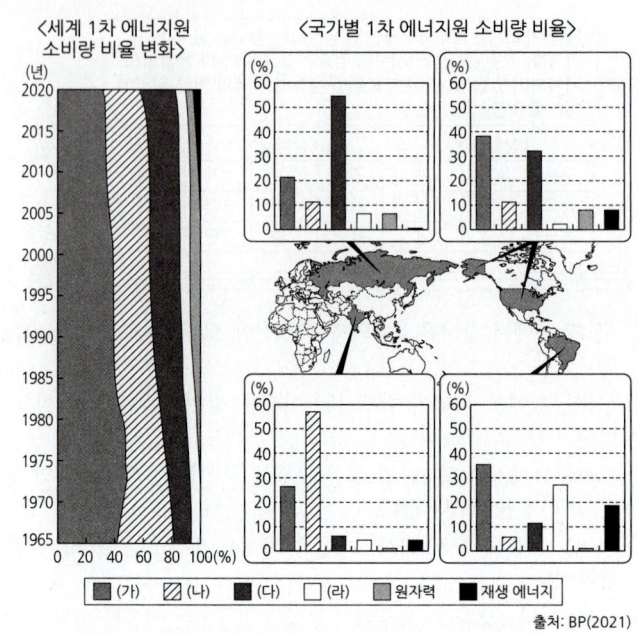

출처: BP(2021)

① 브라질은 수력 소비량이 천연가스 소비량보다 많다.
② 네 국가 모두 화석 에너지의 국가 내 소비량 비율은 60% 이상이다.
③ (라)는 주로 운송 수단의 연료로 이용된다.
④ (가)는 (나)보다 상용화된 시기가 이르다.
⑤ (다)는 (나)보다 연소 시 오염 물질 배출량이 많다.

1

행복에 대한 서양 사상가 갑, 을의 입장으로 옳은 것만을 〈보기〉에서 있는 대로 고른 것은?

> 최고선인 행복이 무엇인지 알려면 인간의 고유한 기능을 알아야 합니다. 인간의 고유한 기능은 이성을 동반하는 정신 활동입니다. 그런데 기능을 잘 수행할 수 있는 품성 상태가 덕이므로 행복이란 덕에 따르는 정신의 활동입니다.

> 쾌락은 행복의 시작이자 끝입니다. 우리가 추구할 만한 쾌락은 몸에 고통이 없고 마음에 동요가 없는 상태입니다. 그런데 덕은 본성적으로 쾌락의 향유와 연결되므로 사려 깊고 훌륭하고 정의롭게 살지 않고서는 쾌락을 누릴 수 없습니다.

 갑

 을

─── 〈 보기 〉───

ㄱ. 갑: 행복은 인간의 모든 행위의 궁극적인 목적이다.
ㄴ. 갑: 유덕함이 행복을 증진하지만 행복의 필수 조건은 아니다.
ㄷ. 을: 모든 고통이 제거되면 쾌락은 더 이상 증가하지 않는다.
ㄹ. 갑과 을: 이성의 능력을 발휘해야 행복에 이를 수 있다.

① ㄱ, ㄴ   ② ㄱ, ㄹ   ③ ㄴ, ㄷ
④ ㄱ, ㄷ, ㄹ   ⑤ ㄴ, ㄷ, ㄹ

2

(가)의 갑, 을 사상가들의 입장에서 (나)의 ㉠ 지역 개발에 대해 제시할 견해로 가장 적절한 것은?

(가)	갑: 인간의 지식이 곧 인간의 힘이다. 우리는 자연을 연구하여 이리저리 방황하는 자연의 자취를 마치 사냥개처럼 추적할 수 있다. 을: 인간은 대지의 구성원이다. 어떤 것이 생명 공동체의 통합성, 안정성, 아름다움의 보존에 이바지한다면 그것은 옳고, 그렇지 않다면 그르다.
(나)	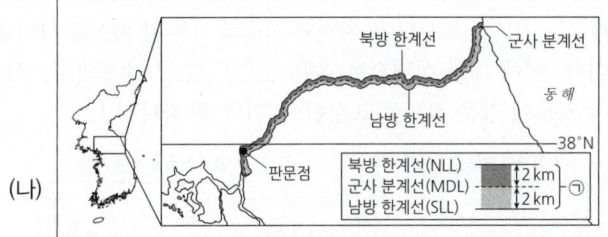

* ㉠ 지역은 1953년 7월 27일 체결된 '한국 군사 정전에 관한 협정'에 따라 무장이 금지된 완충 지대로 군대 주둔과 무기 배치, 군사 시설 설치가 금지되고 있다. 통일 이후 이 지역의 개발에 대해 다양한 견해가 제시되고 있다.

① 갑: 자연에 대한 지식을 이용할 권리가 인간에게 없음을 알아야 한다.
② 갑: 경제적 이익을 위한 개발에 앞서 자연을 도덕적으로 고려해야 한다.
③ 을: 한반도 생태계의 균형 유지를 지역 개발보다 중시해야 한다.
④ 을: 남북한 주민의 경제적 이익 증진을 궁극적 목적으로 삼아야 한다.
⑤ 갑과 을: 현세대와 미래 세대는 생태계의 선(善)을 위해 협력해야 한다.

[3~4] 다음 지도를 보고 물음에 답하시오.

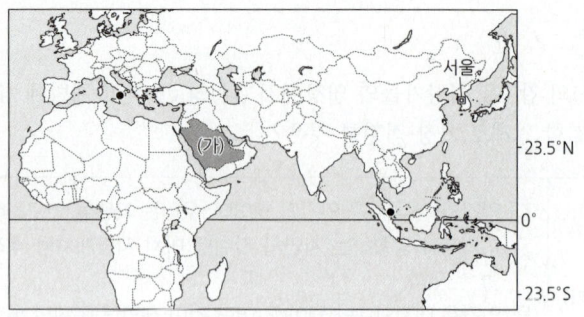

3

그래프는 지도에 표시된 두 지역과 서울의 기후 값 차이를 나타낸 것이다. 이에 대한 설명으로 옳은 것은? (단, 그래프의 A, B는 각각 지도에 검은 점으로 표시된 두 지역 중 하나임.)

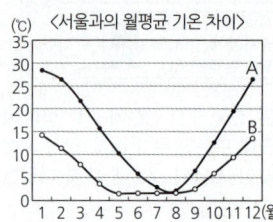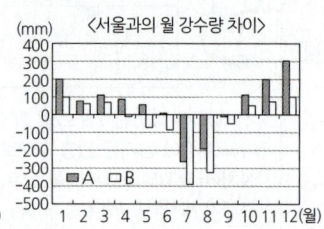

① A에서는 올리브 등을 재배하는 수목 농업이 주로 이루어진다.
② B는 서울보다 여름 강수 집중률이 높다.
③ B에서는 지면의 열과 습기 차단에 유리한 고상 가옥이 발달했다.
④ A는 B보다 여름에 더 건조하다.
⑤ A와 B는 모두 서울보다 연평균 기온이 높다.

4

다음은 위 지도의 (가) 국가에 대한 여행 일지이다. 이에 대한 설명으로 옳은 것은?

여행 일지
2000.00.00.

건조 문화권에 속하는 이슬람 국가인 ⬚(가)⬚ 에 도착하였다. 여행 전 조사를 통해 ㉠이슬람교가 7세기 초 무함마드에 의해 창시되었고 이슬람교를 믿는 사람들이 기도와 금식, 순례 등을 행한다는 것을 알게 되었다. 입국 수속을 마치고 숙소로 이동하여 짐을 푼 후 식사를 위해 도심으로 들어왔다. 때마침 기도 시간인지, 이동하는 사람들의 행렬을 따라가니 이슬람 사원인 모스크에 당도하게 되었다. 최초의 모스크는 간격을 두고 기둥을 세워 기도하기 위한 그늘을 만들고 바닥에 자갈과 모래를 까는 정도였다고 한다. 이후 ㉡비잔티움 제국에서 교회 건축에 사용되었던 돔 양식을 모스크 건축에 도입하였고, 아치와 첨탑, 거대한 돔을 갖춘 모스크 형태가 자리 잡게 되었다. 모스크 내부에는 성지의 방향을 나타내는 화려하게 장식된 미흐랍이라고 부르는 구조물이 있었다. …(하략)

① (가)의 주민들은 주로 침엽수로 지은 목조 가옥에 거주한다.
② (가)에서는 여름 계절풍이 탁월하고 태풍의 발생이 빈번하다.
③ ㉠은 발견에 의한 문화 변동에 해당한다.
④ ㉡에는 서로 다른 문화 요소가 결합하여 새로운 문화가 형성된 문화 변동이 나타나 있다.
⑤ ㉠과 ㉡ 모두에서 기존 문화의 정체성이 상실되었다.

5

다음은 도시화와 산업화에 대한 자료이다. 이에 대한 설명으로 옳은 것은? (단, 그래프의 A∼C는 각각 네팔, 일본, 타이 중 하나임.)

일반적으로 도시화 과정은 초기–가속화–종착의 3단계로 진행되고, 단계마다 도시화율과 도시 인구 증가율이 다르게 나타난다. 반면 도시화의 속도와 구체적 시기는 국가별로 다르다. 따라서 각 국가의 도시화 단계는 도시화율과 도시 인구 증가율을 통해 알 수 있다. 예를 들어 2022년 기준으로 도시화율은 일본, 한국, 타이, 네팔 순으로 높고, 도시 인구 증가율은 반대로 네팔, 타이, 한국, 일본 순으로 높다. 네팔은 도시화율이 21.5%로 가장 낮지만, 연평균 도시 인구 증가율은 3.8%로 가장 높아 가속화 단계에 진입하였음을 알 수 있다.

또한 도시화는 산업화 수준과도 밀접하게 관련되어 있다. 산업화가 고도화될수록 더 많은 사람들이 도시에 살게 되기 때문이다. 다음 그래프는 앞에서 언급한 네 나라의 2022년 경제 부문별 국내 총생산(GDP) 비율을 나타낸 것이다. 이 그래프를 통해 각 국가의 산업 부문별 비중을 알 수 있다.

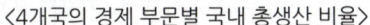
〈4개국의 경제 부문별 국내 총생산 비율〉

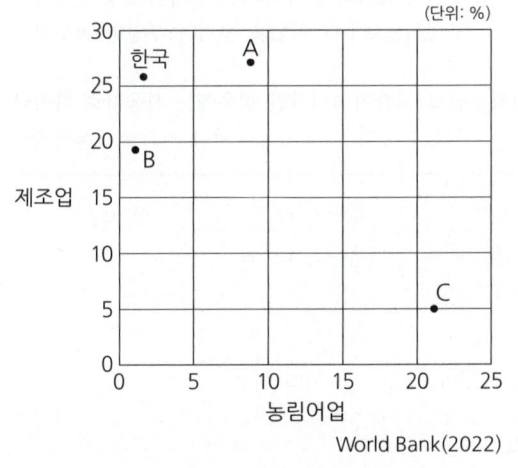

① A의 제조업 총부가가치액은 한국보다 많다.
② B는 한국보다 도시 인구수가 많다.
③ C는 도시 인구수가 촌락 인구수보다 많다.
④ A는 B보다 산업화가 시작된 시기가 이르다.
⑤ 타이는 일본보다 국내 총생산에서 서비스업이 차지하는 비율이 높다.

6

(가)에 해당하는 권리에 대한 설명으로 옳은 것은?

위 그림은 산업 혁명 시기에 나타난 계급 간의 빈부 격차를 풍자한 것이다. 윗부분은 부유한 계급의 편안한 생활을, 아랫부분은 탄광에서 일하는 굶주린 노동자를 표현하였다. 이처럼 산업 혁명 이후 발달한 자본주의는 인간 생활의 물질적 향상을 가져왔지만 자본의 집중에 의한 빈부의 격차를 초래하였다. 궁핍과 빈곤으로 인해 기본적인 생활 수준을 영위하지 못하자 인간다운 생활을 가능하게 하는 물적 토대를 국가에 요구할 수 있는 권리인 [(가)]의 보장이 요구되었다.

① 미국 독립 선언에서 천명되었다.
② 바이마르 헌법에 최초로 명시되었다.
③ 프랑스의 인권 선언에 영향을 주었다.
④ 영국에서는 명예혁명을 계기로 실현되었다.
⑤ 차티스트 운동 당시 인민헌장에 규정되었다.

7

밑줄 친 ㉡을 통해 해결하고자 하는 ㉠의 발생 원인에 대한 설명으로 옳은 것은?

> 미국의 독립 혁명, 프랑스 혁명 등을 거쳐 확립된 근대 입헌주의 헌법은 시민 계급이 자유를 극대화하는 데 필요한 최소한의 질서 유지를 위해서만 국가의 물리적 강제력 행사를 허용하였다. 사적 자치의 원칙을 강조한 근대법 체제하에서는 개인의 자유로운 경제 활동이 최대한 보장되었지만, ㉠시장에서 자원이 효율적으로 배분되지 못하는 현상이 나타나게 되었다. 특히 상품의 생산 과정에서 배출되는 오염 물질로 인한 환경 피해의 경우 오염 물질의 방출이 당시의 과학 기술 수준으로 피할 수 없는 경우라면 행위자의 과실이 인정되지 않아 피해자가 구제받을 수 없는 문제가 발생하게 되었다. 이에 왜곡된 시장경제 구조를 바로잡기 위해 국가의 개입을 인정하는 조항 등이 헌법에 자리 잡게 되었고, 환경 오염으로 피해가 발생한 경우 ㉡고의나 과실 여부와 관계없이 원인자에게 손해 배상 책임을 인정하는 입법이 이루어졌다.

① 외부 불경제가 발생하여 시장 거래량이 사회적 최적 거래량보다 많아졌다.

② 비경합성과 비배제성을 특성으로 하는 재화에 무임승차자의 문제가 초래되었다.

③ 독과점 형태의 시장 구조로 인하여 부당한 공동 행위와 불공정 거래 행위가 발생하였다.

④ 정보가 제한된 상황에서 정부의 시장 개입이 사회 후생 개선에 실패하는 현상이 나타났다.

⑤ 산업 자본주의 국가들이 자유 방임주의를 근거로 국가의 시장 개입을 최소화하는 작은 정부를 추구하였다.

8

(가)~(라)에 들어갈 수 있는 옳은 내용만을 <보기>에서 있는 대로 고른 것은?

 헌법은 연소자의 근로에 대한 특별한 보호에 관해 규정하고 있습니다. 이처럼 청소년의 노동 인권 보호를 강조하는 이유를 사회 불평등의 관점에서 분석하고, 근로 기준법상 연소자 보호 규정과 관련지어 설명해 봅시다. — 교사

 청소년은 신체적·정신적으로 근로를 감당할 능력이 부족하기 때문에 성인에 비해 불리한 위치에 있으므로 청소년 근로에 대한 보호와 우선적 배려가 요구됩니다. 따라서 근로 계약 체결 과정에서 연소자를 보호하기 위해 ☐ (가) ☐와/과 같은 규정을 마련하고 있으며, ☐ (나) ☐을/를 명시하여 업무에 있어 안전과 건강에 대한 보호를 하고 있습니다.

 청소년은 ☐ (다) ☐을/를 이유로 사회적 소수자로 인정될 수 있으며 노동 인권을 침해받기도 합니다. 이에 친권자나 후견인 등에게 미성년자에게 불리한 근로 계약에 대한 해지권을 부여하고, 연소자의 근로 능력과 교육 시간 확보의 필요성 등을 고려하여 ☐ (라) ☐을/를 규정해 근로 시간에 대한 특별한 보호를 하고 있습니다.

< 보기 >

ㄱ. (가): 친권자 또는 후견인의 미성년자 근로 계약에 대한 대리 금지

ㄴ. (나): 도덕상 또는 보건상 유해·위험한 사업에 사용 금지

ㄷ. (다): 후천적 요인과 수적 열세로 인하여 노동 현장에서 다른 구성원으로부터 차별을 받거나 부당한 처우의 대상이 됨

ㄹ. (라): 근로 시간이 4시간인 경우에는 사용자로 하여금 근로 시간 도중에 30분 이상의 휴게 시간을 주도록 함

① ㄱ, ㄴ   ② ㄱ, ㄷ   ③ ㄷ, ㄹ

④ ㄱ, ㄴ, ㄹ   ⑤ ㄴ, ㄷ, ㄹ

9

(가)의 갑, 을 사상가들의 입장을 (나) 그림으로 탐구하고자 할 때, A~C에 들어갈 적절한 질문만을 〈보기〉에서 고른 것은?

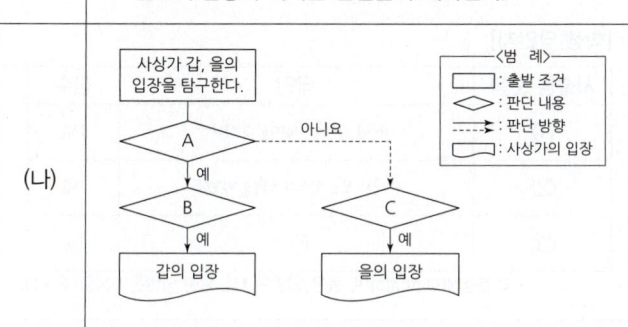

(가)	갑: 한 사람의 소유물은 취득, 이전, 교정의 원리에 의해 권리를 부여받았으면 정당하다. 각 개인의 소유물이 정당하다면 소유물의 전체 집합, 즉 분배도 정당하다. 을: 공정으로서의 정의는 공정한 합의의 관념을 기본 구조 자체로 확장시킨다. 무지의 베일이라 부른 특징을 갖는 원초적 입장이 이러한 관점을 구체화한다.

〈범 례〉
☐ : 출발 조건
◇ : 판단 내용
--→ : 판단 방향
▱ : 사상가의 입장

─────〈 보기 〉─────

ㄱ. A: 정의로운 사회에서 경제적 불평등이 허용될 수 있는가?
ㄴ. B: 각 개인은 자신의 정당한 소유물에 대한 배타적 사용권을 가지는가?
ㄷ. B: 자신이 직접 노동하지 않더라도 정당하게 소유물을 얻는 것이 허용될 수 있는가?
ㄹ. C: 사회적 약자의 경제적 이익을 증진하는 것을 최우선의 정의 원칙으로 삼아야 하는가?

① ㄱ, ㄴ ② ㄱ, ㄷ ③ ㄴ, ㄷ ④ ㄴ, ㄹ ⑤ ㄷ, ㄹ

10

다음 자료에 대한 옳은 설명만을 〈보기〉에서 있는 대로 고른 것은?

우리나라 사회 복지 제도 중 ㉠ 의료 급여 제도는 생활이 어려운 사람에게 의료 급여를 함으로써 보건과 사회 복지의 증진을 목표로 하는 제도이다. 2022년에는 전국 인구의 약 3%가 이 제도의 수급권자였다. 시도별 의료 급여 수급권자 비율이 가장 낮은 지역은 1.2%, 가장 높은 지역은 4.6%로 차이가 있다. 수급권자 비율이 전국 평균보다 낮은 시도는 서울, 경기, 울산, 충남, 세종이다.

〈시도별 의료 급여 수급권자 비율(총인구 대비)〉
(단위: %)

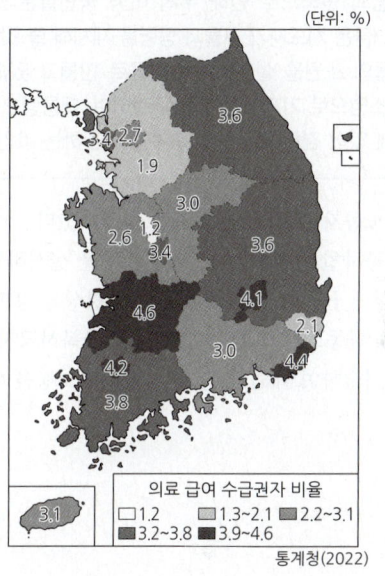

의료 급여 수급권자 비율
☐ 1.2 ☐ 1.3~2.1 ■ 2.2~3.1
■ 3.2~3.8 ■ 3.9~4.6

통계청(2022)

─────〈 보기 〉─────

ㄱ. 광역시는 모두 ㉠의 수급권자 비율이 4.0% 이상이다.
ㄴ. ㉠의 수급권자 비율이 가장 낮은 지역은 충청권에 위치한다.
ㄷ. ㉠은 인간의 기본적 필요 충족을 분배적 정의의 기준으로 적용하였다.
ㄹ. ㉠은 공공 부조에 해당하며, 정부 재정으로 비용을 전액 충당하는 것을 원칙으로 한다.

① ㄱ, ㄴ   ② ㄱ, ㄷ   ③ ㄷ, ㄹ
④ ㄱ, ㄴ, ㄹ   ⑤ ㄴ, ㄷ, ㄹ

11

밑줄 친 '저'에 대한 설명으로 옳은 것은?

친애하는 후버 대통령과 대법원장, 그리고 여러분! 지금 저와 여러분은 공통적인 난국에 직면해 있습니다. 이러한 난국은 다행히 물질적인 것에만 관련된 것입니다. 물가는 믿을 수 없을 정도로 떨어졌습니다. 상업 거래에서는 돈이 돌지 않고, 생산 기업은 말라 죽은 잎사귀처럼 여기저기에 흩어져 있습니다. 농민들은 생산물을 팔 시장을 찾을 수가 없고, 수만 가정에 수년 동안 저축해 온 돈은 삽시간에 사라졌습니다. 더욱 중대한 것은 다수의 실업자들이 냉혹한 생존 문제에 직면해 있습니다. …(중략)… '검은 목요일'로부터 시작된 지금의 난국으로 인해 우리 미국 국민들은 좌절한 일이 없습니다. 그들은 지도자가 규율과 방향을 제시해 줄 것을 요구하며 저를 자신들의 소원을 실현시키는 인물로 만들고 있습니다. 저는 이 임무를 소명으로 기꺼이 받아들일 것이며, 대통령으로서의 헌신을 서약함에 있어 겸허하게 신의 축복을 기원하는 바입니다.

① 자본가와 노동자 간의 계급 투쟁을 강조하였다.
② 대규모 공공사업을 벌이는 등 뉴딜 정책을 실시하였다.
③ 신자유주의에 근거하여 노동 시장의 유연성을 강화하였다.
④ 제1차 석유 파동으로 인한 경기 침체를 극복하고자 하였다.
⑤ 국부론을 저술하여 개인의 경제적 자율성 보장을 역설하였다.

12

다음 자료에 대한 설명으로 옳은 것은? (단, A~C는 각각 예금, 주식, 채권 중 하나임.)

[평가 요소] 금융 자산 A~C의 일반적 특징

[서술형 문항]
〈1〉 C와 구별되는 A의 일반적 특징을 1가지만 쓰시오. (1점)
〈2〉 C와 구별되는 B의 일반적 특징을 1가지만 쓰시오. (1점)
〈3〉 A와 구별되는 C의 일반적 특징을 1가지만 쓰시오. (1점)

[학생 답안지]

서술형 문항	답안	점수
〈1〉	배당 수익을 기대할 수 있다.	1점
〈2〉	예금자 보호 제도의 적용을 받는다.	1점
〈3〉	(가)	㉠

* 각 문항별로 채점하며, 옳은 답안은 1점, 틀린 답안은 0점을 부여함.

① A는 계약 기간 동안 일정한 금액을 매달 납입하여 만기 시에 원금과 이자를 받는 자산이다.
② 일반적으로 A는 C보다 안전성이 높다.
③ 일반적으로 B는 A보다 수익성이 높다.
④ B와 C는 모두 이자 수익을 기대할 수 있다.
⑤ (가)에 '시세 차익을 기대할 수 있다.'가 들어가면, ㉠은 '1점'이다.

13

다음 강연자가 지지할 견해로 적절하지 <u>않은</u> 것은?

우리는 평화 연구의 전제로서 폭력 연구를 수행해야 합니다. 먼저 직접적 폭력은 전쟁이나 범죄와 같이 그 자체로 보복과 공격적인 소요를 일으킵니다. 이는 인간의 신체와 정신과 영혼을 상하게 합니다. 한편, 간접적 폭력은 구조나 문화에 의해 발생하는 폭력을 의미합니다. 이는 비의도적일 수 있지만 그 자체로 반복되며 또 다른 폭력을 낳습니다. 우리가 지향해야 하는 진정한 평화란 직접적 폭력뿐만 아니라 간접적 폭력까지 사라진 상태를 의미합니다.

① 적극적 평화를 실현하는 것이 폭력에 대한 최선의 방어이다.
② 폭력은 소극적 평화를 실현하는 수단으로서만 허용될 수 있다.
③ 직접적 폭력과 간접적 폭력은 서로 유기적으로 연결되어 있다.
④ 폭력은 의도하지 않아도 생길 수 있으며 또 다른 폭력으로 이어질 수 있다.
⑤ 국제 사회의 행위 주체인 국제기구는 갈등 해결을 위해 평화적 수단을 활용해야 한다.

14

다음 자료는 출생률과 경제 수준에 관한 것이다. 이에 대한 설명으로 옳은 것은? (단, 그래프의 A, B는 각각 지도에 표시된 두 국가 중 하나임.)

전 세계적으로 출생률과 사망률이 낮아지는 경향을 보이고 있다. 사망률은 이미 1986년부터 10‰ 미만으로 충분히 낮아져 안정적으로 유지되고 있는 반면, 출생률은 국가에 따라서 상황이 다르다. 여전히 ㉠높은 출생률 문제를 겪고 있는 국가는 경제 수준에 비해 인구 증가율이 높아 인구를 부양하기 쉽지 않으며, ㉡낮은 출생률 문제에 당면한 국가는 현재 경제 수준이 높지만 해당 문제가 지속될 경우 국가 유지에 어려움을 겪을 수 있다.

국가별 경제 수준 차이는 결국 이민자의 문제라는 전혀 다른 방향의 인구 문제로 이어진다. 많은 인구로 인해 국민들을 부양하기 어려운 국가에서는 사람들이 일자리를 찾아 선진국으로 이주하려고 하고, 자국인 노동력의 부족을 경험하는 선진국에서는 몰려드는 이민자들의 문화적 차이와 자국민과의 일자리 갈등이라는 새로운 문제를 떠안고 있다.

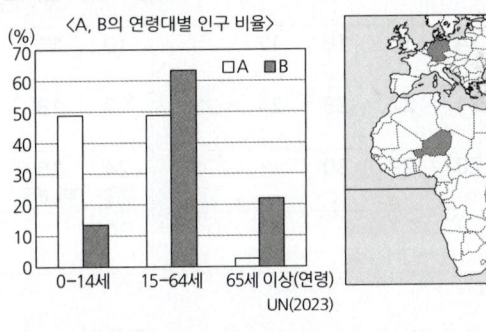

〈A, B의 연령대별 인구 비율〉
UN(2023)

① 유럽에는 인구 문제 ㉠을 겪는 나라가 ㉡을 겪는 나라보다 많다.
② A는 경제 수준에 비해 출생률이 낮은 국가에 해당한다.
③ B는 이민자의 문화적 정체성을 유지하기 위해 용광로 이론에 기반한 정책을 강화해 왔다.
④ A는 초고령 사회에 도달한 국가로 B보다 중위 연령이 높다.
⑤ B는 A보다 총부양비(인구 부양비)가 낮다.

2026 CALENDAR

세상에서 가장 소중한 당신을 응원합니다!

1월

일	월	화	수	목	금	토
				1 새해	2	3
4	5	6	7	8	9	10
11	12	13	14	15	16	17
18	19	20	21	22	23	24
25	26	27	28	29	30	31

2월

일	월	화	수	목	금	토
1	2	3	4	5	6	7
8	9	10	11	12	13	14
15	16	17 설날	18	19	20	21
22	23	24	25	26	27	28

3월 고1·2 전국연합 학력평가

일	월	화	수	목	금	토
1 삼일절	2 대체 휴일	3	4	5	6	7
8	9	10	11	12	13	14
15	16	17	18	19	20	21
22	23	24	25	26	27	28
29	30	31				

4월

일	월	화	수	목	금	토
			1	2	3	4
5	6	7	8	9	10	11
12	13	14	15	16	17	18
19	20	21	22	23	24	25
26	27	28	29	30		

5월

일	월	화	수	목	금	토
					1	2
3	4	5 어린이날	6	7	8	9
10	11	12	13	14	15	16
17	18	19	20	21	22	23
24 부처님 오신날	25 대체 휴일	26	27	28	29	30
31						

6월 고1·2 전국연합 학력평가

일	월	화	수	목	금	토
	1	2	3 지방선거	4	5	6 현충일
7	8	9	10	11	12	13
14	15	16	17	18	19	20
21	22	23	24	25	26	27
28	29	30				

7월

일	월	화	수	목	금	토
			1	2	3	4
5	6	7	8	9	10	11
12	13	14	15	16	17	18
19	20	21	22	23	24	25
26	27	28	29	30	31	

8월

일	월	화	수	목	금	토
						1
2	3	4	5	6	7	8
9	10	11	12	13	14	15 광복절
16	17 대체 휴일	18	19	20	21	22
23	24	25	26	27	28	29
30	31					

9월 고1·2 전국연합 학력평가

일	월	화	수	목	금	토
		1	2	3	4	5
6	7	8	9	10	11	12
13	14	15	16	17	18	19
20	21	22	23	24	25 추석	26
27	28	29	30			

10월 고1·2 전국연합 학력평가

일	월	화	수	목	금	토
				1	2	3 개천절
4	5 대체 휴일	6	7	8	9 한글날	10
11	12	13	14	15	16	17
18	19	20	21	22	23	24
25	26	27	28	29	30	31

11월

일	월	화	수	목	금	토
1	2	3	4	5	6	7
8	9	10	11	12	13	14
15	16	17	18	19 2027학년도 수능일	20	21
22	23	24	25	26	27	28
29	30					

12월

일	월	화	수	목	금	토
		1	2	3	4	5
6	7	8	9	10	11	12
13	14	15	16	17	18	19
20	21	22	23	24	25 성탄절	26
27	28	29	30	31		

마더텅 연습용 답안지
고1 통합사회1

OMR 카드가 추가로 필요한 수험생분들은 마더텅 홈페이지에서 OMR 카드의 PDF 파일을 내려받을 수 있습니다.
이용방법 ① 주소창에 www.toptutor.co.kr 입력 또는 포털에서 마더텅 검색
② 학습자료실 → 교재관련자료 → 고등 까만책 과목 교재 선택 → OMR 카드 내려받기

MOTHERTONGUE
마더텅출판사
since1999.4.1.

DAY 1일차

Ⅰ. 통합적 관점
핵심   p.006

문번	답 란
1	① ② ③ ④ ⑤
2	① ② ③ ④ ⑤
3	① ② ③ ④ ⑤
4	① ② ③ ④ ⑤
5	① ② ③ ④ ⑤
6	① ② ③ ④ ⑤
7	① ② ③ ④ ⑤
8	① ② ③ ④ ⑤
9	① ② ③ ④ ⑤
10	① ② ③ ④ ⑤
11	① ② ③ ④ ⑤

12	① ② ③ ④ ⑤
13	① ② ③ ④ ⑤
14	① ② ③ ④ ⑤
15	① ② ③ ④ ⑤
16	① ② ③ ④ ⑤
17	① ② ③ ④ ⑤
18	① ② ③ ④ ⑤
19	① ② ③ ④ ⑤
20	① ② ③ ④ ⑤

심화   p.012

문번	답 란
1	① ② ③ ④ ⑤
2	① ② ③ ④ ⑤
3	① ② ③ ④ ⑤

DAY 4일차

Ⅱ. 인간, 사회, 환경과 행복
핵심   p.024

문번	답 란
21	① ② ③ ④ ⑤
22	① ② ③ ④ ⑤
23	① ② ③ ④ ⑤
24	① ② ③ ④ ⑤
25	① ② ③ ④ ⑤
26	① ② ③ ④ ⑤
27	① ② ③ ④ ⑤
28	① ② ③ ④ ⑤
29	① ② ③ ④ ⑤
30	① ② ③ ④ ⑤

31	① ② ③ ④ ⑤
32	① ② ③ ④ ⑤
33	① ② ③ ④ ⑤
34	① ② ③ ④ ⑤
35	① ② ③ ④ ⑤
36	① ② ③ ④ ⑤

www.toptutor.co.kr

DAY 3일차

Ⅱ. 인간, 사회, 환경과 행복
핵심   p.019

문번	답 란
1	① ② ③ ④ ⑤
2	① ② ③ ④ ⑤
3	① ② ③ ④ ⑤
4	① ② ③ ④ ⑤
5	① ② ③ ④ ⑤
6	① ② ③ ④ ⑤
7	① ② ③ ④ ⑤
8	① ② ③ ④ ⑤
9	① ② ③ ④ ⑤
10	① ② ③ ④ ⑤

11	① ② ③ ④ ⑤
12	① ② ③ ④ ⑤
13	① ② ③ ④ ⑤
14	① ② ③ ④ ⑤
15	① ② ③ ④ ⑤
16	① ② ③ ④ ⑤
17	① ② ③ ④ ⑤
18	① ② ③ ④ ⑤
19	① ② ③ ④ ⑤
20	① ② ③ ④ ⑤

www.toptutor.co.kr

DAY 5일차

Ⅱ. 인간, 사회, 환경과 행복
핵심   p.028

문번	답 란
37	① ② ③ ④ ⑤
38	① ② ③ ④ ⑤
39	① ② ③ ④ ⑤
40	① ② ③ ④ ⑤
41	① ② ③ ④ ⑤
42	① ② ③ ④ ⑤
43	① ② ③ ④ ⑤

심화   p.030

문번	답 란
1	① ② ③ ④ ⑤
2	① ② ③ ④ ⑤

3	① ② ③ ④ ⑤
4	① ② ③ ④ ⑤
5	① ② ③ ④ ⑤
6	① ② ③ ④ ⑤
7	① ② ③ ④ ⑤
8	① ② ③ ④ ⑤
9	① ② ③ ④ ⑤
10	① ② ③ ④ ⑤
11	① ② ③ ④ ⑤
12	① ② ③ ④ ⑤
13	① ② ③ ④ ⑤
14	① ② ③ ④ ⑤
15	① ② ③ ④ ⑤

www.toptutor.co.kr

마더텅 연습용 답안지
고1 통합사회1
OMR 카드가 추가로 필요한 수험생분들은 마더텅 홈페이지에서 OMR 카드의 PDF 파일을 내려받을 수 있습니다.
이용방법 ① 주소창에 www.toptutor.co.kr 입력 또는 포털에서 [마더텅] 검색
② 학습자료실 → 교재관련자료 → [고등] [까만책] 과목 [교재] 선택 → OMR 카드 내려받기

MOTHERTONGUE
마더텅출판사
since1999.4.1.

DAY **7일차**

Ⅲ. 자연환경과 인간
핵심1   p.045

문번	답 란
1	① ② ③ ④ ⑤
2	① ② ③ ④ ⑤
3	① ② ③ ④ ⑤
4	① ② ③ ④ ⑤
5	① ② ③ ④ ⑤
6	① ② ③ ④ ⑤
7	① ② ③ ④ ⑤
8	① ② ③ ④ ⑤
9	① ② ③ ④ ⑤
10	① ② ③ ④ ⑤
11	① ② ③ ④ ⑤
12	① ② ③ ④ ⑤
13	① ② ③ ④ ⑤
14	① ② ③ ④ ⑤
15	① ② ③ ④ ⑤
16	① ② ③ ④ ⑤
17	① ② ③ ④ ⑤
18	① ② ③ ④ ⑤
19	① ② ③ ④ ⑤
20	① ② ③ ④ ⑤
21	① ② ③ ④ ⑤
22	① ② ③ ④ ⑤
23	① ② ③ ④ ⑤
24	① ② ③ ④ ⑤
25	① ② ③ ④ ⑤
26	① ② ③ ④ ⑤
27	① ② ③ ④ ⑤
28	① ② ③ ④ ⑤
29	① ② ③ ④ ⑤
30	① ② ③ ④ ⑤

www.toptutor.co.kr

DAY **9일차**

Ⅲ. 자연환경과 인간
핵심1   p.060

문번	답 란
57	① ② ③ ④ ⑤
58	① ② ③ ④ ⑤
59	① ② ③ ④ ⑤
60	① ② ③ ④ ⑤
61	① ② ③ ④ ⑤
62	① ② ③ ④ ⑤
63	① ② ③ ④ ⑤
64	① ② ③ ④ ⑤
65	① ② ③ ④ ⑤
66	① ② ③ ④ ⑤
67	① ② ③ ④ ⑤

핵심2   p.063

문번	답 란
1	① ② ③ ④ ⑤

문번	답 란
2	① ② ③ ④ ⑤
3	① ② ③ ④ ⑤
4	① ② ③ ④ ⑤
5	① ② ③ ④ ⑤
6	① ② ③ ④ ⑤
7	① ② ③ ④ ⑤
8	① ② ③ ④ ⑤
9	① ② ③ ④ ⑤
10	① ② ③ ④ ⑤
11	① ② ③ ④ ⑤
12	① ② ③ ④ ⑤
13	① ② ③ ④ ⑤
14	① ② ③ ④ ⑤
15	① ② ③ ④ ⑤
16	① ② ③ ④ ⑤
17	① ② ③ ④ ⑤
18	① ② ③ ④ ⑤

www.toptutor.co.kr

DAY **8일차**

Ⅲ. 자연환경과 인간
핵심1   p.053

문번	답 란
31	① ② ③ ④ ⑤
32	① ② ③ ④ ⑤
33	① ② ③ ④ ⑤
34	① ② ③ ④ ⑤
35	① ② ③ ④ ⑤
36	① ② ③ ④ ⑤
37	① ② ③ ④ ⑤
38	① ② ③ ④ ⑤
39	① ② ③ ④ ⑤
40	① ② ③ ④ ⑤
41	① ② ③ ④ ⑤
42	① ② ③ ④ ⑤
43	① ② ③ ④ ⑤
44	① ② ③ ④ ⑤
45	① ② ③ ④ ⑤
46	① ② ③ ④ ⑤
47	① ② ③ ④ ⑤
48	① ② ③ ④ ⑤
49	① ② ③ ④ ⑤
50	① ② ③ ④ ⑤
51	① ② ③ ④ ⑤
52	① ② ③ ④ ⑤
53	① ② ③ ④ ⑤
54	① ② ③ ④ ⑤
55	① ② ③ ④ ⑤
56	① ② ③ ④ ⑤

DAY **10일차**

Ⅲ. 자연환경과 인간
핵심2   p.068

문번	답 란
19	① ② ③ ④ ⑤
20	① ② ③ ④ ⑤
21	① ② ③ ④ ⑤
22	① ② ③ ④ ⑤
23	① ② ③ ④ ⑤
24	① ② ③ ④ ⑤
25	① ② ③ ④ ⑤
26	① ② ③ ④ ⑤
27	① ② ③ ④ ⑤
28	① ② ③ ④ ⑤
29	① ② ③ ④ ⑤
30	① ② ③ ④ ⑤
31	① ② ③ ④ ⑤
32	① ② ③ ④ ⑤
33	① ② ③ ④ ⑤
34	① ② ③ ④ ⑤
35	① ② ③ ④ ⑤
36	① ② ③ ④ ⑤
37	① ② ③ ④ ⑤
38	① ② ③ ④ ⑤
39	① ② ③ ④ ⑤
40	① ② ③ ④ ⑤

DAY 11일차

Ⅲ. 자연환경과 인간
핵심2　　　　　　　p.074

문번	답란
41	① ② ③ ④ ⑤
42	① ② ③ ④ ⑤
43	① ② ③ ④ ⑤
44	① ② ③ ④ ⑤
45	① ② ③ ④ ⑤
46	① ② ③ ④ ⑤
47	① ② ③ ④ ⑤
48	① ② ③ ④ ⑤
49	① ② ③ ④ ⑤
50	① ② ③ ④ ⑤
51	① ② ③ ④ ⑤
52	① ② ③ ④ ⑤
53	① ② ③ ④ ⑤
54	① ② ③ ④ ⑤
55	① ② ③ ④ ⑤
56	① ② ③ ④ ⑤
57	① ② ③ ④ ⑤
58	① ② ③ ④ ⑤
59	① ② ③ ④ ⑤
60	① ② ③ ④ ⑤
61	① ② ③ ④ ⑤
62	① ② ③ ④ ⑤
63	① ② ③ ④ ⑤
64	① ② ③ ④ ⑤
65	① ② ③ ④ ⑤
66	① ② ③ ④ ⑤

DAY 14일차

Ⅳ. 문화와 다양성
핵심　　　　　　　p.098

문번	답란
1	① ② ③ ④ ⑤
2	① ② ③ ④ ⑤
3	① ② ③ ④ ⑤
4	① ② ③ ④ ⑤
5	① ② ③ ④ ⑤
6	① ② ③ ④ ⑤
7	① ② ③ ④ ⑤
8	① ② ③ ④ ⑤
9	① ② ③ ④ ⑤
10	① ② ③ ④ ⑤
11	① ② ③ ④ ⑤
12	① ② ③ ④ ⑤
13	① ② ③ ④ ⑤
14	① ② ③ ④ ⑤
15	① ② ③ ④ ⑤
16	① ② ③ ④ ⑤
17	① ② ③ ④ ⑤
18	① ② ③ ④ ⑤
19	① ② ③ ④ ⑤
20	① ② ③ ④ ⑤
21	① ② ③ ④ ⑤
22	① ② ③ ④ ⑤
23	① ② ③ ④ ⑤
24	① ② ③ ④ ⑤
25	① ② ③ ④ ⑤
26	① ② ③ ④ ⑤
27	① ② ③ ④ ⑤
28	① ② ③ ④ ⑤
29	① ② ③ ④ ⑤
30	① ② ③ ④ ⑤
31	① ② ③ ④ ⑤
32	① ② ③ ④ ⑤
33	① ② ③ ④ ⑤
34	① ② ③ ④ ⑤

DAY 12일차

Ⅲ. 자연환경과 인간
심화　　　　　　　p.081

문번	답란
1	① ② ③ ④ ⑤
2	① ② ③ ④ ⑤
3	① ② ③ ④ ⑤
4	① ② ③ ④ ⑤
5	① ② ③ ④ ⑤
6	① ② ③ ④ ⑤
7	① ② ③ ④ ⑤
8	① ② ③ ④ ⑤
9	① ② ③ ④ ⑤
10	① ② ③ ④ ⑤
11	① ② ③ ④ ⑤
12	① ② ③ ④ ⑤
13	① ② ③ ④ ⑤
14	① ② ③ ④ ⑤
15	① ② ③ ④ ⑤
16	① ② ③ ④ ⑤
17	① ② ③ ④ ⑤
18	① ② ③ ④ ⑤
19	① ② ③ ④ ⑤
20	① ② ③ ④ ⑤
21	① ② ③ ④ ⑤
22	① ② ③ ④ ⑤
23	① ② ③ ④ ⑤
24	① ② ③ ④ ⑤
25	① ② ③ ④ ⑤

DAY 15일차

Ⅳ. 문화와 다양성
핵심　　　　　　　p.107

문번	답란
35	① ② ③ ④ ⑤
36	① ② ③ ④ ⑤
37	① ② ③ ④ ⑤
38	① ② ③ ④ ⑤
39	① ② ③ ④ ⑤
40	① ② ③ ④ ⑤
41	① ② ③ ④ ⑤
42	① ② ③ ④ ⑤
43	① ② ③ ④ ⑤
44	① ② ③ ④ ⑤
45	① ② ③ ④ ⑤
46	① ② ③ ④ ⑤
47	① ② ③ ④ ⑤
48	① ② ③ ④ ⑤
49	① ② ③ ④ ⑤
50	① ② ③ ④ ⑤
51	① ② ③ ④ ⑤
52	① ② ③ ④ ⑤
53	① ② ③ ④ ⑤
54	① ② ③ ④ ⑤
55	① ② ③ ④ ⑤
56	① ② ③ ④ ⑤
57	① ② ③ ④ ⑤
58	① ② ③ ④ ⑤
59	① ② ③ ④ ⑤
60	① ② ③ ④ ⑤
61	① ② ③ ④ ⑤
62	① ② ③ ④ ⑤
63	① ② ③ ④ ⑤
64	① ② ③ ④ ⑤
65	① ② ③ ④ ⑤

DAY 16일차

Ⅳ. 문화와 다양성
심화 p.116

문번	답 란
1	① ② ③ ④ ⑤
2	① ② ③ ④ ⑤
3	① ② ③ ④ ⑤
4	① ② ③ ④ ⑤
5	① ② ③ ④ ⑤
6	① ② ③ ④ ⑤
7	① ② ③ ④ ⑤
8	① ② ③ ④ ⑤
9	① ② ③ ④ ⑤
10	① ② ③ ④ ⑤

문번	답 란
11	① ② ③ ④ ⑤
12	① ② ③ ④ ⑤
13	① ② ③ ④ ⑤
14	① ② ③ ④ ⑤
15	① ② ③ ④ ⑤
16	① ② ③ ④ ⑤
17	① ② ③ ④ ⑤
18	① ② ③ ④ ⑤

DAY 19일차

Ⅴ. 생활공간과 사회
핵심1 p.139

문번	답 란
32	① ② ③ ④ ⑤
33	① ② ③ ④ ⑤
34	① ② ③ ④ ⑤
35	① ② ③ ④ ⑤
36	① ② ③ ④ ⑤
37	① ② ③ ④ ⑤
38	① ② ③ ④ ⑤
39	① ② ③ ④ ⑤
40	① ② ③ ④ ⑤
41	① ② ③ ④ ⑤
42	① ② ③ ④ ⑤
43	① ② ③ ④ ⑤
44	① ② ③ ④ ⑤
45	① ② ③ ④ ⑤
46	① ② ③ ④ ⑤
47	① ② ③ ④ ⑤
48	① ② ③ ④ ⑤
49	① ② ③ ④ ⑤

핵심2 p.145

문번	답 란
1	① ② ③ ④ ⑤
2	① ② ③ ④ ⑤
3	① ② ③ ④ ⑤
4	① ② ③ ④ ⑤
5	① ② ③ ④ ⑤
6	① ② ③ ④ ⑤
7	① ② ③ ④ ⑤
8	① ② ③ ④ ⑤
9	① ② ③ ④ ⑤
10	① ② ③ ④ ⑤
11	① ② ③ ④ ⑤
12	① ② ③ ④ ⑤
13	① ② ③ ④ ⑤
14	① ② ③ ④ ⑤
15	① ② ③ ④ ⑤
16	① ② ③ ④ ⑤
17	① ② ③ ④ ⑤
18	① ② ③ ④ ⑤
19	① ② ③ ④ ⑤
20	① ② ③ ④ ⑤

DAY 18일차

Ⅴ. 생활공간과 사회
핵심1 p.131

문번	답 란
1	① ② ③ ④ ⑤
2	① ② ③ ④ ⑤
3	① ② ③ ④ ⑤
4	① ② ③ ④ ⑤
5	① ② ③ ④ ⑤
6	① ② ③ ④ ⑤
7	① ② ③ ④ ⑤
8	① ② ③ ④ ⑤
9	① ② ③ ④ ⑤
10	① ② ③ ④ ⑤
11	① ② ③ ④ ⑤
12	① ② ③ ④ ⑤
13	① ② ③ ④ ⑤
14	① ② ③ ④ ⑤

문번	답 란
15	① ② ③ ④ ⑤
16	① ② ③ ④ ⑤
17	① ② ③ ④ ⑤
18	① ② ③ ④ ⑤
19	① ② ③ ④ ⑤
20	① ② ③ ④ ⑤
21	① ② ③ ④ ⑤
22	① ② ③ ④ ⑤
23	① ② ③ ④ ⑤
24	① ② ③ ④ ⑤
25	① ② ③ ④ ⑤
26	① ② ③ ④ ⑤
27	① ② ③ ④ ⑤
28	① ② ③ ④ ⑤
29	① ② ③ ④ ⑤
30	① ② ③ ④ ⑤
31	① ② ③ ④ ⑤

DAY 20일차

Ⅴ. 생활공간과 사회
핵심2 p.150

문번	답 란
21	① ② ③ ④ ⑤
22	① ② ③ ④ ⑤
23	① ② ③ ④ ⑤
24	① ② ③ ④ ⑤
25	① ② ③ ④ ⑤
26	① ② ③ ④ ⑤
27	① ② ③ ④ ⑤
28	① ② ③ ④ ⑤
29	① ② ③ ④ ⑤
30	① ② ③ ④ ⑤
31	① ② ③ ④ ⑤
32	① ② ③ ④ ⑤

문번	답 란
33	① ② ③ ④ ⑤
34	① ② ③ ④ ⑤
35	① ② ③ ④ ⑤
36	① ② ③ ④ ⑤
37	① ② ③ ④ ⑤
38	① ② ③ ④ ⑤
39	① ② ③ ④ ⑤
40	① ② ③ ④ ⑤
41	① ② ③ ④ ⑤
42	① ② ③ ④ ⑤
43	① ② ③ ④ ⑤
44	① ② ③ ④ ⑤
45	① ② ③ ④ ⑤
46	① ② ③ ④ ⑤

DAY 21일차

Ⅴ. 생활공간과 사회
심화
p.157

문번	답 란
1	① ② ③ ④ ⑤
2	① ② ③ ④ ⑤
3	① ② ③ ④ ⑤
4	① ② ③ ④ ⑤
5	① ② ③ ④ ⑤
6	① ② ③ ④ ⑤
7	① ② ③ ④ ⑤
8	① ② ③ ④ ⑤
9	① ② ③ ④ ⑤
10	① ② ③ ④ ⑤

문번	답 란
11	① ② ③ ④ ⑤
12	① ② ③ ④ ⑤
13	① ② ③ ④ ⑤
14	① ② ③ ④ ⑤
15	① ② ③ ④ ⑤
16	① ② ③ ④ ⑤
17	① ② ③ ④ ⑤
18	① ② ③ ④ ⑤
19	① ② ③ ④ ⑤
20	① ② ③ ④ ⑤
21	① ② ③ ④ ⑤
22	① ② ③ ④ ⑤

DAY 22일차

미니모의고사
1회 미니모의고사
p.166

문번	답 란
1	① ② ③ ④ ⑤
2	① ② ③ ④ ⑤
3	① ② ③ ④ ⑤
4	① ② ③ ④ ⑤
5	① ② ③ ④ ⑤
6	① ② ③ ④ ⑤
7	① ② ③ ④ ⑤
8	① ② ③ ④ ⑤
9	① ② ③ ④ ⑤
10	① ② ③ ④ ⑤

2회 미니모의고사
p.169

문번	답 란
1	① ② ③ ④ ⑤
2	① ② ③ ④ ⑤
3	① ② ③ ④ ⑤
4	① ② ③ ④ ⑤
5	① ② ③ ④ ⑤
6	① ② ③ ④ ⑤
7	① ② ③ ④ ⑤
8	① ② ③ ④ ⑤
9	① ② ③ ④ ⑤
10	① ② ③ ④ ⑤

DAY 23일차

수능 예시문항 1
p.172

문번	답 란
1	① ② ③ ④ ⑤
2	① ② ③ ④ ⑤
3	① ② ③ ④ ⑤
4	① ② ③ ④ ⑤
5	① ② ③ ④ ⑤
6	① ② ③ ④ ⑤
7	① ② ③ ④ ⑤
8	① ② ③ ④ ⑤
9	① ② ③ ④ ⑤
10	① ② ③ ④ ⑤
11	① ② ③ ④ ⑤
12	① ② ③ ④ ⑤

문번	답 란
13	① ② ③ ④ ⑤
14	① ② ③ ④ ⑤
15	① ② ③ ④ ⑤
16	① ② ③ ④ ⑤
17	① ② ③ ④ ⑤
18	① ② ③ ④ ⑤
19	① ② ③ ④ ⑤
20	① ② ③ ④ ⑤
21	① ② ③ ④ ⑤
22	① ② ③ ④ ⑤
23	① ② ③ ④ ⑤
24	① ② ③ ④ ⑤
25	① ② ③ ④ ⑤

DAY 24일차

수능 예시문항 2
p.183

문번	답 란
1	① ② ③ ④ ⑤
2	① ② ③ ④ ⑤
3	① ② ③ ④ ⑤
4	① ② ③ ④ ⑤
5	① ② ③ ④ ⑤
6	① ② ③ ④ ⑤
7	① ② ③ ④ ⑤
8	① ② ③ ④ ⑤
9	① ② ③ ④ ⑤
10	① ② ③ ④ ⑤

문번	답 란
11	① ② ③ ④ ⑤
12	① ② ③ ④ ⑤
13	① ② ③ ④ ⑤
14	① ② ③ ④ ⑤

마더텅 연습용 답안지
고1 통합사회1

* 수험생님들의 편의를 위해 OMR을 연속하여 수록하였습니다.

OMR 카드가 추가로 필요한 수험생분들은 마더텅 홈페이지에서 OMR 카드의 PDF 파일을 내려받을 수 있습니다.
이용방법 ① 주소창에 www.toptutor.co.kr 입력 또는 포털에서 마더텅 검색
② 학습자료실 → 교재관련자료 → 고등 까안책 과목 교재 선택 → OMR 카드 내려받기

MOTHERTONGUE
마더텅출판사
since 1999.A.1.

DAY 1일차

Ⅰ. 통합적 관점
핵심   p.006

문번	답 란
1	① ② ③ ④ ⑤
2	① ② ③ ④ ⑤
3	① ② ③ ④ ⑤
4	① ② ③ ④ ⑤
5	① ② ③ ④ ⑤
6	① ② ③ ④ ⑤
7	① ② ③ ④ ⑤
8	① ② ③ ④ ⑤
9	① ② ③ ④ ⑤
10	① ② ③ ④ ⑤
11	① ② ③ ④ ⑤
12	① ② ③ ④ ⑤
13	① ② ③ ④ ⑤
14	① ② ③ ④ ⑤
15	① ② ③ ④ ⑤
16	① ② ③ ④ ⑤
17	① ② ③ ④ ⑤
18	① ② ③ ④ ⑤
19	① ② ③ ④ ⑤
20	① ② ③ ④ ⑤

심화   p.012

문번	답 란
1	① ② ③ ④ ⑤
2	① ② ③ ④ ⑤
3	① ② ③ ④ ⑤

DAY 4일차

Ⅱ. 인간, 사회, 환경과 행복
핵심   p.024

문번	답 란
21	① ② ③ ④ ⑤
22	① ② ③ ④ ⑤
23	① ② ③ ④ ⑤
24	① ② ③ ④ ⑤
25	① ② ③ ④ ⑤
26	① ② ③ ④ ⑤
27	① ② ③ ④ ⑤
28	① ② ③ ④ ⑤
29	① ② ③ ④ ⑤
30	① ② ③ ④ ⑤
31	① ② ③ ④ ⑤
32	① ② ③ ④ ⑤
33	① ② ③ ④ ⑤
34	① ② ③ ④ ⑤
35	① ② ③ ④ ⑤
36	① ② ③ ④ ⑤

www.toptutor.co.kr

DAY 3일차

Ⅱ. 인간, 사회, 환경과 행복
핵심   p.019

문번	답 란
1	① ② ③ ④ ⑤
2	① ② ③ ④ ⑤
3	① ② ③ ④ ⑤
4	① ② ③ ④ ⑤
5	① ② ③ ④ ⑤
6	① ② ③ ④ ⑤
7	① ② ③ ④ ⑤
8	① ② ③ ④ ⑤
9	① ② ③ ④ ⑤
10	① ② ③ ④ ⑤
11	① ② ③ ④ ⑤
12	① ② ③ ④ ⑤
13	① ② ③ ④ ⑤
14	① ② ③ ④ ⑤
15	① ② ③ ④ ⑤
16	① ② ③ ④ ⑤
17	① ② ③ ④ ⑤
18	① ② ③ ④ ⑤
19	① ② ③ ④ ⑤
20	① ② ③ ④ ⑤

DAY 5일차

Ⅱ. 인간, 사회, 환경과 행복
핵심   p.028

문번	답 란
37	① ② ③ ④ ⑤
38	① ② ③ ④ ⑤
39	① ② ③ ④ ⑤
40	① ② ③ ④ ⑤
41	① ② ③ ④ ⑤
42	① ② ③ ④ ⑤
43	① ② ③ ④ ⑤

심화   p.030

문번	답 란
1	① ② ③ ④ ⑤
2	① ② ③ ④ ⑤

문번	답 란
3	① ② ③ ④ ⑤
4	① ② ③ ④ ⑤
5	① ② ③ ④ ⑤
6	① ② ③ ④ ⑤
7	① ② ③ ④ ⑤
8	① ② ③ ④ ⑤
9	① ② ③ ④ ⑤
10	① ② ③ ④ ⑤
11	① ② ③ ④ ⑤
12	① ② ③ ④ ⑤
13	① ② ③ ④ ⑤
14	① ② ③ ④ ⑤
15	① ② ③ ④ ⑤

www.toptutor.co.kr

OMR 카드가 추가로 필요한 수험생분들은 마더텅 홈페이지에서 OMR 카드의 PDF 파일을 내려받을 수 있습니다.
이용방법 ① 주소창에 www.toptutor.co.kr 입력 또는 포털에서 [마더텅] 검색
② 학습자료실 → 교재관련자료 → [고등] [까만책] [과목] [교재] 선택 → OMR 카드 내려받기

MOTHERTONGUE 마더텅출판사 since1999.4.1.

DAY 7일차

Ⅲ. 자연환경과 인간
핵심1　　　　　　　p.045

문번	답 란
1	① ② ③ ④ ⑤
2	① ② ③ ④ ⑤
3	① ② ③ ④ ⑤
4	① ② ③ ④ ⑤
5	① ② ③ ④ ⑤
6	① ② ③ ④ ⑤
7	① ② ③ ④ ⑤
8	① ② ③ ④ ⑤
9	① ② ③ ④ ⑤
10	① ② ③ ④ ⑤
11	① ② ③ ④ ⑤
12	① ② ③ ④ ⑤
13	① ② ③ ④ ⑤
14	① ② ③ ④ ⑤
15	① ② ③ ④ ⑤
16	① ② ③ ④ ⑤
17	① ② ③ ④ ⑤
18	① ② ③ ④ ⑤
19	① ② ③ ④ ⑤
20	① ② ③ ④ ⑤
21	① ② ③ ④ ⑤
22	① ② ③ ④ ⑤
23	① ② ③ ④ ⑤
24	① ② ③ ④ ⑤
25	① ② ③ ④ ⑤
26	① ② ③ ④ ⑤
27	① ② ③ ④ ⑤
28	① ② ③ ④ ⑤
29	① ② ③ ④ ⑤
30	① ② ③ ④ ⑤

www.toptutor.co.kr

DAY 9일차

Ⅲ. 자연환경과 인간
핵심1　　　　　　　p.060

문번	답 란
57	① ② ③ ④ ⑤
58	① ② ③ ④ ⑤
59	① ② ③ ④ ⑤
60	① ② ③ ④ ⑤
61	① ② ③ ④ ⑤
62	① ② ③ ④ ⑤
63	① ② ③ ④ ⑤
64	① ② ③ ④ ⑤
65	① ② ③ ④ ⑤
66	① ② ③ ④ ⑤
67	① ② ③ ④ ⑤

핵심2　　　　　　　p.063

문번	답 란
1	① ② ③ ④ ⑤

문번	답 란
2	① ② ③ ④ ⑤
3	① ② ③ ④ ⑤
4	① ② ③ ④ ⑤
5	① ② ③ ④ ⑤
6	① ② ③ ④ ⑤
7	① ② ③ ④ ⑤
8	① ② ③ ④ ⑤
9	① ② ③ ④ ⑤
10	① ② ③ ④ ⑤
11	① ② ③ ④ ⑤
12	① ② ③ ④ ⑤
13	① ② ③ ④ ⑤
14	① ② ③ ④ ⑤
15	① ② ③ ④ ⑤
16	① ② ③ ④ ⑤
17	① ② ③ ④ ⑤
18	① ② ③ ④ ⑤

www.toptutor.co.kr

DAY 8일차

Ⅲ. 자연환경과 인간
핵심1　　　　　　　p.053

문번	답 란
31	① ② ③ ④ ⑤
32	① ② ③ ④ ⑤
33	① ② ③ ④ ⑤
34	① ② ③ ④ ⑤
35	① ② ③ ④ ⑤
36	① ② ③ ④ ⑤
37	① ② ③ ④ ⑤
38	① ② ③ ④ ⑤
39	① ② ③ ④ ⑤
40	① ② ③ ④ ⑤
41	① ② ③ ④ ⑤
42	① ② ③ ④ ⑤
43	① ② ③ ④ ⑤
44	① ② ③ ④ ⑤
45	① ② ③ ④ ⑤
46	① ② ③ ④ ⑤
47	① ② ③ ④ ⑤
48	① ② ③ ④ ⑤
49	① ② ③ ④ ⑤
50	① ② ③ ④ ⑤
51	① ② ③ ④ ⑤
52	① ② ③ ④ ⑤
53	① ② ③ ④ ⑤
54	① ② ③ ④ ⑤
55	① ② ③ ④ ⑤
56	① ② ③ ④ ⑤

DAY 10일차

Ⅲ. 자연환경과 인간
핵심2　　　　　　　p.068

문번	답 란
19	① ② ③ ④ ⑤
20	① ② ③ ④ ⑤
21	① ② ③ ④ ⑤
22	① ② ③ ④ ⑤
23	① ② ③ ④ ⑤
24	① ② ③ ④ ⑤
25	① ② ③ ④ ⑤
26	① ② ③ ④ ⑤
27	① ② ③ ④ ⑤
28	① ② ③ ④ ⑤
29	① ② ③ ④ ⑤
30	① ② ③ ④ ⑤
31	① ② ③ ④ ⑤
32	① ② ③ ④ ⑤
33	① ② ③ ④ ⑤
34	① ② ③ ④ ⑤
35	① ② ③ ④ ⑤
36	① ② ③ ④ ⑤
37	① ② ③ ④ ⑤
38	① ② ③ ④ ⑤
39	① ② ③ ④ ⑤
40	① ② ③ ④ ⑤

DAY **11일차**

Ⅲ. 자연환경과 인간
핵심2   p.074

문번	답 란
41	① ② ③ ④ ⑤
42	① ② ③ ④ ⑤
43	① ② ③ ④ ⑤
44	① ② ③ ④ ⑤
45	① ② ③ ④ ⑤
46	① ② ③ ④ ⑤
47	① ② ③ ④ ⑤
48	① ② ③ ④ ⑤
49	① ② ③ ④ ⑤
50	① ② ③ ④ ⑤
51	① ② ③ ④ ⑤
52	① ② ③ ④ ⑤

문번	답 란
53	① ② ③ ④ ⑤
54	① ② ③ ④ ⑤
55	① ② ③ ④ ⑤
56	① ② ③ ④ ⑤
57	① ② ③ ④ ⑤
58	① ② ③ ④ ⑤
59	① ② ③ ④ ⑤
60	① ② ③ ④ ⑤
61	① ② ③ ④ ⑤
62	① ② ③ ④ ⑤
63	① ② ③ ④ ⑤
64	① ② ③ ④ ⑤
65	① ② ③ ④ ⑤
66	① ② ③ ④ ⑤

DAY **14일차**

Ⅳ. 문화와 다양성
핵심   p.098

문번	답 란
1	① ② ③ ④ ⑤
2	① ② ③ ④ ⑤
3	① ② ③ ④ ⑤
4	① ② ③ ④ ⑤
5	① ② ③ ④ ⑤
6	① ② ③ ④ ⑤
7	① ② ③ ④ ⑤
8	① ② ③ ④ ⑤
9	① ② ③ ④ ⑤
10	① ② ③ ④ ⑤
11	① ② ③ ④ ⑤
12	① ② ③ ④ ⑤
13	① ② ③ ④ ⑤
14	① ② ③ ④ ⑤
15	① ② ③ ④ ⑤
16	① ② ③ ④ ⑤

문번	답 란
17	① ② ③ ④ ⑤
18	① ② ③ ④ ⑤
19	① ② ③ ④ ⑤
20	① ② ③ ④ ⑤
21	① ② ③ ④ ⑤
22	① ② ③ ④ ⑤
23	① ② ③ ④ ⑤
24	① ② ③ ④ ⑤
25	① ② ③ ④ ⑤
26	① ② ③ ④ ⑤
27	① ② ③ ④ ⑤
28	① ② ③ ④ ⑤
29	① ② ③ ④ ⑤
30	① ② ③ ④ ⑤
31	① ② ③ ④ ⑤
32	① ② ③ ④ ⑤
33	① ② ③ ④ ⑤
34	① ② ③ ④ ⑤

www.toptutor.co.kr

DAY **12일차**

Ⅲ. 자연환경과 인간
심화   p.081

문번	답 란
1	① ② ③ ④ ⑤
2	① ② ③ ④ ⑤
3	① ② ③ ④ ⑤
4	① ② ③ ④ ⑤
5	① ② ③ ④ ⑤
6	① ② ③ ④ ⑤
7	① ② ③ ④ ⑤
8	① ② ③ ④ ⑤
9	① ② ③ ④ ⑤
10	① ② ③ ④ ⑤
11	① ② ③ ④ ⑤
12	① ② ③ ④ ⑤

문번	답 란
13	① ② ③ ④ ⑤
14	① ② ③ ④ ⑤
15	① ② ③ ④ ⑤
16	① ② ③ ④ ⑤
17	① ② ③ ④ ⑤
18	① ② ③ ④ ⑤
19	① ② ③ ④ ⑤
20	① ② ③ ④ ⑤
21	① ② ③ ④ ⑤
22	① ② ③ ④ ⑤
23	① ② ③ ④ ⑤
24	① ② ③ ④ ⑤
25	① ② ③ ④ ⑤

www.toptutor.co.kr

DAY **15일차**

Ⅳ. 문화와 다양성
핵심   p.107

문번	답 란
35	① ② ③ ④ ⑤
36	① ② ③ ④ ⑤
37	① ② ③ ④ ⑤
38	① ② ③ ④ ⑤
39	① ② ③ ④ ⑤
40	① ② ③ ④ ⑤
41	① ② ③ ④ ⑤
42	① ② ③ ④ ⑤
43	① ② ③ ④ ⑤
44	① ② ③ ④ ⑤
45	① ② ③ ④ ⑤
46	① ② ③ ④ ⑤
47	① ② ③ ④ ⑤
48	① ② ③ ④ ⑤

문번	답 란
49	① ② ③ ④ ⑤
50	① ② ③ ④ ⑤
51	① ② ③ ④ ⑤
52	① ② ③ ④ ⑤
53	① ② ③ ④ ⑤
54	① ② ③ ④ ⑤
55	① ② ③ ④ ⑤
56	① ② ③ ④ ⑤
57	① ② ③ ④ ⑤
58	① ② ③ ④ ⑤
59	① ② ③ ④ ⑤
60	① ② ③ ④ ⑤
61	① ② ③ ④ ⑤
62	① ② ③ ④ ⑤
63	① ② ③ ④ ⑤
64	① ② ③ ④ ⑤
65	① ② ③ ④ ⑤

DAY 16일차

Ⅳ. 문화와 다양성
심화　　　　　　　　p.116

문번	답 란
1	① ② ③ ④ ⑤
2	① ② ③ ④ ⑤
3	① ② ③ ④ ⑤
4	① ② ③ ④ ⑤
5	① ② ③ ④ ⑤
6	① ② ③ ④ ⑤
7	① ② ③ ④ ⑤
8	① ② ③ ④ ⑤
9	① ② ③ ④ ⑤
10	① ② ③ ④ ⑤

문번	답 란
11	① ② ③ ④ ⑤
12	① ② ③ ④ ⑤
13	① ② ③ ④ ⑤
14	① ② ③ ④ ⑤
15	① ② ③ ④ ⑤
16	① ② ③ ④ ⑤
17	① ② ③ ④ ⑤
18	① ② ③ ④ ⑤

DAY 19일차

Ⅴ. 생활공간과 사회
핵심1　　　　　　　　p.139

문번	답 란
32	① ② ③ ④ ⑤
33	① ② ③ ④ ⑤
34	① ② ③ ④ ⑤
35	① ② ③ ④ ⑤
36	① ② ③ ④ ⑤
37	① ② ③ ④ ⑤
38	① ② ③ ④ ⑤
39	① ② ③ ④ ⑤
40	① ② ③ ④ ⑤
41	① ② ③ ④ ⑤
42	① ② ③ ④ ⑤
43	① ② ③ ④ ⑤
44	① ② ③ ④ ⑤
45	① ② ③ ④ ⑤
46	① ② ③ ④ ⑤
47	① ② ③ ④ ⑤
48	① ② ③ ④ ⑤
49	① ② ③ ④ ⑤

핵심2　　　　　　　　p.145

문번	답 란
1	① ② ③ ④ ⑤
2	① ② ③ ④ ⑤
3	① ② ③ ④ ⑤
4	① ② ③ ④ ⑤
5	① ② ③ ④ ⑤
6	① ② ③ ④ ⑤
7	① ② ③ ④ ⑤
8	① ② ③ ④ ⑤
9	① ② ③ ④ ⑤
10	① ② ③ ④ ⑤
11	① ② ③ ④ ⑤
12	① ② ③ ④ ⑤
13	① ② ③ ④ ⑤
14	① ② ③ ④ ⑤
15	① ② ③ ④ ⑤
16	① ② ③ ④ ⑤
17	① ② ③ ④ ⑤
18	① ② ③ ④ ⑤
19	① ② ③ ④ ⑤
20	① ② ③ ④ ⑤

DAY 18일차

Ⅴ. 생활공간과 사회
핵심1　　　　　　　　p.131

문번	답 란
1	① ② ③ ④ ⑤
2	① ② ③ ④ ⑤
3	① ② ③ ④ ⑤
4	① ② ③ ④ ⑤
5	① ② ③ ④ ⑤
6	① ② ③ ④ ⑤
7	① ② ③ ④ ⑤
8	① ② ③ ④ ⑤
9	① ② ③ ④ ⑤
10	① ② ③ ④ ⑤
11	① ② ③ ④ ⑤
12	① ② ③ ④ ⑤
13	① ② ③ ④ ⑤
14	① ② ③ ④ ⑤

문번	답 란
15	① ② ③ ④ ⑤
16	① ② ③ ④ ⑤
17	① ② ③ ④ ⑤
18	① ② ③ ④ ⑤
19	① ② ③ ④ ⑤
20	① ② ③ ④ ⑤
21	① ② ③ ④ ⑤
22	① ② ③ ④ ⑤
23	① ② ③ ④ ⑤
24	① ② ③ ④ ⑤
25	① ② ③ ④ ⑤
26	① ② ③ ④ ⑤
27	① ② ③ ④ ⑤
28	① ② ③ ④ ⑤
29	① ② ③ ④ ⑤
30	① ② ③ ④ ⑤
31	① ② ③ ④ ⑤

DAY 20일차

Ⅴ. 생활공간과 사회
핵심2　　　　　　　　p.150

문번	답 란
21	① ② ③ ④ ⑤
22	① ② ③ ④ ⑤
23	① ② ③ ④ ⑤
24	① ② ③ ④ ⑤
25	① ② ③ ④ ⑤
26	① ② ③ ④ ⑤
27	① ② ③ ④ ⑤
28	① ② ③ ④ ⑤
29	① ② ③ ④ ⑤
30	① ② ③ ④ ⑤
31	① ② ③ ④ ⑤

문번	답 란
32	① ② ③ ④ ⑤
33	① ② ③ ④ ⑤
34	① ② ③ ④ ⑤
35	① ② ③ ④ ⑤
36	① ② ③ ④ ⑤
37	① ② ③ ④ ⑤
38	① ② ③ ④ ⑤
39	① ② ③ ④ ⑤
40	① ② ③ ④ ⑤
41	① ② ③ ④ ⑤
42	① ② ③ ④ ⑤
43	① ② ③ ④ ⑤
44	① ② ③ ④ ⑤
45	① ② ③ ④ ⑤
46	① ② ③ ④ ⑤

DAY 21일차

Ⅴ. 생활공간과 사회
심화　　　　p.157

문번	답란
1	① ② ③ ④ ⑤
2	① ② ③ ④ ⑤
3	① ② ③ ④ ⑤
4	① ② ③ ④ ⑤
5	① ② ③ ④ ⑤
6	① ② ③ ④ ⑤
7	① ② ③ ④ ⑤
8	① ② ③ ④ ⑤
9	① ② ③ ④ ⑤
10	① ② ③ ④ ⑤
11	① ② ③ ④ ⑤
12	① ② ③ ④ ⑤
13	① ② ③ ④ ⑤
14	① ② ③ ④ ⑤
15	① ② ③ ④ ⑤
16	① ② ③ ④ ⑤
17	① ② ③ ④ ⑤
18	① ② ③ ④ ⑤
19	① ② ③ ④ ⑤
20	① ② ③ ④ ⑤
21	① ② ③ ④ ⑤
22	① ② ③ ④ ⑤

DAY 22일차

미니모의고사
1회 미니모의고사　　　　p.166

문번	답란
1	① ② ③ ④ ⑤
2	① ② ③ ④ ⑤
3	① ② ③ ④ ⑤
4	① ② ③ ④ ⑤
5	① ② ③ ④ ⑤
6	① ② ③ ④ ⑤
7	① ② ③ ④ ⑤
8	① ② ③ ④ ⑤
9	① ② ③ ④ ⑤
10	① ② ③ ④ ⑤

2회 미니모의고사　　　　p.169

문번	답란
1	① ② ③ ④ ⑤
2	① ② ③ ④ ⑤
3	① ② ③ ④ ⑤
4	① ② ③ ④ ⑤
5	① ② ③ ④ ⑤
6	① ② ③ ④ ⑤
7	① ② ③ ④ ⑤
8	① ② ③ ④ ⑤
9	① ② ③ ④ ⑤
10	① ② ③ ④ ⑤

DAY 23일차

수능 예시문항 1　　　　p.172

문번	답란
1	① ② ③ ④ ⑤
2	① ② ③ ④ ⑤
3	① ② ③ ④ ⑤
4	① ② ③ ④ ⑤
5	① ② ③ ④ ⑤
6	① ② ③ ④ ⑤
7	① ② ③ ④ ⑤
8	① ② ③ ④ ⑤
9	① ② ③ ④ ⑤
10	① ② ③ ④ ⑤
11	① ② ③ ④ ⑤
12	① ② ③ ④ ⑤
13	① ② ③ ④ ⑤
14	① ② ③ ④ ⑤
15	① ② ③ ④ ⑤
16	① ② ③ ④ ⑤
17	① ② ③ ④ ⑤
18	① ② ③ ④ ⑤
19	① ② ③ ④ ⑤
20	① ② ③ ④ ⑤
21	① ② ③ ④ ⑤
22	① ② ③ ④ ⑤
23	① ② ③ ④ ⑤
24	① ② ③ ④ ⑤
25	① ② ③ ④ ⑤

DAY 24일차

수능 예시문항 2　　　　p.183

문번	답란
1	① ② ③ ④ ⑤
2	① ② ③ ④ ⑤
3	① ② ③ ④ ⑤
4	① ② ③ ④ ⑤
5	① ② ③ ④ ⑤
6	① ② ③ ④ ⑤
7	① ② ③ ④ ⑤
8	① ② ③ ④ ⑤
9	① ② ③ ④ ⑤
10	① ② ③ ④ ⑤
11	① ② ③ ④ ⑤
12	① ② ③ ④ ⑤
13	① ② ③ ④ ⑤
14	① ② ③ ④ ⑤

2026 The 10th Mothertongue
Scholarship (Learning Essay Contest) for Brilliant Students

2026 마더텅 10기
성적 우수·성적 향상 학습수기 공모전

수능 및 전국연합 학력평가 기출문제집 ▣ 까만책, ▣ 빨간책, ▣ 노란책, ▣ 파란책 등

2026년에도 **마더텅 고등 교재**와 함께 우수한 성적을 거두신
학습자님들께 **장학금**을 드립니다.

대 상
500
만 원

MOTHERTONGUE

은 상 50 만원   금 상 100 만원   동 상 30 만원

마더텅 고등 교재로 공부한 해당 과목 ※1인 1개 과목 이상 지원 가능하며, 여러 과목 지원 시 가산점이 부여됩니다.

아래 조건에 해당한다면 **마더텅 고등 교재**로 공부하면서 #느낀 점과 #공부 방법, #학업 성취, #성적 변화 등에 관한
자신만의 수기를 작성해서 마더텅으로 보내 주세요. 우수한 글을 보내 준 학습자님을 선발해 **학습수기 공모 장학금**을 드립니다!
성적 우수·성적 향상 분야 동시 지원 가능합니다.(단, 선발은 하나의 분야에서 이뤄집니다.)

 성적 우수 분야
고3/N수생 수능 1등급
고1/고2 전국연합 학력평가 1등급 또는 내신 95점 이상

 성적 향상 분야
고3/N수생 수능 1등급 이상 향상
고1/고2 전국연합 학력평가 1등급 이상 향상 또는 내신 성적 10점 이상 향상
*전체 과목 중 과목별 향상 등급(혹은 점수)의 합계로 응모해 주시면 감사하겠습니다.

 **마더텅 역대
수상자님들**
제1기 2018년 2월 24일 총 55명   제2기 2019년 1월 18일 총 51명   제3기 2020년 1월 10일 총 150명
제4기 2021년 1월 29일 총 383명   제5기 2022년 1월 25일 총 210명   제6기 2023년 1월 20일 총 168명
제7기 2024년 1월 31일 총 270명   제8기 2025년 2월 6일 총 149명   제9기 2026년 2월 12일 총 000명

응모 대상   **마더텅 고등 교재로 공부한 고1, 고2, 고3, N수생**

마더텅 수능기출문제집, 마더텅 수능기출 모의고사, 마더텅 전국연합 학력평가 기출문제집, 예비 고1 마더텅 3월 전국연합 학력평가 기출 모의고사 4개년 24회,
마더텅 전국연합 학력평가 기출 모의고사 3개년, 마더텅 수능기출 전국연합 학력평가 20분 미니모의고사 24회, 마더텅 수능기출 20분 미니모의고사 24회,
마더텅 수능기출 고난도 미니모의고사, 마더텅 수능기출 유형별 20분 미니모의고사 24회 등 **마더텅 고등 교재 중 1권 이상 신청 가능**

선발 일정   접수기한 **2026년 12월 28일 월요일**   수상자 발표일 **2027년 1월 11일 월요일**   장학금 수여일 **2027년 2월 18일 목요일**

응모 방법   ① 마더텅 홈페이지 www.toptutor.co.kr [커뮤니티 - 이벤트] 게시판에 접속
② [2026 마더텅 10기 학습수기 공모전 안내] 클릭 후 [2026 마더텅 10기 학습수기 공모전 지원서 양식]을 다운로드
③ [2026 마더텅 10기 학습수기 공모전 지원서 양식] 작성 후 mothert.marketing@gmail.com 메일 발송

※유의 사항 1. 마더텅 학습수기 공모전에 응모하며 제출한 자료(이름, 학교명, 성적 인증 자료, 후기 등)는 공모전 수상자 선발을 위해 사용되며, 마더텅 공모전 수상자로 선발될 경우 제출한 자료가 출판사의 교재 개발 및 홍보에 사용될 수 있습니다. 공모전 수상자로 선발된 것을 승인하고 장학금을 수령한 경우 위의 사항에 동의한 것으로 간주합니다. 2. 위와 같이 개인 정보를 수집하고 이용하는 것에 대해 동의를 거부할 수 있으며, 동의를 거부할 경우 참여가 불가능합니다. 3. 제출한 자료는 반환되지 않으며, 제출한 자료의 내용과 관련하여 확인이 필요한 경우 관련 자료의 우편 제출을 요구할 수 있습니다. 4. 장학금 지급 방법은 선발된 분께 개별적으로 통지합니다. 5. 수상자 선발 후에도 소정의 활동(심층 소비자 조사, 교재 후기 작성 등)이 있을 예정입니다. 6. 제출한 자료의 내용이 사실과 다를 경우 수상자 선발은 취소될 수 있으며, 장학금을 수령한 경우 반환하여야 합니다. 7. 10만 원 이상의 장학금(수기 공모 당선금) 수령 시 관계법령에 따라 제세공과금(22%)은 수상자 본인 부담이며, 제세공과금 처리 및 장학금 발송을 위해 공모전 수상자의 개인정보를 요청할 수 있습니다. 8. 위 상금은 제세공과금을 제외하고 수상자에게 실제 지급되는 금액입니다.

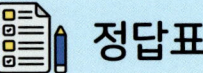
Ⅰ. 통합적 관점

핵심 문제 문제편 p.6 해설편 p.2

1 ⑤	2 ⑤	3 ⑤	4 ②	5 ③
6 ④	7 ⑤	8 ⑤	9 ③	10 ⑤
11 ④	12 ④	13 ④	14 ⑤	15 ⑤
16 ③	17 ②	18 ①	19 ①	20 ③

심화 문제 문제편 p.12 해설편 p.7

1 ①	2 ①	3 ④

Ⅱ. 인간, 사회, 환경과 행복

핵심 문제 문제편 p.19 해설편 p.9

1 ②	2 ③	3 ③	4 ③	5 ③
6 ③	7 ③	8 ②	9 ⑤	10 ③
11 ④	12 ④	13 ④	14 ⑤	15 ②
16 ④	17 ③	18 ⑤	19 ②	20 ⑤
21 ④	22 ④	23 ④	24 ⑤	25 ⑤
26 ④	27 ④	28 ①	29 ②	30 ①
31 ④	32 ④	33 ④	34 ④	35 ①
36 ⑤	37 ④	38 ④	39 ②	40 ②
41 ⑤	42 ④	43 ④		

심화 문제 문제편 p.30 해설편 p.18

1 ②	2 ①	3 ②	4 ③	5 ④
6 ③	7 ④	8 ①	9 ②	10 ⑤
11 ②	12 ⑤	13 ②	14 ④	15 ④

Ⅲ. 자연환경과 인간

핵심 문제 1회차 문제편 p.45 해설편 p.23

1 ①	2 ②	3 ⑤	4 ⑤	5 ①
6 ④	7 ③	8 ⑤	9 ①	10 ⑤
11 ①	12 ⑤	13 ①	14 ②	15 ⑤
16 ②	17 ②	18 ④	19 ③	20 ①
21 ④	22 ④	23 ③	24 ③	25 ④
26 ④	27 ④	28 ④	29 ⑤	30 ①
31 ③	32 ④	33 ⑤	34 ①	35 ②
36 ⑤	37 ⑤	38 ⑤	39 ②	40 ⑤
41 ⑤	42 ④	43 ①	44 ①	45 ④
46 ⑤	47 ⑤	48 ⑤	49 ⑤	50 ④
51 ⑤	52 ⑤	53 ④	54 ③	55 ②
56 ⑤	57 ④	58 ⑤	59 ⑤	60 ⑤
61 ④	62 ⑤	63 ⑤	64 ④	65 ④
66 ⑤	67 ④			

핵심 문제 2회차 문제편 p.63 해설편 p.39

1 ③	2 ④	3 ②	4 ②	5 ②
6 ④	7 ③	8 ④	9 ⑤	10 ④
11 ②	12 ⑤	13 ④	14 ①	15 ②

(중간 열)

16 ②	17 ③	18 ④	19 ③	20 ②
21 ①	22 ④	23 ④	24 ①	25 ⑤
26 ①	27 ②	28 ②	29 ④	30 ①
31 ④	32 ④	33 ⑤	34 ④	35 ④
36 ⑤	37 ④	38 ①	39 ④	40 ④
41 ⑤	42 ①	43 ④	44 ⑤	45 ⑤
46 ⑤	47 ④	48 ①	49 ⑤	50 ⑤
51 ⑤	52 ②	53 ④	54 ⑤	55 ③
56 ⑤	57 ④	58 ③	59 ⑤	60 ⑤
61 ①	62 ④	63 ②	64 ⑤	65 ④
66 ⑤				

심화 문제 문제편 p.81 해설편 p.55

1 ②	2 ②	3 ②	4 ①	5 ③
6 ②	7 ③	8 ①	9 ④	10 ④
11 ②	12 ④	13 ④	14 ②	15 ③
16 ①	17 ①	18 ①	19 ③	20 ④
21 ⑤	22 ⑤	23 ④	24 ⑤	25 ⑤

Ⅳ. 문화와 다양성

핵심 문제 문제편 p.98 해설편 p.64

1 ③	2 ③	3 ⑤	4 ②	5 ③
6 ④	7 ③	8 ③	9 ⑤	10 ⑤
11 ⑤	12 ⑤	13 ④	14 ④	15 ③
16 ⑤	17 ②	18 ⑤	19 ⑤	20 ⑤
21 ⑤	22 ⑤	23 ⑤	24 ④	25 ①
26 ①	27 ④	28 ⑤	29 ⑤	30 ④
31 ⑤	32 ⑤	33 ④	34 ⑤	35 ④
36 ①	37 ④	38 ④	39 ④	40 ④
41 ③	42 ②	43 ④	44 ④	45 ④
46 ⑤	47 ⑤	48 ⑤	49 ⑤	50 ⑤
51 ③	52 ④	53 ④	54 ⑤	55 ①
56 ③	57 ④	58 ①	59 ④	60 ③
61 ②	62 ①	63 ④	64 ⑤	65 ⑤

심화 문제 문제편 p.116 해설편 p.79

1 ④	2 ①	3 ①	4 ③	5 ③
6 ①	7 ②	8 ①	9 ④	10 ④
11 ②	12 ②	13 ④	14 ③	15 ⑤
16 ④	17 ⑤	18 ⑤		

Ⅴ. 생활공간과 사회

핵심 문제 1회차 문제편 p.131 해설편 p.86

1 ②	2 ③	3 ②	4 ①	5 ⑤
6 ①	7 ③	8 ③	9 ④	10 ③
11 ②	12 ⑤	13 ③	14 ③	15 ③
16 ①	17 ①	18 ②	19 ⑤	20 ①

(오른쪽 열)

21 ④	22 ②	23 ⑤	24 ①	25 ②
26 ⑤	27 ①	28 ①	29 ②	30 ①
31 ①	32 ⑤	33 ⑤	34 ⑤	35 ⑤
36 ⑤	37 ④	38 ⑤	39 ④	40 ⑤
41 ④	42 ④	43 ②	44 ⑤	45 ⑤
46 ①	47 ①	48 ②	49 ③	

핵심 문제 2회차 문제편 p.145 해설편 p.98

1 ⑤	2 ④	3 ②	4 ④	5 ①
6 ①	7 ⑤	8 ④	9 ③	10 ⑤
11 ②	12 ④	13 ①	14 ④	15 ②
16 ⑤	17 ④	18 ①	19 ③	20 ④
21 ④	22 ④	23 ②	24 ②	25 ③
26 ①	27 ④	28 ①	29 ⑤	30 ②
31 ⑤	32 ④	33 ①	34 ③	35 ③
36 ⑤	37 ①	38 ②	39 ③	40 ③
41 ①	42 ①	43 ①	44 ⑤	45 ②
46 ④				

심화 문제 문제편 p.157 해설편 p.109

1 ⑤	2 ⑤	3 ②	4 ①	5 ①
6 ③	7 ④	8 ②	9 ①	10 ④
11 ②	12 ⑤	13 ④	14 ⑤	15 ③
16 ②	17 ②	18 ④	19 ⑤	20 ③
21 ③	22 ②			

1회 미니모의고사 문제편 p.166 해설편 p.116

1 ①	2 ③	3 ②	4 ①	5 ④
6 ③	7 ③	8 ①	9 ②	10 ③

2회 미니모의고사 문제편 p.169 해설편 p.118

1 ⑤	2 ④	3 ②	4 ①	5 ④
6 ④	7 ①	8 ④	9 ③	10 ④

2028 수능 예시문항 1 문제편 p.172 해설편 p.120

1 ⑤	2 ④	3 ④	4 ②	5 ③
6 ⑤	7 ④	8 ③	9 ②	10 ②
11 ①	12 ③	13 ③	14 ④	15 ②
16 ④	17 ③	18 ③	19 ③	20 ①
21 ⑤	22 ②	23 ④	24 ②	25 ①

2028 수능 예시문항 2 문제편 p.183 해설편 p.133

1 ④	2 ③	3 ⑤	4 ④	5 ②
6 ⑤	7 ④	8 ④	9 ③	10 ⑤
11 ②	12 ③	13 ②	14 ⑤	

2026 마더텅
전국연합 학력평가 기출문제집

고1 통합사회1

정답과 해설편

2026 마더텅 전국연합 학력평가 기출문제집

누적판매 950만 부, 2025년 한 해 동안 95만 부가 판매된 베스트셀러 기출문제집
전 단원 필수 개념 동영상 강의, 체계적인 단원별 구성

무료 동영상 강의 QR

2025.12.31.
업로드 완료 예정

선별 문항 문제 풀이, 동영상 강의 무료 제공

• 1등급에 꼭 필요한 기출문제 정복 프로젝트

• 시험에 자주 출제되는 유형을 분석하여 꼼꼼하게 준비한 강의

• 마더텅 기출문제집의 친절하고 자세한 해설에 동영상 강의를 더했습니다.

긍정의 바이브,
배준호 선생님과 함께하는 마더텅 통합사회1

배준호 선생님

고려대학교 정치외교학과(졸)
현 홍대앞사회탐구 대표
현 마더텅 수능사회탐구 강사
저서 2026 마더텅 전국연합 학력평가 기출문제집 고1 통합사회1 해설 감수
저서 2027 마더텅 수능기출문제집 사회·문화 해설 감수
저서 2027 마더텅 수능기출문제집 생활과 윤리 해설 감수
저서 2027 마더텅 수능기출문제집 정치와 법 해설 감수

동영상 강의 수강 방법

방법 1

교재 곳곳에 있는 QR 코드를 찍으세요!

교재에 있는 QR 코드가 인식이 안 될 경우
화면을 확대해서 찍으시면 인식이 더 잘 됩니다.

방법 2

[마더텅] [통합사회1] 2025년 6월 15번 키워드 예시

유튜브 www.youtube.com 에
[마더텅] [통합사회1] + 문항출처로
검색하세요!

방법 3 동영상 강의 전체 한 번에 보기

[휴대폰 등 모바일 기기] QR 코드

다음 중 하나를 찾아 QR을 찍으세요.
① 겉표지 QR
② 문제편 문항구성표 QR
③ 해설편 동영상 광고 상단 QR

[PC] 주소창에 URL 입력

다음 단계에 따라 접속하세요.
① www.toptutor.co.kr로 접속
② 학습자료실에서 무료동영상강의 클릭
③ 학년 시리즈 과목 교재 선택
④ 원하는 동영상 강의 수강

문의전화 1661-1064 07:00~22:00   www.toptutor.co.kr   포털에서 마더텅 검색

2026 마더텅
전국연합 학력평가 기출문제집
고1 통합사회1
정답과 해설편

MOTHERTONGUE
마더텅출판사
since1999.4.1.

I 통합적 관점

개념편 p.4

핵심 문제 풀기

1	⑤	2	⑤	3	⑤	4	②	5	③
6	④	7	⑤	8	③	9	③	10	⑤
11	⑤	12	②	13	②	14	⑤	15	②
16	②	17	②	18	①	19	①	20	③

심화 문제 풀기

1	①	2	①	3	④

🍎 핵심 문제 풀기

1 정답 ⑤ 문제편 p.6

- A. 시간적 관점
- B. 공간적 관점
- C. 사회적 관점
- D. 윤리적 관점

〈불꽃 축제 장면 중 일부〉

[보 기]

ㄱ. A - 불꽃 축제 개최에 적합한 최적의 입지 분석하기
ㄴ. B - 불꽃 축제에 따른 오염 물질의 연도별 배출량 조사하기
ㄷ. C - 지역 불꽃 축제 활성화를 위한 제도와 정책 찾아보기
ㄹ. D - 친환경 불꽃 축제로 전환하기 위한 바람직한 시민의식 알아보기

① ㄱ, ㄴ   ② ㄱ, ㄷ   ③ ㄴ, ㄷ   ④ ㄴ, ㄹ   ⑤ ㄷ, ㄹ

풀이

ㄱ. 불꽃 축제 개최에 적합한 최적의 입지를 분석하는 것은 공간적 관점에서 탐구할 수 있는 활동이다.
ㄴ. 불꽃 축제에 따른 오염 물질의 연도별 배출량을 조사하는 것은 시간적 관점에서 탐구할 수 있는 활동이다.
ㄷ. 지역 불꽃 축제 활성화를 위한 제도와 정책을 찾아보는 것은 사회적 관점에서 탐구할 수 있는 활동이다.
ㄹ. 친환경 불꽃 축제로 전환하기 위한 바람직한 시민의식을 알아보는 것은 윤리적 관점에서 탐구할 수 있는 활동이다.

2 정답 ⑤ 문제편 p.6

통합사회 학습방

질문

공간적 관점은 위치와 분포, 이동과 네트워크를 중심으로 장소와 지역, 지리적 상호작용을 통해 사회현상을 살펴보는 것입니다.
공간적 관점을 중심으로 'A국의 플랜테이션 농업'에 대해 탐구한다면 어떤 내용을 조사해야 할까요?

답변

갑: 플랜테이션 농산물의 품질 관리 제도와 정책을 조사합니다. → 사회적 관점

을: 플랜테이션 농업에서 발생하는 이해 갈등의 바람직한 해결책을 조사합니다. → 윤리적 관점

병: 플랜테이션 농업이 지역의 지리적 조건에 따라 어떻게 분포하고 있는지 조사합니다. → 공간적 관점

정: 플랜테이션 농업으로 생산된 작물이 생산지에서 소비지로 어떻게 이동하는지 조사합니다. → 공간적 관점

① 갑, 을   ② 갑, 병   ③ 을, 병   ④ 을, 정   ⑤ 병, 정

풀이

사회 현상을 바라보는 관점 중 공간적 관점을 묻는 문항이다. 공간적 관점은 위치와 장소, 분포, 지리적 상호작용 등을 바탕으로 사회를 바라보는 시각이다. 공간적 관점 외에도 시간의 흐름에 따른 시대적 배경과 맥락을 바탕으로 한 시간적 관점, 사회 구조와 사회 제도, 정책을 중심으로 현상을 바라보는 사회적 관점, 도덕적 가치 판단과 규범을 중심으로 사회 현상을 분석하는 윤리적 관점 등이 있다.
갑. 제도와 정책을 조사하는 갑은 사회적 관점을 중심으로 탐구하고 있다.
을. 바람직한 해결책을 조사하는 을은 가치 판단이 필요한 윤리적 관점을 중심으로 탐구하고 있다.
병. 지리적 조건에 따른 분포를 조사하는 병은 공간적 관점을 중심으로 탐구하고 있다.
정. 생산지에서 소비지로의 이동을 조사하는 정은 두 지역 간 상호작용을 탐구하는 공간적 관점을 중심으로 탐구하고 있다.

3 정답 ⑤ 문제편 p.7

우리나라의 2023년 합계 출산율이 0.72명으로 집계되었다. 이는 세계 최저 수준이다. 저출산 문제가 지속된다면 국가적 비상사태에 직면할 것이라는 우려의 목소리가 높아졌다.

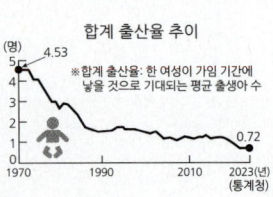

합계 출산율 추이
※합계 출산율: 한 여성이 가임 기간에 낳을 것으로 기대되는 평균 출생아 수
4.53
0.72
1970 1990 2010 2023(년)
(통계청)

[보기]

ㄱ. 시간적 관점: 우리나라의 **지역별** 합계 출산율 비교하기
　　공간적
ㄴ. 공간적 관점: 출산율이 감소하는 **시대적 배경** 분석하기
　　시간적
ㄷ. 사회적 관점: 출산율에 영향을 미치는 **제도** 조사하기
ㄹ. 윤리적 관점: 저출산 문제 해결을 위한 **바람직한 태도** 탐구하기

① ㄱ, ㄴ　② ㄱ, ㄷ　③ ㄴ, ㄷ　④ ㄴ, ㄹ　⑤✔ ㄷ, ㄹ

풀이

ㄱ. 지역별 합계 출산율을 비교하는 것은 공간적 관점에서 탐구하기 적절한 주제이다.

ㄴ. 출산율이 감소하는 시대적 배경을 분석하는 것은 시간적 관점에서 탐구하기 적절한 주제이다.

ㄷ. 출산율에 영향을 미치는 제도를 조사하는 것은 사회적 관점에서 탐구하기 적절한 주제이다.

ㄹ. 저출산 문제 해결을 위한 바람직한 태도를 탐구하는 것은 윤리적 관점에서 탐구하기 적절한 주제이다.

4 정답 ② 문제편 p.7

[보기]

ㄱ. A: 아동 노동 비율의 **연도별 변화 추이**를 조사한다.
　　　　　　　　　　　　　　　　→ 시간적 관점
ㄴ. B: 아동 노동 착취를 **인간 존엄성**의 측면에서 조사한다.
　 D　　　　　　　　　　　　　　→ 윤리적 관점
ㄷ. C: 아동 노동 근절을 위한 **제도와 정책**을 조사한다.
　　　　　　　　　　　　　→ 사회적 관점
ㄹ. D: 아동 노동 비율이 높은 **지역의 분포**를 조사한다.
　 B　　　　　　　　　　　　　→ 공간적 관점

① ㄱ, ㄴ　②✔ ㄱ, ㄷ　③ ㄴ, ㄷ　④ ㄴ, ㄹ　⑤ ㄷ, ㄹ

풀이

아동 노동 문제라는 사회 현상에 대해 시간적·공간적·사회적·윤리적 관점에서 통합적으로 파악할 수 있다.

ㄱ. 연도별 변화 추이와 관련한 것은 시간적 관점이다.

ㄴ. 인간 존엄성과 관련한 것은 윤리적 관점이다.

ㄷ. 제도, 정책과 관련한 것은 사회적 관점이다.

ㄹ. 지역의 분포와 관련한 것은 공간적 관점이다.

5 정답 ③ 문제편 p.7

[보기]

ㄱ. A - 반려동물을 대하는 **바른 태도**는 무엇인가요?
　 D　　　　　　　　　　　　　→ 윤리적 관점
ㄴ. B - 반려동물이 유기되는 **지역**은 주로 어디인가요?
　　　　　　　　　　　　　　→ 공간적 관점
ㄷ. C - 반려동물의 유기를 예방할 수 있는 **제도적 장치**에는 무엇이 있나요? → 사회적 관점
ㄹ. D - 반려동물의 유기는 **언제부터** 증가하고 있나요?
　 A　　　　　　　　　　→ 시간적 관점

① ㄱ, ㄴ　② ㄱ, ㄷ　③✔ ㄴ, ㄷ　④ ㄴ, ㄹ　⑤ ㄷ, ㄹ

풀이

사회 현상을 바라보는 각각의 관점에 대한 이해를 묻는 문제이다.

ㄱ. 사회 현상을 대하는 바른 태도에 대해 탐구하는 관점은 윤리적 관점이다.

ㄴ. 사회 현상에 대해 지역을 기준으로 탐구하는 관점은 공간적 관점이다.

ㄷ. 사회 현상과 관련하여 제도적 장치에 대해 탐구하는 관점은 사회적 관점이다.

ㄹ. 사회 현상에 대해 시기별로 변화 양상을 탐구하는 관점은 시간적 관점이다.

6 정답 ④ 문제편 p.7

풀이

윤리적 관점은 인간의 욕구와 내면의 양심을 기준으로 도덕적 가치 판단을 하고, 어떤 규범을 적용할지에 초점을 두고 사회 현상을 바라보는 관점이다. 사회적 관점은 특정한 사회 현상을 사회 제도 및 사회 구조와의 관련성 속에서 이해하는 관점이다.

① 공간적 관점과 시간적 관점에서 이루어질 수 있는 활동이다.

②, ⑤ 공간적 관점에서 이루어질 수 있는 활동이다.

③ 시간적 관점에서 이루어질 수 있는 활동이다.

④ 자율 주행 자동차에 적합한 교통 제도를 수립하고 이러한 제도의 변화가 사회에 미칠 영향을 예측하고자 하는 활동은 사회적 관점에서 이루어질 수 있다.

7 정답 ⑤ 문제편 p.8

[보기]

ㄱ. A: 화장장 건립의 **입지 조건** 조사하기
　 B
ㄴ. B: 연도별 화장 **비율의 변화** 조사하기
　 A
ㄷ. C: 화장장 건립 예정지 주민을 위한 **보상 제도** 알아보기
ㄹ. D: 갈등 해결을 위한 **바람직한 시민 태도** 알아보기

① ㄱ, ㄴ　② ㄱ, ㄷ　③ ㄴ, ㄷ　④ ㄴ, ㄹ　⑤✔ ㄷ, ㄹ

풀이

시간적 관점은 사회 현상을 시대적 배경과 맥락에 초점을 두고 살펴보는 관점이고, 공간적 관점은 자연환경과 인간의 상호 작용, 지역에 대해 관심을 갖고 사회 현상을 살펴보는 관점이며, 사회적 관점은 특정한 사회 현상을 사회 제도 및 사회 구조와의 관련성 속에서 이해하는 관점이고, 윤리적 관점은 규범적 방향성과 가치 등을 고려하여 사회 현상을 살펴보는 관점이다.

ㄱ. 공간적 관점에서 탐구할 수 있는 활동에 해당한다.

ㄴ. 시간적 관점에서 탐구할 수 있는 활동에 해당한다.

8 정답 ⑤ 문제편 p.8

풀이

　　A는 공간적 관점, B는 윤리적 관점, C는 시간적 관점, D는 사회적 관점에 해당한다.
ㄱ. 감염병 확산의 시대적 배경과 맥락에 초점을 두는 관점은 시간적 관점에 해당한다.
ㄴ. 공간의 변화가 감염병에 미치는 영향을 모색하고자 하는 관점은 공간적 관점에 해당한다.

9 정답 ③ 문제편 p.8

① 아동 노동의 **역사와 시대적 배경** 파악하기 → 시간적 관점
② 아동 노동이 발생한 **지역의 자연환경** 조사하기 → 공간적 관점
③ 아동 인권 보호를 위한 **올바른 가치관** 탐색하기 → 윤리적 관점
④ 아동을 학대한 농장주의 **법적 처벌** 절차 확인하기 → 사회적 관점
⑤ 아동 인권 침해가 빈번한 지역의 **사회구조** 분석하기 → 사회적 관점

풀이

　　도덕적 가치 판단과 규범적 방향성에 초점을 두고 사회 현상을 바라보는 관점은 윤리적 관점이다. 따라서 ⊙은 윤리적 관점이다.

10 정답 ⑤ 문제편 p.8

[보 기]
ㄱ. A: 플라스틱 쓰레기의 **지역별 배출량** 조사하기 → 공간적 관점
　　B
ㄴ. B: 플라스틱 쓰레기의 **연도별 배출량** 변화 분석하기
　　A　　　　　　　　　　　　→ 시간적 관점
ㄷ. C: 플라스틱 쓰레기를 줄이기 위한 **제도 및 정책** 알아보기
　　　　　　　　　　　　　　　　→ 사회적 관점
ㄹ. D: 플라스틱 쓰레기를 줄이기 위한 **바람직한 태도와 습관** 찾아보기 → 윤리적 관점

① ㄱ, ㄴ　② ㄱ, ㄷ　③ ㄴ, ㄷ　④ ㄴ, ㄹ　⑤ ㄷ, ㄹ

풀이

ㄱ. 지역별 배출량을 조사하는 것은 공간적 관점이다.
ㄴ. 연도별 배출량을 분석하는 것은 시간적 관점이다.
ㄷ. 제도 및 정책적 관점에서 사회 현상을 바라보는 것은 사회적 관점이다.
ㄹ. 바람직한 태도와 습관에 대한 탐색은 규범적 차원이므로 윤리적 관점이다.

11 정답 ③ 문제편 p.9

[보 기]
ㄱ. A - 폐마스크를 수거하는 **바람직한 방법**은 무엇인가요?
　　D　　　　　　　　　→ 윤리적 관점
ㄴ. B - 폐마스크로 동물의 **피해가 집중된 지역**은 어디인가요?
　　　　　　　　　　　→ 공간적 관점
ㄷ. C - 폐마스크의 **무단 투기를 막을 제도**는 무엇인가요?
　　　　　　　　　　→ 사회적 관점
ㄹ. D - 폐마스크로 인한 동물의 **피해는 언제부터** 증가했나요?
　　A　　　　　　　　　　→ 시간적 관점

---

① ㄱ, ㄴ　② ㄱ, ㄷ　③ ㄴ, ㄷ　④ ㄴ, ㄹ　⑤ ㄷ, ㄹ

풀이

　　생활 쓰레기로 야기된 환경 피해의 사례를 제시한 후, 이의 해결 방안과 관련 있는 관점을 묻는 문제이다.
ㄱ. 폐마스크를 수거하는 바람직한 방법은 문제 해결과 관련된 가치적 요소를 포함하므로 이는 윤리적 관점(D)에 해당한다.
ㄴ. 동물의 피해가 집중된 지역을 묻고 있으므로 이는 공간적 관점(B)에 해당한다.
ㄷ. 무단 투기를 방지할 제도적 측면에서의 대안을 묻고 있으므로 이는 사회적 관점(C)에 해당한다.
ㄹ. 피해가 나타난 시기를 묻고 있으므로 이는 시간적 관점(A)에 해당한다.

12 정답 ② 문제편 p.9

[보 기]
ㄱ. A: 지방 소도시의 **연도별** 인구 증감률 분석하기
　　　　　　　　　→ 시간적 관점
ㄴ. B: 지방 소도시 발전을 위한 **바람직한 태도** 알아보기
　　D　　　　　　　　　　　→ 윤리적 관점
ㄷ. C: 수도권 집중화를 완화할 수 있는 **정책** 찾아보기
　　　　　　　　　　　　　→ 사회적 관점
ㄹ. D: 전국 시·군·구의 대기업 본사 **입지 현황** 조사하기
　　B　　　　　　　　　　→ 공간적 관점

① ㄱ, ㄴ　② ㄱ, ㄷ　③ ㄴ, ㄷ　④ ㄴ, ㄹ　⑤ ㄷ, ㄹ

풀이

　　사회 현상을 탐구하는 관점은 시대적 배경과 맥락에 초점을 맞춘 시간적 관점, 위치와 장소, 분포 등의 관점에서 바라보는 공간적 관점, 사회 구조 및 제도 측면에서 접근하는 사회적 관점, 규범이나 가치 측면에서 살펴보는 윤리적 관점이 있다.
ㄱ. 지방 소도시의 인구 증감률을 연도별로 분석하는 것은 시대적 맥락에 초점을 두고 있으므로 시간적 관점에서 탐구할 수 있는 활동이다.
ㄷ. 수도권 집중화를 완화할 수 있는 정책을 찾아보는 것은 특정 사회 현상을 사회 제도와의 관련성에서 이해하고자 하는 것이므로 사회적 관점에서 탐구할 수 있는 활동이다.

13 정답 ② 문제편 p.9

[보 기]
ㄱ. **다양한 관점에서의 통합적 접근**이 요구됩니다.
ㄴ. 각 학문 간의 고유한 경계를 **엄격하게 구분**해야 합니다.
ㄷ. 인간과 사회 및 환경에 대한 **종합적 이해**가 필요합니다.
ㄹ. **한 영역의 지식만으로** 모든 사회 현상에 접근해야 합니다.

① ㄱ, ㄴ　② ㄱ, ㄷ　③ ㄴ, ㄷ　④ ㄴ, ㄹ　⑤ ㄷ, ㄹ

풀이

　　코끼리의 부분만을 만져 보고 정확한 코끼리의 모습을 알 수 없듯이, 사회 현상 역시 통합적으로 이해해야 함을 주장하고 있다. 따라서 ⊙에는 통합적 접근을 통한 종합적 이해가 필요하다는 내용이 들어갈 수 있다.

ㄴ. 각 학문 간의 고유한 경계를 엄격히 구분하는 것은 통합적 접근
과 거리가 멀다.

ㄹ. 통합적 관점은 다양한 영역의 지식을 복합적(종합적)으로 적
용하여 사회 현상에 접근하는 것이다.

14 정답 ⑤ 문제편 p.9

[보 기]

ㄱ. A - 커피가 주로 재배되는 지역과 소비되는 지역은 어디
일까요? → 공간적 관점

ㄴ. B - 과거에 비해 현재의 커피 소비량이 증가한 배경은
무엇일까요? → 시간적 관점

ㄷ. C - 커피 문화 확산에 영향을 준 제도와 정책은 어떤 것이
있을까요? → 사회적 관점

ㄹ. D - 커피 생산 노동자가 정당한 임금을 받을 수 있도록 하는
바람직한 소비 태도는 무엇일까요? → 윤리적 관점

① ㄱ, ㄴ   ② ㄱ, ㄷ   ③ ㄴ, ㄷ   ④ ㄴ, ㄹ   ⑤ ㄷ, ㄹ

풀이

사회 현상을 바라보는 각각의 관점에 대한 문제이다.
ㄱ. 사회 현상에 대해 지역을 기준으로 탐구하는 관점은 공간적
관점이다.
ㄴ. 과거와 현재라는 시간을 기준으로 사회 현상을 탐구하는 관점
은 시간적 관점이다.
ㄷ. 사회 현상과 관련한 제도와 정책에 대해 탐구하는 관점은
사회적 관점이다.
ㄹ. 사회 현상에 대하여 바람직한 태도를 탐구하는 관점은 윤리적
관점이다.

15 정답 ② 문제편 p.10

[보 기]

ㄱ. A: 해안 침식의 연도별 진행 과정 분석하기 → 시간적 관점

ㄴ. B: 해안의 무분별한 개발을 막기 위한 바람직한 태도 탐구
하기 → 윤리적 관점
(D)

ㄷ. C: 해안 침식으로 인한 피해의 복구를 지원하는 정책 조사
하기 → 사회적 관점

ㄹ. D: 해안 침식이 심각한 지역의 분포 조사하기 → 공간적 관점
(B)

① ㄱ, ㄴ   ② ㄱ, ㄷ   ③ ㄴ, ㄷ   ④ ㄴ, ㄹ   ⑤ ㄷ, ㄹ

풀이

시간적 관점(A)은 시대적 배경과 맥락을 토대로 사회 현상을
살펴보는 관점, 공간적 관점(B)은 공간 정보에 대한 이해와 이를
바탕으로 사회 현상을 살펴보는 관점, 사회적 관점(C)은 사회 구조
와 사회 제도의 영향력을 고려하여 사회 현상을 살펴보는 관점,
윤리적 관점(D)은 규범적 방향성과 가치 등을 고려하여 사회 현상
을 살펴보는 관점이다.

16 정답 ③ 문제편 p.10

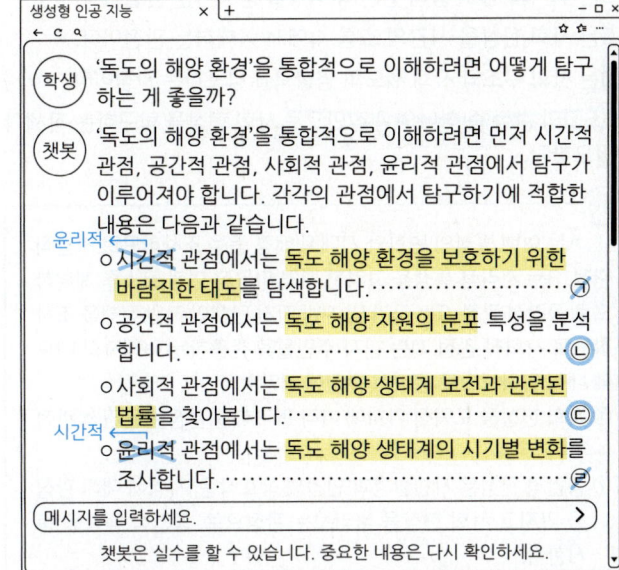

① ㉠, ㉡   ② ㉠, ㉢   ③ ㉡, ㉢   ④ ㉡, ㉣   ⑤ ㉢, ㉣

풀이

시간적 관점은 시대적 배경과 맥락을 토대로 사회 현상을 살
펴보는 것이고, 공간적 관점은 공간 정보에 대한 이해를 바탕으로
사회 현상을 살펴보는 것이며, 사회적 관점은 사회 구조와 사회
제도의 영향을 고려하여 사회 현상을 살펴보는 것이고, 윤리적 관
점은 규범적 방향성과 가치 등을 고려하여 사회 현상을 살펴보는
것이다.
㉠ 독도 해양 환경을 보호하기 위한 바람직한 태도를 탐색하는 내
용은 윤리적 관점과 관련 있다.
㉡ 독도 해양 자원의 분포 특성을 분석하는 내용은 공간적 관점과
관련 있다.
㉢ 독도 해양 생태계 보전과 관련된 법률을 찾아보는 내용은 사회
적 관점과 관련 있다.
㉣ 독도 해양 생태계의 시기별 변화를 조사하는 내용은 시간적 관
점과 관련 있다.

17 정답 ② 문제편 p.10

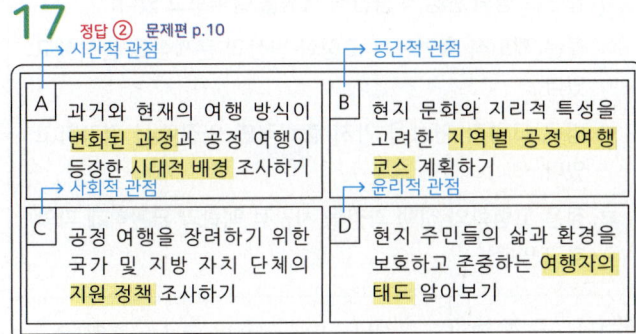

① A는 사회 현상을 도덕적 가치에 따라 평가하는 관점이다.

❷ B는 위치와 장소 등의 공간적 맥락을 중시하는 관점이다.

③ C는 사회 현상을 시간의 흐름 속에서 이해하는 관점이다.

④ D는 사회 구조와 사회 제도의 영향력을 강조하는 관점이다.

⑤ A~D의 관점 중 하나의 관점만으로 사회 현상을 탐구하는 자세가 필요하다.
A~D를 함께 고려하는 통합적 관점으로

풀이

A는 여행 방식의 변화와 시대적 배경 등을 조사하므로 시간적 관점, B는 지리적 특성을 고려한 지역별 공정 여행 코스를 계획하므로 공간적 관점, C는 국가 및 지방 자치 단체의 지원 정책을 조사하므로 사회적 관점, D는 현지 주민들을 존중하는 여행자의 태도에 대해 알아보므로 윤리적 관점에 해당한다.

① 사회 현상을 도덕적 가치에 따라 평가하는 관점은 윤리적 관점이다.

② 공간적 관점은 자연환경과 인간의 상호작용, 지역에 대해 관심을 가지고 사회 현상을 바라보는 관점으로, 공간적 맥락을 중시한다.

③ 사회 현상을 시간의 흐름 속에서 이해하는 관점은 시간적 관점이다.

④ 사회 구조와 사회 제도의 영향력을 강조하는 관점은 사회적 관점이다.

⑤ 시간적 관점, 공간적 관점, 사회적 관점, 윤리적 관점의 측면 모두를 고려하는 통합적 관점으로 사회 현상을 탐구하는 자세가 필요하다.

18 정답 ① 문제편 p.10

학습 주제: 다양한 관점에서 우리나라의 인구 고령화 현상 이해하기

공간적 관점	사회적 관점	윤리적 관점	시간적 관점
갑	을	병	정

저출산과 청·장년층의 인구 유출 등으로 인해 농촌의 노인 인구 비율이 도시보다 매우 높게 나타나고 있어요.

고령화가 진행됨에 따라 노인 부양을 위한 기초 연금 등 사회 복지 비용으로 국가 부담이 늘어나고 있어요.

고령화로 인해 증대되는 노인 부양 부담은 개인보다는 사회와 정부가 책임을 지는 것이 바람직하다고 생각해요.

1960년대부터의 출생률 감소와 의료 기술의 발달로 인한 평균 수명 증가 등으로 고령화 현상이 가속화되었어요.

─────[보 기]─────

ㄱ. 갑은 고령화 현상의 **공간적** 특징을 살펴보고 있다.

ㄴ. 을은 **제도적 측면**에서 고령화 현상의 문제점을 분석하고 있다.

ㄷ. 병은 고령화 현상을 가치 ~~중립적인~~ 입장에서 평가하고 있다.
개입적인

ㄹ. 정은 고령화의 진행 과정을 시간적 맥락과 ~~무관하게~~ 파악하고 있다.

❶ ㄱ, ㄴ ② ㄱ, ㄷ ③ ㄴ, ㄷ ④ ㄴ, ㄹ ⑤ ㄷ, ㄹ

풀이

갑은 농촌과 도시의 인구 비율을 비교하고 있으므로 공간적 관점을, 을은 기초 연금 등의 사회 복지 비용에 대해 언급하고 있으므로 사회적 관점을, 병은 고령화 문제를 어떻게 다루어야 바람직한지 고려하고 있으므로 윤리적 관점을, 정은 시대에 따른 고령화 현상의 양상을 분석하고 있으므로 시간적 관점을 가지고 있음을 알 수 있다.

ㄷ. 병은 윤리적 관점에서 고령화 문제를 다루는 바람직한 방법을 가치 개입적인 입장에서 평가하고 있다.

19 정답 ① 문제편 p.11

[제작 방법]

○ 주사위 각 면에는 난민 문제에 대해 시간적, 공간적, 사회적, 윤리적 관점이 적용된 탐구 활동이 적힌다.

○ A와 동일한 관점이 적용된 탐구 활동은 A와 접하는 면에 위치할 수 없으며, A의 반대편에 위치하는 것은 가능하다.

[주사위 도면]

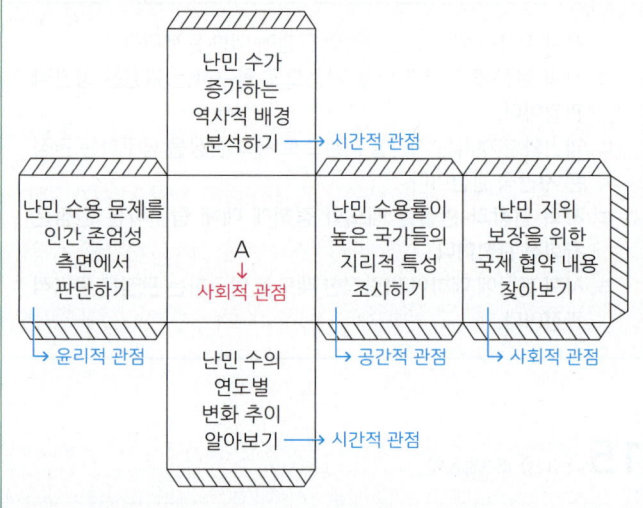

난민 수가 증가하는 역사적 배경 분석하기 → 시간적 관점

난민 수용 문제를 인간 존엄성 측면에서 판단하기 → 윤리적 관점

A ↓ 사회적 관점

난민 수용률이 높은 국가들의 지리적 특성 조사하기 → 공간적 관점

난민 지위 보장을 위한 국제 협약 내용 찾아보기 → 사회적 관점

난민 수의 연도별 변화 추이 알아보기 → 시간적 관점

❶ 난민 수용을 위한 제도 및 정책 분석하기

② 난민 문제를 시간의 흐름 속에서 이해하기 → 시간적 관점

③ 난민 발생 지역과 난민 이동 경로 파악하기 → 공간적 관점

④ 난민 문제 해결의 기준이 되는 도덕적 규범 탐색하기 → 윤리적 관점

⑤ 난민 문제 해결을 위해 갖춰야 하는 바람직한 태도 탐구하기 → 윤리적 관점

풀이

'난민 수가 증가하는 역사적 배경 분석하기'는 시간적 관점, '난민 수용 문제를 인간 존엄성 측면에서 판단하기'는 윤리적 관점, '난민 수용률이 높은 국가들의 지리적 특성 조사하기'는 공간적 관점, '난민 수의 연도별 변화 추이 알아보기'는 시간적 관점, '난민 지위 보장을 위한 국제 협약 내용 찾아보기'는 사회적 관점이 적용된 탐구 활동이다. A와 접하는 면에 위치한 관점은 시간적 관점, 윤리적 관점, 공간적 관점이므로 A에는 사회적 관점이 적용된 탐구 활동이 들어갈 수 있다.

① '난민 수용을 위한 제도 및 정책 분석하기'는 사회적 관점이 적용된 탐구 활동이다.

② '난민 문제를 시간의 흐름 속에서 이해하기'는 시간적 관점이
   적용된 탐구 활동이다.
③ '난민 발생 지역과 난민 이동 경로 파악하기'는 공간적 관점이
   적용된 탐구 활동이다.
④ '난민 문제 해결의 기준이 되는 도덕적 규범 탐색하기'는 윤리
   적 관점이 적용된 탐구 활동이다.
⑤ '난민 문제 해결을 위해 갖춰야 하는 바람직한 태도 탐구하기'
   는 윤리적 관점이 적용된 탐구 활동이다.

20 정답 ③ 문제편 p.11

① 갑: 인권 확장의 <mark>역사적 전개 과정</mark>을 조사합니다. → 시간적 관점
② 을: 인권이 <mark>헌법과 법률</mark>에서 어떻게 보장되는지 알아봅니다.
                                              → 사회적 관점
❸ 병: 인권 침해 사례를 자연재해와 연관시켜 <mark>지역별로 조사</mark>해
   봅니다. → 공간적 관점
④ 정: 시민 불복종 운동에 대한 <mark>윤리학자들의 다양한 견해</mark>를 살펴
   봅니다. → 윤리적 관점
⑤ 무: 인권이 침해될 경우 <mark>어떻게 하는 것이 바람직한지</mark>에 대해
   조사합니다. → 윤리적 관점

> **풀이**
>
> 판서된 내용은 공간적 관점에 대한 설명이므로 정답은 지역별
> 로 조사하고자 하는 ③ 병의 관점이다.
> ① 역사적 전개 과정을 조사하는 것은 시간적 관점이다.
> ② 헌법과 법률에 관련된 것은 사회적 관점이다.
> ④ 윤리학자들의 견해를 살펴보는 것은 윤리적 관점이다.
> ⑤ 어떻게 하는 것이 바람직한가에 대해 조사하는 것은 윤리적
> 관점이다.

1 정답 ① 문제편 p.12

Ⓐ 다양한 문화가 공존하기 위해 우리가 갖추어야 할 <mark>바람직한 태도</mark>는 무엇인가?

Ⓑ 우리나라 다문화 정책의 <mark>역사적 변천 과정과 그 배경</mark>은 무엇인가?

새로운 다문화 정책 수립

Ⓒ <mark>농촌 지역과 도시 지역의 다문화 가구 분포의 특징</mark>은 무엇인가?

Ⓓ 다문화 사회를 위해 우리나라에서 수립된 <mark>제도와 법률</mark>은 무엇인가?

[보 기]

ㄱ. A는 <mark>자신과 타인의 이익을 고려</mark>해 정책을 모색하고자 한다.
                                          → 윤리적 관점
ㄴ. B는 <mark>시대적 맥락</mark>을 토대로 다문화 정책을 살펴보고자 한다.
                                          → 시간적 관점
ㄷ. D는 개인에게 영향을 미치는 <mark>사회 구조와 정책</mark>을 간과한다.
                              → 사회적 관점
ㄹ. A는 공간적 관점, C는 시간적 관점에서 접근하고 있다.
      윤리적   공간적

❶ ㄱ, ㄴ   ② ㄱ, ㄷ   ③ ㄴ, ㄷ   ④ ㄴ, ㄹ   ⑤ ㄷ, ㄹ

> **풀이**
>
> 사회를 바라보는 각각의 관점에 대한 문제이다. A는 바람직한
> 태도에 관한 질문으로 윤리적 관점, B는 역사적 변천 과정과 배경
> 에 대한 질문으로 시간적 관점, C는 지역별 특징을 묻고 있으므로
> 공간적 관점, D는 제도와 법률에 대한 질문으로 사회적 관점이다.

2 정답 ① 문제편 p.12

진술 \ 학생	갑	을	병	정	무
사회 현상은 개별 학문의 경계를 넘어 <mark>종합적으로</mark> 이해해야 한다.	√			√	√
사회 현상은 어느 <u>하나의 관점만으로</u> 심층적인 연구를 해야 한다.	○	√	√	√	○
사회 문제를 해결하기 위해 <mark>다양한 관점</mark>에서 살펴볼 필요가 있다.	√	√			√
복잡한 사회 현상을 <mark>여러 가지 측면</mark>으로 분석하는 것은 <u>불가능하다.</u>	○	○	√	√	√

❶ 갑   ② 을   ③ 병   ④ 정   ⑤ 무

> **풀이**
>
> 제시문은 통합적 관점에 대한 설명이다. 통합적 관점은 사회
> 현상을 개별 학문의 경계를 넘어 종합적으로 이해하고 다양한
> 관점, 즉 시간적, 공간적, 사회적, 윤리적 관점으로 살펴보기를 강조
> 한다. 이러한 통합적 관점에 대해 적절하게 진술한 입장은 갑이다.

3 정답 ④ 문제편 p.12

(가) 프로 축구 선수가 소속 팀을 옮길 때 지켜야 할 **법 제도**에는 무엇이 있는지 탐구하기	(나) 현대 축구의 기원과 관련된 문헌을 살피고 축구의 발전 과정을 **시기 순서대로** 정리하기
탐구 대상	
축구	
(다) 축구공 생산 과정에서 발생하는 아동 노동 착취를 **인권 보호의 측면에서 비판**하기	(라) 겨울에 축구 리그를 운영하는 **국가를 지도에 표시하고 기후와 연결하여 이유를 생각**하기

① (가)는 사회 현상을 시간의 흐름 속에서 파악하는 관점이다.
   (나)
② (나)는 사회가 지향해야 할 가치와 규범을 살펴보는 관점이다.
   (다)
③ (다)는 어떤 현상이 있기까지의 시대적 배경과 맥락을 살펴보는 관점이다.
   (다)
④ (라)는 사회 현상을 위치와 장소, 분포 등 공간적 맥락에서 살펴보는 관점이다.
⑤ 통합적 관점은 사회 현상을 (가)~(라) 중 어느 한 관점에서만 탐구하는 것이다.
                                            모두 고려하여

> **풀이**
>
> (가) 관점은 사회적 관점, (나) 관점은 시간적 관점, (다) 관점은 윤리적 관점, (라) 관점은 공간적 관점에 해당한다.
> ① 사회 현상을 시간의 흐름 속에서 파악하는 관점은 시간적 관점이다.
> ② 사회가 지향해야 할 가치와 규범을 살펴보는 관점은 윤리적 관점이다.
> ③ 어떤 현상이 있기까지의 시대적 배경과 맥락을 살펴보는 관점은 시간적 관점이다.
> ⑤ 통합적 관점은 사회 현상을 사회적 관점, 시간적 관점, 윤리적 관점, 공간적 관점 모두 고려하여 탐구하는 것을 말한다.

 ## 서술형 문제 풀기

1 문제편 p.13

(1) 갑 사회적 관점
     을 윤리적 관점
     병 시간적 관점
     정 공간적 관점

(2) 모범답안: 하나의 관점이 아닌 통합적 관점으로 사회 현상을 이해해야 한다.

핵심 키워드: 통합적 관점

 채점 기준

상 제시된 대화를 통해 통합적 관점의 필요성을 정확하게 서술한 경우

중 통합적 관점을 언급하지 않고 다양한 관점으로 사회 현상을 이해해야 한다고 서술한 경우

하 통합적 관점이나 다양한 관점을 언급하지 않은 경우

2 문제편 p.13

(1) 학생 A: 공간적 관점
     학생 B: 윤리적 관점

(2) 모범답안: 사회 문제에는 다양한 요인이 얽혀 있으므로 올바른 이해를 위해서는 통합적 관점이 필요하기 때문이다. 또한 사회 문제는 구체적 해결 방안을 필요로 한다. 따라서 통합적 관점을 바탕으로 사회 문제에 접근해야 바람직한 해결 방안을 도출할 수 있는 가능성이 높아지기 때문이다.

핵심 키워드: 통합적 관점, 사회 문제

 채점 기준

상 통합적 관점의 필요성을 사회 문제의 특성과 연결하여 바르게 서술한 경우

중 통합적 관점의 필요성은 언급했으나, 사회 문제의 특성이 누락되었거나 바르게 서술하지 못한 경우

하 통합적 관점의 필요성과 사회 문제의 특성이 모두 누락되었거나 바르게 서술하지 못한 경우

Ⅱ 인간, 사회, 환경과 행복

개념편 p.14

핵심 문제 풀기

1	②	2	③	3	③	4	③	5	③
6	③	7	③	8	②	9	⑤	10	③
11	④	12	③	13	④	14	⑤	15	②
16	③	17	③	18	⑤	19	②	20	⑤
21	③	22	③	23	④	24	⑤	25	⑤
26	④	27	④	28	①	29	②	30	①
31	④	32	③	33	③	34	④	35	①
36	⑤	37	③	38	②	39	②	40	②
41	⑤	42	④	43	④				

심화 문제 풀기

1	②	2	②	3	②	4	③	5	④
6	③	7	④	8	①	9	②	10	⑤
11	②	12	⑤	13	②	14	④	15	④

핵심 문제 풀기

1 정답 ② 문제편 p.19

도시의 높은 탑 꼭대기에 금은보화로 치장한 '행복한 왕자'의 동상이 있었다. 어느날 '행복한 왕자'는 옆에 다가온 제비에게 눈물을 흘리면서 말하였다. "나는 좋은 평판과 더불어 부유하게 생활했고 현실의 내 삶에 만족했어. 죽어서도 멋진 동상으로 남았기에 사람들이 '행복한 왕자'라고 불러 주었지. 생전에는 궁전 바깥에 사는 불쌍한 사람들의 삶을 전혀 몰랐어. 이제 동상이 되어 높은 곳에서 보니 어려운 사람들이 많았고, 저들의 어려움을 모른 채 혼자만 편안하게 살았던 것이 너무 부끄러워. 내 몸을 장식하고 있는 금과 보석을 떼어 병들고 가난한 사람들에게 가져다주면 좋겠어." 그 후, 제비는 '행복한 왕자' 동상의 금은보화를 불쌍한 이들에게 모두 나눠주었고, '행복한 왕자'는 진정으로 행복해졌다. →불쌍한 사람들에게 도움을 줌으로써 행복해짐

① 물질적인 부족함 없이 살 수 있었기 때문이다.
② 어려운 사람들에게 도움을 줄 수 있었기 때문이다.
③ 생전에 행복한 왕자라고 불릴 수 있었기 때문이다.
④ 다른 사람보다 좋은 평판을 얻을 수 있었기 때문이다.
⑤ 현실의 삶에 만족하며 즐겁게 살 수 있었기 때문이다.

풀이
제시문에서 행복한 왕자는 불쌍한 사람들에게 자신이 가진 것들을 나눠줌으로써 진정으로 행복해졌다.
①, ③, ④, ⑤ 행복한 왕자가 진정으로 행복해진 이유로 적절하지 않다.
② 행복한 왕자는 불쌍한 사람들에게 도움을 줌으로써 진정으로 행복해졌다. 즉, 행복한 왕자는 어려운 사람들에게 도움을 줄 수 있었기 때문에 진정으로 행복해졌다.

2 정답 ③ 문제편 p.19

○○신문	□□□□□	**칼 럼**	□□□□□

동물의 쾌락을 최대한 누릴 수 있게 보장해 준다고 해서 돼지가 되겠다는 사람은 없을 것이다. 존엄감(sense of dignity)은 저급한 존재가 되지 않으려는 인간의 의지이며, 행복의 본질적인 부분이다. 저급한 존재일수록 감각적 쾌락을 좇아 향유하며 쉽게 만족을 느끼지만, 지성과 상상력 등 고등 능력을 지닌 존재일수록 행복을 얻기 위해 보다 높은 수준의 삶을 선호하고 추구한다. 행복은 만족한 돼지의 삶이 아닌, 끊임없이 사유하고 성찰하는 소크라테스의 삶으로부터 온다는 사실을 명심해야 한다.

① 바람직한 삶에 대한 성찰은 행복의 실현과 무관하다. 관련이 있다
② 삶의 질적 수준을 높이기 위해 행복을 포기해야 한다.
③ 존엄감을 지키는 삶의 방식으로 행복을 얻을 수 있다.
④ 인간은 정신적 행복보다 육체적 만족을 추구해야 한다.
⑤ 감각적 쾌락이 충족되면 행복의 본질은 저절로 찾아진다.

풀이
제시된 신문 칼럼은 존엄감이 행복의 본질적인 부분이며, 고등 능력을 지닌 존재일수록 행복을 얻기 위해 높은 수준의 삶을 추구한다고 보고 있다.
① 제시된 신문 칼럼에서는 바람직한 삶에 대한 성찰이 행복의 실현과 관련이 있음을 강조하고 있다.
③ 제시된 신문 칼럼은 존엄감을 지키는 삶의 방식을 통해 행복을 얻을 수 있음을 강조하고 있다.
④ 제시된 신문 칼럼에서는 인간이 육체적 만족보다 정신적 행복을 추구해야 한다고 강조하고 있다.

3 정답 ③ 문제편 p.19

제자: 스승님은 행복한 삶을 위해 무엇이 중요하다고 생각하십니까?
→ 소크라테스
사상가: 자네는 신전의 벽 한쪽에 새겨진 '너 자신을 알라.'라는 말을 보았는가?

제자: 네, 신전에서 본 적이 있습니다.
→ 소크라테스
사상가: 자네는 그 말의 의미가 무엇인지 주의 깊게 생각해 보았는가? 반성하지 않는 삶은 살 가치가 없다네. 행복한 삶을 위해 중요한 것은 (가) (이)라네.

① 사회적 성공을 통한 경제적인 안정
② 사회적 관습을 그대로 따르려는 의지
☑ 자신의 행동이 바람직한지에 대한 성찰
④ 개인의 감정을 근본으로 하는 도덕적 실천
⑤ 감각적 경험에 의해 얻어진 주관적인 신념

풀이

제시된 자료의 고대 서양 사상가는 소크라테스이다. 소크라테스는 "반성하지 않는 삶은 살 가치가 없다."라며 성찰하는 삶의 자세를 강조했으며, "너 자신을 알라."라는 표현을 인용하여 무지(無知)에서 벗어날 것을 주장했다.
① 소크라테스에 따르면 사회적으로 성공하는 것보다 참된 앎을 추구하고 영혼을 돌보는 삶이 더 행복한 삶이다.
② 소크라테스에 따르면 사회적 관습을 그대로 따르는 것보다 이성에 따른 보편적 도덕 원칙을 깨우치는 것이 더 행복한 삶이다.
③ 소크라테스에 따르면 참된 앎을 바탕으로 자신의 행동이 올바른지 성찰하는 삶의 태도가 행복한 삶에 기여한다.
④ 소크라테스에 따르면 감정을 근본으로 하는 도덕적 실천보다 이성을 바탕으로 하는 도덕적 실천이 행복한 삶에 기여한다.
⑤ 소크라테스에 따르면 감각적 경험에 의해 얻어진 주관적 신념보다는 이성적 사유를 통해 얻어진 객관적, 보편적 진리가 행복한 삶에 기여한다.

4 정답 ③ 문제편 p.19

→ 아리스토텔레스
갑: 행복이란 덕에 따르는 정신의 활동이며, 인간의 모든 행위가 추구하는 최고선이다. 인간만이 지닌 이성을 탁월하게 발휘하여 덕에 따라 살아갈 때 우리는 진정으로 행복할 수 있다.
→ 선 중에서 최고의 선
→ 에피쿠로스   → 고통의 제거가 곧 쾌락
을: 고통이 존재하지 않을 때는 더 이상의 쾌락은 필요하지 않다. 내가 말하는 쾌락은 방탕한 자들의 쾌락을 의미하는 것이 아니라, 사려 깊음을 통해 얻어지는 몸의 고통이나 마음의 혼란으로부터의 자유를 말한다.
→ 아타락시아

① 갑: 행복한 삶을 위해서는 덕이 반드시 필요하다.
② 갑: 행복은 인간이 추구해야 할 궁극적인 목적이다.
☑ 을: 정신적 쾌락보다 감각적 쾌락을 추구해야 한다.
④ 을: 쾌락은 몸과 마음의 고통으로부터 벗어난 상태이다.
⑤ 갑과 을: 행복에 이르기 위해 과도한 욕망을 절제해야 한다.

풀이

갑은 아리스토텔레스, 을은 에피쿠로스이다. 아리스토텔레스는 인간이 이성의 기능을 탁월하게 발휘하고 덕을 갖출 때 행복한 삶이 가능하다고 보았다. 에피쿠로스는 행복한 삶을 위해서는 쾌락이 필요하며, 쾌락은 고통의 제거로 가능하다고 보았다.
① 아리스토텔레스에 따르면 행복한 삶을 위해 인간은 지성적(지적인) 덕과 품성적(도덕적) 덕을 반드시 갖추어야 한다.
② 아리스토텔레스에 따르면 다른 여러 좋음(선)도 인간이 추구하는 목적이 될 수 있지만, 행복은 삶의 궁극적 목적이자 최고의 선이다.

③ 에피쿠로스에 따르면 감각적 쾌락보다는 정신적 쾌락을 추구하는 것이 아타락시아 실현에 더 도움이 된다.
④ 에피쿠로스에 따르면 아타락시아는 몸의 고통과 마음의 혼란으로부터 벗어난 상태라는 점에서 참된 쾌락은 고통의 제거이다.
⑤ 두 사상가 모두 긍정할 내용이다. 아리스토텔레스는 절제라는 품성적 덕을 강조하며, 에피쿠로스는 필수적인 욕망은 절제하여 충족하고 과도한 욕망으로 빠지지 않도록 경계해야 한다고 본다.

5 정답 ③ 문제편 p.20

① 행복은 육체적 쾌락의 충족에 있음을 명심하렴.
② 행복하려면 모든 욕망을 억제해야 함을 명심하렴.
☑ 행복하려면 심신(心身)의 평온함을 갖도록 노력하렴.
④ 행복하려면 부와 명예가 필수 요소라는 것을 명심하렴.
⑤ 행복한 삶을 위해서는 물질적 풍요를 추구하도록 노력하렴.

풀이

갑은 에피쿠로스이다. 에피쿠로스는 참된 행복(참된 쾌락)이란 몸의 고통과 마음의 불안이 모두 소멸된 상태인 평정심(ataraxia)이라고 주장한다. 그에 따르면, 이는 자연적이고 필수적인 쾌락을 최소한으로 추구할 때 얻을 수 있다. 따라서 에피쿠로스가 A에게 제시할 조언으로 ③ '행복하려면 심신(心身)의 평온함을 갖도록 노력하렴.'이 가장 적절하다.

6 정답 ③ 문제편 p.20

① 신의 은총을 통해 구원받는 삶을 추구해야 합니다. → 그리스도교
② 물질적 풍요를 삶의 궁극적 목적으로 삼아야 합니다.
☑ 행복한 삶을 위해서는 이성적 자기 성찰이 필요합니다.
④ 육체적 쾌락의 충족을 통해서 행복을 추구해야 합니다.
⑤ 인위적인 욕심을 버리고 자연에 따르는 삶을 살아야 합니다.
→ 도가 사상

풀이

제시문은 아리스토텔레스의 행복에 관한 글이다. 아리스토텔레스에 따르면 인간은 이성이 탁월하게 발휘될 때 행복에 이를 수 있으므로, 아리스토텔레스의 행복에 대한 바람직한 자세로 가장 적절한 대답은 ③ '행복한 삶을 위해서는 이성적 자기 성찰이 필요하다.' 이다.
① 서양 중세 그리스도교 윤리 사상이다.
⑤ 동양의 도가 사상이다.

7 정답 ③ 문제편 p.20

① 육체적이고 감각적인 욕망을 최대한 충족시켜야 합니다.
② 구원을 받기 위해 신의 뜻을 따르려고 노력해야 합니다. → 그리스도교
☑ 과도한 욕심을 줄이고 정신적인 만족을 추구해야 합니다.
④ 모든 물질적 욕구를 버리고 자연의 순리에 따라야 합니다.
⑤ 만족스럽고 풍요로운 삶을 위해 권력과 명예를 좇아야 합니다.

II

풀이

(가)를 주장한 사상가는 에피쿠로스이다. 에피쿠로스는 쾌락을 최고선, 즉 행복이라고 보았으며, 이를 위해서는 정신적이고 지속적인 쾌락을 추구하며, 자연적이고 필수적인 욕구만을 최소으로 추구하는 삶을 살아야 한다고 주장하였다.
① 에피쿠로스는 육체적 쾌락의 최대 충족이 아닌 정신적이고 지속적인 쾌락을 최소한으로 추구해야 한다고 보았다.
② 그리스도교 사상에 대한 설명이다.
④ 에피쿠로스는 모든 물질적 욕구를 제거해야 한다고 주장하지 않았다. 그는 의식주와 같은 자연적이고 필수적인 욕구는 추구해야 한다고 주장하였다.
⑤ 권력과 명예는 자연적이고 필수적인 욕구와 거리가 멀다.

8 정답 ② 문제편 p.20

풀이

제시문은 행복을 인간 삶의 궁극적인 목적으로 보고 이성의 기능을 잘 발휘할 때 행복이 달성된다고 보고 있다. 이는 아리스토텔레스의 행복관에 해당한다.
② A는 순간적인 즐거움을 주는 게임을 최고의 행복이라고 생각하고 있으므로 제시된 관점에서는 A에게 이성에 따르는 삶을 추구할 것을 조언할 것이다.

9 정답 ⑤ 문제편 p.21

① 행복과 소득 수준이 항상 비례함을 명심하렴.
② 행복은 주어진 운명에 순응하며 사는 것임을 명심하렴. → 스토아학파
③ 행복은 육체적 쾌락을 완전하게 충족하며 사는 것임을 명심하렴.
④ 행복은 물질적 욕구를 적극적으로 추구하며 사는 것임을 명심하렴.
⑤ 행복은 불필요한 욕구 충족이 아닌 평온한 마음을 유지하는 것임을 명심하렴.

풀이

제시문의 사상가는 에피쿠로스이다. 에피쿠로스는 행복을 쾌락이라고 보았다. 이때의 쾌락은 몸의 고통과 마음의 혼란이 없는 상태이며, 이는 자연적이고 필수적인 쾌락을 최소한으로 추구할 때 얻을 수 있다. 따라서 갑에게 제시할 조언으로 ⑤ '행복은 불필요한 욕구 충족이 아닌 평온한 마음을 유지하는 것임을 명심하렴.'이 가장 적절하다.

10 정답 ③ 문제편 p.21

① 노동을 통한 물질적 풍요를 추구해야 한다.
② 사회에서 성공하여 높은 지위를 획득해야 한다.
③ 지나친 욕구를 절제하여 검소하게 생활해야 한다. → (가), (나)의 공통점
④ 모든 욕구를 제거하고 자연의 이치를 탐구해야 한다.
⑤ 권력 획득을 위해 정치 활동에 적극적으로 참여해야 한다.

풀이

(가)에서는 만족할 줄 아는 데에서 얻는 만족이 영원한 만족임을 강조하고 있고, (나)에서는 최소한으로 욕구를 추구하는 소박한 삶을 강조하고 있다. 이를 통해 (가)와 (나)에서 공통적으로 욕구 절제와 검소한 생활을 강조하고 있음을 알 수 있다.

11 정답 ④ 문제편 p.21

○○○에게
그동안 별일 없이 지냈는가? 이제 내가 생각하는 쾌락에 대해 이야기하려고 하네. 결핍으로 인한 고통이 제거된다면 단순한 음식도 우리에게 사치스러운 음식과 같은 쾌락을 준다네. 또한 빵과 물은 그것을 필요로 하는 사람에게 가장 큰 쾌락을 제공한다네. 그러므로 사치스럽지 않고 단순한 음식에 길들여지는 것은 우리들에게 완전한 건강을 주며, 우리가 생활하면서 꼭 필요한 것들에 주저하지 않게 해 준다네. → 에피쿠로스

→ 아타락시아

① 모든 욕구를 적극적으로 충족시켜야 한다.
② 행복을 위해 사치스러운 삶을 추구해야 한다.
③ 참된 쾌락을 얻기 위해 모든 욕구를 없애야 한다.
④ 행복한 삶을 위해 욕구를 분별하고 절제해야 한다.
⑤ 정신적 쾌락이 아닌 육체적 쾌락을 추구해야 한다.

풀이

제시된 자료의 사상가는 에피쿠로스이다. 에피쿠로스는 사치스러운 생활이 아닌 몸과 마음의 고통 제거를 통해 참된 쾌락을 얻을 수 있다고 강조한다. 이렇게 몸의 고통과 마음의 혼란이 사라진 상태를 '아타락시아'라고 표현했다.
① 에피쿠로스는 명예욕과 같이 비자연적이고 비필수적인 욕구는 제거해야 한다고 주장했다. 따라서 모든 욕구를 적극적으로 충족시키는 삶을 긍정하지 않는다.
② 에피쿠로스는 물질적인 사치를 추구하는 삶을 추구해야 한다고 보지 않았다.
③ 에피쿠로스는 식욕, 수면욕과 같이 자연적이고 필수적인 욕구는 절제하며 충족시켜야 한다고 주장한다. 따라서 모든 종류의 욕구를 없애야 한다고 주장한 것은 아니다.
④ 에피쿠로스는 이성적 사고를 통해 욕구를 분별하고 절제하는 삶의 태도를 강조하였다.
⑤ 에피쿠로스는 정신적이고 지속적 성격의 쾌락을 추구해야 한다고 주장했다.

12 정답 ③ 문제편 p.21

① 모든 욕구를 부정하는 삶을 살아야 합니다.
② 부와 명예만을 획득하도록 노력해야 합니다.
③ 과도한 욕심을 버리는 절제된 태도를 지녀야 합니다.
④ 정신적인 쾌락이 아닌 육체적인 쾌락만을 추구해야 합니다.
⑤ 몸의 고통이 계속되어도 경쟁에 집착하는 태도를 지녀야 합니다.

풀이

제시된 사상가는 에피쿠로스이다. 에피쿠로스는 육체에 고통이 없고 마음에 불안이 없는 평온한 삶을 행복이라고 보았다. 즉, 에피쿠로스는 쾌락을 직접적으로 추구하기 보다는 고통을 피하고, 지속적으로 정신적인 쾌락을 추구할 수 있는 방법으로 행복을 추구하면서 절제된 삶을 강조하였다.

13 정답 ④ 문제편 p.22

갑: **행복은 덕에 따른 영혼의 활동**이다. 행복은 삶의 궁극적인 목적으로 인간의 고유한 기능인 이성을 잘 발휘할 때 달성된다. **마땅한 행위를 알고 습관화해야** 행복에 도달할 수 있다. → 아리스토텔레스

을: 쾌락은 행복한 삶의 시작이자 끝이다. **쾌락은 몸의 고통과 마음의 불안이 없는 상태이다.** 고통을 제거하려면 고통을 주는 욕구가 무엇인지 **이성으로 분별**해야 한다. 그래야 행복에 도달할 수 있다. → 에피쿠로스

[보 기]

ㄱ. 갑: 행복은 목적을 달성하기 위한 수단일 뿐이다.

ㄴ. 갑: 행복해지기 위해서는 덕 있는 행위를 습관화해야 한다.

ㄷ. 을: 행복한 삶이란 어떠한 쾌락도 충족하지 않는 삶이다.

ㄹ. 갑과 을: 행복의 실현을 위해서는 이성을 발휘해야 한다.

① ㄱ, ㄴ ② ㄱ, ㄷ ③ ㄴ, ㄷ ④ ㄴ, ㄹ ⑤ ㄷ, ㄹ

풀이

갑은 아리스토텔레스, 을은 에피쿠로스이다. 아리스토텔레스는 행복이 삶의 궁극적인 목적이며, 이성적 앎과 덕 있는 행위의 습관화가 필요하다고 본다. 에피쿠로스는 참된 쾌락인 '아타락시아'를 성취한 삶이 행복한 삶이라고 본다.

ㄱ. 아리스토텔레스에 따르면 행복은 수단이 아니라 그 자체로 완전한 삶의 목적, 즉 최고선(최고로 좋은 선)이다.

ㄴ. 아리스토텔레스에 따르면 행복을 위해서는 앎뿐만 아니라 덕 있는 행위의 습관화도 필요하다.

ㄷ. 에피쿠로스에 따르면 행복한 삶은 몸과 마음의 고통이 모두 사라진 참된 쾌락을 충족시킨 상태이다.

ㄹ. 아리스토텔레스, 에피쿠로스 모두 긍정할 내용이다. 아리스토텔레스는 행복을 위해 이성적 앎이 필요하다고 본다. 에피쿠로스는 좋은 쾌락과 나쁜 쾌락을 분별하기 위해 이성적 사고가 필요하다고 본다.

14 정답 ⑤ 문제편 p.22

→ 경제적 안정 보장

백성에게 살아갈 수 있는 **일정한 재산이나 생업[恒産]**이 없으면 순수하고 변함없는 **도덕적인 마음[恒心]을** 유지하기 어렵다. 이러한 마음이 없으면 편벽*되고 악해질 것이며 백성의 삶을 불행하게 만들 것이다. → 맹자

* 편벽(偏僻): 한쪽으로 치우침.

① 백성의 도덕적인 마음과 행복은 아무런 관계가 없다.

② 백성은 행복한 삶을 위해 물질적 가치를 배제해야 한다.

③ 백성의 도덕적인 마음은 경제적 안정을 위한 우선 조건이다.

④ 백성의 행복을 위해 국가는 경제 활동에 개입해서는 안 된다.

⑤ 백성의 행복을 위해 최소한의 경제적 안정이 보장되어야 한다.

풀이

제시문은 일정한 재산이나 생업이 없으면 도덕적인 마음인 항심을 유지하기 어렵다고 보고 있다. 이는 맹자의 주장과 관련 있다.

①, ②, ③, ④ 제시문을 통해 추론할 수 있는 내용으로 적절하지 않다.

⑤ 제시문을 통해 행복한 삶을 실현하기 위해서는 경제적 안정이 필요함을 추론할 수 있다. 즉, 행복을 위해서는 최소한의 경제적 안정이 보장되어야 함을 파악할 수 있다.

15 정답 ② 문제편 p.22

① 모든 욕망을 제거하고 세속적인 삶과 단절해야 해요.

② 과도한 욕심을 버리고 주어진 것에 만족할 줄 알아야 해요.

→ 무위자연의 삶

③ 욕구불만인 상태를 유지하는 것이 행복임을 깨달아야 해요.

④ 현재의 삶에 만족하기만 하는 사람은 발전이 없음을 알아야 해요.

⑤ 육체적 쾌락 충족을 위한 소비가 진정한 소비임을 깨달아야 해요.

풀이

(가)는 도가의 관점이다. 도가는 타고난 그대로의 본성에 따라 인위적인 것이 더해지지 않은 자연 그대로의 모습으로 살아가는 것을 행복이라고 보았다. A는 욕망을 끊임없이 충족하고자 하므로 도가는 A에게 주어진 것에 대한 만족을 알아야 함을 조언할 것이다.

16 정답 ③ 문제편 p.22

→ 아리스토텔레스

갑: 행복을 위해 **인간의 고유한 기능인 이성적 능력을 발휘해야만 합니다.** 따라서 인간의 궁극 목적인 **행복은 덕에 따르는 정신의 활동입니다.**

→ 맹자

을: 참된 삶을 위해 **하늘로부터 부여받은 품성을 함양**하고 타인과 함께 살아가야 합니다. 이를 위해 **사랑의 정신인 인(仁)**을 실천해야 합니다.

① 갑: 도덕적 덕은 옳은 행동의 습관화를 통해 형성된다.

② 갑: 행복한 삶을 살기 위해 반드시 덕을 갖추어야 한다.

✓③ 을: 행복을 위해 무위자연(無爲自然)의 삶을 추구해야 한다. → 도가

④ 을: 인을 실현하기 위해 부모에 대한 효(孝)를 다해야 한다.

⑤ 갑과 을: 참된 행복을 위해 욕구를 절제할 수 있어야 한다.

> (풀이)
>
> 갑은 아리스토텔레스, 을은 맹자이다. 아리스토텔레스는 행복을 알기 위해서는 인간의 고유 기능인 이성에 대해 알아야 함을 강조하며, 행복이란 덕에 따르는 영혼의 활동임을 주장한다. 맹자는 인의예지를 강조하며, 하늘[天]로부터 부여받은 선한 본성을 함양(기르다)해야 함을 주장한다.
> ① 아리스토텔레스에 따르면 행복을 위해 필요한 덕인 도덕적(품성적) 덕은 바른 행동의 습관화를 통해 후천적으로 형성되는 것이다.
> ② 아리스토텔레스에 따르면 행복이란 덕에 따르는 영혼의 활동이므로 반드시 덕을 필요로 한다.
> ③ 인위적 규범과 사회 제도를 거부하는 무위자연을 강조한 사상은 도가 사상이다.
> ④ 맹자는 인(仁)의 실현 방법 중 하나로 부모에 대한 효도 및 웃어른에 대한 공경을 제시한다.
> ⑤ 아리스토텔레스, 맹자 모두 긍정할 내용이다. 아리스토텔레스는 중용을 통한 절제의 덕을 강조한다. 맹자는 인간의 선한 본성이 악에 가려지지 않도록 욕구를 절제하는 것을 강조한다.

17 정답 ③ 문제편 p.23

> 물질적 풍요로움은 행복의 조건이 될 수 있지만, 행복 그 자체는 아니다. 아무리 물질적으로 풍요로운 상태라도 우리가 삶에 대해 느끼는 정신적 만족감이 떨어진다면 진정으로 행복하다고 말하기 어렵기 때문이다. 따라서 사람이 행복해지기 위해서는 물질적 조건뿐만 아니라 평화로운 마음, 타인을 배려하며 느끼는 보람 등과 같은 정신적 만족감이 필요하다. 결론적으로, 진정한 행복을 실현하기 위해서는 ____(가)____

① 자기 자신의 모든 욕망을 제거해야 한다.

② 세속적인 부와 명예를 유일한 가치로 여겨야 한다.

✓③ 물질적 가치와 정신적 가치를 조화롭게 추구해야 한다.

④ 경제적 안정만으로도 행복이 보장된다는 점을 깨달아야 한다.

⑤ 남을 도우며 느끼는 만족감이 행복과 무관함을 인식해야 한다.

> (풀이)
>
> 제시문은 행복의 조건으로 물질적 조건뿐만 아니라 정신적 만족감이 필요함을 강조하고 있다. 즉, 제시문은 행복 실현을 위해 물질적 가치와 정신적 가치의 조화를 강조하고 있다.

18 정답 ⑤ 문제편 p.23

① 행복과 꿈의 실현 여부는 무관하다.

② 행복한 삶과 상상력의 크기는 반비례한다.

③ 물질적 조건만 충족되면 행복한 삶은 실현된다.

④ 행복한 삶을 위한 조건으로 발명은 반드시 필요하다.

✓⑤ 어려운 처지에 있는 타인을 도움으로써 행복해질 수 있다.

> (풀이)
>
> 제시문에서는 전기 보급이 충분하지 않은 아프리카 지역에 휴대용 배터리를 보급하여 도움을 준 태양광 스타트업의 사례가 나타나 있다. 스타트업 대표는 배터리 보급을 통해 아프리카 지역 아이들에게 교육의 기회를 제공할 수 있어 행복하다고 말하고 있다. 즉, 제시문은 어려운 처지에 있는 사람들을 도움으로써 행복을 느낄 수 있다는 내용을 강조하고 있다.

19 정답 ② 문제편 p.23

① (가)는 경제적 가치가 행복의 기준이 될 수 <s>없</s>다고 본다. 있다

✓② (가)는 시대에 따라 행복의 기준이 다를 수 있다고 본다.

③ (나)는 도덕적 실천을 행복의 기준으로 삼아야 한다고 본다.

④ (나)는 자연환경이 행복의 기준에 영향을 줄 수 <s>없</s>다고 본다. 있다

⑤ (가)는 (나)와 달리 행복의 기준을 공간적 관점에서 본다. 시간적 관점

> (풀이)
>
> 제시문 (가)는 시대가 변화함에 따라 행복의 기준이 달라질 수 있다는 내용이다. (나)는 자연환경이 행복의 기준에 영향을 줄 수 있다는 내용이다. 따라서 정답은 ② '(가)는 시대의 변화에 따라 행복의 기준이 다를 수 있다고 본다.'이다.
> ① (가)는 가난한 시대에는 경제적 가치가 행복의 기준이 될 수 있다고 본다.
> ③ (나)는 도덕적 실천을 행복의 기준으로 삼아야 한다고 말하고 있지 않다.
> ④ (나)는 자연환경이 행복의 기준에 영향을 줄 수 있다고 본다.
> ⑤ (가)는 행복의 기준을 시간적 관점에서 보고 있다.

20 정답 ⑤ 문제편 p.23

① 다른 사람과의 비교를 통해 행복을 얻을 수 있다.

② 행복한 삶을 위해서는 물질적으로 풍요로워야 한다.

③ 도덕적 실천은 다른 사람들에게만 행복을 가져다준다.

④ 자기 자신의 다양한 욕망을 자유롭게 추구할 때 행복해진다.

✓⑤ 타인을 배려하는 마음의 실천은 행복한 삶을 가능하게 한다.

> (풀이)
>
> 제시된 신문 칼럼에서는 봉사 활동을 하는 사람이 봉사 활동을 통해 타인과 더불어 행복하게 사는 방법을 배움으로써 행복감을 느낀다는 것을 강조하고 있다. 즉, 타인을 배려하는 마음의 실천은 행복한 삶을 가능하게 함을 보여 준다.

21 정답 ③ 문제편 p.24

> (가) 우리는 행복에 대해 관심이 많다. 이러한 행복은 주변 환경에 많은 영향을 받는다. 따라서 남보다 얼마나 더 좋은 환경에 있는지가 중요하다.
>
> (나) 행복은 우리의 삶에서 매우 중요하다. 이러한 행복은 나의 마음가짐에 달려있다. 따라서 주변 여건에 대한 남들의 시선에 얽매이지 않아야 한다.

① (가)는 외적인 조건이 행복을 결정한다고 본다.
② (가)는 행복의 상대적 조건이 중요하다고 본다.
③ (나)는 타인과의 비교를 통해 행복을 느낀다고 본다. (가)
④ (나)는 자신의 마음가짐이 행복을 결정한다고 본다.
⑤ (가), (나) 모두 행복이 삶의 중요한 가치라고 본다.

> **풀이**
> (가), (나) 모두 행복이 삶의 중요한 가치라고 보는 점은 같지만, (가)는 외적 조건과 상대적 조건이 중요하다고 보고, (나)는 행복은 나의 마음가짐에 달려 있다고 주장한다는 점이 다르다.
> ③ 타인과의 비교를 통해 행복을 느낀다고 보는 것은 (가)의 입장이다.

22 정답 ④ 문제편 p.24

> **풀이**
> ㄱ. (가)에서 A국은 주권을 회복하였으나 민주주의가 실현되지 않아 A국 국민들은 정치 과정에 참여하지 못하고 있다. 정치 과정에 참여하지 못하는 A국 국민들은 무력감과 고통을 느끼고 있다.
> ㄴ. (가)에서 A국 국민들은 권위주의 정권으로 인해 정치 과정에 참여할 방법이 없어져 무력감과 고통을 느끼고 있다. 이를 통해 A국 국민의 행복한 삶을 위해서는 시민 참여가 보장되는 민주주의의 실현이 필요함을 알 수 있다.
> ㄷ. (나)에서 B국의 노년층은 부족한 생활비와 미흡한 복지 정책으로 인해 행복 지수가 낮게 나타나고 있다. 이를 통해 B국 노년층의 행복 지수는 사회 제도와 관련이 있음을 알 수 있다.
> ㄹ. (나)에서 행복 지수가 낮은 B국의 청년층과 노년층은 모두 경제적 어려움을 호소하고 있다. 이를 통해 B국 청년층과 노년층의 행복한 삶을 위해서는 경제적 안정이 요구됨을 알 수 있다.

23 정답 ④ 문제편 p.24

> 행복 관련 지수들은 대부분 주거, 소득, 고용, 수명, 교육 등을 행복 실현의 중요한 기준으로 삼는다. 하지만 해당 기준이 충분히 달성된다고 하더라도 스트레스나 상대적 박탈감 등의 요인에 의해 삶에 대해 느끼는 주관적 만족감이 떨어진다면 진정으로 행복한 삶이라고 말하기 어렵다.

① 물질적 풍요로움을 유일한 가치로 여겨야 한다.
② 현재의 행복을 희생하여 미래의 행복을 추구해야 한다.
③ 행복을 개인의 주관적 만족감과는 무관한 것으로 여겨야 한다.
④ 행복의 다양한 기준을 통합적으로 고려해 삶의 질을 높여야 한다.
⑤ 내면적 성장과 자아실현보다 외부 환경 개선을 위해 노력해야 한다.

> **풀이**
> 제시문은 진정한 행복을 실현하기 위해 주거, 소득, 고용, 수명, 교육 등의 기준뿐만 아니라 주관적 만족감과 같은 기준을 고려해야 함을 강조하고 있다.
> ①, ②, ③, ⑤ 제시문을 통해 추론할 수 있는 내용으로 적절하지 않다.
> ④ 제시문은 주거, 소득, 고용, 수명, 교육, 주관적 만족감 등 다양한 기준을 고려하여 진정한 행복을 실현할 것을 강조하고 있다.

24 정답 ⑤ 문제편 p.24

> 행복은 마음의 고요와 평화에서 온다. 마음의 고요와 평화는 애정과 연민에서부터 비롯되며 이를 위해서는 다른 사람의 기분을 섬세하게 헤아리는 세심함과 깊은 배려가 필요하다. 당신이 마음의 평온과 안정이라는 내적 품성을 갖추고 있다면 흔히 남들이 행복을 위한 필수 조건으로 여기는 여러 가지 외적 환경이 갖추어져 있지 않더라도 얼마든지 행복하고 즐거운 인생을 누릴 수 있다.

[보 기]

ㄱ. 물질적 풍요는 행복한 삶을 보장한다.
ㄴ. 다른 사람과의 비교를 통해 행복해질 수 있다.
ㄷ. 타인의 감정을 진정으로 공감할 때 행복할 수 있다.
ㄹ. 남과 더불어 살아가려는 노력은 행복을 가져다준다.

① ㄱ, ㄴ　② ㄱ, ㄷ　③ ㄴ, ㄷ　④ ㄴ, ㄹ　⑤ ㄷ, ㄹ

> **풀이**
> 제시문에 따르면, 행복은 마음의 고요와 평화라는 내적 품성에서 비롯되며 이를 위해서는 다른 사람의 기분을 섬세하게 헤아리는 세심함과 깊은 배려가 필요하다. 이로 보아 공감(ㄷ)과 남과 더불어 살아가려는 노력(ㄹ)을 통한 행복의 향유는 제시문에서 강조하는 내용과 일치한다. 또한 외적 환경이 갖추어져 있지 않더라도 행복하고 즐거운 인생을 누릴 수 있다는 제시문의 내용을 보아, 제시문은 물질적 풍요(ㄱ)와 같은 외적 환경과 다른 사람과의 비교(ㄴ)는 행복을 위한 필수 조건이 아니라는 입장이다. 따라서 정답은 ⑤이다.

25 정답 ⑤ 문제편 p.25

① 기부 활동과 행복한 삶은 연관성이 <u>없다</u>.
② 도덕적 실천은 다른 사람에게<u>만</u> 행복을 가져다준다. → 자신+타인
③ 자신과 <u>타인의 비교를 통해서만</u> 행복을 얻을 수 있다.
④ <u>남에 대한 무관심</u>이 자신과 타인의 행복을 증가시킨다.
   기부는
⑤ 남과 더불어 살아가려는 노력은 행복한 삶을 가능하게 한다.

> 풀이
>
> 　제시문을 통해 기부와 행복은 상관관계가 있으며, 기부는 기부 주체뿐만 아니라 기부 대상 모두의 행복 수준 상승에 도움이 된다는 것을 알 수 있다.
> ① 제시문에 따르면 기부와 행복한 삶은 연관성이 있다.
> ② 제시문에 따르면 기부와 같은 도덕적 실천은 타인뿐만 아니라 자신에게도 행복을 가져다준다.
> ③ 제시문에 따르면 자신과 타인의 비교가 아닌 도덕적 실천을 통해 행복을 얻을 수 있다.
> ④ 제시문에 따르면 남에 대한 무관심이 아닌 기부의 실천이 자신과 타인의 행복을 증가시킨다.
> ⑤ 제시문에 따르면 기부와 같이 남과 더불어 살아가려는 도덕적 노력은 행복한 삶을 가능하게 한다.

26 정답 ④ 문제편 p.25

① 쾌적한 삶을 위한 깨끗한 자연환경
② 삶의 기본 조건들이 보장되는 복지 제도
③ 시민들의 적극적인 참여를 통한 민주주의 실현
④ 질병·실업 등의 위험을 <u>본인이 책임지는</u> 사회 문화
⑤ 자신뿐만 아니라 타인에게도 관심을 가지는 삶의 태도

> 풀이
>
> 　제시문은 A국의 행복 지수가 높은 이유로 깨끗한 자연환경, 다양한 복지 정책, 다당제와 시민들의 적극적인 참여 등을 통한 민주주의의 실현, 연대와 협동으로 자신뿐만 아니라 타인에게도 관심을 가지는 삶의 태도 등을 제시하고 있다. 이로 보아 A국은 질병·실업 등의 위험을 본인이 아닌 사회가 함께 책임지는 복지 국가를 추구한다고 볼 수 있다. 따라서 ④는 A국의 행복한 삶을 위한 조건으로 적절하지 않다.

27 정답 ④ 문제편 p.25

① 소득이 <u>적을수록</u> 행복한 삶을 살 수 있다.
② 소득 증가는 행복한 삶과 상관관계가 <u>없다</u>.
③ 소득이 계속 증가할수록 행복은 <u>계속 커진다</u>.
④ 소득이 증가한다고 반드시 더 행복한 것은 아니다.
⑤ 국가가 부유해질수록 국민의 행복감은 더욱 높아진다.

> 풀이
>
> 　제시문은 소득이 증가하면 어느 수준까지는 행복감이 증가할 수 있지만, 일정 수준 이후에는 행복감이 더 이상 증가하지 않는다는 내용이다.
> ①, ② 일정 수준까지는 소득이 증가하면 행복감이 증가할 수 있다.
> ③ 소득이 일정 수준 증가한 후에는 행복감이 변하지 않는다.
> ⑤ 국가의 부와 국민의 행복과의 관계에 대한 내용은 제시문의 내용과 거리가 멀다.

28 정답 ① 문제편 p.25

(가) 이중환이 저술한 『택리지』에 의하면 사람이 잘 살 수 있는 좋은 터는 <mark>지리(地理, 풍수적 명당)</mark>가 좋아야 한다. 그리고 <mark>생리(生利, 그 땅에서 생기는 이익, 풍부한 산물)</mark>와 <mark>인심(人心, 온순하고 순박)</mark>이 넉넉해야 하고, <mark>산수(山水, 빼어난 경치)</mark>가 좋아야 한다.

(나) 모든 사람은 <mark>자신과 가족의 행복 실현을 위해</mark> 적절한 생활 수준을 누려야 한다. 여기에는 <mark>쾌적한 자연환경</mark>뿐만 아니라 <mark>주택, 상수도 등의 기반 시설</mark>이 해당된다.

> [보 기]
>
> ㄱ. 인간다운 삶을 위한 주거 환경을 만들어야 한다.
> ㄴ. 삶의 질을 높일 수 있는 자연환경이 갖추어져야 한다.
> ㄷ. 개인의 행복과는 <u>상관없는</u> 공동체의 이익을 추구해야 한다.
> ㄹ. 시민의 참여를 보장할 수 있는 민주적인 법과 제도가 마련되어야 한다. → 알 수 없음

① ㄱ, ㄴ　② ㄱ, ㄷ　③ ㄴ, ㄷ　④ ㄴ, ㄹ　⑤ ㄷ, ㄹ

> 풀이
>
> 　(가)에서는 택리지에 나타난 행복과 관련된 전통적인 지리적 조건을 설명하고 있다. (나)에서는 행복 실현을 위해 쾌적한 자연, 적절한 주거 환경 등이 갖춰진 생활 수준을 강조하고 있다.
> ㄱ. (가), (나) 모두 행복 실현의 조건으로 인간다운 삶을 영위하기 위한 주거 환경 조성이 필요함을 강조하고 있다.
> ㄴ. (가)에서는 산수와 같은 자연환경의 중요성을 언급하고 있고, (나)에서는 쾌적한 자연환경이 중요하다고 보고 있다. 따라서 (가)와 (나) 모두 행복 실현의 조건으로 삶의 질을 높일 수 있는 자연환경이 갖추어져야 함을 강조하고 있다.
> ㄷ. (가), (나) 모두 최적의 주거 환경, 적절한 생활 수준 등을 통한 개인의 행복 실현을 강조하고 있다. 따라서 (가)와 (나) 모두 행복 실현의 조건으로 개인의 행복과 상관없는 공동체 이익의 추구를 강조한다고 볼 수 없다.
> ㄹ. (가), (나) 모두 행복 실현을 위한 주거 환경과 생활 수준을 언급하고 있다. (가)와 (나) 모두 행복 실현의 조건으로 시민의 참여를 보장할 수 있는 민주적인 법과 제도의 마련을 강조하는지는 알 수 없다.

29 정답 ② 문제편 p.26

① 풍요로운 삶을 위해 사회적 지위가 <u>높아야</u> 한다.

☑행복한 삶을 위해 <mark>질 높은 정주 환경</mark>을 조성해야 한다.

③ 삶의 질을 유지할 수 있도록 경제 규모를 <u>확대해야</u> 한다.

④ <mark>행복한 삶에 대해 성찰하고 도덕적 행위를 실천해야</mark> 한다.
→ 도덕적 실천

⑤ <mark>시민이 자발적으로 참여하는 민주주의 사회를 건설해야</mark> 한다.
→ 민주주의의 발전

> **풀이**
>
> 행복한 삶의 조건들로 질 높은 정주 환경, 경제적 안정, 민주주의의 발전, 도덕적 실천 등이 있다. (가)는 이중환의 『택리지』에 서술된 가거지(可居地), 즉 사람이 살 만한 곳의 조건에 대한 설명이며, (나)는 질 높은 정주 환경으로 고려되는 조건들에 대한 설명이다. 따라서 정답은 ②이다.
>
> ① 행복한 삶을 실현하기 위해 반드시 높은 사회적 지위가 필요한 것은 아니다.
>
> ③ 행복한 삶을 실현하기 위해 반드시 경제 규모를 확대해야 하는 것은 아니다.
>
> ④ 행복한 삶의 조건들 중 도덕적 실천에 관한 내용이다.
>
> ⑤ 행복한 삶의 조건들 중 민주주의 발전에 관한 내용이다.

30 정답 ① 문제편 p.26

☑①<u>시대적 상황</u>에 따라 다르게 나타난다.

② 지역을 초월하여 <u>보편타당하게</u> 정해진다.

③ 타인과의 비교를 통해 <u>절대적으로</u> 결정된다.

④ 의식주 등 <u>기본적 욕구와 상관없이</u> 정해진다.

⑤ 소수 지배자의 통치 목적을 실현하기 위해 정해진다.

> **풀이**
>
> 제시문에서는 중세의 행복의 기준, 근대의 행복의 기준, 오늘날의 행복의 기준이 각각 다르게 나타남을 보여 주고 있다. 이를 통해 행복의 기준이 시대적 상황에 따라 다르게 나타남을 알 수 있다.

31 정답 ④ 문제편 p.26

① 정부가 경제 영역에 개입하지 않을 때 국민 행복은 증대된다.

② 경제적 소득이 높아질수록 개인의 삶의 질은 언제나 높아진다.

③ 식량 생산의 증감은 국민 행복의 증감과 절대적으로 비례한다.

☑<mark>정부의 정책 및 사회 제도</mark>는 개인의 행복한 삶에 영향을 미친다.

⑤ 행복은 정신적 만족감이므로 기본적인 욕구 충족과 관련이 없다.

> **풀이**
>
> 제시문에서 정부의 합당한 정책을 통해 기근을 해결할 수 있다고 주장하는 것으로 보아 ④ 정부의 정책 및 사회 제도는 개인의 행복한 삶에 영향을 미친다는 것을 파악할 수 있다.

32 정답 ③ 문제편 p.26

① 도덕적 삶을 위해 물질적 가치를 모두 배제해야 한다.

② 구성원의 참여가 활성화된 <mark>민주적 제도를 확립</mark>해야 한다.
→ 민주주의의 실현

☑③국가는 사회 구성원 모두의 <mark>경제적 안정</mark>을 도모해야 한다.

④ 자신의 사회적 지위를 과시하기 위한 소비를 추구해야 한다.

⑤ 생업 보장보다는 쾌적한 자연 환경의 조성을 우선해야 한다.

> **풀이**
>
> 행복한 삶을 실현하기 위한 조건에는 질 높은 정주 환경, 경제적 안정, 민주주의의 실현, 도덕적 실천 등이 있다.
>
> ③ 제시문에서는 통치자가 백성의 생업을 보장해 주어야 백성들이 통치자를 따를 수 있음을 강조하고 있다. 이는 행복의 조건 중 경제적 안정을 중시하는 것이다.

33 정답 ③ 문제편 p.27

① 행복의 기준은 자신이 처해 있는 환경과 <u>무관하다.</u>
→ 관련 있다

② 모든 사람에게 행복의 기준은 <u>획일적으로</u> 적용된다.

☑③지역 여건에 따라 행복의 기준은 다양하게 나타난다.

④ 시대적 상황과 <u>무관하게</u> 행복의 객관적 기준은 <u>동일하다.</u>

⑤ 진정한 행복은 현세(現世)가 아닌 내세(來世)에서 실현된다.

> **풀이**
>
> 강연자는 빈곤 지역에서의 행복의 기준, 민주주의가 실현되지 않은 국가에서의 행복의 기준, 그리고 전쟁 지역에서의 행복의 기준이 각각 다르게 나타남을 말하고 있다. 즉, 강연자는 지역 상황에 따라 행복의 기준이 다양하게 나타난다고 보고 있다.
>
> ① 강연자는 행복의 기준이 자신이 처해 있는 환경과 관련 있다고 보고 있다.

34 정답 ③ 문제편 p.27

> **풀이**
>
> 자료의 ㉠을 통해 해당 아프리카 부족이 공동체 구성원들과 함께 누리는 만족감이나 기쁨을 중요하게 여긴다는 것을 알 수 있다. 따라서 공동체 구성원들과 함께 연결되어 느끼는 감정을 행복으로 규정하는 것이 가장 적절하다.

35 정답 ① 문제편 p.27

> **풀이**
>
> 독재 정권인 A국과 달리 B국은 민주주의 국가로서 주민들의 참여로 행복을 실현하기 위해 노력한다는 것으로 보아 ㉠에 들어갈 내용으로 '시민들의 참여가 보장되는 민주주의 체제 실현'이 가장 적절하다.
>
> ② 독재 국가의 모습으로 볼 수 있다.
>
> ③ 정치인과 기업 간 정경유착은 대표적인 부정부패 현상 중 하나이다.
>
> ④ 모든 국민의 사유 재산을 국유화하는 것은 공산주의 국가에서 나타나는 경제 형태이다.

⑤ 일당(一黨)제도는 하나의 정당이 국가를 장악하고 있는 제도로서 주로 독재 국가에서 채택하고 있다.

36 정답 ⑤ 문제편 p.27

① 인민은 대의원에 의해 대표될 수 없음을 간과한다.
② 인민이 정치적 의사 결정을 직접 해야 함을 간과한다.
③ 인민의 직접적인 주권 행사가 바람직한 것임을 간과한다.
④ 인민의 규모에 상관없이 대의제를 추구해야 함을 간과한다.
⑤ 인민의 자유는 대의제를 통해서도 보장될 수 있음을 간과한다.

(풀이)
갑은 직접 민주주의를 강조하는 루소, 을은 대의 민주주의를 강조하는 밀이다. 밀은 인민의 자유는 선출된 대표를 통해 통치 권력을 행사하는 대의제를 통해서도 보장될 수 있다고 주장한다.

37 정답 ④ 문제편 p.28

[보 기]

ㄱ. 기근을 피할 수 있는 국가는 없다.
ㄴ. 민주주의 국가는 굶주림의 고통에 적극적으로 대처한다.
ㄷ. 사회 안전망이 갖추어지면 홍수와 가뭄이 발생하지 않는다.
ㄹ. 시민의 활발한 정치 참여는 정부의 기근 방지 노력에 기여한다.

① ㄱ, ㄴ   ② ㄱ, ㄷ   ③ ㄴ, ㄷ   ④ ㄴ, ㄹ   ⑤ ㄷ, ㄹ

(풀이)
제시문은 민주주의가 실현된 국가에서 자연재해에 대한 적극적인 대응으로 인해 기근이 발생하지 않았음을 보여 준다. 따라서 제시문의 입장에서는 시민 참여가 활성화되는 민주주의 국가에서 기근 방지를 위한 적극적인 대처를 강조할 것이다.
ㄱ. 제시문은 민주주의가 실현된 국가에서는 기근에 대한 적극적인 대응을 통해 기근을 피할 수 있다고 본다.
ㄷ. 제시문은 사회적 안전망이 갖추어지면 홍수와 가뭄이 발생하지 않는다는 것이 아니라, 홍수와 가뭄이 발생하더라도 기근이 일어나지 않는다는 것을 말하고 있다.

38 정답 ② 문제편 p.28

(풀이)
제시된 편지에서는 바람직한 삶에 대한 숙고와 인간으로서 마땅히 행해야 할 바를 강조하고 있다. 즉, 가상 편지를 쓴 사람은 행복한 삶을 위해 어느 정도의 의식주의 충족도 중요하지만, 윤리적 성찰과 실천이 있어야 함을 강조하고 있다.

39 정답 ② 문제편 p.28

① 도덕적 삶을 부정하고 자연의 섭리에 순응해야 한다.
② 자신의 삶을 성찰하고 인격 완성을 위해 노력해야 한다.
③ 자신의 이익에 따라 상대방을 각각 다르게 대해야 한다.
④ 일상생활 속의 사회적 관습은 무비판적으로 따라야 한다.
⑤ 삶에 대한 반성은 타인의 잘못된 행위에 국한시켜야 한다.

(풀이)
신문 칼럼은 공자(孔子)의 『논어』에서 그의 제자인 증자(曾子)가 말한 일일삼성(一日三省)에 관한 내용이다. 칼럼에서는 의미 있는 삶을 살기 위해서 일일삼성과 같은 방법으로 자신의 삶을 성찰하고 인격 완성을 위해 노력해야 함을 강조한다.

40 정답 ② 문제편 p.28

① 다른 사람과의 대화는 진리 탐구의 방법이 될 수 없다. (있다)
② 인간답게 살기 위해 자신의 부족함을 살펴 개선해야 한다.
③ 자기 삶에 대한 반성이 없어도 최대의 선을 실현할 수 있다.
④ 공동체를 벗어나 은둔의 삶을 살아야 최고선을 얻을 수 있다.
⑤ 좋은 인간관계를 유지하기 위해 타인의 잘못을 묵인해야 한다.

(풀이)
검토하지 않는 삶은 인간다운 삶이 아니라고 주장하며 인간다운 삶을 위해 늘 자신을 성찰하라고 말하는 내용으로 보아 갑은 소크라테스이다. 소크라테스는 인간답게 살기 위해 자신의 부족함을 살펴 개선해야 한다고 주장한다.
① 소크라테스는 진리 탐구의 방법으로 대화 방법인 산파술을 활용한다.
③, ④, ⑤ 소크라테스의 입장에 해당하지 않는다.

41 정답 ⑤ 문제편 p.29

(풀이)
(가)에서 소크라테스는 반성, 성찰하는 삶의 자세를 강조하고 있고, (나)에서는 자신이 소중히 여기는 가치를 인식함으로써 행복한 삶을 추구하는 내용이 나타나 있다. 이를 통해 (가)와 (나)는 모두 행복한 삶을 위한 자세로 성찰하는 태도 함양을 강조하고 있음을 알 수 있다.

42 정답 ④ 문제편 p.29

○○에게

요즘 자네가 행복에 이르는 방법에 대해 고민하고 있다고 들었네. 행복은 인간의 영혼 중에서 이성과 관련된 능력을 탁월하게 발휘하는 것을 의미한다네. 따라서 이성을 통해 도덕적 행위가 무엇인지를 파악하고 이를 반복적으로 실천한다면 좋은 품성을 기를 수 있을 걸세. 그러면 인간 행위의 최종 목적인 행복에 다가갈 수 있다네. → 아리스토텔레스

① 현실 세계에서는 행복한 삶에 도달할 수 없다. 있다

② 좋은 품성은 한 번의 도덕적 행위만으로 형성된다. 를 반복적으로 실천함으로써

③ 인간이 추구하는 궁극적인 목적은 존재하지 않는다. 한다

④ 도덕적 행위를 습관화하는 것은 행복에 이르는 데 기여한다.

⑤ 인간의 기능을 탁월하게 발휘하는 것은 행복과 관계가 없다. 있다

> **풀이**

제시된 편지를 쓴 사람은 이성과 관련된 능력을 탁월하게 발휘하는 것을 행복이라고 보고 있다. 이는 아리스토텔레스의 입장에 해당한다.

① 아리스토텔레스는 현실 세계에서 행복한 삶에 도달할 수 있다고 보았다.

② 아리스토텔레스는 도덕적 행위를 반복적으로 실천함으로써 좋은 품성을 기를 수 있다고 보았다.

③ 아리스토텔레스는 인간이 추구하는 궁극적인 목적을 행복이라고 보았다.

④ 아리스토텔레스는 행복을 인간 삶의 궁극적 목적으로 보았으며, 행복은 이성의 기능을 잘 발휘할 때 달성된다고 보았다. 즉, 아리스토텔레스는 행복을 실현하기 위해 이성을 통한 도덕적 행위의 습관화를 강조하였다.

⑤ 아리스토텔레스는 인간의 기능을 탁월하게 발휘하는 것은 행복과 관련이 있다고 보았다.

43 정답 ④ 문제편 p.29

맹자 항산
(가) 일반 백성은 고정적인 생업[恒産]이 없으면 흔들림 없는 도덕적인 마음[恒心]을 유지하기 어렵다. 그러므로 현명한 임금은 백성들이 생업을 가지게 해 주되 반드시 위로는 부모를 섬기기에 충분하게 하고, 아래로는 자녀를 먹여 살릴 만하게 하여 백성들을 바른 길로 나아가게 한다.

이중환
(나) 무릇 살 터를 잡는 데는 첫째, 지리(地理)가 좋아야 하고 다음은 생리(生利)가 좋아야 하며, 다음은 인심(人心)이 좋아야 하고, 아름다운 산과 물인 산수(山水)가 있어야 한다. 이 네 가지에서 하나라도 모자라면 살기 좋은 땅이 아니다.

* 생리(生利): 지역에서 얻는 경제적 이익
** 인심(人心): 넉넉하고 좋은 이웃 간의 정(情)

[보 기]

ㄱ. (가)를 통해 도덕적인 마음은 경제적 안정을 위한 우선 조건임을 알 수 있다. 경제적 안정은 도덕적인 마음

ㄴ. (가)를 통해 인간다운 삶을 위해 일정한 수준의 소득이 필요함을 알 수 있다.

ㄷ. (나)를 통해 이웃과의 교류가 없는 조용한 곳을 거주지로 정해야 함을 알 수 있다. 정이 많은

ㄹ. (나)를 통해 질 높은 정주 환경을 위해 자연 환경뿐만 아니라 인문 환경도 필요함을 알 수 있다.

① ㄱ, ㄴ   ② ㄱ, ㄷ   ③ ㄴ, ㄷ   ④ ㄴ, ㄹ   ⑤ ㄷ, ㄹ

> **풀이**

(가)는 맹자의 『맹자』에서 정치와 도덕의 핵심 원리로 제시한 항산과 항심, (나)는 이중환의 『택리지』에 기술된 가거지이다. (가)는 행복하고 질 높은 삶을 위한 경제적 안정, (나)는 질 높은 정주 환경을 강조하고 있다.

ㄱ. (가)에서는 경제적 안정이 도덕적인 마음을 유지할 수 있는 조건이라고 기술하고 있다.

ㄴ. (가)에서는 생업의 중요성을 거론하고 있다. 즉 안정적인 소득이 인간다운 삶의 기반임을 강조하고 있다.

ㄷ. (나)에서는 인심(人心)을 강조하고 있다. 인심(人心)은 순박한 이웃이 많은 곳이다. 즉 이웃 간에 따뜻한 정을 나눌 수 있는 곳이 살기 좋은 마을이라고 기술하고 있다.

ㄹ. (나)에서는 살기 좋은 마을로 아름다운 산수가 있는 자연 환경뿐만 아니라 경제적으로 윤택한 곳, 인심 좋은 사람이 많은 곳 등 인문 환경의 중요성도 강조하고 있다.

🎓 심화 문제 풀기

1 정답 ② 문제편 p.30

① 쾌락은 행복에 어떠한 영향도 끼칠 수 없다.

② 명예를 얻으려는 욕구를 멀리해야 행복할 수 있다.

③ 고통이 뒤따르는 쾌락은 언제나 행복으로 이어진다.

④ 모든 욕구를 적극적으로 추구할수록 행복이 커진다.

⑤ 건강을 유지할 만큼의 식욕 추구는 행복을 저해한다.

> **풀이**

제시된 자료의 사상가는 에피쿠로스이다. 에피쿠로스는 자연적이고 필수적인 욕구는 절제하며 충족할 것을 강조했다. 반면, 명예욕과 같이 비자연적이고 비필수적인 욕구는 제거할 것을 강조했다.

① 에피쿠로스는 참된 쾌락을 추구하는 삶이 행복한 삶이라고 주장한다.

② 에피쿠로스에 따르면 명예욕은 비자연적이고 비필수적 욕구이므로 멀리하는 것이 행복에 도움이 된다.

③ 에피쿠로스에 따르면 과한 음주, 마약 등과 같은 고통이 뒤따르는 쾌락을 추구하는 것은 결과적으로 더 큰 고통을 낳을 수 있다. 따라서 고통이 뒤따르는 쾌락이 언제나 행복으로 이어지는 것은 아니다.

④ 에피쿠로스는 비자연적이고 비필수적인 욕구, 자연적이고 비필수적인 욕구는 적극적으로 추구하면 역설적으로 고통이 커질 수 있다고 주장한다.

⑤ 에피쿠로스에 따르면 적당한 식욕 추구는 행복 실현에 도움이 된다.

2 정답 ② 문제편 p.30

① 감각적 쾌락을 추구하는 삶을 살아야 합니다.
② 이성의 기능을 발휘하여 지혜를 얻어야 합니다.
③ 부와 권력을 최우선시하는 삶을 살아야 합니다.
④ 인간의 본능에 충실하여 욕구를 만족시켜야 합니다.
⑤ 공동체와 관계없이 사적인 이익을 추구해야 합니다.

풀이

행복이 지적 활동, 즉 이성을 통해 얻는 것이라고 보는 학자는 아리스토텔레스이다. 아리스토텔레스는 행복을 인간 삶의 궁극적 목적으로 보고, 행복은 이성의 기능을 잘 발휘할 때 달성된다고 본다.
①, ④ 아리스토텔레스는 감각적 쾌락, 본능적 욕구 등을 적절히 조절할 줄 알아야 한다고 본다.
③ 아리스토텔레스는 인간 삶의 궁극적 목적을 행복이라고 본다.
⑤ 아리스토텔레스는 공동선 추구를 장려한다.

3 정답 ② 문제편 p.30

(나)

		❶ 여	❷ 행			
			❸ 복	지	제	도

<가로 열쇠>
❶ 일이나 유람을 목적으로 다른 고장이나 외국에 가는 일 → 여행
❸ 삶의 질에 대한 기준을 높이고, 국민 전체가 행복하게 살아갈 수 있도록 하는 데 중점을 두어 노력하는 정책이나 제도 → 복지 제도

<세로 열쇠>
❷ … 개념 → 행복

[보 기]

ㄱ. 이성의 기능이 잘 발휘될 때 이뤄진다.
ㄴ. 물질적 조건만 충족되면 얻을 수 있다.
ㄷ. 인간이 추구하는 삶의 궁극적인 목적이다.
ㄹ. 육체적 욕망 충족이 가장 중요한 요소이다.

① ㄱ, ㄴ　　② ㄱ, ㄷ　　③ ㄴ, ㄷ　　④ ㄴ, ㄹ　　⑤ ㄷ, ㄹ

풀이

(가)는 아리스토텔레스의 글이다. 그는 행복이란 삶의 궁극적인 목적인 최고선이며 덕에 따르는 정신(영혼)의 활동이라고 정의하였다. 그리고 덕이란 인간의 고유한 기능인 이성이 탁월하게 발휘되는 상태로 규정하였다. 그러므로 인간은 이성이 탁월하게 발휘될 때 행복을 이룰 수 있다고 보았다.
ㄴ, ㄹ. 아리스토텔레스는 행복이란 덕에 따르는 정신(영혼)의 활동이라고 보았다.

4 정답 ③ 문제편 p.31

입장 \ 학생	갑	을	병	정	무
자연적인 쾌락의 극대화를 통해 얻어진다. (최소한으로 추구할 때)	√	√	○	√	○
고통이 사라진 마음의 평온함을 통해 얻어진다.			√	√	√
과도한 욕심을 버린 절제 있는 삶을 통해 얻어진다.	√		√		√
정신적 쾌락이 아닌 육체적 쾌락만을 통해 얻어진다. (마음의 평온함)	○	√	○	√	√

① 갑　　② 을　　③ 병　　④ 정　　⑤ 무

풀이

강연자는 에피쿠로스이다. 그는 참된 행복(참된 쾌락)이란 몸의 고통과 마음의 불안이 모두 소멸된 상태인 평정심(ataraxia)이라고 주장한다. 이는 자연적이고 필수적인 쾌락을 최소한으로 추구할 때 얻을 수 있다.

5 정답 ④ 문제편 p.31

① 고통의 근원인 감정을 모두 제거해야 한다.
② 세속적 욕망의 성취를 통해 삼독을 소멸시켜야 한다.
③ 경쟁 중심의 사회에서 벗어나 자연 속에서 혼자 살아야 한다.
④ 자신의 마음을 다스리고 이웃 사랑을 실천하는 데 힘써야 한다.
⑤ 분노를 줄이기 위해서는 마음이 아니라 상황을 통제해야 한다.

풀이

제시문은 삼독을 경계하고 자신의 마음을 수양할 것을 강조하고 있을 뿐만 아니라 이웃과 사랑하며 더불어 살아갈 때 진정한 행복이 실현됨을 강조하고 있다. 즉, 제시문은 진정한 행복을 실현하기 위해서는 자기 스스로의 마음을 다스리고 이웃을 사랑해야 함을 강조하고 있다.

6 정답 ③ 문제편 p.31

가장 적은 양을 필요로 하는 사람이 사치에 가장 큰 기쁨을 느낀다. 결핍 때문에 생기는 고통이 제거된다면, 단순한 음식도 우리에게 사치스러운 음식과 같은 쾌락을 준다. 그러므로 쾌락은 몸의 고통이나 마음의 혼란으로부터의 자유이다.

① 정신적 쾌락보다 육체적 쾌락을 추구해야 한다.
② 종교적 절대자인 신의 뜻에 성실히 따라야 한다. → 서양의 중세 시대
③ 욕구 분별과 절제를 통해 검소한 삶을 살아야 한다.
④ 이성의 기능을 발휘하여 모든 쾌락을 제거해야 한다.
⑤ 모든 욕구를 제거하고 자연의 질서에 순응해야 한다.

풀이

제시된 사상가는 행복을 몸의 고통이나 마음의 혼란으로부터의 자유라고 보고 있다. 따라서 제시된 사상가는 에피쿠로스이다.
① 에피쿠로스는 행복한 삶을 위해 육체적 쾌락보다 정신적 쾌락을 추구할 것을 강조하였다.
③ 에피쿠로스는 행복이 육체적 욕구의 최대한 충족을 통해서가 아니라, 자연적이고 필수적인 욕구만을 최소한으로 충족하면서 검소하고 절제하는 삶을 통해 실현된다고 보았다.
④ 에피쿠로스는 정신적 쾌락의 추구를 강조하였다.
⑤ 에피쿠로스는 모든 욕구를 제거하는 것이 아니라 자연적이고 필수적인 욕구만을 최소한으로 충족할 것을 주장하였다.

7 정답 ④ 문제편 p.31

교사: 민주주의를 주제로 발표를 계획하고 있죠? 계획한 내용을 간략히 소개해 주세요.

학생: 우리 모둠은 ⊙ 민주주의의 의미 및 ⓒ 민주 시민의 자세를 조사하고자 합니다. 그리고 민주주의의 지리적 확산과 지역적 차이를 파악하고자 합니다. 마지막으로 ⓒ 민주주의의 실현을 위한 제도적 장치를 살펴볼 것입니다.
  └→ 선거 제도, 권력분립 제도, 입헌주의 등

교사: 좋아요. ⓔ 시간적 관점에서의 고찰을 추가한다면 ⓜ 통합적 관점에서 민주주의를 더욱 잘 파악할 수 있겠습니다.

① ⊙에는 시민이 주권을 가지고 국가를 스스로 다스린다는 정치 이념이 내포되어 있다.
② ⓒ으로 주체적이고 자율적인 삶의 태도를 지니는 것을 들 수 있다.
③ ⓒ에는 선거 제도, 권력분립 제도가 포함될 수 있다.
④ ⓔ이 부각된 사례로 '민주주의 발전을 위한 정책 제안'을 들 수 <del>있다</del>. 없다
  └→ 사회적 관점 부각
⑤ ⓜ은 복잡한 사회현상을 종합적으로 이해하기 위해 필요하다.

풀이

민주주의는 '민중(demos)'과 '지배(kratos)'가 합쳐진 용어이다.
① 민주주의는 국민이 스스로 권력을 행사하는 정치 제도 또는 사상을 말한다. 따라서 민주주의에는 국민이 주권을 가지고 국가를 스스로 다스린다는 정치 이념이 내포되어 있다.
② 주체적이고 자율적인 삶의 태도는 민주 시민의 자세로 적절하다.
③ 민주주의의 실현을 위한 제도적 장치에는 선거 제도, 권력분립 제도, 입헌주의 등이 있다.
④ '민주주의 발전을 위한 정책 제안'은 사회적 관점이 부각된 사례에 해당한다.
⑤ 통합적 관점은 인간, 사회, 환경이 상호 작용하면서 연계되어 나타나는 복잡한 사회현상을 종합적으로 이해하기 위해 필요하다.

8 정답 ① 문제편 p.32

[게임 규칙]
• 출발 지점은 A이다.
• 진술 (가)→(나)→(다)→(라)의 순서대로 진행한다.
• 진술이 행복 실현의 조건에 부합하면 실선 방향으로 한 지점만, 부합하지 않으면 점선 방향으로 한 지점만 이동한다.

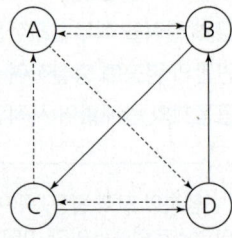

순서	진술
(가)	삶의 질을 유지할 수 있는 경제적 안정이 보장되어야 한다. → 실선 방향
(나)	시민 참여가 활성화될 수 있는 민주적 제도를 마련해야 한다. → 실선 방향
(다)	인간다운 삶을 보장하는 질 높은 정주 환경을 조성해야 한다. → 실선 방향
(라)	바람직한 삶에 대한 성찰을 토대로 도덕적 가치를 실천해야 한다. → 실선 방향

① A-B-C-D-B
② A-B-C-D-C
③ A-D-B-C-A
④ A-D-C-A-D
⑤ A-D-C-D-B

풀이

행복한 삶을 실현하기 위한 조건으로는 경제적 안정, 시민 참여가 활성화되는 민주주의의 실현, 질 높은 정주 환경의 조성, 도덕적 실천과 성찰하는 삶을 들 수 있다. 제시된 진술은 모두 행복 실현의 조건에 부합하므로 실선 방향으로 A-B-C-D-B 순서대로 이동하게 된다.

9 정답 ② 문제편 p.32

[보 기]
ㄱ. 도덕적인 삶은 행복한 삶의 필수 조건이다.
ㄴ. 도덕적 행위는 즉각적으로 행복을 가져온다.
ㄷ. 인간의 궁극적 목적은 선한 삶 속에서 실현된다.
ㄹ. 완전한 행복은 물질적 조건들만 충족되면 실현된다.

① ㄱ, ㄴ   ② ㄱ, ㄷ   ③ ㄴ, ㄷ   ④ ㄴ, ㄹ   ⑤ ㄷ, ㄹ

풀이

제시문은 인간의 궁극적 목적을 완전한 행복이라 말하며 행복한 삶의 조건으로 도덕성을 강조한다. 제시문에 따르면 도덕적인 행동이 곧바로 행복을 가져다주지 않지만, 도덕적 행위는 행복의 필수 조건이다. 따라서 정답은 ② ㄱ, ㄷ이다.

10 정답 ⑤ 문제편 p.32

> ⊙내가 사는 지역은 **내전으로 항상 생명의 위협을** 받고 있어서 고향을 떠나는 사람이 늘고 있어. 지금 나에게는 ___(가)___ 이/가 가장 필요한 행복의 기준이야. 누구든 가장 부족한 것이 충족될 때 행복해지는 법이거든.
>
> A= 핀란드
> B= 독일
> C= 시리아

⊙	(가)	⊙	(가)
① A - 일조량의 확보		② B - 평화와 정치적 안정	
③ B - 기아와 질병 탈출		④ C - 일조량의 확보	
⑤ C - 평화와 정치적 안정			

풀이
⊙은 내전이 발생하고 있는 지역인 C(시리아)이며, 이러한 상황 속에서 평화와 정치적 안정이 가장 필요한 행복의 기준이 될 것이다. A는 핀란드, B는 독일이다.

11 정답 ② 문제편 p.32

<형 성 평 가>

1학년 ○반 ○번 ○○○

※ 글쓴이가 지지할 주장으로 옳으면 '예', 틀리면 '아니요'에 'ⅴ'를 표시하시오.

> **행복한 삶을 실현하기 위한 조건**
> 행복한 삶을 살기 위해서는 의식주와 같이 **기본적인 경제적 조건과 안전한 삶의 공간**이 갖추어져야 한다. 또한 **민주적 절차와 참여가 보장**되어야 자유롭고 평등한 삶을 살 수 있다. 아울러 공동체가 유지되려면 **사회 구성원들이 올바른 가치관을 가지고 실천하는 풍토**가 조성되어야 한다.

- 주장1: 질 높은 정주 환경이 보장되어야 행복한 삶을 살 수 있다.   예 ☑ 아니요 □ ············ ⊙
- 주장2: 국민의 소득 수준과 삶의 질은 서로 관계가 없다.   예 ☑ 아니요 ☑ ············ ⓒ
- 주장3: 행복을 실현하기 위해 국가는 시민의 정치 참여를 제한해야 한다.   예 □ 아니요 ☑ ············ ⓒ
- 주장4: 공동체의 행복을 위해서 도덕적 가치를 실천해야 한다.   예 ☑ 아니요 ☑ ············ ⓔ

① ⊙, ⓒ   ② ⊙, ⓒ   ③ ⓒ, ⓒ   ④ ⓒ, ⓔ   ⑤ ⓒ, ⓔ

풀이
제시문에서 행복한 삶의 조건으로 기본적인 경제적 조건, 안전한 삶의 공간, 민주적 절차와 참여 보장, 사회 구성원들이 올바른 가치관을 가지고 실천하는 풍토를 제시하고 있다. 따라서 기본적인 경제적 조건을 충족할 수 있는 소득 수준이 갖추어졌을 때 행복한 삶을 누릴 수 있으므로 주장2는 글쓴이가 지지할 주장

이 아니다. 또한 글쓴이가 주장하는 올바른 가치란 공동체의 행복을 위한 도덕적 가치라 볼 수 있으므로 주장4는 '예'에 표시하는 것이 적절하다. 따라서 정답은 ② ⊙, ⓒ이다.

12 정답 ⑤ 문제편 p.33

풀이
갑. 질 높은 정주 환경은 환경이 쾌적하고 위생적이며 생활에 편리한 시설을 갖추고 있고, 범죄율이 낮고 정치적으로 안정된 곳을 말한다. 따라서 질 높은 정주 환경은 자연환경뿐만 아니라 인문 환경적 요소를 모두 포함한다.
을. 권위주의적 정치 체제에서는 국민이 기본적 인권을 누리기 어려우므로 민주주의의 실현이 어렵다.

13 정답 ② 문제편 p.33

[보 기]

ㄱ. 국가는 개인의 자유와 권리를 보호해야 한다.
ㄴ. 모든 사람들이 직접 법률을 제정하고 집행해야 한다.
ㄷ. 통치 권력의 정당성은 **사회 구성원의 동의**로부터 나온다.
ㄹ. 개인의 생명과 재산을 침해하는 입법부도 존속되어야 한다.

① ㄱ, ㄴ   ② ㄱ, ㄷ   ③ ㄴ, ㄷ   ④ ㄴ, ㄹ   ⑤ ㄷ, ㄹ

풀이
제시문의 사상가는 로크이다. 그는 개인이 자유와 권리를 보호하려는 목적으로 계약을 통해 국가를 형성한다고 주장하였으며, 그러한 국가의 권력은 입법부의 입법권이 대표적이라고 본다.
ㄴ. 통치 권력을 가진 입법부에서 법률을 제정하고 집행한다.
ㄹ. 입법부의 존속 목적은 개인의 생명과 재산의 보호이다.

14 정답 ④ 문제편 p.33

> 공부를 시작하는 사람은 성인(聖人)이 되는 것을 목표로 삼아야 한다. **보통 사람과 성인의 본성[性]은 동일하다.** 비록 기질(氣質)에 맑음과 흐림, 순수함과 잡박함의 차이가 있지만, 참되게 알고 실제로 행하여 **본성을 회복한다면 선(善)이 다 갖추어진다.** → 이이

관점 \ 학생	갑	을	병	정	무
인간의 본성에는 선이 갖추어져 있다.	√	√		√	
인간은 같은 본성을 가지고 태어난다.	√			√	√
성인이 되기 위해 도덕적 수양이 필요하다.			√	√	√
공부의 목표는 악한 본성을 변화시키는 것이다.	○	√	√	○	√

① 갑   ② 을   ③ 병   ④ 정   ⑤ 무

풀이
제시문은 한국 유교 사상가인 이이의 글이다. 이이는 모든 인간은 선한 본성을 갖고 태어난다고 보며, 성인이 되기 위해 도덕적 수양이 필요하다고 주장하였다.

15 정답 ④ 문제편 p.33

[보 기]
ㄱ. 마음을 하나로 모아 흐트러짐이 없게 해야 한다. → 주일무적 (主一無適)
ㄴ. 자신의 언행을 돌이켜보고 스스로를 살펴야 한다.
ㄷ. 자신의 잘못을 덮어두고 성찰을 그만두어야 한다.
ㄹ. 모든 일을 처리함에 있어 신중하고 조심해야 한다.

① ㄱ, ㄷ 　② ㄱ, ㄹ 　③ ㄴ, ㄷ
④ ㄱ, ㄴ, ㄹ 　⑤ ㄴ, ㄷ, ㄹ

풀이
제시문은 도덕적 성찰을 통한 인격 수양을 강조한 이황의 글이다. 특히 경(敬)의 실천 방법으로 마음을 하나로 모아 흐트러짐이 없는 주일무적(主一無適), 몸가짐을 바르게 하고 엄숙한 태도를 지니는 정제엄숙(整齊嚴肅), 항상 마음을 또렷이 유지하는 상성성(常惺惺)을 제시하였다.

🎇 서술형 문제 풀기

1 문제편 p.34

(1) 사상가 에피쿠로스
　　　⊙ 아타락시아

(2) 모범답안: 사상가(에피쿠로스)는 식욕의 지나친 충족이 쾌락을 줄 수 없다고 보았다. 따라서 A에게 식욕과 같은 필수적인 욕구는 절제하며 충족시키라고 조언할 것이다.

핵심 키워드: 쾌락, 필수적 욕구, 절제

🎓 **채점 기준**

상 사상가가 주장하는 쾌락의 성격과 필수적 욕구의 절제를 모두 바르게 서술한 경우

중 사상가가 주장하는 쾌락의 성격은 바르게 언급했으나, 필수적 욕구의 절제를 서술하지 못한 경우

하 사상가가 주장하는 쾌락의 성격과 필수적 욕구의 절제 모두 누락되었거나 바르게 서술하지 못한 경우

2 문제편 p.34

(1) (가) 에피쿠로스
(나) 아리스토텔레스

(2) 모범답안: 행복의 기준은 시대적 상황에 따라 다를 수 있다.

핵심 키워드: 시대적 상황

🎓 **채점 기준**

상 사람들이 중시해 온 행복의 기준이 시대에 따라 다를 수 있다고 정확하게 서술한 경우

중 행복의 기준이 고대 그리스 시대나 중세, 근대에 각각 서로 달랐다고 서술한 경우

하 행복의 기준에 대한 일반적인 설명을 언급한 경우

3 문제편 p.35

(1) 갑 질 높은 정주 환경, 경제적 안정
을 경제적 안정, 민주주의의 발전
병 경제적 안정, 도덕적 실천

(2) 모범답안: 갑~병은 모두 물질적 조건의 충족, 즉 경제적 안정이 행복을 실현하기 위한 조건 중 하나라고 보고 있다.

핵심 키워드: 물질적 조건의 충족, 경제적 안정

🎓 **채점 기준**

상 갑~병이 공통적으로 행복을 위해 물질적 조건의 충족, 즉 경제적 안정을 중시하고 있음을 정확하게 서술한 경우

중 갑~병이 중시하는 바를 각각 서술한 경우

하 일반적인 행복한 삶을 위한 조건을 서술한 경우

4 문제편 p.35

(1) (가) 유교
(나) 불교

(2) 모범답안: 옳지 않은 설명은 ⊙이다. 아리스토텔레스는 인간의 고유한 기능인 이성을 잘 발휘하여 상황에 따라 적절한 행동을 하는 중용을 실천할 때 행복에 이를 수 있다고 보았다.

핵심 키워드: 이성, 중용

🎓 **채점 기준**

상 옳지 않은 설명을 정확히 고르고, 그 이유를 바르게 서술한 경우

중 옳지 않은 설명을 정확히 골랐으나, 그 이유를 바르게 서술하는 데 명확성이 부족한 경우

하 옳지 않은 설명만 고르고, 그 이유를 서술하지 않은 경우

핵심 문제 풀기 1회차

1	①	2	②	3	⑤	4	⑤	5	①
6	④	7	③	8	⑤	9	①	10	⑤
11	①	12	③	13	③	14	①	15	⑤
16	②	17	②	18	③	19	③	20	①
21	②	22	③	23	③	24	③	25	④
26	④	27	③	28	②	29	⑤	30	①
31	③	32	③	33	⑤	34	①	35	②
36	⑤	37	②	38	⑤	39	②	40	⑤
41	⑤	42	④	43	①	44	①	45	④
46	①	47	③	48	①	49	②	50	④
51	⑤	52	④	53	④	54	①	55	②
56	④	57	①	58	①	59	⑤	60	④
61	④	62	②	63	⑤	64	①	65	④
66	⑤	67	③						

핵심 문제 풀기 2회차

1	③	2	④	3	②	4	②	5	②
6	③	7	③	8	④	9	③	10	④
11	⑤	12	③	13	④	14	①	15	②
16	②	17	③	18	④	19	③	20	②
21	①	22	④	23	④	24	③	25	⑤
26	①	27	②	28	②	29	③	30	①
31	④	32	④	33	⑤	34	③	35	④
36	⑤	37	①	38	①	39	③	40	②
41	⑤	42	⑤	43	④	44	①	45	④
46	⑤	47	⑤	48	①	49	②	50	④
51	⑤	52	⑤	53	④	54	⑤	55	③
56	⑤	57	④	58	③	59	⑤	60	⑤
61	①	62	⑤	63	②	64	⑤	65	④
66	⑤								

심화 문제 풀기

1	②	2	②	3	②	4	①	5	③
6	②	7	③	8	①	9	④	10	④
11	③	12	④	13	④	14	②	15	③
16	①	17	①	18	①	19	④	20	④
21	⑤	22	⑤	23	⑤	24	⑤	25	⑤

핵심 문제 풀기 1회차

1 정답 ① 문제편 p.45

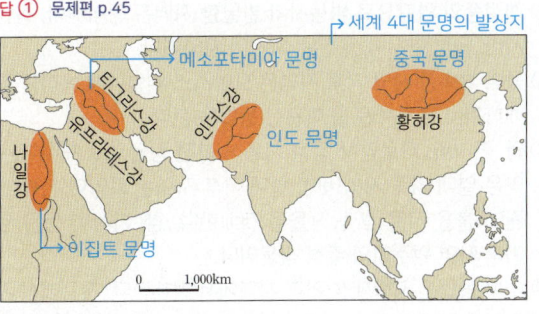

→ 세계 4대 문명의 발상지
→ 메소포타미아 문명
중국 문명
티그리스강
유프라테스강
인더스강
인도 문명
황허강
나일강
→ 이집트 문명
0 1,000km

[보 기]

ㄱ. 고대 문명의 발상지이다.

ㄴ. 비옥한 충적 평야가 분포한다.

ㄷ. 습도가 높아 주민들은 주로 고상 가옥에 거주한다. → 열기와 습기를 피하기 위해 가옥 바닥을 지면에서 띄움 → 열대 기후 지역

ㄹ. 벼농사가 발달하여 전통적으로 쌀을 주식으로 한다. → 아시아의 계절풍 기후 지역

① ㄱ, ㄴ ② ㄱ, ㄷ ③ ㄴ, ㄷ ④ ㄴ, ㄹ ⑤ ㄷ, ㄹ

풀이

지도에 표시된 지역은 대하천 유역에서 형성된 세계 4대 문명의 발상지이다. 고대의 대하천 주변은 하천의 범람으로 만들어진 비옥한 충적 평야가 분포하여 농업 발달에 유리하며, 물을 구하기가 쉬워 일찍부터 문명이 발생할 수 있었다.

2 정답 ② 문제편 p.45

탐구 주제	자연환경이 인간 생활에 미치는 영향
탐구 대상	ⓐ ○○ 기후 지역의 전통 가옥과 의복 사막 <전통 가옥>　　<전통 의복>
탐구 내용	• 전통 가옥인 흙벽돌집은 비가 거의 오지 않아 지붕 모양이 평평하고, 창문이 작고 벽이 두껍다. 좁은 간격의 건물들 사이에 생긴 그늘로 더위를 피할 수 있다. • 전통 의복은 강한 햇볕과 모래바람을 막기 위해 온몸을 감싸는 헐렁한 형태이다.

① 계절풍의 영향으로 벼농사가 발달한다. → 몬순 아시아 지역

② 오아시스 농업이나 관개 농업이 발달한다.

③ 이동식 화전 농업을 통해 얌, 카사바를 재배한다. → 열대 기후 지역

④ 올리브, 포도 등을 재배하는 수목 농업이 주로 발달한다. → 지중해성 기후 지역

⑤ 대규모 침엽수림의 나무를 베어 목재나 종이를 생산한다. → 냉대 기후 지역

④ 게르는 몽골의 전통 이동식 가옥이다. 몽골은 유목이 발달해 이동식 가옥에 거주하는 주민이 많다.

⑤ 안데스산맥에는 상춘 기후가 나타나는 키토, 라파스, 보고타, 쿠스코 등 고산 도시가 많이 분포한다. 안데스산맥 일대의 원주민들은 전통적으로 라마, 알파카 등의 가축을 많이 사육해 왔다.

풀이

지붕이 평평한 흙벽돌집, 온몸을 감싸는 의복 등은 사막에서의 전통 모습이다. 따라서 ㉠은 사막 기후 지역이다.

① 계절풍의 영향으로 벼농사가 발달한 지역은 동아시아, 동남아시아, 남부 아시아 등 몬순 아시아 지역이다.

② 물이 부족한 사막 기후 지역은 오아시스 주변에서 농작물을 재배하거나 관개 수로를 이용한 농업을 한다.

③ 얌, 카사바, 타로감자 등을 이동식 화전 농업으로 재배하는 지역은 열대 기후 지역이다. 열대 기후 지역은 토양이 척박해 삼림에 불을 지른 후 농작물을 재배한다. 얌, 카사바 등은 열대 기후 지역 원주민의 주식 작물이다.

④ 수목 농업은 지중해성 기후 지역에서 행해진다. 지중해성 기후 지역은 여름철 일조량이 풍부해 올리브, 오렌지, 포도 등 과수 재배에 유리하다. 올리브, 포도, 코르크 등을 재배하는 농업을 수목 농업이라고 한다.

⑤ 침엽수림은 냉대 기후 지역을 중심으로 분포한다. 침엽수림은 목재의 재질이 대체로 연해 펄프용, 제지용으로 많이 이용된다.

---

4 정답 ⑤ 문제편 p.45

→ 열대(열대·우림)

(가) 기후 지역의 전통적 주민 생활

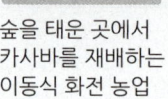

| 숲을 태운 곳에서 카사바를 재배하는 이동식 화전 농업 | 음식의 부패를 막기 위해 향신료를 넣은 볶음 요리 | 덥고 습한 날씨에 적합한 간편하고 얇은 옷차림 |

① 오아시스 주변에서 대추야자가 재배된다. → 건조(사막) 기후

② 타이가라고 불리는 침엽수림 지대가 분포한다. → 냉대 기후

③ 주민들은 순록을 길러 가옥의 재료와 식량을 얻는다. → 한대(툰드라) 기후

④ 일 년 내내 눈과 얼음으로 덮여 있어 식생이 자라지 못한다. → 한대(빙설) 기후

⑤ 지열을 차단하고 해충을 피하기 위한 고상 가옥이 발달한다. → 열대(열대 우림) 기후

풀이

이동식 화전 농업으로 카사바를 재배하고, 음식의 부패를 방지하기 위해 향신료를 첨가한 튀김이나 볶음 요리가 발달하였으며, 무덥고 습한 날씨에 대비해 통풍이 잘 되는 얇은 옷을 착용하는 지역은 열대(열대 우림) 기후 지역이다.

① 오아시스는 건조 기후가 나타나는 사막에서 볼 수 있으며 대추야자는 건조 기후 지역의 대표적인 농작물이다.

② 타이가는 냉대 기후 지역에 분포한다.

③ 순록 유목은 북극해 연안의 툰드라 기후 지역에 거주하는 주민들의 전통 생활 양식이다.

④ 연중 영하의 월평균 기온으로 인해 지표면의 눈과 얼음이 녹지 않는 상태로 유지되는 지역은 빙설 기후가 나타나는 그린란드 내륙, 남극 대륙 등이다.

---

3 정답 ⑤ 문제편 p.45

＜○○ 기후가 나타나는 지역의 관광 책자(리플릿) 만들기＞
상춘

| 지역 소개 | 기후 특징 | 관광 상품 |

해발 고도 2,430m에 위치한 마추픽추

(℃) 40 30 20 10 0 -10 / 1 3 5 7 9 11(월)
연중 우리나라의 봄과 같은 온화한 날씨가 나타남

(가) → 상춘 기후의 관광·상품

① 유람선을 타고 **피오르** 관광하기 → 고위도 해안

② 밤하늘을 물들이는 **오로라** 관찰하기 → 극지방

③ 현지인과 함께하는 **고무나무** 수액 채취하기 → 열대 기후 지역

④ **넓은 초원에서 이동식 가옥인 게르** 체험하기 → 몽골

⑤ **고산 도시에서 라마, 알파카**와 함께 영상 촬영하기

풀이

마추픽추는 안데스산맥에 있는 고대 잉카 문명 유적지이다. 마추픽추는 저위도의 고산 지대에 위치해 연중 봄과 같은 기온대가 유지되는 상춘 기후가 나타난다.

① 피오르는 최종 빙기에 빙하로 덮여있었던 고위도 해안에 분포한다. 노르웨이 해안, 뉴질랜드 남섬의 남서부 해안 등이 피오르가 발달한 대표적인 지역이다.

② 오로라는 자기장 층이 얇은 북극과 남극 일대에서 주로 볼 수 있다. 남극보다 북극이 접근성이 양호하므로 북극 일대에서 극야 현상이 나타나는 1월 전후로 오로라를 관찰하려는 관광객이 많다.

③ 고무나무는 주로 열대 기후 지역을 중심으로 플랜테이션으로 재배된다. 특히 인도네시아, 말레이시아 등 동남아시아에서 고무나무 수액 채취량이 많다.

---

5 정답 ① 문제편 p.46

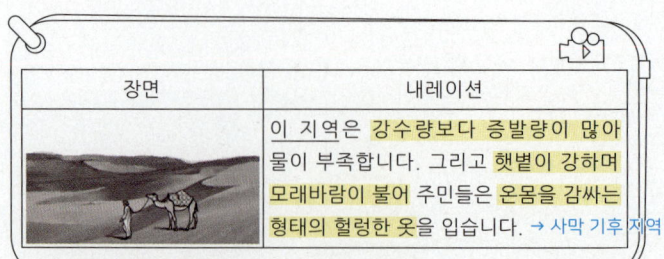

| 장면 | 내레이션 |
| | 이 지역은 강수량보다 증발량이 많아 물이 부족합니다. 그리고 햇볕이 강하며 모래바람이 불어 주민들은 온몸을 감싸는 형태의 헐렁한 옷을 입습니다. → 사막 기후 지역 |

☑① 오아시스 주변에서 대추야자를 재배한다.

② 농업이 거의 불가능하여 순록을 유목한다. → 툰드라 기후

③ 여름이 고온 다습하여 벼농사가 활발하다. → 계절풍 기후

④ 풍부한 침엽수를 이용하여 통나무집을 짓는다. → 냉대 기후

⑤ 지면의 열과 습기를 피하기 위해 고상 가옥을 짓는다.
→ 열대 우림 기후

> **풀이**
>
> 　강수량보다 증발량이 많고, 모래바람에 대비해 온몸을 감싸는 의복을 착용하는 지역은 사막 기후 지역이다.
> ① 대추야자는 사막의 대표적인 작물이다. 물이 부족한 사막에서는 오아시스 주변에서 농사를 짓거나 관개 시설을 이용해 농작물을 재배한다.
> ② 낮은 기온 때문에 농경이 거의 불가능하고 순록 유목, 수렵, 어로 활동 등의 경제 활동을 하는 지역은 북극해 연안의 툰드라 기후 지역이다.
> ③ 벼는 고온 다습한 환경에서 재배되는 대표적인 작물이다. 벼는 계절풍의 영향을 받는 몬순 아시아에서 주로 재배된다.
> ④ 전통 가옥은 주변에서 쉽게 구할 수 있는 재료를 주로 활용한다. 침엽수는 냉대 기후 지역을 중심으로 분포한다. 사막 기후 지역은 흙벽돌을 이용해 지은 가옥이 많다.
> ⑤ 지면의 열과 습기를 피한 고상 가옥은 연중 고온 다습한 열대 우림 기후 지역의 전통 가옥이다.

7 정답 ③ 문제편 p.46

(가) 건조 기후

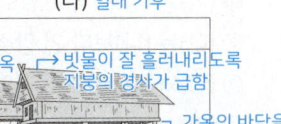

흙벽돌집

♡ ◯ ✎　　　🔖
❤ 좋아요 32개

이곳은 비가 거의 오지 않아서 지붕 모양이 평평해. 내가 머문 곳은 흙벽돌집인데 벽이 두껍고 창문은 작아. 좁은 간격의 건물들 사이에 그늘이 있어 더위를 피할 수 있었어. → 열기를 차단하기 위함

(나) 열대 기후

고상 가옥 → 빗물이 잘 흘러내리도록 지붕의 경사가 급함
→ 가옥의 바닥을 지면에서 띄움

♡ ◯ ✎　　　🔖
❤ 좋아요 56개

연중 덥고 습한 이곳은 아침부터 더위가 시작되더니 오후가 되자 갑자기 스콜이 내렸어. 이곳의 전통 가옥은 열기와 습기를 피하기 위해 지면에서 띄워 세운 고상식 가옥이야.

냉대 기후

열대 기후

건조 기후

	(가)	(나)
①	A	B
②	B	A
☑③	B	C
④	C	A
⑤	C	B

> **풀이**
>
> 　연 강수량이 적은 건조 기후 지역에서는 지붕이 평평하며, 일교차가 큰 외부 환경의 영향을 차단하기 위해 단열 효과가 큰 두꺼운 벽과 작은 창문의 흙벽돌집을 짓는다. 연중 고온 다습한 열대 기후 지역에서는 지면에서 올라오는 열기와 습기, 해충을 피하기 위해 가옥의 바닥을 지면에서 띄운 고상 가옥을 짓는다. 지도의 A는 냉대 기후 지역, B는 건조 기후 지역, C는 열대 기후 지역이다.

6 정답 ④ 문제편 p.46

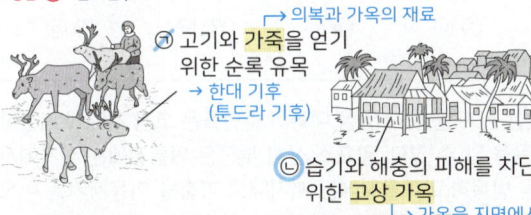

ⓖ 고기와 가죽을 얻기 위한 순록 유목 → 의복과 가옥의 재료
→ 한대 기후 (툰드라 기후)

ⓛ 습기와 해충의 피해를 차단하기 위한 고상 가옥 → 가옥을 지면에서 띄워 지음

ⓔ 강한 햇빛과 모래 바람을 막기 위한 의복 → 건조 기후

온 몸을 감싼 헐렁한 옷

ⓡ 연중 고온다습한 기후에서 잘 자라는 카카오 재배 → 플랜테이션

① ㉠, ㉡　② ㉠, ㉢　③ ㉡, ㉢　☑④ ㉡, ㉣　⑤ ㉢, ㉣

> **풀이**
>
> 　열대 기후 지역은 연중 고온 다습하기 때문에 지면에서 올라오는 열기와 습기, 해충을 피하기 위해 가옥의 바닥을 지면에서 띄운 고상 가옥을 지으며, 덥고 습하기 때문에 주민들은 얇은 천으로 만든 간편한 옷을 입는다. 또한 열대 기후 환경에 적합한 카카오, 커피 등의 작물을 플랜테이션으로 재배하고 있다.

8 정답 ⑤ 문제편 p.46

① 순록을 길러 식량과 가옥의 재료를 얻는다. → 한대 기후(툰드라 기후)

② 풍부한 침엽수를 이용하여 통나무집을 짓는다. → 냉대 기후

③ 체온 유지를 위해 동물의 털로 만든 옷을 입는다. → 냉·한대 기후

④ 건조한 여름철에 올리브, 포도 등을 주로 재배한다. → 온대 기후 (지중해성 기후)

☑⑤ 대규모로 상품 작물을 재배하는 플랜테이션 농업을 한다.

> **풀이**
>
> 　최한월 평균 기온이 18℃ 이상인 것으로 보아 (가) 기후는 열대 기후임을 알 수 있다. 열대 기후 지역에서는 기온이 높고 강수량이 많기 때문에 통풍이 잘 되고 지붕의 경사가 급한 고상 가옥을 주로 짓는다. 또한 기온과 습도가 높기 때문에 주민들은 얇은 천으로 만든 가벼운 의복을 입으며, 플랜테이션 또는 이동식 화전 농업이 이루어진다.

9 정답 ① 문제편 p.47

✓① (가)는 (나)보다 고위도에 위치한다.
② (다)는 (나)보다 연 강수량이 <del>많</del>다. _{적다}
③ (가)와 (다)는 모두 침엽수림이 넓게 분포한다. _{냉대 기후 지역에는}
④ (가)~(다)는 모두 벼농사가 발달한다. _{계절풍 기후 지역에서는}
⑤ (가)는 <del>건조</del> 기후, (나)는 열대 기후, (다)는 <del>한대</del> 기후에 속한다. _{한대   건조}

> **풀이**
>
> (가)는 한대 기후 지역, (나)는 열대 기후 지역, (다)는 건조 기후 지역에 해당한다.
> ① 한대 기후는 주로 고위도인 극지방에 분포하고, 열대 기후는 주로 적도를 중심으로 한 저위도 지방에 분포한다.
> ② 전통 가옥의 구조는 해당 지역의 기후 환경을 반영하는 경우가 많다. 강수량이 많은 열대 기후 지역의 지붕은 빗물이 잘 빠질 수 있도록 경사가 급하고, 강수량이 적은 건조 기후 지역의 지붕은 평평하다.
> ③ 침엽수림은 주로 냉대 기후에 분포한다. 한대 기후와 건조 기후는 나무가 성장하지 못하는 무수목 기후로 분류되므로 수목을 거의 볼 수 없다. 열대 기후는 열대림이 분포한다.
> ④ 벼농사는 계절풍의 영향을 받는 지역에서 주로 발달한다. 한대 기후 지역에서는 수렵과 순록 유목, 열대 기후 지역에서는 이동식 경작과 플랜테이션, 건조 기후 지역에서는 관개 농업이 주로 행해진다.

10 정답 ⑤ 문제편 p.47

─── [보 기] ───

ㄱ. 침엽수림이 넓게 분포한다. → 북반구 고위도에 분포하는 냉대 기후
ㄴ. 주민들은 전통적으로 순록을 유목한다. → 북극해 연안의 툰드라 기후
ㄷ. 흙으로 벽을 두껍게 만든 전통 가옥이 나타난다.
ㄹ. 오아시스 주변에서 농사를 짓는 주민을 볼 수 있다.

① ㄱ, ㄴ   ② ㄱ, ㄷ   ③ ㄴ, ㄷ   ④ ㄴ, ㄹ   ✓⑤ ㄷ, ㄹ

> **풀이**
>
> (가)는 이집트이다. 이집트는 대부분 사막으로 이루어져 있고 피라미드, 스핑크스 등의 문화유산이 있다. 낙타는 사막의 주요 교통수단이며, 사막에서는 바람에 날린 모래가 퇴적된 모래 언덕을 쉽게 볼 수 있다. 이집트를 비롯한 북부 아프리카와 서남아시아 등은 이슬람교 신자 비중이 높다. 이슬람 여성은 신체 대부분을 가리는 의상을 착용한다.
> ㄱ. 침엽수림은 냉대 기후 지역에 주로 분포한다. 사막은 일부 지역을 제외하면 식생이 거의 분포하지 않는다.
> ㄴ. 순록 유목은 툰드라 기후가 분포하는 북극해 연안의 이누이트족, 네네츠족의 전통 생활이다.
> ㄷ. 사막의 전통 가옥은 평평한 지붕, 작은 창, 두꺼운 벽을 가진 흙벽돌집이다.
> ㄹ. 사막에서는 관개 농업, 오아시스 농업 등이 행해진다.

11 정답 ① 문제편 p.47

> **풀이**
>
> '낙타'와 높은 기온, '모래 언덕'으로 보아 주어진 자료는 건조 기후 지역에 관해 설명하고 있다. 건조 기후는 강수량보다 증발량이 많아 건조하며 일교차는 크지만 연교차는 작다.
> ② 일 년 내내 비가 많이 내리는 기후는 열대 우림 기후이다.
> ③ 넓은 침엽수림(타이가)이 분포하는 기후는 냉대 기후이다.
> ④ 주민들이 수렵과 순록 유목을 하는 기후는 툰드라 기후이다.
> ⑤ 여름이 고온 다습하여 벼농사가 활발한 지역은 열대 몬순 기후, 온난 습윤 기후 등이 나타나는 몬순 아시아 지역이다.

12 정답 ③ 문제편 p.47

안녕하세요. '생생 지리' 동영상 제작자 지오입니다. 오늘은 **높은 산지**에 사는 주민들을 연결하여 현지의 생활에 대해 들어 볼까요.

저는 스위스에 사는 요엘이에요. ㉠신기 습곡 산지인 알프스 산지를 오르내리며 키운 ㉡가축의 젖으로 치즈나 버터를 만드는 낙농업을 해요.

_{열대 몬순 기후, 온난 습윤 기후 등}

저는 페루에 사는 우말라예요. 산을 개간하여, ㉢고온 다습한 이곳에서 잘 자라는 벼를 주로 재배하지요 여기는 ㉣기온의 일교차가 크지만 월평균 기온 변화는 작아요. 가축으로 ㉤라마와 알파카를 키우고 있어요.

① ㉠   ② ㉡   ✓③ ㉢   ④ ㉣   ⑤ ㉤

> **풀이**
>
> '높은 산지'를 보아 영상 대화의 주민들은 고산 지대에 거주하고 있음을 알 수 있다. 알프스 산지 부근은 여름철에는 산지에서 가축을 방목하고 겨울철에는 저지대로 가축을 이동시키는 이목이 발달했다. 안데스 산지는 저위도에 위치해 있지만 높은 해발 고도 덕분에 일 년 내내 온화한 기후가 나타난다. 또한 기온의 일교차는 크지만, 저위도에 위치해 있어 계절별 일사량이 일정하기 때문에 월 평균 기온차는 작다.
> ③ 벼는 열대 몬순 기후, 온난 습윤 기후 등 계절풍의 영향으로 여름이 고온 다습한 몬순 아시아에서 주로 재배된다.

13 정답 ③ 문제편 p.48

> **풀이**
>
> 게르는 이동식 천막집으로, 내륙에 위치하여 건조 기후가 나타나는 몽골의 전통 가옥이다. 건조 기후의 주민들은 유목을 하며 생활하기 때문에 가축을 사육할 수 있는 목초지 어느 곳에나 설치할 수 있는 이동식 천막집에 거주한다.

① 쌀을 주식으로 먹는 지역은 열대 몬순 기후 또는 온난 습윤 기후의 몬순 아시아 지역이다.

② 목재나 종이를 생산하는 지역은 냉대 기후의 타이가(침엽수림) 지역이다.

④ 수목 농업이 발달한 지역은 지중해성 기후 지역이다.

⑤ 이동식 화전 농업이 발달한 지역은 열대 우림 기후 지역이다.

14 정답 ① 문제편 p.48

영국 런던

1월의 푸른 축구장
오늘 축구 경기를 관람했다. 이곳은 기온이 영하로 내려가는 날이 드물고 연중 비가 고르게 내려 겨울인데도 잔디가 잘 자란다.
↳ 연중 습윤 → 서안 해양성 기후

고풍스러운 국회의사당
시민혁명으로 이룩한 민주주의의 나라에서 자유와 권리의 소중함을 느낄 수 있었다.
↳ 명예 혁명(1688)

(풀이)
작성자가 여행하는 지역은 영국 런던이다. 영국은 북반구의 중위도 대륙 서안에 위치하여 1월이 겨울이며 연중 습윤한 기후가 나타난다. 또한 명예 혁명(1688)이 발생하였다. 지도의 A는 서안 해양성 기후인 영국 런던, B는 건조 기후인 이집트 카이로, C는 적도 부근에 위치하여 열대 기후가 나타나는 인도네시아 자카르타, D는 대륙 동안에 위치하여 겨울 기온이 낮은 미국 워싱턴, E는 남반구로 1월이 여름인 아르헨티나의 부에노스아이레스이다.

15 정답 ⑤ 문제편 p.48

↳ 건조 기후

(가) 기후 지역의 주민 생활

• 주민들은 얇은 천으로 온몸을 감싸는 옷차림을 한다.
↳ 강한 일사와 모래바람 대비

• 전통 가옥은 지붕이 평평하고 창문이 작은 흙 벽돌집이다.
↳ 적은 강수량
↳ 주변에서 쉽게 구할 수 있음

• 주민들은 전통적으로 양이나 염소를 유목하며 생활한다.
↳ 건조 기후에 잘 적응된 가축

(가) 기후 지역의 특색을 말해 볼까요?

갑 / 을 / 병 / 정 / 무

갑: 겨울이 길고 여름이 짧아요.
↳ 한대 기후

을: 흐린 날이 많고 습도가 높아요.
↳ 서안 해양성 기후

병: 일 년 내내 0℃ 미만이에요.
↳ 한대 기후

정: 사계절의 변화가 뚜렷해요.
↳ 온·냉대 기후

무: 연 강수량이 매우 적어요.

① 갑 ② 을 ③ 병 ④ 정 ⑤ 무

(풀이)
기후는 가옥 구조, 생활 양식 등에 영향을 준다. 제시한 (가)는 건조 기후에 해당한다. 얇은 천으로 온몸을 감싸는 옷은 강한 일사와 모래바람으로부터 신체를 보호할 수 있다. 또한 기온의 일교차가 큰 건조 기후 지역에서 온몸을 감싸는 옷은 야간의 보온에 도움이 된다. 지붕의 경사는 강수 특성을 반영한 경우가 많다. 강수량이 많은 지역일수록 지붕 경사는 대체로 급경사로 이루어져 있다. 가옥의 재료는 주변에서 쉽게 구할 수 있는 것을 활용한다. 건조 기후 지역(사막)은 모래가 많으므로 벽돌을 만들 흙을 주변에서 쉽게 구할 수 있다. 양, 염소 등은 비교적 강수량이 적은 기후에 잘 적응된 가축이므로 건조 기후 지역에서 주로 사육한다.

①, ③ 극지방에서 나타나는 한대 기후에 대한 설명이다.

② 서부 유럽을 비롯한 중위도 대륙 서안에서 나타나는 서안 해양성 기후에 대한 설명이다.

④ 중위도에서 나타나는 온·냉대 기후에 대한 설명이다.

16 정답 ② 문제편 p.48

(가) 지중해성 기후 · (나) 열대 기후 · (다) 열대 고산 기후

 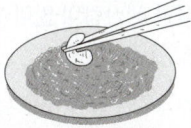 

여름철 고온 건조한 기후로 인해 햇빛이 매우 강하다. 이를 반사시키기 위해 벽이 흰색으로 칠해져 있고, 가옥 간의 간격이 좁다.

연중 고온 다습하여 음식이 쉽게 상한다. 이를 막기 위해 기름에 볶거나 튀기는 요리가 발달해 있으며 향신료를 많이 사용한다.

해발고도가 높고 연중 우리나라의 봄과 같은 날씨가 나타난다. 주로 목축을 하며, 가축으로부터 옷의 재료를 얻는다.

(풀이)
(가)는 지중해성 기후 지역, (나)는 열대 기후 지역, (다)는 열대 고산 기후 지역이다. 지도의 A는 중위도의 지중해 연안에 위치하여 지중해성 기후가 나타나는 그리스, B는 내륙에 있어 건조 기후가 나타나는 몽골, C는 적도 주변에 분포하여 열대 기후가 나타나는 인도네시아, D는 고위도에 분포하여 냉대 기후가 나타나는 캐나다, E는 적도 주변의 고산 지대로 열대 고산 기후가 나타나는 페루이다.

17 정답 ② 문제편 p.49

(풀이)
주어진 자료는 짧은 여름철에만 땅이 드러나고, 1년 중 9개월은 기온이 영하로 떨어지는 툰드라 기후 지역에 대해 설명하고 있다. 툰드라 기후 지역은 여름철 땅이 녹아 경사면을 따라 흘러내리는 현상이 발생한다. 따라서 이러한 현상을 극복하기 위한 시설물로 바닥이 지면과 떨어진 고상식 가옥이나, 지면에서 띄워진 송유관을 볼 수 있다. 이 지역의 주민들은 북극해를 따라 순록을 유목하거나 어업을 하며 생활한다.

①, ④ 건조 기후에서 볼 수 있는 모습이다.

③, ⑤ 열대 기후에서 볼 수 있는 모습이다.

18 정답 ③ 문제편 p.49

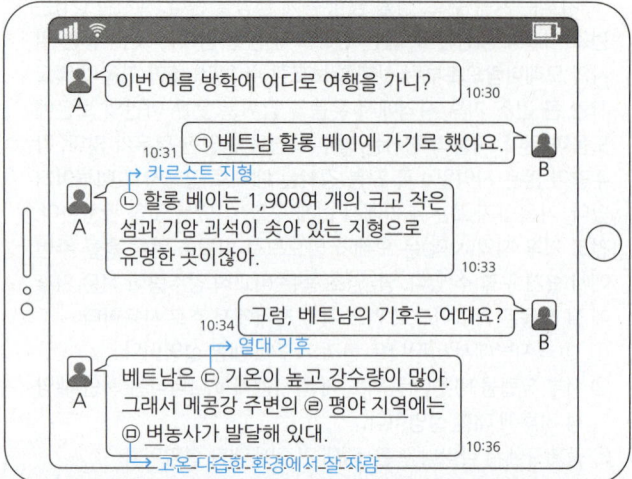

- A: 이번 여름 방학에 어디로 여행을 가니? 10:30
- B: ⊙ 베트남 할롱 베이에 가기로 했어요. 10:31
- A: ⓒ 할롱 베이는 1,900여 개의 크고 작은 섬과 기암 괴석이 솟아 있는 지형으로 유명한 곳이잖아. 10:33 → 카르스트 지형
- B: 그럼, 베트남의 기후는 어때요? 10:34
- A: 베트남은 ⓒ 기온이 높고 강수량이 많아. 그래서 메콩강 주변의 ② 평야 지역에는 ⑩ 벼농사가 발달해 있어. 10:36 → 열대 기후 / 고온 다습한 환경에서 잘 자람

① ⊙은 쌀국수가 유명하며 주요 커피 생산국 중 하나이다.
② ⓒ은 석회암의 용식 작용으로 만들어진 카르스트 지형이다.
✓③ ⓒ으로 인해 ~~창문이 작고 폐쇄적인~~ 가옥 구조가 나타난다. → 개방적인
④ ②은 산지 지역에 비해 경지 개간 및 주변과의 교류가 유리하다. → 해발 고도가 낮고 지표면이 평평함
⑤ ⑩은 밀보다 단위 면적당 생산량이 많아 인구 부양력이 크다.

> **풀이**
>
> 베트남은 기온이 높고 강수량이 많은 열대 기후가 넓게 나타난다. 따라서 베트남에서는 고온 다습한 환경에서 잘 자라는 벼와 커피 재배가 활발하며, 쌀로 면을 만든 쌀국수가 유명하다. 쌀은 다른 작물에 비해 단위 면적당 생산량이 많아 인구 부양력이 크기 때문에 벼농사 지역에 인구가 밀집한다. 또한 베트남은 고온 다습한 기후 환경에서 개방적이고 통풍이 잘되는 가옥 구조가 나타난다. 한편 베트남의 관광 명소인 할롱 베이는 석회암이 빗물이나 지하수의 용식 작용을 받아 형성된 카르스트 지형으로 유명하다.

19 정답 ③ 문제편 p.49

	A	B
①	식생 밀도 → (가)<(나)	기온의 연교차 → (가)>(나)
②	연 강수량 → (가)<(나)	기온의 연교차 → (가)>(나)
✓③	연평균 기온 → (가)<(나)	연 강수량 → (가)<(나)
④	연평균 기온 → (가)<(나)	적도와의 거리 → (가)>(나)
⑤	적도와의 거리 → (가)>(나)	식생 밀도 → (가)<(나)

> **풀이**
>
> 순록 유목을 위한 이동식 가옥이 나타나는 (가)는 한대 기후(툰드라 기후) 지역, 습기와 해충을 피하기 위한 고상 가옥이 나타나는 (나)는 열대 기후(열대 우림 기후) 지역이다. 고온 다습한 열대 기후 지역(나)은 연 강수량이 많고, 연평균 기온이 높아 식생 밀도가 높다. 기온의 연교차는 일반적으로 고위도로 갈수록 커진다. A와 B 모두 열대 기후가 한대 기후에 비해 높거나 많게 또는 크거나 멀게 나타나는 특징이 들어가야 하므로 정답은 ③번이다.

20 정답 ① 문제편 p.49

✓① 겨울이 춥고 길다. → 한대(툰드라) 기후
② 일 년 내내 스콜이 내린다. → 열대(열대 우림) 기후
③ 상록 활엽수의 밀림이 넓게 분포한다. → 열대(열대 우림) 기후
④ 열대 저기압의 영향을 빈번하게 ~~받는다~~.
⑤ 여름에 아열대 고압대의 영향을 많이 받는다. → 지중해성 기후

> **풀이**
>
> 눈과 얼음으로 덮여 있는 기간이 길고, 순록이 서식하고 있는 지역은 한대(툰드라) 기후가 나타나는 북극해 연안이다.
> ① 극지방에서 나타나는 한대(툰드라) 기후는 기온이 낮고 겨울이 길다.
> ②, ③ 열대(열대 우림) 기후 지역에 대한 설명이다.
> ④ 열대 저기압은 열대 해상에서 발생하여 중위도 지방으로 이동한다. 따라서 북극해 연안의 한대(툰드라) 기후 지역에는 영향을 주지 않는다.
> ⑤ 지중해성 기후 지역에 대한 설명이다.

21 정답 ② 문제편 p.50

> **풀이**
>
> 바나나, 망고, 챙이 넓은 모자, 얇고 소매가 짧은 옷 등을 통해 여행지는 열대 기후가 나타나는 지역임을 알 수 있다. 열대 기후는 연중 기온이 높다. 제시된 지역은 인도차이나 반도의 메콩강 유역에서 볼 수 있는 경관이다.
> ③ 건조 기후에 대한 설명이다.
> ④ 중위도의 냉·온대 기후의 특징이다.
> ⑤ 중위도 대륙 서안에서 나타나는 서안 해양성 기후의 특징이다.

22 정답 ③ 문제편 p.50

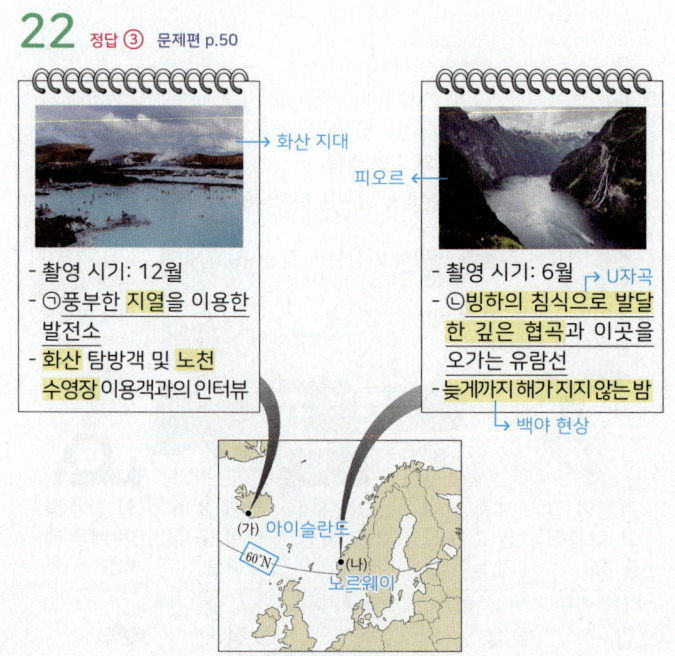

- 촬영 시기: 12월
- ⊙풍부한 지열을 이용한 발전소
- 화산 탐방객 및 노천 수영장 이용객과의 인터뷰
→ 화산 지대

- 촬영 시기: 6월
- ⓒ빙하의 침식으로 발달한 깊은 협곡과 이곳을 오가는 유람선
- 늦게까지 해가 지지 않는 밤
→ 피오르 / U자곡 / 백야 현상

(가) 아이슬란드 / (나) 노르웨이 / 60°N

[보기]

ㄱ. ㉠은 <u>화력 발전</u>보다 온실가스 배출량이 <u>많다</u>.
→ 지열 발전   화석 연료 사용   적다
ㄴ. ㉡은 지형 조건을 활용한 관광 산업의 사례이다.
ㄷ. (가)는 지각판의 경계에 위치하여 지진이 자주 발생한다.
ㄹ. (나)는 우리나라보다 <u>저위도</u>에 위치한다.
                                    고위도

① ㄱ, ㄴ   ② ㄱ, ㄷ   ❸ ㄴ, ㄷ   ④ ㄴ, ㄹ   ⑤ ㄷ, ㄹ

풀이

　　(가)는 아이슬란드이다. 아이슬란드는 지각판의 경계에 위치하여 화산 활동과 지진이 자주 발생한다. 활발한 화산 활동으로 아이슬란드에서는 지열 발전이 이루어지며, 지열 발전은 온실가스 배출이 거의 없다. 또한 아이슬란드는 뜨거운 물을 이용한 노천 온천·수영장, 화산 등을 관광 자원으로 이용한다. (나)는 노르웨이이다. 노르웨이는 빙하의 침식으로 형성된 U자곡에 해수면 상승으로 바닷물이 들어와 형성된 피오르를 관광 자원으로 이용하며, 고위도에 위치하여 늦게까지 해가 지지 않는 백야 현상이 나타난다.

24　정답 ③　문제편 p.50

① V자곡　　　② 삼각주　　　❸피오르
④ 버섯바위　　⑤ 용암 동굴

풀이

　　제시된 경관은 빙하 지형이 나타나는 피오르 해안이다. 피오르 해안은 빙하의 침식을 받은 U자곡이 후빙기 해수면 상승으로 침수되면서 형성된 해안이다. 피오르 해안은 좁고 긴 협만으로 구성되어 있고, 수심이 깊고 주변이 절벽에 가까운 급경사로 이루어져 있다.
① 하천의 침식을 받은 계곡이다.
② 하천 하구에서의 유속 감소로 형성된 하천 퇴적 지형이다.
④ 바위의 하단부가 집중적으로 바람의 침식 작용을 받으면서 형성된 버섯 모양의 바위로, 사막에 주로 분포한다.
⑤ 화산 지대에 분포하며, 용암의 냉각 속도 차로 형성된 동굴이다.

23　정답 ③　문제편 p.50

노르웨이 피오르
→ U자곡에 해수면 상승으로 바닷물이 들어와 형성

- 촬영 시기: 6월
- 촬영 대상
• ㉠으로 형성된 <u>U자곡</u>
• 인근 수력 발전소
→ 빙하의 침식으로 형성된 U자형의 골짜기

베트남 탑 카르스트

- 촬영 시기: 10월
- 촬영 대상
• ㉡으로 형성된 수천 개의 섬과 바위 기둥이 솟아 있는 <u>카르스트 지형</u>
• 카약킹과 수상 인형극
→ 석회암이 빗물이나 지하수에 의해 녹아 형성

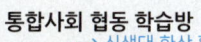

(가) 노르웨이

(나) 베트남

	㉠	㉡
①	빙하의 퇴적	빙하의 침식
②	빙하의 퇴적	석회암의 용식
❸	빙하의 침식	석회암의 용식
④	빙하의 침식	빙하의 퇴적
⑤	석회암의 용식	빙하의 침식

풀이

　　(가) 지역의 U자곡은 빙하의 침식으로 형성되었고, (나) 지역의 카르스트 지형은 석회암이 빗물이나 지하수의 용식 작용을 받아 형성되었다. (가) 지역의 사진은 노르웨이 베르겐의 피오르, (나) 지역의 사진은 베트남 할롱 베이의 탑 카르스트이다.

25　정답 ④　문제편 p.51

통합사회 협동 학습방
→ 신생대 화산 활동으로 형성
1) <u>제주도</u>의 다양한 화산 지형과 주민 생활 조사하기

㉠ 한라산, 성산 일출봉, 거문 오름 용암 동굴계는 다양한 화산 지형이 잘 보존되어 있어 세계적으로 그 가치를 인정받아 세계 자연 유산에 등재되었다.

기생 화산 중 하나인 도너리 오름은 말과 소의 방목, 탐방객 등반으로 훼손돼 2026년까지 ㉡ 자연 휴식년제* 기간을 연장하기로 결정되었다.
→ 생태계 보존을 위한 노력
*자연 휴식년제 : 훼손의 우려가 있는 지역을 지정하여 일정 기간 출입을 통제하는 제도

2) 일러스트를 만들어 지도에 첨부하기

㉢ 주상 절리

강한 바람에 대비한 ㉣ 돌담과 그물 지붕을 갖춘 전통 가옥

[보 기]

ㄱ. ㉠의 정상부에는 <mark>분화구에 물이 고인 호수</mark>가 있다.
→ 화구호
ㄴ. ㉡은 생태계를 보존하기 위한 노력으로 볼 수 있다.
ㄷ. ㉢은 용암이 냉각 및 수축되는 과정에서 형성되었다.
ㄹ. ㉣은 주로 주변에서 얻기 쉬운 <mark>석회암</mark>을 이용하여 쌓았다.
현무암

① ㄱ, ㄷ ② ㄱ, ㄹ ③ ㄴ, ㄹ
④ ㄱ, ㄴ, ㄷ ⑤ ㄴ, ㄷ, ㄹ

풀이

제주도에는 용암 동굴, 기생 화산, 주상 절리 등 다양한 화산 지형이 분포하고, 이들 지형은 관광 자원으로 활용된다. 제주특별 자치도는 자연환경을 보존하기 위한 다양한 노력을 통해 지속가 능한 관광을 추구한다.
ㄱ. 한라산(㉠)의 정상에 있는 백록담은 분화구에 물이 고인 화구 호이다.
ㄴ. 자연 휴식년제 기간을 연장(㉡)하는 것은 사람의 출입을 통제 하여 생태계와 자연환경을 보존하려는 정책이다.
ㄷ. 주상 절리(㉢)는 용암의 냉각 과정에서 부피가 축소되면서 형 성된 지형이다.
ㄹ. 전통 가옥은 주변에서 쉽게 확보할 수 있는 재료를 주로 활용 한다. 제주도 가옥의 돌담은 주로 제주도에 많이 분포하는 현 무암을 이용하였다.

26 정답 ④ 문제편 p.51

(가) 시 스택과 시 아치(프랑스) (나) 해안 절벽(제주도)

① 바람의 퇴적 작용
② 빙하의 침식 작용
③ 조류의 퇴적 작용
④ 파랑의 침식 작용
⑤ 파랑의 퇴적 작용

풀이

(가)의 시 스택과 시 아치는 경암부가 파랑의 차별 침식으로 남게 된 지형이다. (나)의 다각형 기둥 모양의 해안 절벽은 주상 절리이다. 해안에 형성된 주상 절리는 용암의 냉각에 의한 부피 감소로 절리가 형성된 이후 파랑의 침식을 받아 급경사 절벽이 형성되었다.

27 정답 ③ 문제편 p.51

① 고위도에 위치한다. → 냉·한대 기후
② 열대림이 넓게 분포한다. → 열대 기후
③ 해발 고도가 높은 곳이다. → 열대 고산 기후
④ 바다와 가까워서 어업에 유리하다. → 해안 지역
⑤ 계절풍의 영향으로 벼농사가 발달한다. → 열대 몬순 기후, 온난 습윤 기후

풀이

'이 지역'은 연중 봄과 같이 온화한 상춘 기후가 나타나고, 기온 의 일교차가 큰 것으로 보아 열대 고산 기후 지역임을 알 수 있다. 열대 고산 기후 지역은 저위도에 위치해 있지만, 해발 고도가 높아 질수록 기온이 낮아져 식생의 종류가 달라진다. 따라서 저지대에 는 열대림이 분포하지만, 해발 고도가 높아질수록 온대림, 냉대림 등이 나타난다.

28 정답 ② 문제편 p.52

○○신문
→ 탑 카르스트 발달 지역
할롱베이, 부유 쓰레기로 '몸살'

〈할롱베이〉 〈할롱베이의 부유 쓰레기〉
→ 석회암의 용식 작용으로 형성

할롱베이는 물에 잠긴 ㉠ 카르스트(Karst) 지형으로 유명 하다. ㉡ 할롱베이의 약 1,600개의 크고 작은 기암 괴석과 섬들이 ㉢ 독특한 자연 경관을 이루고 있다. 하지만 최근
→ 관광 산업 발달 유리
할롱베이는 무분별한 개발과 관광객들이 버린 쓰레기로 몸 살을 앓고 있으며, 이에 당국은 <mark>자연 그 자체를 보존하기 위해</mark>서 ㉣ 폐기물 투기 행위에 대한 단속을 강화할 방침이 다.

[보 기]

ㄱ. ㉠은 기반암이 용식 작용을 받아 형성되었다.
ㄴ. ㉡의 주된 기반암은 현무암이다.
석회암
ㄷ. ㉢은 관광 산업 발달에 유리한 조건이 될 수 있다.
ㄹ. ㉣은 ~~경제적 측면만을 강조한 해결 방안으로 환경적 측면 이 배제되어 있다.~~
환경적 측면을 고려한 방안이다

① ㄱ, ㄴ ② ㄱ, ㄷ ③ ㄴ, ㄷ ④ ㄴ, ㄹ ⑤ ㄷ, ㄹ

풀이

베트남의 할롱베이는 세계적인 관광 명소로 웅장한 탑 카르스 트가 발달한 지역이다. 탑 카르스트는 석회암의 차별 용식 및 차 별 침식으로 형성된 봉우리 모양의 지형이다.
ㄱ. 카르스트(Karst) 지형(㉠)은 석회암의 용식 작용으로 형성되 는 지형을 일컫는다.
ㄴ. 카르스트 지형이 발달한 할롱베이에 분포하는 주된 기반암은 석회암이다. 현무암은 화산 활동으로 분출된 용암이 굳어서 형성된 암석으로 화산 지대에 분포한다.
ㄷ. 석회 동굴, 탑 카르스트 등의 독특한 자연 경관(㉢)을 가진 카 르스트 지형은 관광 자원으로 많이 활용된다. 탑 카르스트가 발달한 할롱베이는 베트남의 대표적인 관광지이다.
ㄹ. 폐기물 투기 행위에 대한 단속을 강화(㉣)하는 것은 경제적 효 과보다 환경을 고려한 지속가능한 관광을 추구하는 정책이다.

29 정답 ⑤ 문제편 p.52

풀이

제시된 정책들은 폭염과 지진에 대한 대책으로, 이는 안전하고 쾌적한 환경에서 살아갈 권리의 보장을 목적으로 한다. 국가는 국민의 안전권과 환경권을 보장하기 위해 재해의 예방 및 피해 복구, 보상을 진행해야 하며, 국민의 안전과 환경 보전을 위해 노력해야 한다.

30 정답 ① 문제편 p.52

지진
(가) 발생 시 이렇게 하세요

책상이나 탁자 아래로 들어가 몸을 보호합니다. 흔들림이 멈추면 건물 밖으로 대피합니다.

계단을 이용하여 신속하게 대피합니다. 엘리베이터는 절대 사용하지 않도록 합니다.

밖에서는 가방이나 손으로 머리를 보호하며, 건물에서 멀리 떨어져 주위를 살피며 대피합니다.

넓은 공터로 대피하여 공공 기관에서 방송을 통해 제공하는 정보에 따라 침착하게 행동합니다.

[보 기]
ㄱ. 건물의 내진 설계를 통해 피해를 줄일 수 있다.
ㄴ. 해저에서 발생 시 해안에 해일 피해를 줄 수 있다.
ㄷ. (가) 재해에 대비한 전통 가옥 시설로 우데기가 있다.
  대설
ㄹ. 기후적 요인에 의해 발생하는 대표적인 자연재해이다.
  지형적

① ㄱ, ㄴ ② ㄱ, ㄷ ③ ㄴ, ㄷ ④ ㄴ, ㄹ ⑤ ㄷ, ㄹ

풀이

흔들림이 멈출 때까지 책상이나 탁자 아래로 들어가고, 건물에서 멀리 떨어진 공터로 대피해야 하는 자연재해인 (가)는 지진이다. 지진이 발생하면 건물이 붕괴될 수 있고, 간판 등의 부착물이 떨어질 수 있으므로 이에 대비한 행동 요령이 필요하다.
ㄱ. 내진 설계는 지진 발생 시 건물이 붕괴되지 않고 견딜 수 있도록 건축물을 설계하는 것이다. 따라서 내진 설계를 통해 지진의 피해를 줄일 수 있다.
ㄴ. 해저에서 지진이 발생하면 지진 해일이 발생하여 해안 일대의 건물이 붕괴되거나 침수될 수 있다.
ㄷ. 우데기는 폭설과 강풍 등에 대비한 울릉도의 전통 가옥 구조물이다.
ㄹ. 지진은 지형적 요인으로 발생하는 자연재해이다. 기후적 요인에 의해 발생하는 자연재해에는 호우, 대설, 태풍, 폭염, 한파 등이 있다.

31 정답 ③ 문제편 p.53

① A: 우리나라에는 주로 겨울에 영향을 줍니까? → 폭설, 한파
② A: 주로 지각판의 경계에서 빈번하게 발생합니까? → 지진, 화산 활동
  B
③ A: 열대 해상에서 발생하여 고위도로 이동하면서 폭풍우를 동반합니까? → 태풍
④ B: 중국 내륙의 사막화에 의해 발생 빈도가 증가하고 있습니까?
  → 황사
⑤ B: 한꺼번에 많은 눈이 내려 인명 및 재산 피해를 발생시킵니까?
  → 폭설

풀이

(가)는 많은 비와 강한 바람을 동반하여 풍수해를 일으키는 태풍, (나)는 땅이 갈라지고 흔들리면서 건축물과 도로 등이 붕괴하여 짧은 시간에 많은 피해를 주는 지진이다. A에는 (가) 태풍과 관련된 질문이, B에는 (나) 지진과 관련된 질문이 들어가야 한다. ① 태풍은 우리나라에 주로 여름에서 가을 사이에 영향을 준다.

32 정답 ④ 문제편 p.53

㉠중국 쓰촨성의 구채구는 우리나라 관광객들이 많이 찾는 곳인데요, 1년 전 규모 7.0의 ㉡지진으로 큰 피해를 입었다가 최근 복구됐습니다. 현장에서 특파원이 보도합니다.

구채구 / 상하이 / → 환태평양 조산대

백두산의 해발 고도보다 ㉢높은 곳에 위치한 구채구가 본래의 아름다운 모습을 되찾았습니다. 하지만 ㉣자연재해로 파괴된 자연을 인위적으로 복원하는 것에 대해 찬반 논란이 있습니다.

[보 기]
ㄱ. ㉠은 환태평양 조산대에 속하여 지진이 빈번하다.
  → 일본, 인도네시아 등
ㄴ. ㉡은 지형적인 요인으로 발생한 자연재해이다.
ㄷ. ㉢은 비슷한 위도의 상하이보다 연평균 기온이 높다.
  → 해발 고도가 높음 낮다
ㄹ. ㉣을 반대하는 사람들은 주로 생태 중심주의적 자연관을 가진다.

① ㄱ, ㄴ ② ㄱ, ㄷ ③ ㄴ, ㄷ ④ ㄴ, ㄹ ⑤ ㄷ, ㄹ

풀이

지형적 요인에 의한 자연재해로는 지진과 화산 활동이 대표적이다. 한편, 생태 중심주의는 인간과 자연의 관계에서 인간의 이익보다 인간을 포함한 자연 전체의 균형과 안정을 먼저 고려하는 관점으로, 이 자연관을 가진 사람들은 자연재해로 파괴된 자연을 인위적으로 복원하는 것을 반대한다.

33 정답 ⑤ 문제편 p.53

풀이

규모 3.5, 낙하물, 여진 등을 통해 제시된 자연재해가 지진임을 알 수 있다. 대부분 판의 경계부에서 발생하는 지진은 지표면의 진동 및 갈라짐을 동반하여 산사태, 지진해일 등의 피해를 가져온다. 지진에 대비한 내진 설계를 강화하면 건물 붕괴에 따른 피해를 줄일 수 있다.

ㄱ. 강풍과 폭우를 동반한 자연재해는 태풍이다.

ㄴ. 지진은 지형적 요인에 의해 발생한다. 기후적 요인에 의한 자연재해로는 태풍, 호우, 대설 등이 있다.

34 정답 ① 문제편 p.54

[보 기]

ㄱ. ㉠은 지각판의 움직임이 활발한 지역이다.

ㄴ. ㉡은 안전하고 쾌적한 환경에서 살아갈 권리이다.
→ 일사병의 발병률을 높임

ㄷ. ㉢은 시가지와 농경지 등의 침수 피해를 가져온다.
→ 홍수

ㄹ. ㉣은 열대 저기압이 통과할 때 주로 발생한다.
→ 농작물 말라 죽음, 각종 용수 부족   → 태풍

① ㄱ, ㄴ   ② ㄱ, ㄷ   ③ ㄴ, ㄷ   ④ ㄴ, ㄹ   ⑤ ㄷ, ㄹ

풀이

환태평양 조산대(㉠)는 판과 판이 만나는 경계로 지각판의 움직임이 활발하여 지진과 화산 활동이 자주 일어난다. 안전권(㉡)은 국민이 각종 위험으로부터 안전을 보호받을 권리이다.

35 정답 ② 문제편 p.54

풀이

제시된 관점은 생태 중심주의에 해당한다.

② 생태 중심주의는 생태계 전체가 하나의 유기체이고, 인간은 자연과 조화를 이루며 더불어 살아가야 하는 존재라고 본다. 인간 중심주의는 인간과 자연이 동등하지 않으며 위계 관계에 있다고 보고, 자연은 있는 그대로가 아니라 인간을 위한 도구적 가치만을 지닌다고 본다.

36 정답 ⑤ 문제편 p.54

○○신문 　　　　　　　　　　○○○○년 ○월 ○일

칼 럼

심각해지는 환경 파괴와 이로 인한 기후 변화 문제에 대응하기 위해 우리는 다음 사상가의 말에 귀를 기울일 필요가 있다. "인간은 지구라는 생명 공동체의 정복자가 아니라 단지 구성원이자 시민일 뿐이다. 생명 공동체의 온전함과 안정성 그리고 아름다움의 보존에 이바지하는 것은 옳다. 그렇지 않으면 그르다." 이 사상가의 말처럼 인간은 자연과 조화를 이루는 겸손한 구성원으로 살아가야 한다.
→ 레오폴드
→ 생태 중심주의

---

① 인간은 이성을 지니므로 본질적으로 자연보다 우월하다.

② 자연은 인간의 행복과 풍요로움을 위한 수단에 불과하다.

③ 자연은 인간에게 유용성을 가져다줄 때만 가치를 지닌다.
→ 인간 중심주의

④ 자연이 지닌 가치는 오직 경제적 관점에서 평가되어야 한다.

⑤ 인간과 동식물은 생명 공동체에서 상호 의존하는 구성원들이다.

풀이

제시된 사상가는 인간이 생명 공동체의 한 구성원이므로 생태계의 안정을 유지할 의무가 있다고 보는 레오폴드이다. 제시된 신문 칼럼은 인간이 자연과 조화를 이루는 겸손한 구성원으로 살아가야 함을 주장하고 있다. 이는 생태 중심주의에 해당한다.

①, ②, ③, ④ 인간 중심주의의 관점에 해당한다. 인간 중심주의는 인간을 가장 가치 있는 존재로 여기고, 인간과 자연의 관계에서 인간의 이익이나 행복을 먼저 고려한다.

⑤ 인간과 동식물이 상호 의존하는 생명 공동체의 구성원들이라고 보는 관점은 생태 중심주의에 해당한다.

37 정답 ② 문제편 p.54

[보 기]

ㄱ. 자연의 모든 존재는 평등하다. → 생태 중심주의

ㄴ. 자연은 인간의 소유물로서 존재한다. → 인간 중심주의

ㄷ. 자연은 그 자체로 소중한 가치를 지닌다. → 생태 중심주의

ㄹ. 자연은 인간이 정복하고 지배해야 할 대상이다. → 인간 중심주의

① ㄱ, ㄴ   **②** ㄱ, ㄷ   ③ ㄴ, ㄷ   ④ ㄴ, ㄹ   ⑤ ㄷ, ㄹ

풀이

제시된 신문 칼럼에서는 자연의 모든 존재가 인간과 평등한 구성원이라는 점을 인정할 것을 주장하고 있다. 이는 생태 중심주의에 해당한다.

ㄱ. 생태 중심주의는 자연의 모든 존재가 평등하다고 본다.

ㄴ. 인간 중심주의는 자연을 인간의 소유물로 본다.

ㄷ. 생태 중심주의는 자연은 그 자체로 본래의 가치를 지니고 있다고 본다.

ㄹ. 인간 중심주의는 인간과 자연의 관계에서 인간의 이익이나 행복을 먼저 고려하므로 자연을 인간이 정복하고 지배해야 할 대상으로 본다.

38 정답 ⑤ 문제편 p.55

대지 윤리는 공동체의 범위를 흙, 물, 식물, 동물을 포괄하는 대지까지 확장한다. 그리고 인간의 역할을 대지 공동체의 정복자에서 평범한 구성원으로 변화시킨다. 인간은 상호 의존적인 부분들로 이루어진 대지 공동체를 그 자체로 존중해야 한다. 어떤 행위가 대지 공동체의 온전성, 안정성, 아름다움을 보전하는 경향이 있다면 그 행위는 옳다.
→ 레오폴드

① 이성을 지니지 않은 개체는 도덕적 고려의 대상이 ~~아니다.~~
② 대지 공동체의 모든 구성원은 ~~서로 무관한 독립적 존재다.~~
③ 무생물은 인간의 욕구 충족을 위한 수단적 가치~~만~~을 지닌다.
④ 인간은 대지 공동체의 다른 구성원보다 ~~본질적으로 우월하다.~~
☑⑤ 대지 공동체의 온전성을 위한 인간의 행위는 정당화될 수 있다.

> (풀이)
>
> 제시된 자료의 사상가는 생태 중심주의의 레오폴드이다. 레오폴드는 인간이 다른 대지 공동체 구성원보다 본질적으로 우월한 것은 아니며, 서로가 서로를 필요로 하기에 무생물도 도덕적 고려의 대상이 된다고 주장한다.
> ① 레오폴드는 이성이 없는 개체, 즉 동식물, 무생물도 도덕적으로 고려할 대상이라고 주장한다.
> ② 레오폴드는 생태 중심주의적 관점에서 대지 공동체를 이루는 모든 구성원(무생물 포함)은 서로 연결되어 상호 작용한다고 주장한다.
> ③ 레오폴드는 무생물일지라도 본래적 가치가 있다고 본다. 단, 인간이 무생물을 수단으로 이용하는 것 자체를 부정한 것은 아님을 유의해야 한다.
> ④ 레오폴드는 인간이 비이성적 개체와 비교하여 본질적으로 우월한 것은 아니라고 본다.
> ⑤ 레오폴드는 대지 공동체의 온전성, 안정성을 위한 인간의 행위는 정당화될 수 있다고 본다. 대표적으로 생태계 안정을 목적으로 하는 동물 사냥은 정당화될 수 있다.

39 정답 ② 문제편 p.55

> (풀이)
>
> 갑은 케이블카 설치로 인해 경제적 이익은 얻을 수 있지만 멸종 위기 야생 생물의 서식지가 훼손될 것을 우려하고 있다. 을은 케이블카 설치로 인한 자연환경의 훼손 우려를 인정하지만 케이블카 설치가 고용 창출 및 지역 경제 활성화에 도움이 될 것이라고 보고 있다.
> ② 갑은 자연이 인간을 위해서만 존재하는 것이 아니므로 인간은 자연을 파괴할 권리가 없다고 본다.

40 정답 ⑤ 문제편 p.55

> 토양에서 식물이 자라고 동물은 그 식물을 먹고 그들의 배설물은 토양의 영양분이 되는 것처럼, 여러 고리로 연결된 자연은 하나의 유기적인 전체입니다. 인간도 자연의 평범한 구성원 중 하나로서 자연 속 다른 존재들과 유기적 관계를 맺으며 살아갑니다.
> → 생태 중심주의

① 인간은 자연보다 우월한 존재이다.
② 인간과 자연은 서로 관계없는 별개의 존재이다.
③ 자연은 인간의 풍요로운 삶을 위한 도구에 불과하다. → 인간 중심주의
④ 자연의 가치는 인간의 경제적 이익에 따라 평가된다.
☑⑤ 인간을 포함한 자연 전체의 조화와 균형을 고려해야 한다.

> (풀이)
>
> 인간과 자연의 관계에 대한 강연자의 입장은 생태 중심주의에 해당한다. 생태 중심주의는 인간과 자연은 서로 끊임없이 영향을 주고받는 상호 보완적 관계로서 서로 조화와 균형을 이루어야 함을 강조한다.
> ①, ③, ④ 인간 중심주의의 입장에 해당한다.
> ② 생태 중심주의는 인간이 자연과 독립적으로 존재할 수 없다고 본다.

41 정답 ⑤ 문제편 p.55

인간 중심주의: ← 갑: 인간은 자연의 사용자이다. 관찰을 통해 자연의 질서
베이컨   를 이해함으로써 자연을 복종시키면 인간 생활은 더
(가)   윤택해진다. 자연에 대한 지식이 곧 인간의 힘이다.

생태 중심주의: ← 을: 인간은 생명 공동체의 지배자가 아니며 대지 위의 모
레오폴드   든 존재는 평등한 구성원이다. 생명 공동체의 온전함,
              안정, 아름다움의 보전에 기여한다면 그 행위는 옳다.

(나)

⟨범 례⟩
→ : 비판의 방향
A, B : 비판의 내용

⟨예 시⟩
갑 —A→ 을
A는 갑이 을에게 제기할 수 있는 비판임.

① A: 인간에게 자연은 ~~어떠한 가치도 없음~~을 간과한다.
   도구적(수단적) 가치○
② A: 인간이 자연을 지배하는 것은 ~~부당함~~을 간과한다.
③ A: 인간은 자연의 안정을 위해 노력해야 함을 ~~간과~~한다.
④ B: 인간은 자연으로부터 ~~독립된 존재~~임을 간과한다.
☑⑤ B: 인간은 자연 그 자체의 가치를 존중해야 함을 간과한다.
   생태계

> (풀이)
>
> 갑은 인간 중심주의 사상가 베이컨, 을은 생태 중심주의 사상가 레오폴드이다.
> ① 베이컨의 비판으로 적절하지 않다. 베이컨은 자연의 도구적 가치는 인정한다. 따라서 자연은 어떠한 가치도 없다고 보지 않는다.
> ② 베이컨의 비판으로 적절하지 않다. 베이컨은 인간이 자연과학적 지식을 통해 자연을 지배하고 복종시키는 것은 정당하다고 주장한다.
> ③ 레오폴드가 강조할 내용이다. 레오폴드는 생태 중심주의 입장에서 자연의 안정성, 온전성을 위해 인간이 노력해야 함을 강조한다.
> ④ 레오폴드의 비판으로 적절하지 않다. 레오폴드는 생태계란 유기체와 무기물의 상호 작용이며, 생태계에 속한 인간 역시 자연 생태계의 평범한 일원이라고 주장한다.
> ⑤ 레오폴드의 비판으로 적절하다. 자연 그 자체는 생태계를 의미한다. 레오폴드는 생태계 자체의 가치를 존중한다. 반면, 베이컨은 인간 중심주의자이므로 생태계 자체의 가치를 존중하지 않는다.

42 정답 ④ 문제편 p.56

> 갑: **인간은 자연의 지배자가 아닌 자연의 한 구성원**으로서 자연
> 을 보전할 도덕적 의무를 지닌다. 자연은 다양한 구성원이
> 엮인 생태계로서 그 자체만으로도 가치를 지닌다.
> → 생태 중심주의
> 을: **인간은 자연의 지배자**로서 자연을 정복하고 이용할 권리
> 를 지닌다. **자연은 인간의 욕구 충족을 위한 도구**이며 인간
> 에게 혜택을 줄 때에만 가치를 지닌다. → 인간 중심주의

① 인간이 자연보다 우위에 있다는 점을 간과한다.
② 인간은 자연으로부터 독립된 존재라는 점을 간과한다.
③ 인간의 행복을 위해 자연을 이용할 수 있음을 간과한다.
④ 자연은 인간의 이익과 무관하게 가치를 지닐 수 있음을 간과한다. ✓
⑤ 자연 전체의 균형보다 인간의 이익을 먼저 고려해야 함을 간과한다.

> 풀이
> 갑은 인간이 자연의 지배자가 아닌 자연의 구성원으로서 자연
> 을 보전할 의무를 지닌다고 보고 있으므로 이는 생태 중심주의에
> 해당한다. 을은 인간이 자연의 지배자로서 자연을 정복하고 이용할
> 권리를 지닌다고 보고 있으므로 이는 인간 중심주의에 해당한다.
> ④ 인간 중심주의는 자연을 그 자체로 가치 있는 존재가 아닌 인
> 간의 생존과 복지를 위한 수단으로 여긴다. 따라서 생태 중심
> 주의는 인간 중심주의가 인간의 이익과 무관하게 자연은 가치
> 를 지닐 수 있음을 간과한다고 비판할 수 있다.

43 정답 ① 문제편 p.56

> [보 기]
> ㄱ. 갑은 자연이 인간의 이익을 위한 도구라고 여긴다.
> ㄴ. 을은 생태계의 균형과 안정을 중시한다.
> ㄷ. 을은 갑과 달리 인간이 자연보다 우월한 존재라고 여긴다.
> ㄹ. 갑, 을은 모두 자연을 개발과 극복의 대상으로 바라본다.

① ㄱ, ㄴ ✓ ② ㄱ, ㄷ ③ ㄴ, ㄷ ④ ㄴ, ㄹ ⑤ ㄷ, ㄹ

> 풀이
> 갑은 인간 중심주의, 을은 생태 중심주의이다. 인간 중심주의
> 는 자연이 인간을 위해 존재한다고 보며 자연의 도구적 가치를
> 중시한다. 반면, 생태 중심주의는 자연을 하나의 유기체로 보고
> 생태계 전체가 내재적인 가치를 지닌다고 주장한다.

44 정답 ① 문제편 p.56

① 갯벌은 본래적 가치를 지니는 존재이다. ✓
② 갯벌은 도덕적 고려의 대상에 포함되지 않는다. → 된다
③ 갯벌은 인간의 풍요로운 삶을 위한 수단일 뿐이다.
④ 갯벌은 인간에 의해 마음대로 이용될 수 있는 대상이다. → 인간 중심주의
⑤ 갯벌의 가치는 인간에게 제공하는 이익으로만 결정된다.

> 풀이
> (가)는 자연을 있는 그 자체로 가치를 지닌 도덕적 존중의 대상
> 이라고 보고 있으므로 이는 생태 중심주의에 해당한다.
> ② 생태 중심주의는 갯벌을 도덕적 고려 대상으로 여긴다.
> ③, ④, ⑤ 인간 중심주의를 지지하는 근거로 적절하다.

45 정답 ④ 문제편 p.56

① 갑은 자연이 인간보다 본질적으로 우위에 있다고 본다.
② 갑은 인간의 이익을 위해 자연을 이용할 수 없다고 본다. → 있다
③ 을은 자연을 인간의 복지를 위해 지배해야 한다고 본다. → 갑
④ 을은 자연이 지닌 본래적 가치를 인정해야 한다고 본다. ✓
⑤ 갑, 을은 인간과 자연을 상호 무관한 독립적 존재라고 본다.

> 풀이
> 갑은 자연을 인간의 도구로 보고 있으므로 이는 인간 중심주의
> 자연관에 해당한다. 을은 자연을 그 자체로 가치를 지닌 존재로
> 보고 있으므로 이는 생태 중심주의 자연관에 해당한다.
> ⑤ 생태 중심주의는 인간과 자연이 상호 의존적인 관계에 있다고
> 본다.

46 정답 ① 문제편 p.57

① 인간 역시 자연의 일부임을 자각한다. ✓
② 자연을 **도구적 가치**의 관점에서 바라본다.
③ **자연을 이용하고 개발**하는 것을 정당화한다.
④ **자연은 인간의 욕구를 충족시키기 위해 존재**한다.
⑤ **인간은 다른 모든 존재와 구분되는 우월한 존재**이다.
→ 인간 중심주의

> 풀이
> 제시문은 시애틀 추장의 편지 내용으로 생태 중심주의 자연관
> 에 해당한다. 생태 중심주의는 대지 전체를 도덕적 고려 대상으로
> 보고, 인간과 자연을 대지의 구성원으로서 동등하다고 본다.
> 반면, 인간 중심주의는 자연을 도구적 가치의 관점에서 바라보아
> 자연을 이용하고 개발하는 것이 정당화 가능하다고 보며, 자연이
> 다른 존재보다 우월한 인간의 욕구 충족을 위해 존재한다고 주장
> 한다.

47 정답 ③ 문제편 p.57

① 인간 이외의 자연 만물은 경제적 가치로만 평가되어야 한다. → 서는 안 된다
② 인간은 동·식물을 포함하는 모든 자연에 대한 소유권을 가진다. → 가지지 않는다
③ 인간은 대지의 일부로 자연과 유기적 관계임을 인식해야 한다. ✓
④ 인간은 대지에 속한 다른 존재보다 더 가치 있고 우월한 존재이다.
⑤ 인종과 상관없이 모든 인간에게 자연을 지배할 동등한 권리를 부여해야 한다.

풀이

제시된 편지에서 인디언 추장은 인간은 자연의 일부분이고 자연 또한 인간의 일부분이므로 인간과 자연은 모두 하나로 연결되어 있음을 강조하고 있다. 이를 통해 제시된 편지는 자연을 경제적 측면에서만 바라보지 말고 인간과 자연이 유기적 관계임을 인식해야 한다고 강조하고 있음을 알 수 있다.

ㄷ. 불교에 따르면 인간은 자비의 정신을 통해 자연과 공존해야 한다.

ㄹ. 불교는 인간이 자연을 통제하거나 마음대로 변형할 수 있는 주인이 아니라고 본다. 따라서 자연에 대한 인간의 지배적 권리를 부정한다.

48 정답 ① 문제편 p.57

→ 연기설

(가) 불교 사상

연기(緣起)는 모든 현상이 원인과 조건에 의해 서로 관련되어 생겨난다는 것이다. 즉 만물은 서로 의존 관계에 있음을 의미한다.

✔① 인간과 자연의 상호 연계성을 깨달아 조화를 추구해야 한다.
② 자연을 인간의 행복을 위한 수단적 가치로 인식해야 한다.
③ 인간은 자연에 대한 주인으로서의 권리를 행사해야 한다.
④ 생태계 이용을 위해 과학 기술을 발전시켜 나가야 한다.
⑤ 기계론적 관점에서 자연의 운영 원리를 파악해야 한다.

→ 인간 중심 주의

풀이

(가) 사상은 불교 사상이다. 불교 사상은 만물이 상호 의존적으로 존재한다는 '연기설'을 주장한다.

49 정답 ② 문제편 p.57

(가)

세상의 모든 존재는 원인[因]과 조건[緣]의 상호 관계에 의해서 끊임없이 생멸(生滅)한다. 따라서 이 세상 어느 것도 독립하여 스스로 존재하는 것은 없다. → 불교

(나)

○○연구소는 세계 각국의 무분별한 자원 개발과 환경 파괴로 지구 온도가 지속적으로 상승할 것으로 예측하였다. 이로 인해 대규모의 사상자가 나올 것이라고 경고했다.

[보 기]
ㄱ. 인간을 자연 생태계 일부로 인식해야 한다.
ㄴ. 인간에게 주는 이익에 따라 자연을 평가해야 한다.
ㄷ. 인간과 자연이 공존할 수 있는 방안을 모색해야 한다.
ㄹ. 인간은 자연의 주인으로서 지배적 권리를 강화해야 한다.

① ㄱ, ㄴ ✔② ㄱ, ㄷ ③ ㄴ, ㄷ ④ ㄴ, ㄹ ⑤ ㄷ, ㄹ

풀이

(가) 사상은 불교이다. 불교는 세상의 모든 존재와 현상은 원인과 조건의 일시적 결합이라고 주장한다. 따라서 만물은 서로 연결되어 있으므로 미물이라도 차별하지 말고 자비를 베풀 것을 강조한다.
ㄱ. 불교에 따르면 인간은 자연 생태계의 평등한 구성원이다.
ㄴ. 불교에 따르면 자연을 평가할 때는 인간의 이익이 아닌 연기(緣起)의 법칙을 고려해야 한다.

50 정답 ④ 문제편 p.58

(가) 인간과 자연 중 한쪽만을 강조하는 사고로는 현실의 문제를 해결할 수 없다. 인간이 기본적인 삶을 유지하면서 살아가려면 자연을 개발의 대상이 아닌 인간과 유기적으로 연결되어 있는 대상으로 인식하는 사고의 전환이 필요하다.

(나) ○○시는 2007년부터 ㉠ 생태계 회복을 위한 ㉡ 하천 복원 사업을 추진하고 있다. 콘크리트 등 인공 소재로 조성했던 호안*을 흙·자갈·큰 돌 같은 자연 소재로 복원하는 ㉢ 자연형 호안 조성 사업을 시행하고 생태공원을 조성하는 등 ㉣ 생물종 다양성 증가를 위한 여러 노력을 기울였다. 그 결과, 수목은 4배 이상, 하천 서식 생물종은 30% 가까이 늘어났으며, 생태공원에서 수달, 삵, 맹꽁이 등 멸종 위기 동물의 서식이 확인되기도 했다.

* 호안: 강이나 바다의 기슭이나 둑 따위가 무너지지 않도록 보호하는 장치

[보 기]
→ 자연과 인간의 조화를 이루며 지속가능한 환경 방식을 추구하는 도시
ㄱ. 생태 도시를 지정하는 것은 ㉠에 기여하는 방안이다.
ㄴ. ㉡은 자연에 대한 인간의 윤리적 책임을 강조한 것이다.
ㄷ. ㉢은 하천의 자정 능력을 향상시키고자 한다.
ㄹ. ㉣은 인간과 자연의 공존을 위협한다.

① ㄱ, ㄴ ② ㄱ, ㄹ ③ ㄷ, ㄹ
✔④ ㄱ, ㄴ, ㄷ ⑤ ㄴ, ㄷ, ㄹ

풀이

(가)에서는 환경 문제를 해결하기 위해서는 자연과 인간 간의 이분법적 관점에서 벗어나야 함을 강조한다. (나)에서는 생태계 회복을 위한 구체적 사례를 제시하고 있으며, 특히 생태공원 조성이 생물종 다양성 증가에 기여했다는 점을 언급하고 있다.
ㄱ. 인간과 생태계, 생명체가 서로 공생할 수 있는 체계를 구축한 생태 도시는 파괴된 생태계 회복에 기여하는 방안이다.
ㄴ. 도시 개발로 망가진 하천을 친환경적으로 복원하는 사업은 자연에 대한 인간의 윤리적 책임을 강조하는 정책이다.
ㄷ. 인공 소재가 아닌 자연 소재를 활용한 자연형 호안 조성 사업은 하천의 자정(스스로 정화함) 능력 향상에 도움이 된다.
ㄹ. 생물종 다양성 증가를 위한 노력은 도시 생태계 속에서 인간과 다른 생물과의 공존을 추구하는 자세이다. 따라서 생물종 다양성이 증가하는 것은 인간과 자연의 공존을 위협하는 현상이 아니다.

51 정답 ⑤ 문제편 p.58

① 대기오염 물질이 안개와 결합하는 현상 → 스모그
② 지표면에 도달하는 자외선의 양이 증가하는 현상 → 오존층 파괴
③ 산성을 띤 대기오염 물질이 빗물에 섞여 내리는 현상 → 산성비
④ 플랑크톤의 이상 증식으로 바닷물이 붉게 변하는 현상 → 적조 현상
☑⑤ 가뭄 및 과도한 방목과 경작으로 땅이 사막처럼 변하는 현상 → 사막화

> **풀이**
> 퍼즐은 전 지구적인 환경 문제에 관한 것이다. 가로 열쇠의 ㉠은 황사, ㉡은 지구 온난화이다. 따라서 세로 열쇠의 ㉢은 사막화로 (가)에는 사막화에 대한 설명이 들어가야 한다. 사막화는 장기간의 가뭄과 과도한 방목이나 경작 등으로 인해 토양이 황폐화되면서 식량 생산량이 감소하고, 중국의 사막화는 황사를 심화시키는 원인이 되기도 한다.

52 정답 ④ 문제편 p.58

> **풀이**
> 제시된 (가)는 지구 온난화 현상이다. 기온 상승은 빙하 융해, 해수면 상승, 생태계 변화 등을 야기하고, 이는 인간 생활에도 직·간접적으로 영향을 준다. 지구 온난화로 인해 기온이 상승하면 폭염, 열대야 발생 일수는 증가한다.
> ① 단풍은 기온이 낮아질 때 나타나는 식물의 반응이다. 따라서 기온이 높아지면 단풍 시작일은 늦어진다.
> ② 침엽수림은 냉대 기후 지역을 중심으로 나타나는 냉대림이다. 기온이 높아지면 우리나라의 냉대 기후 분포 지역은 축소되므로 침엽수림 분포 면적은 감소한다.
> ③ 기온 상승은 해수의 수온 상승으로 이어지므로 한류성 어종의 서식 환경을 악화시킨다. 따라서 한류성 어족의 어획량은 감소하고, 난류성 어종의 어획량은 증가한다.
> ⑤ 기온이 상승하면 사과 재배에 적합한 기온 분포는 지금보다 북부 지방에서 나타나게 될 것이다. 따라서 사과를 비롯한 농작물의 재배 적합지는 대부분 북상한다.

53 정답 ④ 문제편 p.59

> **풀이**
> 1985년 3월 대비 2021년 3월 북극해 빙하 분포 면적이 축소되었으므로 지구의 평균 기온이 상승하는 지구 온난화의 사례를 제시한 것임을 알 수 있다.
> ① 빙하의 융해는 북극해의 담수 비율을 높이므로 해수 염도는 낮아질 것이다.
> ② 평균 기온이 상승하므로 동아시아의 여름철 지속 기간은 길어지고, 겨울철 지속 기간은 짧아질 것이다.
> ③ 지구 온난화는 침엽수림이 분포하는 냉대 기후 지역을 온대 기후 지역으로 변화시키므로 한반도의 침엽수림 분포 면적은 축소될 것이다.
> ④ 빙하의 융해로 해수면이 상승하므로 남태평양 해안 저지대는 침수 위험이 증가할 것이다.
> ⑤ 만년설은 연중 녹지 않고 쌓여있는 눈을 의미한다. 평균 기온이 상승하면 녹는 눈의 양이 증가하므로 알프스산맥의 만년설의 범위는 축소될 것이다.

54 정답 ③ 문제편 p.59

① 여름 시작일이 늦어질 것 → 빨라질
② 겨울의 지속 기간이 길어질 것 → 짧아질
☑③ 열대야 발생 일수가 증가할 것
④ 서리가 내리는 날이 많아질 것 → 적어질
⑤ 해안 저지대의 침수 가능성이 낮아질 것 → 높아질

> **풀이**
> 주어진 글은 지구 평균 기온이 상승하는 지구 온난화에 관해 설명하고 있다. 지구 온난화가 심화될 경우 여름의 시작일이 빨라지는 반면 겨울의 지속 기간은 짧아지고, 서리가 내리는 날은 적어지며, 해수면이 상승하여 해안 저지대의 침수 가능성은 높아진다.

55 정답 ② 문제편 p.59

① 북극해의 해수 염도가 낮아질 것이다.
☑② 냉대림의 분포 면적이 넓어질 것이다. → 좁아질
③ 고산 지대의 만년설이 감소할 것이다.
④ 남태평양 섬의 해안 저지대가 침수될 것이다.
⑤ 열대성 질병과 관련된 피해가 늘어날 것이다.

> **풀이**
> 남극에 눈 대신 비가 내리는 것은 지구 온난화의 영향이다. 지구 온난화로 인해 평균 기온이 상승하면 극지방의 빙하가 녹으면서 북극해의 해수 염도는 낮아지고 해수면 상승으로 남태평양 섬의 해안 저지대가 침수될 것이다. 또한 추운 지역에서 나타나는 냉대림의 분포 면적이 좁아지고, 눈이 녹아 고산 지대의 만년설이 감소하며, 열대 기후 지역에서 발생하는 열대성 질병과 관련된 피해가 늘어날 것이다.

56 정답 ④ 문제편 p.59

> **풀이**
> 지구 표면의 연평균 기온이 높아지는 현상을 기술하고 있으므로 (가)에는 지구 온난화가 들어간다. 지구 온난화 현상은 화석 연료 사용, 열대림 파괴 등으로 대기 중의 온실 기체 농도가 높아지면서 지구의 기온이 상승하는 현상이다.
> ① 겨울 기온이 높아지므로 봄 시작 시기는 빨라질 것이다. 이는 봄꽃인 벚꽃의 개화 시기를 앞당기게 된다.
> ② 기온 상승으로 고지대의 빙하가 융해되므로 고산 지대의 빙하 면적은 축소된다.
> ③ 야간 최저 기온이 25℃ 이상인 현상을 열대야라고 한다. 지구 온난화 현상은 여름철 야간 기온을 상승시키므로 열대야 발생 일수는 증가하게 된다.
> ④ 기온 상승으로 여름철 기간은 길어지고, 겨울철 기간은 단축된다.
> ⑤ 기온 상승으로 인한 빙하의 융해는 해수면을 상승시키는 원인이 된다. 이로 인해 해안 저지대는 바닷물에 침수되는 피해가 발생한다.

57 정답 ① 문제편 p.60

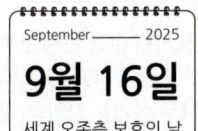

June —— 2025	September —— 2025
6월 17일	**9월 16일**
세계 사막화 방지의 날	세계 오존층 보호의 날
←사막화 방지 협약	→몬트리올 의정서
1994년 세계 ㉠ 사막화 방지를 위해 [(가)] 을/를 채택하면서 이날을 '세계 사막화 방지의 날'로 제정하였다.	1987년 ㉡ 오존층 파괴 물질의 사용 규제를 명시한 [(나)] 을/를 채택하면서 이날을 '세계 오존층 보호의 날'로 제정하였다.

✔① ㉠의 대표적인 사례 지역으로 사헬 지대, 아랄해 일대가 있다.

② ㉡으로 인해 지표로 도달하는 자외선이 <s>감소</s>한다. _{증가}

③ ㉡의 주요 원인은 <s>장기간의 가뭄, 과도한 방목 및 개간 등</s>이다. 염화 플루오린화 탄소(CFCs) 사용

④ ㉠과 ㉡을 해결하기 위해서는 <s>인간과 자연을 분리하는 이분법적</s> 세계관이 필요하다. 인간을 자연의 일부로 보는 전일론적

⑤ (가)는 <s>몬트리올 의정서</s>, (나)는 <s>바젤 협약</s>이다. 사막화 방지 협약 / 몬트리올 의정서

> **풀이**
>
> 6월 17일은 세계 사막화 방지의 날이므로 (가)에는 사막화 방지 협약이 들어간다. 9월 16일은 세계 오존층 보호의 날이므로 (나)에는 몬트리올 의정서가 들어간다.
> ① 사막화(㉠)는 사막 주변 지역에서 주로 나타난다. 사막화가 나타나는 대표적인 지역으로는 사하라 사막 이남의 사헬 지대, 중앙아시아의 아랄해 일대 등이 있다.
> ② 성층권에 분포하는 오존층은 생명체에 해로운 자외선이 지표로 도달하는 것을 차단해 준다. 따라서 오존층 파괴(㉡)는 지표로 도달하는 자외선을 증가시킨다.
> ③ 오존층 파괴(㉡)의 주요 원인은 염화 플루오린화 탄소(CFCs)의 사용이다. 장기간 가뭄, 과도한 방목 및 개간 등은 사막화(㉠)의 주된 원인이다.
> ④ 사막화(㉠), 오존층 파괴(㉡)와 같은 환경 문제를 해결하기 위해서는 자연을 인간의 목적 달성을 위한 도구로 바라보는 이분법적 세계관이 아니라 인간과 자연을 하나의 유기체로 보는 전일론적 세계관이 필요하다.
> ⑤ (가)는 사막화 방지 협약, (나)는 몬트리올 의정서이다. 바젤 협약은 유해 폐기물의 국가 간 이동을 규제하는 협약이다.

58 정답 ① 문제편 p.60

✔① 냉대림의 분포 범위가 축소될 것이다.

② 열대성 질병의 발병률이 <s>감소</s>할 것이다. _{증가}

③ 고산 지대의 만년설 면적이 <s>증가</s>할 것이다. _{감소}

④ 호수 및 하천의 결빙 일수가 <s>증가</s>할 것이다. _{감소}

⑤ 해안 저지대의 침수 가능성이 <s>낮아질</s> 것이다. _{높아}

> **풀이**
>
> 파리 협정을 통해 평균 기온 상승 폭을 제한하고, 온실가스를 감축하는 것으로 보아 (가)에 해당하는 환경 문제는 지구 온난화

이다. 지구 온난화가 지속될 경우 추운 지역에서 나타나는 냉대림의 분포 범위가 축소되고, 열대성 질병의 발병률이 증가할 것이다. 또한 만년설과 빙하의 면적이 축소되고, 하천의 결빙 일수가 감소하며 해안 저지대의 침수 가능성이 높아질 것이다.

59 정답 ⑤ 문제편 p.60

> **풀이**
>
> 산업 혁명 이후의 이산화 탄소 배출량 증가, 해안 저지대의 해수면 상승, 파리 기후 변화 협약, 기후 변화 문제 해결을 위한 노력 모두 다양한 관점에서 지구 온난화 현상을 분석한 내용에 해당한다.

60 정답 ④ 문제편 p.60

[보 기]

ㄱ. 기후 변화 문제 해결을 위해 <s>모든 개발은 중지되어야 한다.</s>

ㄴ. 선진국은 개발도상국보다 온실가스 감축에 더 많은 책임을 져야 한다.

ㄷ. 국제 사회는 개별 국가가 발생시키는 환경 문제에 대해 <s>개입해서는 안 된다.</s>

ㄹ. 각 국가는 자국의 환경오염이 전 세계에 영향을 줄 수 있음을 자각해야 한다.

① ㄱ, ㄴ   ② ㄱ, ㄷ   ③ ㄴ, ㄷ   ✔④ ㄴ, ㄹ   ⑤ ㄷ, ㄹ

> **풀이**
>
> 제시문에서는 온실가스 배출량 증가 때문에 발생하는 지구 온난화를 해결하기 위해 오염자 부담 원칙에 따른 온실가스 감축을 강조하고 있다. 지구 온난화는 개인이나 개별 국가의 노력만으로는 해결하기 어려우므로 국제적 동참이 필요하다.
> ㄱ. 기후 변화 문제를 해결하기 위해 모든 개발이 중지되어야 하는 것은 아니다.
> ㄷ. 환경 문제 해결을 위한 국제적인 동참이 요구된다.

61 정답 ④ 문제편 p.61

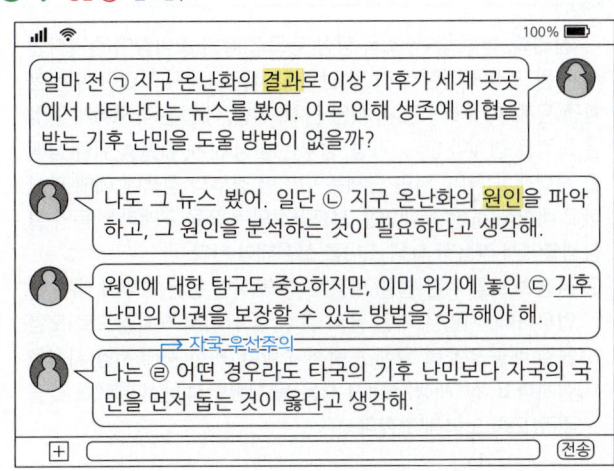

얼마 전 ㉠ 지구 온난화의 결과로 이상 기후가 세계 곳곳에서 나타난다는 뉴스를 봤어. 이로 인해 생존에 위협을 받는 기후 난민을 도울 방법이 없을까?

나도 그 뉴스 봤어. 일단 ㉡ 지구 온난화의 원인을 파악하고, 그 원인을 분석하는 것이 필요하다고 생각해.

원인에 대한 탐구도 중요하지만, 이미 위기에 놓인 ㉢ 기후 난민의 인권을 보장할 수 있는 방법을 강구해야 해.

나는 ㉣ 어떤 경우라도 타국의 기후 난민보다 자국의 국민을 먼저 돕는 것이 옳다고 생각해. ←자국우선주의

[보 기]

ㄱ. ㉠으로 빙하가 녹아 해안 저지대 침수가 나타날 수 있다.

ㄴ. ㉡으로 열대 우림 지역 개발로 인한 삼림 파괴를 들 수 있다.

ㄷ. ㉢으로 기후 난민의 안전을 보장하는 정책 마련을 들 수 있다.

ㄹ. ㉣은 세계는 하나의 공동체이기 때문에 국내 문제와 국제 문제를 동등하게 인식해야 한다는 입장이다.

① ㄱ, ㄴ   ② ㄱ, ㄹ   ③ ㄷ, ㄹ

✔④ ㄱ, ㄴ, ㄷ   ⑤ ㄴ, ㄷ, ㄹ

풀이

산업 혁명 이후 화석 연료가 본격적으로 사용되면서 온실가스 배출량이 급격히 증가하였고, 이는 지구의 평균 기온을 상승시키는 원인이 되고 있다. 기온 상승으로 빙하가 녹으면 태평양의 일부 섬 국가는 해수면 상승으로 국토가 수몰될 위기에 처한다. 또한 세계 각지에서 발생하는 홍수, 가뭄 등 이상 기후 대부분이 지구 온난화의 결과로 알려져 있다. 이로 인해 세계 각지에서 기후 난민이 발생하고 있다.

ㄱ. 빙하 융해로 인한 해수면 상승으로 해안 저지대의 침수 위험이 커진 점은 지구 온난화의 결과(㉠) 중 하나이다.

ㄴ. 삼림은 온실가스인 이산화 탄소를 흡수하고, 산소를 공급한다. 열대 우림 지역의 개발로 삼림을 파괴하는 행위는 이산화 탄소 농도를 증가시키는 결과를 초래하므로 지구 온난화의 원인(㉡)이 된다.

ㄷ. 기후 난민의 안전 보장 정책 등 기후 난민을 위한 정책을 추진하는 것은 기후 난민의 인권을 보장하는 방법(㉢)이 될 수 있다.

ㄹ. 세계를 하나의 공동체로 인식하고 국내 문제와 국제 문제를 동등하게 인식하면 타국의 기후 난민을 적극적으로 수용하려고 할 것이다. 자국민을 먼저 돕겠다는 것은 자국 우선주의적 세계관이다.

62 정답 ④ 문제편 p.61

풀이

산업화, 인구 증가, 소득 향상 등으로 자원 소비량이 증가하면서 자원 고갈에 대한 우려 및 환경 파괴가 심해지고 있다. 이러한 환경 문제에 대하여 정부, 시민 단체, 기업, 개인은 각자에게 알맞은 노력을 행해야 한다. 가령, 정부는 환경 문제 해결을 위한 정책을 시행해야 하며, 시민 단체는 이러한 정부의 정책에 대해 감시하고 비판해야 한다. 개인은 친환경적인 제품을 구매하는 등의 일상생활에서 가능한 녹색 소비를 실천해야 한다.

④ 환경 보호를 위한 법률 제정 및 정책 마련 등은 정부가 해야 할 업무이다. 기업은 기업 윤리 준수 및 사회적 책임감으로 오염 물질 배출 감소를 위해 노력해야 한다. 또한 공해 저감 시설을 설치하고, 신·재생 에너지 사용 등 친환경적 생산 체제를 갖출 수 있도록 노력해야 한다.

63 정답 ⑤ 문제편 p.61

풀이

제시된 환경 문제는 폐기물을 해양에 무단 투기하면서 발생한 쓰레기 섬이 바다 생태계를 위협하고 있음을 보여 준다.

① 나무 심기는 사막화 및 지구 온난화 현상을 완화할 수 있다. 또한 나무는 대기 오염 물질을 정화하는 역할도 한다.

② 전등 끄기는 전력 사용량을 감소시켜 화석 연료 사용으로 인한 지구 온난화 현상을 완화할 수 있고, 화석 연료 연소 시 방출되는 대기 오염 물질을 줄일 수 있다.

③ 물 아껴 쓰기는 물 부족 문제의 해결 방안이다.

④ 자가용 이용을 줄이는 것은 화석 연료의 사용을 줄여 지구 온난화 현상을 완화할 수 있고, 대기 오염을 예방할 수 있다.

⑤ 자연 상태에서 분해 속도가 더딘 플라스틱은 해양 쓰레기 섬의 원인이다. 따라서 이러한 환경 문제를 예방하기 위해서 일회용 플라스틱 제품의 사용을 줄이고 해양으로의 무단 투기를 막아야 한다.

64 정답 ④ 문제편 p.61

[보 기]

ㄱ. ㉠의 영향으로 봄꽃의 개화 시기가 ~~늦어질~~ *빨라질* 것이다.

ㄴ. ㉡의 주요 원인은 산업화와 인구 증가이다.

ㄷ. ㉢은 선진국에만 온실가스 감축 의무를 부여하였다. *교토 의정서*

ㄹ. ㉣의 사례에는 탄소 배출권 거래제가 있다.

① ㄱ, ㄴ   ② ㄱ, ㄷ   ③ ㄴ, ㄷ   ✔④ ㄴ, ㄹ   ⑤ ㄷ, ㄹ

풀이

자료에는 지구 온난화의 원인과 영향, 그에 대한 대책 등이 기술되어 있다.

ㄱ. 지구 온난화(㉠)는 봄 시작일을 앞당기므로 봄꽃 개화 시기는 지금보다 빨라질 것이다.

ㄴ. 산업화와 인구 증가는 화석 에너지 사용량 증가(㉡)의 원인이다.

ㄷ. 선진국에만 온실가스 감축 의무를 부여한 협정은 교토 의정서이다. 파리 기후 변화 협약(㉢)은 모든 참여국에 온실가스 감축 의무를 부여하였다.

ㄹ. 탄소 배출권 거래제는 온실가스 배출 권리를 매매할 수 있는 제도이다. 허용량 이상의 온실가스를 배출하면 비용을 지불해야 하고, 허용치 미달분은 판매할 수 있다.

65 정답 ④ 문제편 p.62

풀이

(가)는 환경 영향 평가이고, (나)는 탄소 배출권 매매를 활성화시킬 수 있는 탄소 배출권 거래 제도이다. 환경 영향 평가와 탄소 배출권 거래 제도는 모두 지속 가능한 발전을 위한 제도이다.

ㄱ. 일반적으로 환경단체가 아닌 정부가 환경 영향 평가의 평가 주체가 된다.

ㄷ. 경유를 연료로 하는 차량에 대해 환경개선부담금을 부과하는 것은 환경개선부담금 제도의 사례에 해당한다.

66 정답 ⑤ 문제편 p.62

[보 기]

ㄱ. 정부는 환경 관련 국제 협약을 <del>탈퇴한다</del>.
      가입한다

ㄴ. 시민 단체는 친환경 제품을 인증하는 법률을 제정한다.
   정부

ㄷ. 소비자는 친환경 제품을 사용하여 에너지를 절약한다.

ㄹ. 기업은 노후 생산 시설을 정비하는 친환경 경영을 실천한다.

① ㄱ, ㄴ   ② ㄱ, ㄷ   ③ ㄴ, ㄷ   ④ ㄴ, ㄹ   ✔⑤ ㄷ, ㄹ

풀이

    자료를 통해 지구 환경이 극도로 위험해졌음을 알 수 있다. 이를 해결하기 위해 정부, 시민 단체, 개인, 기업이 해야 할 노력으로 적합한 활동을 찾는 문제이다.

ㄱ. 환경 파괴를 완화하기 위해서 정부는 다양한 환경 관련 국제 협약에 적극적으로 가입해야 한다.

ㄴ. 친환경 제품의 생산을 독려하기 위해 관련 법률을 제정하는 주체는 정부이다.

67 정답 ③ 문제편 p.62

[보 기]

ㄱ. (가)는 **카르스트** 지형으로 관광 산업에 활용된다.
      빙하

ㄴ. (나)에서는 강한 햇빛과 모래바람을 막기 위한 전통 의복을 볼 수 있다.

ㄷ. (가)는 (나)보다 수력 발전소 입지에 유리하다.

ㄹ. (가)는 **바람의 퇴적**, (나)는 **빙하의 침식** 작용으로
      빙하의 침식   바람의 퇴적
  주로 형성되었다.

① ㄱ, ㄴ   ② ㄱ, ㄷ   ✔③ ㄴ, ㄷ   ④ ㄴ, ㄹ   ⑤ ㄷ, ㄹ

풀이

    (가)는 노르웨이의 송네 피오르, (나)는 모로코의 사하라 사막에 발달한 모래 언덕인 사구이다.

ㄱ. 피오르(가)는 빙하 지형이다. 피오르 주변은 급경사의 절벽, 폭포 등 빼어난 경관을 지니고 있어 관광 자원으로 활용된다. 지도의 송네 피오르는 노르웨이의 대표적인 관광지이다.

ㄴ. 사막 지역은 두건과 온몸을 전체적으로 감싸는 의상을 주로 입는다. 이런 복장은 강렬한 햇빛과 강한 모래바람으로부터 피부를 보호하는 데 도움이 된다. 또한 큰 일교차로 인해 밤에는 기온이 급격히 내려가는데, 온몸을 감싸는 전통 의복은 야간의 보온에도 유리하다.

ㄷ. 피오르가 발달한 지역(가)은 융빙수가 풍부하고 낙차 에너지가 큰 급경사 지형이 발달해 있어 수력 발전에 유리하다. 피오르가 발달한 노르웨이는 1차 에너지 소비량의 50% 이상을 수력에 의존한다. 반면 사구가 발달한 사막(나)은 강수량이 부족해 수력 발전에 불리하다. 대신 일조량이 풍부해 태양광 발전에 대한 잠재력은 아주 높다.

ㄹ. 피오르(가)는 빙하의 침식을 받은 U자곡이 후빙기 해수면 상승으로 침수된 지형이다. 사막의 모래 언덕(나)은 바람에 날린 모래가 퇴적되어 형성된 지형이다.

📕 핵심 문제 풀기 2회차

1 정답 ③ 문제편 p.63

낙타를 타고 뜨겁게 달궈진 모래 언덕을 올랐다. 뜨거운 햇살 때문에 머리를 보호하기 위해 두건을 썼다. 선글라스 없이는 강렬한 햇빛에 눈을 뜨기도 어려웠다. 가끔 바람이 불면 작은 모래 알갱이가 피부에 닿아서 따끔거렸다. → 사막

① 과일과 채소를 얻기 어려워 날고기를 통해 비타민을 섭취한다.
                                              → 북극 문화권

② 음식이 쉽게 상하기 때문에 쌀국수에 향신료를 많이 사용한다.
                                           → 동남아시아 지역

✔③ 물이 부족하여 오아시스 농업을 통해 재배한 대추야자를 말려 먹는다. → 건조 기후 지역

④ 토양이 척박하여 이동식 화전 농업을 통해 재배한 카사바를 조리해 먹는다. → 열대 우림 기후 지역

⑤ 식초와 소금으로 간을 한 쌀밥 위에 날생선을 얹은 초밥을 만들어 먹는다. → 일본

풀이

    낙타, 모래언덕, 강렬한 햇빛 등을 통해 제시된 자료의 지역은 사막임을 알 수 있다. 사막에서는 낮에 뜨거운 태양열로부터 머리와 눈을 보호하기 위해 두건, 선글라스 등을 착용하며, 모래 바람으로부터 피부를 보호하기 위해 온몸을 가리는 옷을 착용한다.

① 낮은 기온으로 농경이 어렵고, 수렵과 어로 활동 등으로 획득한 날고기를 섭취하는 문화를 가진 지역은 툰드라 기후가 나타나는 북극 문화권이다.

② 향신료를 첨가한 쌀국수를 즐겨 먹는 지역은 열대 및 아열대 기후가 나타나는 베트남을 비롯한 동남아시아 지역이다.

③ 대추야자는 건조 기후 지역의 대표적인 농작물로 오아시스 농업을 통해 주로 재배된다.

④ 카사바, 얌, 타로감자 등을 이동식 화전 농업으로 재배하는 지역은 열대 우림 기후 지역이다. 열대 우림 기후 지역은 잦은 강수로 토양 내 영양분이 제거되어 토양이 척박하다.

⑤ 초밥은 일본의 전통 음식이다.

2 정답 ④ 문제편 p.63

풀이

    최난월 평균 기온이 10℃ 미만이고, 전통 가옥인 이글루를 지으며, 지면에서 띄워진 송유관을 볼 수 있는 지역은 한대 기후 지역이다. A는 대륙 서안의 온대 기후 지역, B는 아열대 고압대에 위치한 건조 기후 지역, C는 내륙에 위치한 건조 기후 지역, D는 고위도에 위치한 한대 기후 지역, E는 저위도에 위치한 열대 기후 지역이다.

3 정답 ② 문제편 p.63

풀이

    지도에 제시된 A는 노르웨이, B는 이탈리아, C는 타이, D는 뉴질랜드, E는 멕시코이다. 여행 희망 국가의 날씨가 덥고, 여행

시기가 7~8월이다. 따라서 7~8월이 여름에 해당하므로 북반구에 속한 국가이다. 특히 여름에 강수량이 적고 화창한 날이 지속되는 기후는 지중해성 기후이다. A~E 국가 중 이를 만족시키는 지역은 B(이탈리아)이다. 이탈리아는 지중해를 끼고 있고 여름철에 맑은 날이 많아 여름 휴가를 즐기기에 적합하다. 또한 콜로세움을 비롯한 로마 시대의 문화유산이 풍부하고 피자, 파스타, 리소토 등의 전통 음식이 있다.

① ④ 노르웨이와 뉴질랜드는 대부분 서안 해양성 기후 지역으로 연중 습윤한 기후가 나타난다.

③ 타이의 대표적인 전통 음식으로는 똠얌꿍이 있다.

⑤ 멕시코의 대표적인 전통 음식으로는 타코가 있다.

4 정답 ② 문제편 p.64

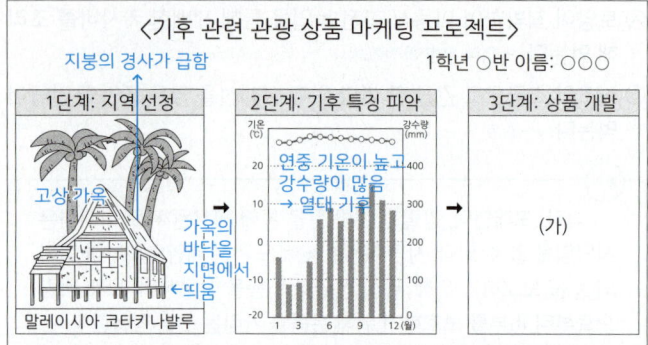

〈기후 관련 관광 상품 마케팅 프로젝트〉 1학년 ○반 이름: ○○○

지붕의 경사가 급함
고상 가옥
가옥의 바닥을 지면에서 띄움
말레이시아 코타키나발루

1단계: 지역 선정 → 2단계: 기후 특징 파악 → 3단계: 상품 개발

연중 기온이 높고 강수량이 많음 → 열대 기후

(가)

① 순록이 끄는 썰매를 타고 설원을 달려보는 상품 → 한대 기후

✓② 현지인과 함께 고무나무에서 수액을 채취해 보는 상품

③ 대낮같이 환한 밤에 유람선을 타고 피오르를 관광하는 상품 → 고위도 냉대 기후

④ 포도 수확에서 와인 제조 및 저장까지의 과정을 살펴보는 상품 → 지중해성 기후

⑤ 낙타를 타고 사막을 횡단하며 유목민의 생활을 체험하는 상품 → 건조 기후

풀이

말레이시아 코타키나발루는 연중 고온 다습한 열대 기후가 나타난다. 열대 기후 지역에서는 지면에서 올라오는 열기와 습기를 피하기 위해 고상 가옥을 지으며, 빗물이 잘 흘러내리도록 지붕의 경사가 급하다. 이 기후 지역에서는 전통적으로 수렵과 채집 활동을 하거나 이동식 화전 농업으로 카사바, 얌 등을 재배하였으며, 근래에는 카카오, 사탕수수, 고무나무 등을 플랜테이션으로 재배하고 있다.

5 정답 ② 문제편 p.64

[보 기]

ㄱ. 강수량보다 증발량이 많다. → 건조 기후

ㄴ. 거의 매일 대류성 강수가 나타난다. → 열대 기후 → 스콜

ㄷ. 바람에 의한 지형 형성 작용이 활발하다. → 건조 기후

ㄹ. 기온의 일교차보다 기온의 연교차가 크다.

① ㄱ, ㄴ ✓② ㄱ, ㄷ ③ ㄴ, ㄷ ④ ㄴ, ㄹ ⑤ ㄷ, ㄹ

풀이

(가) 기후 지역은 강렬한 햇볕과 모래 바람을 막기 위해 온몸을 천으로 감싸는 옷을 입고, 오아시스와 외래 하천 주변에서 대추야자 등을 재배하는 오아시스 농업과 관개 농업이 이루어지므로 건조 기후 지역이다. 건조 기후 지역은 강수량보다 증발량이 많으며, 기온의 일교차가 매우 크다. 또한 지면이 건조하고 식생이 적어 바람의 침식 및 퇴적 작용으로 형성되는 지형들이 많다.

6 정답 ③ 문제편 p.64

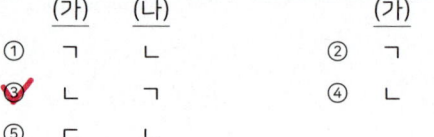

[보 기]

ㄱ. 백야 현상이 나타나는가? → 극지방

ㄴ. 계절풍의 영향으로 벼농사가 발달하였는가? → 몬순 아시아 지역

ㄷ. 연중 온화하고, 일교차가 큰 고산 기후가 나타나는가? → 저위도의 고산 지대

	(가)	(나)		(가)	(나)
①	ㄱ	ㄴ	②	ㄱ	ㄷ
✓③	ㄴ	ㄱ	④	ㄴ	ㄷ
⑤	ㄷ	ㄴ			

풀이

A는 몬순 아시아 지역에 해당하며, 계절풍의 영향으로 여름이 고온 다습하여 벼농사가 발달하였다. B는 북극권에 위치하여 백야 현상이 관측된다. 백야 현상은 24시간 해가 지지 않는 현상으로 지구의 자전축이 기울어졌기 때문에 나타난다. 백야 현상은 위도 66.5° 이상의 극권에서 관찰된다. C는 멕시코 고원에 해당하며 고산 기후가 나타난다. 저위도에 위치하면서 해발 고도가 높은 지역은 연중 봄과 같은 기후가 나타난다.

7 정답 ③ 문제편 p.64

국가	관광 상품
(가)	낙타와 말을 기르며 생활하는 유목민 가옥 체험 → 물과 풀을 찾아 이동 생활 → 건조 기후
(나)	지열 발전소 견학 및 노천 온천과 백야(白夜) 체험 → 화산 지대 → 고위도 지역
(다)	연중 봄과 같은 기후가 나타나는 고산 도시 트레킹 → 열대 고산 기후 → 열대 고산 지대
⋮	⋮

→ 아이슬란드: 화산 활동 활발
A
B → 몽골: 건조 기후
태평양   대서양
인도양
0°
페루: 열대 고산 지대
C

	(가)	(나)	(다)		(가)	(나)	(다)
①	A	B	C	②	A	C	B
✔③	B	A	C	④	B	C	A
⑤	C	A	B				

> **풀이**
>
> (가)는 낙타와 말을 기르며 유목 생활이 이루어지므로 건조 기후가 나타나는 B 몽골, (나)는 지열 발전을 하고 노천 온천이 있으므로 화산 활동이 활발하며 고위도에 있어 백야(白夜) 현상이 나타나는 A 아이슬란드, (다)는 연중 봄과 같은 열대 고산 기후가 나타나므로 안데스 산지에 위치하는 C 페루이다.

8 정답 ④ 문제편 p.65

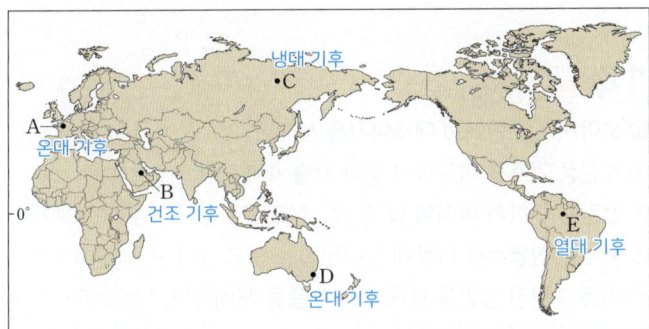

> **풀이**
>
> (가)는 건조 기후 지역, (나)는 열대 기후 지역, (다)는 냉대 기후 지역이다. 지도의 A는 중위도의 대륙 서안에 위치하여 온대 기후가 나타나는 프랑스 지역, B는 위도 30° 부근의 아열대 고압대에 위치하여 건조 기후가 나타나는 사우디아라비아 지역, C는 고위도 내륙에 위치하여 냉대 기후가 나타나는 러시아 지역, D는 중위도 해안에 위치하여 온대 기후가 나타나는 오스트레일리아 지역, E는 적도 가까이에 위치해 열대 기후가 나타나는 브라질 지역이다. 따라서 (가)는 B, (나)는 E, (다)는 C에 해당한다.

9 정답 ③ 문제편 p.65

① 순록을 유목하는 모습 → 북극해 연안
② 올리브를 수확하는 모습 → 지중해성 기후 지역
✔③ 고무나무에서 수액을 채취하는 모습 → 열대 우림 기후 지역
④ 라마와 알파카를 대규모로 키우는 모습 → 고산 지대
⑤ 오아시스 주변에서 대추야자를 재배하는 모습 → 사막 지역

> **풀이**
>
> 화폐의 배경으로 해당 국가의 주요 인문 환경, 자연환경 등을 사용한 경우가 많다. 지도에 제시된 A는 대부분 열대 우림 기후가 나타나는 인도네시아이다. 열대 우림 기후 지역에서는 지면의 열기와 습기를 차단하기 위해 고상 가옥을 짓고 천연고무, 기름야자, 바나나, 카카오 등의 플랜테이션이 발달해 있다. 특히 인도네시아를 비롯한 동남아시아 지역은 세계 천연고무 수출량의 70% 이상을 차지하고 있다.

① 순록 유목은 툰드라 기후가 나타나는 북극해 연안에서의 전통 생활이다.
② 올리브는 지중해성 기후 지역에서 많이 재배된다.
④ 라마와 알파카는 고산 지역을 중심으로 분포하며, 특히 안데스 산맥에서 많이 사육된다.
⑤ 오아시스 농업으로 대추야자를 재배하는 지역은 사막이다.

10 정답 ④ 문제편 p.65

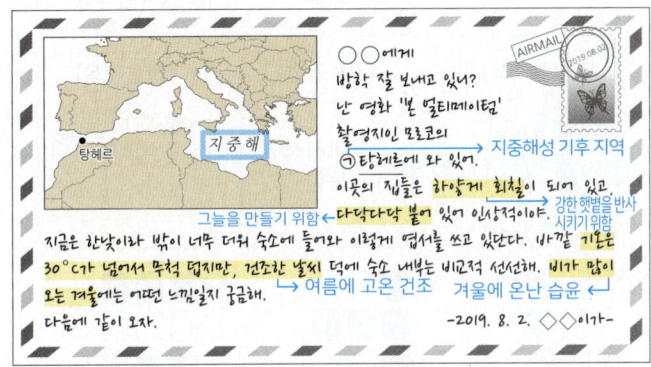

① 해안가에 위치하여 연중 강수량이 풍부하다.
② 타이가라고 불리는 침엽수림 지대가 분포한다. → 냉대 기후
③ 날생선이나 날고기 위주의 식습관이 나타난다. → 한대 기후
✔④ 오렌지, 토마토 등을 재배하는 수목 농업이 발달하였다. → 지중해성 기후
⑤ 스콜을 피하기 위해 건물의 처마가 길게 돌출되어 있다. → 열대 기후

> **풀이**
>
> 집들이 하얗게 칠해져 있고, 여름에는 고온 건조, 겨울에는 온난 습윤하다는 내용을 통해 지중해성 기후가 나타나는 지역임을 알 수 있다. 지중해성 기후 지역에서는 여름에 강한 햇빛을 반사시키기 위해 건물의 외벽을 흰색으로 칠하고, 외부의 열기가 건물 안으로 들어오지 못하도록 창문이 작고 벽이 두꺼운 형태의 건물이 주로 나타난다. 또한 고온 건조한 여름에는 오렌지, 토마토 등을 재배하는 수목 농업이, 온난 습윤한 겨울에는 곡물 농업이 주로 이루어지며, 휴양지가 많아 관광 산업이 발달하였다.

11 정답 ⑤ 문제편 p.65

> **풀이**
>
> 연중 고온 다습하고, 고상 가옥을 볼 수 있는 (가)는 열대 우림 기후 지역이다. 강수량이 적고, 평평한 지붕에 창문이 작고 벽이 두꺼운 구조의 가옥을 볼 수 있는 (나)는 사막 기후 지역이다. 주민들이 순록을 유목하고, 날고기 음식을 섭취하는 (다)는 툰드라 기후 지역이다.
> ⑤ A는 북극해 연안의 툰드라 기후, B는 사막 기후, C는 열대 우림 기후가 나타나는 지역이다.

12 정답 ③ 문제편 p.66

[전통 가옥] 열대 기후	[전통 음식]열대 기후	[전통 의복] 열대 기후
	 기름에 볶거나 튀기는 음식	

[전통 농업] 열대 기후	[전통 가옥] 냉대 기후	[전통 음식] 한대 기후
이동식 화전 농업		채소 재배가 어려워 비타민 섭취를 위해 육류를 날로 먹는 경우가 많음

[전통 의복]건조 기후	[전통 농업] 건조 기후	[전통 가옥] 건조 기후
	오아시스 농업	

① ⬜⬜⬜ / ⬜⬜⬜ / ⬜⬜⬜
② ⬛⬜⬜ / ⬛⬛⬜ / ⬜⬜⬜
✓③ ⬛⬛⬛ / ⬜⬜⬛ / ⬜⬛⬛
④ ⬛⬜⬜ / ⬛⬜⬜ / ⬛⬜⬜
⑤ ⬜⬛⬜ / ⬜⬛⬜ / ⬜⬛⬜

풀이

③ 1열 좌측의 고상 가옥은 지면의 열기와 습기를 차단하기 위해 가옥의 바닥을 지표면으로부터 띄워 만든 열대 기후 지역의 전통 가옥이다. 1열 중앙의 기름에 볶거나 튀기는 음식은 부패를 방지하기 위한 열대 기후 지역의 음식이다. 1열 우측의 얇고 가벼운 의복은 열대 기후 지역에서 더위에 대비한 옷이다. 2열 좌측의 이동식 화전 농업은 토양이 척박한 열대 기후 지역의 전통 농업이다. 2열 중앙의 통나무집은 침엽수림이 널리 분포하는 냉대 기후 지역의 전통 가옥이다. 2열 우측의 육류를 날로 섭취하는 문화는 기온이 낮아 농경이 어려운 한대 기후 지역의 식문화에 해당한다. 3열 좌측의 온몸을 가리는 의복은 모래바람과 햇빛을 막기 위한 건조 기후 지역의 전통 의상이다. 3열 중앙의 오아시스 농업은 용수 확보가 어려운 건조 기후 지역의 농업 방식이다. 3열 우측의 흙벽돌집은 건조 기후 지역의 전통 가옥으로 강수량이 적어 지붕이 평평하고, 그늘을 확보하기 위해 골목길이 좁은 편이다.

13 정답 ④ 문제편 p.66

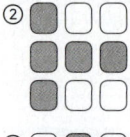

눈으로 덮인 지표면 ←
열 손실을 줄이기 위한 작은 머리와 귀 → 한랭한 기후
눈 위에서 위장 수단이 되는 하얗게 보이는 털
걸을 때 미끄러지지 않게 하는 날카로운 발톱 → 얼음으로 덮인 지표면
방수가 잘 되는 촘촘한 털

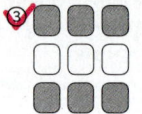

(오른쪽 단)

풀이

제시된 동물은 북극해 연안에 서식하는 북극곰이다. 북극해 연안은 툰드라 기후가 나타난다. 툰드라 기후는 연중 대부분이 영하의 기온으로 눈과 얼음으로 덮여 있고, 짧은 여름철에 잠시 영상의 기온이 나타난다.
① A는 서안 해양성 기후가 나타나는 지역이다.
② B는 사막 기후가 나타나는 지역이다.
③ C는 냉대 기후가 나타나는 지역이다.
⑤ E는 열대 우림 기후가 나타나는 지역이다.

14 정답 ① 문제편 p.66

✓① 오아시스 주변에서 대추야자를 재배한다.
② 계절풍 기후를 이용하여 쌀과 차를 재배한다. → 몬순 아시아 지역
③ 땔감을 구하기 어려워 날고기를 주로 섭취한다. → 툰드라 기후 지역
④ 풍부한 침엽수를 이용해 통나무집을 짓고 산다. → 냉대 기후 지역
⑤ 이동식 화전 농업을 통해 카사바 등을 재배한다. → 열대 우림 기후 지역

풀이

제시된 자료에 나타난 지역은 사막 기후가 나타나는 지역이다.
① 대추야자는 사막 기후가 나타나는 북부 아프리카, 서남아시아 지역 주민들의 주요 식량 작물이다.
② 쌀과 차는 계절풍의 영향으로 여름이 고온 다습한 동아시아, 동남아시아, 남부 아시아 등에서 많이 재배한다.
③ 기온이 낮아 땔감으로 이용할 나무를 구하기 어려운 북극해 연안의 툰드라 기후 지역 주민들은 날고기를 주로 섭취한다.
④ 통나무집은 침엽수가 풍부한 냉대 기후 지역 주민들의 전통 가옥이다.
⑤ 열대 우림 기후 지역에서는 전통적으로 이동식 화전 농업을 통해 카사바, 얌 등을 재배한다.

15 정답 ② 문제편 p.67

풀이

제시된 자료는 노동자의 현실적인 모습을 주로 담은 브라질의 화가 '칸디도 포르티나리'의 작품이다. 작품 속 노동자들이 수확하는 커피콩은 열대 기후 지역에서 플랜테이션으로 주로 재배한다. 플랜테이션은 열대 지역의 유리한 기후와 서양 열강의 자본 등이 결합한 상업적 농업 방식이다.

16 정답 ② 문제편 p.67

	(가)	(나)
①	A	B
✓②	A	C
③	B	C
④	B	D
⑤	D	A

풀이

　타이가의 침엽수를 이용한 통나무집은 냉대 기후 지역의 전통 가옥 구조이다. 지면에서 올라오는 열기와 습기를 피하기 위해 가옥을 지면에서 띄워 지은 고상 가옥은 연중 고온 다습한 열대 기후 지역의 전통 가옥 구조이다. 지도의 A는 냉대 기후, B는 건조 기후, C는 열대 기후, D는 온대 기후가 나타난다.

	㉠	㉡
①	빙하의 침식 작용	하천의 퇴적 작용
②	빙하의 퇴적 작용	석회암의 용식 작용
③	하천의 침식 작용	빙하의 퇴적 작용
✓④	석회암의 용식 작용	빙하의 침식 작용
⑤	석회암의 용식 작용	하천의 퇴적 작용

풀이

　탑 카르스트는 석회암의 차별 용식 및 차별 침식으로 형성된 탑 모양의 지형으로, 중국의 구이린, 베트남의 할롱 베이 등에서 볼 수 있다. U자곡은 빙하의 침식 작용으로 형성된 골짜기로, 빙하 지형은 노르웨이 송네 피오르, 뉴질랜드 남섬의 밀포드사운드 등에서 볼 수 있다.

①, ⑤ 하천의 퇴적 작용으로 형성된 대표적인 지형으로는 선상지, 범람원, 삼각주 등이 있다.

② 빙하의 퇴적 작용으로 형성된 대표적인 지형으로는 빙력토 평원, 드럼린, 에스커, 모레인 등이 있다.

③ 하천의 침식 작용으로 형성된 대표적인 지형으로는 하안 단구 등이 있다.

17 정답 ③ 문제편 p.67

풀이

　지도에 제시된 지역은 단양, 양양, 서귀포, 부산이다. ㉡ 양양은 낙산 해수욕장으로 유명하다. 해수욕장으로 이용되는 지형은 파랑과 연안류에 의해 모래가 퇴적된 사빈이다. ㉢ 제주도는 화산섬으로 다양한 화산 지형이 발달해 있다. 서귀포의 성산 일출봉은 세계 자연유산으로 등재된 화산이다.

㉠ 강원 남부, 경북 북부, 충북 북동부 일대는 석회암이 분포하는 지역이다. 석회암은 물과 반응하여 용해되면서 석회 동굴, 돌리네 등 카르스트 지형을 형성하게 된다. 단양의 고수 동굴은 천연기념물로 지정된 석회 동굴이다.

㉣ 낙동강 하구가 위치한 부산에는 우리나라에서 가장 규모가 큰 삼각주가 발달해 있다. 삼각주는 하구에서 하천의 유속 감소로 운반 물질이 퇴적된 지형이다.

18 정답 ④ 문제편 p.67

신나는 세계 여행

중국 구이린의 보트 투어

노르웨이 송네 피오르 투어

중국 남부에 위치한 구이린은 웅장한 ㉠ 탑 카르스트가 병풍처럼 둘러싸고 있는 아름다운 관광지로 유명하다.

노르웨이의 송네 피오르는 ㉡ U자곡의 가파른 절벽이 장관을 이루는 관광지로 유명하다.

19 정답 ③ 문제편 p.68

풀이

　뉴질랜드의 북섬은 화산 활동이 활발하여 다양한 화산 지형을 관찰할 수 있다. 따라서 (가)에는 화산 지형이 들어가야 한다.

ㄱ. 석회암이 물에 녹아 만들어진 탑 카르스트는 카르스트 지형의 대표적인 경관이다.

ㄴ. 온천수와 수증기가 지표 위로 주기적으로 분출하는 간헐천은 화산 지형의 대표적인 경관이다.

ㄷ. 화산 부근은 마그마로 인해 지열이 높아 발전소로 활용되는 경우가 많다.

ㄹ. 빙하의 침식으로 생긴 협곡이 침수되어 생긴 피오르는 빙하 지형의 대표적인 경관이다.

20 정답 ② 문제편 p.68

풀이

　㉠은 빙하가 계곡을 따라 이동하는 과정에서 발생하는 침식 작용이다. 따라서 빙하의 침식 작용으로 형성된 지형을 찾으면 된다. 빙하 침식 지형으로는 빙하가 골짜기를 따라 이동하면서 침식시킨 U자곡, 빙하의 침식으로 형성된 뾰족한 산봉우리인 호른, 빙하의 침식으로 산 정상부에 형성된 움푹 파인 와지인 권곡 등이 있다.

① 삼각주는 하천 하구에서의 유속 감소로 형성된 평야이다.

③ 버섯바위는 바람의 침식 작용으로 형성된 지형이며 사막에 주로 분포한다.

④ 석회 동굴은 지하수에 의한 석회암의 용식 작용으로 형성된 동굴이다.

⑤ 주상 절리는 용암의 급격한 냉각 과정에서 형성된 화산 지형이다.

21 정답 ① 문제편 p.68

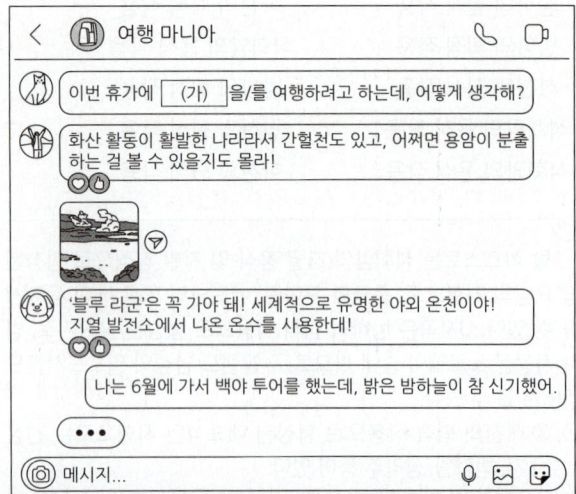

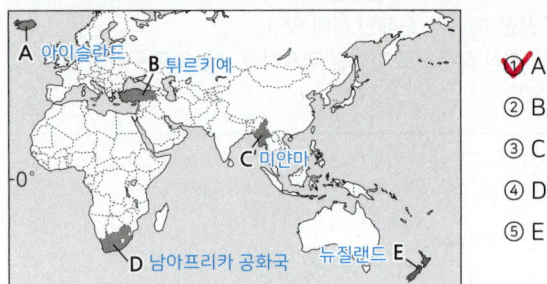

①A
② B
③ C
④ D
⑤ E

> **풀이**
>
> 지도의 A는 아이슬란드, B는 튀르키예, C는 미얀마, D는 남아프리카 공화국, E는 뉴질랜드이다. 화산, 간헐천, 지열 발전소 등은 판의 경계에서 관찰할 수 있다. 백야 현상은 해가 지지 않는 현상으로 고위도에서 관찰할 수 있다.
> ① 아이슬란드(A)는 해양판의 발산 경계에 위치해 화산 활동이 활발하여 간헐천, 온천 등이 많이 분포하고, 지열 발전량이 많다. 또한 북반구 고위도에 위치하여 6월 낮의 길이가 20시간 이상이다.
> ⑤ 뉴질랜드(E)는 불의 고리에 위치하여 화산, 간헐천, 지열 발전소가 분포한다. 그러나 남반구에 위치하여 6월은 낮보다 밤의 길이가 길다.

22 정답 ④ 문제편 p.68

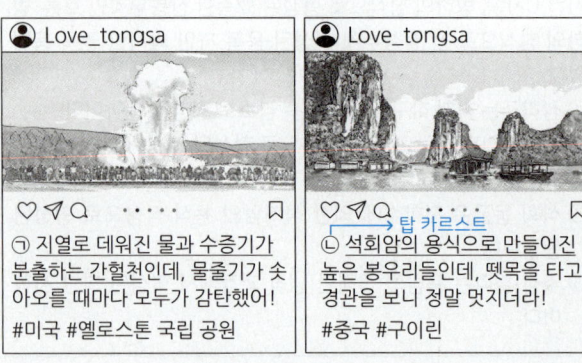

> **⑨** 지열로 데워진 물과 수증기가 분출하는 간헐천인데, 물줄기가 솟아오를 때마다 모두가 감탄했어!
> #미국 #옐로스톤 국립 공원

> **⑥** 석회암의 용식으로 만들어진 높은 봉우리들인데, 뗏목을 타고 경관을 보니 정말 멋지더라!
> #중국 #구이린

	⑨	⑥
①	빙하 지형	화산 지형
②	빙하 지형	카르스트 지형
③	화산 지형	빙하 지형
④	화산 지형	카르스트 지형
⑤	카르스트 지형	화산 지형

> **풀이**
>
> ⑨은 미국 옐로스톤 국립 공원의 간헐천, ⑥은 중국 구이린의 탑 카르스트이다. 간헐천(⑨)과 탑 카르스트(⑥)는 모두 관광 자원으로 활용된다.
> ④ 간헐천(⑨)은 지하수나 수증기가 마그마로 가열되면서 압력이 높아져 일정 간격마다 지표 위로 분출되는 온천이다. 간헐천(⑨)은 마그마 활동이 왕성한 화산 지대에서 볼 수 있는 대표적인 화산 지형으로 미국의 옐로스톤 국립 공원 외에도 아이슬란드의 게이시르가 유명하다. 석회암의 용식 작용으로 형성된 높은 봉우리인 ⑥은 탑 카르스트이다. 탑 카르스트(⑥)는 석회암의 차별 용식 및 차별 침식으로 형성된 지형으로 중국의 구이린, 베트남의 할롱 베이 등이 유명하다. 빙하 지형은 빙하의 생성과 이동으로 형성되는 지형이다. 대표적인 빙하 지형으로는 피오르 해안, U자곡, 호른, 빙하호 등이 있으며 아이슬란드, 노르웨이, 뉴질랜드 남섬, 칠레 남부 지방 등에 분포한다.

23 정답 ④ 문제편 p.69

[보 기]

ㄱ. ⑨을 통해 국가는 국민의 생명과 재산을 보호하고자 한다.
ㄴ. ⑥은 강한 바람과 많은 비를 동반하는 열대 저기압이다.
ㄷ. ⑥의 피해를 줄이기 위한 시설에는 다목적 댐, 저수지 등이 있다.
ㄹ. 우리나라는 여름철보다 겨울철에 ⑥과 ⑥으로 인한 피해가 크다.

① ㄱ, ㄴ
② ㄱ, ㄹ
③ ㄷ, ㄹ
④ ㄱ, ㄴ, ㄷ
⑤ ㄴ, ㄷ, ㄹ

> **풀이**
>
> 1995년 12월 제정된 자연재해대책법은 태풍, 홍수 등 자연재해로부터의 보호뿐만 아니라 자연재해의 예방, 복구, 대책 등과 관련된 사항을 규정한 법이다.
> ㄱ. 자연재해대책법(⑨)은 국민의 생명과 신체, 재산을 보호할 목적으로 제정된 법이다.
> ㄴ. 태풍(⑥)은 열대 해상에서 발생해 중위도로 이동하는 열대 이동성 저기압으로, 강한 바람과 많은 비로 풍수해를 유발한다.
> ㄷ. 다목적 댐, 저수지, 풍부한 산림 등은 유량 조절 기능이 탁월해 홍수(⑥) 시 수해를 예방할 수 있고, 용수 저장 능력이 뛰어나 가뭄에 대비할 수도 있다.
> ㄹ. 태풍(⑥)은 바닷물 수온이 높은 여름~가을, 홍수(⑥)는 장마철이 포함된 여름에 주로 발생한다. 따라서 태풍(⑥)과 홍수(⑥)로 인한 피해는 겨울철보다 여름철에 크다.

24 정답 ① 문제편 p.69

✓① (가)는 건물의 내진 설계로 피해를 줄일 수 있다.
② (가)는 열대 해상에서 발생하여 고위도 지역으로 이동한다. (나)
③ (나)는 여름보다 겨울에 자주 발생한다.
④ (나)는 대기 중의 미세 먼지 농도를 증가시킨다. 황사
⑤ (가)는 기후적 요인, (나)는 지형적 요인에 의해 발생한다.
　　지형적　　　　　　　　　　　기후적

풀이

　(가)는 산사태, 떨어지는 물건 등을 통해 지진임을 알 수 있다. (나)는 어업 활동 중단, 강풍 등을 통해 태풍임을 알 수 있다.
① 내진 설계는 지진(가)으로 인한 진동을 건물이 견딜 수 있도록 건물의 내구성을 강화한 설계이다.
② 태풍(나)은 열대 해상에서 발생하여 고위도로 이동하는 열대 이동성 저기압이다.
③ 태풍(나)은 주로 해수온이 높은 여름에서 가을 사이에 발생한다.
④ 강풍을 동반한 태풍(나)은 대기를 깨끗이 정화시켜 주는 역할을 한다. 대기 중 미세 먼지 농도를 증가시키는 자연재해는 황사이다.
⑤ 지진(가)은 지형적 요인, 태풍(나)은 기후적 요인에 의해 발생하는 자연재해이다.

25 정답 ⑤ 문제편 p.69

① 열대 해상에서 발생하며 강풍과 폭우를 동반한다. → 태풍
② 신속한 제설 작업으로 교통 혼란을 줄일 수 있다. → 대설
③ 무더위로 인한 일사병과 열사병을 유발할 수 있다. → 폭염
④ 오랫동안 비가 오지 않아 각종 용수가 부족해진다. → 가뭄
✓⑤ 내진 설계 기준을 강화함으로써 피해를 줄일 수 있다. → 지진

풀이

　제시된 자료는 지진에 대비한 개인 안전 점검표이다. 지진이 발생하면 물건이 떨어질 수 있으므로 탁자 아래로 들어가거나 방석이나 이불 등으로 머리를 덮어 부상을 막아야 한다. 문틀이 틀어져 문이 열리지 않을 수 있으므로 흔들림이 멈추면 빨리 출구를 확보해야 한다. 건물 밖으로 나갈 때는 엘리베이터를 사용하지 말고 계단을 이용하고, 야외에서는 건물과 거리를 두고 주위를 살피면서 대피한다.
⑤ 내진 설계는 지진에 견디어 낼 수 있도록 건축물을 설계하는 것을 의미한다. 내진 설계는 건물의 내구성을 강화하고 흔들림에 유연하게 대응하도록 한 설계이다.

26 정답 ① 문제편 p.69

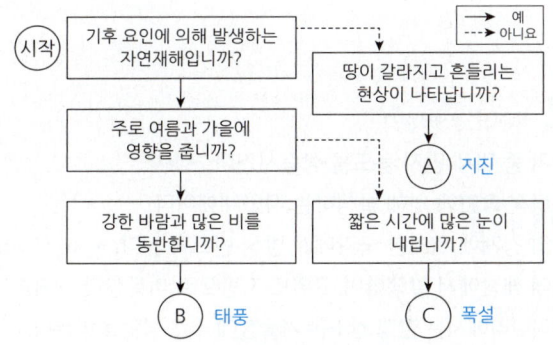

[상단 우측]

✓① A는 예측하여 대피할 수 있다. B와 C
② B는 적도 부근 해상에서 발생하는 열대 이동성 저기압이다.
③ C는 항공기 운항에 지장을 준다.
④ A는 C와 달리 계절적 영향을 받지 않는다.
⑤ B는 C보다 하천 범람으로 농경지를 침수시킬 위험이 크다.

풀이

　기후 요인과 관련 없는 A는 지형 요인에 의한 자연재해인 지진이다. 주로 여름과 가을에 영향을 주고 강한 바람과 많은 비를 동반하는 B는 태풍이다. 짧은 시간에 많은 눈이 내리는 C는 주로 겨울에 발생하는 폭설이다.
① 태풍(B), 폭설(C) 등 기후와 관련된 자연재해는 기상 위성을 통해 발생 시기와 지역을 예측할 수 있다. 그러나 지진(A)은 예측하기 어려운 자연재해이므로 평소 대피 방법을 익혀두고 비상시 침착하게 대응하는 것이 중요하다.
② 태풍(B)은 열대 해상에서 발생하여 중위도로 이동하는 열대 이동성 저기압이다.
③ 폭설(C)은 항공기 조종사의 시야를 제한하고, 활주로에 쌓인 눈은 항공기의 이착륙을 방해한다.
④ 폭설(C)은 주로 겨울철에 집중된다. 반면 지형 요인에 의해 발생하는 자연재해인 지진(A)은 발생 시기가 특정 계절에 국한되어 있지 않다.
⑤ 태풍(B)은 폭설(C)보다 많은 강수를 동반하므로 하천 범람 위험이 크다.

27 정답 ② 문제편 p.70

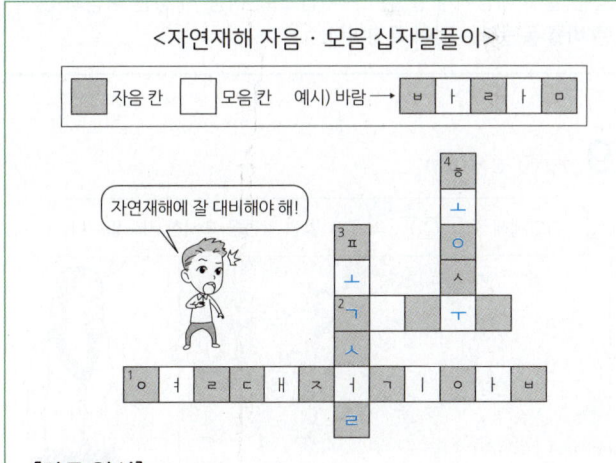

[가로 열쇠]

1. 열대 지역에서 발생하여 중위도 지역으로 이동하는 저기압
→ 열대 저기압
2. _____ (가)

[세로 열쇠]

3. 짧은 기간 동안 많은 양의 눈이 내리는 현상 → 폭설
4. 집중 호우 등으로 하천이 범람하여 가옥이나 농경지가 물에 잠기는 현상 → 홍수

① 매우 심한 더위가 나타나는 현상 → 폭염
✓② 장기간 비가 내리지 않아 땅이 메마른 현상 → 가뭄
③ 지구 내부 에너지에 의해 땅이 흔들리는 현상 → 지진
④ 평년보다 기온이 매우 낮아 추위가 심한 현상 → 한파
⑤ 해저에서 지진이 발생하여 거대한 파도가 해안을 덮치는 현상 → 지진 해일

풀이

가로 퍼즐 1에는 열대 저기압이 들어간다. 세로 퍼즐 3에는 폭설이 들어간다. 세로 퍼즐 4에는 홍수가 들어간다. 가로 퍼즐 2에는 첫음절의 자음이 'ㄱ'으로 시작되고, 두 번째 음절의 모음은 'ㅜ'인 용어가 들어간다.
① 심한 더위가 나타나는 현상은 '폭염'이다.
② 장기간 비가 내리지 않는 현상은 '가뭄'이다. '가뭄'의 첫음절의 자음은 'ㄱ', 두 번째 음절의 모음은 'ㅜ'이다.
③ 지구 내부 에너지로 인해 땅이 흔들리는 현상은 '지진'이다.
④ 평년보다 기온이 매우 낮아 추위가 심한 현상은 '한파'이다.
⑤ 해저 지진으로 인해 파도가 해안을 덮치는 현상은 '지진 해일'이다.

28 정답 ② 문제편 p.70

① 대기 중 미세 먼지 농도를 상승시킨다. → 황사
✓② 열대 저기압이 이동할 때 주로 발생한다. → 태풍
③ 우리나라에서는 한랭건조한 겨울에 나타난다. → 한파
④ 두 지각판이 분리되는 경계에서 발생 빈도가 높다. → 화산, 지진
⑤ 해저 지진으로 발생한 거대한 파도가 육지로 밀려오는 현상이다. → 지진해일

풀이

'많은 비'와 '강풍'으로 보아 주어진 자연재해는 태풍이다. 태풍은 열대 해상에서 발달한 저기압으로, 이동 시 강한 바람과 많은 비를 동반하는 것이 특징이다.

29 정답 ④ 문제편 p.70

자연재해 중 □(가)□ 의 주요 발생 지점을 표시한 지도입니다. → 지진

교사

[보 기]
ㄱ. 적도 부근에서 발생해 중위도 지역으로 이동한다. → 태풍
ㄴ. 땅이 갈라지고 건축물과 도로 등이 붕괴될 수 있다.
ㄷ. 제방 건설, 산림 조성 등의 대책으로 예방할 수 있다. → 홍수
ㄹ. 지각판이 충돌하거나 분리되는 지역에서 주로 발생한다.

① ㄱ, ㄴ ② ㄱ, ㄷ ③ ㄴ, ㄷ ✓④ ㄴ, ㄹ ⑤ ㄷ, ㄹ

풀이

(가)의 발생 지점이 환태평양 조산대, 알프스-히말라야 조산대, 대서양 중앙 해령 등에 집중되어 있다. 따라서 (가)는 지진이다.
ㄱ. 열대 이동성 저기압인 태풍은 적도 부근 해상에서 발생하여 중위도 지역으로 이동한다.
ㄴ. 지진이 발생하면 땅이 갈라지고 건물이 붕괴될 수 있다.
ㄷ. 제방 건설, 산림 조성 등은 홍수를 예방하는 조치이다.
ㄹ. 지진은 대부분 판의 경계에서 발생한다.

30 정답 ① 문제편 p.71

풀이

A는 열대 해상에서 발원하여 고위도로 이동하므로 열대 이동성 저기압을 나타낸 것이다. 열대 이동성 저기압은 지역에 따라 명칭이 다른데, 태평양 남서부에서 발원하여 동아시아로 이동하는 열대 이동성 저기압을 태풍이라고 한다. 따라서 (가)에는 태풍과 관련된 장면이 들어가면 된다.

31 정답 ④ 문제편 p.71

[보 기]
ㄱ. A는 지형 요인이다.
ㄴ. (가)로 인한 시설물 피해는 내진 설계를 통해 줄일 수 있다.
ㄷ. (나)는 우리나라에서 주로 **겨울**에 발생한다.
　　　　　　　　　　　　　여름~초가을
ㄹ. (나)는 저위도의 열대 해상에서 발생한 저기압이다.

① ㄱ, ㄴ ② ㄱ, ㄷ ③ ㄷ, ㄹ
✓④ ㄱ, ㄴ, ㄹ ⑤ ㄴ, ㄷ, ㄹ

풀이

'진동'과 '낙하물'을 통해 (가)는 지진임을 알 수 있다. 화산 폭발과 지진은 지형적 요인에 의한 자연재해이다. 따라서 A는 지형 요인이다. (나)는 '강풍'을 통해 태풍임을 알 수 있다.
ㄷ. 태풍은 일반적으로 7~9월의 여름~초가을 경에 발생한다.

32 정답 ④ 문제편 p.71

① 대기 중 미세 먼지 농도를 상승시킨다. → 황사
② **지형적** 요인에 의해 발생하는 자연재해이다.
　　기후적 요인
③ 판의 경계에 위치한 국가에서 발생 빈도가 높다. → 지진 및 화산 활동
✓④ 열대 해상에서 발생하여 고위도 지방으로 이동한다. → 태풍
⑤ 우리나라에서는 **한랭 건조한 겨울철에** 주로 영향을 받는다.
　　　　　　　　　　고온 다습한 여름철에

풀이

　　(가)는 강풍과 호우를 동반하고, 침수 및 낙하물 피해가 나타나므로 태풍이다.

① 태풍은 강한 바람을 동반하므로 공기 중 미세 먼지를 제거하는 역할을 한다. 미세 먼지 농도를 높이는 자연재해는 황사이다.

② 태풍은 기후적 요인으로 발생하는 자연재해이다. 지형적 요인으로 발생하는 자연재해로는 지진, 화산 활동 등이 있다.

③ 판의 경계는 불안정한 지각으로 인해 화산 활동 및 지진이 자주 발생한다.

④ 태풍은 지구의 열적 평형을 유지하기 위해 발생하는 열대 이동성 저기압이다. 따라서 열이 과잉 공급된 저위도의 열대 해상에서 발생하여 열이 부족한 중위도 및 고위도로 이동한다.

⑤ 태풍은 해수온이 높은 여름 및 초가을에 주로 발생한다.

---

33 정답 ⑤ 문제편 p.72

갑: 자연은 인간의 삶을 윤택하게 하는 도구가 아니다. **인간과 자연은 끊임없이 영향을 주고받기 때문에 조화와 균형을 이루어야 한다.** 인간의 중요한 의무는 생태계의 안정을 유지하고 자연 그 자체의 가치를 존중하는 것이다. → 생태 중심주의

<문제 상황>

　A국은 심해 채굴의 허용 여부를 결정하는 국제회의에 참석할 예정이다. A국은 전기 자동차나 스마트폰 배터리 제조에 필요한 핵심 광물을 얻기 위해 심해 채굴을 찬성해야 할지, 해양 생태계 훼손을 막기 위해 반대해야 할지 고민하고 있다.

① 인간은 해양 생태계와 분리된 존재임을 기억하세요.
② 심해 채굴로 인해 발생할 경제적 효용만을 고려하세요.
③ 해양 생태계의 본래적 가치보다 도구적 가치를 중시하세요. →인간 중심주의
④ 심해 채굴로 인해 해양 생태계에 미칠 부작용은 무시하세요.
✓⑤ 인간은 해양 생태계를 보전할 도덕적 의무가 있음을 명심하세요.

풀이

　　갑은 인간과 자연이 서로 끊임없이 영향을 주고받는 상호 보완적 관계이므로 조화와 안정을 이루어야 한다고 보고 있다. 따라서 갑의 입장은 생태 중심주의에 해당한다.

①, ②, ③, ④ 인간 중심주의의 입장에서 A국에 제시할 조언으로 적절한 내용이다. 인간 중심주의는 인간 존재만을 가치 있게 여기고 인간 이외의 다른 모든 존재는 인간의 목적을 위한 수단으로 바라본다.

⑤ 생태 중심주의의 입장에서 A국에 제시할 조언으로 적절한 내용이다. 생태 중심주의는 자연 그 자체의 가치를 인정하고 무생물을 포함한 생태계 전체를 도덕적 고려의 대상으로 여기는 입장이다.

---

34 정답 ③ 문제편 p.72

갑: **생명 공동체의 온전성, 안정성, 아름다움의 보존**에 기여한다면 그 행위는 옳다. **대지의 이용을 경제적 관점뿐만 아니라 윤리적, 심미적 관점에서도 검토해야 한다.**
　　→ 생태 중심주의: 레오폴드

을: 지식은 힘이다. 방황하는 자연을 사냥해서 인간의 이익에 봉사하도록 해야 한다. 이를 위해 **인간은 자연이 어떻게 작동하는지 알고, 자연을 이용할 수 있어야 한다.**
　　→ 인간 중심주의: 베이컨

① 갑은 인간을 자연보다 더 가치 있고 우월한 존재로 본다.
② 을은 자연의 모든 생명체를 인간과 동등한 가치를 지닌 존재로 본다.
✓③ 갑은 을과 달리 생태계 전체의 유기적 관계를 중시해야 한다고 본다.
④ 을은 갑과 달리 자연이 인간의 이익과 무관하게 가치를 지닌다고 본다.
⑤ 갑, 을 모두 자연을 경제적 관점에서 이용할 수 없다고 본다.

풀이

　　갑은 레오폴드, 을은 베이컨이다. 레오폴드는 생태계 속 모든 개체의 도덕적 지위를 인정한다. 베이컨은 생태계 속 모든 개체의 도덕적 지위를 인정하지 않으며, 과학 지상주의를 주장한다.

① 레오폴드는 인간이 생태계의 구성원에 불과하다고 주장한다. 따라서 인간을 생태계보다 더 가치 있고 우월한 존재로 보지 않는다.

② 베이컨은 이성적 인간이 다른 생명체(동식물)보다 더 가치 있는 존재라고 주장한다.

③ 레오폴드는 생태계 안에서 상호 간에 유기적 영향을 미치는 관계를 중시한다. 그리고 윤리적 관점에서 이러한 관계의 온전성, 안정성을 보존해야 한다고 주장한다.

④ 베이컨은 자연의 도구적(수단적) 가치를 강조한다. 이는 자연이 인간의 이익(복리)에 도움이 될 경우에만 가치가 있다고 보는 관점이다.

⑤ 레오폴드와 베이컨 모두 부정할 내용이다. 레오폴드는 자연을 경제적 관점으로만 보는 것을 반대했지만 인간이 자연을 경제적 자원으로 이용하는 것 자체를 반대한 것은 아니다. 베이컨은 인간 중심주의 관점에서 자연의 경제적 이용을 찬성한다.

---

35 정답 ④ 문제편 p.72

① (가)는 인간의 복지를 위해 자연이 보존되어야 함을 강조한다.
② (가)는 인간의 능력을 신장시켜 자연을 정복해야 함을 강조한다.
③ (나)는 인간이 자연 그 자체의 가치를 존중해야 함을 강조한다.
✓④ (나)는 자연이 인간의 편리함과 행복을 위한 수단임을 강조한다.
⑤ (가), (나)는 자연의 보전보다 인간의 이익이 우선됨을 강조한다.

풀이

(가)는 생태 중심주의, (나)는 인간 중심주의이다. 생태 중심주의는 생태계의 안정을 위협하는 인간의 무분별한 개입을 비판하며 자연 자체에 도덕적 지위를 부여한다. 반면, 인간 중심주의는 인간만이 내재적인 가치를 지니며 인간의 삶을 위해 자연을 이용하고 개발하는 것은 정당하다고 주장한다.
① (가)에 따르면 자연은 인간의 복지를 위해서가 아닌, 그 자체로 도덕적 가치를 지니기 때문에 보존되어야 한다.
⑤ (가)는 인간의 이익보다 자연의 보전과 존속이 우선되어야 한다고 주장한다.

36 정답 ⑤ 문제편 p.72

	갑	을
① 개별 구성원의 존속이 생태계 전체의 보전보다 우선하는가?	X	O
② 이성적으로 사고할 수 있는 인간은 도덕적 존중의 대상인가?	O	O
③ 인간 이외의 자연은 인간의 이익에 기여할 때 가치가 있는가?	X	O
④ 풍요로운 삶을 위해 인간은 자연을 관찰하고 이용해야 하는가?	X	O
✓⑤ 인간은 자연의 지배자가 아니라 단지 구성원 중 하나일 뿐인가?	O	X

풀이

갑은 생태 중심주의, 을은 인간 중심주의이다. 생태 중심주의는 생태계 전체에 도덕적 가치를 부여하며 인간은 단지 자연의 구성원 중 하나일 뿐이라 주장한다. 한편, 인간 중심주의는 인간이 자연의 지배자가 될 수 있다고 보며, 자연의 도구적 가치를 중시한다.

37 정답 ① 문제편 p.73

─ [보 기] ─
ㄱ. 갑: 자연의 가치는 유용성을 기준으로 판단해야 한다.
ㄴ. 을: 생태계 전체를 하나의 살아있는 유기체로 보아야 한다.
ㄷ. 을: 인간은 자연의 지배자로서 책임 의식을 가져야 한다.
ㄹ. 갑, 을: 생명을 지닌 모든 존재는 그 자체로 가치가 있다.

✓① ㄱ, ㄴ　　②ㄱ, ㄷ　　③ ㄴ, ㄷ　　④ ㄴ, ㄹ　　⑤ ㄷ, ㄹ

풀이

갑은 인간 중심주의, 을은 생태 중심주의에 해당한다. 인간 중심주의는 과학 기술을 통해 자연에 대한 지배력을 확보할 것을 강조한다. 반면, 생태 중심주의는 생태계 자체의 도덕적 가치를 중시하고 생명 공동체의 조화와 균형을 강조한다.
ㄷ. 갑의 입장에 해당한다.
ㄹ. 을의 입장에 해당한다. 을과 달리, 갑은 생명을 지닌 모든 존재가 아닌 이성을 지닌 인간만이 내재적 가치를 지닌다고 본다.

38 정답 ① 문제편 p.73

─ [보 기] ─
ㄱ. 자연 만물은 상호 의존하는 관계에 있다.
ㄴ. 인간은 자연의 본래적 가치를 존중해야 한다.
ㄷ. 인간의 삶에 도움을 주는 자연만이 가치를 지닌다. → 인간 중심주의
ㄹ. 이성을 지닌 존재인 인간이 자연을 지배해야 한다. → 인간 중심주의

✓① ㄱ, ㄴ　　②ㄱ, ㄷ　　③ ㄴ, ㄷ　　④ ㄴ, ㄹ　　⑤ ㄷ, ㄹ

풀이

제시된 편지를 쓴 사람은 생태 중심주의 입장을 취하고 있다. 생태 중심주의는 인간과 자연은 서로 끊임없이 영향을 주고받는 상호 보완적 관계로서 서로 조화와 균형을 이루어야 함을 강조하고, 자연 그 자체의 가치를 인정해야 한다고 본다.
ㄷ, ㄹ. 인간 중심주의의 입장에 해당한다.

39 정답 ③ 문제편 p.73

─ [보 기] ─

		자연은 인간의 이익과 무관하게 가치를 지니는가? 내재적 가치← 갑 X 을 O	
		예	아니요
갑 O 을 X 인간은 자연보다 우월한 존재인가?	예	A	B
	아니요	C	D

	갑	을		갑	을
①	A	C	②	A	D
✓③	B	C	④	B	D
⑤	C	B			

풀이

갑은 인간 중심주의, 을은 생태 중심주의이다. 인간 중심주의는 이성을 소유한 인간과 그렇지 않은 자연을 이분법적으로 보고 인간이 자연을 지배해야 한다고 주장한다. 반면, 생태 중심주의는 대지 전체를 도덕적 고려의 대상으로 본다.
③ '자연은 인간의 이익과 무관하게 가치를 지니는가?'는 을이 긍정, 갑이 부정할 질문이다. 갑의 입장에서 자연은 인간의 이용 대상일 뿐이며 활용 가치만을 지닌다. '인간은 자연보다 우월한 존재인가?'는 갑이 긍정, 을이 부정할 질문이다. 을의 입장에서 대지를 구성하는 요소는 모두 동등한 존재이다.

40 정답 ② 문제편 p.73

─ [보 기] ─
ㄱ. 자연은 내재적 가치를 지니고 있다고 본다.
ㄴ. 자연과 인간을 구분하는 이분법적 세계관을 중시한다. → 인간 중심주의
ㄷ. 생태계 전체를 하나의 유기체로 보아야 함을 강조한다.
ㄹ. 자연을 인간의 풍요로운 삶과 이익을 위한 도구로만 본다. → 인간 중심주의

① ㄱ, ㄴ ✓② ㄱ, ㄷ ③ ㄴ, ㄷ ④ ㄴ, ㄹ ⑤ ㄷ, ㄹ

> **풀이**
>
> 　제시문에 나타난 자연관은 생태 중심주의이다. 생태 중심주의는 자연 그 자체의 가치를 인정하고 무생물을 포함한 자연 전체를 도덕적 고려 대상으로 여기는 관점이다.
> ㄴ. 인간 중심주의의 입장이다. 생태 중심주의는 인간을 포함한 자연 전체를 하나로 보는 전일론적 관점에 해당한다.
> ㄹ. 인간 중심주의의 입장이다. 생태 중심주의는 자연은 인간의 이익과 무관하게 그 자체로 가치를 지니고 있으므로 자연의 어떤 존재도 인간의 이익을 위한 수단으로만 고려될 수 없다고 본다.

41　정답 ⑤　문제편 p.74

① 동물은 인간과 분리된 존재임을 기억하세요.
② 모든 자연은 인간의 지배하에 있음을 명심하세요.
③ 인간이 생존하기 위해 대량 축산이 필요함을 알아야 해요. ｝ → 인간 중심주의
④ 동물의 대량 사육은 자연에 영향을 주지 않음을 생각해야 해요.
✓⑤ 공장형 축산은 생태계의 균형을 파괴할 수 있음을 깨달아야 해요.

> **풀이**
>
> 　(가)는 대지 전체를 도덕적 고려 대상으로 보며, 인간 또한 이러한 대지의 일부분이라고 주장하는 생태 중심주의 입장이다.
> ①, ②, ③ 인간 중심주의의 입장이다.
> ④ 생태 중심주의는 생태계 자체의 균형 유지를 강조한다.

42　정답 ①　문제편 p.74

✓① 갑: 생태계 전체를 도덕적으로 고려해야 한다.
② 갑: 이분법적 세계관을 통해 인간과 자연을 구분해야 한다.
③ 을: 인간을 포함한 자연 전체는 하나의 살아있는 유기체이다.
④ 을: 대지 위의 모든 존재는 생명 공동체의 평등한 구성원이다.
⑤ 갑, 을: 인간이 자연의 정복자이자 지배자가 되어야 한다.

> **풀이**
>
> 　갑은 전체 공동체에 대해 존경심을 가져야 한다고 보고 있으므로 생태 중심주의와 관련 있고, 을은 자연이 인간에게 이롭도록 활용되어야 한다고 보고 있으므로 인간 중심주의와 관련 있다.
> ① 생태 중심주의는 생태계 전체를 도덕적으로 대우해야 한다고 본다.
> ②, ⑤ 인간 중심주의에 대한 설명이다.
> ③, ④ 생태 중심주의에 대한 설명이다.

43　정답 ④　문제편 p.74

> [보기]
>
> ㄱ. 갑: 자연의 도구적 가치보다 본래적 가치를 중시하세요.
> ㄴ. 갑: 케이블카 설치로 기대되는 경제적 이득을 따져보세요.
> ㄷ. 을: 인간은 자연을 지배할 수 있는 권리가 있음을 명심하세요.
> ㄹ. 을: 케이블카 설치가 생태계에 미칠 부정적 영향을 고려하세요.

① ㄱ, ㄴ ② ㄱ, ㄷ ③ ㄴ, ㄷ ✓④ ㄴ, ㄹ ⑤ ㄷ, ㄹ

> **풀이**
>
> 　갑의 관점은 인간 중심주의에 해당하고, 을의 관점은 생태 중심주의에 해당한다. 인간 중심주의는 인간을 가장 가치 있는 존재로 여기고 인간과 자연의 관계에서 인간의 이익이나 행복을 먼저 고려하는 관점이다. 반면, 생태 중심주의는 자연 그 자체의 가치를 인정하고 무생물을 포함한 자연 전체를 도덕적 고려 대상으로 여기는 관점이다.
> ㄱ. 을이 A에게 제시할 조언으로 적절하다.
> ㄷ. 갑이 A에게 제시할 조언으로 적절하다.

44　정답 ①　문제편 p.74

✓① 인간은 자연과 공존하면서 조화를 이루어야 한다.
② 인간은 과학 기술을 활용하여 자연을 개발해야 한다.
③ 인간은 자연을 신의 창조물로 여기고 잘 가꾸어야 한다. ｝ → 인간 중심주의 (데카르트, 베이컨)
④ 인간은 자연적 본성에서 벗어나 도덕성을 실현해야 한다.
⑤ 인간은 자신의 이익을 위해 자연을 정복하고 지배해야 한다.

> **풀이**
>
> 　(가)는 도가 사상, (나)는 불교 사상이다. 도가 사상은 자연에 순응하며 살아가는 무위자연의 삶을 추구해야 한다고 주장한다. 한편, 불교 사상은 만물이 상호 의존하고 있다는 '연기설'을 주장하며 자비의 태도를 강조한다.
> ②, ⑤ 인간 중심주의 사상가들이 지지할 견해이다.
> ③ 도가 사상과 불교 사상 모두 자연을 신의 창조물로 여기지 않는다.
> ④ 도가 사상은 자연적 본성에 순응할 것을 주장한다. 불교 사상은 부처가 될 수 있는 '불성'이 인간의 자연적 본성이라고 보기 때문에 이를 벗어날 것을 주장하지 않는다.

45　정답 ②　문제편 p.75

① 새로운 기계를 소유하려는 욕구를 충족해야 하네.
✓② 기계의 속박에서 벗어나 도에 따르는 삶을 살아야 하네.
③ 삶의 질 향상을 위해 기계에 대한 의존도를 높여야 하네.
④ 새롭게 등장하는 기계의 사용법을 신속하게 습득해야 하네.
⑤ 기계를 적극적으로 활용하여 정신적 즐거움을 지향해야 하네.

제시문의 사상가는 도가 사상가 장자이다. 장자는 기계와 같은 인위적인 것의 사용이 사사로운 욕심과 혼란을 야기하여 도(道)를 따를 수 없다고 주장한다. 따라서 장자는 도와 일치되는 바람직한 삶을 위해 외물에 대한 욕심을 비워야 한다고 주장한다.

46 정답 ⑤ 문제편 p.75

풀이

독일의 프라이부르크와 브라질의 쿠리치바는 모두 친환경 생태 도시에 해당한다. 생태 도시는 사람과 자연환경이 조화를 이루며 공생할 수 있는 기반을 갖춘 친환경적인 도시로, 도시 지역의 환경 문제를 해결하고 환경 보전과 개발의 조화를 위한 방안의 하나로 등장하였다.

47 정답 ① 문제편 p.75

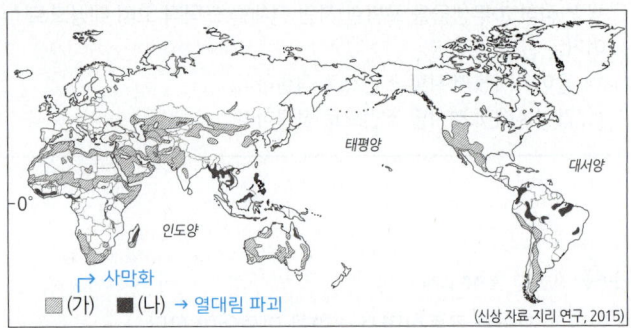

(가) [ ] (나) [ ] → 열대림 파괴

(신상 자료 지리 연구, 2015)

✓① (가)는 극심한 가뭄과 인간의 과도한 개발로 나타난다.
② (가)는 우리나라에 영향을 미치지 <u>않는</u> 환경 문제이다.
③ (나)로 인해 벚꽃의 개화 시기가 <u>늦어진다</u>.
　　　　　　　　　　　　　　　　빨라진다
④ <u>(나)</u>는 강수량보다 증발량이 많은 지역에서 발생한다.
　(가)
⑤ (가), (나) <u>모두 북반구에서만</u> 나타나는 현상이다.

풀이

주로 사막 주변 지역에서 진행되는 (가)는 사막화이다. 사하라 사막 이남의 사헬 지대, 아랄해에서 사막화가 나타난다. 열대 기후 지역의 열대림 분포지에서 나타나는 (나)는 열대림 파괴이다. 보르네오섬, 아마존 유역 등에서 열대림 파괴가 나타난다.
① 사막화는 가뭄이나 농경지 개발, 목축업 등으로 식생이 파괴되면서 나타난다.
② 중국 내륙의 사막화로 인해 황사 발생 빈도가 높아지고 있으며, 황사는 중국, 우리나라, 일본 등에 영향을 준다.
③ 열대림 파괴는 온실기체인 이산화탄소 농도 증가로 이어져 지구의 평균 기온을 상승시킨다. 이에 따라 벚꽃 개화 시기는 앞당겨진다.
④ 강수량보다 증발량이 많은 지역은 건조 기후 지역이다. 건조 기후 지역에서 진행되는 환경 문제는 사막화이다. 열대림 파괴는 열대 기후 지역에서 나타나는 환경 문제로, 열대 기후 지역은 강수량이 증발량보다 많다.
⑤ 사막화는 사막 주변 지역에서 주로 나타난다. 사막은 북반구와 남반구 모두에 분포한다. 열대림 파괴는 열대 기후 지역에서 나타난다. 열대 기후는 적도 주변의 저위도 지역을 중심으로 분포한다.

48 정답 ① 문제편 p.75

✓① 대기 오염 물질이 빗물과 결합하여 내리는 현상이다. → 산성비
② 해수면이 상승하여 저지대의 침수 위험성이 높아진다.
③ 이산화 탄소 등 온실가스 배출량 증가가 주요 원인이다.
④ 전 지구적으로 이상 기후 현상의 발생 빈도를 증가시킨다.
⑤ 문제 해결을 위한 국제 협력으로 파리 기후 협약이 체결되었다.

풀이

제시된 그림을 통해 파악할 수 있는 환경 문제는 지구 온난화이다. 지구 온난화는 화석 에너지의 소비 증가로 인한 온실가스 배출량 증가로 발생한다. 지구 온난화로 인해 극지방의 빙하 면적이 감소하고 있고, 해수면 상승으로 저지대의 침수 위험성이 높아지며, 생태계의 서식처에 변동이 나타난다. 지구 온난화를 해결하기 위해 파리 기후 협약을 체결하는 등 국제적인 협력을 모색하고 있다.
① 대기 오염 물질이 빗물과 결합하여 내리는 현상은 산성비이다.

49 정답 ② 문제편 p.76

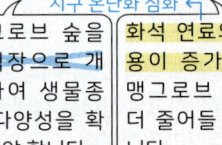

갑 / 을 / 병 / 정

지구 온난화 심화 ←
→ 양식장에서 오염 물질 배출

| 갑 | 을 | 병 | 정 |
| 열대 해안 지역의 해일 피해를 줄이려면 맹그로브 숲을 보전해야 합니다. | 맹그로브 숲을 <u>양식장으로 개발</u>하여 생물종의 다양성을 확보해야 합니다. | <u>화석 연료의 사용이 증가</u>하면 맹그로브 숲은 더 줄어들 것입니다. | 새우 <u>양식장이 증가</u>할수록 열대 해안의 수질은 <u>좋아질</u> 것입니다. |

나빠

↳ 다양한 생물종이 서식하는 생태 환경인 맹그로브 숲 파괴

① 갑, 을　✓② 갑, 병　③ 을, 병　④ 을, 정　⑤ 병, 정

풀이

맹그로브 숲은 주로 열대 지역의 해안에서 태풍과 지진해일로부터 육지를 지키는 천연 방파제 역할을 하며 각종 생물종의 서식지를 이루고 해안의 수질을 유지해 준다. 따라서 맹그로브 숲을 양식장 등으로 개발하면 숲이 파괴되어 생물종 다양성이 감소하며 오염 물질 정화 기능이 약화된다.

50 정답 ④ 문제편 p.76

풀이

주어진 뉴스는 국가 간 유해 폐기물의 이동에 관하여 보도하고 있다. 선진국의 전자 쓰레기를 개발 도상국에서 처리할 경우 개발 도상국의 환경 비용 부담이 커지고, 주민들의 건강과 대기 오염에 악영향을 미친다. 이에 따라 국제 사회에서는 바젤 협약(1989)을 체결하여 유해 폐기물의 국가 간 이동을 규제하고 있다. 따라서 (가)에는 환경 오염의 피해와 관련된 내용이 들어갈 수 있다.
④ 전자 쓰레기를 태우는 과정에서 이산화 탄소 배출량은 증가하고 대기 오염은 악화될 것이다.

51

정답 ⑤ 문제편 p.76

① 봄꽃의 개화 시기가 늦어질 것이다. (빨라질)
② 열대야 발생 일수가 감소할 것이다. (증가)
③ 냉대림의 분포 면적이 넓어질 것이다.
④ 열대성 질병의 발병률이 감소할 것이다. (축소될) (증가)
⑤ 해안 저지대의 침수 위험이 증가할 것이다. ✓

풀이

제시된 자료는 북극의 빙하가 녹는 상황을 묘사하고 있으므로 (가)에 해당하는 환경 문제는 지구 온난화 현상이다.
① 기온이 높아지면 봄꽃의 개화 시기는 빨라진다.
② 지구 온난화 현상으로 여름철 야간 기온이 상승하므로 열대야 발생 일수는 증가한다.
③ 기온이 높아지면 냉대림 분포 면적은 축소된다.
④ 기온이 높아지면 말라리아, 뎅기열 등 열대성 질병 질환자가 증가한다.
⑤ 기온 상승으로 극지방의 빙하가 녹으면 해수면이 상승하게 되어 해안 저지대는 침수될 수 있다.

52

정답 ② 문제편 p.76

[보 기]

ㄱ. (가)는 습지의 파괴를 막고, 물새의 서식지를 보호하는 협약이다.
ㄴ. (나)는 선진국과 개발도상국이 힘을 모아 온실가스 배출량을 단계적으로 감축하는 협약이다. (라)
ㄷ. (다)는 멸종 위기에 처한 생물종의 보호 및 번식을 위한 협약이다.
ㄹ. (라)는 오존층 파괴 물질의 생산 및 사용을 단계적으로 감축하는 협약이다. (나)

① ㄱ, ㄴ ② ㄱ, ㄷ ✓ ③ ㄴ, ㄷ ④ ㄴ, ㄹ ⑤ ㄷ, ㄹ

풀이

람사르 협약은 습지 보호, 몬트리올 의정서는 오존층 보호, 생물 다양성 협약은 생물종 보호, 파리 협정은 기후 변화에 대응하기 위한 국제 협약이다.
ㄱ. 람사르 협약의 주요 내용인 (가)에는 습지 보호 및 물새 서식지 보호 등의 내용이 들어갈 수 있다.
ㄴ. 선진국과 개발도상국 등 회원국들의 온실가스 배출량을 감축하는 협약은 파리 협정이다.
ㄷ. 생물 다양성 협약의 주요 내용인 (다)에는 멸종 위기의 생물종 보호 등의 내용이 들어갈 수 있다.
ㄹ. 오존층 파괴 물질의 생산과 사용을 규제하는 협약은 몬트리올 의정서이다.

53

정답 ④ 문제편 p.77

[보 기]

ㄱ. 화석 연료의 가격을 인하한다. → 화석 연료 사용량이 증가하여 온실가스 배출량이 증가함
ㄴ. 탄소 배출량이 적은 제품을 사용한다.
ㄷ. 대기 오염 물질의 배출 규제를 완화한다. (강화)
ㄹ. 시민 단체에 가입하여 환경 감시 활동을 한다.

① ㄱ, ㄴ ② ㄱ, ㄷ ③ ㄴ, ㄷ ④ ㄴ, ㄹ ✓ ⑤ ㄷ, ㄹ

풀이

제시문은 지구 온난화에 더욱 적극적으로 대처하기 위해 선진국뿐만 아니라 개발 도상국에도 온실가스 감축 의무를 부여하는 파리 기후 협약(2015)에 대해 기술하고 있다. 지구 온난화를 해결하기 위해 정부는 오염 물질 배출 규제 등을 위한 정책을 마련하고, 소비자는 탄소 배출량이 적은 환경 친화적 제품을 사용해야 한다. 또한 시민 단체는 정부와 기업이 추진하는 각종 정책과 사업을 환경 보전 측면에서 감시해야 한다.

54

정답 ⑤ 문제편 p.77

○○신문 ○○○○년 ○○월 ○○일

<하프 문을 조성하는 모습>

아프리카 사헬 지대에서 (가) 이/가 심화됨에 따라 토양이 황폐해져 식량 생산량이 감소하고 있다. 이를 해결하기 위한 여러 노력 중 '하프 문(Half-moons)' 조성 프로젝트가 주목받고 있다. 하프 문은 반달 모양의 구덩이로, 구덩이 속에 빗물이 고이게 함으로써 식물의 생장을 돕는 기능을 한다. (사막화 현상)

① 농경지 확대, 상업적 벌목 등으로 인해 열대림이 파괴되는 현상이다.
② 매연을 비롯한 대기 오염 물질이 안개와 결합하여 나타나는 현상이다. → 스모그 현상
③ 황산화물과 질소 산화물 등의 대기 오염 물질이 비와 섞여 내리는 현상이다. → 산성비
④ 염화 플루오린화 탄소(CFCs)의 사용량 증가로 인해 성층권의 오존층이 파괴되는 현상이다.
⑤ 지속적인 가뭄, 과도한 경작 및 방목 등으로 인해 기존에 사막이 아니던 곳이 사막으로 변해 가는 현상이다. ✓

풀이

사헬 지대는 사하라 사막 남부 지역으로 사막화가 진행되는 대표적인 지역이다. 따라서 (가)는 사막화 현상이다.
① 농경지 확보, 벌목 등으로 인해 열대림이 파괴되는 대표적인 지역은 보르네오섬, 아마존 분지 등 저위도의 열대 기후 지역이다.

② 대기 오염 물질과 안개가 결합되어 나타나는 현상은 스모그 현상이다.

③ 대기 오염 물질이 비에 섞여 내리는 것은 산성비로, 이는 삼림을 고사시키고 건축물을 부식시킨다.

④ 염화 플루오린화 탄소(CFCs)로 인해 오존층이 파괴되면 지표에 도달하는 자외선이 증가하여 피부암, 백내장 등을 유발한다.

⑤ 사막이 아닌 지역이 사막으로 변해가는 현상을 사막화라고 한다. 가뭄이 지속되거나 과도한 경작, 방목 등으로 식생이 파괴되면서 사막화 현상이 나타난다.

55 정답 ③ 문제편 p.77

○A는 미세플라스틱이 인체에 심각한 위협이 됨을 알리고 → 시민 단체
 ⊙ 건강하고 쾌적한 환경에서 생활할 권리 보장을 위한 대책을 촉구하는 집회를 열었다. └→ 환경권
○B는 미세플라스틱 배출로 인한 해양 오염 문제의 심각성을 → 정부
 인지하고 전문가들과 함께하는 공식적인 공청회를 열어
 ⓒ 이와 관련한 규제 정책의 보완에 나섰다.
○C는 미세플라스틱으로 인한 오염 문제를 개선하기 위해 → 기업
 친환경 경영을 선언하고 생분해성 플라스틱 소재의 개발과 생산에 나섰다.

① ⊙은 헌법에서 보장되지 않는다. (된다)
② ⓒ으로는 '폐수 처리 기준의 완화'를 들 수 있다. (강화)
✓③ B는 국제 협약을 맺어 국제 사회와 협력할 수 있다.
④ B와 달리 C는 환경 오염 행위를 감시하고 법적 제재를 가할 수 있다. (C)(B)
⑤ C와 달리 A는 기술 혁신을 통해 오염 물질 배출을 줄일 수 있다. (A)(C)

풀이

　환경권 보장을 위한 대책을 촉구하는 집회를 여는 주체는 시민 단체이고, 공청회를 열어 해양 오염 문제를 해결하기 위한 규제 정책을 보완하고자 하는 주체는 정부이며, 친환경 경영을 위해 노력하는 주체는 기업이다. 따라서 A는 시민 단체, B는 정부, C는 기업이다.
① 건강하고 쾌적한 환경에서 생활할 권리는 환경권으로, 이는 헌법에서 보장하는 권리이다.
② 해양 오염 문제를 해결하기 위한 규제 정책의 보완으로는 '폐수 처리 기준의 강화'를 들 수 있다.
③ 정부는 환경 문제 해결을 위해 국제 협약을 체결하여 국제 사회와 협력할 수 있다.
④ 정부는 기업과 달리 환경 오염 행위를 감시하고 법적 제재를 가할 수 있다.
⑤ 기업은 시민 단체와 달리 기술 혁신을 통해 오염 물질 배출을 줄일 수 있다.

56 정답 ⑤ 문제편 p.77

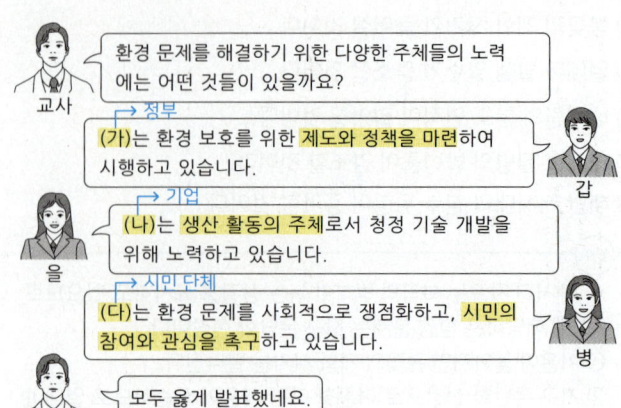

교사: 환경 문제를 해결하기 위한 다양한 주체들의 노력에는 어떤 것들이 있을까요?

갑: → 정부
(가)는 환경 보호를 위한 제도와 정책을 마련하여 시행하고 있습니다.

을: → 기업
(나)는 생산 활동의 주체로서 청정 기술 개발을 위해 노력하고 있습니다.

병: → 시민 단체
(다)는 환경 문제를 사회적으로 쟁점화하고, 시민의 참여와 관심을 촉구하고 있습니다.

교사: 모두 옳게 발표했네요.

① (가)는 시민 단체이다. (다)
② (나)는 환경 문제 해결을 위한 국제 조약 체결의 주체이다. (가)
③ (다)는 이윤 추구를 목적으로 친환경 상품 생산에 힘쓴다.
④ (나)는 (가)의 의견을 반영하여 환경 관련 법을 제정한다.
✓⑤ (다)는 (가)의 활동을 감시하고 비판하는 역할을 수행한다. → 정부

풀이

　(가)는 환경 보호를 위한 제도와 정책을 마련하는 주체이므로 정부에 해당하고, (나)는 생산 활동의 주체이므로 기업에 해당하며, (다)는 환경 문제를 사회적으로 쟁점화하고 시민의 참여와 관심을 촉구하는 주체이므로 시민 단체에 해당한다.
② 환경 문제 해결을 위한 국제 조약 체결의 주체는 정부이다.
③ 시민 단체는 이윤 추구를 목적으로 하지 않는다.
④ 환경 관련 법을 제정하는 주체는 정부이다.
⑤ 시민 단체는 정부와 기업의 활동을 감시하고 비판하는 역할을 수행한다.

57 정답 ④ 문제편 p.78

[보 기]

ㄱ. (가) - 피부암, 백내장 등의 질병 유발
ㄴ. (나) - 과도한 경작과 방목
ㄷ. (다) - 북극해 일대의 해수 염도 상승 (낮아짐)
ㄹ. (라) - 파리 기후 협약

① ㄱ, ㄴ　　② ㄴ, ㄷ　　③ ㄷ, ㄹ
✓④ ㄱ, ㄴ, ㄹ　　⑤ ㄱ, ㄷ, ㄹ

풀이

　주요 환경 문제에는 지구 온난화, 사막화, 산성비, 열대림 파괴, 오존층 파괴 등이 있다. 염화 플루오린화 탄소의 사용 증가는 오존층을 파괴하여 피부암, 안과 질환 등을 유발한다. 극심한 가뭄, 과도한 방목이나 개간으로 인한 사막화는 식량 생산량을 감소시키고 황사를 심화시킨다. 화석 에너지의 소비 증가로 인한 온실가스 배출량의 증가는 지구 온난화를 심화시키며, 이는 빙하가 녹아 해수면이 상승하고 해수 염도가 낮아지는 결과로 이어진다. 한편, 파리 기후 협약은 지구 온난화 방지를 위한 국제 협약이다.

III

58 정답 ③ 문제편 p.78

① 기업은 자연환경 보호에 관한 책임으로부터 자유로워야 한다.
② 기업은 이윤 창출 활동을 배제하고 자연환경을 보호해야 한다.
③ 기업은 환경 오염 문제 해결에 이바지하기 위해 노력해야 한다.
④ 기업은 시장 원리에 따라 오직 원가 절감을 위해 힘써야 한다.
⑤ 기업의 이윤 극대화 추구가 기업의 유일한 목적임을 알아야 한다.

> **풀이**
>
> 제시문에서는 기업이 이윤 추구뿐만 아니라 환경 오염 물질 배출량을 줄이기 위해 노력해야 함을 강조하고 있다. 즉, 기업은 오염 물질 정화 시설을 설치하고, 친환경 기술을 개발하며, 환경 기술 개발에 대하여 적극적으로 투자하는 등 환경 문제 해결을 위해 노력해야 한다.

59 정답 ⑤ 문제편 p.78

[보 기]

ㄱ. 스마트폰을 비롯한 디지털 기기 자주 교체하기
   (교체 주기 연장하기)
ㄴ. 네트워크 사용량 감소를 위해 디지털 기기 사용 시간 줄이기
ㄷ. 디지털 기기 관련 기업에 탄소 배출을 줄이는 생산 방식 요구하기
ㄹ. 데이터 센터의 운영 과정에서 발생하는 온실가스의 위험성에 대해 경각심 지니기

① ㄱ, ㄷ   ② ㄱ, ㄹ   ③ ㄴ, ㄹ
④ ㄱ, ㄴ, ㄷ   ⑤ ㄴ, ㄷ, ㄹ

> **풀이**
>
> 화석 에너지 사용이 온실가스 배출의 주범이라는 사실은 널리 알려져 있다. 그러나 일상생활에서 널리 사용 중인 스마트폰 등 디지털 기기도 지구 온난화에 영향을 준다. 데이터 센터, 정보 통신 기기 및 서비스 등을 생산, 이용, 폐기하는 과정에서 발생하는 온실가스의 양을 '디지털 탄소 발자국'이라고 한다. (가)에는 이를 줄이기 위해 생태 시민이 지녀야 할 자세로 적절한 내용이 들어갈 수 있다.
> ㄱ. 스마트폰을 자주 교체하게 되면 더 많은 스마트폰을 생산, 폐기해야 하고, 이 과정에서 다량의 온실가스가 발생한다. 따라서 스마트폰의 교체 주기를 늦추는 것이 생태 시민으로서의 바람직한 자세라고 볼 수 있다.
> ㄴ. 디지털 기기를 장시간 사용하면 네트워크와 연결된 데이터 센터의 냉각 장치가 더 많이 가동되고, 이 과정에서 다량의 온실가스가 배출된다. 따라서 디지털 기기 사용 시간을 단축하는 것은 생태 시민으로서 가져야 할 자세이다.
> ㄷ. 기업에서 탄소 배출량을 줄이면 지구의 평균 기온 상승 속도를 늦출 수 있다. 따라서 디지털 기기 관련 기업에 탄소 배출을 감축할 수 있는 생산 방식을 요구하는 것은 생태 시민이 가져야 할 자세로 볼 수 있다.

> ㄹ. 생태 시민이 데이터 센터의 운영으로 다량의 온실가스가 발생한다는 사실을 인지하고, 온실가스가 환경에 미치는 위험에 대한 경각심을 가지고 있으면 온실가스 배출량을 줄이기 위한 다양한 노력을 하게 될 것이다. 따라서 데이터 센터 운영 과정에서 발생하는 온실가스의 위험성에 대한 경각심을 가지는 것은 생태 시민이 지녀야 할 자세로 볼 수 있다.

60 정답 ⑤ 문제편 p.78

① 미세 먼지 감소   ② 삼림 파괴 방지
③ 수질 오염 방지   ④ 전자 쓰레기 감소
⑤ 지구 온난화 완화

> **풀이**
>
> 대표적인 온실 기체인 이산화 탄소를 포집하는 기술 개발에 대한 투자를 제시하였으므로 다량의 온실 기체 방출로 인한 환경 문제를 찾으면 된다. 다량의 온실 기체 방출은 온실효과를 일으켜 지구 온난화를 발생시킨다. 따라서 이산화 탄소를 포집하는 기술 개발은 지구 온난화를 완화하는 데 도움이 된다.

61 정답 ① 문제편 p.79

[보 기]

ㄱ. 기술 투자를 하여 친환경 제품을 개발한다.
ㄴ. 환경 오염 물질 배출량의 법적 기준을 지킨다.
ㄷ. 종이 빨대를 사용하는 사업체에 세제 혜택을 준다. → 정부의 노력
ㄹ. 미세 플라스틱이 포함된 제품의 판매 금지를 법제화한다.

① ㄱ, ㄴ   ② ㄱ, ㄷ   ③ ㄴ, ㄷ   ④ ㄴ, ㄹ   ⑤ ㄷ, ㄹ

> **풀이**
>
> 제시문에 나타난 문제는 환경 문제이다. 환경 문제를 해결하기 위해 기업은 친환경 경영을 추구하고, 생산 과정뿐만 아니라 유통 및 폐기 과정에서 환경 보호를 위한 노력을 해야 한다.
> ㄷ, ㄹ. 환경 문제에 대한 정부의 노력에 해당한다.

62 정답 ④ 문제편 p.79

> **풀이**
>
> ㉠은 정부, ㉡은 시민 단체이다. 환경 문제 해결을 위해 정부는 환경 관련 법과 제도를 마련하고, 개발 사업 시행 전에 환경 영향 평가를 실시할 수 있다. 시민 단체는 환경 정책 결정 과정에서 여론 형성을 통해 영향력을 행사할 수 있고, 다양한 환경 보호 활동 참여를 유도할 수 있다.
> ④ 노후화된 기반 시설을 정비하거나 청정 기술을 개발하는 것은 기업의 노력에 해당한다.

① 외출 시 전등을 끈다.

✓② 육류를 더 많이 섭취한다. → 육류 섭취를 줄인다.

③ 일회용 컵을 사용하지 않는다.

④ 비닐 봉투보다 장바구니를 사용한다.

⑤ 가까운 거리는 걷거나 자전거를 이용한다.

> **풀이**
>
> 제시된 자료는 지구 온난화 현상이다. 따라서 (가)에는 지구 온난화 현상을 완화할 수 있는 개인적 차원의 활동이 들어가면 된다.
> ② 육류 소비 증가는 더 많은 가축 사육을 요구한다. 가축은 사육 과정에서 온실 기체인 메탄을 방출하게 된다. 또한 넓은 방목지 확보를 위해 식생이 파괴되는 경우도 많다. 실제 브라질에서는 소 방목지 확보를 위해 아마존의 열대림을 파괴하고 있다. 식물은 온실 기체인 이산화 탄소를 소비하는 역할을 하는데, 식생 파괴는 온실가스 소비 감소로 이어진다. 따라서 육류 소비 증가는 지구 온난화를 심화시키게 된다.

학습 주제: 사막화 현상의 이해

사막화 현상을 다양한 관점에서 자유롭게 발표해 보세요.

1. 원인: 오랜 가뭄 및 인간의 무분별한 개발 등
2. 피해: 농업 생산량 감소, 거주 불가 지역 확대 등

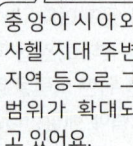

갑: 1960년대 후반부터 사막화의 피해가 공론화되며 전 세계적인 이슈가 되었어요. → 시간적 관점

을: 중앙 아시아와 사헬 지대 주변 지역 등으로 그 범위가 확대되고 있어요. → 공간적 관점

병: 사막화는 인간 중심주의의 산물이에요. 인간과 자연의 조화로운 공존이 필요해요. → 윤리적 관점

정: 사막화로 인해 생계 수단을 잃은 주민들을 위한 다양한 정책적 지원이 필요해요. → 사회적 관점

① 갑은 사막화 현상을 도덕적 가치에 따라 평가하고 있다. → 병

✓② 을은 사막화 현상이 분포하는 장소와 양상에 주목하고 있다.

③ 병은 사막화 현상의 원인을 사회 제도적 측면에서 분석하고 있다. → 정

④ 정은 사막화의 진행 과정을 시대적 배경과 맥락으로 살펴보고 있다. → 갑

⑤ 병과 달리 정은 생태 중심주의에서 사막화의 대안을 찾고 있다.

> **풀이**
>
> 갑은 시간적, 을은 공간적, 병은 윤리적, 정은 사회적 관점에서 사막화 현상을 분석하고 있다.
> ⑤ 인간과 자연의 조화로운 공존을 강조하는 생태 중심주의 입장에서 사막화의 대안을 찾는 사람은 병이다.

(가)

갑: 아는 것이 힘이다. 인간의 힘은 자연을 파악하고 분석하여 지식을 얻을 때 생겨난다. 인간은 자연의 사용자로서 방황하고 있는 자연을 사냥해서 노예로 만들어 인간의 이익에 봉사하도록 해야 한다. → 귀납 추론에 따른 자연 과학적 지식 (베이컨)

을: 바람직한 대지 이용을 경제적 문제로만 생각하지 말고 윤리적, 심미적 관점에서도 검토해야 한다. 생명 공동체의 통합성과 안정성, 아름다움의 보전에 이바지한다면 그것은 옳고, 그렇지 않다면 그르다. → 대지의 경제적 이용 자체는 허용 (레오폴드)

(나)

사상가 갑, 을의 입장을 탐구한다.

A → (아니요) → C → (예) → 을의 입장 (레오폴드)

A → (예) → B → (예) → 갑의 입장 (베이컨)

〈범례〉
□ : 출발 조건
◇ : 판단 내용
---- : 판단 방향
▭ : 사상가의 입장

[보 기]

ㄱ. A: 인간의 생존을 위해 대지를 자원으로 활용할 수 있는가?

ㄴ. B: 자연의 가치는 인간의 이익과 필요에 따라 평가되는가? → 도구적 가치

ㄷ. C: 인간은 자연 내의 다른 생명체보다 우월한 존재인가?

ㄹ. C: 무생물을 포함한 생태계 전체를 도덕적으로 고려해야 하는가?

① ㄱ, ㄴ   ② ㄱ, ㄷ   ③ ㄴ, ㄷ   ✓④ ㄴ, ㄹ   ⑤ ㄷ, ㄹ

> **풀이**
>
> 갑은 베이컨, 을은 레오폴드이다. 베이컨은 자연에 대한 과학적 지식을 활용해 자연을 자유롭게 이용하고 변형할 수 있다고 본다. 레오폴드는 자연을 윤리적 관점에서도 고려해야 한다고 보며, 생태계 전체의 안정성을 강조한다.
> ㄱ. 두 사상가가 모두 긍정할 질문이다. 베이컨은 대지(Land)를 자원으로 제약 없이 활용할 수 있다고 본다. 레오폴드는 생태계 안정을 파괴하지 않는 선에서 대지를 인간이 활용할 수 있다고 본다.
> ㄴ. 베이컨은 자연을 도구적 가치로 바라본다. 따라서 자연의 가치는 인간의 이익과 필요에 따라 평가된다.
> ㄷ. 레오폴드에 따르면 인간은 동식물보다 본래적으로 우월한 존재가 아니며, 모두 생명 공동체의 구성원 위치에 있다고 본다.
> ㄹ. 레오폴드의 대지 윤리는 무생물 및 전체 생태계를 도덕적 고려 대상으로 삼는다.

66 정답 ⑤ 문제편 p.80

< ___(가)___ 의 주요 집적 지역 공식 화폐 >
→ 해양 쓰레기

국제 연합(UN)은 해류 순환과 바람의 작용으로 태평양에 쌓인 ___(가)___ 의 주요 집적 지역을 정식 국가로 인정하였다. 공식 여권, 화폐를 만들고 국민을 모집하였는데, 공식 화폐에는 전 세계가 배출한 ___(가)___ 로 고통받는 바다사자, 갈매기, 거북이 등이 등장한다.

① 국제 사회는 <u>몬트리올 의정서</u>를 준수해야 한다.
　　　　　　　　　　런던 협약
② 정부는 플라스틱 제품 사용 규제를 <u>완화</u>해야 한다.
　　　　　　　　　　　　　　　　　　강화
③ <u>시민 단체</u>는 친환경 제품을 인증하는 법률을 제정한다.
　　정부
④ 기업은 이윤 추구를 위해 일회용품 생산량을 <u>증가</u>시켜야 한다.
　　건전한 이윤 추구　　　　　　　　　　　감소
✓⑤ 개인은 생태 시민으로서 플라스틱 제품 사용량을 줄여야 한다.

(풀이)

해류, 바람에 의해 태평양에 집적되고, 해양 생물에 고통을 주는 (가)는 해양 쓰레기이다.
① 몬트리올 의정서는 오존층 파괴 물질인 염화 플루오린화 탄소의 생산 및 사용을 규제하는 국제 협약이다. 해양 오염을 방지하는 국제 협약은 런던 협약이다.
② 해양 쓰레기는 대부분 용해되지 않는 플라스틱이다. 따라서 해양 쓰레기 문제를 해결하기 위해서는 플라스틱 제품 사용 규제를 강화해야 한다.
③ 해양 쓰레기 문제를 해결하기 위해 정부는 친환경 제품을 인증하는 법률을 제정하고, 시민 단체는 환경 보호 캠페인, 환경 오염 감시 등의 노력을 해야 한다.
④ 기업의 일회용품 생산량 증가는 쓰레기 증가로 이어진다. 기업은 이윤만 추구할 것이 아니라 사회적 책임 의식과 건전한 기업 윤리를 바탕으로 환경 친화적인 제품 생산을 위해 노력해야 한다.
⑤ 해양 쓰레기 문제를 해결하기 위해 개인은 플라스틱 제품 사용 줄이기, 재활용의 생활화뿐만 아니라 자연과 인간이 공존할 수 있는 사회를 위해 환경 문제에 대한 책임감을 가진 생태 시민으로서 노력을 다해야 한다.

 심화 문제 풀기

1 정답 ② 문제편 p.81

(풀이)

이탈리아와 뉴질랜드의 기후가 반대로 나타나는 원인은 위도이다. 따라서 (가)에는 위도와 관련된 기후 요인이 들어가야 한다. 지구는 자전축이 23.5° 기울어진 채로 태양 주변을 공전하기 때문에, 7월에는 북반구의 일사량이 많고 남반구의 일사량은 상대적으로 적다. 그러므로 북반구에 위치한 이탈리아가 7월에 더운 여름인 반면, 남반구에 위치한 뉴질랜드는 7월에 눈이 내리는 겨울이다.

2 정답 ② 문제편 p.81

[보 기]
ㄱ. (가)의 전통 가옥은 벽이 두껍고 지붕이 평평하다. → 건조 기후
ㄴ. (나)는 <mark>일 년 내내 비가 많이 내린다.</mark>
　　　　　　　　　　　　　　　└→ 열대 우림 기후
ㄷ. (가)는 (나)보다 연평균 기온이 높다.
ㄹ. (가)는 카카오, (나)는 올리브가 대표적인 작물이다.
　　　└→ 열대 우림 기후　└→ 지중해성 기후

① ㄱ, ㄴ　　✓② ㄱ, ㄷ　　③ ㄴ, ㄷ　　④ ㄴ, ㄹ　　⑤ ㄷ, ㄹ

(풀이)

'낙타 주의 표지판'으로 보아 (가)는 건조 기후 지역, '순록 주의 표지판'으로 보아 (나)는 한대 기후 지역이다.
ㄱ. 연강수량이 적은 건조 기후 지역의 전통 가옥은 지붕이 평평하며, 외부의 열기를 차단하기 위해 벽이 두껍다.
ㄴ. 한대 기후는 극 고압대의 영향으로 강수량이 적다. 일 년 내내 비가 많이 내리는 기후 지역은 열대 우림 기후 지역이다.
ㄷ. 건조 기후는 한대 기후보다 저위도에 분포하므로 연평균 기온이 높다.
ㄹ. 카카오는 열대 우림 기후, 올리브는 지중해성 기후의 대표 작물이다.

3 정답 ② 문제편 p.81

(풀이)

산토리니와 크레타는 모두 지중해에 위치한 섬으로 지중해성 기후가 나타난다. 산토리니는 여름철 강렬한 태양열로 인한 실내 기온 상승을 방지하기 위해 가옥 벽체를 흰색으로 칠하였다. 올리브는 지중해성 기후 지역에서 재배되는 대표적인 농작물이다.
① 냉대 겨울 건조 기후의 특징이다.
② 지중해성 기후의 특징이다.
③ 서안 해양성 기후의 특징이다.
④ 열대 우림 기후의 특징이다.
⑤ 열대 고산 기후의 특징이다.

4 정답 ① 문제편 p.81

(가) 열대 기후	(나) 냉대 기후
 → 빗물이 잘 흘러내리도록 지붕의 경사가 급함 → 가옥의 바닥은 지면에서 띄움	
습기 및 해충을 막기 위한 **고상 가옥**	타이가의 침엽수로 만든 **통나무집**

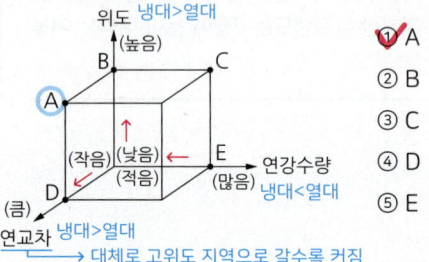

위도 냉대>열대

(높음)

B ── C

A

(작음) (낮음)
(적음)

D E ── 연강수량
(많음) 냉대<열대

(큼)

연교차 냉대>열대
→ 대체로 고위도 지역으로 갈수록 커짐

✓① A
② B
③ C
④ D
⑤ E

풀이

    (가)는 습기와 해충을 막기 위해 가옥을 지면에서 띄운 고상 가옥으로 보아 적도 주변에 분포하는 열대 기후 지역이다. (나)는 타이가의 침엽수로 만든 통나무집으로 보아 고위도에 분포하는 냉대 기후 지역이다.
    (나) 냉대 기후 지역은 (가) 열대 기후 지역에 비해 위도가 높고 연 강수량이 적으며 연교차가 크다. 열대 기후 지역은 연중 기온이 높아 기온의 연교차가 작다. 따라서 (가) 지역에 대한 (나) 지역의 상대적 특징은 A이다.

---

5 정답 ③ 문제편 p.82

(가) → 건조 기후   (나) → 열대 기후

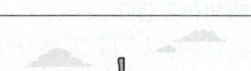

<몽골의 게르>   <타이의 고상 가옥>

기온의 연교차
(크다)

A ── B

(적다)(작다)
(낮다)

(많다) D E (높다) 위도

연 강수량

① A
② B
✓③ C
④ D
⑤ E

풀이

    몽골의 게르는 건조 기후 지역에서 유목 생활을 하는 주민들의 전통 이동식 가옥이다. 타이의 고상 가옥은 지면의 습기, 열기, 해충 등을 차단하기 위한 열대 기후 지역의 전통 가옥이다.
    ③ 열대 기후(나)는 적도를 중심으로 한 저위도 지역에, 건조 기후(가)는 주로 중위도 지역에 분포한다. 기온의 연교차는 고위도로 갈수록 대체로 커진다. 건조 기후(가)는 연 강수량이 500mm 미만으로 적은 편이다. 열대 기후(나)는 스콜 등의 영향으로 강수량이 많은 편이다.

---

6 정답 ② 문제편 p.82

[보 기]

ㄱ. 사바나라 불리는 열대 초원이 펼쳐져 있다.
ㄴ. 오아시스 주변에서 대추야자를 재배하는 주민이 많다.
    → 사막 기후
ㄷ. 야생 동물 및 독특한 생태계를 활용한 관광 산업이 발달했다.
ㄹ. 난방 열기로 지반이 녹는 것을 막기 위해 지은 고상 가옥을 볼 수 있다. → 툰드라 기후

① ㄱ, ㄴ   ✓② ㄱ, ㄷ   ③ ㄴ, ㄷ
④ ㄴ, ㄹ   ⑤ ㄷ, ㄹ

풀이

    화폐, 우표 등에는 해당 국가의 주요 인문 환경, 자연환경 등이 배경으로 사용된 경우가 많다. 키 큰 풀로 이루어진 초원에 키 작은 나무들이 듬성듬성 서 있고, 그 사이로 야생 동물이 돌아다니는 경관은 사바나 기후 지역에서 볼 수 있다. (가) 국가는 아프리카의 탄자니아이다. 탄자니아는 국토의 많은 부분이 사바나 기후가 나타나고, 야생 동물을 활용한 사파리 관광으로 유명하다.
    ㄴ. 오아시스 농업으로 대추야자를 재배하는 모습은 사막 기후 분포 지역에서 볼 수 있다.
    ㄹ. 난방열이 지표로 전달되는 것을 차단할 목적으로 고상 가옥을 짓는 지역은 툰드라 기후가 분포하는 지역이다. 툰드라 기후 지역은 동결된 지반의 융해로 지표면이 흘러내리면서 가옥이 붕괴되기도 하는데, 이를 예방하기 위한 것이 고상 가옥이다.

---

7 정답 ③ 문제편 p.82

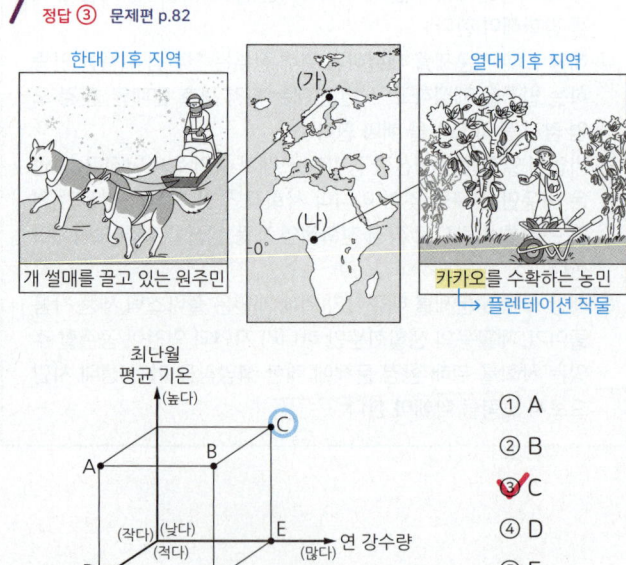

한대 기후 지역   열대 기후 지역

(가)

(나)

-0°

개 썰매를 끌고 있는 원주민   **카카오**를 수확하는 농민
         → 플렌테이션 작물

최난월
평균 기온
(높다)

          C

A B

(작다)(낮다)
(적다)

D E ── 연 강수량
(많다)

(크다)

기온의 연교차

① A
② B
✓③ C
④ D
⑤ E

풀이

    (가)는 한대 기후가 나타나는 지역의 전통 모습이다. (나)는 카카오를 재배하는 열대 기후가 나타나는 플랜테이션 농장 모습이다.

---

③ 저위도에 분포하는 열대 기후 지역(나)은 고위도에 분포하는 한대 기후 지역(가)보다 기온이 높고, 기온의 연교차가 작다. 저위도로 갈수록 일사량이 많으므로 대체로 기온은 높아진다. 저위도로 갈수록 계절별 낮의 길이 차이가 작으므로 계절별 일사량의 차이가 작다. 이는 저위도 지역이 고위도 지역보다 기온의 연교차가 작은 원인이 된다. 스콜이 자주 내리는 열대 기후 지역(나)은 연 강수량이 많은 편이고, 기온이 낮은 한대 기후 지역(가)은 연 강수량이 적은 편이다. 따라서 열대 기후 지역(나)은 한대 기후 지역(가)보다 최난월 평균 기온은 높고, 기온의 연교차는 작고, 연 강수량은 많으므로 그래프에서 C를 선택하면 된다.

8

정답 ① 문제편 p.82

지하의 뜨거운 증기나 지하수를 활용하여 지열 에너지를 생산하고, 온천수를 이용한 관광업이 발달한 지역

→ 아이슬란드 레이캬비크
(가)
이탈리아 나폴리 인근의 베수비오산 일대
(나)

베수비오산 폭발로 멸망한 문명의 유적이 발굴된 곳으로 고대 로마의 생활상을 생생하게 보여주는 지역

[보 기]
ㄱ. 화산 활동이 활발하다.
ㄴ. 판의 경계부에 위치한다.
ㄷ. 여름철 백야 현상이 나타난다.
ㄹ. 연중 강수량이 고르게 나타난다.

① ㄱ, ㄴ　　　② ㄱ, ㄷ　　　③ ㄷ, ㄹ
④ ㄱ, ㄴ, ㄹ　　⑤ ㄴ, ㄷ, ㄹ

풀이

(가)는 지열 발전이 이루어지는 아이슬란드 레이캬비크, (나)는 고대 유적이 분포하는 이탈리아 나폴리 인근의 베수비오산 일대이다.
ㄱ. 지열 발전은 마그마 활동이 왕성한 화산 지대에서 잠재력이 높은 발전 방식이다. 레이캬비크(가)는 두 판이 발산하는 경계로 화산 활동 빈도가 높은 편이며, 베수비오산(나)은 활화산이다.
ㄴ. 레이캬비크(가)는 두 판이 발산하는 경계에 해당하고, 베수비오산(나)은 두 판이 수렴하는 경계에 해당한다. 판의 경계는 화산 활동 및 지진 발생 빈도가 높다.
ㄷ. 백야 현상은 고위도에서 여름철에 나타나는 현상이다. 중위도에 있는 나폴리에서는 백야 현상이 나타나지 않는다.
ㄹ. 서안 해양성 기후가 나타나는 레이캬비크는 연중 고른 강수를 보이지만, 지중해성 기후가 나타나는 나폴리는 겨울에는 습윤하나 여름에는 고온 건조하다.

9

정답 ④ 문제편 p.83

풀이

중국 구이린, 베트남 할롱 베이는 관광 자원으로 활용되는 탑 카르스트가 발달한 지역이다. 카르스트 지형은 빗물과 지하수에 의해 석회암이 녹는 과정(용식 작용)에서 형성된다.
② 용암의 냉각으로 부피가 축소되면서 형성되는 지형은 주상 절리이다.
③ 파랑이 운반한 모래가 해안에 퇴적되어 형성되는 대표적인 지형으로는 사빈, 사주 등이 있다.

10

정답 ④ 문제편 p.83

① ㉠은 베트남보다 고위도에 위치한다.
② ㉡은 추운 겨울에 보온성을 높이는 데 도움이 된다.
③ ㉢은 빙하의 침식으로 형성된 골짜기에 바닷물이 들어와 만들어졌다.
④ ㉣은 <s>지하 깊은 곳의 마그마가 지표로 분출하여</s> 형성되었다. → 석회암의 용식 작용으로
⑤ ㉤은 고온 다습한 기후에 적합한 옷이다.

풀이

노르웨이는 빙하 지형이 발달해있고, 베트남은 카르스트 지형이 발달해있다.
① 노르웨이는 베트남보다 고위도에 위치한다.
② 노르웨이에는 추위와 강풍에 대비해 흙으로 덮인 지붕에 잔디를 심는 전통 가옥이 분포한다.
③ 피오르는 빙하 침식으로 만들어진 U자곡이 후빙기 해수면 상승으로 침수되면서 형성된 해안이다.
④ 베트남의 할롱 베이에 있는 급경사의 기암괴석은 탑 카르스트이다. 탑 카르스트는 석회암의 차별 용식 및 침식으로 형성된 뾰족한 탑 모양의 봉우리이다.
⑤ 아오자이는 베트남 여성의 전통 의상이다. 얇은 옷감을 재료로 활용하였고, 바람이 잘 통할 수 있게 품을 넉넉하게 만들어 고온 다습한 기후에 적합하다.

11

정답 ③ 문제편 p.83

■ 제작 의도: 지형을 활용하여 살아가는 다양한 주민 생활 소개
■ 촬영 장면

(가)	유람선 위에서 푸른 바다 곳곳에 솟아오른 석회암 바위들에 얽힌 전설을 관광객에게 설명하고 있는 주민들의 모습
(나)	끝없이 펼쳐진 넓은 평야 지대에서 대형 농기계를 이용하여 대규모로 상업적 밀 농사를 짓고 있는 농부들의 모습
(다)	험준한 고산 지대에 건설된 옛 제국의 유적지에서 전통 복장을 입고 흥겨운 노래를 부르며, 관광객을 맞이하고 있는 원주민들의 모습

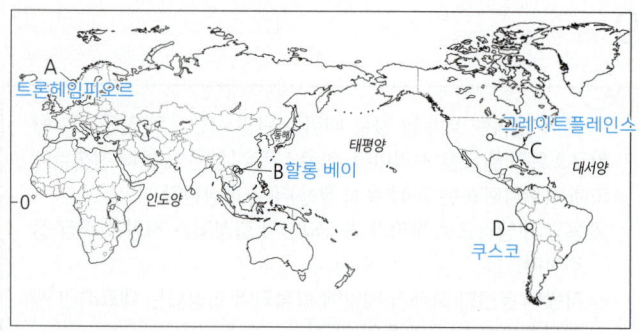

	(가)	(나)	(다)		(가)	(나)	(다)
①	A	B	C	②	A	C	D
③	B	C	D	④	B	D	C
⑤	D	B	A				

③ 체크

풀이

지도의 A는 노르웨이 남서부의 트론헤임피오르, B는 베트남 북부의 할롱 베이, C는 미국 중부의 그레이트플레인스, D는 페루의 쿠스코이다. 바다 위에 솟아오른 석회암 바위는 탑 카르스트이며, 탑 카르스트를 촬영할 수 있는 (가)는 베트남의 할롱 베이(B)이다. 넓은 평야 지대에서 대규모 상업적 밀 농사를 짓고 있는 농부들의 모습을 촬영할 수 있는 (나)는 미국의 곡창 지대인 그레이트플레인스(C)이다. 고산 지대의 고대 유적지를 촬영할 수 있는 (다)는 잉카 제국의 수도였던 페루의 쿠스코(D)이다.

①, ②, ⑤ 트론헤임피오르(A)는 빙하 지형인 피오르가 발달한 해안이다. 피오르는 빙하 침식으로 형성된 U자곡이 후빙기 해수면 상승으로 침수된 협만이다.

12 정답 ④ 문제편 p.84

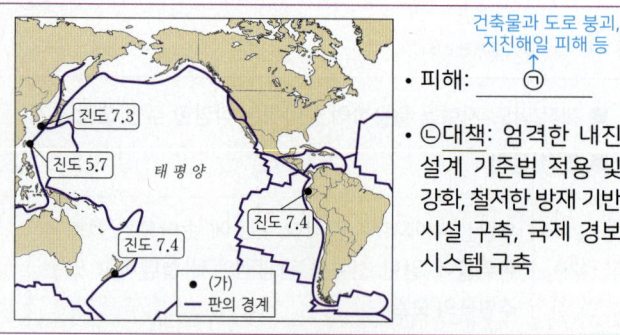

건축물과 도로 붕괴, 지진해일 피해 등
- 피해: ㉠
- ㉡대책: 엄격한 내진 설계 기준법 적용 및 강화, 철저한 방재 기반 시설 구축, 국제 경보 시스템 구축

[보 기]

지형적 요인
ㄱ. (가)는 기후적 요인에 의한 자연재해이다.

홍수, 가뭄, 폭염, 폭설, 한파, 태풍 등
ㄴ. (가)는 지각판끼리 충돌하는 지역에서 주로 발생한다.

건축물과 도로 붕괴 등
ㄷ. ㉠에는 강한 바람과 많은 강수로 인한 풍수해가 들어갈 수 있다.

태풍
ㄹ. ㉡을 통해 실현하고자 하는 인권으로 안전권을 들 수 있다.

① ㄱ, ㄴ   ② ㄱ, ㄷ   ③ ㄴ, ㄷ   ④ ㄴ, ㄹ ✓   ⑤ ㄷ, ㄹ

풀이

(가)는 '진도'라는 용어의 사용과 판의 경계에서 발생하는 자연재해인 것으로 보아 지진임을 알 수 있다. 지진은 지형적 요인에 의한 자연재해로 환태평양 조산대 등 판의 경계에서 주로 발생한다. 지진으로 인해 땅이 갈라지고 흔들리면서 건축물과 도로 등이 붕괴되어 많은 피해가 발생하며, 지진해일이 일어나 해안에 큰 피해를 주기도 한다. 이에 정부는 시민이 안전한 환경에서 살아갈 수 있도록 안전권 관련 조항을 명시하고 이를 보장하기 위해 노력하고 있다.

13 정답 ④ 문제편 p.84

태풍
(가)의 이동 경로

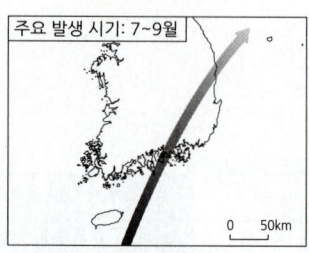

황사
(나)의 이동 경로

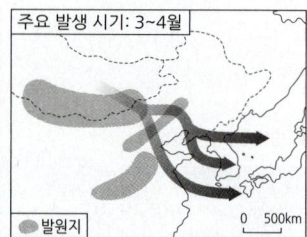

[보 기]

ㄱ. (가)는 지형적 요인에 의해 발생한다.
기후적

ㄴ. (가)는 주로 강풍과 폭우를 동반한다.

ㄷ. (나)는 열대 해상에서 발생하여 고위도로 이동한다.
(가)

ㄹ. (나)로 인해 호흡기 질환과 같은 신체적 피해가 발생한다.

① ㄱ, ㄴ   ② ㄱ, ㄷ   ③ ㄴ, ㄷ   ④ ㄴ, ㄹ ✓   ⑤ ㄷ, ㄹ

풀이

(가)는 저위도 해상에서 한반도로 이동하는 태풍, (나)는 중국 내륙이나 몽골 건조 지역에서 발원한 모래 먼지가 한반도로 이동하는 황사이다.

ㄱ. 태풍(가)과 황사(나)는 모두 기후적 요인에 의한 자연재해이다. 지형적 요인에 의한 자연재해로는 지진, 화산 등이 있다.

ㄷ. 황사(나)는 중국 내륙이나 몽골 건조 지역의 모래 먼지가 편서풍을 타고 우리나라로 이동하는 현상이다. 열대 해상에서 발원하여 고위도로 이동하는 것은 태풍(가)이다.

ㄹ. 황사(나)는 호흡기 및 안과 질환의 원인이 되고, 항공 교통의 장애를 유발하기도 한다.

14 정답 ② 문제편 p.84

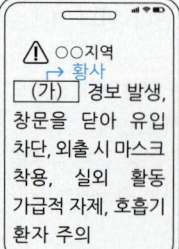

○○지역 황사
(가) 경보 발생, 창문을 닫아 유입 차단, 외출 시 마스크 착용, 실외 활동 가급적 자제, 호흡기 환자 주의

△△시 대설
(나) 경보 발생, 출퇴근 시 대중교통 이용, 차량 운행 시 월동 장비 구비하여 안전 운행, 미끄럼 사고 주의

□□시 태풍
(다) 접근으로 강풍에 의한 창문 파손 주의, 낙하물 주의, 외출 자제, 야외 활동 중단, 하천 주변 진입 주의

인간, 사회, 환경을 바라보는 다양한 관점

1. 관점

사물이나 현상을 바라볼 때, 그 사람이 초점을 두고 인식하고 생각하는 태도나 방향

2. 인간, 사회, 환경을 바라보는 다양한 관점

구분	의미
시간적 관점	시간의 흐름에 따른 역사, 시대적 배경을 중심으로 사회를 분석하거나 탐구하는 것 📖 기출 • 자동차의 역사적 발전 과정을 분석하여 미래 자동차의 모습 예측하기 (23년 9월 7번) • 연도별 화장 비율의 변화 조사하기 (21년 6월 1번)
공간적 관점	개별 공간과 장소 또는 지리적 상호 작용 중심으로 사회를 분석하거나 탐구하는 것 📖 기출 • 공간의 변화가 감염병에 미치는 영향을 모색하고자 한다. (21년 9월 1번) • 폐마스크로 동물의 피해가 집중된 지역은 어디인가요? (23년 6월 1번)
사회적 관점	사회 구조·제도·정책을 중심으로 사회를 분석하거나 탐구하는 것 📖 기출 • 사회적 관점에서는 독도 해양 생태계 보전과 관련된 법률을 찾아봅니다. (24년 10월 1번) • 출산율에 영향을 미치는 제도 조사하기 (24년 9월 1번)
윤리적 관점	인간이 따라야 할 도덕 규범을 중심으로 사회를 분석하거나 탐구하는 것 📖 기출 • 저출산 문제 해결을 위한 바람직한 태도 탐구하기 (24년 9월 1번) • 친환경 불꽃 축제로 전환하기 위한 바람직한 시민의식 알아보기 (24년 6월 1번)

인간, 사회, 환경의 통합적 탐구

★ **통합적 관점** *인간, 사회, 환경을 시간적, 공간적, 사회적, 윤리적 관점으로 통합하여 바라보는 관점

- 필요성: 사회 현상에는 **다양한 요인이 얽혀 있으므로 올바른 이해를 위해서 통합적 관점이 필요함**, **통합적 관점을 바탕으로** 사회 문제에 접근해야 바람직한 해결 방안을 도출할 수 있는 가능성이 높아짐

> 📖 **기출**
> - 인간을 둘러싸고 발생하는 **사회 현상에는 다양한 요인이 영향을 주고 있다.** 그러므로 사회 현상을 탐구할 때에는 시간적, 공간적, 사회적, 윤리적 관점을 활용하여 **통합적으로 살펴보아야 한다.** (19년 6월 19번)
> - 사회 문제를 해결하기 위해 **다양한 관점**에서 살펴볼 필요가 있다. (19년 6월 19번)
> - 인간과 사회 및 환경에 대한 **종합적 이해**가 필요합니다. (20년 6월 1번)

★ **통합적 관점의 적용**

| 탐구 주제
선정 | → | 탐구 계획
수립 | → | 자료
수집·분석 | → | 해결 방안 모색
및 선정 |

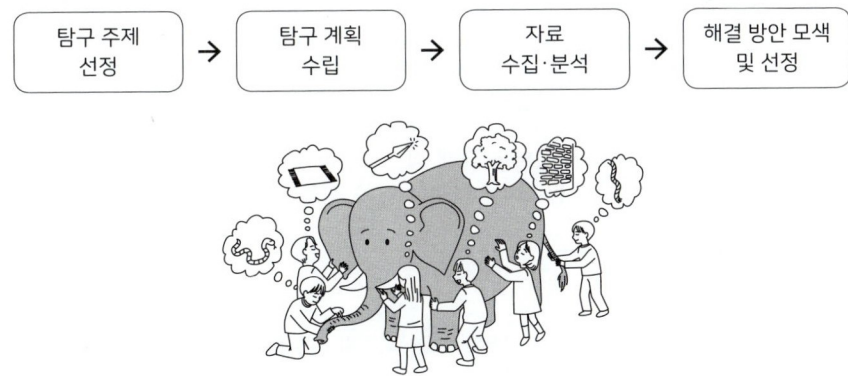

> **코끼리 이야기**
>
> 사람 여럿이 눈을 감고 코끼리를 각자 만지는데 자신이 만진 것만을 토대로 코끼리의 생김새를 유추한다. 하지만 이는 코끼리의 일부분만을 설명하는 것일뿐 결코 코끼리의 전체를 잘 설명한다고 볼 수 없다. 이처럼 한 가지의 관점으로만 사회 현상을 바라보는 것은 해당 현상의 일부만을 파악하는 것이며, 어떤 사회 현상에 대한 올바른 이해를 위해서는 통합적 관점이 필요하다.

행복의 기준과 의미 ✏️

1. 행복의 의미
삶에서 만족감이나 즐거움을 누리는 상태, 궁극적인 삶의 목적

2. 행복의 기준
- 시대적 상황: 고대/중세/근대/현대
- 지역적 여건: 자연환경/인문환경

⭐ **서양 사상가**

- **아리스토텔레스**: 행복을 삶의 궁극적 목적으로 봄, **이성**의 기능을 잘 발휘할 때 행복에 도달할 수 있다고 봄

> 📖 **기출**
> - **이성**을 통해 도덕적 행위가 무엇인지를 파악하고 이를 반복적으로 실천한다면 좋은 품성을 기를 수 있을 걸세. (24년 3월 4번)
> - 인간은 생존에 필요한 생명의 기능, 감각과 운동의 기능, 정신의 **이성적 활동 기능**을 지니고 있다. (18년 6월 8번)

       ┌ 몸의 고통이나 마음의 혼란에서 벗어난 상태
- **에피쿠로스**: 아타락시아, 행복을 위해 **필수적이지 않은 욕구는 삶에서 제거**하고 자연적이고 필수적인 욕구(수면욕, 식욕)는 절제하며 충족시켜야 함

> 📖 **기출**
> - 행복은 **쾌락**이며, **몸의 고통이 없고 마음의 혼란에서 벗어난 평온한 상태**입니다. (21년 6월 3번)
> - **결핍으로 인한 고통이 제거된다면** 단순한 음식도 우리에게 사치스러운 음식과 같은 **쾌락**을 준다네. (24년 9월 14번)

- **동양**: 유교 / 불교 / 도교

> 📖 **기출**
> - 도교: 만족할 줄 알면 수치를 겪지 않으며, 그칠 줄 알면 위태롭지 않을 터인즉, 오랫동안 안전할 수 있다. 만족을 모르는 것보다 더 큰 재앙은 없고, 탐욕을 부리는 것보다 더 큰 허물은 없다. 따라서 **만족을 아는 만족이 영원한 만족**이다. (21년 9월 3번)

행복한 삶을 실현하기 위한 조건

구분	의미
★ 질 높은 정주 환경	쾌적한 자연환경과 안전 등 다양한 여건이 마련된 인문환경이 갖춰져 있는 곳 📖 기출 • 실학자 이중환은 풍수적으로 좋은 땅, 경제 활동이 유리한 여건, 풍류를 즐길 만한 자연 경관, 좋은 인심과 풍속을 모두 갖추어야 사람이 살기 좋은 곳이라고 하였다. (19년 6월 5번) • 최근 사람들은 거주지를 선택할 때 깨끗한 공기, 충분한 녹지 환경, 교육 환경, 의료 시설, 대중 교통의 편리성 등을 중요하게 고려한다. (19년 6월 5번)
★ 경제적 안정	생활에 필요한 재화나 서비스를 안정적으로 소유하는 상태, 대체로 소득 수준과 행복은 비례하는 편이나 소득 수준이 올라간다고 반드시 행복함을 느끼는 것은 아님 📖 기출 • 국가는 사회 구성원 모두의 경제적 안정을 도모해야 한다. (22년 9월 2번) • 소득이 일정한 수준에 도달하면 더 이상 소득이 증가되더라도 행복이 증진되지는 않는다. (18년 9월 8번)
민주주의의 발전	국민이 국가의 주권자로 권력을 가지고 그 권력을 스스로 행사하는 제도를 발전시키기 위해 국가와 시민이 노력해야 함 📖 기출 • 행복한 삶을 위해서는 시민들의 참여가 보장되는 민주주의 체제 실현이 필요함을 보여준다. (20년 9월 12번)
도덕적 실천	도덕적 실천을 통해 개인 차원의 행복감을 증진시킬 수 있고, 사회적 차원으로는 사회적 자본을 증진시켜 다수 시민의 행복감을 증진시킬 수 있음 📖 기출 • 바람직한 가치를 행동으로 옮기려는 실천의지가 필요합니다. (21년 6월 8번) • 윤리적 성찰과 실천은 행복한 삶의 핵심을 이룬다. (22년 6월 7번) • 고대 그리스 철학자 소크라테스는 "반성하지 않는 삶은 살 가치가 없다."라고 하였다. (23년 6월 9번)

자연환경과 인간 생활 ✏️

1. 자연환경이 인간 생활에 미치는 영향

① 인간은 기후, 지형, 토양, 식생 등의 자연환경에 따라 고유한 생활양식을 형성함

② 각 지역의 다양한 자연환경은 인간의 거주 조건, 생활양식, 산업 발달에 큰 영향을 미침

③ 전통적으로 인간은 자연환경에 순응하며 살아왔으나 최근에는 자연환경의 제약을 극복하고 적극적으로 이용하는 경우가 많아짐

2. 기후와 인간 생활

★ 세계의 기후 지역

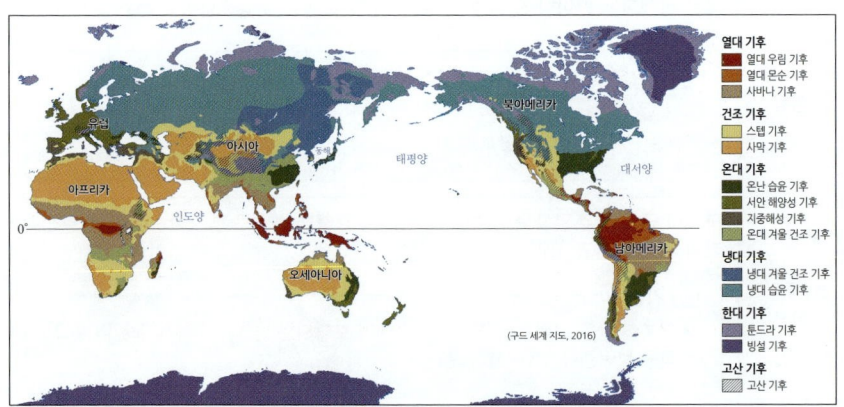

⬆ 세계의 기후 구분: 기온과 강수량에 따라 지역 구분

① 저위도에서 고위도로 가면서 대체로 열대, 건조, 온대, 냉대, 한대 기후 순으로 나타남

② 대륙 동안에는 건조 기후가 많이 분포하지 않음

★ 세계의 기후 구분

구분	특징
열대 기후 지역	• 일 년 내내 기온이 높고 강수량이 많음 → 차림이 얇고 가벼움, 가옥 구조가 개방적 • 향신료나 기름을 사용한 음식 문화, 카카오나 커피 등을 재배하는 **플랜테이션 농업**, 이동식 경작이 발달함 📖 **기출** • 지열을 차단하고 해충을 피하기 위한 **고상 가옥**이 발달한다. (24년 10월 7번) • 연중 고온다습한 기후에서 잘 자라는 **카카오** 재배 (18년 11월 4번) • 고무나무에서 수액을 채취하는 모습 (23년 3월 8번)
건조 기후 지역	• 일 년 내내 강수량이 적고 기온의 일교차가 큼 → 온몸을 감싸는 헐렁한 옷차림 발달, 이동식 천막이나 **흙벽돌집**의 가옥 형태가 나타남 • 목축업, 대추야자나 밀을 재배하는 관개 농업이 발달함 📖 **기출** • 오아시스 주변에서 **대추야자**를 재배한다. (23년 11월 13번) • 흙으로 벽을 두껍게 만든 전통 가옥이 나타난다. (22년 6월 6번) • 강수량보다 증발량이 많다. (21년 11월 5번)
온대 기후 지역	• 기온이 온화하여 인간 생활에 유리하고 계절의 변화가 뚜렷함 • 지중해성 기후: 여름철에는 **고온 건조**한 환경에서도 잘 자라는 **올리브, 오렌지** 등과 같은 경엽수를 이용한 **수목 농업**이 발달함 • 온대 계절풍 기후: **벼농사**가 발달하여 **쌀**을 이용한 음식 문화가 발달함 📖 **기출** • 여름철 고온 건조한 기후로 인해 햇빛이 매우 강하다. 이를 반사시키기 위해 벽이 흰색으로 칠해져 있고, 가옥 간의 간격이 좁다. (19년 6월 2번) • 오렌지, 토마토 등을 재배하는 **수목 농업**이 발달하였다. (20년 9월 8번)
냉대 기후 지역	• 겨울이 길고 추우며 기온의 연교차가 큼 • 침엽수를 이용한 **통나무집**의 가옥 형태, 임업이 발달함 📖 **기출** • 여름과 겨울의 기온 차이가 매우 큰 지역으로 '타이가'라는 **침엽수림**이 넓게 분포하여 **통나무**로 만든 '이즈바'라는 전통 가옥이 발달했다. (21년 6월 11번)
한대 기후 지역	• 겨울이 매우 길고 기온이 매우 낮으며 강수량이 적음 • 툰드라 기후 지역: 최난월 평균 기온이 0~10℃, 짧은 여름 동안 토양층이 녹아 건물이 붕괴되는 것을 막기 위해 고상 가옥이나 송유관을 지음 📖 **기출** • 순록 유목 시 거주하는 전통적인 이동식 가옥을 배경으로, 비타민 섭취를 위해 먹는 날고기 음식을 소개하는 주민을 촬영 (23년 9월 14번)

기후에 따른 가옥 구조

↑ 열대 우림 기후 지역의 고상 가옥

↑ 사막 기후 지역의 흙집

↑ 스텝 기후 지역의 이동식 가옥

↑ 지중해성 기후 지역의 가옥

↑ 냉대 기후 지역의 통나무집

↑ 툰드라 기후 지역의 고상 가옥

3. 지형과 인간 생활

구분	특징
산지 지역	• 해발 고도가 높고 경사가 급해 인간 생활에 불리함 • 밭농사, 가축 사육, 광업, 고산 도시, 관광 산업 등 발달 📖 기출 • 연중 봄과 같이 온화하지만 아침, 저녁으로 쌀쌀하여 일교차가 큰 편입니다. (21년 6월 2번) • 연중 봄과 같은 기후가 나타나는 고산 도시 트레킹 (20년 6월 4번)
평야 지역	• 지형이 완만하고 평탄하여 경지 개간과 교통로 건설에 유리하므로 교통이 발달하여 인간 생활에 유리함 • 다양한 농업, 하천 주변에 많은 인구, 도시 발달 📖 기출 • 끝없이 펼쳐진 넓은 평야 지대에서 대형 농기계를 이용하여 대규모로 상업적 밀 농사를 짓고 있는 농부들의 모습 (24년 9월 2번)
해안 지역	• 육지와 바다가 만나는 곳은 교역과 인간 생활에 유리함 • 농업, 어업, 양식업, 대규모 항구와 산업 단지, 해안 지형을 이용한 관광 산업 발달 📖 기출 • 파도의 퇴적 작용으로 형성된 모래 사장 (20년 3월 9번) • 하천의 침식 작용으로 형성된 삼각주 (20년 3월 9번)

★ 화산 지형	자연경관을 이용한 **관광 산업** 발달 예 아이슬란드의 블루라군, 제주도의 한라산 등 📖 **기출** • **지각판의 경계에 위치**하여 지진이 자주 발생한다. (18년 9월 6번) • **한라산, 성산 일출봉, 거문 오름 용암 동굴계**는 다양한 화산 지형이 잘 보존되어 있어 세계적으로 그 가치를 인정받아 세계 자연 유산에 등재되었다. (25년 6월 6번) • 화산 활동이 활발한 나라라서 **간헐천**도 있고, 어쩌면 **용암**이 분출하는 걸 볼 수 있을지도 몰라! (25년 3월 12번)
★ 빙하 지형	자연경관을 이용한 **관광 산업** 발달 예 노르웨이의 피오르 등 📖 **기출** • **빙하의 침식**으로 발달한 깊은 협곡과 이곳을 오가는 유람선 (18년 9월 6번) • **빙하**에 의해 기반암이 깎이는 과정에서 형성된다. (23년 6월 11번)
★ 카르스트 지형	자연경관을 이용한 **관광 산업** 발달 예 베트남 할롱베이의 탑 카르스트 지형 등 📖 **기출** • **석회암의 용식**으로 형성된 수천 개의 섬과 바위 기둥이 솟아 있는 **카르스트 지형** (20년 6월 7번) • 할롱베이는 물에 잠긴 **카르스트(Karst)** 지형으로 유명하다. (25년 6월 3번)

자연 경관을 이용한 관광 산업

◀ 아이슬란드의 블루라군

블루라군은 아이슬란드의 화산 지형과 지열 활동으로 인해 형성된 인공 호수이다.

◀ 노르웨이의 피오르

피오르는 빙하가 깎아 만든 깊은 U자형 계곡에 바닷물이 들어와 형성된 지형이다.

◀ 베트남의 탑 카르스트

탑 카르스트는 석회암 지형이 오랜 시간 동안 빗물과 바닷물에 의해 깎이면서 형성된 지형이다.

4. 안전하고 쾌적한 환경에서 살아갈 시민의 권리

⭐ **자연재해**

- 기후적 요인

  : 가뭄·홍수·폭설(대설)·태풍·폭염

- 지형적 요인

  : 화산 활동·지진

  └─⟶ 지구 내부 에너지로 인해 땅이 흔들리고 갈라지는 현상
  환태평양 조산대, 알프스·히말라야 조산대 등 지각판의 경계에서 주로 발생함

  > 📖 **기출**
  > - **건물의 내진 설계**를 통해 피해를 줄일 수 있다. (24년 3월 8번)
  > - **흔들림**이 멈춘 후, 당황하지 말고 화재에 대비하여 가스와 전깃불을 끈다. (20년 9월 2번)
  > - **지형적인 요인**으로 발생한 자연재해이다. (19년 6월 9번)
  > - **판의 경계**에 위치한 국가에서 발생 빈도가 높다. (20년 3월 13번)

⭐ **안전하고 쾌적한 환경에서 살아갈 시민의 권리 보장**

- 헌법에 보장된 기본권: 헌법 제34조와 제35조에 **안전권**과 **환경권** 보장

- 헌법 정신에 따른 법률 제정: 「**재난 및 안전 관리 기본법**」, 「**자연재해대책법**」, 「**국민 안전교육 진흥 기본법**」 등 국민의 생명과 재산 보호를 법적으로 보장함

  > 📖 **기출**
  > - **안전하고 쾌적한 환경에서 살아갈 시민의 권리**를 보장한다. (19년 9월 3번)
  > - **안전권**은 안전하고 쾌적한 환경에서 살아갈 권리이다. (20년 11월 11번)

인간과 자연의 관계

★ 자연을 바라보는 다양한 관점

구분	특징
인간 중심주의 자연관	• 이분법적 관점: 인간과 자연을 분리하여 바라봄 → 인간을 자연과 구별되는 우월한 존재로 인식 • 자연의 도구적·수단적 가치 강조 📖 기출 • 인간은 자연의 지배자로서 자연을 정복하고 이용할 권리를 지닌다. (22년 11월 5번) • 자연과 인간을 구분하는 이분법적 세계관을 중시한다. (21년 9월 12번) • 과학의 목적은 자연을 인간의 의도에 맞도록 변형함으로써 인간의 활동 영역을 넓히는 것입니다. 자연이 인간에게 이롭도록 지식을 활용해야 합니다. (22년 9월 7번)
생태 중심주의 자연관	• 전일론적 관점: 인간을 포함한 자연 전체를 하나로 바라보는 관점 → 인간도 자연을 구성하는 일부라고 인식 • 자연의 내재적 가치 강조 • 레오폴드의 대지 윤리: 생태계의 의의를 유기체와 무생물의 상호 의존으로 보고 공동체의 범위를 동물, 식물, 토양, 물 등을 비롯한 대지까지 확장함 📖 기출 • 인간과 자연은 공존하는 관계에 있으므로 생태계를 도덕적으로 대우해야 한다. (23년 6월 17번) • 인간은 지구라는 생명 공동체의 정복자가 아니라 단지 구성원이자 시민일 뿐이다. (23년 3월 6번) • 레오폴드: 생명 공동체의 온전성, 안정성, 아름다움의 보존에 기여한다면 그 행위는 옳다. (24년 9월 18번)

★ 인간과 자연의 바람직한 관계

① 인간과 생태계의 위기

> 📖 기출
> - 오늘날 인류는 심각한 환경 위기에 직면해 있다. 자연을 단지 인간의 소유물이자 이익 추구의 수단으로 보고 무분별하게 착취한 결과, 환경이 심각하게 파괴되었고 이로 인해 인류의 삶마저 위협받고 있다. (24년 3월 6번)
> - 전 지구적으로 이상 기후 현상의 발생 빈도를 증가시킨다. (21년 6월 18번)

② 인간과 자연의 유기적 관계

- **인간은 자연의 일부**로서 다른 생명체 및 환경과 **밀접한 관계**를 맺으며 생태계를 구성함

> 📖 기출
> - 인간은 대지의 일부로 **자연과 유기적 관계**임을 인식해야 한다. (23년 9월 19번)
> - **인간을 포함한 자연 전체의 조화와 균형**을 고려해야 한다. (21년 6월 4번)

③ 인간과 자연의 조화를 중시한 동양의 자연관

- 유교 / 불교 / 도교
  └─→ 서로 연결되어 상호 의존하는 연기(緣起)를 깨닫고, 모든 생명을 소중히 여기며 자비를 베풀 것을 강조함

> 📖 기출
> - 불교: 세상의 모든 존재는 원인[因]과 조건[緣]의 상호 관계에 의해서 끊임없이 생멸(生滅)한다. 따라서 이 세상 어느 것도 독립하여 스스로 존재하는 것은 없다. (24년 9월 13번)

④ 인간과 자연의 공존을 위한 노력

- 개인적: 생태계의 한 구성원으로서 환경친화적인 가치 추구, 미래 세대와 생태계 전체를 도덕적으로 고려하는 생태 공동체 의식 정립

> 📖 기출
> - **인간과 자연이 공존할 수 있는 방안을 모색**해야 한다. (24년 9월 13번)
> - 인간이 기본적인 삶을 유지하면서 살아가려면 **자연을 개발의 대상이 아닌 인간과 유기적으로 연결**되어 있는 대상으로 인식하는 **사고의 전환이 필요**하다. (25년 6월 21번)

- 사회적: 사회 제도 개발(생태 도시와 슬로 시티 지정, 생태 통로 건설, 자연 휴식년제 도입, 환경 영향 평가 제도, 갯벌 복원 및 하천 생태계 복원 사업 등)

> 📖 기출
> - ○○시는 2007년부터 생태계 회복을 위한 **하천 복원 사업**을 추진하고 있다. (25년 6월 21번)

환경 문제 해결을 위한 노력

★ **다양한 환경 문제**

구분	특징
지구 온난화	• 원인: 화석 연료 사용 증가, 삼림 파괴로 인한 온실가스 배출량 증가 • 영향: 극지방 빙하 면적 감소, 해수면 상승으로 저지대 침수, 동식물 서식 환경 변화, 기상 이변 발생 → 기후 변화 협약(1992), 교토 의정서(1997), 파리 협정(2015) • 대책: 화석 연료 사용량 감축, 조림 사업 실시 등 📖 **기출** • 남태평양 해안 저지대의 침수 위험이 증가할 것이다. (23년 6월 12번) • 고산 지대의 만년설이 감소할 것이다. (20년 6월 3번) • 유엔 기후 변화 회의에서 채택된 '파리 협정'은 기후 변화에 대처하기 위한 조약이다. 이 조약은 산업화 이전과 비교하여 지구 평균 기온 상승 폭을 1.5℃로 제한하기 위한 노력을 함으로써 지구 온난화로 인한 기후 변화에 대응하고자 한다. (21년 9월 16번) • 기후 변화의 주요 원인 중 하나인 지구 온난화는 자연적 요인과 인위적 요인에 의해 발생한다. 주된 인위적 요인에는 화석 에너지의 사용량 증가에 따른 온실가스 배출량의 증가가 있다. (23년 9월 8번)
오존층 파괴	• 원인: 오존층 파괴 물질인 염화 플루오린화 탄소(CFCs)의 사용 증가 • 영향: 지상에 도달하는 자외선 증가로 피부 및 눈 질환 증가, 농작물 수확량 감소 → 몬트리올 의정서(1987) 📖 **기출** • 염화 플루오린화 탄소(CFCs)의 사용량 증가로 인해 성층권의 오존층이 파괴되는 현상이다. (24년 10월 19번) • 피부암, 백내장 등의 질병 유발 (19년 6월 17번)
산성비	• 원인: 화력 발전소와 공장 매연, 자동차 배기가스 • 영향: 삼림과 농작물 피해, 하천과 호수의 산성화, 건축물과 조각상 부식 📖 **기출** • 대기 오염 물질이 빗물과 결합하여 내리는 현상이다. (21년 6월 18번) • 황산화물과 질소 산화물 등의 대기 오염 물질이 비와 섞여 내리는 현상이다. (24년 10월 19번)

| 사막화 | • 원인: **극심한 가뭄**, 과도한 경작과 목축
• 영향: 사막 지역 확대, 식량 및 물 부족 문제
• 대책: 과도한 방목 및 개간 규제, 조림 사업 실시 등 → **사막화 방지 협약(1994)**

📖 **기출**
• 과도한 경작과 방목 (19년 6월 17번)
• 대표적인 사례 지역으로 **사헬 지대, 아랄해 일대**가 있다. (25년 6월 20번) |

★ 환경 문제 해결을 위한 다양한 주체들의 노력

구분	특징
정부	환경 관련 **법과 제도 마련** 📖 **기출** • 환경 문제 해결을 위한 **정책** 시행 (22년 6월 14번) • 환경 관련 **법과 제도**를 마련하여 시행한다. (19년 9월 11번) • **환경 영향 평가**를 통해 환경오염을 최소화하려고 한다. (19년 9월 11번)
기업	**기업 윤리와 사회적 책임 의식 준수**, 신·재생 에너지 사용 확대, 기술 혁신을 통한 오염 물질 배출 최소화 📖 **기출** • 기업은 노후 생산 시설을 정비하는 **친환경 경영**을 실천한다. (23년 6월 16번) • 기업은 환경 오염 문제 해결에 이바지하기 위해 노력해야 한다. (20년 6월 17번)
시민 사회	정부의 환경 정책 지지 및 비판, 기업의 환경 파괴 행위 감시, 환경 관련 시민운동 전개 📖 **기출** • 정부의 환경 정책에 대한 감시와 비판 (22년 6월 14번)
생태 시민	• **지속 가능한 삶**을 추구하는 시민 • **환경 문제에 대한 책임감**을 가진 시민 • **환경 문제를 해결하기 위해 적극적으로 실천**하는 시민 • 환경과 교감하고 생태적 틀에서 환경 문제를 이해할 수 있는 **생태 소양**을 갖춘 시민 • 인간 중심적 관점에서 탈피해 **인간과 자연의 공존을 추구하는 생태전환적 사고**를 지닌 시민 📖 **기출** • 디지털 탄소 발자국을 줄이기 위해 생태 시민으로서 지녀야 할 자세 (25년 6월 8번)

다양한 문화권의 특징

1. 문화권 형성

구분	의미
문화	인간이 환경과 상호 작용하면서 생겨난 생활 양식으로, 의식주, 언어, 종교, 풍습 등을 말함
문화권	의식주, 민족, 언어 등의 문화적 요소가 비교적 유사한 지리적 범위

2. 문화권 형성에 영향을 주는 요인

- 자연환경: 의복 / 음식 / 주거

  📖 기출
  - 열대 기후 지역: **습기 및 해충을 막기 위한 고상 가옥** (20년 6월 13번)
  - 건조 기후 지역: 모래바람과 햇볕을 막기 위해 **온몸을 가리는 옷**을 입음. (20년 11월 2번)
  - 남아메리카의 고산 지역: 세계 3대 식량 작물인 **옥수수**의 생산량이 많다. (25년 6월 15번)
  - 한대 기후 지역: **난방 열기로 지반이 녹는 것을 막기 위해 지은 고상 가옥**을 볼 수 있다.
    (20년 3월 8번)
  - 유목 지역: 넓은 초원에서 이동식 가옥인 **게르** 체험하기 (25년 6월 13번)

- 인문환경: 종교

  📖 기출
  - 크리스트교 문화권: 대부분의 주민들이 **가톨릭교**를 믿음. (19년 11월 18번)
  - 불교 문화권: **보리수**가 있는 마하보디 사원의 **불상과 탑**이 기억에 남습니다. 그리고 창시자가 고행한 장소로 알려진 동굴을 지나며 저도 힘든 순간을 견딜 수 있었습니다. (25년 6월 16번)
  - 힌두교 문화권: 갠지스강에서 종교 의식으로 목욕을 한다. (19년 3월 10번)
  - 힌두교 문화권: 사원에 다양한 신들이 조각되어 있는데, 이 나라 사람들이 가장 많이 믿는 종교와 관련이 있다고 해요. 이 종교에서 신성시하는 소들도 거리를 자유롭게 돌아다니고 있어요. (24년 10월 9번)

3. 세계 문화권별 특징

▲ 유럽 문화권
독일의 노이슈반슈타인성

▲ 북극 문화권
네네츠족의 텐트형 가옥 '춤'

북극 문화권

유럽
문화권

동아시아
문화권

아메리카
문화권

▲ 아메리카 문화권
미국의 자유의 여신상

건조
문화권

동남 및
남부아시아
문화권

0°

▲ 건조 문화권
이슬람의 성지 메카

아프리카
문화권

오세아니아
문화권

라틴 아메리카
문화권

▲ 아프리카 문화권
케냐의 마사이 족

▲ 동양 문화권
태국의 승려

▲ 오세아니아 문화권
뉴질랜드의 양 방목장

▲ 아메리카 문화권
멕시코의 타코

📖 기출

- 라틴 아메리카 문화권 ─ 종교: 대부분의 주민들이 가톨릭교를 믿음.
  ├ 언어: 주로 에스파냐어, 포르투갈어를 공용어로 사용함.
  └ 민족 구성: 원주민과 이주민(유럽계, 아프리카계)의 혼혈족이 많음.
  (19년 11월 18번)

- 오세아니아 문화권: '애버리지니'라고 불리는 원주민들이 살아왔지만 오늘날 주민들은 대부분 유럽인의 후손으로 영어를 주로 사용합니다. 지금 먹고 있는 피자는 캥거루 고기를 재료로 사용해서 맛이 아주 독특합니다. (23년 3월 10번)

→ 한 사회의 문화적 특성이 새로운 문화 요소의
  등장이나 다른 문화 요소와의 접촉을 이유로
  변화하는 현상

문화 변동과 전통문화

1. 문화 변동의 요인

- 내재적 요인

  - 발명: 기존에는 없었던 새로운 문화 요소를 만들어 냄 예 한글 창제, 컴퓨터 발명 등

  > 📖 기출
  > • C국은 자신들이 **독자적으로 만든** 문자를 가지고 있었지만… (22년 11월 16번)

  - 발견: 기존에 있었지만 널리 알려지지 않았던 문화 요소를 찾아냄 예 불, 전기 등의 발견

- 외재적 요인

  - 직접 전파: 두 문화가 직접적으로 접촉하여 일어나는 전파로, 주로 교역, 전쟁,
    정복, 부족 간 혼인 등에 의해 나타남

  > 📖 기출
  > • 을국은 토착 종교가 널리 퍼져 있었으나 B국에서 온 **선교사들의 포교 활동으로 인해** B국
  >   종교가 전파되었다. (24년 10월 18번)

  - 간접 전파: 인쇄물, 인터넷 등의 매개체를 통해 두 문화가 간접적으로 접촉하여
    일어나는 전파

  > 📖 기출
  > • 을국에서는 갑국의 음악이 **인터넷을 통해** 알려지면서 갑국의 음악을 틀어놓고 춤을 추는
  >   사람들의 모습을 쉽게 볼 수 있습니다. (25년 6월 10번)

  - 자극 전파: 다른 문화로부터 유입된 문화 요소에서 아이디어가 전파되어 새로운
    문화 요소가 만들어지는 것

  > 📖 기출
  > • A국 사람들은 B국 문자의 모양과 발음에서 **아이디어를 얻어 자신들의 문자인** □□ 문자
  >   **를 만들었다.** (22년 11월 16번)

2. 문화 변동의 양상

① 변동 소재에 따른 구분: 내재적 변동 / 외재적 변동(문화 접변)

② 강제성 및 자발성에 따른 구분: 강제적 문화 접변 / 자발적 문화 접변

> 📖 **기출**
> • 강제적 문화 접변: 갑국은 고유한 언어를 사용하고 있었으나 A국의 식민 지배를 받으면서 A국의 언어만을 사용하도록 강요당했다. (24년 10월 18번)

③ 문화 접변의 결과

• 문화 병존(공존): 기존의 문화 요소와 전파된 문화 요소가 함께 공존하는 현상으로 문화 공존이라고도 함

> 📖 **기출**
> • 싱가포르에는 다른 지역에서 전파된 여러 종교가 공존하고 있다. (23년 11월 10번)

• 문화 융합: 기존의 문화 요소와 전파된 문화 요소가 만나 이전에 없던 새로운 문화가 나타나는 현상

> 📖 **기출**
> • 국악과 서양 음악을 접목하여 하나의 독특한 음악 장르를 만든 것은 문화 융합의 사례이다. (20년 11월 3번)

• 문화 동화: 기존의 문화 요소가 전파된 문화 요소에 흡수되어 기존의 정체성을 잃어버린 현상

> 📖 **기출**
> • 갑국의 고유한 언어는 사라지고, 갑국 사람들은 A국의 언어만을 사용하게 되었다.
> (24년 10월 18번)

3. 전통문화의 의의와 창조적 계승

구분	특징
전통문화	한 사회에서 오랫동안 전승되어 내려오는 문화 요소 중 오늘날까지 그 가치를 인정받고 있는 것
전통문화의 창조적 계승	고유한 전통문화의 정체성은 유지하면서 시대적 변화에 맞춰 전통문화를 재창조하는 것

문화 상대주의와 보편 윤리

★ 문화 절대주의와 문화 상대주의

구분		특징
문화 절대주의	자문화>타문화 자문화 중심주의	• 순기능: 문화적 동일성에 기여, 자문화에 대한 자긍심 고양 • 문제점: 제국주의를 정당화할 수 있음, 국수주의로 흐를 수 있음, 타 문화를 배척하여 문화적으로 고립되고 정체될 수 있음 📖 **기출** • 자문화를 기준으로 타 문화를 평가한다. (23년 11월 17번)
	자문화<타문화 문화 사대주의	• 순기능: 외래문화를 받아들이는 데 개방적인 태도를 가짐 • 문제점: 외래문화를 비판적으로 수용할 수 없음, 자문화의 주체성과 정체성 상실, 전통문화의 소멸 📖 **기출** • 자문화의 정체성을 상실할 우려가 있다. (23년 11월 17번)
문화 상대주의		• 의미: 문화를 그 사회의 역사적·사회적 맥락 속에서 이해하려는 태도 → 문화 간 우열을 평가할 수 없으며, 각 문화는 고유한 가치를 지니고 있다고 봄 📖 **기출** • 타 문화에 대한 맥락적인 이해의 중요성을 강조한다. (21년 11월 11번) • 문화의 다양성을 추구한다. (18년 11월 7번) • 문화 간의 우열을 평가할 수 없다고 본다. (22년 11월 12번) • 극단적 문화 상대주의는 경계해야 한다. (25년 6월 23번)

★ 보편 윤리와 문화 성찰

구분	의미
보편 윤리	시대와 장소에 상관없이 모든 사람이 존중하고 따라야 할 객관적·일반적인 도덕 원리 📖 **기출** • 보편 윤리를 기준으로 다른 문화를 성찰해야 한다. (21년 3월 7번)

다문화 사회와 문화 다양성

1. 다문화 사회 인종, 언어, 종교 등 서로 다른 다양한 문화적 배경을 가진 사람들이 함께 사는 사회

2. 다문화 사회의 갈등 해결
- 개인적 차원: 문화 상대주의적 태도, 관용의 자세 등
- 사회적 차원: 다문화 교육 이주민을 위한 법과 제도 등

★ **다문화 정책과 관련한 이론**

- **용광로 이론(동화주의)**

  용광로에 다양한 금속을 넣으면 녹아서 하나가 되듯이, **이주민의 문화가 주류 문화에 동화되어야 한다**는 입장

  > 📖 **기출**
  > - 이민자들은 거주국의 문화를 받아들여야 한다. (24년 3월 2번)
  > - 다양한 이주민들의 문화를 우리 문화라는 **용광로** 속에 완전히 녹여야 문화적 갈등을 해결할 수 있다. (19년 11월 11번)

- **샐러드 볼 이론(다문화 주의)**

  다양한 재료들이 한 데 모여 조화를 이루는 샐러드 볼처럼, 이주민의 문화와 주류 문화 모두가 고유성을 유지하며 **공존하고 조화를 이루어야 한다**는 입장

  > 📖 **기출**
  > - 이민자들의 문화와 거주국의 문화 각각의 정체성을 동등하게 존중해야 한다.
  >   (24년 3월 2번)
  > - **샐러드 볼**처럼 여러 문화가 평화롭게 공존해야 문화적 갈등을 해결할 수 있다.
  >   (19년 11월 11번)

산업화와 도시화에 따른 변화

1. 산업화와 도시화에 따른 변화

• 공간의 변화

> 📖 기출
> • 도시 내 **토지 이용의 집약도가 높아**진다. (22년 11월 4번)
> • 주거, 업무, 상업, 여가 등을 수행하는 **다양한 공간으로 분화**되었다. (23년 9월 3번)
> • **대도시권**의 등장 (20년 9월 15번)

• 생활 양식의 변화

> 📖 기출
> • 사람들이 종사하는 **직업의 종류가 다양해**진다. (22년 11월 4번)
> • 공동체 의식보다 **개인주의적 가치관이 확산**되었을 것이다. (24년 9월 11번)

2. 산업화와 도시화에 따른 문제점

주택·교통·환경 문제, 노동 문제, 인간 소외 현상, 지역 격차 등

3. 산업화와 도시화에 따른 해결 방안

• 사회적 차원에서의 해결 방안

- 주택 공급 확대, 도시 재개발 사업, 교통 체계 개편을 위한 각종 정책 추진

- 녹지 공간 확대, 생태 하천 복원 사업 추진

- 고용 보험 · 노인 돌봄 서비스 등의 사회 복지 제도, 최저 임금제 · 비정규직 보호
  법 등의 제도 시행

• 개인적 차원에서의 해결 방안

- 대중교통 이용, 쓰레기 분리 배출 등 환경 문제 해결을 위한 노력

- 공동체 의식 함양, 인간의 존엄성 중시 등

교통·통신 및 과학기술의 발달에 따른 변화

1. 교통·통신 및 과학기술의 발달에 따른 변화

- 생활공간 및 생활 양식의 변화

  📖 기출
  - 교통의 발달에 따라 **생활권이 확대**되었다. (18년 6월 6번)
  - 지역 간 **이동 시 소요되는 평균 시간이 단축**될 것이다. (19년 6월 8번)
  - **통근·통학 가능 범위가 확대**되었다. (18년 11월 5번)
  - **쌍방향 통신매체의 영향력이 증가**할 것이다. (23년 6월 6번)

- 경제 활동의 변화

  📖 기출
  - 신규 정차역 주변에 **새로운 상권이 형성**될 것이다. (21년 6월 13번)

2. 교통·통신 및 과학기술의 발달에 따른 문제점

- 환경 피해

  📖 기출
  - 철도 건설로 인해 **삼림 훼손 면적이 늘어**날 것이다. (19년 6월 8번)
  - 교통로 건설에 따른 **야생 동물의 이동 통로 단절** (23년 11월 12번)

- 정보화로 인한 문제

  📖 기출
  - **정보 격차 문제** (24년 6월 18번)
  - 정보 격차는 **사회 불평등을 심화**시키는 요인이 된다. (24년 9월 8번)

- 지역 격차 심화

  📖 기출
  - **수도권의 과밀화**로 인한 문제점 (19년 6월 12번)

3. 교통·통신 및 과학기술의 발달에 따른 해결 방안

• 환경 피해 해결 방안

 **기출**

• 생태 통로 설치 예산 증액 편성 (24년 6월 3번)

• 정보화 문제 해결 방안

 **기출**

• ○○시는 정보화 취약 계층을 대상으로 정보 통신 기기 활용 교육을 실시할 예정이다.

(24년 6월 18번)

• 정보 윤리 관련 법안의 필요성이 커지고 있다. (18년 9월 13번)
• 개인 정보 보호법 등 법률 정비 및 강화 (19년 6월 3번)

지역의 공간 변화

★ 지역 문제 해결 절차

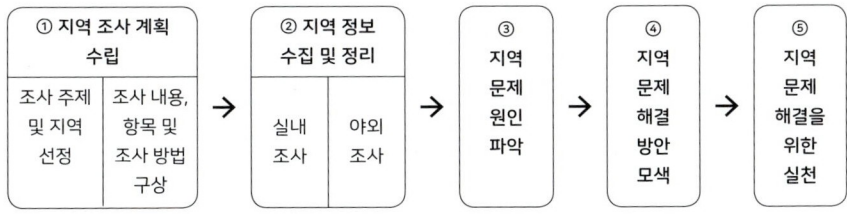

① 지역 조사 계획 수립		② 지역 정보 수집 및 정리		③ 지역 문제 원인 파악	④ 지역 문제 해결 방안 모색	⑤ 지역 문제 해결을 위한 실천
조사 주제 및 지역 선정	조사 내용, 항목 및 조사 방법 구상	실내 조사	야외 조사			

2026 YEAR PLAN

세상에서 가장 소중한 당신을 응원합니다!

	1월	2월	3월	4월	5월	6월	7월	8월	9월	10월	11월	12월
1												
2												
3												
4												
5												
6												
7												
8												
9												
10												
11												
12												
13												
14												
15												
16												
17												
18												
19												
20												
21												
22												
23												
24												
25												
26												
27												
28												
29												
30												
31												

─ [보 기] ─
ㄱ. (가)는 대기 중 미세 먼지 농도를 증가시킨다.
ㄴ. (나)에 대비하여 건물의 내진 설계를 실시한다.
ㄷ. (다)는 (가)보다 많은 강수를 동반하는 자연재해이다.
ㄹ. (나), (다) 모두 고위도 지역에서 주로 발생한다.

① ㄱ, ㄴ ❷ ㄱ, ㄷ ③ ㄴ, ㄷ ④ ㄴ, ㄹ ⑤ ㄷ, ㄹ

풀이

　　호흡기 질환을 유발할 수 있으며, 이에 대비하기 위해 외출 시 마스크를 착용해야 하는 (가)는 황사이다. 미끄럼 사고에 주의해야 하며, 차량에 월동 장비를 구비하여 안전 운행해야 하는 (나)는 대설이다. 강풍에 의한 창문 파손 및 낙하물 사고가 발생할 수 있는 (다)는 태풍이다.
ㄱ. 모래 먼지가 포함된 황사는 미세 먼지 농도를 증가시킨다.
ㄴ. 내진 설계는 지진에 의한 건축물 파손을 방지하기 위한 것이다.
ㄷ. 태풍은 황사보다 많은 강수를 동반하므로 강풍과 폭우로 인한 피해를 유발한다.
ㄹ. 열대 이동성 저기압인 태풍은 저위도 및 중위도에 주로 영향을 준다.

15 정답 ③ 문제편 p.84

(가)	→ 인간 중심주의: 베이컨 **갑**: 인간은 자연의 사용자이며 해설자로서 자신의 의지에 따라 사용하지 못할 것은 자연 내에 아무것도 없다. 따라서 우리는 자연이 인간에게 이로움을 줄 수 있도록 과학적 지식을 활용해야 한다. **을**: 인간은 상호 의존적인 부분들로 이루어진 공동체의 한 구성원이다. 따라서 인간은 생명 공동체를 보존하기 위해 대지를 이용할 때 경제적 관점뿐만 아니라 윤리적, 심미적 관점에서도 검토해야 한다. → 생태 중심주의: 레오폴드
(나)	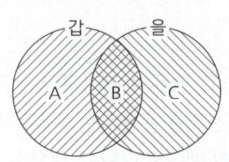 갑 ⟷ 을 A ⟷ B ⟷ C 〈범 례〉 A : 갑만의 입장 B : 갑, 을의 공통 입장 C : 을만의 입장

　　　　　　　　　　　　　　　　　　　　　　갑 을
① A: 인간은 내재적 가치를 지닌 존재이다.　　　O O
② A: 인간은 생태계 전체를 도덕적으로 고려해야 한다.　X O
❸ B: 인간은 필요에 따라 자연을 이용할 수도 있다.　O O
④ B: 인간을 포함한 자연 전체는 하나의 살아있는 유기체이다.　X O
⑤ C: 인간은 자연의 주인으로서 책임감을 지녀야 한다.　X X
　　　　　　　　　　　　　　을X　　갑X

풀이

　　갑은 인간 중심주의 사상가 베이컨, 을은 생태 중심주의 사상가 레오폴드이다. 베이컨은 인간이 자연의 사용자이자 지배자 위치에 있다고 보며, 자연에 대한 지식이 확장될수록 자연 지배 가능성도 높아진다고 본다. 레오폴드는 생태계를 경제적 관점뿐만 아니라 심미적, 윤리적 관점에서 보아 생태계 그 자체를 존중의 대상으로 삼아야 한다고 본다.

① B에 들어갈 내용이다. 내재적 가치란 인간 그 자체로 존중받을 가치를 의미한다. 베이컨과 레오폴드 모두 인간이 다른 존재에게 수단으로만 취급받지 않아야 할 존재라고 볼 것이다.
② C에 들어갈 내용이다. 베이컨은 인간만 도덕적으로 고려해야 한다고 본다. 레오폴드는 무생물을 포함한 생태계 전체를 도덕적으로 고려해야 한다고 본다.
③ 베이컨, 레오폴드 모두 긍정할 내용이다. 베이컨은 인간의 필요, 복지를 위한 자연의 이용을 긍정한다. 레오폴드는 생태계를 파괴하지 않는 선에서 인간의 필요(의식주 등)를 위해 자연을 이용하는 것 자체는 긍정한다.
④ C에 들어갈 내용이다. 베이컨은 자연 전체가 살아있는 유기체라고 보지 않는다. 레오폴드는 무생물과 유기물이 서로 상호작용하는 자연 전체가 하나의 살아있는 유기체라고 본다.
⑤ 베이컨, 레오폴드 모두 부정할 내용이다. 레오폴드는 인간이 자연의 평범한 구성원이며, 자연의 주인 위치에 있는 것은 아니라고 본다. 베이컨은 인간이 자연의 주인 위치에 있지만 자연에 대한 윤리적 책임감은 지닐 필요가 없다고 본다.

16 정답 ① 문제편 p.85

진술 \ 학생	갑	을	병	정	무
인간은 생명 공동체의 안정과 균형에 기여해야 한다. → 생태 중심주의	√	√		√	
인간은 자연으로부터 분리된 존재이며, 자연보다 우월한 존재이다. → 인간 중심주의			√	√	√
자연은 그 자체로 가치를 지니며, 인간은 생명 공동체의 한 구성원이다. → 생태 중심주의	√		√		√
인간 이외의 모든 존재는 인간의 행복과 복지를 위한 도구에 불과하다. → 인간 중심주의		√		√	√

❶ 갑　　② 을　　③ 병　　④ 정　　⑤ 무

풀이

　　제시문은 인간과 자연을 상호 의존적인 존재로 보고 있다. 이는 생태 중심주의에 해당한다. 첫 번째와 세 번째 진술은 생태 중심주의에 부합하고, 두 번째, 네 번째 진술은 인간 중심주의에 부합한다. 생태 중심주의에 부합하는 진술에만 옳게 표기한 학생은 갑이다.

17 정답 ① 문제편 p.85

→ 인간 중심주의
(가) 인간은 자연의 사용자 및 해석자로서 자연의 질서에 관해 실제로 관찰하고 고찰한 것만큼 무엇인가를 할 수 있다. 인간의 지식이 곧 인간의 힘이다.
→ 생태 중심주의
(나) 인간은 생명 공동체인 대지의 구성원이다. 인간의 행위가 생명 공동체의 온전성, 안정성, 아름다움에 이바지한다면 옳은 것이며, 그렇지 않다면 그른 것이다.

① (가)는 자연을 인간의 이익을 위한 지배 대상으로 본다. ✓
② (가)는 자연의 도구적 가치보다 본래적 가치를 중시한다.
③ (나)는 인간을 자연과 구별되는 우월한 존재로 본다.
④ (나)는 생태계 전체의 보전보다 개별 구성원의 존속을 중시한다.
⑤ (가), (나) 모두 자연을 도덕적 고려 대상으로 보아야 함을 강조한다.

풀이

(가)는 인간을 자연의 사용자 및 해석자로 보고 있으므로 인간 중심주의에 해당하고, (나)는 인간을 생명 공동체인 대지의 구성원으로 보고 있으므로 생태 중심주의에 해당한다.
① 인간 중심주의는 자연을 그 자체로 가치 있는 존재가 아닌 인간의 생존과 복지를 위한 수단으로 여긴다.
② 자연의 도구적 가치보다 본래적 가치를 중시하는 관점은 생태 중심주의이다.
③ 인간을 자연과 구별되는 우월한 존재로 보는 관점은 인간 중심주의이다.
④ 생태 중심주의는 개별 구성원의 존속보다 생태계 전체의 보전을 중시한다.
⑤ 자연을 도덕적 고려 대상으로 봐야 함을 주장하는 관점은 생태 중심주의이다.

19 정답 ④ 문제편 p.85

질문	응답	
	예	아니요
인간은 자연과 독립된 우월한 존재인가?		√
자연은 그 자체로 가치를 지니고 있는가?	√	
(가)	√	
(나)		√

[보 기]

ㄱ. (가): 자연은 인간의 풍요로운 삶을 위한 **도구**인가? → 인간 중심주의
ㄴ. (가): 자연을 도덕적 고려의 대상으로 보아야 하는가?
ㄷ. (나): 세상의 모든 것은 하나로 연결되어 있는가?
ㄹ. (나): 개별 구성원의 존속이 생태계 전체의 보전보다 우선하는가?

① ㄱ, ㄴ ② ㄱ, ㄷ ③ ㄴ, ㄷ ④ ㄴ, ㄹ ✓ ⑤ ㄷ, ㄹ

풀이

표의 '어느 자연관'은 인간을 포함한 자연 전체, 대지를 도덕적 고려의 대상이라고 주장하는 생태 중심주의이다. (가)에는 생태 중심주의 자연관에서 '예'라고 답할 질문이, (나)에는 '아니요'라고 답할 질문이 들어가야 한다.
ㄱ. 자연을 도구적 가치로서 보는 입장은 인간 중심주의이다.
ㄹ. 생태 중심주의는 생태계 전체의 균형을 개별 개체보다 중요시하며, 대지의 균형을 위해 인간의 희생을 강요하기도 한다.

18 정답 ① 문제편 p.85

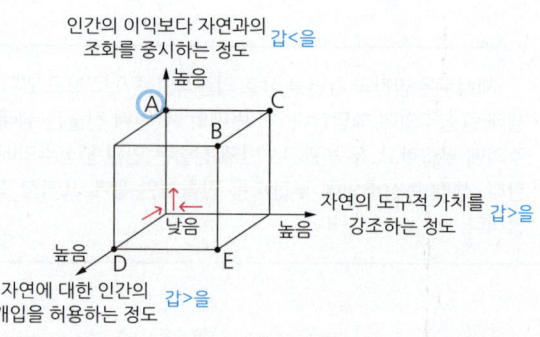

① A ✓ ② B ③ C ④ D ⑤ E

풀이

갑은 인간 중심주의, 을은 생태 중심주의이다. 인간 중심주의는 자연을 인간의 지배 대상이자 삶의 질 향상을 위한 수단으로 간주한다. 반면, 생태 중심주의는 인간을 포함한 자연 전체에 도덕적 가치가 있다고 주장한다.
① 을은 갑에 비해 인간의 이익보다 자연과의 조화를 중시하는 정도가 높고, 자연의 도구적 가치를 강조하는 정도와 자연에 대한 인간의 개입을 허용하는 정도는 낮다.

20 정답 ④ 문제편 p.86

(가)	하늘은 아버지이고, 땅은 어머니이다. 천지에 가득 찬 기운은 나의 몸이요, 천지를 운용하는 원리는 나의 본성이 된다. 사람들과 나는 한 배에서 나왔고, 만물은 나와 더불어 한 형제이다. → 유교의 유기체적 자연관
(나)	○○시(市)에서 도로를 건너는 야생 동물들이 차에 치여 죽는 사고가 빈번하자 ○○시장 A는 생태 통로를 설치하여 야생 동물들을 구해야 하는지를 고민하고 있다.

풀이

(가)는 자연을 하나의 생명체로 인식하고 자연을 이루는 각 요소들이 유기적으로 연결되어 있다고 주장하는 유교의 유기체적 자연관이다. 자연을 물질적, 도구적, 기계적, 수단적 존재로 보는 것은 인간 중심주의 자연관이다.
①, ②, ③, ⑤ 자연을 의식 없는 도구로 보는 서양의 인간 중심주의 입장에서 할 수 있는 조언이다.

21 정답 ⑤ 문제편 p.86

〈체험 활동 발표회〉

1) 활동 내용
- ㉠ 해안 지역 쓰담 달리기(쓰레기를 담으며 달리기)
- 해안 지역을 관찰하고 스케치하기

2) 그림 내용

| ㉡ 갯벌을 관찰하고, ㉢ 갯벌 주변에 서식하는 식물을 표현했습니다. └→ 염생식물 | ㉣ 해안 절벽과 그 앞쪽에 발달한 ㉤ 평탄한 바위면을 스케치했습니다. └→ 파식대 |
---

① ㉠은 육지와 바다가 만나는 공간으로 해안 생물의 서식지 역할을 한다.

② ㉡은 오염 물질 정화의 기능을 가진다.

③ 국제 사회는 람사르 협약을 통해 ㉡을 보호하고자 노력한다.

④ ㉢은 육지 식물에 비해 염분에 강한 특성을 지닌다.

⑤ ㉣과 ㉤은 주로 ~~조류의 퇴적 작용~~으로 형성되었다.
　　　　　　　파랑의 침식 작용

풀이

　건강과 환경 정화 활동을 접목한 '쓰담 달리기'가 행해지는 해안 지역에서 관찰할 수 있는 경관이 제시되어 있다.

① 해안 지역(㉠)은 육지와 바다가 접하는 공간으로 다양한 생명체의 서식 공간이기도 하다.

② 갯벌(㉡)에 서식하는 수많은 미생물은 육지에서 공급된 각종 오염 물질의 분해를 촉진하므로 갯벌(㉡)은 해안을 정화하는 기능이 탁월하다.

③ 람사르 협약은 물새의 서식지가 되는 습지를 보존하려는 국제 협약이다. 연안 습지에 속한 갯벌(㉡)은 물새와 철새의 먹이가 풍부한 공간이다. 순천만·보성 갯벌, 서천 갯벌, 무안 갯벌 등 우리나라 서·남해안에는 람사르 습지로 등록된 갯벌이 많다.

④ 퉁퉁마디, 갯질경 등 갯벌 주변에 서식하는 식물(㉢)을 염생식물이라고 한다. 염생식물은 염분에 강해 염도가 높은 갯벌과 그 주변 일대에 서식한다.

⑤ 해안 절벽(㉣)과 파식대(㉤)는 파랑의 침식 작용으로 형성되는 지형이다. 조차가 큰 해안에서 조류의 퇴적 작용으로 형성되는 지형은 갯벌(㉡)이다.

22 정답 ⑤ 문제편 p.86

① 농경지 확대, 상업적 벌목 등으로 인해 열대림이 파괴되는 현상이다. → 열대림 파괴

② 황산화물과 질소산화물 등의 대기 오염 물질이 비와 섞여 내리는 현상이다. → 산성비

③ 연기(smoke)와 안개(fog)의 합성어로 대기 오염에 의하여 나타나는 연무 현상이다. → 스모그

④ 염화 플루오린화 탄소(CFCs)의 사용량 증가로 성층권의 오존층이 파괴되는 현상이다. → 오존층 파괴

⑤ 자연적 또는 인위적 요인에 의해 기존에 사막이 아니던 곳이 점차 사막으로 변해가는 현상이다. → 사막화

풀이

　지속적인 가뭄, 방목 및 농경지 개간을 통한 식생 파괴 등은 사막화의 원인이다. 사막화가 진행되는 대표적인 지역은 사헬 지대, 아랄해 등을 들 수 있다. 따라서 (가)에는 '사막화'가 들어간다.

① 농경지 개간, 목장 조성 등으로 인해 열대림이 파괴되기도 한다.

② 대기 오염 물질 속의 황산화물, 질소산화물 등의 산성 물질이 빗물에 용해되어 내리는 현상은 산성비이다.

③ 연기(smoke)와 안개(fog)의 합성어는 스모그이다. 스모그는 오염 물질과 안개가 결합한 대기 오염 현상이다.

④ 냉매제, 발포제 등으로 활용되는 염화 플루오린화 탄소(CFCs)는 대표적인 오존층 파괴 물질이다.

⑤ 사막이 아닌 지역이 사막으로 변해가는 현상은 사막화 현상이다. 사막 주변 지역은 대부분 사막화 현상이 진행되고 있다.

23 정답 ⑤ 문제편 p.87

[보 기]

ㄱ. (가)는 환경과 관련된 법을 만들고 집행한다.
　　(나)

ㄴ. (나)는 **이윤 추구**를 위해 친환경 상품을 생산·유통한다.
　　　└→ 기업

ㄷ. (가)는 여론을 형성하여 (나)의 환경 정책 결정 과정에 영향을 미친다.

ㄹ. (가), (나)는 환경 보호 실천 방안 등에 관한 홍보 및 교육 활동을 한다.
---

① ㄱ, ㄴ　② ㄱ, ㄷ　③ ㄴ, ㄷ　④ ㄴ, ㄹ　⑤ ㄷ, ㄹ

풀이

　(가)는 시민 단체, (나)는 정부에 해당한다. 시민 단체는 환경 오염 유발 행위에 대해 견제하고 환경 정책 결정 과정에서 여론을 형성하여 영향력을 행사하며, 정부는 환경 오염 물질 배출 사업자 또는 소비자를 처벌하거나 부담금을 부과하는 등 적정한 환경 기준에 대한 법률적·제도적 정비를 한다.

○○시에 들어설 조력 발전소 건설을 놓고 해당 지역 주민들과 관련자들의 의견이 찬성과 반대로 나뉘어 팽팽히 맞서고 있다.

	조력 발전소 건설	
	찬성	반대
주장 및 근거	㉠	㉡

① ㉠: 신·재생 에너지 정책에 일조할 수 있다.
② ㉠: 고용 창출 및 지역 경제 활성화 효과가 나타날 수 있다. → 찬성
③ ㉡: 화력 발전보다 대기오염 물질을 많이 발생시킨다.
   ㉡ 적게
④ ㉡: 생물종 다양성 감소 등 생태계에 악영향을 끼칠 수 있다.
⑤ ㉡: 갯벌 면적 감소로 지역 주민들의 생계에 악영향을 끼칠 수 있다. → 반대

풀이

㉠에는 조력 발전소 건설에 찬성하는 주장 및 근거가 들어갈 수 있고, ㉡에는 조력 발전소 건설에 반대하는 주장 및 근거가 들어갈 수 있다. 조력 발전소 건설을 찬성하는 입장에서는 조력 발전소 건설이 신·재생 에너지 정책에 일조하고, 고용 창출과 지역 경제 활성화 효과를 가져올 수 있다고 주장할 것이다. 반면, 조력 발전소 건설을 반대하는 입장에서는 조력 발전소 건설이 생태계와 지역 주민들의 생계에 악영향을 끼칠 것이라고 주장할 것이다.
③ 조력 발전은 화력 발전보다 대기오염 물질을 적게 발생시킨다.

① A에는 오렌지, 올리브 등을 재배하는 수목 농업이 활발하다. → 지중해성 기후 지역
② B에는 타이가라고 불리는 침엽수림이 넓게 분포한다. → 냉대 기후 지역
③ C에는 지면의 열과 습기를 피하기 위해 고상 가옥이 발달한다. → 열대 기후 지역
④ A는 B보다 12~2월 강수 집중률이 높다.
⑤ C는 B보다 기온의 연교차가 크다. 작다

풀이

그래프의 A는 최한월 평균 기온이 -3~18℃, 여름이 고온 건조한 지중해성 기후이다. B는 최한월 평균 기온이 -3℃ 미만, 겨울이 춥고 강수량이 적은 냉대 겨울 건조 기후이다. C는 최한월 평균 기온이 18℃ 이상, 연중 고온 다습한 열대 우림 기후이다. 지도의 A는 지중해성 기후인 로마(이탈리아), B는 냉대 겨울 건조 기후인 이르쿠츠크(러시아), C는 열대 우림 기후인 반다르스리브가완(브루나이)이다.
① 지중해성 기후 지역은 여름철 일조량이 풍부해 수목 농업이 발달할 수 있다. 따라서 지중해성 기후가 나타나는 로마(A)는 오렌지, 올리브 등을 재배하는 수목 농업이 활발하다.
② 냉대 기후의 식생은 타이가라고 불리는 침엽수림이다. 따라서 냉대 겨울 건조 기후가 나타나는 이르쿠츠크(B)는 타이가가 넓게 분포한다.
③ 열대 우림 기후의 전통 가옥은 지면의 열과 습기, 해충 등의 차단을 위해 바닥에서 띄운 고상 가옥이다. 따라서 열대 우림 기후가 나타나는 반다르스리브가완(C)에는 고상 가옥이 발달해 있다.
④ 지중해성 기후가 나타나는 로마(A)는 겨울이 온난 습윤하다. 반면 냉대 겨울 건조 기후가 나타나는 이르쿠츠크(B)는 여름에 강수가 집중된다. 따라서 로마(A)는 이르쿠츠크(B)보다 12~2월 강수 집중률이 높다.
⑤ 기온의 연교차는 고위도로 갈수록, 대륙 내부로 갈수록 대체로 커진다. 따라서 저위도의 반다르스리브가완(C)은 고위도의 대륙 내부에 있는 이르쿠츠크(B)보다 기온의 연교차가 작다.

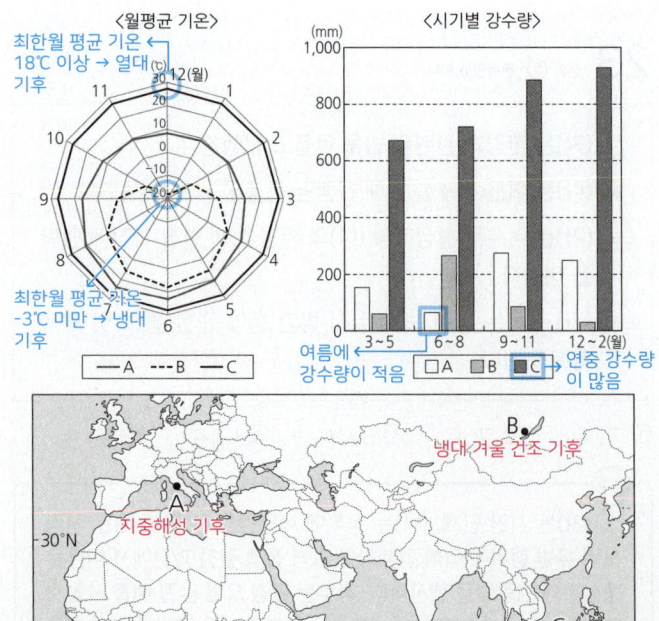

최한월 평균 기온 18℃ 이상 → 열대 기후
최한월 평균 기온 -3℃ 미만 → 냉대 기후
〈월평균 기온〉
〈시기별 강수량〉
여름에 강수량이 적음
연중 강수량이 많음
A B C
냉대 겨울 건조 기후
지중해성 기후
30°N
0°
열대 우림 기후

서술형 문제 풀기

1 문제편 p.88

(1) 모범답안: 기온의 일교차가 크고, 강수량에 비해 증발량이 많아 습도가 낮고 건조하다.

핵심 키워드: 일교차, 강수량, 증발량, 습도

> 🎓 **채점 기준**
> **상** 일교차, 강수량, 증발량, 습도 등 기후 요소를 3개 이상 기술한 경우
> **중** 기후 요소 1~2개를 활용하여 특성을 기술한 경우
> **하** 기후 요소를 기재하지 않고 건조 기후의 일반적인 경관 등을 서술한 경우

(2) 모범답안: 좁은 골목에 지붕이 평평하며 창문이 작고 두꺼운 벽으로 이루어진 흙집이 분포한다.

핵심 키워드: 골목, 지붕, 창문, 벽, 흙집

> 🎓 **채점 기준**
> **상** 가옥의 특성을 3개 이상 기술한 경우
> **중** 가옥의 특성을 2개 기술한 경우
> **하** 가옥의 특성을 1개 기술한 경우

2 문제편 p.88

(1) ㉠ 석회암

(2) 모범답안: 투수성이 양호하고 비옥한 석회암 풍화토는 밭농사로 활용할 수 있고, 풍부한 석회암은 시멘트 공업의 원료로 이용될 수 있으며, 다양한 카르스트 지형은 관광 산업 성장에 기여할 수 있다.

핵심 키워드: 밭농사(석회암 풍화토), 시멘트 공업(석회암), 관광 산업(카르스트 지형)

> 🎓 **채점 기준**
> **상** 산업과 배경을 옳게 연결하여 2개 이상을 기술한 경우
> **중** 산업과 배경을 옳게 연결하여 1개를 기술한 경우
> **하** 배경 설명 없이 산업만 기술한 경우

3 문제편 p.89

(1) ㉠ 인간 중심주의
㉡ 생태 중심주의

(2) 모범답안: ㉠의 자연관이 지나치게 강조되면 인간은 자연을 하나의 수단으로만 간주하고 자연을 정복하는 것을 당연시한다. 따라서 자연을 함부로 이용하여 훼손한 결과 자원 고갈, 환경오염, 생태계 파괴 등과 같은 환경 위기를 초래하게 된다.

㉡의 자연관이 지나치게 강조되면 생태계에 대한 인간의 개입 자체를 전혀 허용하지 않는다. 따라서 개발에 대해 무조건적으로 부정하며 전체 생태계를 위한 인간의 희생을 당연시하게 되면서 환경 파시즘에 빠지게 된다.

핵심 키워드: 자연을 함부로 이용, 환경 위기, 개발에 대한 부정, 환경 파시즘

> 🎓 **채점 기준**
> **상** ㉠, ㉡의 문제점을 모두 기술한 경우
> **중** ㉠, ㉡의 문제점 중 1개만 기술한 경우
> **하** ㉠, ㉡의 문제점을 반대로 기술한 경우

(3) 모범답안: ㉡의 관점을 지지한다. 간척 사업을 하게 되면 부족한 용지를 확보할 수 있는 이점이 있지만, 그 결과로 갯벌의 많은 생물의 서식지가 사라지게 된다. 자연 생태계가 파괴되면 그 피해는 궁극적으로 인간에게 되돌아온다. 많은 국가들이 역간척 사업을 시행하고 있는 것도 간척 사업이 미래의 우리 후손에게 돌이킬 수 없는 피해를 준다는 사실을 알기 때문이다.

4 문제편 p.89

(1) (가) 산성비

(2) 모범답안: 대기 오염 물질에 포함되어 있는 황산화물, 질소 산화물 등의 산성 물질이 대기 중의 수증기와 결합되면서 산성비가 내리게 된다.

핵심 키워드: 산성 물질, 수증기

> 🎓 **채점 기준**
> **상** 황산화물과 질소 산화물 등 산성 물질을 기술한 경우
> **중** 정확한 원인 물질을 기술하지 않고 대기 오염만 기술한 경우
> **하** 원인 물질이 아닌 산성비의 정의, 영향 등에 대해 기술한 경우

(3) 모범답안: 정부는 환경 문제 해결을 위한 정책, 법 제도 등을 정비해야 하고, 기업은 환경오염을 줄이기 위한 시설을 구비하고 친환경 제품을 생산하기 위해 노력해야 한다. 시민 사회는 환경 보호 캠페인 등 많은 사람들이 환경에 관심을 가질 수 있는 다양한 시민운동을 전개하고, 기업과 정부가 환경에 역행하는 부분이 없는지 감시하고 비판해야 한다. 개인적으로는 자원과 에너지를 절약하고, 일회용품 대신 친환경 제품을 사용하는 녹색 소비를 실천해야 한다.

핵심 문제 풀기

1	③	2	③	3	⑤	4	②	5	③
6	④	7	③	8	⑤	9	⑤	10	⑤
11	⑤	12	⑤	13	②	14	②	15	③
16	⑤	17	②	18	⑤	19	①	20	②
21	⑤	22	⑤	23	⑤	24	②	25	①
26	①	27	③	28	①	29	④	30	④
31	⑤	32	②	33	①	34	⑤	35	④
36	①	37	④	38	②	39	⑤	40	⑤
41	③	42	②	43	⑤	44	②	45	④
46	②	47	⑤	48	⑤	49	⑤	50	④
51	③	52	④	53	⑤	54	⑤	55	①
56	⑤	57	④	58	⑤	59	⑤	60	③
61	②	62	①	63	①	64	⑤	65	④

심화 문제 풀기

1	④	2	①	3	①	4	③	5	③
6	①	7	②	8	①	9	④	10	④
11	②	12	②	13	④	14	③	15	⑤
16	④	17	⑤	18	⑤				

🍎 핵심 문제 풀기

1 정답 ③ 문제편 p.98

	(가)	(나)		(가)	(나)
①	A	C	②	B	A
③✔	B	C	④	C	A
⑤	C	B			

풀이

(가)는 쌀로 만든 피를 이용한 베트남(B) 음식인 월남쌈이다. 쌀은 아시아 계절풍 기후 지역에서 주로 재배된다. 베트남은 고온 다습한 계절풍의 영향으로 벼농사가 활발히 이루어져 쌀로 만든 음식 문화가 발달하였다. (나)는 옥수수 가루 반죽을 구워 만드는 멕시코(C) 음식인 타코이다. 옥수수는 아메리카에서 기원하였으며 중앙아메리카에서는 옥수수를 주식 재료로 이용하고 있다.

2 정답 ③ 문제편 p.98

풀이

A. 중국은 볶음과 튀김 요리가 발달하였다.
B. 몽골은 양, 말 등을 이끌고 유목 생활을 하며 양고기를 즐겨 먹는다.

C. 이슬람교는 종교 교리에 따라 술과 돼지고기를 먹는 것을 금기시한다. 따라서 돼지고기를 이용한 바비큐는 이슬람의 전통 음식으로 적절하지 않다.
D. 일본은 바다에 접해 있어 초밥과 생선회를 즐겨 먹는다.
E. 프랑스는 밀농사가 이루어져 밀을 이용한 요리가 발달하였다.

3 정답 ⑤ 문제편 p.98

<세계 전통 음식을 찾아서>

촬영 지역	촬영 내용
(가) 베트남	#1. 고온 다습한 여름과 드넓은 평야 →열대 계절풍 기후 #2. 1년에 세 번 벼를 수확하는 사람들 #3. 담백한 육수의 쌀국수 요리
(나) 이탈리아	→지중해성 기후 #1. 고온 건조한 여름과 올리브 농장 →수목 농업 #2. 온난 습윤한 겨울철에 밀을 재배하는 사람들 →곡물 농업 #3. 싱싱한 조개로 맛을 낸 파스타 요리

	(가)	(나)
①	A	B
②	A	C
③	B	C
④	C	A
⑤✔	C	B

풀이

(가)는 여름이 고온 다습하며 벼의 3기작이 이루어지므로 열대 계절풍 기후가 나타나는 베트남(C)이다. 동남아시아는 고온 다습한 여름 계절풍과 하천 주변의 비옥한 평야로 인해 벼농사가 활발하여 쌀로 만든 음식 문화가 발달하였다. (나)는 여름이 고온 건조하고 겨울이 온난 습윤하므로 지중해성 기후가 나타나는 이탈리아(B)이다. 지중해성 기후 지역은 여름에는 고온 건조한 기후에 잘 견디는 올리브, 포도 등을 재배하는 수목 농업을 하고, 온난하고 강수량이 많은 겨울에는 밀, 보리 등의 곡물 농업이 이루어진다. 유럽은 빵, 스파게티 등 밀을 이용한 음식 문화가 발달하였다.

4 정답 ② 문제편 p.98

[보 기]

ㄱ. ㉠ 신자는 메카를 향해 기도한다. →남부 아시아 문화권
ㄴ. ㉢ 신자 수는 유럽 문화권이 가장 많다. →크리스트교
ㄷ. ㉤의 대표적 종교 경관으로 탑과 불상이 있다.
ㄹ. ㉡과 ㉤에 공통으로 들어갈 식재료는 돼지고기이다. →소고기

① ㄱ, ㄴ   ②✔ ㄱ, ㄷ   ③ ㄴ, ㄷ   ④ ㄴ, ㄹ   ⑤ ㄷ, ㄹ

풀이

㉠ 서남아시아의 메카에서 발생한 이슬람교는 건조 문화권에 신자 수가 많으며, 돼지고기와 술을 금기시하고, 하루에 다섯 번 메카를 향해 기도하는 계율이 있다. 돔형 지붕과 첨탑이 있는

모스크가 대표적 경관이다. ⓒ 힌두교는 인도, 네팔 등의 남부 아시아 문화권에서 신자 수가 많으며, 성스럽게 여기는 갠지스강에서 종교 의식으로 목욕을 하고, 소를 신성시하여 소고기를 금기시한다. 다양한 신의 모습이 조각된 사원이 힌두교의 대표적 경관이다. ⓓ 불교는 동아시아, 동남아시아 문화권에서 신자 수가 많으며, 불상, 불탑 등의 경관이 나타난다.

5 정답 ③ 문제편 p.99

① 돼지고기를 금기시하여 먹지 않는다. ┐
② 매일 다섯 번씩 메카를 향해 기도를 한다. ┘→이슬람교
☑③ 갠지스강에서 종교 의식으로 목욕을 한다.
④ 높은 첨탑이 있는 교회나 성당에서 기도를 한다. →크리스트교 사원
⑤ 성인이 되기 전 사찰에서 승려 생활을 해야 한다. → 불교

> **풀이**
>
> 소를 신성시하여 소고기 섭취를 금지하는 종교는 힌두교이다. 인도는 힌두교를 신봉하는 대표적인 국가이다. 힌두교의 대표적인 성지로는 갠지스강이 있다. 힌두교는 수많은 신을 섬기는 다신교이며 윤회 사상을 신봉한다.
> ① 이슬람교는 돼지를 불결한 짐승으로 간주하여 돼지고기 섭취를 금한다.
> ② 이슬람교는 창시자인 무함마드의 탄생지인 메카를 향해 하루에 다섯 번 기도하며, 메카를 방문하는 것이 신앙 생활의 의무 중 하나이다.
> ④ 교회는 개신교의 사원, 성당은 가톨릭교의 사원이다.
> ⑤ 불교를 신봉하는 타이에서 행해지는 전통이다.

6 정답 ④ 문제편 p.99

① (가)는 세계적으로 신자가 가장 많은 종교이다.
  (라)
② (가)는 유럽 문화권 형성에 많은 영향을 주었다.
  (라)
③ (나)는 성지 순례 등의 5대 의무 실천을 강조한다.
  (다)
☑④ (다)의 신자들은 돼지고기를 금기시한다.
⑤ (라)는 교리에 따라 살생을 금하며 채식을 선호한다.
  (가), (나)

> **풀이**
>
> (가)는 힌두교 사원, (나)는 불교 사원, (다)는 이슬람교 사원, (라)는 크리스트교 사원이다.
> ①, ② 크리스트교에 대한 설명이다. 크리스트교는 세계에서 신자 수가 가장 많으며, 유럽 문화권의 생활 양식과 사회 제도 등 생활 전반에 큰 영향을 주었다.
> ③, ④ 이슬람교에 대한 설명이다. 이슬람교는 신앙 고백, 예배, 자선 활동, 라마단 시기의 단식, 성지(메카) 순례의 5대 의무를 지켜야 하며, 술과 돼지고기를 금기시한다.
> ⑤ 힌두교와 불교는 살생을 금하는 교리에 따라 육식을 피하며, 채식 위주의 식사를 하는 경우가 많다.

7 정답 ③ 문제편 p.99

기자: 이곳은 부다가야 국제 마라톤 대회 현장입니다. 마라톤을 완주한 소감을 말씀해 주세요.

선수: 완주하여 기쁩니다. 또한 다른 문화 경관을 보며 달리는 이색적인 경험을 했습니다.

기자: 이곳 부다가야는 ┌ (가) ┐ →불교 의 주요 성지 중 한 곳인데, 특히 어떤 장소가 기억에 남습니까?

선수: 보리수가 있는 마하보디 사원의 불상과 탑이 기억에 남습니다. 그리고 창시자가 고행한 장소로 알려진 동굴을 지나며 저도 힘든 순간을 견딜 수 있었습니다.

① 예수를 구원자로 믿는다. ┐
② 세계에서 신자 수가 가장 많다. ┘→크리스트교
☑③ 깨달음을 통한 해탈과 열반을 강조한다. → 불교
④ 메카로의 성지 순례를 종교적 의무로 한다. ┐
⑤ 라마단 기간 중 해가 떠 있는 시간에는 금식한다. ┘→이슬람교

> **풀이**
>
> 불상과 탑이 있는 사원은 불교의 종교 경관이다. 부다가야는 석가모니가 보리수나무 아래에서 깨달음을 얻은 장소로, 석가모니의 탄생지인 룸비니와 함께 불교의 대표적인 성지이다. 따라서 (가)에 들어갈 종교는 불교이다.
> ① 크리스트교는 예수를 구원자로 믿으며, 성당이나 교회에서 예배를 드린다.
> ② 세계에서 크리스트교 신자 수가 가장 많다.
> ③ 불교는 석가모니의 가르침을 따르며, 마음을 다스리는 수양을 통해 깨달음을 얻고자 한다.
> ④, ⑤ 이슬람교는 쿠란의 가르침에 따라 신앙 실천의 다섯 가지 의무, 즉 신앙 고백, 예배, 자선, 라마단 기간 중 단식, 성지 순례를 지킨다.

8 정답 ③ 문제편 p.100

풀이

자료는 이슬람교에 관한 것이다. 이슬람교 신자들은 히잡이나 차도르로 얼굴이나 몸 등을 가리고 생활하며, 종교 교리에 따라 돼지를 금기시하여 돼지고기를 먹지 않는다. 따라서 ㉠에 들어갈 음식은 돼지고기가 주재료인 C 족발이다.

9 정답 ⑤ 문제편 p.100

풀이

남부 유럽의 영향으로 에스파냐어와 포르투갈어를 사용하고, 가톨릭교의 신자 비율과 혼혈의 비율이 높은 문화권을 지도에서 찾는 문항이다.

① A는 아프리카 문화권으로 토속 신앙을 신봉하는 주민의 비율이 높고, 서구 열강에 의한 식민 지배의 결과로 국경과 종족 분포가 일치하지 않아 분쟁이 잦은 편이다.

② B는 건조 문화권으로 이슬람교 신자 비율이 높고, 유목 생활을 하는 주민의 비율이 높다.

③ C는 동아시아 문화권으로 유교와 불교, 한자 문화의 영향을 많이 받았다.

④ D는 오세아니아 문화권으로 영어를 사용하는 주민의 비율이 높고, 목축업과 관광 산업이 발달하였다.

⑤ E는 라틴 아메리카 문화권이다. 라틴 아메리카 문화권은 에스파냐와 포르투갈의 식민 지배를 받아 에스파냐어와 포르투갈어를 사용하고, 가톨릭교 신자 비율과 혼혈의 비율이 높다.

10 정답 ⑤ 문제편 p.100

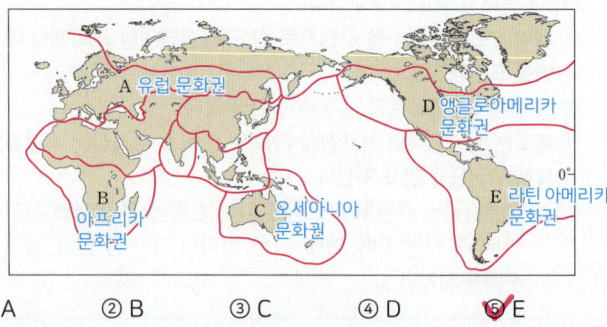

① A   ② B   ③ C   ④ D   ✅ E

풀이

(가) 문화권은 라틴 아메리카 문화권(E)이다. 라틴 아메리카는 리오그란데강 이남 지역으로, 과거 남부 유럽의 식민 지배 영향을 받아 주로 에스파냐어와 포르투갈어(브라질)를 사용하며 가톨릭교의 비율이 높다. 또한 원주민, 유럽계, 아프리카계와 이들 사이의 혼혈 인종(민족)이 많으며 다양한 문화가 융합되어 나타난다.

11 정답 ⑤ 문제편 p.100

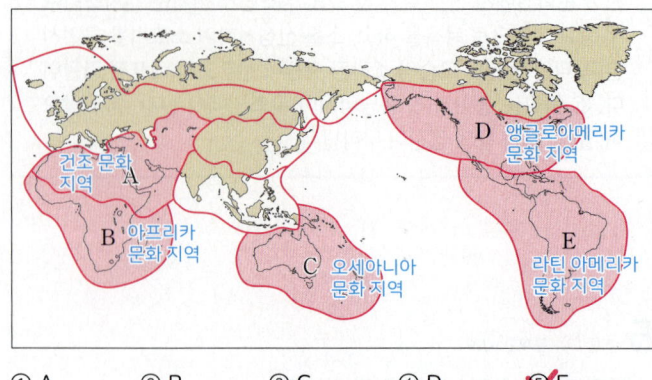

① A   ② B   ③ C   ④ D   ✅ E

풀이

자료는 라틴 아메리카 문화 지역(E)의 특징이다. 라틴 아메리카 문화 지역은 리오그란데강 남쪽 지역으로, 과거 남부 유럽의 식민 지배 영향을 받아 주로 에스파냐어와 포르투갈어(브라질)를 사용하며 가톨릭교의 비율이 높다. 또한 원주민, 유럽계, 아프리카계와 이들 사이의 혼혈 인종(민족)이 많으며 다양한 문화가 융합되어 나타난다.

12 정답 ⑤ 문제편 p.101

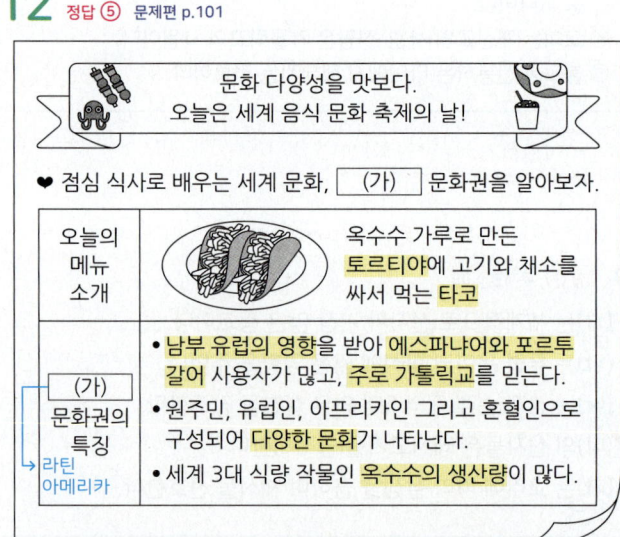

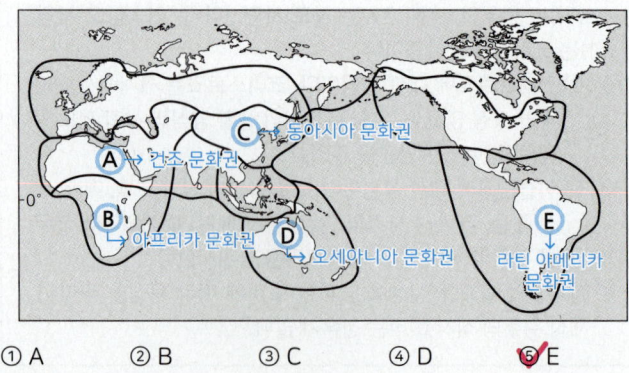

① A   ② B   ③ C   ④ D   ✅ E

풀이
A는 건조 문화권, B는 아프리카 문화권, C는 동아시아 문화권, D는 오세아니아 문화권, E는 라틴 아메리카 문화권이다.
⑤ 옥수수 가루로 만든 토르티야에 고기와 채소를 싸서 먹는 타코는 라틴 아메리카 문화권에 속한 멕시코에서 즐겨 먹는다. 라틴 아메리카 문화권은 과거 에스파냐와 포르투갈의 식민 지배를 받아 에스파냐어와 포르투갈어 사용자와 가톨릭교 신자 비율이 높으며, 혼혈을 비롯한 여러 인종으로 구성되어 있어 다양한 문화가 나타난다. 따라서 (가) 문화권은 라틴 아메리카 문화권이다.

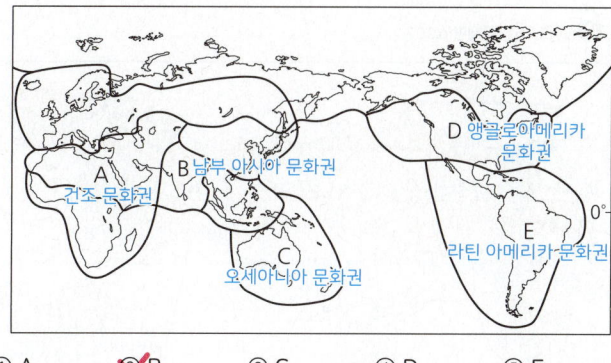

A 건조 문화권
B 남부 아시아 문화권
C 오세아니아 문화권
D 앵글로아메리카 문화권
E 라틴 아메리카 문화권
0°

① A　　②B　　③ C　　④ D　　⑤ E

풀이
(가)는 인도이다. 인도는 힌두교 신자의 비율이 높다. 힌두교는 다양한 신을 섬기는 다신교로, 소를 신성시하여 소고기 섭취를 금기시하며, 갠지스강을 신성시한다.
① A는 건조 문화권으로, 이슬람교 신자 비율이 높다.
② B는 남부 아시아 문화권으로, 인도, 스리랑카, 파키스탄, 방글라데시, 네팔 등이 포함된다.
③ C는 오세아니아 문화권으로, 영국 식민 지배의 영향으로 영어 사용자와 크리스트교 신자 비율이 높다.
④ D는 앵글로아메리카 문화권으로, 영어 사용자와 개신교 신자 비율이 높다.
⑤ E는 라틴 아메리카 문화권으로, 혼혈이 차지하는 비율이 높고, 에스파냐어와 포르투갈어를 주로 사용하며, 가톨릭교 신자가 많다.

13 정답 ② 문제편 p.101

북극 문화 지역
A 유럽 문화권
동아시아 문화 지역
앵글로아메리카 문화 지역
B 건조 문화권
아프리카 문화 지역
C 동남 및 남부 아시아 문화권
D 오세아니아 문화권
E 라틴 아메리카 문화권
0°
0 3,000km

① A　　②B　　③ C　　④ D　　⑤ E

풀이
유목, 이슬람교, 이동식 가옥이 가장 뚜렷하게 나타나는 문화 지역은 건조 문화권(B)이다. 건조 문화권은 북부 아프리카와 서남아시아, 중앙아시아 일대로, 건조 기후가 나타나 주민들은 전통적으로 초원에서 유목 생활을 하며 이동식 가옥에 거주하였다. 또한 주민 대부분은 이슬람교를 믿고 있다.

15 정답 ③ 문제편 p.101

제가 와 있는 　(가)　은/는 국토 면적이 세계에서 여섯 번째로 넓습니다. '애버리지니'라고 불리는 원주민들이 살아왔지만 오늘날 주민들은 대부분 유럽인의 후손으로 영어를 주로 사용합니다. 지금 먹고 있는 피자는 캥거루 고기를 재료로 사용해서 맛이 아주 독특합니다.

① A　　② B　　③C　　④ D　　⑤ E

풀이
지도에서 A는 알제리, B는 러시아, C는 오스트레일리아, D는 미국, E는 브라질이다.
① 알제리는 아랍어를 주로 사용하며 이슬람교 신자 비율이 높다.
② 러시아는 세계에서 영토가 가장 넓은 국가로 공용어는 러시아어이다.
③ 오스트레일리아의 원주민은 애버리지니이다. 오스트레일리아는 영국의 식민 지배 영향으로 주로 영어를 사용하고 크리스트교 신자 비율이 높다. 또한 다른 대륙과 오래전에 분리되어 캥거루, 코알라 등 독특하게 진화된 동식물을 볼 수 있다.
④ 미국은 영국의 식민 지배 영향으로 영어를 사용하고 크리스트교 신자 비율이 높다.
⑤ 브라질은 포르투갈의 식민 지배 영향으로 포르투갈어를 공용어로 사용한다.

14 정답 ② 문제편 p.101

→ 인도

저는 지금 　(가)　의 스리미낙시 사원 앞에 있어요. 사원에 다양한 신들이 조각되어 있는데, 이 나라 사람들이 가장 많이 믿는 종교와 관련이 있다고 해요. 이 종교에서 신성하는 소들도 거리를 자유롭게 돌아다니고 있어요. 아, 맞다! 점심으로는 이 지역 전통 음식인 카레를 먹을 예정이에요. 그리고 오후에는 갠지스강에 가서 종교 의식으로 목욕을 하는 사람들과 대화를 나눠 볼게요.
계속 시청해 주세요.

다신교
힌두교
→ 힌두교의 성지

방송중 👤224 ♥115 종료

16 정답 ⑤ 문제편 p.102

① A   ② B   ③ C   ④ D   ✔⑤ E

풀이

　유럽과 원주민 문화의 융합, 에스파냐의 식민 지배, 높은 가톨릭교 신자 비율, 유럽과 아프리카 문화의 혼합 등은 라틴 아메리카 문화권의 특징이다. 지도의 A는 유럽 문화권, B는 건조 문화권, C는 동남아시아 및 남부 아시아 문화권, D는 앵글로아메리카 문화권, E는 라틴 아메리카 문화권이다.
① 유럽 문화권(A)은 코카서스 인종 비율이 높고, 크리스트교를 주로 신봉하고 있다.
② 건조 문화권(B)은 아랍어를 사용하는 이슬람교 신자 비율이 높다.
③ 동남아시아는 해상 교통의 중심지로 타지역과의 교류가 활발해 다양한 문화가 혼재한다. 남부 아시아는 고대부터 외세의 침입이 많아 종교, 언어, 민족 등이 다양한 편이다.
④ 앵글로아메리카 문화권(D)은 개신교 신자의 비율이 높고, 대부분 영어를 사용한다.

17 정답 ② 문제편 p.102

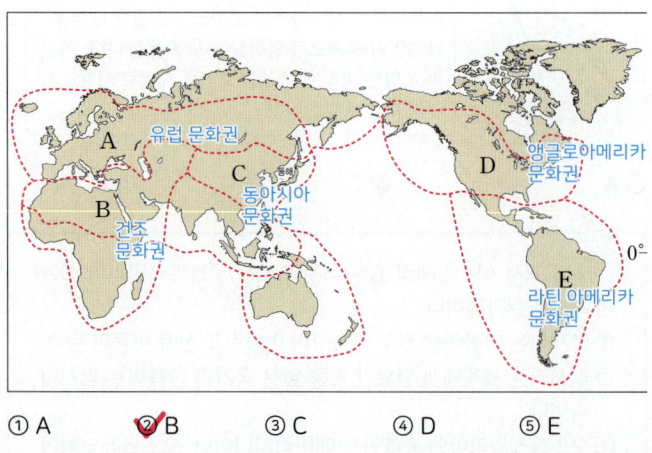

① A   ✔②B   ③ C   ④ D   ⑤ E

풀이

　자료에서 설명하는 문화권은 건조 문화권(B)이다. 건조 문화권은 주민들 대부분이 이슬람교를 믿으며, 종교적 교리에 따라 술과 돼지고기를 금기시한다. 이슬람교 문화권에서는 첨탑과 돔 형태의 지붕이 있는 모스크의 경관이 나타난다. 또한 건조 기후가 나타나 사막에서는 오아시스 농업이나 관개 농업으로 대추야자 등을 재배한다.

18 정답 ⑤ 문제편 p.102

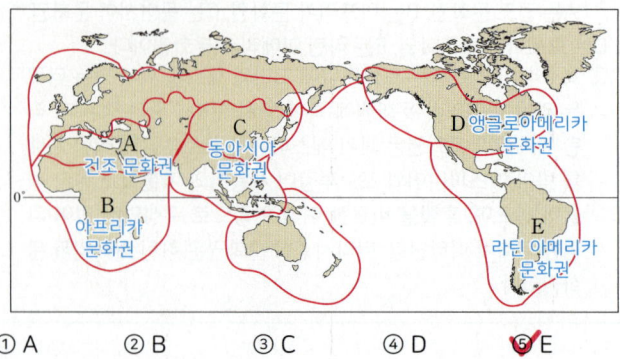

① A   ② B   ③ C   ④ D   ✔⑤E

풀이

　자료의 (가) 문화권은 라틴 아메리카 문화권(E)이다. 라틴 아메리카 문화권은 남부 유럽 국가의 식민 지배 영향으로 주로 에스파냐어와 포르투갈어를 공용어로 사용하며, 가톨릭교를 주로 믿는다. 또한 원주민, 유럽계, 아프리카계 그리고 이들 사이의 혼혈 인종(민족)이 많으며, 이들이 만든 다양한 문화가 나타난다.

19 정답 ① 문제편 p.103

＜판초를 입은 원주민과 라마＞

＜쿠스코 대성당에 있는 성화 '최후의 만찬'의 일부분＞

　　　　　　　　　　　　　열대 고산 기후
드디어 페루 쿠스코 시내 구경을 시작했다. ⊙연중 봄과 같이 온화한 기후가 나타난다고는 하지만 기온의 [ⓛ]이/가 커서 아침, 저녁으로 꽤 쌀쌀하다. 판초를 입은 원주민이 ⓒ알파카와 라마를 데리고 다니는 모습을 보니 제대로 남미를 여행하는 기분이 든다. 쿠스코는 한때 잉카 제국의 수도였지만, 이후 ②유럽의 식민 지배를 받은 영향으로 유럽풍 건축물을 많이 볼 수 있다. 그중에서 광장에 있는 대성당을 방문하였다. 가장 인상 깊었던 것은 성화(聖畫)인 '최후의 만찬'이다. ⑩크리스　　　　　　　　　문화 융합
트교 성서의 내용을 그린 것이지만 식탁의 한 가운데에는 페루 원주민의 전통 음식인 꾸이*가 그려져 있다.

* 꾸이: 기니피그를 통째로 구워서 만든 요리

　　　　　　　　　저지대
✔①⊙은 적도 부근의 저지대에서 주로 나타나는 특징이다.
　　　　　　　　고지대
② ⓛ에 들어가기에 적절한 말은 '일교차'이다.
③ ⓒ은 안데스 산지에서 짐을 나르는 데 유용한 가축이다.
④ ②로 인해 페루에서는 에스파냐어가 공용어로 사용된다.
⑤ ⑩은 유럽 문화와 원주민 문화가 융합된 사례이다.

풀이

　잉카 문명의 중심지였던 페루의 자연환경과 문화가 제시되어 있다.
① ⊙은 열대 고산 기후이다. 열대 고산 기후는 적도 부근의 고지대에서 나타나는 기후로 연중 봄과 같은 기온이 유지되어 상춘 기후라고 부른다.

② 열대 고산 기후는 해발 고도가 높아 기온의 일교차가 큰 편이다.
③ 알파카와 라마(ⓒ)는 털을 확보하기 위해 사육된다. 또한 험한 산지에 잘 적응된 가축으로 고대 잉카 시대부터 짐을 나르는 역할을 담당했다.
④ 포르투갈과 에스파냐의 식민 지배의 영향으로 브라질은 포르투갈어, 그 외 대부분의 라틴 아메리카 국가는 에스파냐어를 사용한다. 페루는 에스파냐의 식민 지배를 받았다.
⑤ ⓔ은 유럽의 기존 성화에 있던 만찬 대신 원주민의 식문화가 표현되었으므로 문화 융합의 사례로 볼 수 있다. 문화 융합은 기존 문화 요소와 외부 문화 요소 간의 상호 작용으로 새로운 문화가 나타나는 현상을 의미한다.

20 정답 ② 문제편 p.103

(풀이)
문화 변동의 양상에는 문화 병존, 문화 융합, 문화 동화 등이 있다. 기존의 문화 요소와 전파된 문화 요소가 접촉한 결과 제3의 새로운 문화 요소가 형성되는 것을 문화 융합이라고 한다. 청진사는 외관이 중국 전통 기와집이지만 내부가 이슬람 사원인 모스크라는 것으로 보아 중국의 전통문화와 중국에 전파된 이슬람 문화가 융합된 사례로 볼 수 있다.
① 문화 동화는 기존의 문화 요소가 외부에서 들어온 문화에 흡수되어 소멸하는 현상이다.
③ 문화 상대주의는 그 사회가 가진 다양한 상황을 고려하여 그 사회의 입장에서 문화를 이해하는 태도를 말한다.
④ 문화 사대주의는 자문화를 과소 평가하고, 특정 사회의 문화가 더 우월하다고 여겨 그 문화를 무비판적으로 받아들이는 태도를 말한다.
⑤ 자문화 중심주의는 자문화가 다른 문화에 비해 더 우월하다고 여겨 다른 문화를 경시하는 태도를 말한다.

21 정답 ⑤ 문제편 p.103

① 전통문화를 지키기 위해 외래문화와의 접촉을 줄여야 한다.
② 전통문화의 원형을 있는 그대로 유지하려고 노력해야 한다.
③ 세계화의 흐름에 맞게 외래문화를 여과 없이 수용해야 한다.
④ 새로운 문화 창출을 위해 전통문화의 고유성을 버려야 한다.
⑤ 외래문화의 비판적 수용을 통해 전통문화를 발전시켜야 한다.

(풀이)
제시문의 필자는 전통문화의 창조적 계승을 주장한다. 전통문화의 창조적 계승이란, 전통문화의 고유성을 유지하면서 외래문화를 적절히 수용하여 전통문화를 재해석하는 것을 의미한다.
② 전통문화의 창조적인 계승 과정에서 전통문화의 고유성을 유지하는 것도 중요하지만, 시대의 흐름에 맞는 변화도 수반되어야 한다.

22 정답 ⑤ 문제편 p.103

① (가)에서는 문화 융합이 나타난다.
　　　　　　　　문화 공존
② (가)에서는 발견에 의한 문화 변동이 나타난다.
　외재적 요인인 직접 전파에 의한 문화 변동
③ (나)에서는 문화 동화가 나타난다.
　　　　　　　　문화 융합
④ (나)에서는 (가)에서와 달리 간접 전파가 나타난다.
　(가)와 (나)는 모두 직접 전파가
⑤ (나)에서는 (가)에서와 달리 새로 창조된 문화 요소가 나타난다.

(풀이)
싱가포르는 중국, 인도, 아랍 등에서 유입된 여러 민족으로 이루어진 다민족 국가로 다양한 종교와 언어가 공존한다. 수리남은 유럽의 식민 지배 영향으로 유럽인, 아프리카계, 인도계, 아랍계 등이 유입되면서 다양한 문화가 접촉되었고, 새로운 문화가 만들어졌다.
① (가)는 기존의 문화가 함께 혼재하므로 문화 공존의 사례이다.
② (가)는 인구 이동이 문화 형성에 영향을 주었으므로 외부에서 새로운 문화가 유입된 외재적 요인인 직접 전파에 의한 문화 변동이다. 한 사회 내부에서 새로운 문화가 등장하는 발명, 발견 등은 내재적 요인에 의한 문화 변동이다.
③ (나)는 기존에 없던 새로운 문화가 만들어진 문화 융합의 사례이다. 문화 동화는 기존 문화가 전파된 문화에 흡수되어 기존 문화의 정체성이 사라지는 것을 의미한다.
④ (가)와 (나)는 모두 인구 이동에 의한 문화 변동이므로 직접 전파에 해당한다. 간접 전파는 서적, 인터넷, 방송 등의 매개체에 의한 문화 변동이다.
⑤ (가)는 유입된 다양한 문화가 공존하는 사례, (나)는 다양한 문화가 접촉하여 새로운 문화가 창출된 사례에 해당한다.

23 정답 ⑤ 문제편 p.104

① (가)는 발견으로 인해 나타난 문화 변동이다.
② (가)는 문화 병존, (나)는 문화 동화이다.
　　　　　　　융합　　　　　　　병존
③ (가)는 (나)와 달리 다른 사회 문화 요소가 전달되어 나타난다.
　(가), (나)는 모두
④ (나)는 (가)와 달리 새로운 문화 요소가 창조되어 나타난다.
⑤ (가), (나)는 모두 문화적 다양성을 보존하는 데 기여할 수 있다.

(풀이)
(가)는 문화 융합, (나)는 문화 병존이다. 문화 융합과 문화 병존은 모두 문화의 다양성 보존에 기여할 수 있다.
① 문화 융합은 문화 전파로 인해 나타난 문화 변동이다.
③ 문화 융합과 문화 병존 모두 다른 사회 문화 요소가 전달되어 나타난다.
④ 문화 융합은 문화 병존과 달리 제3의 새로운 문화 요소가 만들어진다.

24 정답 ④ 문제편 p.104

> → 강제적 문화 접변
> (가) 갑국은 고유한 언어를 사용하고 있었으나 A국의 식민 지배를 받으면서 A국의 언어만을 사용하도록 강요당했다. 그 결과 갑국의 고유한 언어는 사라지고, 갑국 사람들은 A국의 언어만을 사용하게 되었다.
> → 문화 동화
> → 직접 전파
> (나) 을국은 토착 종교가 널리 퍼져 있었으나 B국에서 온 선교사들의 포교 활동으로 인해 B국 종교가 전파되었다. 그 결과 토착 종교의 교리와 B국 종교의 교리가 결합된 새로운 교리의 종교가 만들어져 을국의 많은 사람들이 이를 믿게 되었다.
> → 문화 융합

① (가)에서는 문화 융합이 나타난다.
   동화가
② (가)에서는 발견에 의한 문화 변동이 나타난다.
③ (나)에서는 문화 동화가 나타난다.
   융합이
✓④ (나)에서는 직접 전파에 의한 문화 변동이 나타난다.
⑤ (가)와 (나)에서는 모두 자발적 문화 접변이 나타난다.

풀이

(가)에는 강제적 문화 접변과 문화 동화가 나타났고, (나)에는 직접 전파와 문화 융합이 나타났다.
① 갑국에서는 A국의 언어가 전파되어 갑국의 고유한 언어가 사라지고 A국의 언어만 사용하게 되었다. 따라서 (가)에서는 문화 동화가 나타났다.
② 갑국에서는 발견이 나타나지 않았다. 따라서 (가)에서는 발견에 의한 문화 변동이 나타나지 않았다.
③ 을국에서는 B국 종교가 전파되어 토착 종교의 교리와 B국 종교의 교리가 결합된 새로운 교리의 종교가 만들어져 많은 사람들이 이를 믿게 되었다. 따라서 (나)에서는 문화 융합이 나타났다.
④ 을국에서는 B국에서 온 선교사들의 포교 활동으로 인해 B국 종교가 전파되었다. 따라서 (나)에서는 직접 전파가 나타났다.
⑤ 갑국에서는 A국의 식민 지배를 받으면서 A국의 언어만을 사용하도록 강요당했다. 따라서 (가)에서는 강제적 문화 접변이 나타났다.

25 정답 ① 문제편 p.104

풀이

밀가루 반죽 위에 서양식 토핑이 올라간 이탈리아의 전통 피자가 우리나라로 유입되면서 쌀가루 반죽 위에 서양식 음식과 우리 전통 음식이 혼합된 한국식 피자로 변형되었으므로 이는 문화 융합의 사례로 볼 수 있다. 문화 융합은 기존의 문화에 새로 전파된 문화가 상호작용하면서 새로운 제3의 문화가 창출되는 현상을 의미한다.
② 문화 갈등은 서로 다른 문화 간의 충돌을 의미한다.
③ 문화 동화는 한 지역의 문화가 다른 지역의 문화로 흡수되거나 대체되는 현상을 말한다.
④ 문화 소멸은 특정 문화가 쇠퇴하면서 사라지는 현상을 의미한다.
⑤ 문화 획일화는 여러 지역에서 비슷한 문화가 나타나는 현상을 의미한다.

26 정답 ① 문제편 p.104

✓① (가)에서는 문화 병존이 나타난다.
② (가)에서는 발명에 의한 문화 변동이 나타난다.
        직접 전파
③ (나)에서는 문화 동화가 나타난다.
        융합
④ (가)에서는 (나)와 달리 직접 전파가 나타난다.
     (가), (나) 모두
⑤ (나)에서는 (가)와 달리 강제적인 문화 접변이 나타난다.
   (가)   (나)

풀이

(가)에는 직접 전파로 인한 문화 병존이 나타나 있고, (나)에는 직접 전파로 인한 문화 융합이 나타나 있다.
① (가)에서는 페루에서 원주민 언어와 스페인어가 함께 공용어로 사용되고 있다는 내용을 통해 문화 병존이 나타났음을 알 수 있다.
② (가)에서는 스페인 점령군의 식민 지배를 통한 문화 전파가 나타났으므로 이는 직접 전파에 해당한다.
③ (나)에서는 중국 요리법과 포르투갈 요리법이 결합되어 새로운 형태의 음식이 탄생하였으므로 이는 문화 융합에 해당한다.
④ (가)와 (나) 모두에서 직접 전파가 나타났다.
⑤ (가)에서는 (나)와 달리 강제적인 문화 접변이 나타났다.

27 정답 ③ 문제편 p.105

① 세계 대부분의 국가에서 청바지를 입는 것 → 문화의 획일화
② 라틴 아메리카 대부분의 국가에서 에스파냐어를 사용하는 것
✓③ 멕시코의 과달루페에 검은 머리, 갈색 피부의 성모상이 있는 것
④ 프랑스가 공공장소에서 히잡 착용을 금지하는 법을 제정한 것
                                              → 문화 갈등
⑤ 인도에서 힌디어를 포함한 20여 개 언어를 공용어로 사용하는 것 → 문화 공존

풀이

제시된 자료는 문화 전파를 통해 문화 변용이 나타난 사례를 보여 준다. 따라서 (가)에는 문화 전파를 통한 문화 변용의 사례가 들어가야 한다. 멕시코의 과달루페에 있는 검은 머리, 갈색 피부의 성모상은 크리스트교가 라틴 아메리카로 전파되는 과정에서 성모상이 원주민 여성의 외모를 가진 모습으로 변화한 것이다. 따라서 이는 문화 전파를 통한 문화 변용의 사례에 해당한다.
① 문화 획일화의 사례이다.
④ 문화 갈등의 사례이다.
⑤ 문화 공존의 사례이다.

28 정답 ① 문제편 p.105

풀이

문화는 고정된 것이 아니라 새로운 문화 요소가 등장하거나 다른 사회와의 접촉을 통해 변화한다. 그중 기존의 문화 요소와 전파된 문화 요소가 접촉한 결과 제3의 새로운 문화 요소가 형성되는 것을 문화 융합이라고 한다.
과달루페 성모상은 유럽의 가톨릭교가 라틴 아메리카에 전파되면서 성모상이 원주민 여성의 외모와 흡사하게 변화한 것이며, 자메이카의 '레게' 음악은 아프리카의 전통 음악에 유럽과 미국의 음악이 결합하여 독특한 형태로 발달한 것이다. 이는 모두 문화 융합의 사례이다.

29 정답 ④ 문제편 p.105

[보 기]

ㄱ. 서로 다른 문화가 만나면 갈등이 지속된다.
ㄴ. 문화는 한 지역에서 다른 지역으로 전파된다. → 문화 전파
ㄷ. 문화는 종교에 따라 지역마다 다르게 나타난다.
ㄹ. 둘 이상의 문화가 만나면 문화 변용이 나타나기도 한다.

① ㄱ, ㄴ   ② ㄱ, ㄷ   ③ ㄴ, ㄷ   ④✓ ㄴ, ㄹ   ⑤ ㄷ, ㄹ

풀이

'반인 미'는 프랑스의 식민 지배를 받았던 베트남에 프랑스의 문화가 전파되면서 새로운 문화가 만들어진 사례에 해당한다. 즉, '반인 미'는 문화 전파를 통한 문화 변용의 사례에 해당한다.
ㄱ. '반인 미'는 서로 다른 문화가 만나 새로운 문화가 만들어진 사례이다.
ㄷ. 제시된 자료를 통해 알 수 없는 내용이다.

30 정답 ④ 문제편 p.105

A국 사람들은 자신들의 문자를 가지고 있지 않았다. 그러나 → 직접 전파
㉠ B국 무역 상인들의 무역 활동을 통해 B국의 문자가 A국에 알려지게 되었고, ㉡ A국 사람들은 B국 문자의 모양과 발음에서 아이디어를 얻어 자신들의 문자인 □□ 문자를 만들었다. 한편 ㉢ C국은 자신들이 독자적으로 만든 문자를 가지고 있었지만, C국 언어학자들을 통해 전파된 B국의 문자를 편리하게 느끼고 이를 사용하는 사람들이 많아지면서 ㉣ B국의 문자와 C국의 문자를 공식적으로 모두 사용하게 되었다.
자극 전파 / 발명 / → 문화 병존(문화 공존)

[보 기]

ㄱ. ㉠은 간접 전파의 사례이다. (직접)
ㄴ. ㉡은 자극 전파의 사례이다.
ㄷ. ㉢은 발견의 사례이다. (발명)
ㄹ. ㉣은 문화 병존의 사례이다.

① ㄱ, ㄴ   ② ㄱ, ㄷ   ③ ㄴ, ㄷ   ④✓ ㄴ, ㄹ   ⑤ ㄷ, ㄹ

풀이

ㄱ. 무역 상인들의 무역 활동을 통해 A국에 B국 문자가 알려지게 되었으므로 이는 직접 전파의 사례에 해당한다.
ㄴ. B국 문자에서 아이디어를 얻어 A국 사람들은 자신들만의 문자를 만들었으므로 이는 자극 전파의 사례에 해당한다.
ㄷ. C국에서는 자신들이 독자적으로 문자를 만들었으므로 이는 발명의 사례에 해당한다.
ㄹ. B국의 문자와 C국의 문자를 모두 사용하고 있으므로 이는 문화 병존(문화 공존)의 사례에 해당한다.

31 정답 ⑤ 문제편 p.106

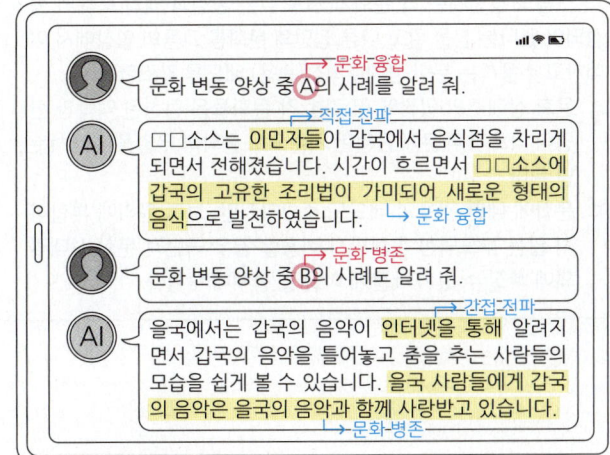

문화 변동 양상 중 A의 사례를 알려 줘. → 문화 융합
□□소스는 이민자들이 갑국에서 음식점을 차리게 되면서 전해졌습니다. 시간이 흐르면서 □□소스에 갑국의 고유한 조리법이 가미되어 새로운 형태의 음식으로 발전하였습니다. → 문화 융합 / → 직접 전파
문화 변동 양상 중 B의 사례도 알려 줘. → 문화 병존
을국에서는 갑국의 음악이 인터넷을 통해 알려지면서 갑국의 음악을 틀어놓고 춤을 추는 사람들의 모습을 쉽게 볼 수 있습니다. 을국 사람들에게 갑국의 음악은 을국의 음악과 함께 사랑받고 있습니다. → 간접 전파 / → 문화 병존

① A는 문화 동화이다. (융합)
② B는 문화 융합이다. (병존)
③ 갑국에서는 발견으로 인한 문화 변동이 나타났다. (직접 전파)
④ 을국과 달리 갑국에서는 자발적 문화 접변이 나타났다.
⑤✓ 갑국과 을국에서는 모두 문화의 다양성이 증대되었다.

풀이

이민자들로부터 전해진 □□소스에 갑국의 고유한 조리법이 가미되어 새로운 형태의 음식으로 발전한 것은 문화 융합에 해당한다. 따라서 A는 문화 융합이다. 인터넷을 통해 알려진 갑국의 음악을 을국 사람들이 을국의 음악과 함께 즐기고 있는 것은 문화 병존에 해당한다. 따라서 B는 문화 병존이다.
① A는 문화 융합이다.
② B는 문화 병존이다.
③ 갑국에서는 이민자들로부터 □□소스가 전해졌다. 따라서 갑국에서는 직접 전파로 인한 문화 변동이 나타났다.
④ 갑국과 을국 모두에서는 자발적 문화 접변이 나타났다.
⑤ 갑국에서는 문화 융합이 나타났고, 을국에서는 문화 병존이 나타났다. 문화 융합과 문화 병존은 모두 문화의 다양성을 증대시킨다. 따라서 갑국과 을국 모두에서 문화의 다양성이 증대되었다.

32 정답 ② 문제편 p.106

[보 기]

ㄱ. 문화의 차이를 차별의 근거로 삼지 말아야 한다.
ㄴ. 단일한 기준으로 모든 문화의 우열을 가려야 한다.
ㄷ. 인간 존중의 가치를 훼손하는 문화도 허용해야 한다.
ㄹ. 관용을 바탕으로 다양한 문화의 공존을 추구해야 한다.

① ㄱ, ㄷ   ②✓ ㄱ, ㄹ   ③ ㄴ, ㄷ
④ ㄱ, ㄴ, ㄹ   ⑤ ㄴ, ㄷ, ㄹ

Ⅳ

그림의 강연자는 각 문화가 서로 다른 환경과 맥락 속에서 형성되어 왔다는 점을 알고 다른 집단의 문화를 그들의 입장에서 이해하고 수용하는 문화 상대주의적(관용) 태도를 강조한다.

ㄴ. 문화 상대주의 입장에 따르면, 각 문화들은 형성된 맥락과 환경이 다르기 때문에 단일한 기준으로 문화의 우열을 가려서는 안 된다.

ㄷ. 문화에 대한 관용의 태도도 중요하지만, 보편 윤리에 부합하지 않는 부도덕한 문화까지 허용할 경우 극단적 문화 상대주의에 빠질 수 있기 때문에 이를 늘 경계해야 한다.

33 정답 ① 문제편 p.106

✓① 갑: 인류의 보편적 가치를 무시하는 판결이야.
　　　　　　　　　　　→ 극단적 문화 상대주의 경계
② 을: 아버지의 권리를 인정한 합리적인 판결이야.
③ 병: 우리나라와 다른 판결이므로 잘못된 것이야. → 자문화 중심주의
④ 정: A국 고유의 문화이므로 법원의 판결을 존중해야 해.
　　　　　　　　　　　　　　→ 극단적 문화 상대주의
⑤ 무: A국의 전통적인 관습에 따른 것이므로 옳은 판결이야.
　　　　　　　　　　　　　　→ 극단적 문화 상대주의

풀이

A국 법원은 인류의 보편적 가치를 훼손하는 문화까지도 해당 사회에서는 고유한 의미와 가치가 있다는 이유로 인정하는 판결을 하였다. 이에 대해 극단적 문화 상대주의를 경계해야 한다고 평가하는 것이 적절하다.
③ 병은 자문화 중심주의를 바탕으로 판단하고 있다.
④, ⑤ 정과 무는 극단적 문화 상대주의를 바탕으로 판단하고 있다.

34 정답 ③ 문제편 p.106

풀이

제시된 신문 칼럼에서는 다문화 사회에서 보편 윤리의 중요성을 강조하고 있다. 보편 윤리는 시대와 사회를 초월하여 모든 사람이 존중하고 따라야 할 행위의 원칙을 말한다. 다문화 사회에서는 각 문화가 해당 사회의 맥락에서 고유한 가치를 가진다는 것을 인정하면서 보편 윤리를 통해 문화를 비판적으로 성찰하는 태도가 필요하다.

35 정답 ④ 문제편 p.107

① 모든 사회에 보편적으로 적용되는 윤리를 부정해야 합니다.
　　└→ 보편 윤리 　　　　　　　　　강조
② 자문화를 기준으로 하여 타 문화들의 우열을 가려야 합니다.
③ 다른 나라의 문화를 무조건 존중하는 시각을 갖춰야 합니다.
✓④ 생명권을 침해하는 문화에 대해 비판적으로 고찰해야 합니다.
⑤ 타 문화와 비교하여 자문화를 열등한 것으로 평가해야 합니다.

그림의 수업 내용은 보편 윤리에 대한 고려 없이 모든 문화를 이해하려는 것은 극단적 문화 상대주의로 빠질 수 있다는 점을 경고하고 있다.

③ 타문화를 올바르게 바라보기 위해서는, 문화에 대한 존중의 태도도 중요하지만 보편 윤리의 기준에서 문화가 비도덕적이지는 않은지 판단하는 것이 필요하다.

36 정답 ① 문제편 p.107

문화를 올바르게 이해하려면 각 문화의 고유한 의미와 가치를 존중하면서도 인간 존엄성 등을 기준으로 하는 보편 윤리의 차원에서 성찰해야 한다. → 극단적 문화 상대주의 경계

진술 ＼ 학생	갑	을	병	정	무
극단적 문화 상대주의는 경계해야 한다.	✔			✔	✔
자국의 문화도 비판과 성찰을 해야 한다.	✔	✔		✔	
다른 문화에 대해서 항상 배타적인 태도를 가져야 한다.	◯	✔	✔	◯	✔
가족의 명예를 실추시켰다는 이유로 가족 구성원을 살해하는 문화도 수용해야 한다.	◯	◯	✔	✔	✔

✓① 갑　　② 을　　③ 병　　④ 정　　⑤ 무

풀이

제시문은 각 문화의 고유한 의미와 가치를 존중하면서도 인간 존엄성 등과 같은 보편 윤리를 바탕으로 문화를 올바르게 이해해야 함을 강조하고 있다. 즉, 제시문은 극단적 문화 상대주의를 경계하고 있다.

① 제시문은 극단적 문화 상대주의를 경계해야 한다고 보고 있으며, 자국의 문화도 보편 윤리의 차원에서 비판과 성찰을 해야 한다고 본다. 제시문은 다른 문화에 대해 항상 배타적인 태도가 아니라 각 문화의 고유한 의미와 가치를 존중해야 함을 강조하고 있고, 가족의 명예를 실추시켰다는 이유로 가족 구성원을 살해하는 문화는 보편 윤리에 어긋나므로 수용해서는 안 된다고 보고 있다.

37 정답 ④ 문제편 p.107

───── [보 기] ─────

ㄱ. 갑의 태도는 자기 문화의 정체성을 약화시킬 우려가 있다.
　　　　　　　└→ 문화 사대주의
ㄴ. 을의 태도는 문화를 그것이 생겨난 사회의 맥락에서 이해한다.
　　　　　　　　　　└→ 문화 상대주의
ㄷ. 갑의 태도는 을의 태도와 달리 문화의 다양성 보존에 기여한다.
　　　　　　　　을　　　　　　└→ 문화 상대주의
ㄹ. 을의 태도는 갑의 태도와 달리 문화의 우열을 판단하지 않는다.

① ㄱ, ㄴ ② ㄱ, ㄷ ③ ㄴ, ㄷ ④ ㄴ, ㄹ ⑤ ㄷ, ㄹ

> **풀이**
>
> 갑의 문화 이해 태도는 자문화 중심주의이고, 을의 문화 이해 태도는 문화 상대주의이다. 자문화 중심주의는 문화의 우열을 판단할 수 있다고 보는 반면, 문화 상대주의는 문화의 우열을 판단할 수 없다고 본다.
> ㄱ. 자기 문화의 정체성을 약화시킬 우려가 있는 문화 이해 태도는 문화 사대주의이다.
> ㄷ. 문화 상대주의는 자문화 중심주의와 달리 문화의 다양성 보존에 기여한다.

38 정답 ② 문제편 p.108

① 다른 나라의 문화는 무조건 수용해야 한다.
②각 문화가 갖는 고유한 가치와 의미를 존중해야 한다.
　　　　　　　　　　　　　　　　→ 문화 상대주의
③ 각 사회의 문화는 객관적인 기준에 따라 평가해야 한다.
④ 자기 문화를 기준으로 다른 사회의 문화를 이해해야 한다.
　　　　　　　　　　　　　　　　　→ 자문화 중심주의
⑤ 인류의 보편적 가치를 훼손하는 문화일지라도 그 가치를 인정해야 한다. → 극단적 문화 상대주의

> **풀이**
>
> 제시문은 원주민 부족의 '사냥꾼을 모욕해야 할 의무'라는 풍습을 그 원주민 사회의 맥락 속에서 이해하고 있다. 이는 문화 상대주의에 해당한다.
> ①, ⑤ 인류의 보편적 가치를 훼손하는 문화까지 인정하는 태도는 극단적 문화 상대주의에 빠지게 할 수 있다.
> ③ 문화 상대주의는 한 사회의 문화를 그 사회의 특수한 환경과 역사적 상황 및 사회적 맥락 속에서 이해하려는 태도이다.
> ④ 자문화 중심주의에 대한 설명이다.

39 정답 ④ 문제편 p.108

① 문화적 다양성을 저해할 수 있다.
　　　　　　　　　보존
② 문화의 우열을 평가할 수 있다고 본다.
　　　　　　　　없다
③ 자문화에 대한 주체성을 상실할 수 있다. → 문화 사대주의
④타 문화에 대한 **맥락적인 이해의 중요성을** 강조한다.
　　　　　　　　　　　　　　　　→ 문화 상대주의
⑤ 타 문화와의 접촉 과정에서 문화 간 갈등을 초래한다.
　　　　　　　　　　　　　　　→ 자문화 중심주의

> **풀이**
>
> 제시문의 필자가 지닌 문화 이해 태도는 문화 상대주의이다. 문화 상대주의는 다른 사회의 문화를 그 사회의 입장에서 이해하려는 태도이다.
> ① 문화 상대주의는 문화적 다양성을 보존할 수 있다.
> ② 문화 상대주의는 각각의 문화가 고유성과 가치를 가지므로 우열을 평가할 수 없다고 본다.
> ③ 문화 사대주의에 대한 설명이다.
> ⑤ 자문화 중심주의에 대한 설명이다.

40 정답 ⑤ 문제편 p.108

> 몽골의 마유주는 말의 젖을 가죽으로 만든 자루에 넣어 숙성시켜 만든 것으로 몽골인들이 물처럼 즐겨 마시는 술의 일종이다. 그런데 마유주는 발효되어 시큼한 향과 맛이 나는 데다가 가죽 냄새도 배어 있어 서양의 한 경제 전문지에서 세계 10대 혐오 음식으로 선정할 정도로 부정적인 평가를 받기도 하였다. 하지만 ==마유주는 물이 귀하고 음식이 상하기 쉬운 환경에서 유목 생활을 하는 몽골인들 나름의 생존 방식으로 바라보아야 한다.== → 문화 상대주의

① 문화 간에는 우열이 존재한다고 본다.
　　　　　　　　　하지 않는다고
② 자문화를 기준으로 타 문화를 평가한다. → 자문화 중심주의
③ 자문화보다 타 문화가 우월하다고 본다. ┐
④ 자문화의 정체성을 상실할 우려가 있다. ┘→ 문화 사대주의
⑤문화를 해당 사회의 맥락에서 이해하려고 한다.

> **풀이**
>
> 제시문의 필자는 몽골의 마유주를 유목 생활을 하는 몽골인들 나름의 생존 방식으로 바라볼 것을 주장하고 있다. 이는 문화 상대주의에 해당한다.
> ① 문화 상대주의는 한 사회의 문화를 그 사회의 맥락 속에서 받아들이며 문화 간 우열을 인정하지 않는다.
> ② 자문화만 우수하고 다른 문화는 열등한 것으로 평가하는 것은 자문화 중심주의이다.
> ③ 자문화를 평가절하고 다른 문화만 우수하다고 평가하는 것은 문화 사대주의이다.
> ④ 문화 사대주의는 자문화를 평가절하므로 자문화의 정체성을 상실하게 할 우려가 있다.
> ⑤ 문화를 해당 사회의 다양한 맥락에서 이해하려는 것은 문화 상대주의이다.

41 정답 ③ 문제편 p.108

① 문화를 평가의 대상으로 본다. → 자문화 중심주의, 문화 사대주의
② 자기 집단의 유대를 강화시킨다. → 자문화 중심주의
③문화의 다양성 유지에 기여한다.
④ 자기 문화의 주체성 상실을 초래한다. → 문화 사대주의
⑤ 문화 제국주의로 변질될 가능성이 높다. → 자문화 중심주의

> **풀이**
>
> 필자는 특정 문화를 이해하기 위해서는 해당 사회의 문화적 전통과 사회적 맥락을 고려해야 한다고 보고 있다. 즉, 필자는 문화 상대주의 태도를 가지고 있다. 문화 상대주의는 문화적 차이에 따른 갈등을 방지하여 문화 다양성을 보존하는 데 기여한다.

42 정답 ② 문제편 p.109

① A는 문화의 다양성을 추구한다.
② B는 각 사회의 문화는 나름의 의미를 지닌다고 본다.
③ B는 A와 달리 국제적 고립을 초래할 수 있다.
④ B는 A에 비해 집단 내의 일체감과 자부심을 높인다.
⑤ A, B는 모두 문화의 우열을 평가할 수 있다고 본다.

> **풀이**
>
> A는 자문화 중심주의, B는 문화 상대주의이다. 문화 상대주의는 각 사회의 문화를 그 사회의 특수한 환경과 역사적 상황 및 사회적 맥락 속에서 이해하려는 태도이다.
> ① 문화의 다양성을 추구하는 태도는 문화 상대주의이다.
> ③ 자문화 중심주의는 자기 문화가 우수하다고 여기고 다른 문화를 업신여기므로 다른 문화를 배척할 수 있어 국제적 고립을 초래할 수 있다.
> ④ 자문화 중심주의는 자기의 문화를 우수하다고 여기므로 집단 내 일체감과 자부심을 높일 수 있다.
> ⑤ 자문화 중심주의는 문화의 우열을 평가할 수 있다고 보는 반면, 문화 상대주의는 문화의 우열을 평가할 수 없다고 본다.

43 정답 ⑤ 문제편 p.109

> **풀이**
>
> 갑의 문화 이해 태도는 자문화 중심주의, 을의 문화 이해 태도는 문화 사대주의, 병의 문화 이해 태도는 문화 상대주의이다.
> ①, ② 문화 상대주의에 대한 설명이다.
> ③ 문화 사대주의에 대한 설명이다.
> ④ 자문화 중심주의와 문화 사대주의는 모두 문화 간 우열을 평가할 수 있다고 본다.
> ⑤ 자문화 중심주의는 다른 사회의 문화를 열등하다고 여기므로 타문화를 존중하는 문화 상대주의에 비해 문화적 마찰을 일으킬 가능성이 높다.

44 정답 ② 문제편 p.109

① 갑의 태도는 자기 문화의 정체성을 상실할 우려가 크다.
② 을의 태도는 문화가 형성되는 맥락적 이해를 중시한다.
③ 갑과 달리 병의 태도는 국수주의로 흐를 가능성이 크다.
④ 병과 달리 을의 태도는 다른 문화와 갈등을 초래할 우려가 크다.
⑤ 을, 병의 태도는 모두 문화를 평가하는 절대적 기준이 있다고 본다.

> **풀이**
>
> 갑은 자문화 중심주의, 을은 문화 상대주의, 병은 문화 사대주의 태도를 지니고 있다. 문화 상대주의는 문화가 형성되는 맥락적 이해를 중시하고 문화를 그 사회의 입장에서 이해하려는 태도이다.
> ① 자기 문화의 정체성을 상실할 우려가 있는 태도는 문화 사대주의이다.
> ③ 자문화 중심주의는 국수주의로 흐를 가능성이 크다.
> ④ 다른 문화와 갈등을 초래할 우려가 있는 태도는 자문화 중심주의이다.
> ⑤ 자문화 중심주의와 문화 사대주의는 문화를 평가하는 절대적 기준이 있다고 본다.

45 정답 ④ 문제편 p.109

① 다른 나라의 문화를 우수하다고 평가한다. → 문화 사대주의
② 문화를 평가하는 절대적인 기준이 있다고 본다. → 문화 사대주의, 자문화 중심주의
③ 다문화 사회에서 경계해야 할 문화 이해 태도이다.
④ 각 사회가 처한 환경과 사회적 맥락에서 문화를 이해한다. → 문화 상대주의
⑤ 자기 문화의 우수성을 강조하여 다른 문화를 낮게 평가한다. → 자문화 중심주의

> **풀이**
>
> 을의 태도는 문화 상대주의에 해당한다. 문화 상대주의는 각 사회의 문화가 고유성과 가치를 가지므로 그 사회의 특수한 환경과 역사적 상황 및 사회적 맥락 속에서 해당 사회의 문화를 이해하고자 한다.

46 정답 ② 문제편 p.110

> **풀이**
>
> 제시문은 유럽인들에 대해, 자문화 중심주의 태도를 버리고 중동의 아랍 세계에서 일부다처제가 왜 나타나는지 중동 아랍인들의 입장에서 바라봐야 한다고 주장하고 있다. 따라서 (가)에 들어갈 문화 이해 태도는 문화 상대주의이다. 문화 상대주의는 다른 사회의 문화를 그 사회의 입장에서 이해하려는 태도로, 문화를 평가의 대상이 아니라 이해의 대상으로 본다.
> ① 문화 상대주의는 문화를 사회적 맥락 속에서 이해하고자 한다.
> ③, ④ 자문화 중심주의에 대한 설명이다.
> ⑤ 문화 사대주의에 대한 설명이다.

47 정답 ⑤ 문제편 p.110

① 문화의 다양성 보존에 기여한다. → 문화 상대주의
② 자신의 문화적 정체성을 상실하게 한다. → 문화 사대주의
③ 문화를 평가하는 기준이 자기 집단 외부에 존재한다. 내부
④ 각 사회의 제도, 규범 등을 그 사회의 맥락에서 이해한다. → 문화 상대주의
⑤ 다양한 문화와의 교류를 막아 국제적 고립을 가져올 우려가 있다.

> **풀이**
>
> ○○○ 단체는 자신들의 문화만을 우월하게 여기고 특정 문화를 비하하고 증오하고 있으므로 이를 통해 자문화 중심주의 태도를 가지고 있음을 알 수 있다. 자문화 중심주의는 자기 문화에 대한 자부심을 심어 주어 사회 통합에 기여할 수 있지만, 국수주의로 흐를 가능성이 크며 국제적 고립을 가져올 수 있다.

48 정답 ⑤ 문제편 p.110

① 갑의 태도는 문화의 다양성을 보존하는 데 기여한다.
② 갑의 태도는 자기 문화에 대한 주체성을 상실할 우려가 있다. → 문화 사대주의
③ 을은 문화 간 우열을 평가할 수 있다고 본다.
④ 갑은 을에 비해 타문화 수용이 용이한 태도를 보이고 있다.
⑤ 을은 갑과 달리 사회적 배경과 맥락을 고려하는 태도를 보이고 있다.

> **풀이**
>
> 갑의 태도는 자문화 중심주의, 을의 태도는 문화 상대주의에 해당한다. 문화 상대주의는 각 사회의 문화를 그 사회의 특수한 환경과 역사적 상황 및 사회적 맥락 속에서 이해하려고 한다.
> ① 문화의 다양성을 보존하는 데 기여하는 태도는 문화 상대주의이다.
> ② 자기 문화에 대한 주체성을 상실할 우려가 있는 태도는 문화 사대주의이다.
> ③ 자문화 중심주의는 문화 간 우열을 평가할 수 있다고 보는 반면, 문화 상대주의는 문화 간 우열을 평가할 수 없다고 본다.
> ④ 문화 상대주의는 자문화 중심주의에 비해 타 문화 수용이 용이하다.

49 정답 ② 문제편 p.110

① 자기 문화의 정체성을 상실할 우려가 있다. → 문화 사대주의
✅② 문화의 다양성을 증진하는 데 기여할 수 있다.
③ 인류의 보편적 가치를 부정하는 문화도 인정한다. → 극단적 문화 상대주의
④ 문화 간의 우열을 정하는 기준이 존재한다고 본다. → 자문화 중심주의, 문화 사대주의
⑤ 타 문화와 접촉 과정에서 문화적 마찰을 발생시킬 가능성이 크다. → 자문화 중심주의

> **풀이**
>
> 제시문에는 서로 다른 문화의 가치관과 규범의 차이를 인정하는 태도를 가져야 함을 주장하고 있다. 이는 문화 상대주의와 관련 있다. 문화 상대주의는 문화적 차이에 따른 갈등을 방지하여 문화의 다양성을 증진하는 데 기여한다.
> ① 자기 문화의 정체성을 상실할 우려가 있는 태도는 문화 사대주의이다.
> ③ 인류의 보편적 가치를 부정하는 문화를 인정하는 태도는 극단적 문화 상대주의이다.
> ④ 문화 상대주의는 문화 간 우열을 정하는 기준이 존재하지 않는다고 보는 반면, 자문화 중심주의와 문화 사대주의는 문화 간 우열을 정하는 기준이 존재한다고 본다.
> ⑤ 타 문화와 접촉 과정에서 문화적 마찰을 발생시킬 가능성이 큰 태도는 자문화 중심주의이다.

50 정답 ④ 문제편 p.111

모두가 춤추고 노래하는 A국의 흥겨운 추모 문화

갑: A국의 흥겨운 추모 문화는 고인에 대한 예의에 어긋나는 것 같아 너무 미개해. 엄숙한 분위기에서 묵념하고 슬퍼하는 우리나라의 추모 문화가 가장 우수해.
→ 자문화 중심주의

을: A국의 흥겨운 추모 문화는 고인에 대한 존중을 표현하는 전통적인 방식이야. 이러한 맥락에서 이해하면 그들의 추모 문화도 나름대로 의미가 있는 거야.
→ 문화 상대주의

---

① 갑의 태도는 외부 문화의 수용에 적극적이다. → 문화 사대주의
② 갑의 태도는 자기 문화의 정체성을 상실할 우려가 크다. → 문화 사대주의
③ 을의 태도는 국수주의로 이어질 우려가 크다. 갑
✅④ 을의 태도는 문화의 다양성 보존에 기여한다.
⑤ 갑과 을의 태도는 모두 문화 간에 우열이 존재하지 않는다고 본다.

> **풀이**
>
> 갑의 문화 이해 태도는 자문화 중심주의, 을의 문화 이해 태도는 문화 상대주의에 해당한다.
> ① 외부 문화의 수용에 적극적인 문화 이해 태도는 문화 사대주의이다.
> ② 자기 문화의 정체성이나 주체성을 상실할 우려가 큰 문화 이해 태도는 문화 사대주의이다.
> ③ 국수주의로 이어질 우려가 큰 문화 이해 태도는 자문화 중심주의이다.
> ④ 문화 상대주의는 타 문화를 그 사회의 맥락에서 이해함으로써 문화적 다양성을 보존하는 데 기여할 수 있다.
> ⑤ 자문화 중심주의는 문화 간에 우열이 존재한다고 보고, 문화 상대주의는 문화 간에 우열이 존재하지 않는다고 본다.

51 정답 ③ 문제편 p.111

> 해외로 이주한 한인들은 타국에서 차별과 편견으로 인해 힘겨운 시간을 보냈다. 우리는 이러한 한인들의 삶을 돌이켜 보아 우리 사회의 이주민들을 차별해서는 안 된다. 그리고 이주민들의 문화를 존중하고 그들의 입장을 이해하여 그들과 조화롭게 살기 위해 노력해야 한다.

[보 기]

ㄱ. 이주민이 겪는 차별을 불가피한 것으로 보아야 한다.
ㄴ. 이주민의 고통에 대해 역지사지의 자세를 가져야 한다.
ㄷ. 이주민을 배려하고 우리 사회의 구성원으로 포용해야 한다.
ㄹ. 이주민의 문화를 우리 문화에 흡수하여 동화시켜야 한다.
→ 존중해야

① ㄱ, ㄴ ② ㄱ, ㄷ ✅③ ㄴ, ㄷ ④ ㄴ, ㄹ ⑤ ㄷ, ㄹ

> **풀이**
>
> 제시문은 이주민의 문화를 존중하고 이주민의 입장을 이해함으로써 조화롭게 살기 위해 노력해야 함을 주장하고 있다.
> ㄱ. 제시문은 이주민을 차별해서는 안 된다고 주장하고 있다.
> ㄹ. 제시문은 이주민의 문화를 존중해야 한다고 주장하고 있다.

52 정답 ④ 문제편 p.111

[보 기]

ㄱ. 다문화 가족의 채용을 촉진하는 법률 제정
ㄴ. 외국인 근로자의 인권을 존중하는 태도 정착 → 제도적 차원
ㄷ. 국제 결혼 이민자를 위한 출산 지원 센터 설치
ㄹ. 다양한 문화적 차이를 인정하는 관용의 자세 함양

① ㄱ, ㄴ　　② ㄱ, ㄷ　　③ ㄴ, ㄷ　　✔④ ㄴ, ㄹ　　⑤ ㄷ, ㄹ

> **풀이**
>
> 　문화적 다양성을 존중하기 위한 노력으로 제도적 차원의 노력과 의식적 차원의 노력이 있다. 외국인 근로자의 인권을 존중하는 태도의 함양과 다양한 문화적 차이를 인정하는 관용의 자세는 의식적 차원의 노력에 해당한다.
> ㄱ, ㄷ. 제도적 차원의 노력에 해당한다.

53 정답 ③ 문제편 p.111

> **풀이**
>
> 　지구촌 한마음 축제는 문화적 다양성을 존중하는 태도를 바탕으로 한다. 이러한 축제를 통해 다른 문화를 깊이 이해할 수 있고, 관용과 문화 상대주의 태도를 함양시킬 수 있다.
> ㄱ, ㄹ. 지구촌 한마음 축제를 통해 기대할 수 있는 효과로 적절하지 않다.

54 정답 ⑤ 문제편 p.112

[보 기]

ㄱ. 외국인 근로자에 대한 관용의 자세 함양 　→ 의식적 차원
ㄴ. 외국인 근로자의 인권을 존중하는 태도 확립
ㄷ. 외국인 근로자의 사회 보장 확대를 위한 관련법 제정
ㄹ. 외국인 근로자 대상 지방 자치 단체 산하 상담 기구 설치 　→ 제도적 차원

① ㄱ, ㄴ　　② ㄱ, ㄷ　　③ ㄴ, ㄷ　　④ ㄴ, ㄹ　　✔⑤ ㄷ, ㄹ

> **풀이**
>
> 　문화 다양성을 존중하기 위한 노력에는 제도적 차원의 노력과 의식적 차원의 노력이 있다. 외국인 근로자에 대한 사회 보장 확대를 위한 법 제정과 상담 기구 설치는 제도적 차원의 노력에 해당한다.

55 정답 ① 문제편 p.112

✔① 갑: 다양한 문화의 고유한 정체성을 인정해야 한다.
② 갑: 문화 간의 우열을 구분하여 위계질서를 세워야 한다.
③ 을: 기존 문화를 버리고 이주민 문화로 대체해야 한다.
④ 을: 문화의 단일성이 아닌 문화의 다양성을 추구해야 한다.
⑤ 갑, 을: 이주민 문화를 기존 문화로 흡수하고 통합해야 한다.

> **풀이**
>
> 　갑은 기존 문화와 이주민 문화가 각각 각자의 특성을 유지할 때 조화로운 사회를 실현할 수 있다고 보고 있는 반면, 을은 기존 문화와 이주민 문화가 함께 섞여 새로운 하나의 문화가 되어야 사회 통합을 실현할 수 있다고 보고 있다.
> ③, ④ 을은 기존 문화와 이주민 문화가 통합되어 새로운 하나의 문화가 되어야 한다고 주장하고 있다.
> ⑤ 갑과 을 모두 이주민 문화를 기존 문화로 흡수하고 통합해야 한다고 보고 있지 않다.

56 정답 ③ 문제편 p.112

[보 기]

ㄱ. 이주민에게 한국어를 무상으로 교육한다.
ㄴ. 이주민을 강사로 활용하는 다문화 체험 프로그램을 실시한다.
ㄷ. 이주민에 대한 편견과 고정관념을 없애는 캠페인을 전개한다.
ㄹ. 이주민을 위해 한국 생활 정보를 제공하는 지원 센터를 운영한다.

① ㄱ, ㄴ　　② ㄱ, ㄷ　　✔③ ㄴ, ㄷ　　④ ㄴ, ㄹ　　⑤ ㄷ, ㄹ

> **풀이**
>
> 　제시된 대화에서는 한국 문화와 이주민 문화의 공존을 중시하고 있다. 이는 샐러드 볼 정책과 관련 있다. 샐러드 볼 정책은 다양한 문화가 각각의 문화적 정체성을 유지하면서도 조화를 이루게 하는 정책이다.
> ㄱ, ㄹ. 용광로 정책의 사례로 적절하다.

57 정답 ④ 문제편 p.112

> **풀이**
>
> 　지도에서 B 지역은 A 지역보다 국제 결혼율이 높으므로 A 지역은 도시, B 지역은 촌락이다. 산업화와 도시화로 촌락의 젊은 여성들이 일자리를 찾아 도시로 떠나면서 촌락에서는 결혼 적령기의 성비 불균형 현상이 심화되었다. 그 결과 촌락은 외국인 여성과의 국제 결혼 비율이 도시보다 높게 나타났다.

58 정답 ① 문제편 p.113

[보 기]

ㄱ. 갑국 정책은 이민자의 문화 정체성을 훼손할 우려가 있다.
ㄴ. 을국 정책은 문화 간 차이를 인정하는 관용의 자세를 중시한다.
ㄷ. 갑국과 달리 을국의 정책은 사회 통합을 목적으로 한다.
ㄹ. 갑국과 을국 정책은 모두 문화 다양성 보존에 기여한다.

✔① ㄱ, ㄴ　　② ㄱ, ㄷ　　③ ㄴ, ㄷ　　④ ㄴ, ㄹ　　⑤ ㄷ, ㄹ

> **풀이**
>
> 　갑국의 정책은 용광로 정책에 해당하고, 을국의 정책은 샐러드 볼 정책에 해당한다. 용광로 정책은 기존 문화에 대한 이민자 집단의 동화를 강조하므로 이민자의 문화 정체성을 훼손할 우려가 있다. 샐러드 볼 정책은 기존 문화와 이주민의 문화 공존을 중시한다.
> ㄷ. 갑국의 정책은 사회 통합을 목적으로 한다.
> ㄹ. 을국의 정책은 갑국의 정책과 달리 문화 다양성 보존에 기여한다.

59 정답 ② 문제편 p.113

풀이

칼럼의 필자는 국내 거주 외국인 수가 증가함에 따라 나타난 동화주의적 태도를 비판하며 다문화 사회 내에서 지녀야 할 바람직한 태도로 다문화주의를 주장한다. 다문화주의란, 타문화의 고유한 가치를 존중하고 그들의 입장에서 문화를 이해하여 다양한 문화가 대등하게 공존하는 사회를 추구하는 입장이다.

60 정답 ③ 문제편 p.113

─── [보 기] ───

ㄱ. 갑의 입장은 정책 추진 과정의 문화 갈등을 줄이는 데 효과적이다.
ㄴ. 을의 입장은 타 문화에 대하여 관용적 태도를 가진다.
ㄷ. 갑에 비해 을의 입장은 소수 인종 차별 문제의 발생 가능성이 낮다.
ㄹ. 갑, 을의 입장은 모두 개성을 존중하면서 전체와 조화를 추구한다.

① ㄱ, ㄴ   ② ㄱ, ㄷ   ❸ ㄴ, ㄷ   ④ ㄴ, ㄹ   ⑤ ㄷ, ㄹ

풀이

갑은 다문화 정책으로 이민자들이 우리 사회에 완전히 동화될 수 있는 정책을 추진할 것을 주장하고 있고, 을은 문화적 차이를 인정하여 우리 사회가 이민자들의 문화를 포용할 수 있는 정책을 추진할 것을 주장하고 있다.
ㄱ. 정책 추진 과정에서 문화 갈등을 줄이는 데 효과적인 것은 을의 입장이다.
ㄹ. 갑은 각 문화의 개성을 존중하지 않는다.

61 정답 ② 문제편 p.113

① (가)는 (나)보다 문화의 다양성을 장려한다.
❷ (가)는 (나)보다 이주민의 문화 정체성을 훼손할 우려가 크다.
③ (나)는 (가)보다 자문화 중심주의 입장을 강조하고 있다.
④ 이주민 문화가 갑국 문화에 흡수되어 사라질 가능성은 (가)보다 (나)가 크다.
⑤ 이주민 문화에 대한 체험 프로그램 정책 시행은 (나)보다 (가)에 입각한 것이다.

풀이

(가)는 용광로 정책, (나)는 샐러드 볼 정책이다. 용광로 정책은 용광로에 들어간 여러 가지 광석이 한 덩어리가 되듯 다양한 문화를 동질적인 문화로 만들려는 정책이고, 샐러드 볼 정책은 본연의 재료가 유지되면서 조화를 이루는 샐러드처럼 다양한 문화가 조화를 이루면서 각각의 정체성을 유지하는 사회를 만들려는 정책이다.
① 문화의 다양성을 장려하는 정책은 샐러드 볼 정책이다.
② 용광로 정책은 이주민의 문화 정체성을 훼손할 우려가 크다.
③ 자문화 중심주의 입장을 강조하는 정책은 용광로 정책이다.
④ 용광로 정책에서 이주민 문화가 갑국 문화에 흡수되어 사라질 가능성이 크다.

⑤ 이주민 문화에 대한 체험 프로그램 정책 시행은 샐러드 볼 정책과 관련 있다.

62 정답 ① 문제편 p.114

갑: 이민자들은 거주국의 문화를 받아들여야 한다. 이민자들의 문화가 거주국의 문화에 동화되면 사회의 단결력을 증진할 수 있기 때문이다. → 동화주의

을: 이민자들의 문화와 거주국의 문화 각각의 정체성을 동등하게 존중해야 한다. 여러 문화가 존중되고 조화를 이루면 문화적 역동성을 증진할 수 있기 때문이다. → 다문화주의

─── [보 기] ───

ㄱ. 갑: 거주국 문화에 이민자 문화를 편입시켜야 한다.
ㄴ. 을: 다양한 문화가 공존하면 문화적 역동성이 증진된다.
ㄷ. 을: 단일 문화를 형성하여 사회의 단결력을 증진해야 한다.
ㄹ. 갑과 을: 여러 문화의 정체성은 동등하게 존중되어야 한다.

❶ ㄱ, ㄴ   ② ㄱ, ㄷ   ③ ㄴ, ㄷ   ④ ㄴ, ㄹ   ⑤ ㄷ, ㄹ

풀이

갑은 이민자들이 거주국의 문화를 받아들여야 함을 주장하고 있고, 을은 이민자들의 문화와 거주국의 문화 각각의 정체성을 동등하게 존중해야 함을 주장하고 있다. 따라서 갑의 입장은 동화주의, 을의 입장은 다문화주의에 해당한다.
ㄱ. 동화주의는 이민자 문화를 거주국 문화에 편입시켜야 한다고 본다.
ㄴ. 다문화주의는 다양한 문화의 공존이 문화적 역동성을 증진시킨다고 본다.
ㄷ. 단일 문화를 형성하여 사회의 단결력을 증진해야 한다고 보는 입장은 동화주의이다.
ㄹ. 여러 문화의 정체성이 동등하게 존중되어야 한다고 보는 입장은 다문화주의이다.

63 정답 ① 문제편 p.114

< 다문화 사회를 바라보는 관점 >

→ 동화주의
(가) 거대한 용광로 안에 다양한 금속을 넣으면 녹아서 하나가 되는 것처럼, 이민자들을 주류 문화로 동화시켜 단일한 문화를 만들어야 한다.
→ 다문화주의
(나) 샐러드 볼(Salad bowl)에 담긴 재료들이 본연의 맛을 내며 조화를 이루는 것처럼, 이민자들의 정체성을 인정하고 문화의 다양성을 존중해야 한다.

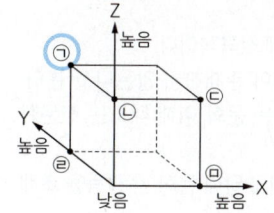

- X: 사회 내 문화의 획일성을 강조하는 정도
- Y: 이민자의 고유한 문화를 존중하는 정도
- Z: 타문화에 대해 관용적인 태도를 보이는 정도

① ㉠   ② ㉡   ③ ㉢   ④ ㉣   ⑤ ㉤

⑤ 문화 상대주의는 문화 다양성을 증진하는 데 기여하지만, 자문화 중심주의와 문화 사대주의는 문화 다양성을 저해할 수 있다는 비판을 받는다.

풀이

(가)는 동화주의, (나)는 다문화주의이다. 동화주의는 비주류 문화가 주류 문화에 흡수되어 단일 문화를 형성해야 한다고 본다. 다문화주의는 여러 문화가 평등하게 공존해야 한다고 본다.
① X축이 낮고 Y, Z축은 높다.
② X, Y축이 낮고, Z축은 높다.
③ X축이 높고 Y축은 낮고 Z축이 높다.
④ X축이 낮고 Y축은 높고 Z축이 낮다.
⑤ X축이 높고 Y, Z축은 낮다.

64 정답 ⑤ 문제편 p.114

'흑화(Blackening)'는 결혼식을 앞둔 신랑, 신부에게 초콜릿, 배설물 등의 끈적끈적하고 악취가 나는 것들을 던지는 ○○국의 결혼 문화이다. 이 문화에는 결혼 후에 겪을 수 있는 어려움을 미리 경험함으로써 서로를 더 잘 이해하고 배려할 수 있도록 하는 의미가 담겨 있다.

 갑 →자문화 중심주의   을 ← 문화 사대주의    병 문화 상대주의

갑	을	병
신랑, 신부에게 화려한 장신구를 선물하는 우리 △△국의 세련된 결혼 문화와 비교할 때, ○○국의 문화는 너무 미개해요.	깔끔하지 못한 우리 ○○국의 결혼 문화가 알려지다니 부끄럽네요. △△국의 문화를 적극적으로 도입하면 좋겠어요.	모든 문화는 고유한 의미와 가치가 있어요. 문화를 그 사회의 맥락에서 살펴보고 이해하려는 태도를 갖춰야 해요.

① 갑의 태도는 자신의 문화가 상대적으로 열등하다고 본다.
② 을의 태도는 선진 문물 수용에 <del>소극적이라는</del> 비판을 받는다. (우월하다) (적극적이다)
③ 병의 태도는 문화 간에 우열이 존재한다고 본다. (하지 않는다고)
④ <del>갑과 달리</del> 을의 태도는 문화 간 갈등을 초래할 위험이 있다는 비판을 받는다.
⑤ 병과 달리 갑, 을의 태도는 문화 다양성을 저해할 수 있다는 비판을 받는다.

풀이

갑은 자국의 결혼 문화는 세련되지만 ○○국의 문화는 미개하다고 보고 있으므로 이는 자문화 중심주의에 해당한다. 을은 자국의 결혼 문화는 열등하므로 △△국의 문화를 적극 도입해야 한다고 보고 있으므로 이는 문화 사대주의에 해당한다. 병은 모든 문화가 고유한 의미와 가치가 있으므로 문화를 그 사회의 맥락에서 살펴보고 이해하려는 태도를 갖추어야 함을 강조하고 있으므로 이는 문화 상대주의에 해당한다.
① 자문화 중심주의는 자신의 문화가 상대적으로 우월하다고 본다. 자신의 문화가 상대적으로 열등하다고 보는 태도는 문화 사대주의이다.
② 문화 사대주의는 선진 문물 수용에 적극적이다.
③ 문화 상대주의는 문화 간에 우열이 존재하지 않는다고 본다. 문화 간에 우열이 존재한다고 보는 문화 이해 태도는 자문화 중심주의와 문화 사대주의이다.
④ 자문화 중심주의는 문화 사대주의와 달리 문화 간 갈등을 초래할 위험이 있다는 비판을 받는다.

65 정답 ④ 문제편 p.115

[문항] A ~ C의 적합한 사례를 한 가지씩 서술하시오.

(○: 맞음, ×: 틀림)

구분	학생의 답안	채점 결과
A 문화 병존	아메리카 원주민이 유럽의 식민 지배를 당하는 과정에서 고유 언어를 상실하고 영어를 사용하게 된 것→ 문화 동화	×
B 문화 동화	(가)	○
C 문화 융합	우리나라의 전통적인 한옥 양식과 서양의 바실리카 양식이 결합하여 성공회 강화 성당이 새로운 형태로 건축된 것→ 문화 융합	○

[보 기]

ㄱ. A와 달리 B는 문화적 다양성 증진에 기여한다.
ㄴ. B와 달리 C는 기존의 문화 요소와 외래문화 요소가 결합하여 제3의 문화가 나타나는 현상이다. →문화 융합
ㄷ. B, C와 달리 A는 문화 변동 과정에서 자문화의 정체성을 상실한다. (A) (B)
ㄹ. (가)에는 '우리나라의 전통 의학인 한의학과 서양 의학이 공존하는 것'이 들어갈 수 없다. → 문화 병존

① ㄱ, ㄴ   ② ㄱ, ㄷ   ③ ㄴ, ㄷ   ④ ㄴ, ㄹ   ⑤ ㄷ, ㄹ

풀이

아메리카 원주민이 유럽의 식민 지배를 당하는 과정에서 고유 언어를 상실하고 영어를 사용하게 된 것은 문화 동화의 사례에 해당한다. 첫 번째 답안에 대한 채점 결과가 'X'이므로 A는 문화 동화에 해당하지 않는다. 우리나라의 전통적인 한옥 양식과 서양의 바실리카 양식이 결합하여 성공회 강화 성당이 새로운 형태로 건축된 것은 문화 융합의 사례에 해당한다. 세 번째 답안에 대한 채점 결과가 '○'이므로 C는 문화 융합이다. 따라서 A는 문화 병존, B는 문화 동화이다.
ㄱ. 문화 병존은 문화 동화와 달리 문화적 다양성 증진에 기여한다.
ㄴ. 기존의 문화 요소와 외래문화 요소가 결합하여 제3의 문화가 나타나는 현상은 문화 융합이다.
ㄷ. 문화 동화는 문화 병존, 문화 융합과 달리 문화 변동 과정에서 자문화의 정체성을 상실한다.
ㄹ. (가)에는 문화 동화의 사례가 들어갈 수 있다. 우리나라의 전통 의학인 한의학과 서양 의학이 공존하는 것은 문화 병존의 사례에 해당한다. 따라서 해당 내용은 (가)에 들어갈 수 없다.

심화 문제 풀기

1 정답 ④ 문제편 p.116

※ 그림은 두 종교의 대표적인 경관이다. (가), (나) 종교에
대한 내용이 맞으면 '예', 틀리면 '아니요'에 √표 하시오.
(단, (가), (나)는 각각 크리스트교와 힌두교 중 하나임.)

다양한 신의 모습이 조각된
(가)의 사원
힌두교

십자가와 종탑이 있는
(나)의 사원
크리스트교

① (가)는 남부 아시아에서 기원하였다.
인도

　　　　　　예 ☑ 아니요 ☑ ·········· ㉠

② (가)의 신도들은 성스러운 강에서 몸을 씻는 의식을 한다.
갠지스강

　　　　　　예 ☑ 아니요 ☐ ·········· ㉡

③ (나)의 신도들은 돼지고기를 금기시한다.
이슬람교

　　　　　　예 ☑ 아니요 ☑ ·········· ㉢

④ (나)는 주로 유럽, 아메리카 및 오세아니아 지역에서 믿는
다.

　　　　　　예 ☑ 아니요 ☐ ·········· ㉣

① ㉠, ㉡　　② ㉠, ㉢　　③ ㉡, ㉢　　❹ ㉡, ㉣　　⑤ ㉢, ㉣

풀이

(가)는 다양한 신의 모습이 조각되어 있으므로 다신교인 힌두
교 사원, (나)는 십자가와 종탑이 있으므로 크리스트교 사원의 모
습이다.
힌두교는 남부 아시아(인도)에서 기원하여 인도와 네팔에서
주로 믿고 있다. 신도들은 갠지스강을 성스럽게 여겨 갠지스강에
서 종교 의식으로 목욕을 하며, 소를 신성시하여 소고기를 먹지
않는다. 크리스트교는 중세 이후 유럽 사회에 큰 영향을 주었고,
유럽인이 아메리카 및 오세아니아로 진출하는 과정에서 해당 지
역으로 전파되었다.

2 정답 ① 문제편 p.116

[보기]

ㄱ. 종교 교리에 따라 돼지고기를 금기시한다.

ㄴ. 여성 신도들은 히잡이나 차도르 등을 착용한다.

ㄷ. 십자가와 첨탑이 있는 교회가 대표적 종교 경관이다.
　　　　　　　　　　　　　　　　　　　→ 크리스트교

ㄹ. 민간 신앙에서 생긴 수많은 신들을 숭배하는 다신교이다.
　　　　　　　　　　　　　　　　　　　　→ 힌두교

❶ ㄱ, ㄴ　　② ㄱ, ㄷ　　③ ㄴ, ㄷ　　④ ㄴ, ㄹ　　⑤ ㄷ, ㄹ

풀이

A 문화 지역은 북부 아프리카와 서남아시아, 중앙아시아 일대
의 건조 문화권으로 주로 이슬람교를 믿는다. 이슬람교는 종교 교
리에 따라 술과 돼지고기를 금기시하며, 성지인 메카를 향해 하루
에 다섯 번씩 기도하고, 여성 신도들은 히잡이나 차도르로 얼굴과
몸 등을 가리고 생활한다. 또한 돔형 지붕과 첨탑이 있는 모스크
경관을 볼 수 있다.

3 정답 ① 문제편 p.116

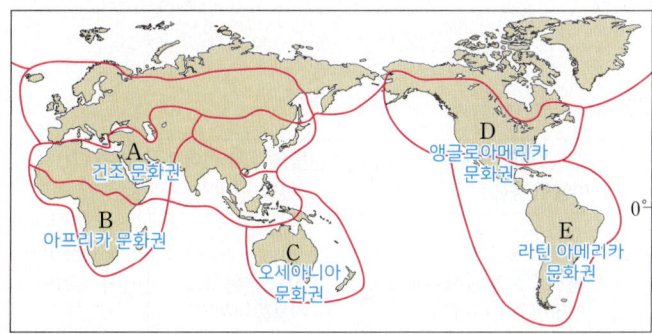

풀이

자료의 (가) 문화권은 건조 문화권(A)이다. 건조 문화권은 주
로 이슬람교를 믿어 첨탑과 둥근 지붕이 특징인 이슬람 사원(모
스크)의 종교 경관을 볼 수 있다. 또한 건조 기후가 나타나 창문이
작고 지붕이 평평한 흙벽돌집의 가옥 형태, 모래바람과 강한 햇볕
을 막기 위해 얇은 천으로 온몸을 감싸는 옷을 입는 의복 문화가
발달하였다.

4 정답 ③ 문제편 p.116

통합사회 온라인 학습방

교사: A, B 문화권의 특징에 대해 말해 보세요.

건조 문화권 ←ㅣ　　　　　　　　　ㄴ→ 라틴 아메리카
　　　　　　　　　　　　　　　　　　　문화권

ㄴ 갑: A의 주민 대부분은 전통적으로 이동식 화전 농업을 해요.
　　　　　　　　　　　　　　　　　　　→ 아프리카 문화권
ㄴ 을: A에서 시작된 산업 혁명이 전 세계로 확산되었어요.
　　　　　→ 유럽 문화권
ㄴ 병: A의 주민 대부분은 이슬람교를 믿어 돼지고기를 먹지 않아요.
ㄴ 정: B는 영국 식민 지배의 영향으로 영어 사용자의 비율이 높아요.
　　　　　→ 남부 유럽　　　　　　　　→ 에스파냐어,
　　　　　　　　　　　　　　　　　　　　포르투갈어
ㄴ 무: B의 주민 대부분은 음식을 먹을 때 젓가락을 사용해요.
　　　　　　　　　　　　　　　　　→ 동양 문화권

① 갑　　② 을　　✓③ 병　　④ 정　　⑤ 무

> **풀이**
>
> A는 건조 문화권, B는 라틴 아메리카 문화권이다.
> ① 이동식 화전 농업은 아프리카 문화권과 관련 있다.
> ② 산업 혁명의 발상지는 유럽 문화권이다.
> ③ 건조 문화권의 주민 대부분은 이슬람교를 신봉하므로 종교적 이유로 인해 돼지고기 섭취를 금기시한다.
> ④ 라틴 아메리카 문화권은 남부 유럽의 식민 지배를 받아 주로 에스파냐어와 포르투갈어를 사용한다.
> ⑤ 음식을 먹을 때 젓가락을 사용하는 문화권은 동양 문화권이다.

5 정답 ③ 문제편 p.117

① (가) - E　　② (나) - D　　✓③ (다) - B
④ (라) - A　　⑤ (마) - C

> **풀이**
>
> 건조 문화권(A)은 전통적으로 유목과 오아시스 농업이 발달하였으며, 대부분 이슬람교를 믿는다. 동아시아 문화권(B)은 유교와 불교의 영향을 받았으며, 젓가락과 한자를 사용한다. 동남아시아 문화권(C)은 중국과 인도, 이슬람 문화 등이 혼재되어 있으며, 전통문화와 외래문화가 공존한다. 앵글로아메리카 문화권(D)은 주로 영어를 사용하며 개신교의 비율이 높다. 라틴 아메리카 문화권(E)은 에스파냐어와 포르투갈어를 사용하고 가톨릭교의 비율이 높으며, 혼혈 인종(민족)이 많다.

6 정답 ① 문제편 p.117

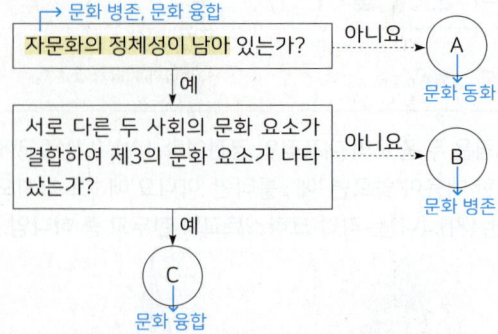

> **풀이**
>
> 자문화의 정체성이 남아 있는 것은 문화 병존과 문화 융합이고, 서로 다른 두 사회의 문화 요소가 결합하여 제3의 문화 요소가 나타나는 것은 문화 융합이다. 따라서 A는 문화 동화, B는 문화 병존, C는 문화 융합이다.

7 정답 ② 문제편 p.117

① A의 사례로 우리나라에 있는 차이나타운을 들 수 있다.
　 C
✓② B의 사례로 불고기 피자와 같은 퓨전 음식을 들 수 있다.
③ C는 전통 문화가 외래문화에 흡수된 경우이다.
　 A
④ A는 C와 달리 문화의 다양성 신장에 기여한다.
　 C
⑤ A는 문화 병존, B는 문화 융합, C는 문화 동화이다.
　 C　　　　　　　　　　　　　　　 A

> **풀이**
>
> 기존에 없던 새로운 문화 요소가 형성되는 것은 문화 융합이고, 자기 문화의 정체성이 유지되는 것은 문화 융합과 문화 병존이다. 따라서 A는 문화 동화, B는 문화 융합, C는 문화 병존이다. 불고기 피자와 같은 퓨전 음식은 외래문화 요소가 전통문화 요소와 결합하여 제3의 새로운 문화 요소가 만들어진 것으로, 문화 융합의 사례에 해당한다.
> ① 우리나라에 있는 차이나타운은 문화 병존의 사례에 해당한다.
> ③ 전통 문화가 외래문화에 흡수된 경우는 문화 동화에 해당한다.
> ④ 문화 병존은 문화 동화와 달리 두 사회의 문화적 정체성이 보존되므로 문화적 다양성 신장에 기여한다.

8 정답 ① 문제편 p.117

■ 1일차 - ○○역사박물관을 방문하여 ㉠ '쯔놈(chu nôm)' 문학에 관한 자료를 관람함. 쯔놈은 A국이 중국의 지배를 받던 시대에 ㉡ 도입된 한자에서 얻은 아이디어를 활용하여 개발한 문자 체계임.

■ 2일차 - 시내의 한 음식점에 들러 '분짜(bun cha)'를 점심으로 먹음. 분짜는 구운 돼지고기와 ㉢ 쌀로 만든 얇은 국수, 그리고 새콤달콤한 소스를 함께 먹는 요리임. 점심 식사 후 관광지의 한 가게에 들러 ㉣ A국의 전통 의복을 빌려 입고 기념 사진을 찍음. 거리에서 만난 ㉤ 현지어를 사용하는 사람들의 활기찬 모습이 인상적임.

① ㉠은 자극 전파의 사례이다. ✓

② ㉡은 **매개체를 통해 전파**된 문화 요소이다.
  → 간접 전파

③ A국의 기후는 ㉢을 생산하기에 **불리**하다.
  유리

④ ㉣은 추위를 견디기 위해 주요 소재로 털가죽을 이용한다.

⑤ ㉤으로 주로 **영어**가 사용된다.
  베트남어

풀이

제시된 지도에 나타난 A국은 베트남이다.
① '쯔놈'은 A국이 중국의 한자에서 얻은 아이디어를 활용하여 개발한 문자 체계로, 이는 자극 전파의 사례에 해당한다.
② 매개체를 통한 문화 전파는 간접 전파에 해당한다. A국에서는 중국의 지배를 받던 시대에 한자가 전해졌으므로 이는 직접 전파에 해당한다.
③ 베트남은 계절풍의 영향을 받는다. 따라서 베트남의 기후는 쌀을 생산하기에 유리하다.
④ 베트남의 전통 의복은 아오자이이다. 아오자이는 베트남의 기후와 풍토에 알맞게 얇은 천으로 만들어져 통풍이 잘되는 편이다.
⑤ 베트남에서는 현지어로 주로 베트남어를 사용한다.

---

9 정답 ④ 문제편 p.118

① 갑의 태도는 이질적인 문화 요소의 수용을 **원활하게** 한다.
  어렵게

② 갑의 태도는 **타 문화의 우수성을 내세워 자문화를 낮게 평가**한다.
  → 문화 사대주의

③ 을의 태도는 문화의 우열을 평가하는 절대적 기준을 강조한다.
  갑

④ 을의 태도는 다양한 문화를 맥락적으로 이해하는 데 도움을 준다. ✓

⑤ 갑, 을의 태도는 **모두** 모든 문화의 고유한 가치를 존중한다.

풀이

갑의 태도는 자문화 중심주의에 해당하고, 을의 태도는 문화 상대주의에 해당한다. 문화 상대주의는 편견 없이 문화를 이해할 수 있게 도와주어 다른 문화에 대해 관용적이고 자기 문화에 대해 겸손한 태도를 갖게 해 준다.
① 자문화 중심주의는 이질적인 문화 요소의 수용을 어렵게 할 수 있다.
② 타 문화의 우수성을 내세워 자문화를 낮게 평가하는 태도는 문화 사대주의이다.
③ 자문화 중심주의는 문화 상대주의와 달리 문화의 우열을 평가하는 절대적 기준을 강조한다.

---

10 정답 ④ 문제편 p.118

① 갑은 자국 문화에 대한 자부심이 **약**하다.
  강

② 갑은 A국 문화를 그 사회의 맥락에서 이해하고 있다.
  자기 문화의

③ 을은 **문화 사대주의적** 태도를 지니고 있다.
  극단적 문화 상대주의

④ 을은 보편적 가치를 침해하는 풍습까지 문화로 인정하고 있다. ✓

⑤ 갑, 을 **모두** 문화에는 우열이 있다고 본다.

풀이

갑의 태도는 자문화 중심주의, 을의 태도는 극단적 문화 상대주의에 해당한다. 극단적 문화 상대주의는 인류의 보편적 가치를 훼손하는 문화까지 해당 사회에서 고유한 의미와 가치가 있다는 이유로 인정하는 태도이다.
① 갑은 자국 문화에 대한 자부심이 강하다.
② 갑은 A국 문화를 자기 문화의 맥락에서 이해하고 있다.
③ 을은 극단적 문화 상대주의 태도를 지니고 있다.
⑤ 갑은 문화에 우열이 있다고 보는 반면, 을은 문화에 우열이 있다고 보지 않는다.

---

11 정답 ② 문제편 p.118

① (가)는 다른 문화의 장점을 수용하는 데 **유리**하다.
  불리

② (나)는 자기 문화의 정체성을 상실할 우려가 있다. ✓

③ **(다)**는 타문화와의 접촉 과정에서 문화적 마찰을 발생시킬 가능성이 크다.
  (가)

④ **(가)**는 (다)와 달리 문화의 다양성 보존에 기여한다.

⑤ (가), (나) 모두 사회적 환경과 맥락을 고려한 문화 이해를 강조한다.
  (다)는

풀이

문화를 평가의 대상으로 보는 태도는 자문화 중심주의와 문화 사대주의이고, 자기 문화의 우월성을 강조하는 태도는 자문화 중심주의이다. 따라서 (가)는 자문화 중심주의, (나)는 문화 사대주의, (다)는 문화 상대주의이다. 문화 사대주의는 무분별하게 외부 문화를 수용하여 문화적 정체성을 상실할 우려가 있다.
① 자문화 중심주의는 다른 문화의 장점을 수용하는 데 불리하다.
③ 타 문화와의 접촉 과정에서 문화적 마찰을 발생시킬 가능성이 큰 태도는 자문화 중심주의이다.
④ 문화 상대주의는 자문화 중심주의와 달리 문화의 다양성 보존에 기여한다.
⑤ 사회적 환경과 맥락을 고려한 문화 이해를 강조하는 태도는 문화 상대주의이다.

---

12 정답 ② 문제편 p.118

러시아의 네네츠족은 ㉠ 북극 문화권에서 ㉡ 전통적으로 사냥, 어로, 유목 생활을 하는 민족이다. 그들은 순록을 잡아 생고기와 피를 섭취하고, 가죽으로 집과 옷을 만들어 생활한다. ㉢ 어떤 사람들은 자신의 문화를 우월하다고 여기며 네네츠족의 전통적인 식문화를 야만스럽다고 비난하기도 한다. 하지만 네네츠족이 순록의 생고기와 피를 섭취하는 것은 부족한 비타민과 철분을 보충하기 위해 환경에 적응한 결과이다. 그러므로 우리가 다른 문화를 올바르게 이해하기 위해서는 ﹇ (가) ﹈하는 태도를 지녀야 한다.

㉠ → 인간 거주 불리(∵ 낮은 기온)
㉢ → 자문화 중심주의
(가) → 문화 상대주의

[보 기]

ㄱ. ㉠은 기온이 낮아 인간이 거주하기에 불리하다.

ㄴ. 산업화·도시화로 인해 ㉡의 모습은 ~~확산~~되고 있다.
　　　　　　　　　　　　　　약화

ㄷ. ㉢과 같은 태도는 <mark>국수주의로 변질될 수 있다는 비판</mark>을 받
　　→ 자문화 중심주의의 비판점
　는다.

ㄹ. (가)에는 '자문화보다 타문화를 동경'이 들어갈 수 ~~있다.~~
　　　　　　　　　　　　　　　　　　　　　　없다

① ㄱ, ㄴ　　❷ ㄱ, ㄷ　　③ ㄴ, ㄷ　　④ ㄴ, ㄹ　　⑤ ㄷ, ㄹ

풀이

　북극 문화권에서는 네네츠족, 이누이트족, 라프족 등이 사냥,
어로, 순록 유목 등으로 생활한다.

ㄱ. 북극 문화권은 기온이 낮고 농작물 재배가 어려워 인간이 거
　주하기에 불리하다.

ㄴ. 북극 문화권은 산업화와 도시화로 인해 사냥, 어로, 유목 생활
　과 같은 전통적인 생활 양식이 약화되고 있다.

ㄷ. 자신의 문화를 우월하다고 여기며 네네츠족의 전통적인 식문
　화를 야만스럽다고 비난하는 사람들의 태도는 자문화 중심주
　의에 해당한다. 자문화 중심주의는 자신의 문화만을 가장 뛰
　어난 것으로 믿고 다른 나라의 문화를 배척하는 극단적인 태
　도인 국수주의로 변질될 수 있다는 비판을 받는다.

ㄹ. (가)에는 문화 상대주의와 관련 있는 내용이 들어갈 수 있다.
　자문화보다 타문화를 동경하는 태도는 문화 사대주의에 해당
　한다. 따라서 해당 내용은 (가)에 들어갈 수 없다.

---

13 정답 ④ 문제편 p.119

① A는 문화 사대주의이다.
　B
② B는 자문화 중심주의이다.
　C
③ C는 문화의 다양성을 보존하는 데 유리하다.
　A
❹ A는 C와 달리 다문화 사회에서 요구되는 문화 이해 태도이다.

⑤ B, C 모두 문화를 그 사회의 맥락 속에서 이해하고자 한다.
　A는

풀이

　서로 다른 문화 간에 우열이 있다고 보는 태도는 자문화 중심
주의와 문화 사대주의이다. 자기 문화가 다른 문화보다 우월하다
고 보는 태도는 자문화 중심주의이다. 따라서 A는 문화 상대주의,
B는 문화 사대주의, C는 자문화 중심주의이다.

---

14 정답 ③ 문제편 p.119

[보 기]

ㄱ. 단일 민족 의식을 <mark>강화</mark>한다.

ㄴ. 다른 문화에 대한 <mark>관용의 자세</mark>를 지닌다.

ㄷ. 서로의 문화를 <mark>이해할 수 있는 기회</mark>를 자주 마련한다.

ㄹ. 문화의 차이를 '다름'이 아닌 '틀림'으로 인식하는 태도를
　지닌다.

① ㄱ, ㄴ　　② ㄱ, ㄷ　　❸ ㄴ, ㄷ　　④ ㄴ, ㄹ　　⑤ ㄷ, ㄹ

풀이

　다문화 사회에서는 문화적 다양성을 존중하는 태도가 필요하
다. 문화적 다양성을 존중하기 위해서는 문화 상대주의 측면에서
다른 문화를 이해하고 소통해야 한다.

ㄱ. 다문화 사회에서는 단일 민족 의식을 지양해야 한다.

ㄹ. 다문화 사회에서는 문화의 차이를 다름으로 인식하는 태도를
　지녀야 한다.

---

15 정답 ⑤ 문제편 p.119

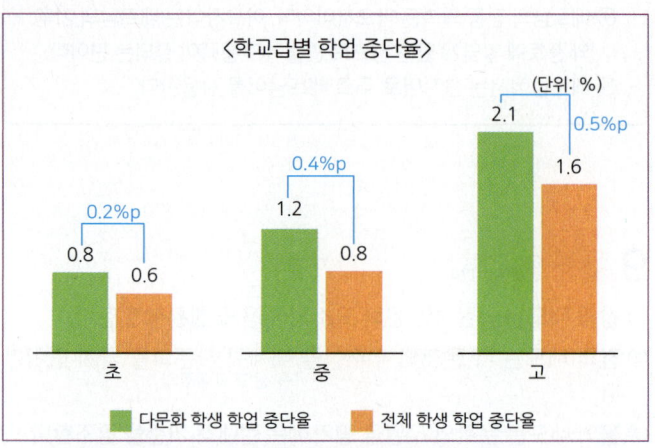

〈학교급별 학업 중단율〉

* 다문화 학생 학업 중단율: 다문화 학생 중 학업 중단 학생 비율
** 전체 학생 학업 중단율: 전체 학생 중 학업 중단 학생 비율

[보 기]

ㄱ. 상급 학교로 갈수록 학업 중단 학생 수가 증가한다.
　　　　　　　　　　　　　　　　　　　→ 알 수 없음

ㄴ. 학업을 중단한 다문화 학생 수는 초등학교가 가장 적다.
　　　　　　　　　　　　　　　　　　　　→ 알 수 없음

ㄷ. 상급 학교로 갈수록 다문화 학생의 학업 중단율은 높아진
　다.

ㄹ. 다문화 학생과 전체 학생의 학업 중단율 차이는 고등학교
　에서 가장 크다.

① ㄱ, ㄴ　　② ㄱ, ㄷ　　③ ㄴ, ㄷ　　④ ㄴ, ㄹ　　❺ ㄷ, ㄹ

풀이

ㄱ. 제시된 자료에는 학교급별 전체 학생 수가 나타나 있지 않으
　므로 상급 학교로 갈수록 학업 중단 학생 수가 증가하는지는
　알 수 없다.

ㄴ. 제시된 자료에는 학교급별 전체 학생 수가 나타나 있지 않으
　므로 초등학교에서 학업을 중단한 다문화 학생 수가 가장 적
　은지는 알 수 없다.

ㄷ. 다문화 학생의 학업 중단율은 초등학교의 경우 0.8%, 중학교
　의 경우 1.2%, 고등학교의 경우 2.1%로 상급 학교로 갈수록
　높아지고 있다.

ㄹ. 다문화 학생과 전체 학생의 학업 중단율 차이는 초등학교의
　경우 0.2%p, 중학교의 경우 0.4%p, 고등학교의 경우 0.5%p
　로, 고등학교에서 가장 크다.

16 정답 ④ 문제편 p.119

① (가)는 (나)에 비해 문화적 동질성을 강조한다.

② (나)는 (가)에 비해 문화 병존을 중시한다.
　　　　　　　　　　　　└→ 함께 존재함

③ (가)와 달리 (나)는 이주민을 통합의 주체로 인식한다.
　　　　　　　　　　　　　　　　└→ 대상으로

④ (나)보다 (가)가 문화적 다양성 확보에 유리하다.

⑤ (가), (나)는 모두 자문화 중심주의적 태도를 기본으로 한다.
　　　　　　　　└→ 문화 상대주의적 태도

[풀이]

(가)는 다문화주의(샐러드 볼 이론), (나)는 동화주의(용광로 이론) 입장이다. 다문화주의는 다문화 사회에서 이주민들의 문화와 정체성을 포기하도록 강요하는 것을 비판하며 여러 가지 야채가 한 데 모아져 있는 샐러드 볼처럼 다양한 문화가 함께 공존해야 한다고 주장한다. 반면, 동화주의는 주류 문화에 이주민 문화를 편입시켜야 사회의 안정을 도모할 수 있다고 주장한다. 동화주의에 따르면, 여러 금속을 용광로에 넣으면 하나가 되듯이, 타문화를 주류 문화에 동화시켜야 한다.

⑤ 다문화주의는 다양한 문화를 그들의 입장에서 바라보고 조화롭게 공존하려는 태도인 문화 상대주의적 태도를 지닌다.

17 정답 ⑤ 문제편 p.120

(가)	**갑:** (→ 동화주의) 사회 통합과 발전을 위해서는 비주류 문화들을 주류 문화에 동화시켜 문화의 이질성을 완전히 제거해야 한다. **을:** (→ 다문화주의) 사회 통합과 발전을 위해서는 다양한 문화들이 정체성을 대등하게 유지하면서 서로 조화를 이루어야 한다.
(나)	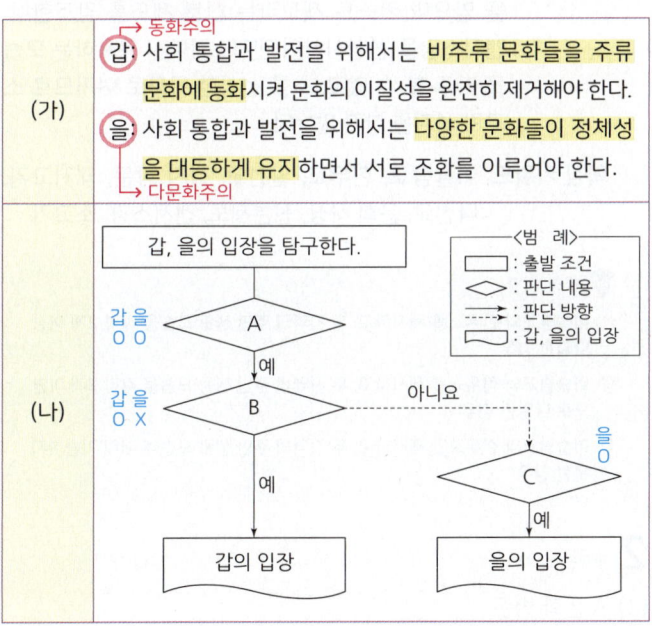

[보기]

ㄱ. A: 다양한 문화들 간의 우열을 인정해야 하는가?

ㄴ. B: 비주류 문화의 고유성을 인정하고 존중해야 하는가?

ㄷ. B: 사회 통합을 위해 문화의 단일성을 유지해야 하는가?

ㄹ. C: 다양한 문화가 동등하게 어울리며 공존해야 하는가?

① ㄱ, ㄴ　② ㄱ, ㄷ　③ ㄴ, ㄷ　④ ㄴ, ㄹ　⑤ ㄷ, ㄹ

[풀이]

갑은 동화주의, 을은 다문화주의 입장이다. 동화주의는 사회 통합을 위해 비주류 문화들을 주류 문화에 동화시켜 문화의 단일성을 추구해야 한다고 주장한다. 반면, 다문화주의는 문화 간의 우열을 없애고 다양한 문화들의 동등한 공존을 추구하는 입장이다.

ㄱ. 을은 문화들의 대등한 공존을 추구하며 문화들 간의 우열을 인정하지 않는다.

ㄴ. 갑은 비주류 문화들의 고유성을 인정하기보다 사회의 안정을 위해 이들을 주류 문화로 편입해야 한다고 주장한다.

18 정답 ⑤ 문제편 p.120

인도양과 태평양을 잇는 믈라카 해협은 동양과 서양의 교역이 이루어지던 해상 교통의 요지로, 다양한 민족의 이동과 문화 교류가 활발하였다. 이로 인해 말레이시아에는 ㉠ 여러 민족과 종교가 유입되어 공존하게 되면서 다양한 종교의 축제일이 공휴일로 지정되었다.

<2025년 말레이시아의 공휴일 중 일부>

종교	명칭(날짜)	설명
A 이슬람교	Hari Raya Puasa (3월 31일 ~ 4월 1일)	라마단이 끝나는 날로 신도들은 친구나 이웃을 집에 초대하여 음식과 선물을 교환하고 함께 축하한다.
B 불교	Wesak Day (5월 12일)	창시자의 탄생, 깨달음, 열반을 기념하는 날로 신도들은 등불을 밝히며 승려에게 음식을 공양한다.
C 힌두교	Deepavali (10월 20일)	'빛의 축제'로 불리며 신도들이 밤새도록 곳곳에 등불을 켜 여러 신들에게 기도하고, 음식과 선물을 교환한다.
D 크리스트교	Christmas (12월 25일)	구원자로 믿는 이의 탄생 기념일로 신도들은 교회에 가서 예배를 드리거나 가족과 행복한 시간을 보낸다.

① ⑤은 내재적 요인에 의한 문화 변동의 사례이다.
　　　　　　　　　외재적 요인
② A의 신도들은 종교 의식으로 갠지스강에서 목욕을 한다.
　　C
③ B의 여성 신도들은 히잡이나 차도르 등을 착용한다.
　　A
④ A는 소고기, C는 돼지고기를 금기시한다.
　　　돼지고기　　소고기
❺ 유럽 문화권에서는 D가 B보다 신자 수가 많다.

풀이

A에 기술된 '라마단'은 이슬람교의 대표적인 종교 행사, B에 기술된 '깨달음', '열반'은 불교에서 강조하는 교리이다. C에 기술된 '여러 신들에게 기도'는 다신교를 의미하는 힌두교의 종교의식, D에 기술된 '구원자'는 크리스트교를 창시한 예수를 의미한다. 따라서 A는 이슬람교, B는 불교, C는 힌두교, D는 크리스트교이다.

① 내재적 요인은 기존 문화 체계 내에서 새로운 문화가 생성되는 발견, 발명 등에 의한 문화 변동이다. ⑤은 다양한 민족의 유입으로 문화가 전파되었으므로 외재적 요인에 의한 문화 변동 사례이다.

② 신도들이 갠지스강에서 목욕하는 것은 힌두교(C)의 종교 의식이다. 이슬람교(A)의 대표적인 종교 의식으로는 라마단 기간 중 금식, 성지 순례 등이 있다.

③ 히잡, 차도르는 이슬람교(A)의 전통 여성 의복이다.

④ 이슬람교(A)는 돼지를 불결하게 여겨 돼지고기 섭취를 금기시하고, 힌두교(C)는 소를 신성시하여 소고기 섭취를 금한다.

⑤ 유럽 문화권에서 신자 비율이 가장 높은 종교는 크리스트교(D)이다. 불교(B)는 동아시아와 동남아시아에 신자가 많다.

 ## 서술형 문제 풀기

1 문제편 p.121

(1) 에스파냐어, 포르투갈어

(2) **모범답안**: 두 지역 모두 영국의 식민지였던 지역으로 영국 문화의 영향을 많이 받았다. 따라서 영어 사용자 비중이 높고, 크리스트교 신자의 비중이 높다.

핵심 키워드: 영국의 식민지, 영어, 크리스트교

> 📋 **채점 기준**
> **상** 영국의 영향이란 점을 제시하고, 언어와 종교에 대해 기술한 경우
> **중** 영국의 영향이란 점을 제시하고, 언어와 종교 중 하나만 기술한 경우
> **하** 핵심 키워드 중 하나만 기술한 경우

(3) 유목

(4) **모범답안**: E에서는 이슬람교 신봉자가 많고, F에서는 힌두교 신자의 비중이 높다.

이슬람교는 알라를 섬기는 일신교로 신자들은 종교적 교리를 엄격히 지켜야 한다. 정해진 시각에 하루 5번씩 기도를 하고, 라마단 기간에는 금식해야 한다. 그리고 일생에 한 번은 성지인 메카를 방문해야 한다. 또한 돼지를 불결한 짐승으로 여겨 돼지고기 섭취를 금한다.

힌두교는 수많은 신을 섬기는 다신교이다. 윤회 사상을 믿으며 카스트 제도라는 신분 제도를 강조한다. 갠지스강을 신성시하여 갠지스강에서 목욕하는 모습을 자주 볼 수 있고, 소를 신성한 동물로 여기므로 소고기 섭취를 하지 않는다.

핵심 키워드: 이슬람교, 힌두교, 일신교, 성지 방문, 돼지고기, 다신교, 윤회 사상, 신분제도, 갠지스강, 소고기

> 📋 **채점 기준**
> **상** 이슬람교와 힌두교를 제시하고, 두 지역의 주민 생활 모습을 각각 2개 이상 나열한 경우
> **중** 이슬람교와 힌두교를 제시하고, 두 지역의 주민 생활 모습을 각각 2개 미만으로 나열한 경우
> **하** 이슬람교와 힌두교만 제시하고, 두 지역의 주민 생활 모습에 대해 기술하지 못한 경우

2 문제편 p.122

(1) A 문화 병존
　　B 문화 동화
　　C 문화 융합

(2) **모범답안**: 문화 병존, 문화 동화, 문화 융합은 모두 외재적 요인에 의해 발생하는 문화 변동 양상이다. 문화 병존, 문화 동화와 달리 문화 융합은 제3의 새로운 문화 요소가 만들어지는 문화 변동 양상이다.

핵심 키워드: 외재적 요인, 제3의 새로운 문화 요소

🎓 채점 기준

상 A~C의 공통점과 A, B와 달리 C에서 나타나는 차이점을 모두 정확하게 서술한 경우

중 A~C의 공통점과 A, B와 달리 C에서 나타나는 차이점 중 하나만 서술한 경우

하 A~C에 해당하는 문화 변동 양상에 대한 일반적인 내용을 서술한 경우

🎓 채점 기준

상 문화적 갈등 해결을 위한 개인적 차원의 노력을 3개 이상 기술한 경우

중 문화적 갈등 해결을 위한 개인적 차원의 노력을 2개 기술한 경우

하 문화적 갈등 해결을 위한 개인적 차원의 노력을 1개 기술한 경우

3 문제편 p.122

(1) 을 자문화 중심주의

병 문화 사대주의

(2) 모범답안: 갑의 문화 이해 태도는 극단적 문화 상대주의이다. 갑은 인류의 보편적 가치에 위배되는 행위마저 고유의 문화로 인정하는 반면, 정은 보편 윤리의 관점에서 해당 문화를 비판적으로 바라보고 있다.

핵심 키워드: 극단적 문화 상대주의, 보편 윤리

🎓 채점 기준

상 갑의 문화 이해 태도를 정확히 쓰고, 갑과 정의 문화 이해 태도를 비교하여 명확하게 서술한 경우

중 갑의 문화 이해 태도를 정확히 썼으나, 갑과 정의 문화 이해 태도를 비교하여 서술하지 않고 문화 이해 태도의 일반적인 내용을 서술한 경우

하 갑의 문화 이해 태도만 서술한 경우

5 문제편 p.123

(1) 갑 샐러드 볼 정책

을 용광로 정책

(2) 모범답안: 갑의 샐러드 볼 정책은 문화의 우열을 가리지 않고 문화들 간의 공존을 추구하려는 입장이고, 을의 용광로 정책은 외부에서 유입된 문화를 기존의 문화에 용해시켜 하나로 만들자는 동화주의적 입장이다.

핵심 키워드: 공존, 용해, 동화주의

🎓 채점 기준

상 갑과 을의 다문화 정책을 비교하여 차이점을 명확하게 서술한 경우

중 갑과 을의 다문화 정책의 일반적인 내용을 서술한 경우

하 갑과 을의 다문화 정책 중 하나만 서술한 경우

4 문제편 p.123

(1) 모범답안: 다양한 문화와 접촉할 기회가 많아지면서 우리 문화의 단점을 보완하고 새로운 문화를 창조할 수 있다.
외국인 근로자의 유입으로 저출산과 고령화에 따른 노동력 부족 문제를 해소할 수 있다.
결혼 이민자의 유입으로 농어촌의 청장년층 성비 불균형 및 인구 유출 문제가 완화되고, 결혼과 출산을 통해 농어촌을 안정화된 사회로 만들어준다.

핵심 키워드: 다양한 문화, 노동력 부족 문제 해소, 성비 불균형 및 인구 유출 문제 완화

🎓 채점 기준

상 다문화 사회의 긍정적인 영향을 3개 이상 기술한 경우

중 다문화 사회의 긍정적인 영향을 2개 기술한 경우

하 다문화 사회의 긍정적인 영향을 1개 기술한 경우

(2) 모범답안: 자기 문화뿐만 아니라 다른 문화도 고유한 가치가 있음을 인정하고 존중하는 문화 상대주의의 태도를 지녀야 한다.
자신과 다른 생각, 가치관, 문화, 종교 등을 가진 사람들을 용인하는 관용의 자세를 가져야 한다.
타 문화나 외국인, 이주민에 대한 편견을 갖거나 차별을 하지 않는다.

핵심 키워드: 문화 상대주의, 관용, 편견과 차별 지양

V 생활공간과 사회

개념편 p.124

핵심 문제 풀기 1회차

1	③	2	③	3	②	4	①	5	⑤
6	①	7	③	8	③	9	④	10	③
11	③	12	③	13	③	14	③	15	③
16	①	17	①	18	②	19	⑤	20	①
21	④	22	③	23	⑤	24	①	25	②
26	④	27	①	28	①	29	②	30	①
31	②	32	⑤	33	③	34	⑤	35	②
36	⑤	37	④	38	②	39	④	40	⑤
41	①	42	⑤	43	④	44	②	45	③
46	①	47	①	48	②	49	③		

핵심 문제 풀기 2회차

1	⑤	2	①	3	③	4	④	5	①
6	①	7	⑤	8	④	9	③	10	⑤
11	①	12	⑤	13	①	14	④	15	②
16	③	17	④	18	②	19	③	20	④
21	④	22	④	23	③	24	②	25	③
26	④	27	①	28	⑤	29	⑤	30	①
31	②	32	⑤	33	①	34	③	35	③
36	②	37	①	38	②	39	③	40	④
41	②	42	④	43	④	44	③	45	②
46	④								

심화 문제 풀기

1	⑤	2	⑤	3	②	4	①	5	①
6	③	7	④	8	②	9	①	10	④
11	④	12	⑤	13	④	14	⑤	15	④
16	②	17	⑤	18	④	19	⑤	20	③
21	③	22	②						

🍎 핵심 문제 풀기 1회차

1 정답 ③ 문제편 p.131

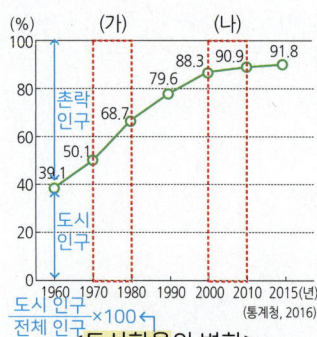

<도시화율의 변화>

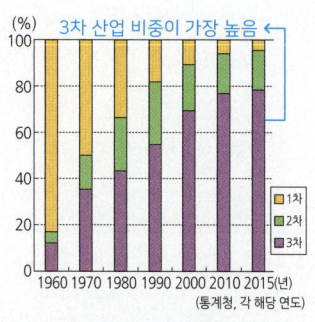

3차 산업 비중이 가장 높음

<산업 구조의 변화>

① 1960년은 도시 인구가 촌락 인구보다 <del>많다</del>.
　→ 도시화율 50% 미만　적다
② 2015년은 2차 산업의 비중이 가장 크다.
　　　　　　　　　3차
✓③ (가) 시기보다 (나) 시기에 직업이 다양해지고 분화된다.
④ (가) 시기보다 (나) 시기에 이촌향도 현상이 활발히 진행된다.
⑤ (나) 시기보다 (가) 시기에 도시에서 토지 이용의 집약도가 높다.

풀이

우리나라는 1960년대 이후 산업화로 인한 이촌향도 현상으로 도시 인구가 증가하면서 도시화가 빠르게 진행되었고, 1960년대까지 1차 산업 중심의 사회였으나 이후 산업화의 진행으로 2·3차 산업의 비중이 증가하였다.

(나) 시기는 (가) 시기보다 도시화율이 높고 2·3차 산업의 비중이 높다. (나) 시기는 산업화와 도시화로 인해 도시의 인구 밀도가 높아지면서 토지 이용의 집약도가 높아졌고, 2·3차 산업이 발달하면서 직업이 다양하게 분화되었다.

2 정답 ③ 문제편 p.131

풀이

(가) 시기는 산업화·도시화 이전에 해당하고, (나) 시기는 산업화·도시화 이후에 해당한다. 산업화·도시화 이후 1인 가구의 비율은 증가하였고, 직업의 분화 정도는 높아졌으며, 사회적 유대감은 낮아졌다. 따라서 (나) 시기 생활양식은 C에 해당한다.

3 정답 ② 문제편 p.131

○ 산업화·도시화로 인해 나타나는 변화에 대한 진술이 맞으면 '○', 틀리면 'X'를 표시하시오.

학생 진술	갑	을	병	정	무
도시 내 토지 이용의 집약도가 높아진다.	○	○	○	○	X
도시에 거주하는 인구의 비율이 증가한다.	○	○	○	X	X
인공적으로 포장된 지표 면적이 <del>감소</del>한다. 　증가	○	X	X	X	X
사람들이 종사하는 직업의 종류가 다양해진다.	○	○	X	X	X

① 갑　　✓②을　　③ 병　　④ 정　　⑤ 무

풀이

산업화는 생산 활동이 기계화되면서 2차, 3차 산업 비율이 높아지는 현상을 말하고, 도시화는 도시로 인구가 집중되면서 도시적 생활양식이 확산되는 현상을 말한다. 산업화·도시화가 진전되면 도시로의 인구가 집중되면서 도시 거주 인구 비율이 증가하고, 건물의 고층화로 도시 내 토지 이용의 집약도가 높아진다. 또한 건물과 도로 등이 건설되면서 지표의 포장 면적이 증가하고, 2차, 3차 산업 종사자 비율이 높아지므로 직업의 종류가 다양해진다.

4 정답 ① 문제편 p.131

		㉠ 위	선
		ⓐ	
㉡ 편	재	성	
		도	
	㉢ 도	시	ⓑ 화
			산

<가로 열쇠>

㉠ 위도가 같은 지점을 연결한
   가상의 가로선 → 위선

㉡ 자원이 고르게 분포하지 않고
   특정 지역에 치우쳐서 분포하는
   특성 → 편재성

㉢ 도시 인구가 증가하고 도시적
   생활양식이 확산되는 현상 → 도시화

<세로 열쇠>

ⓐ _____ (가) _____ → 위성도시

ⓑ 땅속 깊은 곳의 마그마가 지표로 분출하여 형성된 산 → 화산

✔① 대도시의 일부 기능을 분담하는 도시
② 도심의 일부 기능을 나누어 맡는 지역 → 부도심
③ 도시의 무질서한 팽창을 막기 위한 지역 → 개발 제한 구역
④ 사람과 환경이 조화와 공존을 이루는 도시 → 생태 도시
⑤ 관청이나 대기업 본사 등이 밀집된 도시의 중심 지역 → 도심

[풀이]

㉠은 위선, ㉡은 편재성, ㉢은 도시화, ⓑ는 화산이다. 따라서 (가)에는 위성도시(ⓐ)에 대한 설명이 들어가면 된다. 대도시가 과밀해지면 주거, 공업, 행정 등 대도시의 기능 일부를 분담하는 도시가 주변에 형성되는데, 이를 위성도시라고 한다.
② 부도심에 대한 설명이다.
③ 개발 제한 구역에 대한 설명이다.
④ 생태 도시에 대한 설명이다.
⑤ 도심에 대한 설명이다.

5 정답 ⑤ 문제편 p.132

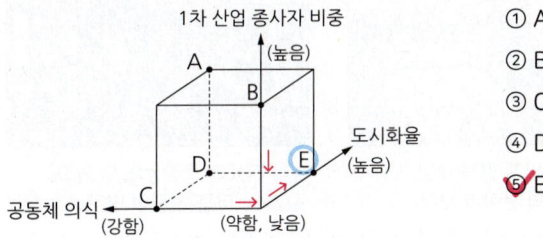

① A
② B
③ C
④ D
✔⑤ E

[풀이]

(나) 시기는 (가) 시기에 비해 도시 수와 도시 인구가 증가하였으므로 도시화가 진행되었음을 알 수 있다. 따라서 (나) 시기는 (가) 시기에 비해 1차 산업 종사자 비중이 낮고, 도시화율이 높으며, 공동체보다는 개인을 강조하는 경향이 커져 공동체 의식이 약하다. (가) 시기와 비교한 (나) 시기의 상대적 특징은 그림의 E이다.

6 정답 ① 문제편 p.132

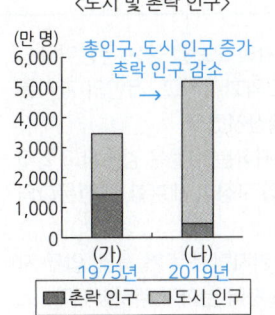

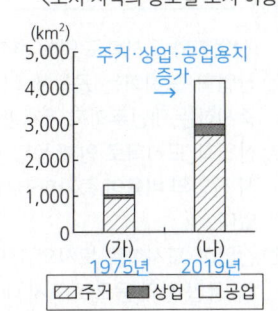

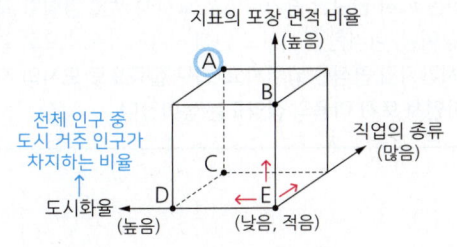

✔① A   ② B   ③ C   ④ D   ⑤ E

[풀이]

(나)는 (가)보다 총인구와 도시 인구는 많고 촌락 인구는 적으며, 도시 지역에서 주거, 상업, 공업 용도로 이용하는 토지의 면적이 넓다. 따라서 (가) 시기는 산업화와 도시화가 덜 진행된 1975년, (나) 시기는 산업화와 도시화가 더 진행된 2019년이다.
(나) 2019년은 (가) 1975년과 비교하여 도시화율이 높고, 지표의 포장 면적 비율이 높으며, 직업의 종류가 많다. 따라서 (가) 시기와 비교한 (나) 시기의 상대적 특성은 그림의 A이다.

7 정답 ③ 문제편 p.132

[보 기]

ㄱ. 1차 산업 종사자의 수가 증가하였다.
   (감소)
ㄴ. 주민들이 종사하는 직업의 분야가 다양해졌다.
ㄷ. 보건·금융·교육 분야의 편의 시설이 증가하였다.
ㄹ. 제조업의 쇠퇴로 생태환경의 변화가 발생하였다.
   (활성화)

① ㄱ, ㄴ   ② ㄱ, ㄷ   ✔③ ㄴ, ㄷ   ④ ㄴ, ㄹ   ⑤ ㄷ, ㄹ

[풀이]

제시된 자료는 산업화로 인한 산업별 인구 구조의 변화를 보여 준다. 산업화로 인해 직업의 분야가 다양해졌으며, 2·3차 산업 종사자 비율이 증가하였고, 각종 편의 시설이 증가하였다.
ㄱ. 총인구 증가율보다 1차 산업 종사자 비중 감소율이 크다. 따라서 1차 산업 종사자 수는 감소하였다.
ㄹ. 제조업이 활성화되어 인구가 증가하고 산업 시설이 늘어나면서 생태환경이 악화되었다.

8 정답 ③ 문제편 p.132

풀이

산업화와 도시화로 인해 변화된 사회 모습을 묻는 문항이다.
㉠ 산업화·도시화는 공동체 의식을 약화시키고, 개인의 가치를 중시하는 개인주의적 가치관을 확산시켰다.
㉡ 산업화·도시화로 인해 농업이 차지하는 비율은 감소하고 2, 3차 산업의 비율이 증가하면서 직업 구성이 세분화 및 전문화되었다.
㉢ 산업화·도시화로 도시의 규모가 커지면서 주거 지역, 업무 지역, 상업 지역 등으로 도시 내부의 지역 분화가 뚜렷해졌다.
㉣ 도시화는 도시 인구가 증가하면서 도시적 생활 양식이 확산되는 현상이다. 이러한 도시화로 인해 시가지가 외곽으로 확대되면서 시가지의 면적은 넓어지고, 인구 집중으로 도시의 지가가 상승하면서 토지 이용의 집약도는 높아졌다.

9 정답 ④ 문제편 p.133

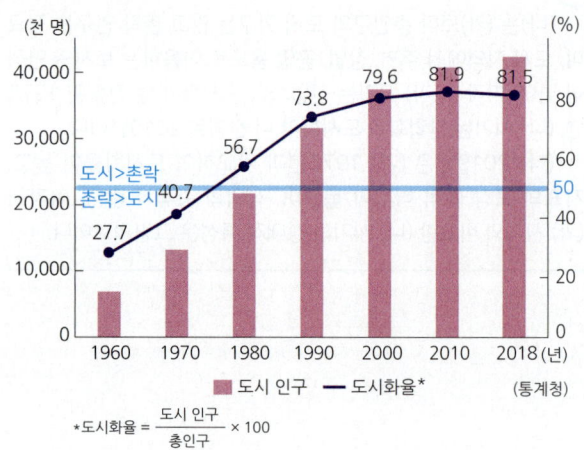

*도시화율 = $\dfrac{\text{도시 인구}}{\text{총인구}} \times 100$

[보 기]

ㄱ. 1970년은 도시 인구보다 촌락 인구가 많다.
  ↳ 도시화율 50% 미만
ㄴ. 촌락 인구는 1960년이 2010년보다 더 많다.
  ↳ 총인구-도시 인구
ㄷ. 3차 산업 종사자 비중은 1960년>1980년>2010년일 것이다.
  2010년   1960년
ㄹ. 1980년~1990년이 2000년~2010년보다 도시 인구가 많이 증가하였다.

① ㄱ, ㄷ ② ㄱ, ㄹ ③ ㄴ, ㄷ
④ ㄱ, ㄴ, ㄹ ⑤ ㄴ, ㄷ, ㄹ

풀이

ㄱ. 1970년은 도시화율이 50% 미만이므로 도시 인구보다 촌락 인구가 많다.
ㄴ. 촌락 인구는 '총인구-도시 인구'이다. 1960년의 도시화율이 약 28%, 도시 인구가 약 700만 명이므로 총인구는 약 2,500만 명, 촌락 인구는 약 1,800만 명이다. 2010년의 도시화율이 약 82%, 도시 인구가 약 4,100만 명이므로 총인구는 약 5,000만 명, 촌락 인구는 약 900만 명이다.

ㄷ. 도시화율이 높을수록 3차 산업 종사자 비중이 높으므로 2010년>1980년>1960년 순이다.
ㄹ. 1980년~1990년이 2000년~2010년보다 도시 인구 증가 폭이 크므로 도시 인구가 더 많이 증가하였다.

10 정답 ③ 문제편 p.133

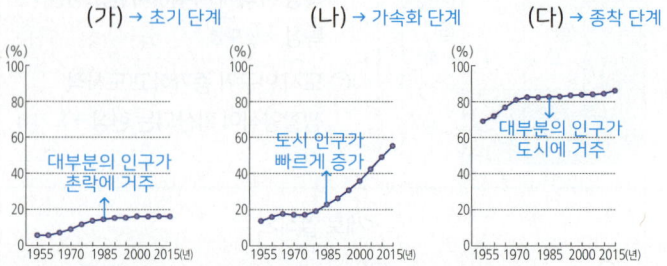

(가) → 초기 단계   (나) → 가속화 단계   (다) → 종착 단계

① (가)는 2015년에 도시 인구가 촌락 인구보다 많다.
  적다
② (가)는 (나)보다 2015년 도시화율이 높다.
  낮다
③ (나)는 (다)보다 1990년 이후 이촌향도 현상이 뚜렷하다.
④ (다)는 (나)보다 산업화 시작 시기가 늦다.
  이르다
⑤ 3차 산업 종사자 비중은 (가)>(나)>(다) 순으로 높다.
  (다)   (나)   (가)

풀이

(가) 국가는 도시화의 초기 단계로 대부분의 인구가 촌락에 거주한다. (나) 국가는 도시화의 가속화 단계로, 산업화가 진행되면서 촌락의 인구가 도시로 이동하는 이촌향도 현상이 나타나 도시화율의 증가 속도가 빠르다. (다) 국가는 도시화의 종착 단계로, 산업화가 가장 먼저 시작되어 대부분의 인구가 도시에 거주하며 도시화율의 증가 속도가 느리다.
③ (나)는 (다)보다 1990년 이후 도시 인구 비율이 급하게 증가하였으므로 이촌향도 현상이 뚜렷하다.

11 정답 ③ 문제편 p.133

(가) 지역의 경관   (나) 지역의 경관

논밭이 넓게 펼쳐져 있고, 건물의 높이가 낮다.   지표의 포장 비율이 높고, 고층 건물이 많다.

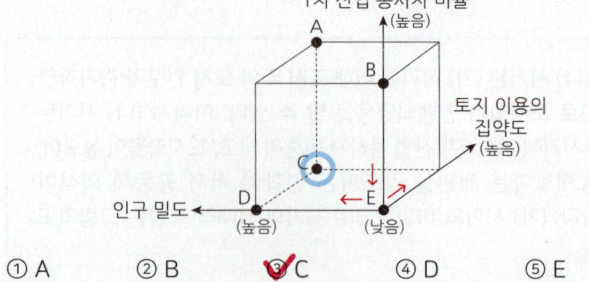

① A ② B ③ C ④ D ⑤ E

풀이

농경지가 넓게 펼쳐져 있는 (가)는 촌락적 특성이 뚜렷한 지역이고, 지표의 포장 비율이 높고 고층 건물이 밀집된 (나)는 도시적 특성이 강하게 나타나는 지역이다.
③ 1차 산업 종사자 비율은 도시에서 낮게 나타난다. 토지 이용의 집약도는 지가가 높은 도시에서 높게 나타난다. 인구 밀도는 인구가 집중된 도시에서 높게 나타난다.

12 정답 ③ 문제편 p.133

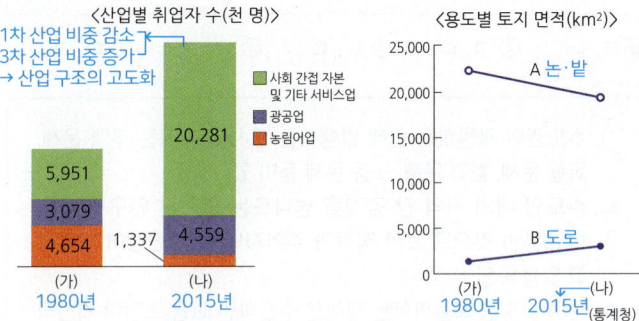

1차 산업 비중 감소
3차 산업 비중 증가
→ 산업 구조의 고도화

〈산업별 취업자 수(천 명)〉
사회 간접 자본 및 기타 서비스업
광공업
농림어업
5,951
3,079
4,654
(가) 1980년
1,337
20,281
4,559
(나) 2015년

〈용도별 토지 면적(km²)〉
A 논·밭
B 도로
(가) 1980년
(나) 2015년 (통계청)

① (가) 시기는 (나) 시기보다 인구가 많다.
② (가) 시기는 (나) 시기보다 직업의 종류가 다양하다.
③ (나) 시기는 (가) 시기보다 도시화율이 높다.
④ (나) 시기는 (가) 시기보다 근로자의 평균 임금이 낮다.
⑤ A는 도로, B는 논·밭이다.
　　논·밭　　도로

풀이

(나) 시기는 (가) 시기에 비해 1차 산업(농림어업) 취업자 수 비중이 감소하고 3차 산업(사회 간접 자본 및 기타 서비스업) 취업자 수 비중이 증가한 것으로 보아 산업 구조가 고도화되었음을 알 수 있다. 따라서 (가) 시기는 1980년, (나) 시기는 2015년이며, (가) 시기에 비해 (나) 시기에 감소한 A는 논·밭, 증가한 B는 도로이다.
산업화가 더 진행된 (나) 시기는 (가) 시기보다 인구가 많고, 직업의 종류가 다양하며, 도시화율이 높고, 근로자의 평균 임금이 높다.

13 정답 ③ 문제편 p.134

○ 지도는 (가), (나) 시기의 우리나라 도시 분포 및 도시 인구를 나타낸 것입니다. 아래 진술을 읽고 진술이 맞으면 '◉', 틀리면 '✖' 모양의 정답 스티커를 순서대로 답안에 붙이세요. 단, (가)와 (나)는 각각 1970년과 2020년 중 하나입니다.

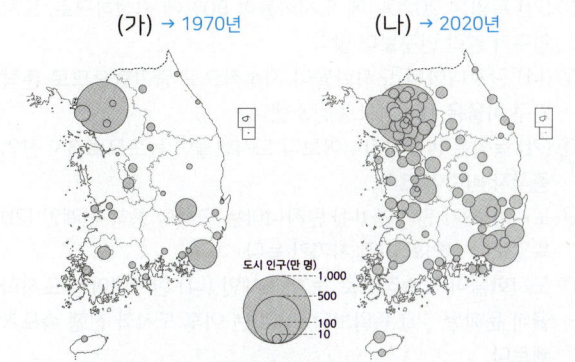

(가) → 1970년　　(나) → 2020년

도시 인구(만 명)
1,000
500
100
10

* 도시 인구는 해당 연도의 행정 구역을 기준으로 함.

진술	답안
(가)는 (나)보다 도시화율이 높다.낮다	✕
(나)는 (가)보다 3차 산업 종사자 비율이 높다.	○
(나)는 (가)보다 도시 내 토지 이용의 집약도가 높다.	○

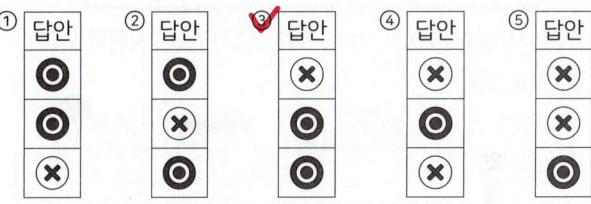

① 답안 ◉ ◉ ✖
② 답안 ◉ ✖ ◉
③ 답안 ✖ ◉ ◉
④ 답안 ✖ ◉ ✖
⑤ 답안 ✖ ✖ ◉

풀이

도시 수와 도시 인구가 적은 (가)는 1970년, 도시 수와 도시 인구가 많은 (나)는 2020년이다. 자료를 통해 수도권과 경부축, 남동 임해 지역 등을 중심으로 도시가 성장했음을 알 수 있다.
③ 도시화율은 전체 인구 중 도시에 거주하는 인구 비율이다. 1970년에 비해 2020년 도시 인구가 증가하였으며 도시화율은 높아졌다. 3차 산업은 주로 도시를 중심으로 발달한다. 1970년에 비해 2020년 도시화율이 높아졌으므로 3차 산업 종사자 비율은 높아졌다. 토지 이용의 집약도는 대체로 지가에 비례한다. 1970년에 비해 2020년 도시에 많은 인구가 집중하였으므로 도시의 지가는 상승하였고, 토지 이용의 집약도도 높아졌다.

14 정답 ③ 문제편 p.134

① (가)는 2020년에 도시 인구가 촌락 인구보다 적다.
② (나)는 촌락 인구 비율이 지속적으로 증가하였다.
　많다
　감소
③ (가)는 (나)보다 3차 산업 종사자 비중이 크다.
④ (나)는 (가)보다 산업화 시작 시기가 이르다.
　늦다
⑤ (나)는 (가)보다 2000년 이후 도시화 진행 속도가 느리다.
　빠르다

풀이

(가)는 독일, (나)는 탄자니아이다. (가) 독일은 높은 도시화율과 둔화된 도시화율 증가 추세를 보아 도시화 종착 단계임을 알 수 있다. 반면 (나) 탄자니아는 낮은 도시화율과 조금씩 증가하는 도시화율 추세를 보아 도시화 초기 단계임을 알 수 있다.

① (가) 독일은 2020년에 도시화율이 80%에 근접하므로, 도시 인구가 촌락 인구보다 많다.
② (나) 탄자니아의 도시화율이 지속적으로 증가했으므로 촌락 인구 비율은 지속적으로 감소했다.
③ (가) 독일은 (나) 탄자니아보다 도시화율이 높으므로 3차 산업 종사자 비중이 크다.
④ 도시화 초기 단계인 (나) 탄자니아는 도시화 종착 단계인 (가) 독일보다 산업화 시작 시기가 늦다.
⑤ 도시화율이 지속적으로 증가 추세인 (나) 탄자니아는 도시화율이 둔화된 (가) 독일보다 2000년 이후 도시화 진행 속도가 빠르다.

15 정답 ③ 문제편 p.134

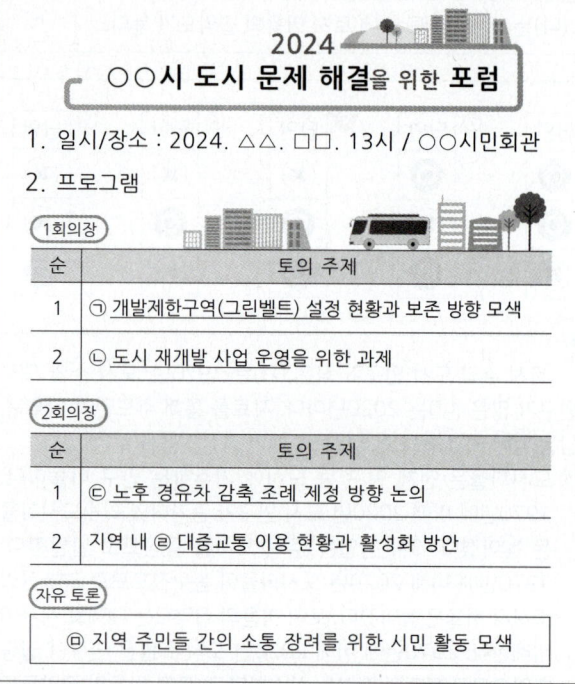

2024
○○시 도시 문제 해결을 위한 포럼

1. 일시/장소 : 2024. △△. □□. 13시 / ○○시민회관
2. 프로그램

[1회의장]

순	토의 주제
1	㉠ 개발제한구역(그린벨트) 설정 현황과 보존 방향 모색
2	㉡ 도시 재개발 사업 운영을 위한 과제

[2회의장]

순	토의 주제
1	㉢ 노후 경유차 감축 조례 제정 방향 논의
2	지역 내 ㉣ 대중교통 이용 현황과 활성화 방안

[자유 토론]

㉤ 지역 주민들 간의 소통 장려를 위한 시민 활동 모색

① ㉠은 도시의 무질서한 팽창을 막기 위한 방안에 해당한다.
② ㉡은 도시 기반 시설을 확충하기 위한 방안에 해당한다.
③ ㉢은 개인적 차원에서 실행 가능한 방안에 해당한다. (사회적 차원)
④ ㉣은 교통 체증 문제를 해결하기 위한 방안에 해당한다.
⑤ ㉤은 공동체의 결속력을 강화하기 위한 방안에 해당한다.

> **풀이**
>
> 제시된 자료에는 도시에서 발생하는 문제를 해결하기 위한 다양한 방안이 제시되어 있다.
> ① 개발제한구역(그린벨트)은 도시의 무질서한 팽창을 방지하기 위해 설정한 녹지 공간이다.
> ② 도시 재개발 사업은 변화하는 시대에 맞게 노후화된 기존 도시의 각종 시설을 확충 및 재구성함으로써 도시를 활성화하는 사업이다. 도시 재개발이 진행되면 도시의 물리적 환경이 개선되고, 경쟁력이 높아진다.
> ③ 노후 경유차 감축 조례 제정은 도시 문제 해결을 위한 사회적 차원에서의 방안에 해당한다.

④ 자가용 대신 대중교통을 이용하면 도시 내 통행량이 감축되므로 교통 체증이 완화될 수 있다.
⑤ 지역 주민들 간의 소통이 활성화되면 지역 공동체의 결속력이 강화될 수 있다.

16 정답 ① 문제편 p.135

[보 기]

ㄱ. ㉠: 주택 부족, 교통 체증, 환경 오염이 대표적이다.
ㄴ. ㉡: 직장과 주거지의 분리 현상이 나타나고 있다.
ㄷ. ㉢: 대중 교통의 활성화로 대도시권이 축소될 것이다. (확대)
ㄹ. ㉣: 열섬 현상이 완화되는 효과를 기대할 수 있다. (심화)

① ㄱ, ㄴ   ② ㄱ, ㄷ   ③ ㄴ, ㄷ   ④ ㄴ, ㄹ   ⑤ ㄷ, ㄹ

> **풀이**
>
> ㄱ. 수도권의 과밀화로 인해 발생하는 도시 문제에는 주택 문제, 교통 문제, 환경 문제, 노동 문제 등이 있다.
> ㄴ. 수도권 내의 지역 간 경계를 넘나드는 출퇴근 인구 비율이 41.3%인 것으로 보아 직장과 주거지의 분리 현상이 나타나고 있음을 알 수 있다.
> ㄷ. 광역 교통을 효율화하는 정책을 추진하면 교통 조건이 개선되므로 대도시권은 확대될 것이다.
> ㄹ. 신규 공공 주택 지구를 개발하면 열섬 현상이 심화될 수 있다.

17 정답 ① 문제편 p.135

① 녹지 면적의 확대 (감소)
② 자동차 통행량의 증가
③ 냉방 시설에서 나오는 인공열 증가
④ 밀집한 고층 건물로 인한 바람길 차단
⑤ 하천 주변 습지에 대규모 주차장 건설 → 포장 면적 증가

> **풀이**
>
> 열섬 현상은 도시 내부의 기온이 주변의 교외 지역보다 높게 나타나는 현상이다. 열섬 현상의 원인으로는 녹지 면적 감소, 콘크리트나 아스팔트 등의 포장 면적 증가, 냉난방 시설과 자동차 등에서 발생하는 인공열 증가, 고층 건물의 밀집으로 인한 바람길 차단 등이 있다.

18 정답 ② 문제편 p.135

> **풀이**
>
> 제시된 일기에는 교통의 발달에 따라 생활 범위가 확대되는 모습이 나타나 있다.
> ①, ④ 제시된 일기를 통해서는 추론할 수 없다.
> ③ 교통의 발달로 인해 문화 활동에 참여할 수 있는 기회가 확대되었다.
> ⑤ 교통의 발달로 인해 시공간적 제약은 감소하였다.

19 정답 ⑤ 문제편 p.135

① 서울의 대학 병원 기능이 약화됩니다. _강화_
② 물류의 평균 이동 시간이 증가합니다. _단축_
③ 여가를 즐길 공간의 범위가 축소됩니다. _확대_
④ 서울에서 춘천을 찾는 관광객이 감소합니다. _증가_
⑤ 서울-춘천 간 통근·통학 비율이 증가합니다. ✓

> **풀이**
>
> 　서울-춘천 간 교통 발달이 가져올 지역 변화를 바르게 예측한 내용을 찾는 문제이다. 교통 발달로 서울로의 이동 시간이 단축되면 서울-춘천 간 통근·통학 비율이 증가한다.
> ① 저차 중심지인 춘천에 거주하는 환자들은 교통 발달로 서울로의 이동 시간이 단축되면 고차 중심지인 서울에 있는 대학 병원을 찾는 빈도가 높아진다. 이로 인해 서울의 대학 병원들은 성장하지만, 춘천의 종합 병원들은 운영이 어려워진다. 이런 현상을 빨대 효과라고 한다.

20 정답 ① 문제편 p.136

> **풀이**
>
> 　국가 철도망이 구축되면 지역 간 교류가 증가하여 생활 범위가 확대될 것이고, 지역 간 접근성이 향상될 것이며, 지역 간 통행 시간이 단축될 것이다. 그러나 철도망 구축으로 인해 자연이 훼손될 수 있다.
> ① 국가 철도망 구축으로 인해 정차 지역이 늘어나면 신규 정차역 주변의 상권은 확대될 것이다.

21 정답 ④ 문제편 p.136

① 지역 간 접근성이 향상될 것이다.
② 주민들의 일상생활 범위가 확대될 것이다.
③ 철도의 여객 수송 분담률이 증가할 것이다.
④ 경제 활동의 시·공간적 제약이 커질 것이다. ✓ _작아질_
⑤ 신규 정차역 주변에 새로운 상권이 형성될 것이다.

> **풀이**
>
> 　주어진 기사를 통해 고속 열차 노선이 새로 개통되어 이동 시간이 줄어든 것을 확인할 수 있다. 교통의 발달로 이동 시간이 단축될 경우 지역 간 접근성이 향상되고, 주민들의 일상생활 범위가 확대된다. 또한 새로운 고속 열차 노선이 개통될 경우, 철도의 여객 수송 분담률이 증가하여 신규 정차역 주변에 새로운 상권이 형성된다.
> ④ 이동 시간이 줄어들 경우 경제 활동의 시·공간적 제약이 작아진다.

22 정답 ③ 문제편 p.136

> (가) 과거 부여는 강경과 함께 금강 수운의 중심으로 지역 경제의 중심지 역할을 하였다. 그러나 도로와 철도 등의 발달로 교통 체계가 변화하면서 지역의 중심 기능이 대전·천안 등 새로운 중심지로 이전되었고, ㉠부여의 지역 경제는 침체되었다. → 지역 격차 발생
>
> (나) 2009년 서울-춘천 고속 국도의 개통으로 두 도시 간 이동 시간이 단축되면서 ㉡춘천시의 음식·숙박업 매출이 증가하였다. 반면 ㉢서울의 학원, 대형병원, 쇼핑센터 등을 이용하는 춘천 인구가 증가하면서 관련 업종의 매출은 감소하였다. → 일상생활 범위의 확대 _빨대 효과 발생_

① ㉠을 해결하기 위해 지역 특색에 맞는 산업을 육성해야 한다.
② ㉡의 원인으로는 춘천시의 관광객 증가를 들 수 있다.
③ ㉢을 통해 서울의 일부 기능이 춘천으로 흡수되고 있음을 알 수 있다. ✓ _춘천_ _서울로_
④ (가)는 교통 발달로 인한 지역 격차 발생을 나타내고 있다.
⑤ (나)는 교통 발달로 인한 생활권 범위 확대를 나타내고 있다.

> **풀이**
>
> 　(가)는 교통의 발달로 접근성이 향상된 지역은 경제 활동이 활성화되지만 상대적으로 교통 조건이 불리해진 지역은 경제 활동이 위축되어 지역 격차가 발생한 사례, (나)는 교통의 발달로 이동 시간이 줄어들면서 이동 가능한 거리가 늘어나 일상생활 범위가 확대된 사례이다.
> ③ ㉢을 통해 교통의 발달로 춘천 주민들이 서울의 시설을 이용하게 되면서 춘천의 일부 기능이 서울로 흡수되는 빨대 효과가 발생하였음을 알 수 있다. 빨대 효과는 대도시가 주변 중소 도시의 인구나 경제력을 흡수하는 현상이다.

23 정답 ⑤ 문제편 p.136

① (가)는 택배 산업의 발달을 가져왔다. _(나)_
② (나)는 소비자가 판매자를 직접 만나 구매한다. _(가)_
③ (가)는 (나)보다 상권의 범위가 넓다.
④ (나)는 (가)보다 매장 관리 비용이 많이 든다.
⑤ (나)는 (가)보다 구매 활동의 시간적 제약이 적다. ✓

> **풀이**
>
> 　(가)는 상점에서 상품을 구입하는 전통적인 상거래 방식, (나)는 인터넷, 스마트폰 등을 이용하여 상품을 구입하는 전자 상거래 방식이다. (나) 전자 상거래는 (가) 전통적인 상거래에 비해 상거래 활동의 시·공간적 제약이 작아 상권이 넓으며, 판매자와 소비자 간에 대면 접촉이 거의 없고 무점포 상점의 비중이 높아 매장 관리 비용이 적게 든다. 또한 전자 상거래가 증가하면서 상품 배송을 위한 택배 산업이 함께 성장하고 있다.

24

정답 ① 문제편 p.137

✓① 상품의 판매 범위가 넓다.

② 구매 활동의 시간적 제약이 크다.

③ 상품 전시 공간의 필요성이 크다.

④ 판매자와 소비자 간에 대면 접촉이 잦다.

⑤ 상품 구매를 위한 소비자의 평균 이동 거리가 길다.

→ 전통적인 상거래 방식

풀이

　(가)는 상점에서 상품을 구매하는 전통적인 상거래 방식이고, (나)는 휴대폰을 이용하여 상품을 구매하는 전자 상거래 방식이다. (나) 전자 상거래 방식은 컴퓨터나 스마트폰 등을 이용하여 상품을 구매하는 방식으로 (가) 전통적인 상거래 방식과 비교하여 상품의 판매 범위가 넓고, 구매 활동의 시간적 제약이 작으며, 상품 전시 공간의 필요성이 작다. 또한 판매자와 소비자 간에 대면 접촉이 거의 없으며, 상품 구매를 위해 소비자가 이동할 필요도 거의 없다.

25

정답 ② 문제편 p.137

[보 기]

ㄱ. 인터넷 활용도가 높다.

ㄴ. 무점포 상점의 비중이 낮다. (높다)

ㄷ. 상거래 활동의 시간적 제약이 작다.

ㄹ. 상품 구매 시 소비자의 이동 거리가 멀다. (짧다)

① ㄱ, ㄴ　✓② ㄱ, ㄷ　③ ㄴ, ㄷ　④ ㄴ, ㄹ　⑤ ㄷ, ㄹ

풀이

　(가)는 전통적인 상거래 방식, (나)는 전자 상거래 방식을 나타낸 것이다. 상품이 도매상과 소매상을 거쳐 소비자에게 전달되는 (가) 전통적인 상거래에 비해 (나) 전자 상거래는 인터넷, 스마트폰 등을 이용하여 상품을 구입하므로 일정한 상점 없이 생산자와 소비자가 직접 거래할 수 있는 무점포 상점의 비중이 높고, 상거래 활동의 시·공간적 제약이 작다.

26

정답 ⑤ 문제편 p.137

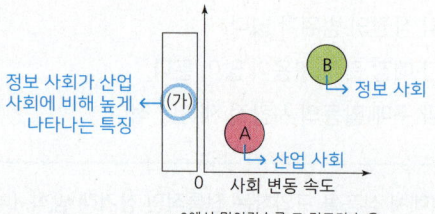

정보 사회가 산업 사회에 비해 높게 나타나는 특징 ← (가)

B → 정보 사회

A → 산업 사회

0 ── 사회 변동 속도 →

＊0에서 멀어질수록 그 정도가 높음.

① A는 지식과 정보가 가장 중요한 생산 요소이다. (B)

② B는 산업 구조에서 1차 산업이 차지하는 비중이 가장 높다. (낮다)

③ A는 B에 비해 인간관계를 맺는 방식이 다양하다. (B는 A)

④ B는 A에 비해 정치 참여의 기회가 축소되었다. (확대)

✓⑤ (가)에는 '쌍방향 매체의 활용 정도'가 들어갈 수 있다.

→ 정보 사회 > 산업 사회

풀이

　정보 사회는 산업 사회에 비해 사회 변동 속도가 빠르다. 따라서 A는 산업 사회, B는 정보 사회이다. (가)에는 정보 사회가 산업 사회에 비해 높게 나타나는 특징이 들어가야 한다. 쌍방향 매체의 활용 정도는 정보 사회가 산업 사회에 비해서 더 높게 나타난다. 따라서 '쌍방향 매체의 활용 정도'는 (가)에 들어갈 수 있다.

① 지식과 정보가 가장 중요한 생산 요소인 사회는 정보 사회이다.

② 정보 사회에서는 산업 구조에서 1차 산업의 비중이 가장 낮다.

③ 정보 사회는 산업 사회에 비해 인간관계를 맺는 방식이 다양하다.

④ 정보 사회는 산업 사회에 비해 정치 참여의 기회가 확대되었다.

27

정답 ① 문제편 p.137

✓① 쌍방향 통신매체의 영향력이 증가할 것이다.

② 개인 정보 유출에 의한 사생활 침해 빈도가 감소할 것이다. (증가)

③ 재택근무의 축소로 가정과 직장의 분리가 뚜렷해질 것이다. (확대) (약화될)

④ 익명성을 악용한 사이버 범죄의 발생 가능성이 낮아질 것이다. (높아질)

⑤ 시·공간의 제약으로 전자 상거래 관련 업종이 쇠퇴할 것이다. (이 감소하여) (증가)

풀이

　제시된 자료는 인터넷 뉴스(뉴 미디어) 이용률은 지속적으로 증가하고 있는 반면, 종이 신문(기존의 대중 매체) 이용률은 지속적으로 감소하고 있음을 보여 준다. 이를 통해 해당 사회가 점차 정보 사회로 변화하고 있음을 추론할 수 있다. 일반적으로 정보 사회에서는 쌍방향 통신매체의 영향력이 증가한다.

② 정보 사회에서는 개인 정보 유출에 의한 사생활 침해 빈도가 증가할 것이다.

③ 정보 사회에서는 재택근무의 확대로 가정과 직장의 분리가 약화될 것이다.

④ 정보 사회에서는 익명성을 악용한 사이버 범죄의 발생 가능성이 높아질 것이다.

⑤ 정보 사회에서는 시·공간적 제약이 감소하여 전자 상거래 관련 업종이 증가할 것이다.

28

정답 ① 문제편 p.138

→ 산업 사회

　(가)에서는 분업과 전문화를 통한 소품종 대량 생산이 주로 나타난다. (나)에서는 지식과 정보가 중요한 자원이 되며, 가상 공간을 활용한 쌍방향 통신 매체가 활용된다.

→ 정보 사회

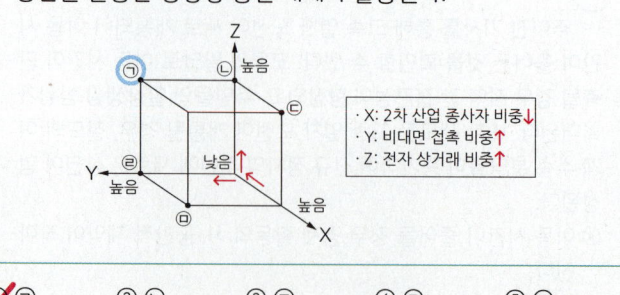

· X: 2차 산업 종사자 비중↓
· Y: 비대면 접촉 비중↑
· Z: 전자 상거래 비중↑

✓① ㉠　② ㉡　③ ㉢　④ ㉣　⑤ ㉤

풀이
(가)는 산업 사회, (나)는 정보 사회이다. 2차 산업 종사자 비중은 산업 사회가 정보 사회보다 높고, 비대면 접촉 비중과 전자 상거래 비중은 정보 사회가 산업 사회보다 높다.

① 정보 통신 기기 활용 능력 향상과 정보 통신 기기에 대한 접근성 강화는 모두 정보 격차 문제를 해결하기 위한 방안에 해당한다. 따라서 제시된 두 사례는 정보 격차 문제를 줄이기 위한 방안과 관련 있다.
②, ③, ④, ⑤ (가)에 들어갈 내용으로 적절하지 않다.

29 정답② 문제편 p.138

① A는 지식과 정보가 가장 중요한 자원이다.
　　B
✓② A는 B에 비해 일터와 가정의 경계가 뚜렷하다.
③ B는 A와 달리 대면적 인간관계가 보편적이다.
　　B　　A　　　　　　　　　　→ 산업 사회 > 정보 사회
④ (가)에 '소품종 대량 생산 방식의 비중'이 들어갈 수 있다.
　　　　　　　　　　　　　　　　　　　　　　　없다
⑤ (나)가 '기술 발전의 속도'라면 ㉠은 'A>B'이다.
　　↳ 산업 사회 < 정보 사회　　A < B

풀이
제조업의 비중은 산업 사회가 정보 사회보다 높다. 따라서 A는 산업 사회, B는 정보 사회이다.
① 정보 사회에서는 지식과 정보가 가장 중요한 자원이다.
② 산업 사회는 정보 사회에 비해 일터와 가정의 경계가 뚜렷하다.
③ 비대면적 인간관계가 많이 나타나는 정보 사회에 비해 산업 사회는 대면적 인간관계가 보편적이다.
④ 소품종 대량 생산 방식의 비중은 산업 사회가 정보 사회보다 높다. 따라서 해당 내용은 (가)에 들어갈 수 없다.
⑤ 기술 발전의 속도는 정보 사회가 산업 사회보다 빠르다. 해당 내용이 (나)에 들어가면, ㉠은 'A<B'이다.

30 정답① 문제편 138

　　　　　　　　　　　　→정보·격차·문제
🔊 수업 주제 : ［　(가)　］를 해결하기 위한 사례

○○시는 정보화 취약 계층을 대상으로 정보 통신 기기 활용 교육을 실시할 예정이다. 교육과정은 컴퓨터 및 스마트폰 사용 기초, 인터넷 이용 방법 등으로 이루어져 있다. → 정보 통신 기기 활용 능력 향상

정부는 전국 공공장소의 근거리 무선망을 확대 구축하고, 노후 장비를 교체하겠다고 밝혔다. 이에 따라 국민들은 지하철 역, 버스 정류장, 공원, 전통 시장 등의 장소에서 무료로 근거리 무선망을 이용할 수 있게 될 전망이다. → 정보 통신 기기에 대한 접근성 강화

✓① 정보 격차 문제　　　　② 사생활 침해 문제
③ 저작권 침해 문제　　　　④ 인터넷 중독 문제
⑤ 허위 정보 유포 문제

풀이
첫 번째 사례에는 정보화 취약 계층을 대상으로 정보 통신 기기 활용 교육을 실시하여 정보 통신 기기 활용 능력을 향상시키려는 내용이 나타나 있고, 두 번째 사례에는 전국 공공장소의 근거리 무선망 확대 구축을 통해 정보 통신 기기에 대한 접근성을 강화시키려는 내용이 나타나 있다.

31 정답② 문제편 p.138

급변하는 정보 사회에서는 정보를 가진 자와 못 가진 자, 정보를 활용하는 자와 활용하지 못하는 자로 나뉜다. 정보의 가치가 중요시되면서 정보는 소득·재산·권력·지식과 같은 사회적 자원이 된다. 사회·경제적 지위가 높을수록 많은 정보를 차지하게 되고, 많은 정보를 차지할수록 사회·경제적 지위는 더 높아진다. 반대로 사회·경제적 지위가 낮을수록 차지할 수 있는 정보의 양은 적어지고, 이에 따라 사회·경제적 지위는 더 낮아진다. → 정보 격차 문제

① 개인 정보 유출과 사생활 침해 문제가 발생한다.
✓② 정보 격차는 사회 불평등을 심화시키는 요인이 된다.
③ 비대면 관계의 증가로 인한 인간 소외 현상이 나타난다.
④ 국가에 의한 정보 통제와 감시가 증가하는 문제가 나타난다.
⑤ 정보 통신 기기의 과다 사용으로 인한 중독 문제가 발생한다.

풀이
제시문에서는 '정보 격차' 문제를 지적하고 있다. 정보 격차는 정보에 접근할 수 있고 정보를 활용할 수 있는 능력을 보유한 사람과 그렇지 못한 사람 간에 경제적·사회적 격차가 심화되는 현상을 의미한다.
①, ③, ④, ⑤ 제시문에서 부각된 정보 사회의 문제점으로 적절하지 않다.
② 제시문에서는 사회·경제적 지위가 높은 사람이 많은 정보를 차지하고, 많은 정보를 차지할수록 더 높은 지위를 쉽게 차지하는 사회 현상을 비판하고 있다.

32 정답⑤ 문제편 p.139

풀이
ㄱ, ㄴ. 제시된 자료에서는 정보의 독점, 세대 간 정보 격차로 인한 사회 문제가 나타나 있지 않다.
ㄷ. 제시된 자료는 온라인 공간에서 가짜 뉴스 등의 유포로 인해 부정적인 여론을 조성하여 사회적 혼란이 발생하고 있음을 보여 준다.
ㄹ. 제시된 자료는 온라인 공간에서 사생활 정보 등을 유포하여 사생활 침해 문제가 확대되고 있음을 보여 준다.

33 정답 ⑤ 문제편 p.139

> 갑: 개인의 행복 추구권 보장이나 사생활 보호를 위해 개인
> 정보에 대한 자기 결정권을 존중해야 합니다.
> 을: 동의합니다. 다만 공익과 관련된 개인의 정보는 개인이
> 마음대로 삭제해서는 안 됩니다.
> → 개인의 잊힐 권리 무조건 보장
> 갑: 아닙니다. 원하지 않는 개인의 정보를 삭제할 수 있는 '잊힐
> 권리'는 어떤 경우에도 무조건 보장해야 합니다.
> 을: 그렇지 않습니다. '잊힐 권리'도 중요하지만 이를 지나치게
> 강조하면 국민의 '알 권리'가 심각하게 침해될 수 있습니다.
> → 개인의 잊힐 권리 제한

① 정보 사회에서 개인의 사생활을 존중해야 하는가? → 갑, 을 모두 인정
② 정보의 가치는 사회적 효용으로 결정할 수 있는가?
③ 사이버 공간에서의 표현의 자유를 인정해야 하는가?
④ 해킹을 방지하기 위한 제도적 장치를 마련해야 하는가?
✓⑤ 개인 정보에 대한 자기 결정권을 절대적으로 보장해야 하는가?
  └ 토론의 핵심 쟁점

> **풀이**
> 갑은 개인의 잊힐 권리를 무조건 보장해야 한다고 주장하고
> 있고, 을은 개인의 잊힐 권리가 국민의 알 권리를 침해할 경우 제
> 한되어야 함을 주장하고 있다. 즉, 갑은 개인 정보에 대한 자기 결
> 정권을 절대적으로 보장해야 한다고 보는 반면, 을은 개인 정보에
> 대한 자기 결정권을 제한할 수 있다고 보고 있다.

34 정답 ⑤ 문제편 p.139

> **풀이**
> 제시된 자료는 정보화 시대의 사물인터넷을 이용한 사례를 보
> 여 준다. 정보화로 원격 진료, 원격 교육 등이 가능해지므로 생활
> 의 편리성과 효율성이 향상될 것이다. 그러나 정보화로 인해 개인
> 정보의 유출이 우려되고, 감시나 통제가 가능해지면서 사생활 침
> 해가 문제될 것이다.
> ㄱ. 정보화로 생활의 시공간적 제약은 감소할 것이다.

35 정답 ② 문제편 p.140

> 갑: 정보는 개인이 노력하여 만든 지적 활동의 산물이다. 따라
> 서 정보 창작자에게 합당한 대가를 지불하고 이용해야 한
> 다. 정보의 사적인 소유를 인정하면 창작 의욕이 고취되어
> 양질의 정보가 생산될 수 있다. 저작권 보호론(copy right)
> 을: 정보는 인류 공동의 지적 산물이다. 따라서 비용을 지불
> 하지 않고 자유롭게 정보를 이용할 수 있어야 한다. 만약
> 정보 공유 권리론(copy left)
> 정보의 사적인 소유를 인정하면 경제력 차이에 따른 정보
> 불평등이 발생하고 창작 활동이 위축될 수 있다.

① 갑은 지적 활동에 대한 정당한 보상이 이루어져야 한다고 본다.
✓② 갑은 정보를 공공재로 인정할 때 질적 향상을 이룬다고 본다.
③ 을은 자유로운 정보의 활용이 정보의 공유로 가능하다고 본다.

④ 을은 정보의 소유권 보장으로 정보 격차 문제가 생긴다고 본다.
⑤ 갑, 을은 정보를 생산하는 창작 활동을 인정해야 한다고 본다.

> **풀이**
> 갑은 정보 생산자의 저작권, 배타적인 소유권을 중시하는 저
> 작권 보호론(copy right)의 입장이다. 을은 자유롭고 평등한 정
> 보 접근성을 강조하는 정보 공유 권리론(copy left)의 입장이다.
> ② 갑은 정보를 공공재가 아닌 사적 소유재로서 인정할 때 정보의
> 질이 향상된다고 주장한다. 정보의 공유화가 질적 향상을 이룬
> 다고 보는 입장은 정보 공유론을 주장하는 을의 입장이다.

36 정답 ⑤ 문제편 p.140

① 대면적 인간관계가 증대되고 있다. (감소)
② 사생활 침해 가능성이 감소하고 있다. (증가)
③ 직장인의 근무 형태가 획일화되고 있다. (다양화)
④ 정보 교류의 공간적 범위가 좁아지고 있다. (확대되고)
✓⑤ 정보 윤리 관련 법안의 필요성이 커지고 있다.

> **풀이**
> 제시문에는 정보화로 인한 변화와 이에 따른 문제점이 나타나
> 있다. 정보화로 인해 개인 정보가 유출되고 감시나 통제가 가능해
> 지면서 이와 관련된 정보 윤리 관련 법률을 정비하고 강화하는 요
> 구가 커질 것이다.

37 정답 ④ 문제편 p.140

> **[보 기]**
> ㄱ. 갑은 개인에게 자신의 정보에 대한 삭제권이 주어져야 한다
> 고 본다. └ 잊힐 권리
> ㄴ. 갑은 개인 정보 유출로부터 인권을 보호할 수 있는 장치가
> 마련되어야 한다고 본다.
> ㄷ. 을은 공동체의 이익을 위한 정보는 열람 가능해야 한다고
> 본다. └ 알 권리
> ㄹ. 을은 자신의 정보 공개 여부에 대한 모든 권한은 자신에게
> 있어야 한다고 본다.

① ㄱ, ㄴ   ② ㄱ, ㄹ   ③ ㄷ, ㄹ
✓④ ㄱ, ㄴ, ㄷ   ⑤ ㄴ, ㄷ, ㄹ

> **풀이**
> 갑은 잊힐 권리의 보장을 주장하고 있고, 을은 알 권리의 보장
> 을 주장하고 있다. 갑은 적법한 목적과 무관하다면 자신의 정보를
> 지울 수 있는 개인의 권리를 주장함으로써 정보화 과정에서 개인
> 정보 및 사생활 보호의 필요성을 강조하고 있다. 을은 공동체의
> 이익을 위한 정보는 삭제하지 않고 열람이 가능해야 한다고 주장
> 하고 있다.
> ㄹ. 을은 공익을 위한 정보라면 누구나 접근할 수 있어야 한다고
> 본다.

38 정답 ③ 문제편 p.140

풀이

제시된 노트 필기는 사이버 괴롭힘(사이버 불링) 현상에 대한 내용이다. 사이버 괴롭힘 현상에는 강제적인 정보 유출, 허위 사실 유포, 특정인을 향한 언어폭력 등이 있다.

③ 사이버 괴롭힘 현상을 예방하기 위해서는 사이버상에서의 표현의 자유가 타인의 자유를 침해하지 않는 선에서 제한적으로 보장되어야 한다.

39 정답 ④ 문제편 p.141

[보 기]

ㄱ. 개인 정보 유출로 인한 사생활 침해의 가능성이 커질 것이다.

ㄴ. 인간관계의 폭이 확대되면서 대면 접촉의 비중이 증가할 것 (감소) 이다.

ㄷ. 직장과 주거지의 물리적 거리에 따른 공간적 제약이 완화될 것이다.

ㄹ. 전자 상거래의 활성화로 무점포 업체 및 국내 택배업이 성장할 것이다.

① ㄱ, ㄴ   ② ㄱ, ㄷ   ③ ㄴ, ㄹ
④ ㄱ, ㄷ, ㄹ   ⑤ ㄴ, ㄷ, ㄹ

풀이

제시문은 정보화로 인해 나타난 변화와 이에 따른 문제점을 보여 주고 있다. 정보화로 인해 원격 근무나 화상 회의가 가능해지면서 물리적 거리에 따른 공간적 제약이 완화될 것이고, 전자 상거래가 활성화될 것이다. 그러나 정보화로 인해 인터넷 중독, 사생활 침해, 사이버 범죄, 정보 격차 등의 문제가 발생할 수 있다.

ㄴ. 정보화로 인해 인간관계의 폭이 확대되면서 대면 접촉의 비중은 감소할 것이다.

40 정답 ⑤ 문제편 p.141

풀이

교사는 정보화로 인해 개인 정보가 유출되어 나타나는 범죄 행위에 대한 대책을 묻고 있다. 따라서 (가)에는 개인 정보 유출에 대한 적절한 대책이 들어가야 한다. 제3자에게 개인 정보가 유출되지 않도록 관리하는 것은 (가)에 들어갈 수 있다.

①, ②, ③, ④ 개인정보 유출에 대한 대책으로 볼 수 없다.

41 정답 ② 문제편 p.141

풀이

(가)에는 인터넷과 모바일을 활용한 금융 거래에 익숙하지 않은 노년층이 불편함을 겪고 있음을 보여 주고 있다. 이는 정보 통신 서비스에 접근하거나 이용할 수 있는 기회에 차이가 생기는 정보 격차와 관련 있다. (나)에는 '신상털기'로 인해 개인 정보가 유출되면서 발생하는 피해를 보여 주고 있다. 이는 사생활 침해와 관련 있다.

42 정답 ⑤ 문제편 p.141

풀이

실내 조사는 선정된 주제 및 지역과 관련된 문헌 및 인터넷 조사, 통계 자료 및 지도 분석 등으로 정보를 수집하는 활동이다. 이외에도 야외 조사에서 활용할 설문지 및 지도 준비 등 야외 조사의 사전 작업도 실내 조사에 포함된다. 야외 조사는 선정된 지역을 방문하여 관찰, 실측, 촬영, 면담, 설문 조사 등으로 정보를 수집하는 활동이다.

ㄱ. 상인과의 설문을 위해 해당 지역을 직접 방문하였으므로 야외 조사이다.

ㄴ. 문헌 자료를 통해 통계 자료를 수집하였으므로 실내 조사이다.

ㄷ. 촬영을 위해 해당 지역에 속한 건물을 방문하여 사진 자료를 획득하였으므로 야외 조사이다.

ㄹ. 차량 통행량 확인을 위해 선정된 지역 주변 도로를 방문하였으므로 야외 조사이다.

43 정답 ② 문제편 p.142

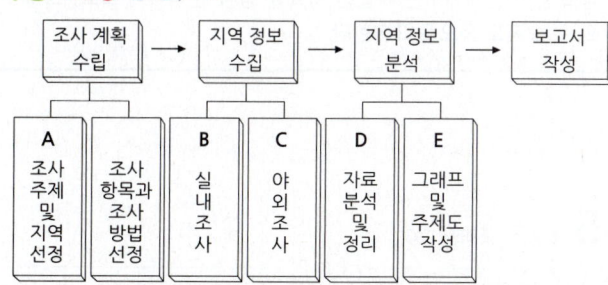

① A: 수집한 정보를 항목별로 구분해 중요한 지리 정보를 선별한다.
② B: 인터넷을 활용하여 ○○시의 인구 통계 자료를 조사한다.
③ C: ○○시의 출생자 수 변화를 통계 지도와 표로 표현한다.
④ D: ○○시청 인구정책과를 방문하여 담당자와 면담한다.
⑤ E: '○○시의 인구 변화'를 주제로 결정한다.

풀이

실내 조사 단계에서는 문헌, 인터넷 등을 활용하여 정보를 수집하고, 야외 조사 단계에서는 해당 지역을 직접 방문하여 실측, 촬영, 주민 면담 등을 통해 정보를 수집한다.

① 수집한 정보를 항목별로 선별하는 작업은 자료 분석 및 정리 단계(D)에 해당하는 활동이다.
② 인터넷을 활용하여 지리 정보를 수집하는 활동은 실내 조사 단계(B)에 해당하는 활동이다.
③ 수집한 정보를 통계 지도, 도표 등으로 표현하는 활동은 그래프 및 주제도 작성 단계(E)에 해당하는 활동이다.
④ 연구 대상 지역의 시청을 방문하여 자료를 수집하는 활동은 야외 조사 단계(C)에 해당하는 활동이다.
⑤ 연구 주제를 결정하는 것은 조사 주제 및 지역 선정 단계(A)에 해당하는 활동이다.

풀이

　지역 조사는 주제 및 지역 선정, 실내 조사, 야외 조사, 지리 정보 분석, 보고서 작성의 순으로 이루어진다. 실내 조사는 도서관이나 관청, 인터넷 등으로 문헌 자료, 지도, 통계 자료, 항공 사진 등의 정보를 수집하는 활동이다. 야외 조사는 조사 지역을 직접 답사하여 면담, 설문 조사, 관찰, 촬영 등을 통해 정보를 수집하는 활동이다. 지리 정보 분석 단계에서는 수집한 자료를 정리·분석하여 도표, 그래프, 통계 지도 등으로 표현한다. (가)는 실내 조사, (나)는 지리 정보 분석이다. ㄱ은 주제 및 지역 선정, ㄴ은 실내 조사, ㄷ은 지리 정보 분석, ㄹ은 야외 조사에 해당한다.

---

44 정답 ② 문제편 p.142

[보 기]

ㄱ. ㉠을 조사하기 위한 주요 방법으로는 **설문, 면담** 등이 있다. ↳ 실외 조사
ㄴ. ㉡은 지역 조사 단계 중 ~~실외 조사~~ 에 해당된다. 실내 조사
ㄷ. ㉢은 그래프, 지도 등으로 표현하는 것이 지리 정보 파악에 용이하다.
ㄹ. 일반적으로 지역 조사는 을보다 갑의 활동이 먼저 이루어진다.

① ㄱ, ㄴ　❷ ㄱ, ㄷ　③ ㄴ, ㄷ　④ ㄴ, ㄹ　⑤ ㄷ, ㄹ

풀이

　지리 정보 수집 단계에는 실내 조사와 실외 조사가 있다. 실내 조사는 도서관, 관청 등을 방문하거나 인터넷을 이용하여 문헌, 지도, 통계 자료 등을 통해 정보를 수집하고, 실외 조사 항목, 조사 방법, 답사 경로와 일자 결정, 설문지 작성 등의 실외 조사 계획을 세우는 활동이다. 실외 조사는 조사 지역을 직접 방문하여 면담, 설문 조사, 관찰, 촬영 등을 통해 정보를 수집하는 활동이다. 지리 정보 분석 단계에서는 수집한 자료를 정리·분석하여 도표, 그래프, 통계 지도 등으로 표현한다.

---

45 정답 ③ 문제편 p.142

[보 기]

ㄱ. '경주의 불교문화'를 주제로 결정한다. → 주제 및 지역 선정
ㄴ. 불교문화와 관련한 문헌 자료를 조사한다. → 실내 조사
ㄷ. 답사 자료를 바탕으로 불교 유적 분포도를 그린다. → 지리 정보 분석
ㄹ. 경주의 남산을 중심으로 불교문화 유적을 답사한다. → 야외 조사

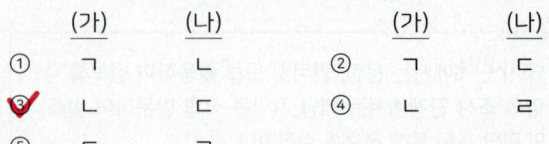

	(가)	(나)		(가)	(나)
①	ㄱ	ㄴ	②	ㄱ	ㄷ
❸	ㄴ	ㄷ	④	ㄴ	ㄹ
⑤	ㄷ	ㄹ			

---

46 정답 ① 문제편 p.142

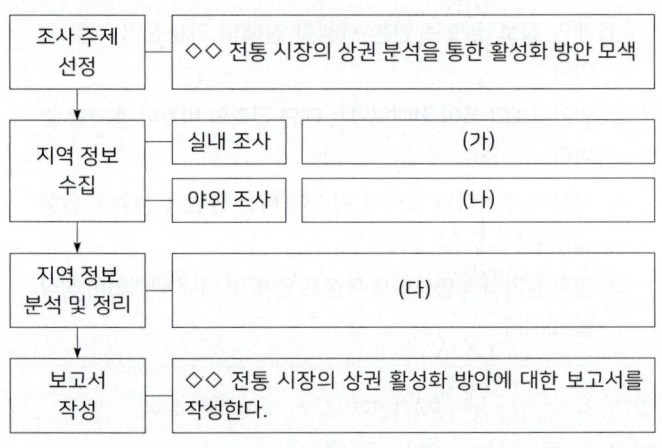

조사 주제 선정	◇◇ 전통 시장의 상권 분석을 통한 활성화 방안 모색	
지역 정보 수집	실내 조사	(가)
	야외 조사	(나)
지역 정보 분석 및 정리	(다)	
보고서 작성	◇◇ 전통 시장의 상권 활성화 방안에 대한 보고서를 작성한다.	

[보 기]

ㄱ. ◇◇ 전통 시장의 위치, 교통망, 상점 수 등을 인터넷을 활용하여 조사한다. → 실내 조사
ㄴ. ◇◇ 전통 시장을 방문하여 이용자를 대상으로 이용 횟수, 만족도 등을 설문 조사한다. → 야외 조사
ㄷ. ◇◇ 전통 시장 이용자의 만족도, 업종별 상점 현황을 분석하여 도표나 그래프 등으로 표현한다. → 지역 정보 분석 및 정리

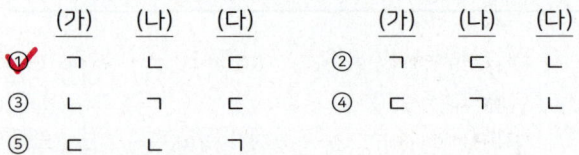

	(가)	(나)	(다)		(가)	(나)	(다)
❶	ㄱ	ㄴ	ㄷ	②	ㄱ	ㄷ	ㄴ
③	ㄴ	ㄱ	ㄷ	④	ㄷ	ㄱ	ㄴ
⑤	ㄷ	ㄴ	ㄱ				

풀이

　전통 시장의 상권 분석을 주제로 한 지역 조사에서 각 단계별로 진행할 활동을 찾는 문항이다.
ㄱ. 인터넷을 활용해 다양한 지리 정보를 수집하는 활동은 실내 조사 (가)에 해당한다.
ㄴ. 조사 지역인 ◇◇ 전통 시장을 직접 방문하여 지리 정보를 수집하는 활동은 야외 조사 (나)에 해당한다.
ㄷ. 수집된 지리 정보를 분석하여 다양한 방법으로 표현하고 정리하는 활동은 지역 정보 분석 및 정리 (다)에 해당한다.

✔① 경산 주민들의 일상생활 범위가 확대될 것이다.

② 구미~경산 간 시·공간적 제약이 증가될 것이다. ~~감소~~

③ 구미~대구 간 이동하는 평균 시간은 증가될 것이다. ~~단축~~

④ 광역 철도의 신규 정차역 주변 상권이 축소될 것이다. ~~확대~~

⑤ 대경선을 이용하는 주민들의 통근권이 축소될 것이다. ~~확대~~

풀이

　　새로운 교통로가 형성되면서 나타날 수 있는 지역 변화를 묻고 있다. 경산-동대구-대구-서대구-왜관-사곡-구미 등 광역 철도 정차역이 신설된 지역은 생활권이 확대되는 등 많은 변화가 예상된다.

① 광역 철도 정차역이 들어선 경산은 이전보다 더 넓은 공간 범위에서 일상생활을 영위할 수 있게 된다.

② 광역 철도가 개통되면 구미-경산 간 이동 시간이 단축되므로 지역 간 교류가 활발해진다. 따라서 두 지역 간 시·공간적 제약은 감소한다.

③ 광역 철도를 이용하면 구미-대구 간 이동을 1시간 이내에 할 수 있고, 기존 교통로의 통행량이 광역 철도로 분산되므로 구미-대구 간 평균 이동 시간은 이전보다 단축된다.

④ 광역 철도 개통으로 신규 정차역 일대는 예전보다 유동 인구가 증가할 뿐만 아니라 더 먼 거리에 거주하는 고객도 확보할 수 있으므로 상권은 확대된다.

⑤ 대경선을 이용하는 주민들은 이전보다 먼 거리에서의 출퇴근도 가능해지므로 통근권이 확대된다.

풀이

　　갑은 주제 및 지역 선정, 병은 실내 조사, 정은 야외 조사, 무는 자료 분석 및 보고서 작성 단계에서 하는 활동을 이야기하고 있다.

① 하천 생태계 복원 사업(㉠)은 하천 수질을 개선하고, 하천 정비로 인해 훼손된 생물 서식처를 복원하는 사업이다. 하천 생태계 복원 사업(㉠)을 통해 생태 환경이 개선되므로 생물종 다양성이 증가할 것이다.

② 자연 상태의 지표는 대부분 토양층과 식생으로 덮여 있어 빗물이 지하로 쉽게 스며들었다. 지표의 빗물 흡수 능력이 저하(㉡)된 것은 도시화가 진행되면서 아스팔트 등으로 포장된 지표 면적이 증가하였기 때문이다.

③ 토지 이용 변화에 대한 항공 사진과 국토 위성 영상 자료(㉢)는 기존의 문헌이나 인터넷 등을 활용해 확보할 수 있다.

④ 야외 조사는 선정된 지역에 찾아가 관찰, 면담, 실측, 촬영 등으로 자료를 수집하는 활동이다. 주민들과 직접 만나 설문 조사를 실시(㉣)하는 것은 야외 조사에서 행해지는 활동이다.

⑤ 수집된 자료를 분석 및 정리(㉤)하면서 도표, 그래프, 통계 지도 등을 활용하면 자료를 효과적으로 표현할 수 있다.

　　키오스크는 비용 절감과 업무의 효율성을 높인다는 장점이 있지만, 정보 기기에 대한 접근과 활용에 장벽을 느끼는 정보 소외 계층은 키오스크 사용에 어려움을 겪고 있다. 이러한 정보 기기 이용의 불균형이 심화되면 ==정보 격차가 발생할 수 있다.== 따라서 ==정부와 기업 등 다양한 주체들이 이러한 문제에 관심을 가지고, 기술 발전과 동시에 사회 정책 마련 및 윤리적 책임을 다할 때 정보 격차 문제가 해소될 것이다.==

* 키오스크(kiosk): 공공장소에 설치된 무인 정보 단말기

[보 기]

ㄱ. 정보 격차 문제는 새로운 기술의 개발로만 해결할 수 있다.

ㄴ. 다양한 주체들은 정보 소외 계층의 어려움에 공감하고 배려해야 한다.

ㄷ. 정부는 정보 격차로 인한 불평등 완화를 위해 맞춤형 정보 교육을 실시해야 한다.

ㄹ. 기업은 키오스크 보급으로 인해 발생하는 문제에 대한 사회적 책임으로부터 자유로워야 한다. ~~을 다해야~~

① ㄱ, ㄴ　② ㄱ, ㄷ　✔③ ㄴ, ㄷ　④ ㄴ, ㄹ　⑤ ㄷ, ㄹ

풀이

　　제시문은 정보 기기 이용의 불균형 심화로 인해 발생한 정보 격차 문제를 해소하기 위해 다양한 주체들이 노력해야 함을 강조하고 있다.

ㄱ. 정보 격차 문제는 새로운 기술의 개발뿐만 아니라 사회 정책을 마련하고 윤리적 책임을 다할 때 해소될 수 있다.

ㄴ. 정보 격차 문제를 해소하기 위해 정부, 기업 등 다양한 주체들은 정보 소외 계층의 어려움에 공감하고 이들을 배려하는 태도를 지녀야 한다.

ㄷ. 정보 격차 문제를 해소하기 위해 정부는 정보 격차로 인한 불평등 완화를 위한 사회 정책을 실시해야 한다.

ㄹ. 정보 격차 문제를 해소하기 위해 기업은 정보 기기 이용의 불균형으로 인해 발생하는 문제에 대한 사회적 책임을 다해야 한다.

1 정답 ⑤ 문제편 p.145

① 1인 가구의 비중이 증가하였을 것이다.

② 도시의 토지 이용 집약도가 높아졌을 것이다.

③ 사람들이 종사하는 직업의 종류가 다양해졌을 것이다.

④ 공동체 의식보다 개인주의적 가치관이 확산되었을 것이다.

⑤ 지표의 포장 면적 확대로 불투수 면적이 ~~감소~~ 증가 하였을 것이다.

풀이

촌락 인구 비율과 농림어업 종사자 비율이 높은 (가)는 1970년, 도시 인구 비율과 사회간접자본·서비스업 종사자 비율이 높은 (나)는 2020년이다.

① 농업 중심 사회에서는 대가족이 보편적이었으나, 도시화가 진행되면서 가구당 구성원 수는 감소하였다. 따라서 2020년(나)에는 1970년(가)보다 1인 가구의 비중이 높아졌다.

② 많은 인구가 도시로 집중되면 도시 내 토지에 대한 수요가 높아지면서 지가가 상승하고 고층 건물이 들어서는 등 토지를 집약적으로 이용하게 된다. 따라서 1970년(가)보다 도시화율이 높아진 2020년(나)에는 도시의 토지 이용 집약도가 높아졌다.

③ 농업 중심 사회에서 공업 및 서비스 산업 중심 사회로 변화하면 사회가 세분화, 전문화되면서 다양한 직업이 등장한다. 따라서 1970년(가)보다 서비스 산업의 비중이 높아진 2020년(나)에는 직업의 종류가 다양해졌다.

④ 농업의 비중이 높았던 1970년(가)에는 지역 공동체가 함께 해결해야 할 작업이 많았다. 반면 산업화가 진전된 2020년(나)에는 공동체보다 개인의 능력을 중시하는 개인주의적 가치관이 보편화되었다.

⑤ 1970년(가)보다 포장 면적이 확대된 2020년(나)에는 빗물이 지하로 스며들 수 없는 불투수 면적이 넓어졌다.

2 정답 ① 문제편 p.145

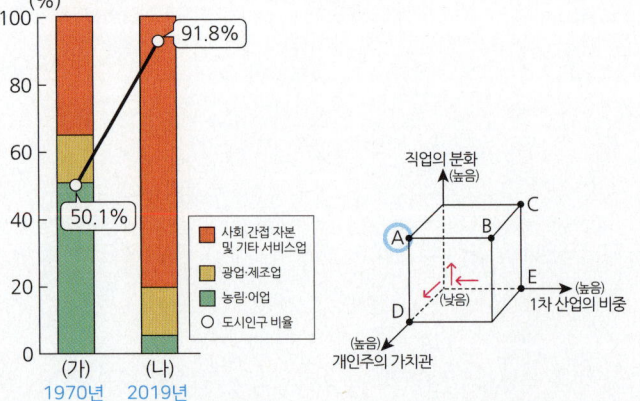

풀이

우리나라는 1970년 이후 빠르게 산업화와 도시화가 진행되면서 1차 산업 종사자 비율은 감소하고, 3차 산업 종사자 비율은 증가하였다. 또한 2차 및 3차 산업이 발달한 도시로 인구가 집중되면서 도시화율이 높아졌다. 따라서 (가)는 1970년, (나)는 2019년이다.

① 1970년에 비해 2019년에는 산업 구조가 고도화되면서 1차 산업의 비중은 낮아지고, 새로운 산업이 등장함으로써 직업이 분화되고 다양한 새로운 직업이 등장하였다. 또한 기술의 발달로 인한 디지털 기기의 보급은 면대면 접촉 기회를 감소시켜 개인주의 가치관을 확산시켰다.

3 정답 ③ 문제편 p.145

<도시화율>

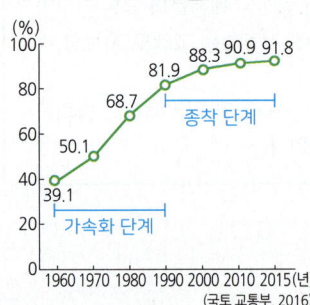
(국토 교통부, 2016)

<산업별 취업자 현황>

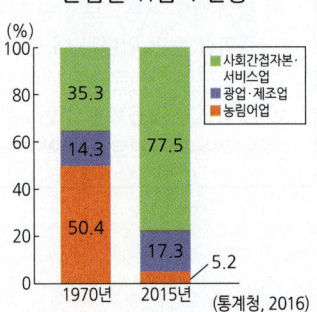
(통계청, 2016)

① 도시 인구 비율이 높다.

② 직업의 분화 정도가 높다.

③ 이촌 향도 현상이 활발하다.

④ 도시의 시가지 면적이 넓다.

⑤ 3차 산업 종사자 비율이 높다.

풀이

우리나라는 1960년대 이후 산업화와 도시화가 급격하게 이루어졌으며, 1990년대 이후 도시화율이 80%를 넘어서 도시화의 종착 단계에 이르렀다. 산업화와 도시화가 진행되며 도시 인구 비율이 증가했고, 2·3차 산업이 발달하여 직업의 분화 정도가 높아졌다. 또한 도시의 시가지 면적이 넓어졌으며 서비스업과 같은 3차 산업 종사자의 비율이 높아졌다.

① 1970년에 비해 2015년에 도시화율이 높으므로 1970년에 비해 2015년에 도시 인구 비율이 높아졌다.

②, ⑤ 1970년에 비해 2015년에 1차 산업의 비율은 감소하고 3차 산업의 비율은 증가하였으므로 1970년에 비해 2015년에 직업의 분화 정도가 높아졌다.

③ 이촌 향도 현상은 촌락 인구가 도시로 이동하는 현상이다. 따라서 도시화율이 급격히 높아지는 1970년이 도시화율이 둔화된 2015년보다 이촌 향도 현상이 활발하다.

④ 1970년에 비해 2015년에 도시화율이 높으므로 1970년에 비해 2015년에 도시의 시가지 면적이 넓어졌다.

4 정답 ④ 문제편 p.145

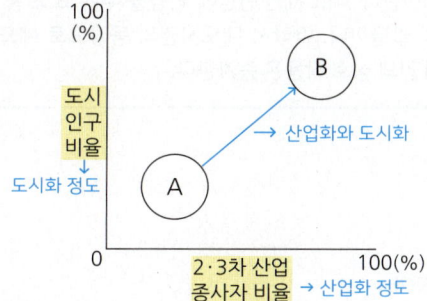

도시 인구 비율 → 도시화 정도

A → B : 산업화와 도시화

2·3차 산업 종사자 비율 → 산업화 정도

① 직업의 종류가 다양해질 것이다.
② 개인주의 가치관이 확산될 것이다.
③ 도시의 주택 문제가 증가할 것이다.
④ 가구당 평균 구성원 수가 늘어날 것이다. (감소할)
⑤ 도시의 토지 이용 집약도가 높아질 것이다.

> **풀이**
> B는 A보다 도시 인구 비율이 높고, 2·3차 산업 종사자 비율이 높다. 따라서 A에서 B로 이동한 원인은 산업화와 도시화이다. 산업화와 도시화가 진행되면 직업의 종류가 다양해지고, 개인주의 가치관이 확산될 것이며, 도시의 토지 이용 집약도가 높아질 것이다. 그리고 청장년층 인구의 도시 집중이 활발해지면서 주택 부족, 환경 오염, 사회 범죄 등의 문제가 발생하고, 핵가족화의 진행으로 가구당 평균 구성원 수는 감소한다.

5 정답 ① 문제편 p.146

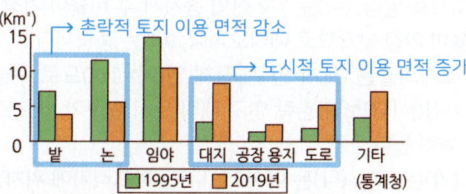

촌락적 토지 이용 면적 감소 / 도시적 토지 이용 면적 증가

밭 논 임야 대지 공장 용지 도로 기타 (통계청)
■1995년 ■2019년

* 밭은 과수원의 면적을 포함함.
** 대지는 주거용 및 상업용 건물을 짓는 데 활용하는 땅임.

> **풀이**
> 1995~2019년 ○○시의 논, 밭 면적은 감소하고 대지, 공장 용지, 도로 면적은 증가하였다. 이를 통해 ○○시는 도시화가 진행되었음을 알 수 있다. 도로 면적이 증가하였으므로 도로의 총 길이는 길어졌고, 논과 밭의 면적이 감소하였으므로 경지 면적은 좁아졌다. 도시화의 진행으로 아스팔트, 콘크리트 등으로 피복된 면적이 증가하므로 포장 면적은 넓어졌다.

6 정답 ① 문제편 p.146

[보 기]
ㄱ. ㉠의 배경으로는 1인 가구의 증가가 있다.
ㄴ. ㉡은 정보화로 인한 생활의 변화를 나타낸다.

ㄷ. ㉢은 사회적 유대감보다 개인의 자율성을 강조한다.
ㄹ. ㉠은 ㉢과 달리 공동체의 결속과 소통을 중시한다.

① ㄱ, ㄴ ② ㄱ, ㄷ ③ ㄴ, ㄷ ④ ㄴ, ㄹ ⑤ ㄷ, ㄹ

> **풀이**
> ㄱ. 1코노미는 혼자만의 소비 생활을 즐기는 사람으로, 그 수가 늘어나고 있다.
> ㄴ. 누리 소통망을 통한 사회적 관계망 유지는 정보화로 인해 나타난 생활의 변화에 해당한다.
> ㄷ. 공동체 주택에서의 생활은 개인의 자율성보다 사회적 유대감을 강조한다.
> ㄹ. 공동체 주택은 1코노미와 달리 공동체의 결속과 소통을 중시한다.

7 정답 ⑤ 문제편 p.146

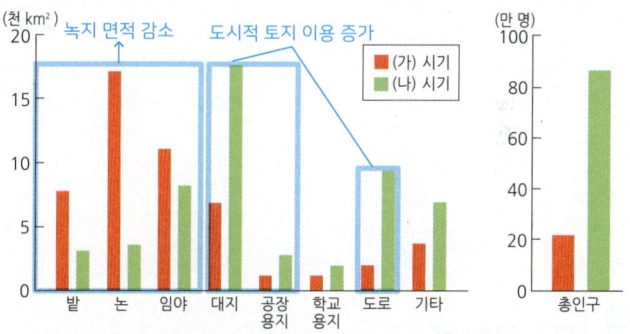

녹지 면적 감소 / 도시적 토지 이용 증가
■(가) 시기 ■(나) 시기

밭 논 임야 대지 공장 용지 학교 용지 도로 기타 / 총인구

* 대지: 가옥, 건축물 등을 짓을 용도로 사용되는 토지
** (가), (나) 두 시기의 총면적은 유의미한 차이가 없음

> **풀이**
> (나) 시기는 (가) 시기에 비해 밭, 논, 임야 등의 녹지 면적은 감소했으며 대지, 공장 용지, 도로 등의 도시적 토지 이용이 증가하였다. 따라서 (나) 시기는 (가) 시기에 비해 도시화가 더 진행되었다고 해석할 수 있다.
> 도시화가 진행될 경우 지표의 포장 면적이 넓어지고, 토지 이용 집약도가 높아진다. 또한 지역 내 인구 밀도가 높아지고, 도로 교통에 의한 접근성이 높아지며, 농업적 토지 이용의 비중이 작아진다.

8 정답 ④ 문제편 p.146

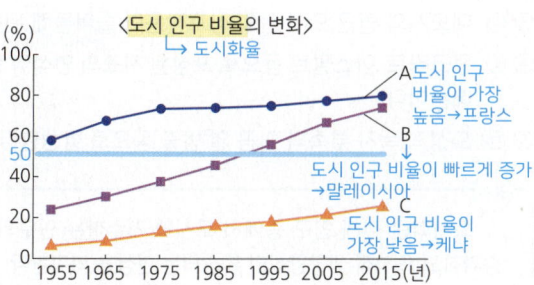

〈도시 인구 비율의 변화〉 → 도시화율

A 도시 인구 비율이 가장 높음 → 프랑스
B 도시 인구 비율이 빠르게 증가 → 말레이시아
C 도시 인구 비율이 가장 낮음 → 케냐

1955 1965 1975 1985 1995 2005 2015(년)

[보 기]

ㄱ. A는 B보다 산업화가 시작된 시기가 <del>늦다</del>.
　　　　　　　　　　　　　　　　　이르다
ㄴ. B는 C보다 1955~2015년 도시 인구 비율의 증가 폭이
　　크다.
ㄷ. C는 A보다 3차 산업 종사자 비율이 <del>높다</del>.
　　　　　　　　　　　　　　　　　　　낮다
ㄹ. A와 B는 2015년 도시 인구가 촌락 인구보다 많다.
　　　　　　　　　　도시화율 50% 이상

① ㄱ, ㄴ　② ㄱ, ㄷ　③ ㄴ, ㄷ　④ ㄴ, ㄹ　⑤ ㄷ, ㄹ

풀이

도시화율은 경제 수준이 높은 국가일수록 대체로 높다. A는 도시 인구 비율이 가장 높은 프랑스, B는 산업화가 진행되면서 도시 인구 비율이 빠르게 증가한 말레이시아, C는 도시 인구 비율이 가장 낮은 케냐이다.
ㄱ. A는 B보다 도시화율이 높으므로 산업화가 시작된 시기가 이르다.
ㄷ. 도시화율이 높은 A가 C보다 산업 구조가 고도화되어 3차 산업 종사자 비율이 높다.

---

9 정답 ③ 문제편 p.147

제목: 산업화와 ㉠도시화에 따른 생활공간의 변화
　　　　　　└→ 전체 인구 중 도시 거주 인구 비율 증가,
　　　　　　　　도시적 생활양식 확산
1. 거주 공간의 변화
　- ㉡고층 건물과 아파트의 증가
　- 다양한 기능으로 도시 내부 공간 분화
　- ㉢대도시권의 등장 → 대도시와 주변 지역이 하나의
　　　　　　　　　　　　　생활권을 이룸
2. 생태 환경의 변화
　- 대기·수질·토양 오염 심화　→ 시가지 면적 증가, 녹지 면적 감소
　- ㉣토양의 빗물 흡수 능력 저하
　- ㉤도심의 열섬 현상 발생　→ 도심의 기온이
　　　　　　　　　　　　　　주변부보다 높은 현상

① ㉠: 일반적으로 선진국보다 개발도상국의 진행 속도가 빠르다.
　　　└→ 산업화가 일찍 시작되어 오랜 기간 점진적으로 진행됨
② ㉡: 토지 이용의 집약도가 상승했음을 보여준다.
③ ㉢: 대도시와 인근 도시 간의 상호작용이 줄어들게 된다.
　　　　　　　　　　　　　　　　　　　늘어나게
④ ㉣: 콘크리트, 아스팔트 등으로 포장된 지표의 면적이 증가하였기
　　때문이다.
⑤ ㉤: 도심의 녹지 부족과 인공 열 방출 등으로 발생한다.

풀이

도시화란 전체 인구 중에서 도시에 거주하는 인구의 비율이 증가하고 도시적 생활양식이 확산되는 현상을 의미한다.

---

③ 대도시권이란 대도시와 통근, 통학 등 일상생활이 가능한 공간 범위를 의미한다. 대도시권 형성에 영향을 주는 요소 중 하나가 교통의 발달이다. 따라서 대도시권의 등장으로 대도시와 주변 도시 간의 상호 작용은 증가한다.

---

10 정답 ⑤ 문제편 p.147

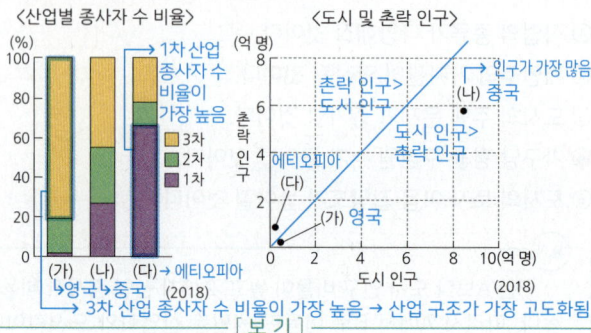

〈산업별 종사자 수 비율〉
1차 산업 종사자 수 비율이 가장 높음
(가) 영국, (나) 중국, (다) 에티오피아
→ 3차 산업 종사자 수 비율이 가장 높음 → 산업 구조가 가장 고도화됨

〈도시 및 촌락 인구〉
촌락 인구 > 도시 인구
(나) 중국 → 인구가 가장 많음
도시 인구 > 촌락 인구
에티오피아 (다)
(가) 영국

[보 기]

ㄱ. (다)는 1차 산업보다 2차 산업 종사자 수가 많다.
　　　　　　2차　　　　1차
ㄴ. (나)는 (가)보다 산업화에 진입한 시기가 <del>이르다</del>.
　　　　　　　　　　　　　　　　　　　　늦다
ㄷ. (나)는 (다)보다 도시화율이 높다.　→ 도시 인구 / 전체 인구(도시 인구+촌락 인구) ×100
ㄹ. (가)는 유럽, (나)는 아시아에 위치한다.

① ㄱ, ㄴ　② ㄱ, ㄷ　③ ㄴ, ㄷ　④ ㄴ, ㄹ　⑤ ㄷ, ㄹ

풀이

(가)는 3차 산업 종사자 수 비율이 가장 높고 도시화율이 가장 높으므로 영국, (다)는 1차 산업 종사자 수 비율이 가장 높고 도시화율이 가장 낮으므로 에티오피아, (나)는 중국이다.
ㄷ. 도시화율은 (도시 인구÷전체 인구)×100으로 구할 수 있다. (나)는 (다)보다 촌락 인구 대비 도시 인구가 많으므로 도시화율이 높다.
ㄹ. (가)는 유럽, (나)는 아시아, (다)는 아프리카에 위치한다.

---

11 정답 ② 문제편 p.147

① 간척사업으로 갯벌이 감소하였다.
② 어업에 종사하는 주민 비율이 <del>증가</del>하였다.
　　　　　　　　　　　　　　　감소
③ 주택 문제와 같은 도시 문제가 발생하였다.
④ 공업단지의 조성으로 유입 인구가 증가하였다.
⑤ 공장 지대와 같은 새로운 기능을 수행하는 공간이 나타났다.

풀이

괭이부리마을에서는 산업화와 도시화가 진행되면서 생활공간에 많은 변화가 나타났다. 갯벌을 간척하여 공장 지대를 조성하면서 일자리를 찾아 많은 사람들이 모여 들게 되었다.
② 어업에 종사하는 주민 비율은 감소하였다.

100 2026 마더텅 전국연합 학력평가 기출문제집 고1 통합사회1

12 정답 ⑤ 문제편 p.147

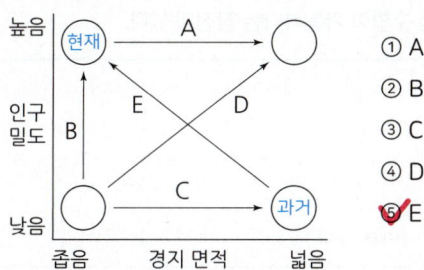

○○ 지역은 <u>과거에는 논농사 중심의 전형적인 농촌</u>이었다. 그러나 <u>인근 대도시로 연결되는 고속 국도가 개통</u>되면서 교통 여건이 크게 개선되어 인근 대도시로부터 많은 인구가 유입되었다. 이로 인해 논에는 <u>대규모 아파트 단지가 들어섰고</u> 대형 마트, 아울렛 등 각종 상업 시설들이 입지하였다.

→ 근교 촌락
→ 도시화

① A
② B
③ C
④ D
⑤ E ✓

풀이

○○ 지역은 도시와 인접한 촌락으로 과거에는 전형적인 농촌이었으나 교통의 발달로 인근 대도시로부터 많은 인구가 유입되었다. 이로 인해 대규모 아파트 단지와 각종 상업 시설이 입지하는 등 도시화가 진행되면서 도시적 경관이 많이 나타나게 되었다. 따라서 ○○ 지역은 인구가 증가하고 농경지가 줄어들었으므로 인구 밀도는 높아지고 경지 면적은 좁아졌다.

13 정답 ① 문제편 p.148

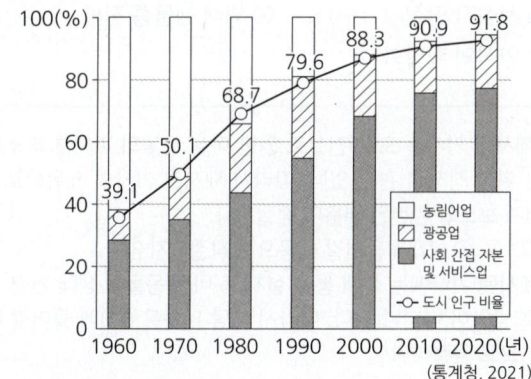

① 직업의 종류가 다양하다. ✓
② 촌락 인구의 비율이 <s>높다</s>. (낮다)
③ 토지 이용의 집약도가 <s>낮다</s>. (높다)
④ 1차 산업 종사자 비중이 <s>높다</s>. (낮다)
⑤ 개인주의적 가치관이 <s>약화</s>된다. (심화)

풀이

1960년에 비해 2020년 도시 인구 비율이 높아졌다. 또한 1차 산업(농림어업) 종사자 비율은 낮아졌고, 3차 산업(사회 간접 자본 및 서비스업) 종사자 비율은 높아졌다.
① 도시에 거주하는 인구 비율과 3차 산업 종사자 비율이 높아졌으므로 직업의 종류가 다양해졌다.
③ 산업화·도시화로 평균 지가는 상승하며, 지가가 상승하면 토지 이용의 집약도가 높아진다.
⑤ 산업화·도시화는 일반적으로 개인주의적 가치관을 심화시킨다.

14 정답 ④ 문제편 p.148

수행 평가

1학년 ○반 이름: ○○○

■ 다음 자료를 읽고 밑줄 친 부분의 원인과 대책을 쓰시오.

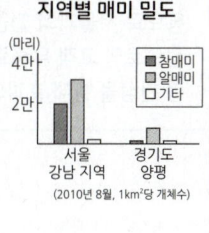

최근 서울을 비롯한 대도시 지역에 서식하는 매미가 농촌보다 최대 13배까지 많은 것으로 밝혀졌다. 매미의 유충은 기온이 높은 곳에서 성장하기 좋은데 <u>도시 내부가 교외에 비해 기온이 높기</u> 때문에 매미의 밀도가 높게 나타난다.

→ 열섬 현상

◎ 학생 답안
▶ 원인
  1. <u>콘크리트 건축물과 아스팔트 도로의 복사열</u> ·········· ㉠
  2. <u>냉·난방 장치나 자동차에서 배출되는 인공열</u> ·········· ㉡
▶ 대책
  1. <u>건물 옥상 정원과 가로수를 확충한다.</u> ·········· ㉢ → 녹지 면적 증가
  2. <u>도심 하천을 복개하여 주차장을 확충한다.</u> ·········· ㉣
  3. <u>대중교통과 자전거를 이용하여 출·퇴근한다.</u> ·········· ㉤
  → 인공열 배출 감소

① ㉠   ② ㉡   ③ ㉢   ④ ㉣ ✓   ⑤ ㉤

풀이

자료는 인공열 발생이나 포장 면적 증가 등으로 인해 도심 지역의 기온이 주변 지역에 비해 높게 나타나는 열섬 현상에 관한 것이다.
④ 도심 하천을 복개하여 주차장을 확충하면 복사열이 늘어나고 대기 중 상대 습도가 낮아지면서 열섬 현상은 더욱 심화된다.

15 정답 ② 문제편 p.148

풀이

주어진 필기는 인구와 각종 기능이 도시로 과도하게 집중되면서 나타나는 문제에 대한 것이다. 도시화가 진행되면 수질 오염 등의 환경 문제와 교통 문제가 발생할 수 있으며, 타인에 대한 무관심과 이기주의로 인해 사회적 유대감이 약화될 수 있다. 이러한 도시 문제를 해결하기 위해서는 개인적 차원의 노력뿐만 아니라 사회적 차원의 노력 또한 병행되어야 한다.
② 사회적 차원에서 수질 오염을 해결하기 위해서는 생활 오·폐수 배출 및 처리 기준을 강화하여야 한다.

16 정답 ⑤ 문제편 p.148

① 광역전철역 주변의 상권은 확대될 것이다.
② 광역전철 이용 주민들의 통근권이 확대될 것이다.
③ 지역 간 이동 시 소요되는 평균 시간이 단축될 것이다.
④ 광역전철 인근 주민들은 고속철도로의 접근성이 향상될 것이다.
⑤ 대도시가 주변 지역의 경제력을 흡수하는 현상이 <s>없어질</s> 것이다. ✓ (심화될)

부산·울산·경북의 광역전철이 개통되면서 지역 간 이동 시간이 단축되었으므로 지역 간 접근성이 향상되었다. 또한 상권, 통근 및 통학권 등이 확대되면서 생활권의 범위가 넓어졌다.
⑤ 교통 발달로 대도시의 영향권이 확대되면 대도시가 주변 지역의 상권을 흡수한다. 이를 빨대 효과라고 한다. 고속철도의 개통으로 서울과의 접근성이 향상된 대전은 서울에 입점한 백화점으로의 고객 유출로 지역 백화점 매출액이 감소하였는데, 이런 현상을 빨대 효과의 사례로 볼 수 있다.

ㄱ. 해저 터널 개통으로 보령-안면도는 시간 거리가 단축되었으므로 접근성이 향상되었다.
ㄴ. 관광객 증가로 지역 상인들의 수입이 증가하였으므로 지역 경제 활성화에 도움이 되었다.
ㄷ. 관광객 증가로 인해 교통 체증, 환경 오염 등의 문제가 발생할 수 있다.
ㄹ. 인터넷을 통한 전자 상거래는 시간과 거리의 제약을 받지 않고 상품 구입이 가능하다는 장점이 있다.

17 정답 ④ 문제편 p.149

고속 열차의 등장 이후 서울에서 부산까지 2시간 40분 정도면 이동할 수 있을 정도로 이동 시간이 단축되었다. 또한 자동차와 같은 교통수단을 개인이 소유하는 경우가 많아지면서 우리나라 전국 곳곳을 자유롭게 오가는 사람들이 많아졌다. 뿐만 아니라 항공 교통이 발달하면서 해외 여행객 수가 크게 증가하였다.
→ 교통의 발달로 생활 공간의 범위 확대

[보기]
ㄱ. 지역 간의 접근성이 향상되었다.
ㄴ. 통근·통학 가능 범위가 확대되었다.
ㄷ. 여가 활동의 공간 범위가 축소되었다. (확대)
ㄹ. 경제 활동의 시·공간적 제약이 작아졌다.

① ㄱ, ㄴ ② ㄱ, ㄷ ③ ㄷ, ㄹ
④ ㄱ, ㄴ, ㄹ ⑤ ㄴ, ㄷ, ㄹ

풀이
교통 발달로 지역 간 접근성이 향상되었고, 통근·통학 가능 범위가 확대되었으며, 장거리 이동이 가능해짐에 따라 여가 활동의 공간 범위가 확대되었다. 또한 경제 활동의 시·공간적 제약이 작아져 경제 활동의 범위도 확대되었다.

19 정답 ③ 문제편 p.149

○○신문 20XX년 △△월 □□일
정부, 교통 발달에 따른 [(가)]을/를 줄이기 위한 생태 통로 설치 예산 증액 편성

정부는 2024년 생태 통로 관련 예산을 금년에 비해 증액 편성하였다. 생태 통로란 도로 중간에 야생 동물들이 이동할 수 있게 만든 구조물을 말한다. 관련 예산의 증가로 생태 통로 건설이 늘어날 것으로 보인다.

① 도시 팽창 ② 공간 불평등
③ 생태 서식지 단절 ④ 외래 생물종 전파
⑤ 생활 양식의 획일화

풀이
제시된 기사는 도로 건설로 인한 야생 동물의 피해를 최소화하기 위한 정책과 관련 있다. 따라서 제시된 기사의 제목으로는 생태계 보호와 관련된 내용이 적절하다.
①, ②, ④, ⑤ (가)에 들어갈 내용으로 적절하지 않다.
③ 제시된 기사에는 생태 통로 설치 등 야생 동물의 생태 환경 보호 방안이 나타나 있다. 따라서 해당 내용은 (가)에 들어갈 내용으로 적절하다.

18 정답 ③ 문제편 p.149

[보기]
ㄱ. ㉠으로 인해 보령-안면도 영목항 간 접근성은 낮아졌다. (높아졌다)
ㄴ. ㉡을 통해 해저 터널 개통이 영목항 일대의 지역 경제 활성화에 이바지함을 알 수 있다.
ㄷ. ㉢의 사례로 관광객들의 쓰레기 무단 투기 증가를 들 수 있다.
ㄹ. ㉣의 등장으로 소비자의 상품 구입에 대한 시·공간적 제약은 강화되었다. (약화)

① ㄱ, ㄴ ② ㄱ, ㄷ ③ ㄴ, ㄷ ④ ㄴ, ㄹ ⑤ ㄷ, ㄹ

20 정답 ④ 문제편 p.149

[보기]
ㄱ. ㉠으로 인해 개인의 일상생활 범위가 확대되었다.
ㄴ. ㉡의 사례로 '교통로 건설에 따른 야생 동물의 이동 통로 단절'을 들 수 있다.
ㄷ. ㉢으로 인해 소비 활동의 공간적 제약이 강화되었다. (완화)
ㄹ. ㉣로 지역 간, 계층 간 정보 격차 발생을 들 수 있다.

① ㄱ, ㄴ ② ㄱ, ㄷ ③ ㄷ, ㄹ
④ ㄱ, ㄴ, ㄹ ⑤ ㄴ, ㄷ, ㄹ

풀이

교통 발달과 정보화에 따른 생활의 변화를 묻는 문항이다.
ㄱ. 교통의 발달로 인해 이동 시간과 비용이 줄면서 개인의 일상 생활 범위가 확대되었다.
ㄴ. 교통의 발달로 인해 동식물 서식지 파괴, 생태계 교란, 삼림 훼손 등의 생태 환경의 변화가 나타났다. 교통로 건설에 따른 야생 동물의 이동 통로 단절은 교통의 발달에 따른 생태 환경의 변화 사례로 적절하다.
ㄷ. 전자 상거래의 활성화로 인해 온라인을 통한 물건 구매가 가능해지면서 소비 활동의 시·공간적 제약은 완화되었다.
ㄹ. 정보화 사회의 문제점으로 지역별, 연령별, 소득별 정보화 기기에 대한 접근성 차이와 정보화 기기의 활용 능력 차이 등으로 나타나는 정보 격차 심화를 들 수 있다.

21 정답 ④ 문제편 p.150

(가) ㉠서울-양양 간 고속 도로의 개통으로 동해안 가는 길이 한결 수월하고 빨라졌다. 이로 인해 고속 도로 이용자가 증가하면서 인근에 위치한 상점들의 매출이 크게 증가한 반면, 동해안으로 향하는 또 다른 길인 홍천-인제 간 국도의 주변 식당이나 주유소 등의 매출은 크게 감소하였다.

(나) ㉡서울-천안 간 수도권 전철 연장과 고속 철도 개통으로 두 지역 간 이동 시간이 크게 단축되면서 천안 및 인근 지역에서 수도권으로 출근하는 직장인의 수가 이전보다 증가하였다. 또한 수도권에서 천안 인근의 대학으로 통학하는 대학생의 수도 증가하였다.

[보 기]

ㄱ. ㉠으로 서울-양양 간 접근성이 향상되었다.
ㄴ. ㉡으로 서울-천안 간 시·공간적 제약이 증가하였다. (감소)
ㄷ. (가)에서는 교통의 변화가 지역 경제에 미치는 영향이 나타난다.
ㄹ. (나)에서는 교통의 발달로 인한 일상 생활권의 확대가 나타난다.

① ㄱ, ㄴ   ② ㄱ, ㄷ   ③ ㄴ, ㄹ
④ ㄱ, ㄷ, ㄹ   ⑤ ㄴ, ㄷ, ㄹ

풀이

(가)는 교통의 발달로 나타난 지역 경제의 변화를, (나)는 수도권 전철 연장과 고속 철도 개통에 따른 일상 생활권의 확대를 설명하고 있다. 교통이 발달하면 도시 간 접근성이 향상되고, 일상 생활과 경제 활동 및 여가 공간이 확대된다.
ㄴ. 수도권 전철 연장과 고속 철도 개통으로 인해 서울-천안 간 시·공간적 제약은 감소하였다.

22 정답 ④ 문제편 p.150

① 상권이 더 좁다. (넓다)
② 유통 비용이 많이 든다. (적게)
③ 제품의 가격 비교가 어렵다. (쉽다)
④ 구매 활동의 시간적 제약이 적다.
⑤ 제품 구매를 위한 평균 이동 거리가 멀다. (짧다)

풀이

(가)는 전통적인 상거래 방식, (나)는 전자 상거래 방식이다. 상점에서 상품을 구매하는 (가) 전통적인 상거래에 비해 TV 홈쇼핑, 인터넷 쇼핑 등의 (나) 전자 상거래는 상거래 활동의 시·공간적 제약이 작아 상권이 넓으며, 유통 구조가 단순하여 유통 비용이 적게 들고, 제품의 가격 비교가 쉽다. 또한 보통은 택배로 물건을 배송받기 때문에 제품 구매를 위해 이동할 필요가 거의 없다.

23 정답 ③ 문제편 p.150

① 물류 센터와 택배 산업이 발달한다.
② 상거래 활동의 시간적 제약이 적어진다.
③ 상품을 진열하는 매장의 필요성이 커진다. (작아진다)
④ 물건을 구입할 수 있는 경로가 다양해진다.
⑤ 상품 구매 활동을 위한 공간 이동이 감소한다.

풀이

자료는 온라인상에서 상품을 판매하는 전자 상거래에 대한 내용이다. 전자 상거래는 상거래 활동의 시·공간적 제약이 적으며, 소비자가 직접 상점에 가지 않고 상품을 구매하는 비중이 증가하기 때문에 상품을 진열하는 매장의 필요성이 작아진다. 또한 전자 상거래가 증가하면서 물류 센터가 발달하고 상품을 배송하기 위한 택배 산업이 함께 성장하고 있다.

24 정답 ② 문제편 p.150

[보 기]

ㄱ. 택배 산업의 성장이 동반되었을 것이다. (→ 온라인 쇼핑 관련 산업)
ㄴ. 상품을 구매할 때 시공간의 제약이 커졌을 것이다. (감소했을)
ㄷ. 2017년에는 모바일 쇼핑 거래액이 인터넷 쇼핑 거래액보다 많다.
ㄹ. 온라인 쇼핑 거래액에서 인터넷 쇼핑 거래액이 차지하는 비중은 2020년이 2015년보다 높다. (낮다)

① ㄱ, ㄴ   ② ㄱ, ㄷ   ③ ㄴ, ㄷ   ④ ㄴ, ㄹ   ⑤ ㄷ, ㄹ

풀이

그래프는 연도별 온라인 쇼핑 거래액을 나타낸 것이다. 그래프를 통해 온라인 쇼핑 거래액이 증가하고 있음을 알 수 있다.
ㄱ. 온라인 쇼핑 거래가 활발하게 되면 택배 산업 등 온라인 쇼핑 관련 산업들이 성장할 것이다.
ㄴ. 온라인 쇼핑 거래는 시공간적 제약이 작다. 따라서 온라인 쇼핑 거래가 활발해짐으로써 상품 구매 시 시공간의 제약은 감소했을 것이다.

ㄷ. 2017년에는 인터넷 쇼핑 거래액보다 모바일 쇼핑 거래액이 많다.

ㄹ. 2015년의 경우 온라인 쇼핑 거래액에서 인터넷 쇼핑 거래액이 차지하는 비중은 절반 정도인데, 2020년의 경우 온라인 쇼핑 거래액에서 인터넷 쇼핑 거래액이 차지하는 비중은 절반이 되지 않는다. 따라서 온라인 쇼핑 거래액에서 인터넷 쇼핑 거래액이 차지하는 비중은 2020년이 2015년보다 낮다.

---

25 정답 ③ 문제편 p.151

① 제조업의 비중이 높다. → 산업 사회
② ~~대면적~~ 인간 관계가 보편적이다.
　　비대면적
❸ 지식과 정보의 습득이 용이하다.
④ 일터와 가정의 경계가 ~~뚜렷~~하다.
　　　　　　　　　　　　모호
⑤ 생산자와 소비자의 구분이 ~~명확~~하다.
　　　　　　　　　　　　모호

풀이

　제시된 그림은 정보 사회의 모습을 보여 준다. 정보 사회에서는 과학 기술의 발달로 인해 신속하고 정확한 지식과 정보의 수집과 습득이 가능해진다.
① 산업 사회에 대한 설명이다.
② 정보 사회로 갈수록 비대면적 인간 관계가 늘어난다.
④ 정보 사회로 갈수록 일터와 가정의 경계가 모호해진다.
⑤ 정보 사회로 갈수록 생산자와 소비자의 구분이 모호해진다.

---

26 정답 ① 문제편 p.151

갑: 사이버 공간에서는 누구나 자유로운 의사 표현이 가능하며, 자신이 원하는 정보를 쉽게 얻을 수 있습니다.

을: 그렇습니다. 하지만 한 번 공개된 개인 정보는 정보 주체의 의지와 상관없이 지속적으로 남아 있게 되어 사생활 침해의 우려가 있으므로 잊힐 권리의 보장이 필요합니다.

갑: 아닙니다. 잊힐 권리를 보장하여 개인의 자기 정보 통제권을 강화하면 대중이 필요로 하는 정보까지도 삭제되어 알 권리를 침해할 수 있습니다. → 알 권리 강조

을: 그렇지 않습니다. 잊힐 권리를 보장하는 것은 타인의 부당한 감시나 침해, 남용으로부터 개인 정보를 보호하기 때문에 대중의 알 권리 침해와는 무관합니다. → 잊힐 권리 강조

❶ 잊힐 권리의 보장은 대중의 알 권리를 제한하는가?
　　　　　　　　　　　　　　　　→ 갑 긍정, 을 부정
② 현실 공간에서도 잊힐 권리는 반드시 적용되어야 하는가?
③ 잊힐 권리의 보장으로 지적 재산권 침해 문제가 발생하는가?
　　　　　　　　　　　　　　　　→ 갑, 을 부정
④ 사이버 공간에서의 개인 정보 유출 문제는 개인의 책임인가?
⑤ 사이버 공간에서의 표현의 자유 제약은 익명성을 약화시키는가?

풀이 (27 상단)

풀이

　토론의 갑은 '알 권리'를 강조하며 '잊힐 권리'의 보장이 이를 침해할 수 있음을 주장한다. 반면, 을은 '알 권리'와 더불어 '잊힐 권리' 보장의 필요성을 강조하며 '잊힐 권리'가 '알 권리'의 침해와는 무관하다고 주장한다.
① 토론의 핵심 쟁점이 되기 위해서는 갑과 을의 대답이 상반되는 질문이어야 한다. 따라서 토론의 핵심 쟁점은 '잊힐 권리의 보장이 대중의 알 권리를 제한하는가?'가 적절하다.

---

27 정답 ② 문제편 p.151

[보 기]

ㄱ. 갑은 생산된 정보를 창작자의 사유재산으로 보아야 한다고 본다.
　　　　　　　　　　→ 저작권 보호론(copy right)

ㄴ. 갑은 정보의 소유권을 강조하면 소프트웨어의 발전이 ~~저해~~된다고 본다.

ㄷ. 을은 정보 격차를 줄이기 위한 사회 제도적 지원이 필요하다고 본다.

ㄹ. 을은 정보가 ~~독점될수록~~ 사회 구성원 간의 정보 격차가 축소될 것이라고 본다.

① ㄱ, ㄴ　❷ ㄱ, ㄷ　③ ㄴ, ㄷ　④ ㄴ, ㄹ　⑤ ㄷ, ㄹ

풀이

　갑은 지적 창작물에 대한 창작자의 권리 보장을 주장하고 있고, 을은 정보 격차 해소를 위한 정부 지원 정책의 마련을 주장하고 있다.
ㄴ. 갑은 정보의 소유권 강조가 소프트웨어의 발전에 기여한다고 본다.
ㄹ. 을은 정부 지원 정책을 통해 사회 구성원 간의 정보 격차가 축소될 것이라고 본다.

---

28 정답 ① 문제편 p.152

❶ 공간 정보 빅 데이터의 활용
② 정보 윤리 교육의 확대 방안
③ 전자 상거래 발달로 인한 변화
④ 정보 격차와 정보 불평등 문제
⑤ 인터넷을 통한 전자 민주주의 실현

풀이

　첫 번째 자료는 디지털 정보를 바탕으로 한 심야 전용 버스 노선의 구축, 두 번째 자료는 디지털화된 공간 정보 및 행정 정보를 활용하여 만든 브이월드 개발에 대한 내용이다. 이를 통해 수업 주제로 공간 정보 빅 데이터의 활용이 적절함을 알 수 있다. 빅 데이터란 디지털 환경에서 생성되는 대규모 데이터를 말한다.

29 정답 ⑤ 문제편 p.152

① 정보 공유가 보다 확장되면 지적 정보의 가치가 하락한다.
② 정보 생산자에 대한 경제적 보상은 창작 의욕을 고취한다.
③ 지적 재산권 보호는 정보 생산자와 사회 전체의 이익이 된다.
④ 정보 공유는 저작물에 대한 생산자의 지적 재산권을 침해한다.
⑤ 정보 사유는 정보 접근 기회를 제한해 양질의 정보 생산을 저해한다.

풀이

그림에는 정보를 정보 생산자의 사유 재산으로 보는 저작권 보호론(copy right)의 입장이 제시되었다.
⑤ 소전제 ㉠에는 '지적 재산권 보호는 양질의 정보 생산에 기여하는 것이다.'가 들어갈 수 있다. 따라서 이에 대한 반론으로는 정보 사유가 양질의 정보 생산을 저해한다는 내용이 적절하다.

30 정답 ① 문제편 p.152

① 일상생활에서 대면 접촉이 증가할 것이다. 감소
② 도시의 주요 기능이 통합적으로 관리될 것이다.
③ 개인 정보 보호에 대한 중요성이 높아질 것이다.
④ 새로운 법과 제도에 대한 요구가 증가할 것이다.
⑤ 정보 통신 기술에 대한 활용도가 높아질 것이다.

풀이

스마트 시티는 첨단 정보 통신 기술을 이용하여 교통 문제, 환경 문제, 주거 문제, 시설 비효율 등을 해결하여 시민들이 편리하고 쾌적한 삶을 누릴 수 있도록 한 똑똑한 도시를 의미한다. 이는 정보화와 관련된 것으로, 스마트 시티가 구축되면 정보 통신 기술에 대한 활용도가 높아지고, 도시의 주요 기능이 통합적으로 관리될 수 있다. 반면 개인 정보 보호의 중요성이 높아지면서 이와 관련된 새로운 법과 제도의 정립이 요구될 것이다.
① 스마트 시티 환경이 구축될 경우 일상생활에서 대면 접촉은 감소할 것이다.

31 정답 ⑤ 문제편 p.152

○ 가수 A의 가정 환경과 같은 신상 정보가 불법적으로 유출된 후 누리 소통망(SNS)을 통해 급속히 확산되었다. 이에 대해 가수 A의 소속사는 경찰에 수사를 의뢰했고 현재 조사가 진행 중이다. 개인 정보 유출
○ 주부 B는 인터넷 쇼핑 사이트에 회원으로 가입하기 위해 자신의 주소, 전화번호 등을 입력하였다. 그런데 그 이후 가입하지도 않은 인터넷 쇼핑 사이트에서 판매하는 상품의 홍보 문자와 전화에 시달리고 있다.

① 정보 조작이나 왜곡의 가능성이 높아진다.
② 정보 격차에 의한 정보 불평등 문제가 발생한다.
③ 인터넷의 익명성을 악용한 사이버 폭력이 증가한다.
④ 거짓 정보의 확산으로 인해 사회적 혼란이 가중된다.
⑤ 개인 정보 유출에 따른 사생활 침해 가능성이 높아진다.

풀이

제시된 사례에서 공통적으로 파악할 수 있는 정보 사회의 문제점은 개인 정보 유출이다. 개인 정보가 불법적으로 유출되면서 사생활 침해 문제가 심각해질 수 있음을 보여 준다.

32 정답 ④ 문제편 p.153

풀이

제시된 그림은 정보화로 인해 나타나는 계층 간 정보 격차를 보여 준다. 정보 격차는 사회적·경제적·지역적·신체적 여건으로 인해 정보 통신 서비스에 접근하거나 이용할 수 있는 기회에 차이가 생기는 것을 말한다. 이러한 정보 격차를 해결하기 위해서는 정보 소외 계층을 위한 사회 복지 제도 등을 확충해야 한다.

33 정답 ① 문제편 p.153

풀이

정보화에 따른 문제점으로 인터넷 중독, 사생활 침해, 사이버 범죄, 정보 격차 등을 들 수 있다. 인터넷 중독을 막기 위한 방안으로는 인터넷 중독 예방 및 치료 프로그램 시행 등을 들 수 있다.
① 정보 통신 서비스의 접근성 향상은 인터넷 중독 문제가 아닌 정보 격차의 해결 방안으로 적절하다.

34 정답 ③ 문제편 p.153

(가) 은행원 갑은 금융 상품을 소개하는 이메일을 다수에게 발송하였다. 그런데 해당 메일에 특정 고객들의 이름, 전화번호 등이 포함된 파일이 첨부되어 금융 범죄에 악용되었다. 개인 정보 유출
(나) 평소 디지털 기기 활용에 익숙하지 않은 노인 을은 식사를 하기 위해 대형마트 내 식당을 방문하였다. 그런데 판매 직원은 없고, 사용 방법을 모르는 무인단말기만 있어서 음식을 주문하지 못하였다. → 정보 기기 활용의 어려움 정보 소외 계층

① (가)는 정보 기기 중독 예방 정책의 필요성을 보여준다.
② (가)는 상품에 대한 허위·과장 홍보의 문제점을 나타낸다.
③ (나)는 정보 소외 계층을 위한 교육의 필요성을 보여준다.
④ (나)는 (가)와 달리 개인 정보 유출 문제에 해당한다.
⑤ (가), (나) 모두 익명성을 바탕으로 한 사이버 범죄에 해당한다.

풀이

(가)는 개인 정보가 유출되어 금융 범죄에 악용되고 있음을 보여 주고, (나)는 정보 소외 계층이 정보 기기 활용에 있어 어려움을 겪고 있음을 보여 준다.
①, ②, ④ (가)는 개인 정보 유출 문제를 보여 주고 있다.
⑤ (나)에는 익명성을 바탕으로 한 사이버 범죄가 나타나 있지 않다.

35 정답 ③ 문제편 p.153

갑: 정보는 인류의 경험이 담긴 공동의 자산이며, 자유롭게 나누면 나눌수록 정보의 가치가 커진다. 따라서 정보를 사적 소유물로 인정해서는 안 된다. → 정보 공유 권리론(copy left)

을: 정보는 개인의 시간과 노력을 통해 만들어진 것이며, 경제적 보상이 주어질 때 양질의 정보가 생산된다. 따라서 정보를 사적 소유물로 인정해야 한다.
→ 저작권 보호론(copy right)

─── [보 기] ───

ㄱ. 갑은 정보가 공유될수록 정보의 가치가 떨어진다고 본다.
　　　　　　　　　　　　　　　　상승한다

ㄴ. 갑은 정보가 지닌 공공재적 특성을 중시해야 한다고 본다.

ㄷ. 을은 정보 창작자의 노력에 대해 대가를 지불해야 한다고 본다.

ㄹ. 갑, 을은 정보 창작자에게 배타적 소유권을 부여해야 한다고 본다.
　　　　　　　　↳ 사적 소유권

① ㄱ, ㄴ　② ㄱ, ㄷ　❸ ㄴ, ㄷ　④ ㄴ, ㄹ　⑤ ㄷ, ㄹ

풀이

갑은 공익을 위한 정보 공유를 강조하는 정보 공유 권리론(copy left)의 입장이다. 반면, 을은 정보를 생산한 개인의 지적 재산권을 우선시하는 저작권 보호론(copy right)의 입장이다.
ㄱ. 갑은 정보가 공유되고 가공되면서 그 가치가 올라간다고 보고 있다.
ㄹ. 갑이 부정의 대답을 할 설명이다. 정보 창작자의 배타적 소유권은 사적 소유권을 일컫는다.

36 정답 ② 문제편 p.154

─── [보 기] ───

ㄱ. 정보의 소유와 통제를 둘러싼 갈등이 심화된다.

ㄴ. 대면적 접촉의 감소로 인해 인간 소외가 확대된다.

ㄷ. 정보 독점으로 인해 새로운 사회 불평등이 유발된다.

ㄹ. 인터넷 사용을 스스로 조절 못하는 인터넷 중독이 나타난다.

① ㄱ, ㄴ　❷ ㄱ, ㄷ　③ ㄴ, ㄷ　④ ㄴ, ㄹ　⑤ ㄷ, ㄹ

풀이

제시문의 필자는 정보 사회에서 나타나는 정보 독점 문제를 강조하고 있다. 즉, 정보 사회에서는 정보 독점으로 인해 사회 불평등이 발생할 수 있고, 정보의 소유와 통제에 대한 갈등이 심화될 수 있음을 강조하고 있다.
ㄴ, ㄹ. 정보 사회의 문제점에 해당하지만, 필자가 강조하는 정보 사회의 문제점에 해당하지 않는다.

37 정답 ① 문제편 p.154

풀이

첫 번째 사례에서는 정보화 기기와 인터넷이 마련되어 있는지의 여부에 따른 정보 격차가 나타나 있고, 두 번째 사례에서는 기기 조작을 할 수 있는지의 여부에 따른 정보 격차가 나타나 있다. 제시된 사례에서는 공통적으로 정보의 접근과 정보의 이용에 따른 정보 격차가 발생하고 있음을 보여 준다.
타인의 지적 재산권 침해 현상, 허위 정보 유포로 인한 사회적 혼란, 개인 정보 유출로 인한 사생활 침해 문제, 인터넷 중독 문제는 정보 사회의 문제점이지만, 사례에서 확인할 수 있는 내용은 아니다.

38 정답 ② 문제편 p.154

─── [보 기] ───

ㄱ. 사이버 공간에 적합한 윤리 규범을 제정해야 한다.

ㄴ. 사이버 공간에서는 도덕적 의무를 따를 필요가 없다.

ㄷ. 사이버 공간은 현실과 다른 시·공간적 특성을 지닌다.

ㄹ. 사이버 공간의 인간은 윤리적 제약에서 자유로워야 한다.

① ㄱ, ㄴ　❷ ㄱ, ㄷ　③ ㄴ, ㄷ　④ ㄴ, ㄹ　⑤ ㄷ, ㄹ

풀이

제시문의 필자는 매체 윤리 등 사이버 공간과 현실 사이의 차이를 고려한 새로운 윤리 규범의 필요성을 주장한다. 제시문에 따르면, 사이버 공간은 윤리적 판단 기준이 필요 없는 공간이 아닌 현실과의 차이점을 고려한 새로운 윤리 규범이 필요한 공간이다.

39 정답 ③ 문제편 p.154

① 거가대교 개통 후 거제시 지형 변화
② 거제시의 시대별 제조업 종사자 수의 변화
❸ 거가대교 개통 후 거제시 관광 산업의 변화
④ 거가대교 개통 전후 거제시 행정 구역의 변화
⑤ 거가대교 개통으로 인한 거제시 생태 환경 변화

풀이

제시된 지역 조사에서는 거가대교를 이용한 목적을 조사하고, 거가대교 개통으로 거제시를 방문한 여행객 수의 변화와 숙박업 및 음식점업의 변화 현황을 조사하고자 한다. 이를 통해 거가대교 개통 후 거제시 관광 산업의 변화를 파악하고자 했음을 알 수 있다.

40 정답 ④ 문제편 p.155

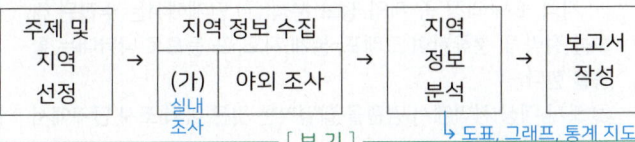

| 주제 및 지역 선정 | → | 지역 정보 수집
(가) 실내 조사 / 야외 조사 | → | 지역 정보 분석 | → | 보고서 작성 |

→ 도표, 그래프, 통계 지도 등으로 표현

[보 기]

ㄱ. 축산업 현황을 ○○군 홈페이지를 통해 조사한다.

ㄴ. ○○군 축산업자와 면담 시 필요한 설문지를 작성한다.

ㄷ. 수집한 자료를 토대로 ○○군의 목장 분포도를 작성한다.
→ 지역 정보 분석

ㄹ. ○○군의 자연환경에 대한 야외 조사 계획서를 작성한다.

① ㄱ, ㄷ　　　② ㄴ, ㄷ　　　③ ㄴ, ㄹ
④ ㄱ, ㄴ, ㄹ　　⑤ ㄱ, ㄷ, ㄹ

풀이

지역 정보 수집에는 실내 조사와 야외 조사가 있다. (가) 실내 조사 단계에서는 도서관, 관청 등을 방문하거나 인터넷을 이용하여 문헌, 지도, 통계 자료, 항공 사진 등의 정보를 수집하고, 야외 조사 항목, 조사 방법, 답사 경로와 일자, 설문 대상 선정 및 설문지 작성 등의 야외 조사 계획을 세운다.

ㄷ. 실내 조사와 야외 조사에서 수집한 자료를 토대로 ○○군의 목장 분포도를 작성하는 것은 지역 정보 분석 단계에 해당한다.

41 정답 ③ 문제편 p.155

① ㉠은 조사 목적에 맞게 선정되어야 한다.

② ㉡은 문헌이나 인터넷 조사 활동을 통해 수집할 수 있다.

③ ㉢은 인공위성의 영상 촬영을 통해 정보 수집이 ~~가능하다~~. 어렵다

④ ㉣은 조사 지역의 인구 변화 과정을 나타낸 그래프이다.

⑤ ㉤은 포스터 또는 카드 뉴스의 형태로도 제작할 수 있다.

풀이

지역 조사 활동은 조사 목적·주제 및 지역 선정, 정보 수집, 정보 정리 및 분석, 보고서 작성 순으로 진행된다.

① 조사 주제(㉠)는 조사 목적에 적합하게 선정되어야 한다.

② 중앙부처 이전 현황(㉡)은 문헌 자료나 인터넷을 통해서 확인할 수 있다.

③ 삶의 만족도(㉢)는 위성 영상으로 확인할 수 없다. 삶의 만족도(㉢)는 설문 조사나 면담 등을 통해 수집할 수 있는 자료이다.

④ 순이동 인구 현황(㉣)을 통해 인구의 유입 및 유출 정도를 파악할 수 있다.

⑤ 보고서(㉤)는 포스터, 카드 뉴스 등 다양한 형태로 제작할 수 있다.

42 정답 ③ 문제편 p.155

<지역 조사 계획서>

○ 조사 주제: ○○시 마을 기업 운영 이후 지역 변화

○ 주요 활동 계획

　ㄱ. 마을 기업 설립이 지역에 미친 영향을 주민과의 <mark>면담</mark>을 통해 조사한다. → B 야외 조사

　ㄴ. 연도별 마을 기업 설립 현황 등과 관련된 <mark>문헌 및 통계 자료를 수집</mark>한다. → A 실내 조사

　ㄷ. 수집한 시기별 지역 총생산 자료를 <mark>막대 그래프로 표현</mark>한다. → C 도표 및 주제도 작성

	A	B	C		A	B	C
①	ㄱ	ㄴ	ㄷ	②	ㄱ	ㄷ	ㄴ
③	ㄴ	ㄱ	ㄷ	④	ㄴ	ㄷ	ㄱ
⑤	ㄷ	ㄱ	ㄴ				

풀이

실내 조사에서는 문헌, 지도, 통계 자료, 항공 사진 등을 통해 정보를 수집하고 야외 조사 계획을 세우며, 야외 조사에서는 조사 지역을 직접 방문하여 면담, 설문 조사, 관찰, 촬영 등을 통해 정보를 수집한다. 지리 정보 분석 단계에서는 수집한 자료를 정리·분석하여 도표, 그래프, 통계 지도 등으로 표현한다.

ㄱ. 주민과의 직접 면담은 야외 조사에 해당한다.

ㄴ. 문헌 및 통계 자료의 수집은 실내 조사에 해당한다.

ㄷ. 막대 그래프의 표현은 도표 및 주제도 작성에 해당한다.

43 정답 ③ 문제편 p.155

풀이

지역 조사에서 지리 정보는 실내 조사, 야외 조사 과정에서 수집한다. 따라서 (가)에는 야외 조사가 들어간다. 실내 조사에서는 문헌 조사, 통계 자료 조사, 지도 분석, 설문지 준비, 야외 조사 계획 수립 등이 이루어진다. 야외 조사는 관찰, 측량, 촬영, 면담 등으로 자료를 수집하는 단계이다.

① 주제를 정하는 것은 조사 주제 선정 단계에서의 활동이다.

② 수집된 자료를 분류한 후 시각적으로 표현하는 것은 자료 정리 및 도표·주제도 작성 단계에서의 활동이다.

③ 담당자와의 면담으로 자료를 수집하는 것은 야외 조사에서의 활동이다.

④ 문헌을 통해 자료를 수집하는 것은 실내 조사 단계에서의 활동이다.

⑤ 답사 계획 수립은 실내 조사 단계에서의 활동이다.

44 정답 ③ 문제편 p.156

조사 순서		내용
조사 주제 및 지역 선정		○○시 △△백화점 입지와 생활 공간의 변화
↓		
지리 정보 수집	실내 조사	(가) → 문헌, 지도, 통계 자료, 항공사진 등
	야외 조사	(나) → 면담, 설문 조사, → 관찰, 촬영 등
↓		
지리 정보 분석		(다) → 도표, 그래프, 통계 → 지도 등으로 표현
↓		
보고서 작성		△△백화점 입지로 인한 지역 경관 변화에 관한 보고서를 작성한다.

── [보 기] ──
ㄱ. △△백화점 주변 지역을 답사하고 경관을 촬영한다.
  → 야외 조사
ㄴ. △△백화점 주변의 경관 변화에 대한 문헌 자료를 도서관에서 수집한다. → 실내 조사
ㄷ. 수집된 자료를 토대로 △△백화점 입지 전후의 지가(地價) 변화를 지도로 제작한다. → 지리 정보 분석
ㄹ. ○○시청을 방문하여 담당 공무원과 △△백화점 입지 후의 지역 변화에 대해 면담한다. → 야외 조사

	(가)	(나)	(다)		(가)	(나)	(다)
①	ㄱ	ㄴ	ㄹ	②	ㄱ	ㄹ	ㄷ
❸	ㄴ	ㄱ	ㄷ	④	ㄴ	ㄱ	ㄹ
⑤	ㄹ	ㄷ	ㄱ				

> **풀이**
> 지리 정보 수집 단계의 실내 조사에서는 문헌, 지도, 통계 자료, 항공 사진 등을 통해 정보를 수집하고 야외 조사 계획을 세우며, 야외 조사에서는 조사 지역을 직접 방문하여 면담, 설문 조사, 관찰, 촬영 등을 통해 정보를 수집한다. 지리 정보 분석 단계에서는 수집한 자료를 정리·분석하여 도표, 그래프, 통계 지도 등으로 표현한다. 따라서 ㄱ, ㄹ은 (나), ㄴ은 (가), ㄷ은 (다)에 해당한다.

45 정답 ② 문제편 p.156

주제 및 지역 선정	⇒	지역 정보 수집		⇒	ⓐ지역 정보 분석	⇒	보고서 작성
		실내 조사	야외 조사				

① 태화강과 그 주변을 답사하며 복원된 경관을 촬영한다. → 야외 조사
❷ 태화강의 수질 변화에 대한 통계 수치를 그래프로 제작한다.
③ 태화강 인근 지역의 공업화가 태화강의 오염에 미친 영향을 다룬 문헌 자료를 조사한다. → 실내 조사
④ 태화강의 복원을 위한 지방 자치 단체 및 지역 주민의 노력을 보도한 신문 기사를 스크랩한다. → 실내 조사
⑤ 태화강의 수질 변화 과정에 대해 태화강 인근 지역에 30년 이상 거주한 주민과 면담을 실시한다. → 야외 조사

> **풀이**
> 지역 조사 과정 중 지역 정보 분석(ⓐ) 단계에서는 수집된 정보를 정리 및 분류하여 그래프, 통계 지도, 표 등으로 나타내는 활동을 한다.
> ① 조사 대상 지역에서 경관을 촬영하는 것은 야외 조사 단계에서의 활동이다.
> ② 수집된 자료를 그래프로 표현하는 것은 지역 정보 분석(ⓐ) 단계에서의 활동이다.
> ③ 문헌으로 자료를 조사하는 것은 실내 조사 단계에서의 활동이다.
> ④ 신문 기사를 통해 자료를 수집하는 것은 실내 조사 단계에서의 활동이다.
> ⑤ 조사 대상 지역에 거주하는 주민과 면담으로 자료를 수집하는 것은 야외 조사 단계에서의 활동이다.

46 정답 ④ 문제편 p.156

── [보 기] ──
ㄱ. ⓐ은 도시의 토지 이용 집약도가 낮아졌음을 보여준다. (높아졌음)
ㄴ. ⓑ은 대도시와 위성 도시 간의 상호작용으로 형성되었다.
ㄷ. ⓒ은 문화생활에 참여하고 예술을 감상하는 혜택을 나누어 가질 권리를 의미한다. (쾌적하고 안정적인 주거 환경에서 거주할 권리)
ㄹ. ⓓ의 해결 방안으로 승용차 요일제 실시 및 혼잡 통행료 부과 정책이 있다.

① ㄱ, ㄴ　② ㄱ, ㄷ　③ ㄴ, ㄷ　❹ ㄴ, ㄹ　⑤ ㄷ, ㄹ

> **풀이**
> 멕시코의 수도인 멕시코시티는 활발한 이촌향도 현상과 높은 출산율로 인구가 빠르게 증가하고 있다. 이는 도시 내 각종 시설이 부족한 과도시화 현상과 집적 불이익으로 도시 환경이 열악해지는 원인이 되고 있다.
> ㄱ. 고층 건물과 아파트가 증가(ⓐ)한 것은 도시의 지가 상승으로 토지 이용의 집약도가 높아졌기 때문이다.
> ㄴ. 대도시권(ⓑ)은 대도시의 영향을 받는 공간 범위로, 출퇴근을 포함한 다양한 상호작용이 이루어지는 거대 생활권이다. 위성 도시는 대도시의 기능 일부를 분담하는 도시로, 대도시의 영향권 내에 위치한다. 대도시는 위성 도시를 비롯한 인접 지역의 중심 핵 역할을 하면서 상호작용을 주도한다. 이런 과정을 통해 대도시의 영향력이 점차 커지면서 대도시권은 공고해진다.
> ㄷ. 주거권(ⓒ)은 쾌적한 주거 환경에서 거주할 권리로, 인구의 도시 집중으로 인한 주택 부족 문제와 주택 가격 상승으로 현대 사회에서 새롭게 강조되는 기본권 중 하나이다. 문화생활을 향유하고 예술을 감상할 수 있는 권리는 문화권이다.
> ㄹ. 승용차 요일제 실시, 혼잡 통행료 부과 등은 자동차 통행량을 감소시키므로 도심의 심각한 교통 체증(ⓓ)을 완화할 수 있는 정책이다.

심화 문제 풀기

1 정답 ⑤ 문제편 p.157

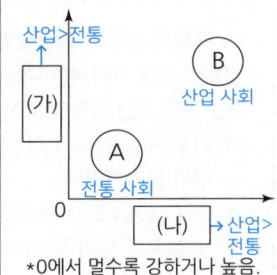

그래프: 도시화율(%) 세로축, 1950~2017(년) 가로축. 도시 인구/전체 인구×100. 종착 단계, 가속화 단계, 초기 단계. A국(실선), B국(점선), C국(일점쇄선)

[보 기]

ㄱ. A국은 2000년 이후 촌락에 거주하는 인구 비중이 높아졌다.
  → 도시화율 증가 → 100%-도시화율 낮아

ㄴ. B국은 1990년 이후 이촌향도 현상이 가속화되었다.
  → 종착 단계 → 가속화 단계

ㄷ. 2017년 C국은 촌락보다 도시에 거주하는 인구가 많다.

ㄹ. 1990년 이후 도시화 진행 속도는 B국보다 C국이 빠르다.
  → 변화율

① ㄱ, ㄴ　② ㄱ, ㄷ　③ ㄴ, ㄷ　④ ㄴ, ㄹ　⑤ ㄷ, ㄹ

풀이

도시화는 산업화와 밀접한 관계를 맺으며 함께 진행되고 있다. A국은 1960년대 이후 도시화가 빠르게 진행되어 1980년대 중반에 종착 단계에 이르렀고, B국은 도시화가 일찍 시작되어 1960년대 중반 이후 종착 단계에 이르렀으며, C국은 1980년 전후로 도시화가 빠르게 진행되면서 1990년대에는 가속화 단계에 있다. A는 우리나라, B는 프랑스, C는 중국이다.
ㄷ. 2017년 C국은 도시화율이 50% 이상이므로 촌락보다 도시에 거주하는 인구가 많다.
ㄹ. 1990년 이후 C국은 B국보다 도시화율이 크게 증가하였으므로 도시화 진행 속도가 빠르다.

2 정답 ⑤ 문제편 p.157

구분	A 전통 사회	B 산업 사회
동력 자원	인력, 가축	석탄, 석유
산업 구조	농업 중심	제조업 중심
생산 방식	가내 수공업	공장제 기계공업

산업>전통 (세로축), 전통 사회 → 산업>전통 (가로축)
(가), B 산업 사회, A, (나)
*0에서 멀수록 강하거나 높음.

	(가)	(나)
①	공동체 의식	직업의 분화 정도 → 직업의 다양성
②	공동체 의식	서비스 산업의 비중
③	직업의 분화 정도	1차 산업의 비중
④	토지 이용의 집약도	1차 산업의 비중
⑤	서비스 산업의 비중 → 3차 산업	토지 이용의 집약도 → 건물의 고층화

풀이

A는 농업 중심의 전통 사회, B는 제조업 중심의 산업 사회이다. (가)와 (나)에는 전통 사회(A)에 비해 산업 사회(B)에서 수치가 높은 항목이 들어가야 한다. 전통 사회는 산업 사회에 비해 공동체 의식이 강하고, 1차 산업의 비중이 높다. 반면 산업화가 진행된 산업 사회는 전통 사회에 비해 직업의 분화 정도가 높고, 고층 건물과 아파트가 들어서 토지 이용의 집약도가 높으며, 서비스 산업의 비중이 높다.

3 정답 ② 문제편 p.157

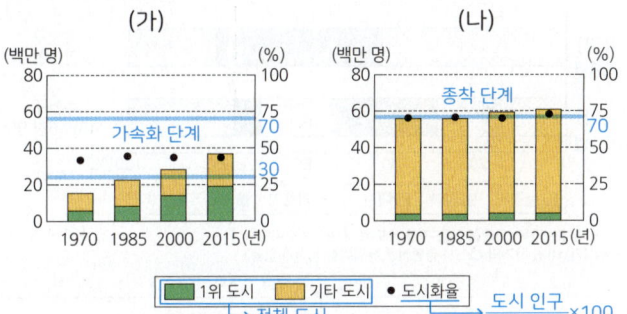

(가), (나) 그래프: 백만 명(세로축), (%)(오른쪽 세로축), 1970 1985 2000 2015(년)
1위 도시(녹색), 기타 도시(노랑), 도시화율(점)
→ 전체 도시 도시 인구/전체 인구×100

① (가)는 1970년보다 2015년의 촌락 인구가 적다. (많다)

② (나)는 2015년에 도시 인구가 촌락 인구보다 2배 이상 많다.

③ (가)는 (나)보다 1970년부터 2015년까지 도시 인구 증가폭이 작다. (크다)

④ (나)는 (가)보다 2015년에 전체 도시에서 1위 도시가 차지하는 인구 비중이 크다. (작다)

⑤ (가), (나)의 도시화율은 2015년에 종착 단계에 해당한다. (가속화 단계)

풀이

① 도시 인구는 '총인구×도시화율'이고, 촌락 인구는 '총인구×(100-도시화율)'이다. (가)는 1970년과 2015년의 도시화율은 비슷하지만 2015년의 도시 인구가 더 많으므로, 1970년보다 2015년의 총인구가 많다는 것을 알 수 있다. 따라서 촌락 인구 역시 1970년보다 2015년이 많다.
② (나)는 2015년에 도시화율이 약 75%이므로 도시 인구가 촌락 인구보다 2배 이상 많다. 전체 인구가 100명이라고 가정했을 때 도시 인구는 75명, 촌락 인구는 25명이 된다.
③ 1970년부터 2015년까지 도시 인구는 (가)가 2배 이상 증가하였으므로 1970년부터 2015년까지 도시 인구가 거의 비슷한 (나)보다 도시 인구의 증가폭이 크다.
④ 2015년에 전체 도시에서 1위 도시가 차지하는 인구 비중은 (가)가 약 50%로 (나)보다 크다.
⑤ 2015년에 (가)의 도시화율은 약 45%로 가속화 단계, (나)의 도시화율은 70% 이상으로 종착 단계에 해당한다.

4 정답 ① 문제편 p.157

풀이

　(가) 시기에는 농경지가 차지하는 비율이 높았고, (나) 시기에는 시가지와 아파트가 차지하는 비율이 높다. 따라서 (가) 시기에 비해 (나) 시기는 도시화가 많이 진행된 상황임을 알 수 있다. 도시화가 진행되면 도로가 연장 및 확장되고, 녹지가 파괴되며, 유입 인구가 많아진다.

5 정답 ① 문제편 p.158

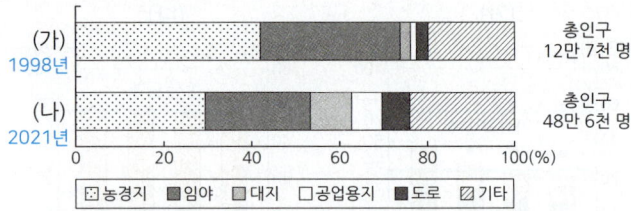

* 대지는 가옥, 건축물 등을 지을 용도로 사용되는 토지임.
** (가), (나) 시기의 ○○시 총면적은 유의미한 차이가 없음.

[보 기]

ㄱ. (가)는 (나)보다 인구 밀도가 낮다.

ㄴ. (가)는 (나)보다 지표의 포장 면적이 좁다.

ㄷ. (나)는 (가)보다 토지 이용 집약도가 낮다. (높다)

ㄹ. (나)는 (가)보다 3차 산업 종사자 수가 적다. (많다)

① ㄱ, ㄴ　② ㄱ, ㄷ　③ ㄴ, ㄷ　④ ㄴ, ㄹ　⑤ ㄷ, ㄹ

풀이

　도시화가 진행되면 인구가 대체로 증가한다. 또한 각종 건물, 도로 등이 건설되면서 농경지, 임야가 차지하는 면적 비율은 감소하고, 대지, 공업용지, 도로가 차지하는 면적 비율은 증가한다. 따라서 (가)는 1998년, (나)는 2021년이다.
ㄱ. 인구 밀도는 면적 대비 인구수로 구할 수 있다. 두 시기의 총면적은 큰 변화가 없고, 1998년(가)은 2021년(나)보다 총인구가 적으므로 인구 밀도가 낮다.
ㄴ. 1998년(가)은 2021년(나)보다 대지, 공업용지, 도로가 차지하는 비율이 낮으므로 지표의 포장 면적이 좁다.
ㄷ. 2021년(나)은 1998년(가)보다 총인구가 많다. 인구가 많으면 토지에 대한 수요가 많아 지가가 상승하므로 토지 이용의 집약도는 높다.
ㄹ. 도시화가 진행되면 3차 산업 종사자 비율은 대체로 증가한다. 토지 이용 현황을 보면 2021년(나)은 1998년(가)보다 도시화가 더 많이 진행되었고, 총인구도 많다. 따라서 2021년(나)은 1998년(가)보다 3차 산업 종사자 수가 많다.

6 정답 ③ 문제편 p.158

통합 사회 학습방 Q&A

Q　도시의 열섬 현상에 대해 알려 주세요.

A • 의미: 도심 지역의 기온이 주변 지역에 비해 높게 나타나는 현상
　• 원인: _____ (가) 인공열 발생, 포장 면적 증가, 고층 건물 증가 등
　• 해결 방안: _____ (나) 녹지 공간 확대, 인공 열 감소 등

	(가)	(나)
①	주거 시설 부족	승용차 요일제 시행
②	주거 시설 부족	옥상 공원 조성
③	건물의 밀집도 증가	옥상 공원 조성
④	건물의 밀집도 증가	지표면의 인공 포장 확대
⑤	자동차 통행량 증가	지표면의 인공 포장 확대

↳ 열섬 현상 심화

풀이

　열섬 현상은 도심 지역의 기온이 주변 지역에 비해 높게 나타나는 현상이다. 도시 내부는 자동차나 냉난방 시설에서 발생하는 인공열, 쉽게 가열될 수 있는 아스팔트와 콘크리트로 피복된 지표면, 열 배출이 어려운 고층 건물의 밀집 등으로 열섬 현상이 잘 나타난다. 열섬 현상을 완화하기 위해서는 인공열 발생을 줄이며 녹지 공간을 확대해야 한다. 따라서 (가)에는 건물의 밀집도 증가, 자동차 통행량 증가 등이, (나)에는 승용차 요일제 시행, 옥상 공원 조성 등이 들어갈 수 있다.

7 정답 ④ 문제편 p.158

[보 기]

ㄱ. A는 전입 인구보다 전출 인구가 많다.

ㄴ. B의 주요 관광지는 접근성이 향상되었다.

ㄷ. B와 C에서는 대도시의 서비스 기능이 중소도시에 흡수되는 현상이 나타난다. (중소도시 / 대도시)

ㄹ. 서울과 가까울수록 통근·통학자 비율이 높은 편이다.

① ㄱ, ㄴ　② ㄱ, ㄷ　③ ㄴ, ㄷ　④ ㄴ, ㄹ　⑤ ㄷ, ㄹ

풀이

　교통의 발달로 일상생활의 범위가 확대되었고, 광역 교통망이 발달한 대도시에서는 대도시권이 형성되었다. 지도의 A는 파주, B는 춘천, C는 천안에 위치한다.
ㄱ. 파주(A)는 신도시 건설로 전출 인구보다 전입 인구가 많아 인구가 증가하였다.
ㄷ. B와 C(중소도시)에서는 서울과의 접근성이 향상되면서 상업 및 교육 기능이 서울(대도시)로 흡수되는 현상이 나타난다.

8 정답 ② 문제편 p.158

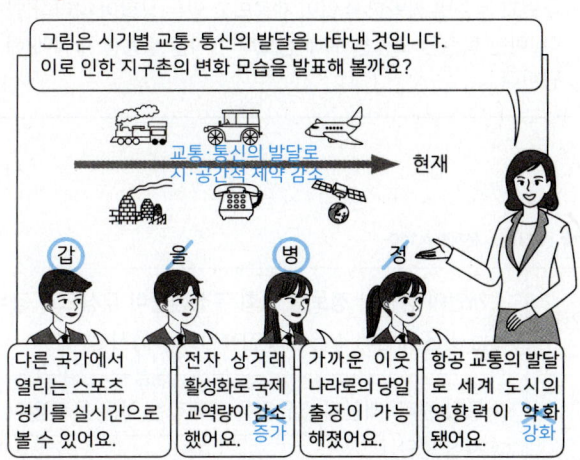

그림은 시기별 교통·통신의 발달을 나타낸 것입니다. 이로 인한 지구촌의 변화 모습을 발표해 볼까요?

교통·통신의 발달로
시·공간적 제약 감소 → 현재

갑: 다른 국가에서 열리는 스포츠 경기를 실시간으로 볼 수 있어요.

을: 전자 상거래 활성화로 국제 교역량이 감소(증가)했어요.

병: 가까운 이웃 나라로의 당일 출장이 가능해졌어요.

정: 항공 교통의 발달로 세계 도시의 영향력이 약화(강화)됐어요.

① 갑, 을   ❷ 갑, 병   ③ 을, 병   ④ 을, 정   ⑤ 병, 정

풀이

교통·통신의 발달로 시·공간적 제약이 줄어들면서 국가 간 사람, 물자, 정보의 교류가 활발해졌다.

을. 전자 상거래의 활성화로 세계 각국의 상품을 구입할 수 있게 되면서 국제 교역량이 증가하였다.

정. 세계 도시는 국가의 경계를 넘어 세계적인 중심지 역할을 수행하는 대도시로, 항공 교통의 발달로 국제 교류가 활발해지면서 세계 도시의 영향력이 강화되었다.

9 정답 ① 문제편 p.159

<배점 기준>

항목 점수	코딩 기술 수준	개발자 시간당 평균 인건비 (단위: 달러)	의사소통 원활 정도
3	매우 우수	25 미만	매우 원활
2	우수	25 이상 40 미만	원활
1	양호	40 이상	양호

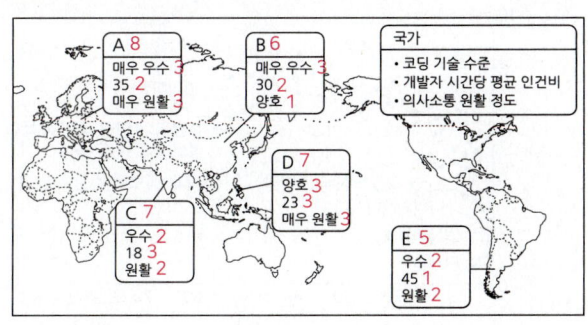

A 8 매우 우수 3 / 35 2 / 매우 원활 3
B 6 매우 우수 3 / 30 2 / 양호 1
국가 · 코딩 기술 수준 · 개발자 시간당 평균 인건비 · 의사소통 원활 정도
D 7 양호 3 / 23 3 / 매우 원활 3
C 7 우수 2 / 18 3 / 원활 2
E 5 우수 2 / 45 1 / 원활 2

❶ A   ② B   ③ C   ④ D   ⑤ E

풀이

지도의 A는 폴란드, B는 중국, C는 인도, D는 필리핀, E는 아르헨티나이다. 제시된 배점 기준에 따라 점수를 부가하고 합산하면 다음과 같다.

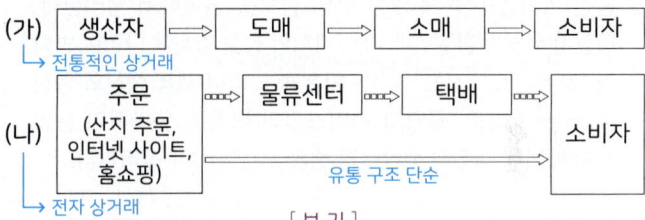

선택지	국가	코딩 기술 수준	개발자 시간당 평균 인건비	의사소통 원활 정도	합산
①	폴란드	3	2	3	8
②	중국	3	2	1	6
③	인도	2	3	2	7
④	필리핀	1	3	3	7
⑤	아르헨티나	2	1	2	5

합산 점수가 가장 높은 국가는 8점을 획득한 폴란드(A)이다.

10 정답 ④ 문제편 p.159

(가) 생산자 ⇒ 도매 ⇒ 소매 ⇒ 소비자
→ 전통적인 상거래

(나) 주문(산지 주문, 인터넷 사이트, 홈쇼핑) ⇒ 물류센터 ⇒ 택배 ⇒ 소비자
유통 구조 단순
→ 전자 상거래

[보 기]

ㄱ. 유통 비용이 많이(적게) 든다.
ㄴ. 상품의 판매 범위가 넓다.
ㄷ. 무점포 상점의 비중이 낮다(높다).
ㄹ. 상품 구입의 시간적 제약이 작다.

① ㄱ, ㄴ   ② ㄱ, ㄷ   ③ ㄴ, ㄷ   ❹ ㄴ, ㄹ   ⑤ ㄷ, ㄹ

풀이

(가)는 도매와 소매를 거치는 전통적인 상거래 방식이고, (나)는 TV 홈쇼핑, 인터넷 쇼핑 등의 전자 상거래 방식이다. (나) 전자 상거래는 (가) 전통적인 상거래 방식에 비해 유통 구조가 단순하므로 유통 비용이 적게 들고, 상거래 활동의 시·공간적 제약이 작으므로 상품의 판매 범위가 넓다. 또한 전자 상거래의 발달로 입지가 자유로운 무점포 상점이 증가하고 있다.

11 정답 ④ 문제편 p.159

① 2008년 정보 소외 계층 중 기기 이용 능력(역량 지수)은 장노년층이 가장 높다.

② 2018년 인터넷 활용 교육이 가장 필요한 계층은 장노년층이다.

③ 2018년 정보 소외 계층 중 저소득층의 정보화 수준이 가장 높다.

❹ 2008년 대비 2018년 모든(장노년층) 계층의 역량 지수가 향상되었다(하락하였다).

⑤ 2008년 대비 2018년 정보 소외 계층 중 접근 지수는 장애인이 가장 크게 향상되었다.

풀이

① 기기 이용 능력은 역량 지수를 통해 알 수 있다. 2008년 역량 지수는 장노년층>장애인>저소득층 순이다.

② 2018년 활용 지수는 저소득층>장애인>장노년층 순이다. 따라서 2018년 인터넷 활용 교육이 가장 필요한 계층은 장노년층이다.

③ 2018년의 경우 접근 지수, 역량 지수, 활용 지수 모두 저소득층>장애인>장노년층 순이다. 따라서 2018년 저소득층의 정보화 수준이 가장 높다.

④ 2008년 대비 2018년 장노년층의 역량 지수는 하락하였다.

⑤ 2008년 대비 2018년 접근 지수는 장애인이 7.4%에서 92.0%로 가장 크게 향상되었다.

---

12 정답 ⑤ 문제편 p.160

> → 정보 사회
>
> [A] 는 지식과 정보가 부의 원천이 되는 사회로, 정보 통신 기기를 이용해 많은 양의 정보를 신속하게 처리한다. 또한 인터넷이 발달함에 따라 사회와 생활 양식에 다양한 변화가 나타난다. [B] 는 자본과 노동이 제품 생산의 중심 → 산업 사회
> 이 되는 사회로, 공업과 서비스업의 비중이 높아지며 농업 사회에 비해 제품의 생산력과 생활 수준이 크게 올라간다.

① 재택근무의 비중이 낮다. 〔높다〕
② 전자 상거래의 비중이 낮다. 〔높다〕
③ 직업의 동질성 정도가 높다. 〔다양성〕
④ 소품종 대량 생산 방식의 비중이 높다. 〔다품종 소량 생산〕
⑤ 쌍방향 매체를 통한 정보 전달의 비중이 높다. ✓

풀이
① 정보 사회는 산업 사회에 비해 재택근무의 비중이 높다.
② 정보 사회는 산업 사회에 비해 전자 상거래의 비중이 높다.
③ 정보 사회는 산업 사회에 비해 직업의 동질성 정도가 낮다.
④ 정보 사회는 다품종 소량 생산 방식의 비중이 높고, 산업 사회는 소품종 대량 생산 방식의 비중이 높다.
⑤ 정보 사회는 쌍방향 매체를 통한 정보 전달의 비중이 높고, 산업 사회는 일방향 매체를 통한 정보 전달의 비중이 높다.

---

13 정답 ④ 문제편 p.160

① (가)는 대면적 인간관계가 강화되는 모습이 나타난다. 〔비대면적〕
② (가)는 정치 참여 방법의 다양성이 감소하는 사례에 해당한다. 〔증가〕
③ (나)는 정보 교류의 공간적 제약이 확대되는 현상을 보여준다. 〔축소〕
④ (나)는 학습권 보장을 위해 정보화 기기가 활용된 사례에 해당한다. ✓
⑤ (가)는 (나)와 달리 쌍방향적인 의사소통 과정이 나타난다. 〔(가), (나) 모두〕

풀이
(가)는 누리소통망(SNS)을 통해 의사소통하고 있는 상황을, (나)는 실시간 원격 수업을 수강하는 상황을 보여 주고 있다.

---

④ (나)에서는 장기 입원으로 학업이 어려운 을에게 실시간 원격 수업과 수준별 쌍방향 수업이 제공되고 있는 상황이 나타나 있다. 이는 학습권 보장을 위해 정보화 기기를 활용한 사례에 해당한다.

---

14 정답 ⑤ 문제편 p.160

(가)	개인이 생산한 정보를 사회 구성원들이 무상으로 공유하는 것은 개인의 소유권을 침해하므로 옳지 않다.
	→ 개인이 생산한 정보를 사회 구성원들이 무상으로 공유하는 것은 개인의 소유권을 침해하는 것이다.
(나)	○ 도덕 원리: 개인의 소유권을 침해하는 것은 옳지 않다. ○ 사실 판단: ⑤[⊙] ○ 도덕 판단: 개인이 생산한 정보를 사회 구성원들이 무상으로 공유하는 것은 옳지 않다.

① 정보의 무상 공유는 양질의 정보 생산을 방해한다.
② 정보 생산자에게 창작에 대한 경제적 보상을 해야 한다.
③ 정보 역시 다른 재화처럼 생산자의 소유권을 인정해야 한다.
④ 정보를 생산하는 데에는 개인의 많은 시간과 노력이 투입된다.
⑤ 정보는 기존 정보들을 토대로 생산되므로 배타적 소유권을 인정받기 어렵다. ✓

풀이
(가)는 개인이 생산한 정보를 무상으로 공유하는 것이 옳지 않다는 주장이다. 이 주장에 대한 도덕 원리는 개인의 소유권을 침해하는 것이 옳지 않다는 것이고, 도덕 판단은 개인이 생산한 정보를 사회 구성원들이 무상으로 공유하는 것은 옳지 않다는 것이다. 따라서 (가) 주장에 대한 사실 판단은 '개인이 생산한 정보를 사회 구성원들이 무상으로 공유하는 것은 개인의 소유권을 침해하는 것이다.'가 되어야 한다.
⑤ ⊙에는 '개인이 생산한 정보를 사회 구성원들이 무상으로 공유하는 것은 개인의 소유권을 침해하는 것이다.'가 들어가야 한다. 이에 대한 반론의 근거로는 정보의 무상 공유가 개인의 소유권을 침해하는 것이 아니라는 내용이어야 한다. 따라서 정보가 기존 정보들을 바탕으로 생산되므로 배타적 소유권을 인정받기 어렵다는 내용은 ⊙에 대한 반론의 근거로 적절하다.

---

15 정답 ④ 문제편 p.160

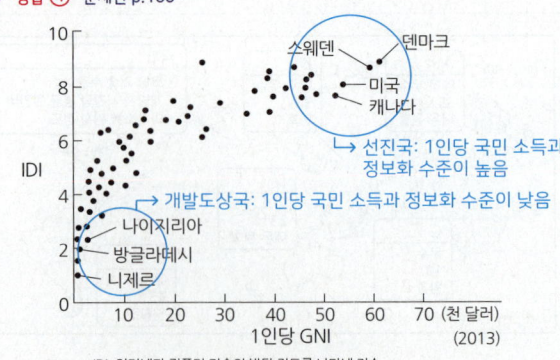

> → 선진국: 1인당 국민 소득과 정보화 수준이 높음
> → 개발도상국: 1인당 국민 소득과 정보화 수준이 낮음

* IDI: 인터넷과 컴퓨터 기술의 발달 정도를 나타낸 지수.
** 1인당 GNI: 한 국가의 총 소득을 인구 수로 나눈 값.

① 개인 정보 보호의 중요성
② 국가 권력의 감시와 정보 통제
③ 좋은 댓글 달기 운동의 필요성
✓④ 선진국과 개발도상국 간의 정보 격차
⑤ 인터넷 중독이 개인에게 미치는 악영향

> **풀이**
>
> 그래프에서 스웨덴, 덴마크, 미국, 캐나다 등의 선진국은 1인당 국민 소득과 정보화 수준이 상대적으로 높으며, 나이지리아, 방글라데시, 니제르 등의 개발도상국은 1인당 국민 소득과 정보화 수준이 상대적으로 낮다. 즉 정보화 수준과 1인당 국민 소득이 대체로 비례하여 나타난다. 따라서 이를 통해 학습할 수 있는 주제로는 선진국과 개발도상국 간의 정보 격차가 가장 적절하다.

16 정답 ② 문제편 p.161

접근

① '활용' 부문의 디지털 정보화 수준은 인터넷 설치 여부로 측정할 수 있다.
✓② 2014년 '역량' 부문에서 일반 국민 대비 정보 격차는 농어민보다 장·노년층이 더 크다.
③ 2017년에 PC나 모바일 기기 이용 교육은 장·노년층보다 농어민에게 더 필요하다.
   ↳ 역량 부문과 관련 있음
④ 2017년 장·노년층의 디지털 정보화 수준은 모든 부문에서 정보 취약 계층의 평균보다 높다.
   낮다
⑤ '활용' 부문에서 2014년 대비 2017년 디지털 정보화 수준의 변화율은 장·노년층보다 농어민이 더 크다.

> **풀이**
>
> ① 인터넷 설치 여부로 '접근' 부문의 디지털 정보화 수준을 파악할 수 있다.
> ② 2014년 '역량' 부문에서 일반 국민의 정보화 수준이 100일 때 농어민의 정보화 수준은 40.7%이고, 장·노년층의 정보화 수준은 23.4%이다. 따라서 2014년 '역량' 부문에서 일반 국민 대비 정보 격차는 농어민보다 장·노년층이 크다.
> ③ PC나 모바일 기기 이용 교육은 '역량' 부문과 관련 있다. 2017년에 '역량' 부문의 디지털 정보화 수준은 농어민의 경우 53.4%이고, 장·노년층의 경우 41.0%이므로, PC나 모바일 기기 이용 교육은 농어민보다 장·노년층에게 더 필요하다.
> ④ 2017년 장·노년층의 디지털 정보화 수준은 모든 부문에서 정보 취약 계층의 평균보다 낮다.
> ⑤ '활용' 부문에서 2014년 대비 2017년 디지털 정보화 수준은 농어민의 경우 48.6%에서 63.3%로, 장·노년층의 경우 39.7%에서 59.9%로 변화하였다. 따라서 '활용' 부문에서 2014년 대비 2017년 디지털 정보화 수준의 변화율은 농어민보다 장·노년층이 크다.

17 정답 ⑤ 문제편 p.161

> 잊힐 권리는 공개를 원하지 않는 민감한 자기 정보들이 포털 사이트 등을 통하여 사람들에게 공개되지 않도록 정보 삭제를 요구할 수 있는 권리이다. 나는 잊힐 권리가 개인의 행복 추구나 사생활 보호 차원에서 반드시 보장되어야 한다고 본다. 그런데 어떤 사람들은 잊힐 권리가 언론의 자유와 국민의 알 권리를 침해할 수 있으며 과거의 과오를 감추기 위한 수단으로 악용될 수도 있다고 주장한다. 나는 이러한 입장이 [ⓐ]고 생각한다.
>
> → 정보의 '알 권리' 강조

① 잊힐 권리보다 국민의 알 권리가 우선함을 간과하고 있다
② 대중을 위해 자유로운 정보 공개가 필요함을 간과하고 있다
③ 공익을 위해 사생활 보호가 제한될 수 있음을 간과하고 있다
④ 잊힐 권리가 표현의 자유를 침해할 수 있음을 간과하고 있다
✓⑤ 개인 정보에 대한 자기 결정권을 존중해야 함을 간과하고 있다

> **풀이**
>
> 제시문의 필자는 사이버 상에서 공개를 원하지 않는 정보에 대한 '잊힐 권리'를 강조하며, 제시문의 '어떤 사람들'은 정보를 자유롭게 열람할 수 있는 '알 권리'를 강조한다.
> ①, ②, ③, ④ '알 권리'를 강조하는 입장에서 주장하는 진술이다.
> ⑤ 정보에 대한 자기 결정권은 자신의 정보가 공유되지 않기를 원하는 경우 '잊힐 권리'를 주장하는 것을 포함한다.

18 정답 ④ 문제편 p.161

> **[○○모둠 지역 조사 활동 일지]**
>
> ○월 10일: 모둠 회의를 통해 ⓐ'□□시 지역 변화에 따른 산업 시설 활용 방안'을 조사하기로 결정하고, 공장과 같은 산업 시설의 이전이 많은 △△지역을 조사 장소로 선정함. → 조사 주제 및 지역 선정
>
> ○월 15일: 계획에 따라 ⓑ□□시청에 방문하여 과거 산업 시설의 분포를 알 수 있는 지도와 통계 자료를 조사함. → 실내 조사
>
> ○월 20일: 산업시설 이전으로 인한 지역 변화를 알아보기 위해 ⓒ야외 조사를 준비함.
>
> ○월 25일: ⓓ△△지역에 직접 방문하여 주민들에게 산업 시설의 활용 방안을 묻는 설문 조사를 실시함. → 야외 조사
>
> ○월 30일: 각 조사 과정에서 ⓔ수집된 자료를 분석하고 정리한 내용을 종합하여 지역 조사 보고서를 완성함. → 지리 정보 분석

① ⓐ은 조사 주제에 해당한다.
② ⓑ은 실내 조사 활동에 해당한다.
③ ⓒ에서는 사진 촬영, 면담 등을 실시할 수 있다.
✓④ ⓓ을 위한 설문 문항 제작은 ⓒ 이후에 실시한다.
   ⓒ 단계
⑤ ⓔ에서는 수집된 자료를 이용해 도표, 그래프, 통계 지도 등을 작성할 수 있다.

풀이

지역 조사는 조사 주제 및 지역 선정, 지리 정보 수집, 실내 조사와 야외 조사를 통한 지리 정보의 수집, 지리 정보 분석, 보고서 작성의 단계를 거쳐 이루어진다. 야외 조사를 위한 설문 문항 제작은 ⓒ 실내 조사 단계에서 실시한다.

19 정답 ⑤ 문제편 p.162

풀이

지역 조사는 지역에 대해 자료를 수집하고 분석·종합하여 지역성을 파악하는 활동이다. 제시된 지역 조사 보고서에서는 제주도의 지역 정보, 제주도의 관광객 수 변화, 제주도의 지역 변화 양상이 나타나 있으므로 '관광객 증가로 인한 제주도의 공간 변화'라는 주제로 조사가 진행되었다.
⑤ 문제점 및 해결 방안 제시는 지역 조사 단계 중 지리 정보 분석 및 종합 단계에 해당한다.

20 정답 ③ 문제편 p.162

주제: □□시 습지 지역의 생태계 보호 방안 모색하기

| (가) 지역 선정 | ⇨ | (나) [실내 조사] ⇧⇩ 야외 조사 | ⇨ | (다) [자료 정리 및 분석] | ⇨ | (라) 보고서 작성 |

[보 기]

ㄱ. □□시 시기별 습지 면적 자료를 지리 정보 체계(GIS)로 분석하여 통계 지도로 작성하였다. → 자료 정리 및 분석

ㄴ. □□시 △△ 방조제 내·외측에 위치한 내륙 및 연안 갯벌 습지를 조사 지역으로 선정하였다. → 지역 선정

ㄷ. □□시 습지에 대한 지역 조사 내용을 분석·종합하여 습지 생태계 보호를 위한 보고서를 작성하였다. → 보고서 작성

ㄹ. 인터넷 지도인 '국토 정보맵'에서 △△ 방조제 내·외측에 위치한 습지 면적, 동식물 개체 수 등을 조사하였다. → 실내 조사

	(가)	(나)	(다)	(라)		(가)	(나)	(다)	(라)
①	ㄱ	ㄴ	ㄷ	ㄹ	②	ㄴ	ㄱ	ㄹ	ㄷ
③	ㄴ	ㄹ	ㄷ	ㄱ	④	ㄷ	ㄴ	ㄱ	ㄹ
⑤	ㄷ	ㄹ	ㄱ	ㄴ					

풀이

지역 조사 과정은 주제 및 지역 선정 → 실내 조사 → 야외 조사 → 자료 정리 및 분석 → 보고서 작성 순으로 이루어진다. 따라서 (가)는 지역 선정, (나)는 실내 조사, (다)는 자료 정리 및 분석, (라)는 보고서 작성단계에 해당한다.
③ 자료를 분석하고 통계 지도로 표현한 ㄱ은 자료 정리 및 분석 단계에 해당한다. 갯벌 습지를 조사 지역으로 선정한 ㄴ은 지역 선정 단계에 해당한다. 습지 생태계 보호를 위한 보고서를 작성한 ㄷ은 보고서 작성 단계에 해당한다. 인터넷 지도를 활용해 정보를 수집한 ㄹ은 실내 조사에 해당한다.

21 정답 ③ 문제편 p.163

갑: 우리는 담장 벽화로 새롭게 단장한 ○○마을에 대해 알아볼 거야. 이곳은 ㉠ 낙후된 지역의 문제를 도시 재생 사업을 통해 해결한 곳으로 유명해.

을: ○○마을은 벽화가 생기기 전엔 어떤 모습이었을까?

병: 그건 ㉡ 과거의 거리뷰(Street viewership) 사진을 검색해보고, 구청에서 인구 자료를 확인하면 돼.

정: 요즘 마을의 벽화를 보러 오는 ㉢ 관광객이 많아졌다고 들었어. 주말에는 직접 ○○마을에 가서 ㉣ 야외 조사도 해보자. → 관광 산업 발달

무: [㉤] 등을 통해 벽화가 마을의 재생에 도움이 되었는지 확인할 수 있을 거야. → 면담, 설문 조사, 관찰, 촬영 등

① ㉠에는 주거지 노후화나 인구 감소 등이 있다.
② ㉡은 실내 조사에 해당한다. → 문헌 자료, 지도, 통계 자료, 항공 사진 등
③✓ ㉢을 통해 ○○마을의 2차 산업이 성장하고 있음을 알 수 있다. 3차
④ ㉣에는 사진 촬영 및 관광객들과의 인터뷰 등이 있다.
⑤ ㉤에는 '인구수 변화와 주민들의 만족도'가 적절하다.

풀이

① 낙후된 지역은 건물이나 주거지가 노후화되고 상주인구가 감소하는 등의 문제가 나타난다.
② 인터넷에서 거리뷰 사진을 검색하거나 구청에서 인구 자료를 확인하는 것은 실내 조사에 해당한다.
③ 관광객이 많아진 것을 통해 관광 산업의 발달로 3차 산업이 성장하고 있음을 알 수 있다.
④ 야외 조사는 해당 지역을 직접 방문하여 정보를 수집하는 활동으로 사진 촬영, 주민과의 면담 등이 이에 해당한다.
⑤ 마을 재생 사업의 성공 여부는 '인구수 변화와 주민들의 만족도' 조사를 통해 파악할 수 있다.

22 정답 ② 문제편 p.163

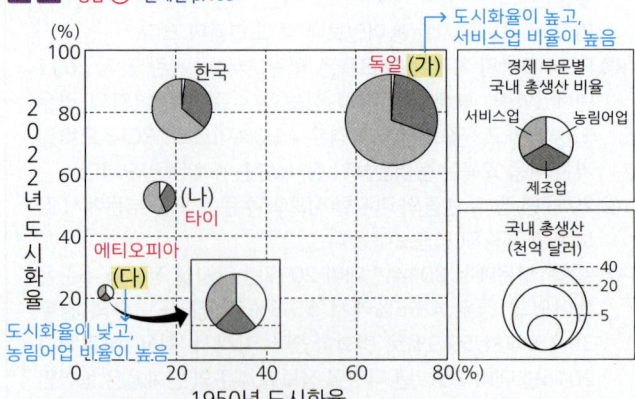

* 1950년, 2022년 도시화율은 원의 중심값임.
** 국내 총생산(GDP)은 2022년 기준임.

① 한국은 (다)보다 국내 총생산에서 농림어업이 차지하는 비율이 높다.
　　　　　　　　　　　　　　　　　　　　　　　　　　　　낮다.

✅ (나)는 (다)보다 서비스업 부가가치액이 많다.

③ (다)는 (가)보다 산업화가 시작된 시기가 이르다.
　　　　　　　　　　　　　　　　　　　　　늦다.

④ 타이는 독일보다 1950년 도시화율이 높다.
　　　　　　　　　　　　　　　　　낮다.

⑤ 에티오피아는 2022년에 도시 인구가 촌락 인구보다 많다.
　　　　　　　　　　　　　　　　　　　　　　　적다.

풀이

경제가 발달한 선진국일수록 대체로 3차 산업 비율은 높고, 1차 산업 비율은 낮다. 선진국은 3차 산업 종사자 비율이 높으므로 서비스업이 발달한 도시에 거주하는 인구 비율, 즉 도시화율도 높게 나타난다. 두 시기 모두 도시화율이 가장 높고, 서비스업의 비율도 가장 높은 (가)는 선진국인 독일이다. 두 시기 모두 도시화율이 가장 낮고, 농림어업 비율이 가장 높은 (다)는 저개발국인 에티오피아이다. 나머지 남은 (나)는 타이이다.

① 그래프를 보면 한국의 농림어업 비율은 에티오피아(다)의 농림어업 비율보다 낮다. 따라서 한국은 에티오피아(다)보다 국내 총생산에서 농림어업이 차지하는 비율이 낮다.

② 타이(나)는 에티오피아(다)보다 서비스업이 차지하는 비율이 높고, 국내 총생산도 많다. 따라서 타이(나)는 에티오피아(다)보다 서비스업의 부가가치액이 많다.

③ 에티오피아(다)는 산업화의 초기 단계이고, 독일(가)은 산업화가 끝난 후기 산업화 단계이다. 따라서 저개발국인 에티오피아(다)는 선진국인 독일(가)보다 산업화가 시작된 시기가 늦다.

④ 1950년 타이(나)의 도시화율은 20% 미만, 독일(가)의 도시화율은 약 70%이다. 따라서 타이(나)는 독일(가)보다 1950년 도시화율이 낮다.

⑤ 2022년 에티오피아(다)의 도시화율은 약 20%이므로 촌락에 거주하는 인구 비율은 약 80%이다. 따라서 2022년 에티오피아(다)는 도시 인구가 촌락 인구보다 적다.

 서술형 문제 풀기

1 문제편 p.164

(1) ㉠ 도시화율　　㉡ 도시 인구　　㉢ 이촌 향도

(2) **모범답안:** 경제가 발전할수록 1차 산업의 비중은 감소하고, 3차 산업의 비중은 증가한다. 2차 산업의 비중은 산업화가 진행되는 산업 사회에서는 증가하지만, 후기 산업 사회에서는 탈공업화 현상의 영향으로 감소 추세를 보인다. 따라서 산업별 생산액 비중, 산업별 종사자 비중 등이 3차 산업>2차 산업>1차 산업 순으로 높게 나타나는데, 이렇게 변화되어 가는 현상을 산업 구조의 고도화라고 한다.

핵심 키워드: 1차 산업 비중 감소, 3차 산업 비중 증가, 탈공업화 현상, 3차 산업>2차 산업>1차 산업

 채점 기준

상 1차 산업, 2차 산업, 3차 산업의 변화를 모두 기술한 경우

중 2차 산업 비중 변화에 대한 기술이 부족한 경우

하 1차 산업, 2차 산업, 3차 산업 중 하나만 기술한 경우

2 문제편 p.164

(1) ㉠ 교외화　　㉡ 대도시권　　㉢ 위성도시

(2) **모범답안:** 교통 발달과 통신 발달은 교외화를 촉진시켜 대도시권이 확대된다. 또한 지가 상승, 교통 체증, 환경 문제 등 대도시의 집적 불이익은 대도시 내 기능을 주변으로 이전시키는 원인이 되므로 대도시권이 확대된다.

핵심 키워드: 교통 발달, 통신 발달, 집적 불이익

 채점 기준

상 교외화 현상이 대도시권 형성의 원인이라는 의미를 포함하여 2개 이상의 핵심 키워드를 기술한 경우

중 교외화 현상과 대도시권 형성의 관계만 기술하거나, 2개 이상의 핵심 키워드만 기술한 경우

하 핵심 키워드 1개만 기술한 경우

3 문제편 p.165

(1) ㉠ 고속철도

(2) **모범답안:** 고속철도는 항공기와 선박에 비해 기상 제약을 적게 받고 도심으로서의 접근성이 양호하다. 또한 고속철도는 항공기에 비해 많은 승객을 이동시킬 수 있으며, 선박에 비해 이동 속도가 빠르다.

핵심 키워드: 기상 제약, 도심으로의 접근성, 많은 승객, 이동 속도

 채점 기준

상 항공기, 선박과 비교한 장점을 2개 이상 기술한 경우

중 항공기, 선박과 비교한 장점을 기술하였으나 2개를 채우지 못한 경우

하 항공기, 선박 중 하나의 교통수단과만 비교한 경우

(3) 모범답안: 교통이 발달하면 긍정적인 변화뿐만 아니라 부정적인 변화도 야기될 수 있는데, 빨대 효과는 교통망 확충이 가져다준 부정적인 영향이다. 빨대 효과란 새로운 교통로의 형성이나 교통망의 확충이 해당 지역의 발전으로 이어지지 못하고, 대도시로 인구나 경제력이 흡수되면서 대도시와 중소도시 간 지역 격차가 심화되는 현상을 의미한다.

핵심 키워드: 교통 발달, 부정적인 영향, 대도시로 흡수, 지역 격차 심화

> **채점 기준**
> 상 지역 격차 심화의 원인을 교통 발달과 연계하여 기술한 경우
> 중 지역 격차 심화의 원인을 대도시로의 기능 집중만으로 기술한 경우
> 하 지역 격차 심화만 기술한 경우

4 문제편 p.165

(1) ㉠ 실내 조사(간접 조사)
㉡ 야외 조사(현장 조사, 직접 조사)

(2) 모범답안: ㉠ 문헌 조사, 인터넷 활용 등으로 통계 자료를 확보하고, 해당 지역의 지도를 분석하여 지리 정보를 수집한다. 또한 설문지 제작 등 야외 조사에서 필요한 활동에 대한 준비 작업을 한다.

㉡ 관찰 및 스케치, 촬영 등으로 지리 정보를 수집하고, 필요한 경우에는 실제 측량한 수치를 기록하기도 한다. 또한 주민들과의 면담, 설문지 조사 등으로 정보를 수집한다.

핵심 키워드: ㉠ 문헌 조사, 인터넷 활동, 지도 분석, 설문지 제작
㉡ 관찰, 스케치, 촬영, 측량, 면담, 설문지 조사

> **채점 기준**
> 상 ㉠, ㉡에 대한 사례를 모두 3개씩 기술한 경우
> 중 ㉠, ㉡ 중 하나의 사례를 2개 미만으로 기술한 경우
> 하 ㉠, ㉡에 대한 사례를 모두 2개 미만으로 기술한 경우

1	①	2	③	3	②	4	①	5	④
6	③	7	③	8	①	9	②	10	③

1 정답 ① 문제편 p.166

[보 기]
ㄱ. A는 자신과 타인의 이익을 고려해 정책을 모색하고자 한다. → 윤리적 관점
ㄴ. B는 시대적 맥락을 토대로 다문화 정책을 살펴보고자 한다. → 시간적 관점
ㄷ. D는 개인에게 영향을 미치는 사회 구조와 정책을 간과한다. → 사회적 관점
ㄹ. A는 공간적 관점, C는 시간적 관점에서 접근하고 있다.
   윤리적   공간적

①ㄱ, ㄴ ②ㄱ, ㄷ ③ㄴ, ㄷ ④ㄴ, ㄹ ⑤ㄷ, ㄹ

> **풀이**
> 사회를 바라보는 각각의 관점에 대한 문제이다. A는 바람직한 태도에 관한 질문으로 윤리적 관점, B는 역사적 변천 과정과 배경에 대한 질문으로 시간적 관점, C는 지역별 특징을 묻고 있으므로 공간적 관점, D는 제도와 법률에 대한 질문으로 사회적 관점이다.

2 정답 ③ 문제편 p.166

입장 \ 학생	갑	을	병	정	무
자연적인 쾌락의 극대화를 통해 얻어진다. (최소한으로 추구할 때)	√	√	○	√	○
고통이 사라진 마음의 평온함을 통해 얻어진다.			√	√	√
과도한 욕심을 버린 절제 있는 삶을 통해 얻어진다.	√		√		√
정신적 쾌락이 아닌 육체적 쾌락만을 통해 얻어진다. (마음의 평온함)	○	√	○	√	√

① 갑 ② 을 ③ 병 ④ 정 ⑤ 무

> **풀이**
> 강연자는 에피쿠로스이다. 그는 참된 행복(참된 쾌락)이란 몸의 고통과 마음의 불안이 모두 소멸된 상태인 평정심(ataraxia)이라고 주장한다. 이는 자연적이고 필수적인 쾌락을 최소한으로 추구할 때 얻을 수 있다.

3 정답 ② 문제편 p.166

> **풀이**
> (가)는 지중해성 기후 지역, (나)는 열대 기후 지역, (다)는 열대 고산 기후 지역이다. 지도의 A는 중위도의 지중해 연안에 위치하여 지중해성 기후가 나타나는 그리스, B는 내륙에 있어 건조 기후

가 나타나는 몽골, C는 적도 주변에 분포하여 열대 기후가 나타나는 인도네시아, D는 고위도에 분포하여 냉대 기후가 나타나는 캐나다, E는 적도 주변의 고산 지대로 열대 고산 기후가 나타나는 페루이다.

4 정답 ① 문제편 p.167

✓① (가)는 자연을 인간의 이익을 위한 지배 대상으로 본다.
② (가)는 자연의 도구적 가치보다 본래적 가치를 중시한다.
③ (나)는 인간을 자연과 구별되는 우월한 존재로 본다.
④ (나)는 생태계 전체의 보전보다 개별 구성원의 존속을 중시한다.
⑤ (가), (나) 모두 자연을 도덕적 고려 대상으로 보아야 함을 강조한다.

> **풀이**
>
> (가)는 인간을 자연의 사용자 및 해석자로 보고 있으므로 인간 중심주의에 해당하고, (나)는 인간을 생명 공동체인 대지의 구성원으로 보고 있으므로 생태 중심주의에 해당한다.
> ① 인간 중심주의는 자연을 그 자체로 가치 있는 존재가 아닌 인간의 생존과 복지를 위한 수단으로 여긴다.
> ② 자연의 도구적 가치보다 본래적 가치를 중시하는 관점은 생태 중심주의이다.
> ③ 인간을 자연과 구별되는 우월한 존재로 보는 관점은 인간 중심주의이다.
> ④ 생태 중심주의는 개별 구성원의 존속보다 생태계 전체의 보전을 중시한다.
> ⑤ 자연을 도덕적 고려 대상으로 봐야 함을 주장하는 관점은 생태 중심주의이다.

5 정답 ④ 문제편 p.167

─────── [보 기] ───────

ㄱ. (가) - 피부암, 백내장 등의 질병 유발

ㄴ. (나) - 과도한 경작과 방목

ㄷ. (다) - 북극해 일대의 해수 염도 상승 *낮아짐*

ㄹ. (라) - 파리 기후 협약

① ㄱ, ㄴ   ② ㄴ, ㄷ   ③ ㄷ, ㄹ
✓④ ㄱ, ㄴ, ㄹ   ⑤ ㄱ, ㄷ, ㄹ

> **풀이**
>
> 주요 환경 문제에는 지구 온난화, 사막화, 산성비, 열대림 파괴, 오존층 파괴 등이 있다. 염화 플루오린화 탄소의 사용 증가는 오존층을 파괴하여 피부암, 안과 질환 등을 유발한다. 극심한 가뭄, 과도한 방목이나 개간으로 인한 사막화는 식량 생산량을 감소시키고 황사를 심화시킨다. 화석 에너지의 소비 증가로 인한 온실가스 배출량의 증가는 지구 온난화를 심화시키며, 이는 빙하가 녹아 해수면이 상승하고 해수 염도가 낮아지는 결과로 이어진다. 한편, 파리 기후 협약은 지구 온난화 방지를 위한 국제 협약이다.

6 정답 ③ 문제편 p.167

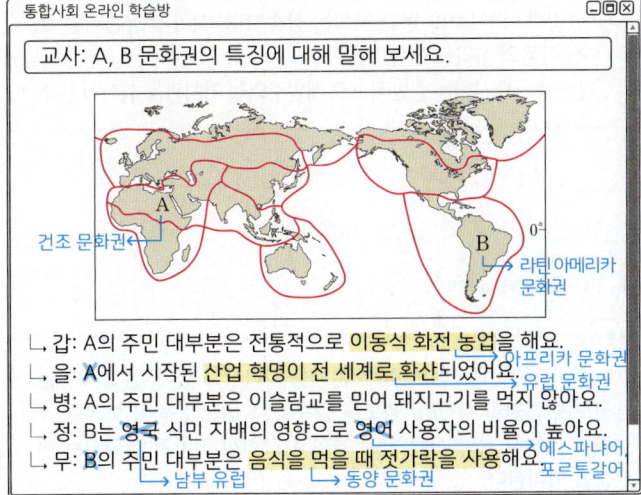

통합사회 온라인 학습방

교사: A, B 문화권의 특징에 대해 말해 보세요.

건조 문화권 ← A / B → 라틴 아메리카 문화권 / 0°

ㄴ 갑: A의 주민 대부분은 전통적으로 **이동식 화전 농업**을 해요. → 아프리카 문화권
ㄴ 을: **A**에서 시작된 **산업 혁명이 전 세계로 확산**되었어요. → 유럽 문화권
ㄴ 병: A의 주민 대부분은 이슬람교를 믿어 돼지고기를 먹지 않아요.
ㄴ 정: B는 영국 식민 지배의 영향으로 영어 사용자의 비율이 높아요. → 남부 유럽 / 에스파냐어, 포르투갈어
ㄴ 무: B의 주민 대부분은 **음식을 먹을 때 젓가락**을 사용해요. → 동양 문화권

① 갑   ② 을   ✓③ 병   ④ 정   ⑤ 무

> **풀이**
>
> A는 건조 문화권, B는 라틴 아메리카 문화권이다.
> ① 이동식 화전 농업은 아프리카 문화권과 관련 있다.
> ② 산업 혁명의 발상지는 유럽 문화권이다.
> ③ 건조 문화권의 주민 대부분은 이슬람교를 신봉하므로 종교적 이유로 인해 돼지고기 섭취를 금기시한다.
> ④ 라틴 아메리카 문화권은 남부 유럽의 식민 지배를 받아 주로 에스파냐어와 포르투갈어를 사용한다.
> ⑤ 음식을 먹을 때 젓가락을 사용하는 문화권은 동양 문화권이다.

7 정답 ③ 문제편 p.167

> **풀이**
>
> 제시된 신문 칼럼에서는 다문화 사회에서 보편 윤리의 중요성을 강조하고 있다. 보편 윤리는 시대와 사회를 초월하여 모든 사람이 존중하고 따라야 할 행위의 원칙을 말한다. 다문화 사회에서는 각 문화가 해당 사회의 맥락에서 고유한 가치를 가진다는 것을 인정하면서 보편 윤리를 통해 문화를 비판적으로 성찰하는 태도가 필요하다.

8 정답 ① 문제편 p.168

✓① 직업의 종류가 다양하다.
② 촌락 인구의 비율이 높다. *낮다*
③ 토지 이용의 집약도가 낮다. *높다*
④ 1차 산업 종사자 비중이 높다. *낮다*
⑤ 개인주의적 가치관이 약화된다. *심화*

> **풀이**
>
> 1960년에 비해 2020년 도시 인구 비율이 높아졌다. 또한 1차 산업(농림어업) 종사자 비율은 낮아졌고, 3차 산업(사회 간접 자본 및 서비스업) 종사자 비율은 높아졌다.

① 도시에 거주하는 인구 비율과 3차 산업 종사자 비율이 높아졌으므로 직업의 종류가 다양해졌다.
③ 산업화·도시화로 평균 지가는 상승하며, 지가가 상승하면 토지 이용의 집약도가 높아진다.
⑤ 산업화·도시화는 일반적으로 개인주의적 가치관을 심화시킨다.

9 정답 ② 문제편 p.168

풀이

제시문에서는 '정보 격차' 문제를 지적하고 있다. 정보 격차는 정보에 접근할 수 있고 정보를 활용할 수 있는 능력을 보유한 사람과 그렇지 못한 사람 간에 경제적·사회적 격차가 심화되는 현상을 의미한다.
①, ③, ④, ⑤ 제시문에서 부각된 정보 사회의 문제점으로 적절하지 않다.
② 제시문에서는 사회·경제적 지위가 높은 사람이 많은 정보를 차지하고, 많은 정보를 차지할수록 더 높은 지위를 쉽게 차지하는 사회 현상을 비판하고 있다.

10 정답 ③ 문제편 p.168

[보 기]

ㄱ. □□시 시기별 습지 면적 자료를 지리 정보 체계(GIS)로 분석하여 통계 지도로 작성하였다. → 자료 정리 및 분석

ㄴ. □□시 △△ 방조제 내·외측에 위치한 내륙 및 연안 갯벌 습지를 조사 지역으로 선정하였다. → 지역 선정

ㄷ. □□시 습지에 대한 지역 조사 내용을 분석·종합하여 습지 생태계 보호를 위한 보고서를 작성하였다. → 보고서 작성

ㄹ. 인터넷 지도인 '국토 정보맵'에서 △△ 방조제 내·외측에 위치한 습지 면적, 동식물 개체 수 등을 조사하였다. → 실내 조사

	(가)	(나)	(다)	(라)		(가)	(나)	(다)	(라)
①	ㄱ	ㄴ	ㄷ	ㄹ	②	ㄴ	ㄱ	ㄹ	ㄷ
③	ㄴ	ㄹ	ㄷ	ㄱ	④	ㄷ	ㄴ	ㄱ	ㄹ
⑤	ㄷ	ㄹ	ㄱ	ㄴ					

풀이

지역 조사 과정은 주제 및 지역 선정 → 실내 조사 → 야외 조사 → 자료 정리 및 분석 → 보고서 작성 순으로 이루어진다. 따라서 (가)는 지역 선정, (나)는 실내 조사, (다)는 자료 정리 및 분석, (라)는 보고서 작성단계에 해당한다.
③ 자료를 분석하고 통계 지도로 표현한 ㄱ은 자료 정리 및 분석 단계에 해당한다. 갯벌 습지를 조사 지역으로 선정한 ㄴ은 지역 선정 단계에 해당한다. 습지 생태계 보호를 위한 보고서를 작성한 ㄷ은 보고서 작성 단계에 해당한다. 인터넷 지도를 활용해 정보를 수집한 ㄹ은 실내 조사에 해당한다.

📋 2회 미니모의고사

1	⑤	2	⑤	3	③	4	①	5	④
6	④	7	①	8	④	9	③	10	④

1 정답 ⑤ 문제편 p.169

[보 기]

ㄱ. A: 플라스틱 쓰레기의 지역별 배출량 조사하기 → 공간적 관점
　 B
ㄴ. B: 플라스틱 쓰레기의 연도별 배출량 변화 분석하기
　 A　　　　　　　　　　　　　　　　　→ 시간적 관점
ㄷ. C: 플라스틱 쓰레기를 줄이기 위한 제도 및 정책 알아보기
　　　　　　　　　　　　　　　　　→ 사회적 관점
ㄹ. D: 플라스틱 쓰레기를 줄이기 위한 바람직한 태도와 습관
　 찾아보기 → 윤리적 관점

① ㄱ, ㄴ ② ㄱ, ㄷ ③ ㄴ, ㄷ ④ ㄴ, ㄹ ⑤ ㄷ, ㄹ

풀이

ㄱ. 지역별 배출량을 조사하는 것은 공간적 관점이다.
ㄴ. 연도별 배출량을 분석하는 것은 시간적 관점이다.
ㄷ. 제도 및 정책적 관점에서 사회 현상을 바라보는 것은 사회적 관점이다.
ㄹ. 바람직한 태도와 습관에 대한 탐색은 규범적 차원이므로 윤리적 관점이다.

2 정답 ⑤ 문제편 p.169

풀이

갑. 질 높은 정주 환경은 환경이 쾌적하고 위생적이며 생활에 편리한 시설을 갖추고 있고, 범죄율이 낮고 정치적으로 안정된 곳을 말한다. 따라서 질 높은 정주 환경은 자연환경뿐만 아니라 인문 환경적 요소를 모두 포함한다.
을. 권위주의적 정치 체제에서는 국민이 기본적 인권을 누리기 어려우므로 민주주의의 실현이 어렵다.

3 정답 ③ 문제편 p.169

풀이

뉴질랜드의 북섬은 화산 활동이 활발하여 다양한 화산 지형을 관찰할 수 있다. 따라서 (가)에는 화산 지형이 들어가야 한다.
ㄱ. 석회암이 물에 녹아 만들어진 탑 카르스트는 카르스트 지형의 대표적인 경관이다.
ㄴ. 온천수와 수증기가 지표 위로 주기적으로 분출하는 간헐천은 화산 지형의 대표적인 경관이다.
ㄷ. 화산 부근은 마그마로 인해 지열이 높아 발전소로 활용되는 경우가 많다.
ㄹ. 빙하의 침식으로 생긴 협곡이 침수되어 생긴 피오르는 빙하 지형의 대표적인 경관이다.

4 정답 ① 문제편 p.170

ⓥ① (가)는 건물의 내진 설계로 피해를 줄일 수 있다.
② (가)는 열대 해상에서 발생하여 고위도 지역으로 이동한다.
　　(나)
③ (나)는 여름보다 겨울에 자주 발생한다.
④ (나)는 대기 중의 미세 먼지 농도를 증가시킨다.
　　　　　　　　　　　　　　　　황사
⑤ (가)는 기후적 요인, (나)는 지형적 요인에 의해 발생한다.
　　　　지형적　　　　　　　　기후적

풀이

　　(가)는 산사태, 떨어지는 물건 등을 통해 지진임을 알 수 있다.
(나)는 어업 활동 중단, 강풍 등을 통해 태풍임을 알 수 있다.
① 내진 설계는 지진(가)으로 인한 진동을 건물이 견딜 수 있도록
　　건물의 내구성을 강화한 설계이다.
② 태풍(나)은 열대 해상에서 발생하여 고위도로 이동하는 열대
　　이동성 저기압이다.
③ 태풍(나)은 주로 해수온이 높은 여름에서 가을 사이에 발생한다.
④ 강풍을 동반한 태풍(나)은 대기를 깨끗이 정화시켜 주는 역할
　　을 한다. 대기 중 미세 먼지 농도를 증가시키는 자연재해는 황
　　사이다.
⑤ 지진(가)은 지형적 요인, 태풍(나)은 기후적 요인에 의해 발생
　　하는 자연재해이다.

5 정답 ④ 문제편 p.170

[보 기]

ㄱ. 화석 연료의 가격을 인하한다. → 화석 연료 사용량이 증가하여 온실
　　　　　　　　　　　　　　　　　　 가스 배출량이 증가함
ㄴ. 탄소 배출량이 적은 제품을 사용한다.
ㄷ. 대기 오염 물질의 배출 규제를 완화한다.
　　　　　　　　　　　　　　　　강화
ㄹ. 시민 단체에 가입하여 환경 감시 활동을 한다.

① ㄱ, ㄴ　　② ㄱ, ㄷ　　③ ㄴ, ㄷ　　ⓥ④ ㄴ, ㄹ　　⑤ ㄷ, ㄹ

풀이

　　제시문은 지구 온난화에 더욱 적극적으로 대처하기 위해 선진
국뿐만 아니라 개발 도상국에도 온실가스 감축 의무를 부여하는
파리 기후 협약(2015)에 대해 기술하고 있다. 지구 온난화를 해
결하기 위해 정부는 오염 물질 배출 규제 등을 위한 정책을 마련
하고, 소비자는 탄소 배출량이 적은 환경 친화적 제품을 사용해야
한다. 또한 시민 단체는 정부와 기업이 추진하는 각종 정책과 사
업을 환경 보전 측면에서 감시해야 한다.

6 정답 ④ 문제편 p.170

① (가)에서는 문화 융합이 나타난다.
　　　　　　　　 동화가
② (가)에서는 발견에 의한 문화 변동이 나타난다.
③ (나)에서는 문화 동화가 나타난다.
　　　　　　　　 융합이
ⓥ④ (나)에서는 직접 전파에 의한 문화 변동이 나타난다.
⑤ (가)와 (나)에서는 모두 자발적 문화 접변이 나타난다.

풀이

　　(가)에는 강제적 문화 접변과 문화 동화가 나타났고, (나)에는
직접 전파와 문화 융합이 나타났다.
① 갑국에서는 A국의 언어가 전파되어 갑국의 고유한 언어가 사
　　라지고 A국의 언어만 사용하게 되었다. 따라서 (가)에서는 문
　　화 동화가 나타났다.
② 갑국에서는 발견이 나타나지 않았다. 따라서 (가)에서는 발견
　　에 의한 문화 변동이 나타나지 않았다.
③ 을국에서는 B국 종교가 전파되어 토착 종교의 교리와 B국 종
　　교의 교리가 결합된 새로운 교리의 종교가 만들어져 많은 사람
　　들이 이를 믿게 되었다. 따라서 (나)에서는 문화 융합이 나타났
　　다.
④ 을국에서는 B국에서 온 선교사들의 포교 활동으로 인해 B국
　　종교가 전파되었다. 따라서 (나)에서는 직접 전파가 나타났다.
⑤ 갑국에서는 A국의 식민 지배를 받으면서 A국의 언어만을 사
　　용하도록 강요당했다. 따라서 (가)에서는 강제적 문화 접변이
　　나타났다.

7 정답 ① 문제편 p.170

[보 기]

ㄱ. 갑: 거주국 문화에 이민자 문화를 편입시켜야 한다.
ㄴ. 을: 다양한 문화가 공존하면 문화적 역동성이 증진된다.
ㄷ. 을: 단일 문화를 형성하여 사회의 단결력을 증진해야 한다.
　　　갑
ㄹ. 갑과 을: 여러 문화의 정체성은 동등하게 존중되어야 한다.

ⓥ① ㄱ, ㄴ　　② ㄱ, ㄷ　　③ ㄴ, ㄷ　　④ ㄴ, ㄹ　　⑤ ㄷ, ㄹ

풀이

　　갑은 이민자들이 거주국의 문화를 받아들여야 함을 주장하고
있고, 을은 이민자들의 문화와 거주국의 문화 각각의 정체성을 동
등하게 존중해야 함을 주장하고 있다. 따라서 갑의 입장은 동화주
의, 을의 입장은 다문화주의에 해당한다.
ㄷ. 단일 문화를 형성하여 사회의 단결력을 증진해야 한다고 보는
　　입장은 동화주의이다.
ㄹ. 여러 문화의 정체성이 동등하게 존중되어야 한다고 보는 입장
　　은 다문화주의이다.

8 정답 ④ 문제편 p.171

[보 기]

ㄱ. ㉠으로 인해 개인의 일상생활 범위가 확대되었다.
ㄴ. ㉡의 사례로 '교통로 건설에 따른 야생 동물의 이동 통로
　　단절'을 들 수 있다.
ㄷ. ㉢으로 인해 소비 활동의 공간적 제약이 강화되었다.
　　　　　　　　　　　　　　　　　　　　　　완화
ㄹ. ㉣로 지역 간, 계층 간 정보 격차 발생을 들 수 있다.

① ㄱ, ㄴ　　　② ㄱ, ㄷ　　　③ ㄷ, ㄹ
ⓥ④ ㄱ, ㄴ, ㄹ　　⑤ ㄴ, ㄷ, ㄹ

풀이

교통 발달과 정보화에 따른 생활의 변화를 묻는 문항이다.

ㄱ. 교통의 발달로 인해 이동 시간과 비용이 줄면서 개인의 일상 생활 범위가 확대되었다.

ㄴ. 교통의 발달로 인해 동식물 서식지 파괴, 생태계 교란, 삼림 훼손 등의 생태 환경의 변화가 나타났다. 교통로 건설에 따른 야생 동물의 이동 통로 단절은 교통의 발달에 따른 생태 환경의 변화 사례로 적절하다.

ㄷ. 전자 상거래의 활성화로 인해 온라인을 통한 물건 구매가 가능해지면서 소비 활동의 시·공간적 제약은 완화되었다.

ㄹ. 정보화 사회의 문제점으로 지역별, 연령별, 소득별 정보화 기기에 대한 접근성 차이와 정보화 기기의 활용 능력 차이 등으로 나타나는 정보 격차 심화를 들 수 있다.

9 정답 ③ 문제편 p.171

풀이

제시된 자료에는 도시에서 발생하는 문제를 해결하기 위한 다양한 방안이 제시되어 있다.

① 개발제한구역(그린벨트)은 도시의 무질서한 팽창을 방지하기 위해 설정한 녹지 공간이다.

② 도시 재개발 사업은 변화하는 시대에 맞게 노후화된 기존 도시의 각종 시설을 확충 및 재구성함으로써 도시를 활성화하는 사업이다. 도시 재개발이 진행되면 도시의 물리적 환경이 개선되고, 경쟁력이 높아진다.

③ 노후 경유차 감축 조례 제정은 도시 문제 해결을 위한 사회적 차원에서의 방안에 해당한다.

④ 자가용 대신 대중교통을 이용하면 도시 내 통행량이 감축되므로 교통 체증이 완화될 수 있다.

⑤ 지역 주민들 간의 소통이 활성화되면 지역 공동체의 결속력이 강화될 수 있다.

10 정답 ④ 문제편 p.171

풀이

지역 정보 수집에는 실내 조사와 야외 조사가 있다. (가) 실내 조사 단계에서는 도서관, 관청 등을 방문하거나 인터넷을 이용하여 문헌, 지도, 통계 자료, 항공 사진 등의 정보를 수집하고, 야외 조사 항목, 조사 방법, 답사 경로와 일자, 설문 대상 선정 및 설문지 작성 등의 야외 조사 계획을 세운다.

ㄷ. 실내 조사와 야외 조사에서 수집한 자료를 토대로 ○○군의 목장 분포도를 작성하는 것은 지역 정보 분석 단계에 해당한다.

2028 수능 예시문항 1 [2025년 4월 15일 발표]

1	⑤	2	④	3	④	4	②	5	③
6	⑤	7	④	8	③	9	②	10	②
11	①	12	③	13	②	14	③	15	②
16	①	17	③	18	③	19	⑤	20	①
21	⑤	22	④	23	②	24	②	25	①

1 정답 ⑤ 문제편 p.172 [행복의 의미와 기준]

행복은 완전하고 자족적인 좋음으로서 인간이 선택하고 추구하는 모든 것의 궁극 목적입니다. 행복한 삶은 가장 좋고 가장 즐거우며, 윤리적이고 지성적으로 탁월한 삶입니다.

행복한 삶의 시작이자 끝은 쾌락입니다. 진정한 쾌락은 몸에 고통이 없고 마음에 동요가 없는 상태입니다. 사려 깊으며 정의로운 삶 없이는 쾌락적인 삶도 있을 수 없습니다.

갑 아리스토텔레스

을 에피쿠로스

〈 사례 〉

A는 많은 돈을 가진 자산가이다. A는 육체적인 즐거움만을 행복이라 생각하고 매일 향락적인 생활을 하고 있다.

① 갑: 물질적 부는 행복의 실현에 기여할 수 없음을 명심하세요.

② 갑: 행복한 사람의 행위에는 쾌락이 따르지 않음을 명심하세요.

③ 을: 욕구를 충족하려는 시도는 항상 고통을 야기함을 명심하세요. (필수적 욕구는 충족해야 함)

④ 을: 쾌락이 삶의 목적인 사람은 결코 만족할 수 없음을 명심하세요.

☑⑤ 갑과 을: 이성을 동반한 덕을 통해 행복을 성취할 수 있음을 명심하세요.

풀이

갑은 아리스토텔레스, 을은 에피쿠로스이다. 아리스토텔레스는 행복이 그 자체로 선택될 만하고, 완전하며, 자족적인 상태라고 분석한다. 따라서 행복이 인간 삶의 궁극 목적이라고 본다. 에피쿠로스는 행복을 삶의 목적이라고 보며, 이성적 사려 깊음, 정의와 같은 덕은 행복 성취를 위한 수단적 가치를 지닌다고 주장한다.

① 아리스토텔레스에 따르면 부 자체가 행복은 아니다. 그러나 부와 같은 외적인 선(좋음)은 인간 행복 실현에 기여할 수 있다고 본다.

② 아리스토텔레스는 쾌락(즐거움)과 최고선인 행복을 구분한다. 그리고 덕을 따르는 영혼의 활동 상태(행복) 그 자체에 쾌락이 수반될 수 있다고 본다. 따라서 행복한 사람의 행위에는 최상의 쾌락이 따라올 수 있다.

③ 에피쿠로스는 명예욕과 같이 자연적이지도 않고 필수적이지도 않은 욕구의 경우 충족하려 할수록 끝이 없고, 더 큰 욕망과 불안을 낳는다고 보았다. 그렇기 때문에 이러한 욕구를 충족하려는 시도는 결국 고통을 야기할 수 있다. 하지만 욕구를 충족하려는 모든 시도가 항상 고통을 낳는 것은 아니다. 에피쿠로스는 욕구 중에서도 식욕과 같은 자연적이고 필수적인 욕구는 아예 충족을 시키지 않으면 고통이 발생하므로 욕구를 절제하며 충족시켜야 한다고 본다.

④ 에피쿠로스에 따르면 행복한 삶의 시작과 끝은 쾌락이다. 따라서 쾌락은 삶의 목적이 될 수 있으며, 적절한 쾌락을 성취한 인간은 삶의 만족을 느낄 수 있다.

⑤ 아리스토텔레스, 에피쿠로스 모두 긍정할 내용이다. 아리스토텔레스는 이성을 동반한 덕(지성적 덕)을 형성하면 행복을 성취할 수 있다고 본다. 에피쿠로스는 이성을 동반한 덕(지혜, 사려 깊음)을 통해 추구해야 할 욕구와 추구하지 말아야 할 욕구를 잘 분별하면 행복을 얻을 수 있다고 본다.

---

2 정답 ④ 문제편 p.172

[다양한 환경 문제]

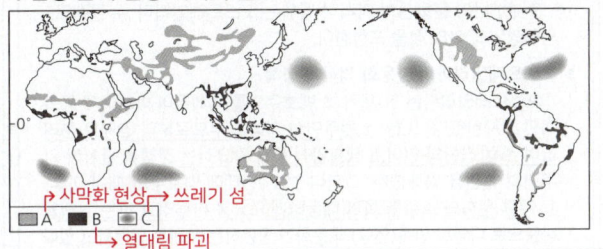

[환경 문제 탐구 보고서]

1. 환경 문제의 주요 원인과 현상

구분	A → 사막화 현상	B → 열대림 파괴	C → 쓰레기 섬
주요 원인	(가)	농경지 · 목장의 확대를 위한 무분별한 벌목	플라스틱, 비닐 등 쓰레기의 바다 유입
현상			

2. 환경 문제 발생 지역의 분포

A → 사막화 현상 B → 쓰레기 섬 C → 열대림 파괴

〈 보기 〉

ㄱ. B에 의해 생물종 다양성이 증가한다. (감소)
ㄴ. C는 해류의 순환으로 쓰레기가 집적되어 나타난다.
ㄷ. A는 B보다 연 강수량이 많은 곳에서 주로 나타난다.
ㄹ. (가)에는 '과도한 목축 및 경작'이 들어갈 수 있다.

① ㄱ, ㄴ ② ㄱ, ㄷ ③ ㄴ, ㄷ ✔ㄴ, ㄹ ⑤ ㄷ, ㄹ

풀이

사막 주변에서 나타나는 A는 사막화 현상, 열대 기후 지역에서 무분별한 벌목으로 나타나는 B는 열대림 파괴, 해양에 쓰레기 유입으로 나타나는 C는 쓰레기 섬이다.

ㄱ. 열대림에는 다양한 동식물이 서식한다. 이런 열대림을 훼손하면 동식물의 생태 환경이 파괴되어 멸종되는 생명체가 많아진다. 따라서 열대림 파괴(B)는 생물종 다양성을 감소시킨다.

ㄴ. 쓰레기 섬(C)은 해양으로 유입된 각종 쓰레기가 해류를 따라 이동하다가 해류가 약한 지점에 모여 형성된다. 쓰레기 섬(C)에는 분해가 되지 않는 플라스틱, 비닐 등이 많다.

ㄷ. 열대림 파괴(B)는 강수량이 많은 열대 밀림이 형성된 곳(열대 우림 기후 지역)에서 주로 나타난다. 사막화 현상(A)은 사막 주변 지역(스텝 기후 지역)에서 주로 나타난다. 따라서 열대림 파괴(B)는 사막화 현상(A)보다 연 강수량이 많은 지역에서 나타난다.

ㄹ. 사막화 현상(A)은 지속적인 가뭄, 목장 및 경작지 확보를 위한 식생 파괴, 관개 농업으로 인한 과도한 용수 사용 등이 원인이다. 따라서 (가)에는 '과도한 목축 및 경작'이 들어갈 수 있다.

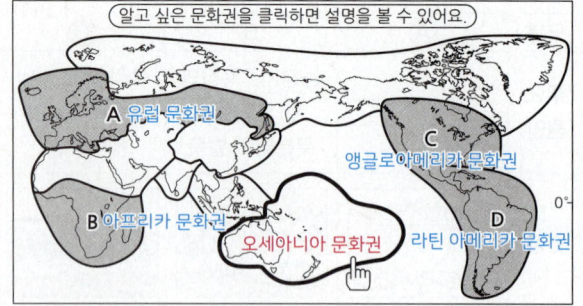

세계의 문화권은 위치, 자연환경, 종교, 민족(인종), 언어, 전통 산업 등
다양한 요소를 복합적으로 고려하여 아래 지도와 같이 구분할 수 있다.

알고 싶은 문화권을 클릭하면 설명을 볼 수 있어요.

A 유럽 문화권
앵글로아메리카문화권 C
B 아프리카 문화권
오세아니아 문화권
라틴 아메리카 문화권 D
0°

◎ 오세아니아 문화권
　오세아니아 문화권의 지리적 범위는 오스트레일리아, 뉴질랜드,
남태평양의 여러 섬을 포함한다.
• 오스트레일리아의 다문화 역사와 정책
　오스트레일리아는 20세기 초 백호주의를 내세우며 아시아계 등의
이민을 제한했다. 또한 ㉠ 원주민의 자녀를 부모로부터 강제로 분리
하여 주류 집단의 언어와 생활양식 등을 강요하는 정책을 펼치며 원
주민의 인권을 침해했다. 그러나 1970년대에 백호주의 폐지 이후,
㉡ 주류 문화와 소수 문화가 대등하게 조화를 이루려고 하는 정책을
바탕으로 다양한 민족(인종)과 문화가 공존하는 사회로 발전하고 있다.

① ㉠은 소수 문화를 주류 문화로 동화시키려는 정책이다.
→ 동화주의 정책
② ㉡은 다문화주의 정책이다.
→ 영국
③ 오스트레일리아는 A에 속한 국가의 식민 지배를 받았다.
✔B는 이슬람교 신자 수가 크리스트교 신자 수보다 ~~많다.~~
적다
⑤ C와 D를 구분하는 경계는 리오그란데강이다.

풀이

　A는 유럽 문화권, B는 아프리카 문화권, C는 앵글로아메리카
문화권, D는 라틴 아메리카 문화권이다. 진한 실선으로 둘러싸인
부분은 오세아니아 문화권이다.
① ㉠은 원주민의 문화를 인정하지 않고, 주류 집단의 언어와 생
　활양식을 강요하는 사례이므로 동화주의 정책에 해당한다. 동
　화주의 정책은 동질성을 바탕으로 사회 통합을 강조하면서 이
　민자, 원주민 등의 문화를 주류 문화로 동화시키려는 정책으로
　용광로 정책이라고도 한다.
② ㉡은 하나의 문화로 동화시키지 않고, 다양한 문화를 인정하면
　서 여러 문화 간 공존을 중시하는 정책이므로 다문화주의 정책
　에 해당한다. 다문화주의 정책은 각 문화의 고유성과 다양성을
　인정하면서 조화를 추구하는 정책으로 샐러드 볼 정책이라고
　도 한다.
③ 오스트레일리아는 유럽 문화권(A)에 속한 영국의 식민지로 개
　척되면서 많은 영국인이 이주하였다. 이 영향으로 오스트레일
　리아는 영어 사용자와 크리스트교 신자 비율이 높다.
④ 아프리카 문화권(B)은 유럽 식민 지배의 영향으로 크리스트교
　신자 비율이 높다. 이슬람교 신자 비율이 높은 문화권은 중앙
　아시아, 서남아시아, 북부 아프리카 등이 포함된 건조 문화권
　이다.
⑤ 앵글로아메리카 문화권(C)과 라틴 아메리카 문화권(D)은 리오
　그란데강을 기준으로 구분된다. 리오그란데강 이북 지역은 앵
　글로색슨족이 주류를 이루는 영국, 리오그란데강 이남 지역은
　라틴족이 주류를 이루는 포르투갈과 에스파냐의 식민지였다.

갑: 인간의 지식과 인간의 힘은 서로 다른 것이 아니다. 방황하고
　　있는 자연을 사냥해 노예로 만들어 인간의 이익에 봉사하도록
베이컨　해야 한다.
을: 인간은 대지의 이용을 윤리적으로 검토해야 한다. 대지는 단지
레오폴드　흙이 아니라 토양, 식물 및 동물이라는 회로를 통해 흐르는 에
　　너지의 근원이다.

〈 보기 〉 → 갑: 도구적 가치 인정
　　　　　　　→ 을: 본래적 가치 인정
　　　　　　　　　　　　　　　　　　　　갑 을
ㄱ. 인간과 달리 자연은 어떠한 가치도 지니지 않는다.　　X X
ㄴ. 인간은 자연의 정복자가 아니라 구성원 중 하나일 뿐이다.　X O
ㄷ. 인간과 자연을 차등적으로 구별하는 것은 이성에 부합한다.　O
ㄹ. 인간의 욕구를 충족하기 위해 자연을 활용하는 것은 정당화될　X X
　　수 없다.

① ㄱ, ㄹ　　　✔② ㄴ, ㄷ　　　③ ㄷ, ㄹ
④ ㄱ, ㄴ, ㄷ　　　⑤ ㄱ, ㄴ, ㄹ

풀이

　갑은 인간 중심주의 사상가 베이컨, 을은 생태 중심주의 사상
가 레오폴드이다. 베이컨은 인간의 복리 향상을 위해 자연을 정복
할 것을 강조한다. 레오폴드는 대지의 이용을 경제적인 면뿐만 아
니라 심미적, 윤리적 관점에서 검토할 것을 주장한다. 또한 인간
역시 생태계의 상호작용 영향을 받으므로 자연의 지배자가 아닌
구성원의 위치에 있다고 본다.
ㄱ. 베이컨, 레오폴드 모두 부정할 내용이다. 베이컨은 자연이 도
　구적 가치를 지닌다고 본다. 따라서 자연이 어떠한 가치도 지
　니지 않는 것은 아니다. 레오폴드는 자연 자체의 본래적 가치
　를 인정한다.
ㄴ. 베이컨은 부정, 레오폴드는 긍정할 내용이다. 베이컨은 인간
　이 과학의 힘을 통해 자연의 정복자가 되어야 한다고 본다. 레
　오폴드는 인간을 자연의 평범한 구성원으로 바라본다.
ㄷ. 베이컨이 긍정할 내용이다. 베이컨은 이성적 존재인 인간과
　이성이 없는 자연을 서로 다르게 구별하고 대우하는 것은 이
　성적 사고에 부합한다고 본다.
ㄹ. 베이컨, 레오폴드 모두 부정할 내용이다. 베이컨은 인간의 욕
　구 충족, 복리 향상을 위해 자연물을 활용하는 것이 정당하다
　고 본다. 레오폴드는 생태계의 안정성을 훼손하지 않는 선에
　서 인간의 욕구를 위해 자연물을 활용하는 것은 도덕적으로
　정당화될 수 있다고 본다.

지도에 표시된 세 지역에서 나타나는 → 스텝 기후 전통적인 생활 모습의 특징은 다음과 같다. 한 지역에서는 양, 염소 등을 기르는 유목 생활을, 또 다른 지역에서는 지면의 열기와 습기를 차단하기 위한 고상 가옥을, 마지막 한 지역에서는 올리브 등을 재배하는 수목 농업을 볼 수 있다. 이렇게 지역별로 주민 생활이 다르게 나타나는 이유는 기온과 강수량 등 그 지역의 독특한 기후 특성의 영향을 받기 때문이다. 이러한 기후 특성을 보여 주는 지표 중 기온 편차와 강수 편차는 다음과 같이 계산할 수 있다. 　지중해성 기후

→ 열대 우림 기후

○ 월 기온 편차 = 월평균 기온 − 연평균 기온

$$○ \ 월 \ 강수 \ 편차 = 월 \ 강수량 - \left(\frac{연 \ 강수량}{12}\right)$$

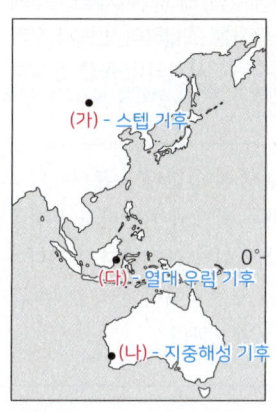
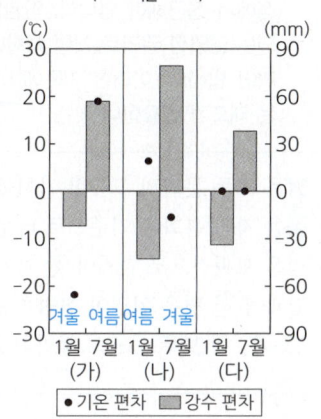

● 기온 편차　　■ 강수 편차

① (가)는 ~~남반구~~에 위치한다.
　　　　　　　북반구
② ~~(나)~~가 위치한 국가의 전통 가옥은 이동 생활에 유리한 게르이다.
　　(가)
✓③ (다)가 위치한 국가의 전통 음식은 향신료가 들어간 볶음밥이다.
④ (다)는 (가)보다 기온의 연교차가 ~~크다~~.
　　　　　　　　　　　　　　　작다
⑤ ~~(가)와~~ (나)는 모두 여름 강수량이 겨울 강수량보다 많다.
　(가)는

〔풀이〕

지도에 표시된 지역은 스텝 기후가 나타나는 몽골의 울란바토르, 열대 우림 기후가 나타나는 인도네시아의 발릭파판, 지중해성 기후가 나타나는 오스트레일리아의 퍼스이다.

그래프에서 기온(강수량) 편차가 양(+)의 값인 달은 기온(강수량)이 높은(많은) 달, 음(-)의 값인 달은 기온(강수량)이 낮은(적은) 달이다. 1월 기온 편차와 7월 기온 편차의 차이는 기온의 연교차에 해당한다. 이를 통해 기온의 연교차가 작은 (다)는 발릭파판, 7월 기온 편차가 양(+)인 (가)는 7월이 여름인 북반구의 울란바토르, 7월 기온 편차가 음(-)의 값인 7월이 겨울인 (나)는 남반구의 퍼스임을 알 수 있다.

① 울란바토르(가)는 북반구에 위치한다.
② 이동식 가옥인 게르는 몽골의 전통 가옥이다.
③ 발릭파판(다)이 위치한 인도네시아는 매운 향신료를 첨가해 밥을 볶은 나시고렝이란 전통 음식이 있다.
④ 저위도에 위치한 발릭파판(다)은 중위도에 위치한 울란바토르(가)보다 기온의 연교차가 작다.
⑤ 북반구의 울란바토르(가)는 겨울인 1월에 강수 편차가 음(-)의 값이고, 여름인 7월에 강수 편차가 양(+)의 값이므로 여름철 강수량이 겨울철 강수량보다 많은 것을 알 수 있다. 그러나 남반구인 퍼스(나)는 여름인 1월 강수 편차보다 겨울인 7월 강수 편차의 값이 크므로 겨울철 강수량이 여름철 강수량보다 많다.

도시화는 전체 인구 중에서 도시에 거주하는 인구의 비율이 높아지거나 도시적 생활양식이 확대되는 현상이다. 도시화 과정은 도시화율에 따라 ㉠ 초기 단계, ㉡ 가속화 단계, ㉢ 종착 단계로 구분되는데, 도시화율은 국가 내 도시와 촌락 인구로 알 수 있다. 전체 인구 중 도시 인구의 비율을 기준으로, 초기 단계는 0~20%, 종착 단계는 80~100%로 구분할 수 있다. 도시화는 전 세계적으로 진행되고 있으며, 국가에 따라 진행 과정과 속도가 다르게 나타난다.

〈국가별 도시 및 촌락 인구 변화〉

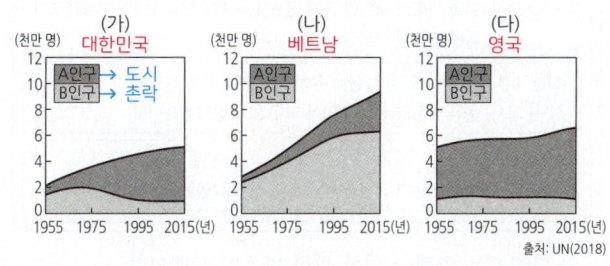

출처: UN(2018)

① 영국은 대한민국보다 1970년대에 도시 인구 증가율이 ~~높다~~.
　　　　　　　　　　　　　　　　　　　　　　　　낮다
② ㉢은 ㉠보다 1차 산업 종사자 비율이 ~~높다~~.
　　　　　　　　　　　　　　　　　　　낮다
③ (나)는 2015년에 ㉡에서 ~~㉢으로~~ 진입하였다.
　　　　　　　　　㉢으로
④ (가)는 (다)보다 교외화 현상의 출현 시기가 ~~이르다~~.
　　　　　　　　　　　　　　　　　　　　　　늦다
✓⑤ (가)~(다) 중 1955년의 도시화율은 (다)가 가장 높다.

〔풀이〕

1955~2015년 인구 증가율이 가장 높은 (나)는 개발도상국인 베트남이다. 1955년부터 인구 증가율이 정체된 (다)는 선진국인 영국이다. 나머지 (가)는 대한민국이다. 2015년 대한민국(가)과 영국(다)에서 인구 비율이 높은 A는 도시, 베트남(나)에서 인구 비율이 높은 B는 촌락이다.

① 영국(다)은 대한민국(가)보다 1970년대에 도시(A) 인구 증가율이 낮다.
② 1차 산업은 촌락을 중심으로 발달하므로 촌락 거주 인구 비율이 높을수록 1차 산업 종사자 비율이 높다. 촌락 거주 인구 비율은 '100-도시 거주 인구 비율'로 구할 수 있다. 따라서 도시 거주 인구 비율이 80% 이상인 종착 단계(㉢)는 도시 인구 비율이 20% 미만인 초기 단계(㉠)보다 1차 산업 종사자 비율이 낮다.
③ 베트남(나)은 2015년에 도시(A) 인구 비율이 30% 전후이면서 도시(A) 인구 비율이 빠르게 증가하는 추세를 보이므로 가속화 단계(㉡)로 진입한 시기이다.
④ 교외화 현상은 도시의 기능이 주변부로 확산되는 현상으로 도시 인구 비율이 높은 종착 단계에서 뚜렷이 나타난다. 영국(다)은 1955년에 도시(A) 인구 비율이 높은 종착 단계이므로 1955년에도 교외화 현상이 활발히 일어났다. 반면 대한민국(가)은 1955년에 도시(A) 인구 비율이 아주 낮은 초기 단계에 해당한다.
⑤ 도시화율은 전체 인구 중 도시에 거주하는 인구 비율로 나타낸다. 1955년에 도시(A) 거주 인구 비율은 영국이 가장 높으므로 도시화율이 가장 높은 국가는 영국(다)이다.

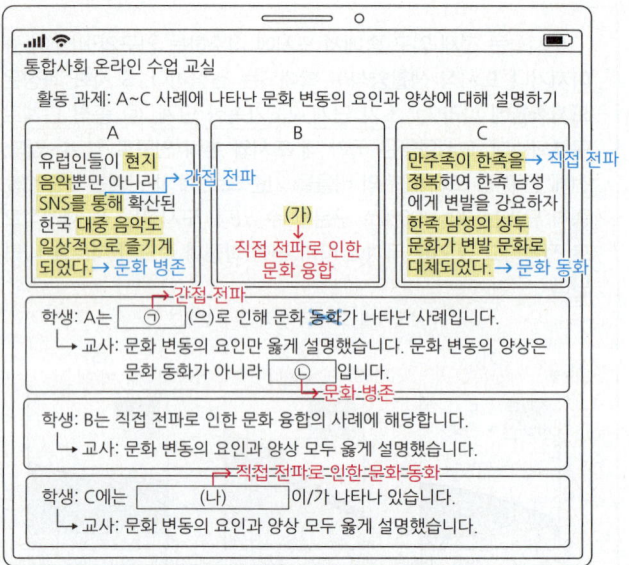

① A와 달리 C는 발견에 의한 문화 변동의 사례이다.

② ㉠에는 '직접 전파'가 들어간다.
　　　　　　　　간접

③ ㉡에는 '문화 융합'이 들어간다.
　　　　　　병존

✓④ (가)에는 '멕시코에서 토착 신앙과 에스파냐인이 들여온 가톨릭 → 직접 전파
교가 결합하여 새로운 형태의 성모상이 탄생하였다.'가 들어갈
수 있다.　　　 → 문화 융합

⑤ (나)에는 '자국 전파로 인한 문화 병존'이 들어갈 수 있다.
　　　　　　직접　　　　　　　동화

풀이

　사례 A의 경우 SNS를 통해 한국의 대중 음악이 유럽에 확산
되어 유럽인들이 현지 음악과 한국 대중 음악을 모두 즐기고 있으
므로 이는 간접 전파로 인해 문화 병존이 나타났음을 보여 준다.
사례 C의 경우 만주족의 한족 정복으로 한족 남성의 상투 문화가
변발 문화로 대체되었으므로 이는 직접 전파로 인해 문화 동화가
나타났음을 보여 준다.
① A는 간접 전파에 의한 문화 변동의 사례이고, C는 직접 전파에
의한 문화 변동의 사례이다.
② A에 대한 학생의 답변에서 교사는 문화 변동의 요인만 옳게 설
명했다고 하였으므로 ㉠에는 간접 전파가 들어간다.
③ A는 간접 전파에 의한 문화 병존이 나타난 사례를 보여 준다.
따라서 ㉡에는 문화 병존이 들어간다.
④ (가)에는 직접 전파로 인한 문화 융합의 사례가 들어가야 한다.
멕시코에서 토착 신앙과 에스파냐인이 들여온 가톨릭교가 결
합하여 새로운 형태의 성모상이 탄생한 사례는 직접 전파에 의
한 문화 융합의 사례에 해당한다. 따라서 해당 내용은 (가)에
들어갈 수 있다.
⑤ 교사는 C에 대한 학생의 답변에 대해 문화 변동의 요인과 양상
모두 옳게 설명했다고 하였으므로 (나)에는 직접 전파로 인한
문화 동화가 들어갈 수 있다.

갑 A국은 여성이 부모의 허락 없이 혼인하는 행위를 가족의 명예
자문화 를 훼손하는 것으로 간주하여 금지합니다. 이에 반해 우리나라
중심주의 에서는 혼인의 자유와 같은 개인의 권리를 헌법상 기본권으로
보장하고 있습니다. A국은 후진적인 자신의 문화를 버리고 우
리나라를 본받아야 합니다.

을 저는 갑의 입장에 동의하지 않습니다. 문화는 그 문화가 형성
문화 된 사회의 맥락 속에서 이해해야 합니다. 부모의 권위에 대한
상대주의 가족 구성원들의 복종을 바탕으로 사회 질서를 유지해 온 A국
의 전통을 고려하면 혼인에 대한 개인의 결정권을 허용하지 않는
A국의 문화도 당연히 존중받아야 합니다.

병 저는 을과 생각이 다릅니다. 배우자 선택의 문제는 인권의 관
점에서 접근해야 합니다. 인권은 누구나 태어나면서부터 갖게
되는 당연한 권리로 개별 사회나 국가를 초월하여 반드시 지켜
져야 합니다. 이러한 기준에 비추어 각 사회의 문화를 성찰하
는 태도가 필요합니다.　 → 인권의 천부성, 보편성, 불가침성 강조

① 갑은 모든 문화의 고유한 가치를 존중해야 한다고 본다.
　을

② 을은 자기 문화를 기준으로 타문화를 평가해야 한다고 본다.
　갑

✓③ 병은 보편적으로 지켜야 할 가치나 원리가 존재한다고 본다.

④ 갑과 달리 병은 인권이 헌법을 통해 보장되어야 한다고 본다.

⑤ 갑, 을, 병 모두 인권의 불가침성을 강조한다.

풀이

　갑은 A국이 후진적인 자신의 문화를 버리고 우리나라를 본받
아야 한다고 보고 있으므로 이는 자문화 중심주의에 해당한다. 을
은 각 문화가 형성된 사회의 맥락 속에서 문화를 이해해야 한다고
보고 있으므로 이는 문화 상대주의에 해당한다. 병은 인권이 누구
나 태어나면서 갖게 되는 권리라는 인권의 천부성, 보편성 및 불
가침성을 강조하고 있다.
① 모든 문화의 고유한 가치를 존중해야 한다고 보는 문화 이해
태도는 문화 상대주의이다.
② 자기 문화를 기준으로 타문화를 평가해야 한다고 보는 문화 이
해 태도는 자문화 중심주의이다.
③ 병은 인권이 개별 사회나 국가를 초월하여 반드시 지켜져야 한
다고 보고 있으므로 인권의 보편성을 강조하고 있다. 즉, 병은
시대나 사회를 초월하여 보편적으로 지켜야 할 가치나 원리가
존재한다고 보고 있다.
④ 갑은 갑의 나라에서 개인의 권리를 헌법상 기본권으로 보장하
고 있으며 이를 A국이 본받아야 함을 강조하고 있다. 이를 통
해 갑은 인권이 헌법을 통해 보장된다고 보고 있음을 알 수 있
다.
⑤ 병은 인권이 누구나 태어나면서부터 갖게 되는 당연한 권리로
반드시 지켜져야 한다고 보고 있으므로 인권의 불가침성을 강
조하고 있다. 그러나 제시된 대화에서 갑과 을이 인권의 불가
침성을 강조하고 있는지는 알 수 없다.

2029년 개통을 목표로 페마른벨트(Fehmarnbelt) 해저 터널 공사가 진행되고 있다. 덴마크와 독일을 도로와 고속 철도로 연결하는 이 터널은 매년 수백만 명이 이용하는 기존의 여객선 노선을 대체할 것이다. 이에 따라 뢰드부 지역 주민의 ⎡ (가) ⎤이/가 예상된다. 또한 B 도로 이용 시 **이동 거리**가 현재 이용 중인 A 도로에 비해 약 160㎞ **단축되어** 코펜하겐과 함부르크 간의 **육상 물류비가 크게 절감**될 것이다. 한편, 일각에서는 해저 터널의 완공 후 교통 발달에 의한 ⊙ **빨대 효과**를 우려하기도 한다.

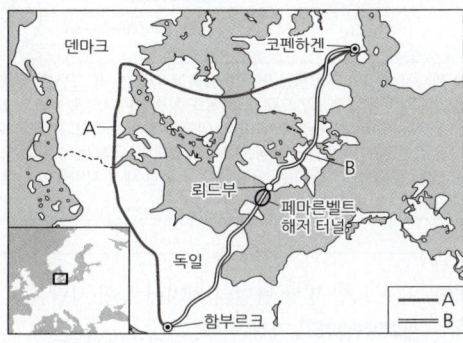

─────〈 보기 〉─────

ㄱ. 해저 터널이 완공되면 코펜하겐의 접근성이 좋아질 것이다.
ㄴ. ⊙은 <s>대도시</s>의 인구와 경제력이 주변 <s>중소 도시</s>로 분산되는 현상이다.
    ↳ 중소 도시   ↳ 대도시로 흡수
ㄷ. (가)에는 '생활권 확대'가 들어갈 수 있다.
ㄹ. 해저 터널이 완공되면 함부르크와 코펜하겐 간 이동 소요 시간은 A 도로가 B 도로보다 <s>짧을</s> 것이다.
    ↳ 길

① ㄱ, ㄴ   ✔② ㄱ, ㄷ   ③ ㄴ, ㄷ   ④ ㄴ, ㄹ   ⑤ ㄷ, ㄹ

 풀이

　페마른벨트 해저 터널 개통 이후의 지역 변화를 묻고 있다. 해저 터널이 개통되면 함부르크와 코펜하겐을 잇는 기존 도로보다 물리적 거리가 단축될 뿐만 아니라 고속 철도로 연결되므로 시간적 거리도 단축될 것이다.

ㄱ. 해저 터널을 통과하는 도로는 독일 내륙과 코펜하겐을 연결하는 기존 도로보다 거리가 짧고, 여객선보다 신속하게 이동할 수 있는 고속 철도가 운행되므로 코펜하겐의 접근성은 좋아질 것이다.

ㄴ. 빨대 효과(⊙)는 교통 발달로 중소 도시의 기능이 대도시로 흡수되는 현상을 의미한다.

ㄷ. 섬에 위치한 뢰드부는 선박을 이용해야만 코펜하겐, 함부르크 등으로 이동할 수 있었으나 해저 터널이 개통되면 고속 철도, 도로 등을 이용해 이동할 수 있으므로 뢰드부 지역 주민들의 생활권은 확대될 것이다.

ㄹ. 함부르크와 코펜하겐 간 기존의 A 도로보다 해저 터널을 통과하는 B 도로가 물리적 거리가 짧다. 따라서 두 도시 간 이동 소요 시간은 A 도로가 B 도로보다 길다.

<영국의 명예혁명>   【사료로 보는 역사】

"공께서 저희를 기꺼이 도와주신다니 깊이 감사드립니다. … 저희 **국왕**은 가톨릭 우대 정책을 펼치고 **의회의 동의 없이 정책을 추진**하려고 합니다. 저희는 종교, 자유, 재산과 관련한 국왕의 정책에 불만이 큽니다. … 우리 왕국 사람 스물 중 열아홉은 변화를 갈망합니다."

┌해설┐
위 서신은 **국왕 제임스 2세**에게 불만을 품은 고위층 인사들이 윌리엄에게 ↳ 영국
보낸 것으로, 본인들의 국왕을 물리쳐 달라는 내용이다. 이들 요청에 응해 윌리엄은 함대를 이끌고 바다를 건너가 런던으로 진군하였고, 겁에 질린 제임스 2세는 프랑스로 도주하였다. 이후 **윌리엄과 메리는 공동 왕으로 추대**되었으며, 의회의 요구에 따라 ⎡ (가) ⎤

① 「인민헌장」을 발표하였다. → 19세기 영국 차티스트 운동
✔② 「**권리 장전**」을 승인하였다. → 영국 명예혁명
    ↳ 입헌 군주제 확립
③ 「바이마르 헌법」을 제정하였다. → 20세기 초 독일, 사회권 명시
④ 「세계 인권 선언」을 공포하였다. ┌→ 제2차 세계 대전 이후
    ┘ 국제 연합(UN)에서 채택
⑤ 「인간과 시민의 권리 선언」을 선포하였다. → 프랑스 혁명

 풀이

　제시된 자료는 의회가 전제 군주를 폐위하고 윌리엄과 메리가 공동 왕으로 추대된 사건인 영국의 명예혁명을 보여 준다.

① 인민헌장은 19세기 영국의 차티스트 운동으로 인해 발표되었다. 차티스트 운동은 재산에 따른 차별을 폐지하고 노동자의 참정권을 보장할 것을 요구한 운동이다.

② 영국의 명예혁명으로 영국 의회와 국민의 권리를 강조한 권리 장전이 승인되어 의회 중심의 입헌 군주제가 정착하는 계기가 되었다.

③ 20세기 초 독일 바이마르 헌법에서 최초로 사회권을 명시하였다.

④ 제2차 세계 대전 이후 인권 침해에 대한 반성과 인권 보호를 취지로 국제 연합(UN) 총회에서 세계 인권 선언을 채택하였다.

⑤ 프랑스 혁명으로 시민 계급이 절대 왕정을 무너뜨리고 새로운 정부와 사회를 수립하면서 인간과 시민의 권리 선언을 선포하였다.

수능 예시 문항

○ 군사 훈련을 받던 갑은 훈련소 측으로부터 종교 행사에 참여하도록 강요받았다. 갑은 거부 의사를 밝혔으나 강압적 조치에 의해 결국 종교 행사에 참여할 수밖에 없었다. 이에 갑은 종교 활동을 자유롭게 할 수 있다는 내용의 ㉠ 기본권을 침해받았다며 헌법재판소에 심판을 청구하였다.
　　　　　　→ 자유권　　　　　헌법 소원 심판 ←

○ 국회의원이 꿈이었던 을은 검정고시에 합격하고 국립 ○○ 대학교의 수시 모집에 지원하고자 하였다. 하지만 법률에 근거하여 규정된 국립 ○○ 대학교 수시 모집 요강에서는 검정고시 출신자의 응시 자격을 제한하였다. 이에 을은 능력에 따라 균등하게 교육받을 수 있다는 내용의 ㉡ 기본권을 침해받았다며 헌법재판소에 심판을 청구하였다.
　　　　㉡→ 사회권　　　　헌법 소원 심판 ←

✔① ㉠은 국가로부터 간섭받지 않을 권리로서의 기본권에 해당한다.
② ㉡은 국가의 정치적 의사 결정 과정에 참여할 수 있는 권리로서의 기본권에 해당한다.
　　　　　　→ 참정권
③ ㉠과 ㉡ 모두 정당한 목적이 있다면 법률적 근거가 없어도 제한될 수 있다.
　　　　　　　　　　에 의해
④ 갑과 달리 을은 기본권 보장을 위한 수단적 성격을 지닌 기본권을 행사하였다.
　　하지 않았다　→ 청구권
⑤ 을과 달리 갑은 헌법 소원 심판을 청구하였다.

【풀이】
갑은 종교 활동을 자유롭게 할 수 있다는 내용의 기본권인 자유권을 침해받아 헌법재판소에 헌법 소원 심판을 청구하였고, 을은 능력에 따라 균등하게 교육받을 수 있다는 내용의 기본권인 사회권을 침해받아 헌법재판소에 헌법 소원 심판을 청구하였다.
① ㉠은 자유권이다. 자유권은 국가나 타인으로부터 간섭을 받지 않고 자유롭게 생각하거나 행동할 수 있는 권리를 말한다.
② ㉡은 사회권이다. 국가의 정치적 의사 결정 과정에 참여할 수 있는 권리로서의 기본권은 참정권이다.
③ 자유권과 사회권은 모두 정당한 목적이 있다면 법률적 근거에 의해 제한될 수 있다.
④ 기본권 보장을 위한 수단적 성격을 지닌 기본권은 청구권이다. 청구권에는 청원권, 재판 청구권, 국가 배상 청구권 등이 있다. 갑과 을의 사례는 모두 청구권과 관련이 없다.
⑤ 갑과 을은 모두 헌법재판소에 헌법 소원 심판을 청구하였다. 헌법 소원 심판은 공권력의 행사 또는 불행사가 헌법에 규정된 기본권을 침해하는지의 여부를 결정하는 제도이다.

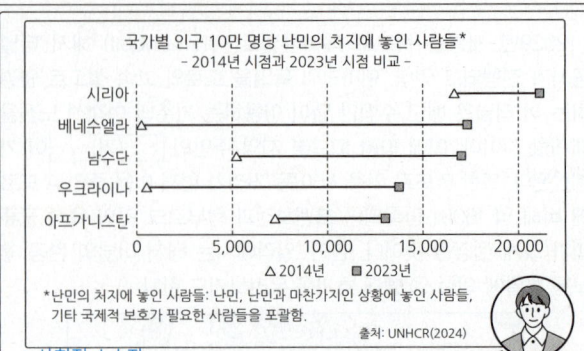

국가별 인구 10만 명당 난민의 처지에 놓인 사람들*
- 2014년 시점과 2023년 시점 비교 -
시리아 / 베네수엘라 / 남수단 / 우크라이나 / 아프가니스탄
(0, 5,000, 10,000, 15,000, 20,000)
*난민의 처지에 놓인 사람들: 난민, 난민과 마찬가지인 상황에 놓인 사람들, 기타 국제적 보호가 필요한 사람들을 포괄함.
출처: UNHCR(2024)
△2014년　■2023년

→ 사회적 소수자　　　　　　　　　　→ 사회적 소수자
그래프에 제시된 국가의 난민들을 연구한 결과에 따르면, ㉠ 그들은 주류 집단에 속한 사람들에게 차별받고 있었으며, 스스로도 차별받는다고 인식하고 있었습니다. 다행히 국제 사회의 행위 주체 A와 B가 이들을 위해 노력하고 있습니다. 가령, 국제 연합과 같은 A는 난민 문제를 공론화하고 있으며, 국제 앰네스티, 국경 없는 의사회 등 민간 주도로 구성된 B는 난민 구호를 위한 세계 시민들의 연대를 촉구하고 있습니다.
　　　국제기구　　　→ 비정부 기구

〈 보기 〉
ㄱ. 2023년 인구 10만 명당 난민의 처지에 놓인 사람들은 제시된 국가 중 베네수엘라가 가장 적다. → 아프가니스탄이
ㄴ. 각 국가 인구 중 난민의 처지에 놓인 사람들의 2014년과 2023년 간 비율 차이는 시리아보다 우크라이나가 크다.
ㄷ. ㉠은 사회적 소수자에 해당한다.
ㄹ. A와 달리 B는 국제법을 바탕으로 가입국 간 합의를 통해 활동한다.

① ㄱ, ㄴ　② ㄱ, ㄷ　✔③ ㄴ, ㄷ　④ ㄴ, ㄹ　⑤ ㄷ, ㄹ

【풀이】
국제 연합과 같은 국제 사회의 행위 주체는 국제기구에 해당하고, 국제 앰네스티, 국경 없는 의사회 등과 같은 국제 사회의 행위 주체는 비정부 기구에 해당한다. 따라서 A는 국제기구, B는 비정부 기구이다.
ㄱ. 2023년 인구 10만 명당 난민의 처지에 놓인 사람들은 제시된 국가 중 시리아가 가장 많고, 아프가니스탄이 가장 적다.
ㄴ. 각 국가 인구 중 난민의 처지에 놓인 사람들의 2014년과 2023년 간 비율 차이는 베네수엘라가 가장 크고, 시리아가 가장 작다. 따라서 각 국가 인구 중 난민의 처지에 놓인 사람들의 2014년과 2023년 간 비율 차이는 우크라이나가 시리아보다 크다.
ㄷ. ㉠은 주류 집단이 속한 사람들에게 차별받고 있고 스스로도 차별받는다고 인식하고 있으므로 사회적 소수자에 해당한다.
ㄹ. 비정부 기구는 민간 주도로 구성된 행위 주체로 인류의 보편적 가치 실현을 위해 활동한다. 따라서 비정부 기구는 국제법을 바탕으로 가입국 간 합의를 통해 활동한다고 볼 수 없다.

13 정답 ② 문제편 p.178　　　　　　[정의관, 다양한 불평등 현상]

교사: 사회 불평등 현상에 대한 자료 수집 현황과 향후 조사 계획을 발표해 볼까요?

→ 적극적 평등 실현 조치 X.

갑: 저는 사회 계층 양극화를 주제로 저소득층의 기본적 생활 수준을 보장하기 위한 ㉠제도를 국가별로 비교했습니다. 이후에는 우리나라의 사회 복지 제도 중 하나인 공공 부조가 효과적으로 기능한 ㉡사례를 조사하고자 합니다.

공동체주의적 정의관 ←

을: 저는 사회적 약자에 대한 차별과 정의 실현을 주제로 인터뷰를 진행했습니다. 제가 만난 장애인 지원 센터장은 장애인과 비장애인 모두 공동체에 대한 소속감과 유대를 통해 형성된 정체성을 바탕으로 공동선을 실현하는 것이 중요하다는 ㉢관점을 가지고 있었습니다. 저는 이러한 관점을 바탕으로 중증 장애인이 일상에서 겪는 구조적 차별과 실질적 어려움을 확인하고 장애인의 기본적 욕구를 충족하기 위해 자원을 분배하는 ㉣방안을 조사하겠습니다.

→ 공동체주의적 정의관
→ 필요에 따른 분배

병: 저는 공간 불평등을 주제로 수도권 과밀 문제의 주요 원인을 정리하고, 그중 하나로 우리나라가 국토 개발 초기 단계에 시행했던 ㉤을 조사했습니다. 이후에는 이 문제를 해결하기 위한 지역 격차 완화 정책에 대해 조사할 예정입니다.

→ 성장 거점 개발 등

① ㉠은 '적극적 평등 실현 조치'에 해당한다.

✔② ㉡으로 기초 연금을 통해 빈곤에 처한 노인 가구의 생활 여건이 개선된 것을 들 수 있다.
　공공 부조　하지 않는다

③ ㉢은 사회적 존재로서 구성원의 책임과 의무보다 독립적 자아로서 개인의 자유와 권리를 강조한다.

④ ㉣에서는 필요에 따른 분배보다 업적에 따른 분배를 강조할 것이다.

⑤ ㉤의 사례로 비수도권 지역에 혁신도시를 건설하여 공공 기관을 이전한 것을 들 수 있다.
　없다　→ 공간 불평등 완화 정책

풀이

갑은 사회 계층 양극화와 관련하여 저소득층의 기본적 생활 수준을 보장하기 위한 제도와 우리나라의 공공 부조가 효과적으로 기능한 사례를 조사하고자 한다. 을은 사회적 약자에 대한 차별과 정의 실현과 관련하여 공동체주의적 정의관을 바탕으로 장애인의 기본적 욕구를 충족하기 위해 자원을 분배하는 방안을 조사하고자 한다. 병은 공간 불평등과 관련하여 수도권 과밀 문제의 원인을 바탕으로 지역 격차 완화 정책에 대해 조사하고자 한다.

① ㉠은 저소득층의 기본적 생활 수준을 보장하기 위한 제도이다. 그러나 적극적 평등 실현 조치는 오랫동안 차별받아 온 사회적 약자에게 경제, 고용, 교육 등의 분야에서 직·간접적으로 혜택을 줌으로써 실질적인 기회의 평등을 보장하고 불평등을 완화하려는 조치이다. 따라서 ㉠은 적극적 평등 실현 조치에 해당하지 않는다.

② ㉡은 공공 부조가 효과적으로 기능하는 사례이다. 공공 부조에 해당하는 기초 연금을 통해 빈곤에 처한 노인 가구의 생활 여건이 개선된 것은 공공 부조가 효과적으로 기능하는 사례에 해당한다.

③ ㉢은 공동체에 대한 소속감과 유대를 통해 형성된 정체성을 바탕으로 공동선을 실현하는 것이 중요하다고 보므로 이는 공동체주의적 정의관에 해당한다. 공동체주의적 정의관은 독립적 자아로서의 개인의 자유와 권리보다는 사회적 존재로서 구성원의 책임과 의무를 강조한다.

④ ㉣은 장애인의 기본적 욕구를 충족하기 위해 자원을 분배하는 방안으로, 이는 기본적 욕구를 충족하기 어려운 사회적 약자에게 우선적으로 배분하는 필요에 따른 분배에 해당한다. 따라서 ㉣은 업적에 따른 분배보다 필요에 따른 분배를 강조할 것이다.

⑤ 우리나라는 국토 개발 초기 단계에 성장 거점 개발 등을 시행하는 과정에서 수도권 과밀 문제 등으로 공간 불평등이 발생하였다. 따라서 ㉤은 성장 거점 개발 등과 같은 공간 불평등의 원인이 되는 정책이다. 비수도권 지역에 혁신도시를 건설하여 공공 기관을 이전하는 것은 공간 불평등 완화 정책에 해당한다. 따라서 해당 내용은 ㉤의 사례로 적절하지 않다.

14 정답 ③ 문제편 p.178　　　　　[시민 불복종, 행복한 삶을 실현하기 위한 조건]

거의 정의로운 국가 내에서 시민은 법과 정책이 어느 정도의 부정의를 넘어서지만 않는다면 보통 그 법과 정책에 따라야 한다. 하지만 자기 자신과 타인의 기본적 자유가 부정되는 것을 묵인해야 한다는 것은 아니다. 시민은 법이나 정책이 심각하게 부정의할 경우 불복종할 수 있다. 시민 불복종은 다수가 공유하고 있는 정의관을 근거로 정당화되며, 법에 대한 충실성의 한계 내에서 행해진다. → 롤스

다음을 주장한 학자의 입장에서 시민 불복종에 대해 말해 볼까요?

① 부정의한 법일지라도 시민 불복종의 대상이 아닐 수 있어요.

② 폭력 행위에 가담하는 것은 시민 불복종으로 간주될 수 없어요.

✔③ 시민 불복종은 공유된 정의관에 근거하여 헌법 체계에 저항하는 행위예요.

④ 시민 불복종은 처벌이 따를 수 있음에도 불구하고 공개적으로 행해지는 위법 행위예요.

⑤ 기본적 자유 보장을 요구할 권리가 체제 유지를 위한 준법 의무와 충돌할 때 시민 불복종이 발생할 수 있어요.

풀이

제시된 자료의 학자는 롤스이다. 롤스는 어떤 법이나 정책이 심각하게 부정의한 경우에 시민 불복종이 정당화되며, 약한 부정의는 준법의 대상이 될 수 있다고 주장한다. 또한 시민 불복종의 근거는 사회의 다수가 공유하고 있는 정의관이라고 주장한다.

① 롤스에 따르면 거의 정의로운 국가에서는 어떠한 법이 심각하게 부정의한 것이 아니라면 어느 정도 부정의한 법은 준수해야 할 시민의 의무가 있다.

② 롤스에 따르면 시민 불복종은 비폭력적으로 실시되어야 한다. 따라서 폭력 행위에 가담하는 것은 시민 불복종 범위에 벗어난다.

③ 롤스에 따르면 시민 불복종은 법에 대한 충실성의 한계 내에서 이루어져야 한다. 따라서 시민 불복종은 일부 부정의한 법에 대해 이루어지는 것이지, 사회 체제를 이루는 헌법 체계 자체에 대한 저항 행위가 아니다.

④ 롤스에 따르면 시민 불복종은 정치적 행위이므로 공개적으로 위법 행위가 이루어져야 하며, 법적 처벌을 감수해야 한다.

⑤ 롤스에 따르면 인간의 기본적 자유를 심각하게 침해하는 법이나 정책은 시민 불복종 대상이 된다. 따라서 시민 불복종이라는 위법 행위는 기본적 자유 보장을 요구하는 시민의 권리와 체제를 유지하는 준법 의무가 충돌하는 상황이 된다.

(가)	갑: 원초적 입장의 사람들은 누구도 자신이 처한 우연적 여건을 알지 못한다. 이러한 상황에 놓인 사람들은 자신이 가장 불리한 상황에 놓일 가능성을 염두에 두고 정의의 원칙에 합의하게 된다. 롤스 을: 개인은 자신의 정당한 소유물에 대한 배타적이고 절대적인 권리를 지닌다. 취득과 이전에서의 정의의 원리 또는 교정의 원리에 의해 어떤 소유물에 대한 권리를 부여받았다면 그 권리는 정당하다. 노직
(나)	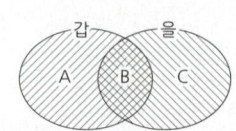 〈범 례〉 A : 갑만의 입장 B : 갑, 을의 공통 입장 C : 을만의 입장

─〈 보기 〉─

ㄱ. A : 정의의 원칙은 우연성이 배제된 상황에서 합의된다.　갑 을
　O X

ㄴ. A : 분배 결과의 정당성 여부는 분배 과정의 정당성에 달려
　　↳ 절차적 정의 강조
B
있다.　O O

ㄷ. B : 최대 다수의 복지 증진을 목적으로 소수자의 자유가 침해
　　　공리주의
되어서는 안 된다.　O O

ㄹ. C : 개인의 자기 노동의 산물에 대해서만 소유 권리를 지닐 수
있다.　X

① ㄱ, ㄴ　❷ ㄱ, ㄷ　③ ㄴ, ㄷ　④ ㄴ, ㄹ　⑤ ㄷ, ㄹ

풀이

　갑은 롤스, 을은 노직이다. 롤스는 원초적 입장의 당사자들은 사회적 지위, 천부적 재능 등 특수한 정보, 우연성이 배제된 상태에서 정의 원칙에 합의한다고 주장한다. 노직은 개인이 자신의 정당한 소유물에 대한 배타적 권리인 소유 권리를 지닌다고 본다. 소유 권리는 취득과 이전의 원칙에 의해 형성되며, 교정의 원칙에 의해 부정의가 교정될 수 있다.

ㄱ. 롤스는 긍정, 노직은 부정할 내용이다. 롤스에 따르면 정의의 원칙은 무지의 베일에 의해 개인적 우연성이 배제된 가상적 상황에서 도출되어야 한다. 노직은 취득과 이전, 교정에서의 정의 원칙이 개인의 천부적 재능과 같은 우연성을 배제한 상태에서 합의되는 것이 아니라고 본다.

ㄴ. 롤스, 노직 모두 긍정할 내용이다. 두 사상가 모두 분배 결과의 정당성은 분배 과정의 절차적 정당성에 근거한다고 주장한다.

ㄷ. 롤스, 노직 모두 긍정할 내용이다. 두 사상가 모두 기본적 자유는 불가침의 영역이라고 본다. 기본적 자유을 제한하는 경우라도 그 조건이 다수의 복지 증진이라는 공리주의 원칙에 기반해 소수자의 자유가 침해되어서는 안 된다고 본다.

ㄹ. 노직이 부정할 내용이다. 노직은 개인이 직접 정당하게 노동을 한 경우뿐만 아니라 정당한 소유물을 자유롭게 양도(이전) 받은 경우에도 그에 대한 소유 권리가 있다고 본다.

형벌은 결코 범죄자 자신의 선(善)을 비롯한 어떤 다른 선을 증진하기 위해 가해질 수는 없고, 오직 범죄자가 범죄를 저질렀기 때문에 가해져야 합니다. 인간은 물건처럼 타인의 의도를 위한 수단으로 취급될 수 없을 뿐만 아니라 자신이 의욕한 행위에 대해 책임지는 존엄한 존재이기 때문입니다. 또한 형벌의 본질은 범죄 행위에 대한 응당한 보복을 가하는 것에 있으며, 공적 정의가 원리와 표준으로 삼아야 하는 것은 동등성의 원리입니다. 만약 어떤 사람이 살인을 했다면 그는 죽어야만 합니다. 제아무리 고통 가득한 생이라 해도 생과 사 사이에 동종성은 없기 때문입니다. → 칸트

→ 응보주의

❶ 살인범이라 하더라도 그의 존엄성은 마땅히 존중되어야 한다.

② 형벌은 개인의 선이 아니라 공동체 전체의 선을 증진하기 위한 수단이다.

③ 범죄자가 자신이 저지른 범죄 행위에 대해 책임지도록 하는 형벌은 없다.

④ 범죄자가 형벌로 인해 받는 고통은 그가 범죄로 인해 끼친 해악을 능가해야 한다.

⑤ 살인에 대한 사형 이외의 형벌은 범죄 예방 효과가 감소하므로 교정적 정의에 부합하지 않는다.

풀이

　그림의 강연자는 응보주의 관점의 칸트이다. 칸트는 어떠한 다른 선을 위해 형벌을 이용하는 것은 범죄자를 수단으로만 취급하는 것이라고 비판한다. 칸트는 살인범의 경우 동등성의 원리에 따라 반드시 사형을 집행하는 것이 교정적 정의에 부합하며 사형 집행 이외의 형벌을 이용하는 것은 동등성 원리에 부합하지 않다고 주장한다.

① 칸트에 따르면 살인범이라 하더라도 인간이기 때문에 수단으로만 대우받아서는 안 된다. 따라서 살인범의 인간 존엄성을 존중하기 위해서는 그가 그의 행동을 책임질 수 있도록 사형을 집행해야 한다.

② 칸트에 따르면 형벌은 개인의 선뿐 아니라 사회적 선(공동체 전체의 선)을 성취하기 위한 한낱 수단이 아니다.

③ 칸트에 따르면 범죄자가 자신이 저지른 범죄 행위에 대해 책임지도록 하는 형벌은 동해보복법에 따른 응당한 형벌을 집행하는 것이다.

④ 칸트는 형벌의 질과 양이 범죄로 인해 발생한 사회적 해악을 고려하여 정해져야 한다고 주장하지 않는다.

⑤ 칸트에 따르면 살인 행위에 대한 사형 이외의 형벌은 교정적 정의에 부합하지 않는다. 그러나 그 근거로 범죄 예방과 같은 사회적 선 증진 효과를 제시하는 것은 아니다.

┌→ 상업 자본주의(16~18세기 초)　　┌→ 산업 혁명
이 시기는 제임스 와트가 개량한 증기 기관이 새로운 동력으로 사용되기 전까지 지속된 시대로, 서유럽의 통치자들이 본인의 권력 강화를 위해 중앙 집권적 관료제와 상비군을 유지하고자 하였다. 그들은 이러한 통치 체제 확립에 필요한 자금을 마련하기 위해 교역을 장려했으며, 일부 상인에게는 막대한 세금 납부를 조건으로 특혜를 부여하였다. 이러한 제휴는 통치자와 상인 모두의 부와 권력을 증대하였다. 통치자들은 금이나 은을 확보하여 많은 함선을 만들고 강력한 군사력을 갖추어 영토 확장을 도모하였다. 또한 통치자와 상인 계층은 완전히 새로운 교역망을 통한 막대한 이윤 창출을 기대하였다.
└→ 유통 과정을 통한 이윤 창출

① 대공황이 발생하였다. → 1929년
② 독점 자본주의가 등장하였다. → 19세기 후반
✓ 중상주의 정책이 확산하였다.
④ 두 차례의 석유 파동이 일어났다. → 1970년대
⑤ 서브프라임 모기지가 증가하였다. → 2000년대 초

풀이

밑줄 친 '이 시기'는 증기 기관이 새로운 동력으로 사용된 산업 혁명 전까지 지속된 시대이므로 이는 상업 자본주의 시기이다. 상업 자본주의 시기에는 상품의 생산보다는 유통 과정을 통한 이윤 창출을 중시하였다.
① 1929년에 발생한 대공황으로 인해 수정 자본주의가 나타났다.
② 19세기 후반에 자본주의가 고도로 발달하면서 소수의 거대 기업이 시장을 지배하는 독점 자본주의가 나타났다.
③ 상업 자본주의 시기에 절대 왕정 국가들은 상업과 수출을 장려하고 수입을 억제하는 중상주의 정책을 펼쳤다.
④ 1970년대 두 차례의 석유 파동으로 인해 스태그플레이션이 발생하면서 이를 해결하기 위한 과정에서 신자유주의가 등장하였다.
⑤ 2000년대 초에 부동산 가격이 급등하면서 신용이 낮은 사람에게도 주택 담보 대출을 해주는 서브프라임 모기지가 증가하였다.

폭력을 예방하고 제거하려면 직접적 폭력, 구조적 폭력, 문화적 폭력에 대한 정확한 진단과 예측, 그리고 처방이 필요하다. 폭력은 직접적―구조적―문화적 폭력의 삼각형의 어느 꼭짓점에서도 시작될 수 있고 다른 꼭짓점으로 쉽게 전달된다. 평화를 구축하는 활동들은 구조적 평화와 문화적 평화를 구축하는 활동과 동일하다고 할 수 있다. 평화는 과정이자, 갈등을 비폭력적이고 창조적으로 변환하는 것이다. → 갈퉁

〈 보기 〉
ㄱ. 집단 간 갈등은 무조건 회피해야 한다.
ㄴ. 정치적 억압을 줄이면 구조적 폭력이 감소한다.
ㄷ. 문화적 폭력은 직접적 폭력의 정당화에 이용될 수 있다.
ㄹ. 대외적 선제공격은 평화를 구축하는 활동이 될 수 있다.
　└→ 직접적 폭력

① ㄱ, ㄴ　② ㄱ, ㄷ　✓③ ㄴ, ㄷ　④ ㄴ, ㄹ　⑤ ㄷ, ㄹ

풀이

제시된 자료의 사상가는 갈퉁이다. 갈퉁은 3가지의 폭력 개념을 설명하며, 폭력들은 서로 연결되어 있어 서로가 서로를 재생산할 수 있다고 분석한다. 따라서 평화적 과정을 통해 직접적, 구조적, 문화적 폭력을 각각 직접적, 구조적, 문화적 평화 상태로 전환시킬 것을 강조한다.
ㄱ. 갈퉁에 따르면 진정한 평화를 성취하기 위해서는 평화적 과정을 통해 집단 간 갈등을 비폭력적으로 변환시키는 노력이 필요하다. 따라서 집단 간 갈등은 극복을 위한 동력이 될 수 있으며 무조건적 회피의 대상은 아니다.
ㄴ. 갈퉁에 따르면 구조적 폭력은 주로 사회 내 정치적 억압, 경제적 착취 등과 관련된다. 따라서 정치적 억압이 줄어들면 구조적 폭력은 감소한다.
ㄷ. 갈퉁에 따르면 문화적 폭력은 사회 내에 은폐되어 다른 폭력을 교묘히 정당화시키는 기능을 한다. 따라서 사상, 예술 등을 활용한 문화적 폭력은 직접적 폭력 정당화에도 이용될 수 있다.
ㄹ. 갈퉁에 따르면 대외적 선제공격과 같은 직접적 폭력 요인은 평화를 구축('기초를 세움'의 의미로 사용됨)하는 것이 아니라 방해하는 요인이 된다.

수능 예시 문항

19 정답 ⑤ 문제편 p.180 [합리적 선택, 금융 자산]

표는 갑이 금융 상품 A, B, C 중 하나를 선택하여 투자하기 위해 작성한 것이다. 갑은 편익과 기회비용만을 고려하여 금융 상품을 선택하며 세 상품 모두 명시적 비용은 없다. 이때 편익은 수익성과 안전성 등을 고려하여 화폐 단위로 평가한 것이다.

금융 상품	Ⓐ 정기예금	Ⓑ 주식	Ⓒ 채권
편익(만 원)	90	80	100
이자 수익	있음	없음	있음
시세 차익	없음	있음	있음

① A는 배당 수익을 기대할 수 있다. → 없다
② C는 예금자 보호 제도의 적용을 받는다. → 받지 않는다
③ 일반적으로 B는 A에 비해 안전성이 높다. → 낮다
④ 채권 선택의 암묵적 비용은 100만 원이다. → 90
✓⑤ 정기 예금 선택의 기회비용과 주식 선택의 기회비용은 같다.

풀이

정기 예금, 주식, 채권 중 이자 수익을 기대할 수 있으나 시세 차익을 기대할 수 없는 금융 상품은 정기 예금이고, 이자 수익을 기대할 수 없으나 시세 차익을 기대할 수 있는 금융 상품은 주식이며, 이자 수익과 시세 차익을 모두 기대할 수 있는 금융 상품은 채권이다. 따라서 A는 정기 예금, B는 주식, C는 채권이다. 제시된 자료를 바탕으로 정기 예금, 주식, 채권 각 선택의 편익, 명시적 비용, 암묵적 비용 및 기회비용을 나타내면 다음과 같다.

(단위: 만 원)

구분	정기 예금(A)	주식(B)	채권(C)
편익	90	80	100
명시적 비용	0	0	0
암묵적 비용	100	100	90
기회비용	100	100	90

① 정기 예금은 배당 수익을 기대할 수 없다. 배당 수익을 기대할 수 있는 금융 상품은 주식이다.
② 채권은 예금자 보호 제도의 적용을 받지 않는다. 정기 예금, 주식, 채권 중 예금자 보호 제도의 적용을 받는 금융 상품은 정기 예금이다.
③ 일반적으로 주식은 정기 예금에 비해 안전성은 낮고 수익성은 높다.
④ 채권 선택의 암묵적 비용은 90만 원이다.
⑤ 정기 예금 선택의 기회비용은 100만 원, 주식 선택의 기회비용은 100만 원이다. 따라서 정기 예금 선택의 기회비용과 주식 선택의 기회비용은 같다.

20 정답 ① 문제편 p.180 [세계 도시]

세계화로 인해 세계의 중심지 역할을 하는 세계 도시가 출현했다. 세계 도시의 선정 기준과 방법은 조사 기관마다 차이가 있는데, 그중 ○○ 연구소는 2024년에 48개 주요 도시를 대상으로 6가지 기능(거주, 경제, 문화 교류, 연구·개발, 접근성, 환경)을 70개 지표를 활용하여 산출한 점수로 종합 순위를 발표했다. 종합 순위 1위 도시는 '문화 교류'에서 1위를 유지했고 허브 공항 효과로 '접근성'에서도 1위에 올랐다. 종합 순위 2위 도시는 '경제' 및 '연구·개발'에서 1위를 차지했으나, '거주'와 '환경'에서는 30위권으로 밀려났다. 종합 순위 3위 도시는 환율 상승에 따른 해외 관광객 증가로 '문화 교류'에서 3위로 올랐고, '거주'와 '연구·개발'에서도 3위를 차지했다. 종합 순위 4위 도시는 올림픽 개최에 힘입어 '문화 교류'에서 2위로 올랐다.

〈최상위 4개 도시의 기능별 순위〉

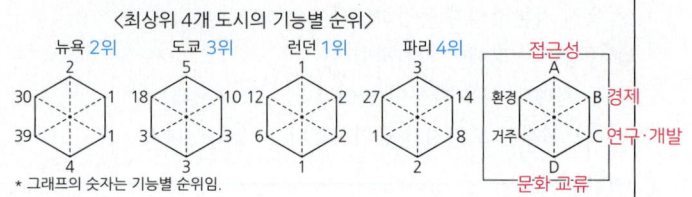

* 그래프의 숫자는 기능별 순위임.

	A	B	C	D
✓①	국제 직항 노선 수	세계 500대 기업 수	특허 등록 건수	외국인 방문자 수
②	국제 직항 노선 수	세계 500대 기업 수	외국인 방문자 수	특허 등록 건수
③	세계 500대 기업 수	특허 등록 건수	외국인 방문자 수	국제 직항 노선 수
④	세계 500대 기업 수	특허 등록 건수	국제 직항 노선 수	외국인 방문자 수
⑤	외국인 방문자 수	국제 직항 노선 수	특허 등록 건수	세계 500대 기업 수

풀이

'경제', '연구·개발' 등 2개 영역에서 1위, '거주'와 '환경' 영역에서는 30위권인 도시는 뉴욕이다. 따라서 뉴욕이 1위를 차지한 B, C는 각각 '경제', '연구·개발' 중 하나이다.

'문화 교류', '접근성' 등 2개 영역에서 1위를 차지한 도시는 런던이다. 따라서 A, D는 각각 '문화 교류', '접근성' 중 하나이다.

'문화 교류', '거주', '연구·개발' 등 3개 영역에서 3위인 도시는 도쿄이다. 따라서 C, D는 각각 '문화 교류', '연구·개발' 중 하나이다. 나머지 도시인 파리는 '문화 교류'에서 2위이므로, D는 '문화 교류'이다.

모든 진술을 종합하면 도쿄가 3위인 C는 '연구·개발', 런던이 1위인 A는 '접근성', 뉴욕이 1위인 B는 '경제'이다.

① 접근성(A)에 해당하는 기능은 '국제 직항 노선 수', 경제(B)에 해당하는 기능은 '세계 500대 기업 수', 연구·개발(C)에 해당하는 기능은 '특허 등록 건수', 문화 교류(D)에 해당하는 기능은 '외국인 방문자 수'이다.

21 정답 ⑤ 문제편 p.181 [절대 우위와 비교 우위]

다음 자료에는 X재와 Y재만을 생산하는 갑국과 을국이 각 재화 1단위를 생산하는 데 필요한 노동자 수가 상황별로 제시되어 있습니다. 이 자료를 분석하여 무역의 발생 원리에 대해 알아봅시다.

〈상황 1〉			〈상황 2〉		
구분	X재	Y재	구분	X재	Y재
갑국	1명	2명	갑국	1명	2명
을국	2명	1명	을국	2명	3명

① 〈상황 1〉에서 갑국은 X재와 Y재 생산에 모두 절대 우위를 갖는다.

② 〈상황 2〉에서 무역이 발생하는 이유를 절대 우위로 설명할 수 있다.
없다

③ 〈상황 2〉에서 X재 1단위 생산을 위해 포기해야 하는 Y재의 양은 갑국이 을국보다 많다.
적다

④ 〈상황 1〉과 〈상황 2〉에서 Y재를 특화해서 생산하는 나라는 모두 갑국이다.
을국

⑤ 〈상황 1〉과 〈상황 2〉 모두에서 무역이 발생하는 이유를 비교 우위로 설명할 수 있다.

풀이

제시된 자료를 바탕으로 <상황 1>과 <상황 2>의 갑국, 을국의 X재, Y재 1단위 생산의 기회비용을 나타내면 다음과 같다.

<상황 1>

구분	갑국	을국
X재 1단위 생산의 기회비용	Y재 $\frac{1}{2}$단위	Y재 2단위
Y재 1단위 생산의 기회비용	X재 2단위	X재 $\frac{1}{2}$단위

<상황 2>

구분	갑국	을국
X재 1단위 생산의 기회비용	Y재 $\frac{1}{2}$단위	Y재 $\frac{2}{3}$단위
Y재 1단위 생산의 기회비용	X재 2단위	X재 $\frac{3}{2}$단위

① <상황 1>에서 갑국은 을국보다 X재 1단위를 생산하는 데 필요한 노동자 수가 적고, 을국은 갑국보다 Y재 1단위를 생산하는 데 필요한 노동자 수가 적다. 따라서 <상황 1>에서 갑국은 X재 생산에 절대 우위를 갖고, 을국은 Y재 생산에 절대 우위를 갖는다.

② <상황 2>에서 갑국은 을국보다 X재와 Y재 1단위를 생산하는 데 필요한 노동자 수가 적다. 즉, <상황 2>에서 갑국은 X재와 Y재 생산 모두에 절대 우위를 갖는다. 따라서 <상황 2>에서 무역이 발생하는 이유를 절대 우위로 설명할 수 없다.

③ <상황 2>에서 X재 1단위 생산을 위해 포기해야 하는 Y재의 양은 갑국이 Y재 1/2단위, 을국이 Y재 2/3단위로, 갑국이 을국보다 적다.

④ <상황 1>과 <상황 2> 모두에서 을국은 갑국보다 Y재 1단위 생산을 위해 포기해야 하는 X재의 양이 적다. 즉, <상황 1>과 <상황 2> 모두에서 을국은 갑국보다 Y재 1단위 생산의 기회 비용이 작다. 따라서 <상황 1>과 <상황 2> 모두에서 Y재를 특화해서 생산하는 나라는 을국이다.

⑤ <상황 1>과 <상황 2> 모두에서 갑국은 X재 생산에 비교 우위가 있고, 을국은 Y재 생산에 비교 우위가 있다. 따라서 <상황 1>과 <상황 2> 모두에서 비교 우위를 통해 무역이 발생하는 이유를 설명할 수 있다.

22 정답 ④ 문제편 p.181 [남북 분단, 세계시민]

<6·25 남북 공동 선언문>

남북 정상들은 분단 역사상 처음으로 열린 이번 상봉과 회담이 서로 이해를 증진시키고 남북 관계를 발전시키며 평화 통일을 실현하는 데 중대한 의의를 가진다고 평가하고 다음과 같이 선언한다.

1. 남과 북은 나라의 통일문제를 그 주인인 우리 민족끼리 서로 힘을 합쳐 자주적으로 해결해 나가기로 하였다.

2. 남과 북은 나라의 통일을 위한 남측의 연합제 안과 북측의 낮은 단계의 연방제 안이 서로 공통성이 있다고 인정하고 앞으로 이 방향에서 통일을 지향시켜 나가기로 하였다.

3. 남과 북은 올해 8·15에 즈음하여 흩어진 가족, 친척 방문단을 교환하며 비전향 장기수 문제를 해결하는 등 인도적 문제를 조속히 풀어 나가기로 하였다.

4. 남과 북은 경제협력을 통하여 민족경제를 균형적으로 발전시키고, 사회, 문화, 체육, 보건, 환경 등 제반 분야의 협력과 교류를 활성화하여 서로의 신뢰를 다져 나가기로 하였다.

① 미국과 소련 간 냉전 체제가 형성되기 이전에 합의되었다.
붕괴된 이후에

② 평화 통일을 위해 사회·문화적 교류가 필요함을 간과하고 있다.
강조

③ 6·25 전쟁을 일단락하는 정전 협정과 같은 연도에 발표되었다.
정전 협정 이후에

④ 분단으로 인해 발생하는 유·무형의 비용을 절감할 수 있는 방안을 제시하고 있다.

⑤ 남북한의 정치 체제 통합 없이는 상호 협력과 신뢰가 가능하지 않음을 강조하고 있다.
없더라도 / 가능하다고

풀이

제시된 자료는 2000년 6월 15일 남북 정상에서 작성된 남북 공동 선언문이다. 남북의 평화 통일에 대한 염원이 담겨 있다.

① 미국과 소련 간 냉전 체제 붕괴 이후 2000년대에 남북 공동 선언문이 합의되었다.

② 6·25 남북 공동 선언은 다양한 분야의 협력과 교류 활성화를 통한 신뢰 구축을 강조하고 있다. 따라서 평화 통일을 위한 사회·문화적 교류의 필요성을 강조하고 있다.

③ 6·25 정전 협정은 1953년에 체결되었다.

④ 6·25 남북 공동 선언은 이산가족 상봉, 비전향 장기수 문제 해결 등 다양한 인도적 문제 해결을 위한 노력이 담겨 있다. 따라서 분단으로 인한 유형의 비용인 군사비 감축뿐만 아니라 이산가족의 아픔, 비전향 장기수의 고통 등 분단으로 발생하는 무형의 비용 감축에 대한 방안이 제시되어 있다.

⑤ 6·25 남북 공동 선언은 남한의 연합제, 북한의 연방제 안에서의 공통점을 바탕으로 통일을 지향한다고 제시되어 있다. 따라서 정치 체제 통합이 이루어지지 않아도 신뢰를 바탕으로 평화 통일이 이루어질 수 있음을 강조하고 있다.

〈한중 현안 바로 알기〉

중국에서 연구 사업으로 진행한 ㉠ 이/가 한중 양국 간 주요 현안으로 부각된 것은 2004년 6월 해당 사무처가 A 지역 관련 연구 내용을 공개하면서부터다. 연구 내용에 대한 우리 국민의 관심과 우려가 고조되자, 정부도 본격적인 대응책을 마련하고 중국 정부에 공식적으로 문제를 제기하였다. 2004년 8월 24일 양측 정부는 다음 내용을 구두로 합의하였다. '첫째, 중국 측은 고구려사 문제가 양국 간 중대 현안으로 대두된 것에 유념한다. 둘째, 양측은 향후 역사 문제로 인해 한중 간 우호 협력 관계가 손상되는 것을 방지하기 위해 노력한다. … 다섯째, 양측은 학술 교류의 조속한 개최를 위해 노력한다.' 이어 양국은 2006년 10월 한중 정상 회담에서 ㉠ 을/를 비롯한 역사 인식 문제가 양국 관계에 부정적 영향을 주어선 안된다는 원칙에 다시 합의하였다.

(㉠ → 동북공정)

간도

베이징
서울 ■ A 지역

─────〈 보기 〉─────

ㄱ. ㉠은 발해사 연구를 포함하였다.
ㄴ. ㉠은 태정관 지령문을 근거로 삼았다.
ㄷ. A 지역에는 냉대 기후가 나타난다.
ㄹ. A 지역은 티베트 자치구에 해당한다.

① ㄱ, ㄴ   ✔② ㄱ, ㄷ   ③ ㄴ, ㄷ   ④ ㄴ, ㄹ   ⑤ ㄷ, ㄹ

풀이

지도의 A는 간도이다. 중국에서 연구 사업으로 진행해 한·중 간 역사 인식 문제가 제기된 ㉠은 동북공정이다.

ㄱ. 동북공정(㉠)은 중국 동북 3성(랴오닝성, 지린성, 헤이룽장성) 지역에 속한 역사를 모두 중국 역사라고 주장하는 역사 왜곡이다. 따라서 한반도 북부와 만주, 연해주 등 중국 북동부 일대에 위치했던 우리나라의 역사인 고조선, 부여, 고구려, 발해의 역사를 중국 역사로 왜곡하는 내용이 포함되어 있다.

ㄴ. 태정관 지령문은 울릉도와 독도가 일본 영토가 아니란 사실을 인정한 일본의 공식 문서이다. 따라서 중국의 역사 왜곡에 해당하는 동북공정(㉠)과는 관련이 없다.

ㄷ. 한반도의 북부 지방부터 시베리아 일대까지의 대부분 지역은 냉대 기후 지역에 속한다. 따라서 간도(A)는 냉대 기후가 나타나는 지역이다.

ㄹ. 티베트 자치구는 티베트고원 일대에 위치한다.

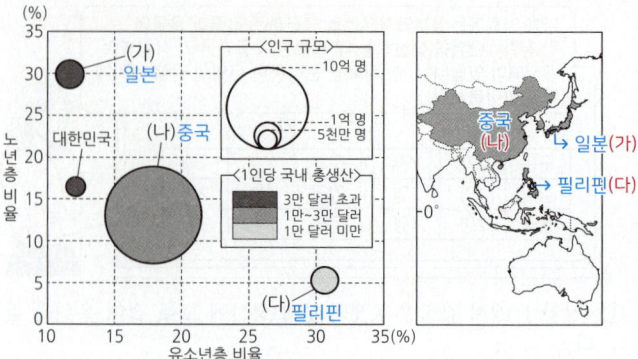

* 유소년층 비율과 노년층 비율은 원의 가운데 값임.
출처: UN(2022)

① (나)는 초고령 사회에 해당한다.
✔② (다)는 대한민국보다 생산 가능 인구가 많다.
③ (나)는 (가)보다 중위 연령이 높다. (낮다)
④ (다)는 (가)보다 총부양비가 높다. (낮다)
⑤ 국내 총생산은 (가) > (나) > (다) 순으로 많다. ((나) > (가) > (다))

풀이

지도에 표시된 국가는 중국, 대한민국, 일본, 필리핀이다. 인구 규모가 가장 큰 (나)는 14억 이상의 인구를 보유한 중국이다. 노년층 비율이 높고, 유소년층 비율이 낮은 (가)는 선진국인 일본이다. 노년층 비율이 낮고, 유소년층 비율이 높은 (다)는 개발도상국인 필리핀이다.

① 전체 인구에서 노년층 비율이 7% 이상이면 고령화 사회, 14% 이상이면 고령 사회, 20% 이상이면 초고령 사회이다. 중국(나)은 노년층 비율이 약 14%이므로 초고령 사회에 해당하지 않는다.

② 생산 가능 인구(청장년층) 비율은 100에서 유소년층 비율과 노년층 비율의 합을 뺀 값이다. 필리핀(다)의 생산 가능 인구 비율은 약 63%[=100-(약 31%+약 6%)], 대한민국의 생산 가능 인구 비율은 약 72%[=100-(약 12%+약 16%)]로 대한민국이 필리핀(다)보다 생산 가능 인구 비율이 높다. 그러나 인구 규모는 필리핀(다)이 대한민국보다 2배 이상 많다. 따라서 필리핀(다)은 대한민국보다 생산 가능 인구가 많다.

③ 중위 연령은 모든 인구를 연령순으로 배열했을 때 한가운데에 해당하는 사람의 연령(나이)을 말한다. 상대적으로 노년층 비율이 높고 유소년층 비율이 낮은 일본(가)이 노년층 비율이 낮고 유소년층 비율이 높은 중국(나)보다 중위 연령이 높다.

④ 총부양비는 {[(유소년층 비율+노년층 비율)÷청장년층 비율]×100}으로 '유소년층 비율과 노년층 비율의 합'에 비례한다. 필리핀(다)의 유소년층 비율과 노년층 비율의 합은 약 37%(=약 31%+약 6%), 일본(가)의 유소년층 비율과 노년층 비율의 합은 약 42%(=약 12%+약 30%)이다. 따라서 총부양비는 필리핀(다)이 일본(가)보다 낮다.

⑤ 1인당 국내 총생산은 일본(가)이 중국(나)보다 많지만 국내 총생산은 인구 규모가 큰 중국이 가장 많고, 개발도상국인 필리핀(다)이 가장 적다. 따라서 국내 총생산은 중국(나) > 일본(가) > 필리핀(다) 순으로 많다.

25 정답 ① 문제편 p.182 [에너지 자원]

〈세계 1차 에너지원 소비량 비율 변화〉 〈국가별 1차 에너지원 소비량 비율〉

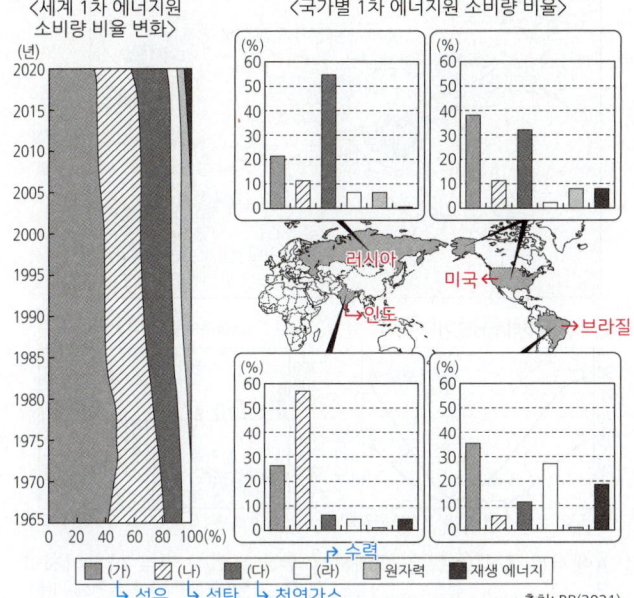

출처: BP(2021)

✔️① 브라질은 수력 소비량이 천연가스 소비량보다 많다.
② 네 국가 모두 화석 에너지의 국가 내 소비량 비율은 60% 이상이다.
③ (라)는 주로 운송 수단의 연료로 이용된다. (가)
④ (가)는 (나)보다 상용화된 시기가 이르다. 늦다
⑤ (다)는 (나)보다 연소 시 오염 물질 배출량이 많다. 적다

풀이

지도에 표시된 국가는 러시아, 인도, 미국, 브라질이다. 1965년부터 소비량 비율이 가장 높은 (가)는 석유, 두 번째로 소비량 비율이 높은 (나)는 석탄이다. 1965년에 비해 소비량 비율이 증가 추세인 (다)는 천연가스, 나머지 (라)는 수력이다. 러시아는 세계적인 천연가스 수출국으로 천연가스(다) 소비량 비율이 높고, 개발 도상국인 인도는 중국과 함께 석탄(나)에 대한 의존도가 높은 국가이다. 세계 최대 유역 면적을 가진 아마존강이 흐르는 브라질은 수력(라) 발전 생산량이 많은 국가이다.
① 브라질은 수력(라) 소비량이 천연가스(다) 소비량보다 많다.
② 화석 에너지인 석유(가), 석탄(나), 천연가스(다)의 국가 내 소비량 비율은 러시아와 미국, 인도의 경우 80% 이상이지만, 브라질은 60% 미만의 수준이다.
③ 운송 수단의 연료로 주로 이용되는 에너지는 석유(가)이다.
④ 석유(가)는 석탄(나)보다 상용화된 시기가 늦다. 석유(가)는 내연 기관이 보급된 19세기 말 이후 소비량이 빠르게 증가하였다. 석탄(나)은 18세기 증기 기관을 바탕으로 한 산업 혁명이 일어나면서 주요 에너지 자원으로 등장하였다.
⑤ 주요 화석 에너지의 연소 시 오염 물질 배출량은 석탄(나) > 석유(가) > 천연가스(다) 순으로 많다.

📖 2028 수능 예시문항 2 [2024년 9월 26일 발표]

1	④	2	③	3	⑤	4	④	5	②
6	②	7	①	8	①	9	③	10	⑤
11	②	12	④	13	②	14	⑤		

수능 예시 문항

1 정답 ④ 문제편 p.183 [행복의 의미]

최고선인 행복이 무엇인지 알려면 인간의 고유한 기능을 알아야 합니다. 인간의 고유한 기능은 이성을 동반하는 정신 활동입니다. 그런데 기능을 잘 수행할 수 있는 품성 상태가 덕이므로 행복이란 덕에 따르는 정신의 활동입니다.

행복은 이성의 기능이 잘 발휘될 때 달성된다고 봄 갑 아리스토텔레스

아타락시아(ataraxia)
쾌락은 행복의 시작이자 끝입니다. 우리가 추구할 만한 쾌락은 몸에 고통이 없고 마음에 동요가 없는 상태입니다. 그런데 덕은 본성적으로 쾌락의 향유와 연결되므로 사려 깊고 훌륭하고 정의롭게 살지 않고서는 쾌락을 누릴 수 없습니다.

육체에 고통이 없고 마음에 불안이 없는 상태가 행복이라고 봄 (이성을 필요로 함) 에피쿠로스 을

〈 보기 〉

ㄱ. 갑: 행복은 인간의 모든 행위의 궁극적인 목적이다.
ㄴ. 갑: 유덕함이 행복을 증진하지만 행복의 필수 조건은 아니다. 이다
ㄷ. 을: 모든 고통이 제거되면 쾌락은 더 이상 증가하지 않는다. (→ 행복은 쾌락을 늘리는 것이 아닌 고통을 없애는 것)
ㄹ. 갑과 을: 이성의 능력을 발휘해야 행복에 이를 수 있다.

① ㄱ, ㄴ ② ㄱ, ㄹ ③ ㄴ, ㄷ
✔️④ ㄱ, ㄷ, ㄹ ⑤ ㄴ, ㄷ, ㄹ

풀이

갑은 이성을 바탕으로 한 덕에 따르는 정신의 활동을 행복이라고 보고 있고, 을은 몸에 고통이 없고 마음에 동요가 없는 상태를 행복이라고 보고 있다. 따라서 갑은 아리스토텔레스, 을은 에피쿠로스이다.
ㄱ. 아리스토텔레스는 행복을 최고의 선이라고 보므로 인간의 모든 행위의 궁극적 목적이 행복에 있다고 본다.
ㄴ. 아리스토텔레스는 이성을 발휘하여 덕을 키움으로써 행복을 실현할 수 있다고 보므로 유덕함이 행복의 필수 조건이라고 본다.
ㄷ. 에피쿠로스는 쾌락을 직접적으로 추구하기보다는 고통을 피하고, 지속적으로 정신적인 쾌락을 추구할 수 있는 방법으로 행복을 추구할 것을 강조한다. 따라서 에피쿠로스는 행복이 쾌락을 늘리는 것이 아닌 고통을 없애는 것이라고 보므로 모든 고통이 없어지면 쾌락은 더 이상 증가하지 않는다고 본다.
ㄹ. 아리스토텔레스는 이성의 기능이 잘 발휘될 때 행복이 달성된다고 본다. 에피쿠로스는 사려 깊고 정의롭게 살지 않고서는 쾌락을 누릴 수 없다고 보고 적극적인 쾌락 추구보다는 욕구를 줄임으로써 행복에 이를 수 있다고 본다. 따라서 아리스토텔레스와 에피쿠로스는 모두 이성의 능력을 발휘함으로써 행복에 이를 수 있다고 본다.

2 정답 ③ 문제편 p.183　　[인간 중심주의와 생태 중심주의, 남북 분단과 평화통일]

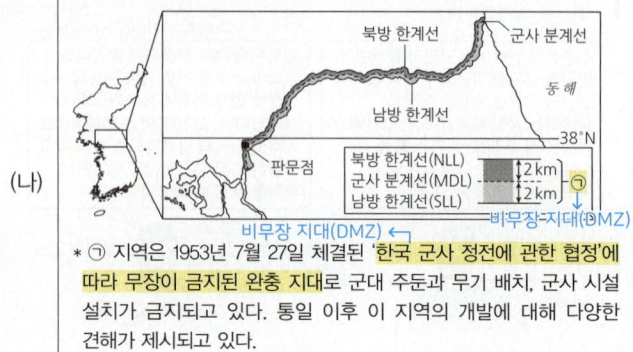

(가)
갑: 인간의 지식이 곧 인간의 힘이다. 우리는 자연을 연구하여 이리저리 방황하는 자연의 자취를 마치 사냥개처럼 추적할 수 있다.　→ 베이컨(인간 중심주의)

을: 인간은 대지의 구성원이다. 어떤 것이 생명 공동체의 통합성, 안정성, 아름다움의 보존에 이바지한다면 그것은 옳고, 그렇지 않다면 그르다.　→ 레오폴드(생태 중심주의)

(나)
북방 한계선
군사 분계선
남방 한계선
동 해
38°N
판문점
북방 한계선(NLL)
군사 분계선(MDL)
남방 한계선(SLL)
2 km
2 km
㉠　→ 비무장지대(DMZ)
비무장 지대(DMZ) ←

* ㉠ 지역은 1953년 7월 27일 체결된 '한국 군사 정전에 관한 협정'에 따라 무장이 금지된 완충 지대로 군대 주둔과 무기 배치, 군사 시설 설치가 금지되고 있다. 통일 이후 이 지역의 개발에 대해 다양한 견해가 제시되고 있다.

① 갑: 자연에 대한 지식을 이용할 권리가 인간에게 없음을 알아야 한다.　있음
② 갑: 경제적 이익을 위한 개발에 앞서 자연을 도덕적으로 고려해야 한다.　하지 않는다
✓③ 을: 한반도 생태계의 균형 유지를 지역 개발보다 중시해야 한다.
④ 을: 남북한 주민의 경제적 이익 증진을 궁극적 목적으로 삼아야 한다.
⑤ 갑과 을: 현세대와 미래 세대는 생태계의 선(善)을 위해 협력해야 한다.

풀이
　(가)에서 갑은 인간의 지식이 곧 인간의 힘이라고 보고 자연이 인간의 이익에 봉사하도록 해야 한다고 보고 있고, 을은 인간이 대지의 구성원이므로 생태계의 안정을 유지할 의무가 있다고 보고 있다. 따라서 갑은 인간 중심주의 사상가인 베이컨이고, 을은 생태 중심주의 사상가인 레오폴드이다. (나)에서 ㉠은 군대의 주둔이나 무기의 배치, 군사 시설의 설치가 금지되는 지역이므로 이는 비무장 지대(DMZ)에 해당한다.
① 인간 중심주의는 인간을 가장 가치 있는 존재로 여기고 자연에 대한 지식을 이용할 권리가 인간에게 있다고 본다.
② 인간 중심주의는 자연을 그 자체로 가치 있는 존재가 아닌 인간의 생존과 복지를 위한 수단으로 여기므로 경제적 이익을 위한 개발에 앞서 자연을 도덕적으로 고려하지 않는다.
③ 생태 중심주의는 인간과 자연이 서로 끊임없이 영향을 주고받는 상호 보완적 관계이므로 서로 조화와 균형을 이루어야 함을 강조한다.
④ 생태 중심주의는 개별 생명체의 이익보다는 생태계 전체의 이익을 우선하여 고려하므로 인간의 경제적 이익을 궁극적 목적으로 한다고 볼 수 없다.
⑤ 베이컨은 자연을 인간이 정복하고 활용해야 할 대상으로 보았다. 그는 과학과 기술을 통해 자연을 통제하고, 인간의 이익을 극대화해야 한다고 주장했다. 따라서 생태계의 선(善)을 위해 협력해야 한다는 표현은 베이컨의 입장과 부합하지 않는다. 베이컨은 자연의 도덕적 가치를 강조하기보다는 인간이 자연을 효율적으로 이용하는 것이 중요하다고 보았기 때문이다.

3 정답 ⑤ 문제편 p.184　　[기후와 인간 생활]

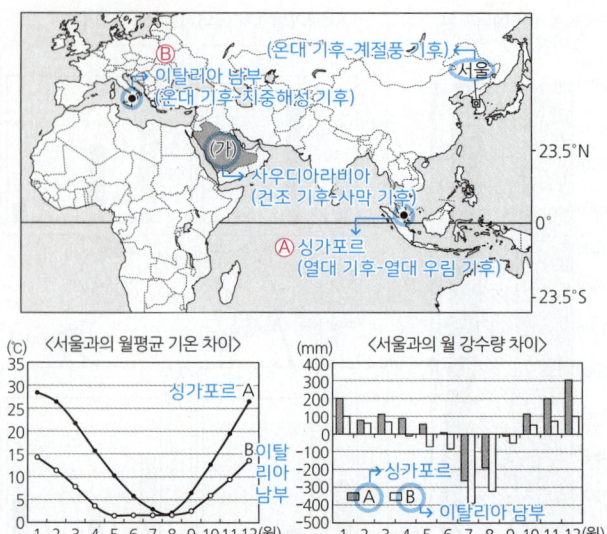

B 이탈리아 남부
(온대 기후-지중해성 기후)
(온대 기후-계절풍 기후)
서울
23.5°N
(가)
사우디아라비아
(건조 기후-사막 기후)
0°
A 싱가포르
(열대 기후-열대 우림 기후)
23.5°S

〈서울과의 월평균 기온 차이〉
싱가포르 A
B 이탈리아 남부

〈서울과의 월 강수량 차이〉
싱가포르 A
이탈리아 남부 B

① A에서는 올리브 등을 재배하는 수목 농업이 주로 이루어진다.　온대 기후(지중해성 기후)
② B는 서울보다 여름 강수 집중률이 높다.　낮다
③ B에서는 지면의 열과 습기 차단에 유리한 고상 가옥이 발달했다.　열대 기후
④ A는 B보다 여름에 더 건조하다.
✓⑤ A와 B는 모두 서울보다 연평균 기온이 높다.

풀이
　지도에 표시된 두 지역은 각각 이탈리아 남부와 싱가포르이다. 그래프에서 A와 B는 모두 여름철에 서울과의 월평균 기온 차이가 거의 나지 않는 반면, A는 B보다 겨울철에 서울과의 월평균 기온 차이가 더 크다. 또한 A와 B는 모두 겨울철에 서울과의 월 강수량 차이가 크고, B는 A보다 여름철에 서울과의 월 강수량 차이가 더 크다. 이를 통해 A는 일년 내내 더운 열대 기후에 해당하는 지역이고, B는 겨울이 온난하고 여름이 건조한 지중해성 기후에 해당하는 지역임을 알 수 있다. 따라서 A는 싱가포르, B는 이탈리아 남부 지역이다.
① 지중해성 기후 지역인 이탈리아 남부 지역(B)에서 올리브 등을 재배하는 수목 농업이 주로 이루어진다.
② 지중해성 기후 지역인 이탈리아 남부 지역(B)은 여름철 강수량이 적어 여름에 건조하고 겨울철 강수량이 비교적 많아 겨울에 습윤하다. 반면 대륙 동안에 위치하여 계절풍의 영향을 받는 서울은 여름에 고온 다습하고 겨울에 한랭 건조하여 B보다 여름 강수 집중률이 높다.
③ 열대 기후 지역인 싱가포르(A)에서는 지면의 열과 습기 차단에 유리한 고상 가옥이 발달했다.
④ 지중해성 기후 지역인 이탈리아 남부 지역(B)은 열대 기후인 싱가포르(A)보다 여름에 더 건조하다.
⑤ 열대 기후 지역인 싱가포르(A)와 지중해성 기후 지역인 이탈리아 남부 지역(B)은 모두 서울보다 월평균 기온이 높게 나타나므로 서울보다 연평균 기온이 높다.

여행 일지

사우디아라비아 ← 20○○.○○.○○.

건조 문화권에 속하는 이슬람 국가인 ⬚(가)⬚ 에 도착하였다. 여행 전 조사를 통해 ㉠이슬람교가 7세기 초 무함마드에 의해 창시되었고 이슬람교를 믿는 사람들이 기도와 금식, 순례 등을 행한다는 것을 알게 되었다. 입국 수속을 마치고 숙소로 이동하여 짐을 푼 후 식사를 위해 도심으로 들어왔다. 때마침 기도 시간인지, 이동하는 사람들의 행렬을 따라가니 이슬람 사원인 모스크에 당도하게 되었다. 최초의 모스크는 간격을 두고 기둥을 세워 기도하기 위한 그늘을 만들고 바닥에 자갈과 모래를 까는 정도였다고 한다. 이후 ㉡비잔티움 제국에서 교회 건축에 사용되었던 돔 양식을 모스크 건축에 도입하였고, 아치와 첨탑, 거대한 돔을 갖춘 모스크 형태가 자리 잡게 되었다. 모스크 내부에는 성지의 방향을 나타내는 화려하게 장식된 미흐랍이라고 부르는 구조물이 있었다. … (하략)

(발명) *(문화 융합)*

냉대 기후 지역
① (가)의 주민들은 주로 침엽수로 지은 목조 가옥에 거주한다.
② (가)에서는 여름 계절풍이 탁월하고 태풍의 발생이 빈번하다.
계절풍 기후 지역
③ ㉠은 발견에 의한 문화 변동에 해당한다.
발명
④ ㉡에는 서로 다른 문화 요소가 결합하여 새로운 문화가 형성된 문화 변동이 나타나 있다.
문화 융합
⑤ ㉠과 ㉡ 모두에서 기존 문화의 정체성이 상실되었다.
문화 동화

풀이

(가)는 건조 문화권에 속하는 이슬람 국가인 사우디아라비아이다. 건조 기후 지역은 증발량이 강수량보다 많고 기온의 일교차가 큰 것이 특징이다.
① 침엽수로 지은 목조 가옥은 냉대 기후 지역에서 볼 수 있다. 건조 기후 지역인 사우디아라비아에서는 일반적으로 흙집이 나타난다.
② 여름 계절풍이 탁월하고 태풍의 발생이 빈번한 지역은 계절풍 기후 지역으로, 동아시아와 동남아시아 지역이 해당한다.
③ 이슬람교가 창시된 것은 문화 변동의 내재적 요인인 발명에 의한 문화 변동에 해당한다.
④ 비잔티움 제국에서 교회 건축에 사용되었던 돔 양식을 모스크 건축에 도입하여 아치와 첨탑, 거대한 돔을 갖춘 모스크 형태가 자리 잡게 된 것은 서로 다른 문화 요소가 결합하여 새로운 문화가 형성된 문화 융합에 해당한다.
⑤ 문화 융합은 기존 문화의 정체성이 상실되지 않는다. 기존 문화의 정체성이 상실되는 문화 변동은 문화 동화이다.

일반적으로 도시화 과정은 초기–가속화–종착의 3단계로 진행되고, 단계마다 도시화율과 도시 인구 증가율이 다르게 나타난다. 반면 도시화의 속도와 구체적 시기는 국가별로 다르다. 따라서 각 국가의 도시화 단계는 도시화율과 도시 인구 증가율을 통해 알 수 있다. 예를 들어 2022년 기준으로 도시화율은 일본, 한국, 타이, 네팔 순으로 높고, 도시 인구 증가율은 반대로 네팔, 타이, 한국, 일본 순으로 높다. 네팔은 도시화율이 21.5%로 가장 낮지만, 연평균 도시 인구 증가율은 3.8%로 가장 높아 가속화 단계에 진입하였음을 알 수 있다.

또한 도시화는 산업화 수준과도 밀접하게 관련되어 있다. 산업화가 고도화될수록 더 많은 사람들이 도시에 살게 되기 때문이다. 다음 그래프는 앞에서 언급한 네 나라의 2022년 경제 부문별 국내 총생산(GDP) 비율을 나타낸 것이다. 이 그래프를 통해 각 국가의 산업 부문별 비중을 알 수 있다.

① A의 제조업 총부가가치액은 한국보다 많다. → 알 수 없음
② B는 한국보다 도시 인구수가 많다.
③ C는 도시 인구수가 촌락 인구수보다 많다.
적다
④ A는 B보다 산업화가 시작된 시기가 이르다.
⑤ 타이는 일본보다 국내 총생산에서 서비스업이 차지하는 비율이 높다.
낮다

풀이

도시화는 도시에 거주하는 인구가 증가하면서 도시적 생활 양식이 확대되는 현상으로, 이는 산업 구조와 관련 있다. 도시화율이 일본>한국>타이>네팔 순으로 높게 나타나므로 제시된 그래프에서 농림어업의 비율이 가장 높게 나타나는 C는 네팔이다. A의 경우 농림어업의 비율이 네팔(C)에 비해 낮으나 제조업 비율이 가장 높아 도시화 단계 중 가속화 단계에 있다고 볼 수 있다. 따라서 A는 타이이다. B의 경우 한국에 비해 1차 산업인 농림어업과 2차 산업인 제조업 비율이 모두 낮으므로 3차 산업의 비율이 더 높아 산업 구조가 고도화되었다고 볼 수 있다. 따라서 B는 일본이다.
① 제시된 자료에서는 각 국가의 국내 총생산이 나타나 있지 않으므로 타이(A)의 제조업 총부가가치액이 한국보다 많은지 알 수 없다.
② 일본(B)은 한국보다 인구가 많고 도시화율도 높으므로 도시 인구수가 많다.
③ 네팔(C)은 도시화율이 21.5%이므로 촌락에 사는 사람의 비율이 78.5%이다. 따라서 네팔(C)은 도시 인구수가 촌락 인구수보다 적다.
④ 일본(B)은 타이(A)보다 산업화가 시작된 시기가 이르다.
⑤ 타이(A)는 일본(B)에 비해 국내 총생산에서 농림어업과 제조업이 차지하는 비율이 높다. 따라서 타이(A)는 일본(B)보다 국내 총생산에서 서비스업이 차지하는 비율이 낮다.

위 그림은 산업 혁명 시기에 나타난 계급 간의 빈부 격차를 풍자한 것이다. 윗부분은 부유한 계급의 편안한 생활을, 아랫부분은 탄광에서 일하는 굶주린 노동자를 표현하였다. 이처럼 산업 혁명 이후 발달한 자본주의는 인간 생활의 물질적 향상을 가져왔지만 자본의 집중에 의한 빈부의 격차를 초래하였다. 궁핍과 빈곤으로 인해 기본적인 생활 수준을 영위하지 못하자 <mark>인간다운 생활을 가능하게 하는 물적 토대를 국가에 요구할 수 있는 권리</mark>인 ___(가)___ 의 보장이 요구되었다. └→ 사회권

① 미국 독립 선언에서 천명되었다. ┌→ 자유권, 평등권, 인간의 존엄성, 행복 추구권
② 바이마르 헌법에 최초로 명시되었다. → 사회권 ┌→ 1919년
③ <mark>프랑스의 인권 선언</mark>에 영향을 주었다. → 미국 독립 선언 ┌→ 1789년
④ 영국에서는 명예혁명을 계기로 실현되었다. → 입헌 군주제
⑤ 차티스트 운동 당시 인민헌장에 규정되었다. → 참정권

> **풀이**
>
> 인간다운 생활을 가능하게 하는 물적 토대를 국가에 요구할 수 있는 권리는 사회권이다. 따라서 (가)는 사회권이다.
> ① 미국 독립 선언에서는 자유권, 평등권, 인간의 존엄성, 행복 추구권이 천명되었다.
> ② 1919년에 제정된 독일의 바이마르 헌법은 사회권의 내용을 최초로 규정한 헌법으로 평가받는다.
> ③ 프랑스의 인권 선언에 영향을 준 것은 미국 독립 선언이다.
> ④ 영국에서는 명예혁명을 계기로 입헌 군주제가 확립되었다.
> ⑤ 차티스트 운동 당시 인민헌장에 규정된 것은 참정권이다.

미국의 독립 혁명, 프랑스 혁명 등을 거쳐 확립된 근대 입헌주의 헌법은 시민 계급이 자유를 극대화하는 데 필요한 최소한의 질서 유지를 위해서만 국가의 물리적 강제력 행사를 허용하였다. 사적 자치의 원칙을 강조한 근대법 체제하에서는 개인의 자유로운 경제 활동이 최대한 보장되었지만, ⊙<mark>시장에서 자원이 효율적으로 배분되지 못하는 현상</mark>이 나타나게 되었다. 특히 <mark>상품의 생산 과정에서 배출되는 오염 물질로 인한 환경 피해의 경우 오염 물질의 방출이 당시의 과학 기술 수준으로 피할 수 없는 경우라면 행위자의 과실이 인정되지 않아 피해자가 구제받을 수 없는 문제가 발생하게</mark> 되었다. └→ 생산 측면에서의 외부 불경제(과다 생산)
 ┌→ 시장 실패 이에 왜곡된 시장경제 구조를 바로잡기 위해 국가의 개입을 인정하는 조항 등이 헌법에 자리 잡게 되었고, 환경 오염으로 피해가 발생한 경우 ⓒ<mark>고의나 과실 여부와 관계없이 원인자에게 손해 배상 책임을 인정하는 입법</mark>이 이루어졌다. └→ 무과실 책임의 원칙과 관련 있음

① <mark>외부 불경제가 발생하여 시장 거래량이 사회적 최적 거래량보다 많아졌다.</mark>
② <mark>비경합성과 비배제성을 특성으로 하는 재화</mark>에 무임승차자의 문제가 초래되었다. ┌→ 공공재
③ 독과점 형태의 시장 구조로 인하여 부당한 공동 행위와 불공정 거래 행위가 발생하였다. → 독과점
④ 정보가 제한된 상황에서 정부의 시장 개입이 사회 후생 개선에 실패하는 현상이 나타났다.
⑤ 산업 자본주의 국가들이 자유 방임주의를 근거로 국가의 시장 개입을 최소화하는 작은 정부를 추구하였다.

> **풀이**
>
> 시장이 자원을 효율적으로 배분하지 못하는 현상은 시장 실패이다. 시장 실패의 원인에는 독과점(불완전 경쟁), 공공재 부족, 외부 효과, 정보의 비대칭성 등이 있다.
> ① 생산 과정에서 배출되는 오염 물질로 인해 환경 피해가 발생하였으나 행위자의 과실이 인정되지 않아 피해자가 구제받을 수 없는 문제가 발생한 것은 생산 측면에서의 외부 불경제에 해당한다. 이에 고의나 과실 여부와 관계없이 원인자에게 손해 배상 책임을 인정하는 입법이 이루어진 것은 생산 측면에서 나타난 외부 불경제를 해결하기 위한 방안이다. 즉, 생산 측면에서의 외부 불경제하에서는 시장 거래량이 사회적 최적 거래량보다 과다 생산되는 문제점이 발생하여 이에 대한 무과실 책임의 원칙과 관련된 입법을 통해 해결하고자 한 것이다.
> ②, ③, ④, ⑤ 외부 불경제와 관련 없는 내용이다.

8 정답 ① 문제편 p.186 　　　　　[청소년 노동권, 사회적 소수자 차별]

 교사

> 헌법은 <u>연소자</u>의 근로에 대한 특별한 보호에 관해 규정하고 있습니다. 이처럼 청소년의 노동 인권 보호를 강조하는 이유를 사회 불평등의 관점에서 분석하고, 근로 기준법상 연소자 보호 규정과 관련지어 설명해 봅시다.
> → 15세 이상 18세 미만

> 청소년은 신체적·정신적으로 근로를 감당할 능력이 부족하기 때문에 성인에 비해 불리한 위치에 있으므로 청소년 근로에 대한 보호와 우선적 배려가 요구됩니다. 따라서 <u>근로 계약 체결 과정</u>에서 연소자를 보호하기 위해 [(가)]와/과 같은 규정을 마련하고 있으며, [(나)]을/를 명시하여 업무에 있어 <u>안전과 건강에 대한 보호</u>를 하고 있습니다.
> → 친권자 또는 후견인의 동의하에 연소자 본인이 직접 체결해야 함
> → 위험한 일이나 유해 업종의 일을 할 수 없음

> 청소년은 [(다)]을/를 이유로 <u>사회적 소수자</u>로 인정될 수 있으며 노동 인권을 침해받기도 합니다. 이에 친권자나 후견인 등에게 미성년자에게 불리한 근로 계약에 대한 해지권을 부여하고, 연소자의 근로 능력과 교육 시간 확보의 필요성 등을 고려하여 [(라)]을/를 규정해 <u>근로 시간에 대한 특별한 보호</u>를 하고 있습니다.
> → 1일 7시간, 1주 35시간 이내 근로 가능, 합의 시 1일 1시간, 1주 5시간 이내 연장 가능

〈 보기 〉

ㄱ. (가): 친권자 또는 후견인의 미성년자 근로 계약에 대한 대리 금지

ㄴ. (나): 도덕상 또는 보건상 유해·위험한 사업에 사용 금지

ㄷ. (다): 후천적 요인과 수적 열세로 인하여 노동 현장에서 다른 구성원으로부터 차별을 받거나 부당한 처우의 대상이 됨

ㄹ. (라): 근로 시간이 4시간인 경우에는 사용자로 하여금 근로 시간 도중에 30분 이상의 휴게 시간을 주도록 함
→ 근로 시간이 아닌 휴게 시간과 관련된 내용

① ㄱ, ㄴ 　② ㄱ, ㄷ 　③ ㄷ, ㄹ
④ ㄱ, ㄴ, ㄹ 　⑤ ㄴ, ㄷ, ㄹ

풀이

근로 기준법상 15세 이상 18세 미만의 청소년은 연소 근로자에 해당한다. (가)에는 근로 계약 체결 과정에서 연소자를 보호하기 위한 규정 내용이, (나)에는 업무에 있어 연소자의 안전과 건강에 대한 보호와 관련된 규정 내용이 들어갈 수 있고, (다)에는 청소년이 사회적 소수자로 인정될 수 있는 이유가, (라)에는 연소자가 근로 시간에 대한 특별한 보호를 받고 있는 규정 내용이 들어갈 수 있다.

ㄱ. 연소 근로자는 계약 시 친권자 또는 후견인의 동의가 필요하며, 근로 계약 자체는 반드시 본인이 직접 체결해야 한다. 따라서 해당 내용은 (가)에 들어갈 수 있다.

ㄴ. 연소 근로자는 도덕상 또는 보건상 위험한 일이나 유해 업종의 일을 할 수 없다. 따라서 해당 내용은 (나)에 들어갈 수 있다.

ㄷ. 사회적 소수자는 단순히 수가 적은 사람들이 아니라 약자의 위치에 있는 사람들을 말한다. 후천적 요인과 수적 열세로 인해 청소년이 사회적 소수자로 인정되는 것은 아니다. 따라서 해당 내용은 (다)에 들어갈 수 없다.

ㄹ. 연소 근로자는 4시간 이상 근로할 경우 30분 이상, 8시간 이상 근로할 경우 1시간 이상의 휴게 시간을 근로 시간 도중에 요구할 수 있다. 해당 내용은 근로 시간이 아닌 휴게 시간에 대한 보호와 관련이 있다. 따라서 해당 내용은 (라)에 들어갈 수 없다.

---

9 정답 ③ 문제편 p.187 　　　　　　　　　[분배적 정의]

(가)	갑: 한 사람의 소유물은 <u>취득, 이전, 교정</u>의 원리에 의해 권리를 부여받았으면 정당하다. <u>각 개인의 소유물이 정당하다면 소유물의 전체 집합, 즉 분배도 정당하다.</u> 〔노직〕 을: <u>공정으로서의 정의는 공정한 합의의 관념을 기본 구조 자체로 확장시킨다.</u> 무지의 베일이라 부른 특징을 갖는 원초적 입장이 이러한 관점을 구체화한다. 〔롤스〕
(나)	사상가 갑, 을의 입장을 탐구한다. → A → (예) B → (예) 갑의 입장〔노직〕 / (아니요) C → (예) 을의 입장〔롤스〕 〈범례〉 □ : 출발 조건 / ◇ : 판단 내용 / → : 판단 방향 / ---- : 사상가의 입장

〈 보기 〉

ㄱ. A: 정의로운 사회에서 경제적 불평등이 허용될 수 있는가? → 노직, 롤스

ㄴ. B: 각 개인은 자신의 정당한 소유물에 대한 배타적 사용권을 가지는가? → 노직

ㄷ. B: 자신이 직접 노동하지 않더라도 정당하게 소유물을 얻는 것이 허용될 수 있는가? → 노직

ㄹ. C: 사회적 약자의 경제적 이익을 증진하는 것을 최우선의 정의 원칙으로 삼아야 하는가?

① ㄱ, ㄴ 　② ㄱ, ㄷ 　**③ ㄴ, ㄷ** 　④ ㄴ, ㄹ 　⑤ ㄷ, ㄹ

풀이

갑은 한 사람의 소유물이 취득, 이전, 교정의 원리에 의해 권리를 부여받았다면 이 소유물에 대한 배타적, 절대적 권력을 가진다고 보고 있고, 을은 무지의 베일을 쓴 원초적 상황에서 합의된 정의의 원칙을 강조하고 있다. 따라서 갑은 노직, 을은 롤스이다.

ㄱ. 노직과 롤스는 모두 정의로운 사회에서의 경제적 불평등을 인정한다. 다만, 그 정당화 방식에는 차이가 있다. 노직은 개인의 소유권과 자유로운 거래를 중시하므로, 개인이 정당하게 취득하거나 양도받은 소유물에 대한 권리를 침해받지 않는 것이 정의롭다고 본다. 노직에 따르면, 소유물을 얻는 과정에서의 절차적 결함이 없다면 그로 인한 결과로서 경제적 불평등이 존재하는 것은 문제가 되지 않는다. 롤스는 정의로운 사회가 되기 위해서는, 모든 사람이 기본적 자유를 평등하게 가져야 한다는 '평등한 자유의 원칙', 모든 사람이 능력과 노력에 따라 동등한 기회를 가져야 한다는 '기회 균등의 원칙', 불평등이 존재하더라도, 그것이 사회에서 가장 불리한 사람들에게도 이익이 되는 경우에는 그 불평등이 정당화될 수 있다는 '차등의 원칙'이 이루어져야 한다고 보았다. 롤스는 이러한 정의로운 사회에서는 경제적 불평등이 정당화 가능하다고 보았다.

ㄴ. 노직은 개인이 정당하게 취득하거나 양도받은 소유물에 대한 배타적, 절대적 권리를 가진다고 본다. 따라서 해당 질문은 B에 들어갈 수 있다.

ㄷ. 노직은 자신이 직접 노동하지 않더라도 정당하게 이전된 것이라면 소유권을 인정한다. 따라서 해당 질문은 B에 들어갈 수 있다.

ㄹ. 롤스는 개인의 평등한 자유를 중시하면서도 사회적 약자를 위한 제도가 마련되어야 함을 강조한다. 즉, 롤스는 모든 사람이 평등한 기본적 자유를 최대한 누려야 한다는 평등한 자유의 원칙을 제1원칙으로 강조한다. 따라서 해당 질문은 C에 들어갈 수 없다.

〈시도별 의료 급여 수급권자 비율(총인구 대비)〉

(단위: %)

인천광역시 3.4 2.7 서울특별시
3.6 강원도
1.9 경기도
세종특별자치시 3.0 충청북도
2.6 1.2
충청남도 3.4 대전광역시
3.6 경상북도
4.1 대구광역시
4.6 전라북도
2.1 울산광역시
광주광역시
4.2
3.0 경상남도
4.4 부산광역시
3.8 전라남도

3.1 제주도

의료 급여 수급권자 비율
□ 1.2 ▨ 1.3~2.1 ▨ 2.2~3.1
■ 3.2~3.8 ■ 3.9~4.6

통계청(2022)

〈 보기 〉

ㄱ. 광역시는 모두 ㉠의 수급권자 비율이 4.0% 이상이다. → 부산광역시, 광주광역시, 대구광역시

ㄴ. ㉠의 수급권자 비율이 가장 낮은 지역은 충청권에 위치한다.

ㄷ. ㉠은 인간의 기본적 필요 충족을 분배적 정의의 기준으로 적용하였다. → 충청북도, 충청남도, 대전광역시, 세종특별자치시

ㄹ. ㉠은 공공 부조에 해당하며, 정부 재정으로 비용을 전액 충당하는 것을 원칙으로 한다.

① ㄱ, ㄴ   ② ㄱ, ㄷ   ③ ㄷ, ㄹ
④ ㄱ, ㄴ, ㄹ   ⑤ ㄴ, ㄷ, ㄹ

풀이

생활이 어려운 사람에게 의료 급여를 함으로써 보건과 사회 복지의 증진을 목표로 하는 제도는 공공 부조이다. 따라서 ㉠은 공공 부조이다. 제시된 자료에서 의료 급여 수급권자 비율이 가장 낮은 지역은 세종특별자치시(1.2%)이고, 가장 높은 지역은 전라북도(4.6%)이다.

ㄱ. 광역시의 경우 의료 급여 제도의 수급권자 비율은 인천광역시가 3.4%, 대전광역시가 3.4%, 광주광역시가 4.2%, 대구광역시가 4.1%, 울산광역시가 2.1%, 부산광역시가 4.4%이다. 따라서 의료 급여 제도의 수급권자 비율이 4.0% 이상인 광역시는 부산광역시(4.4%), 광주광역시(4.2%), 대구광역시(4.1%)이다.

ㄴ. 충청북도, 충청남도, 대전광역시, 세종특별자치시가 충청권에 해당한다. 의료 급여 제도의 수급권자 비율이 가장 낮은 지역은 세종특별자치시(1.2%)로, 이는 충청권에 위치한다.

ㄷ. 의료 급여 제도는 생활이 어려운 사람의 질병, 부상, 출산 등에 대해 국가와 지방 자치 단체가 급여를 전액 제공하는 제도로, 분배적 정의의 기준을 적용하여 인간의 기본적 필요를 충족하고자 한 것으로 볼 수 있다.

ㄹ. 의료 급여 제도는 공공 부조에 해당하며, 이는 국가와 지방 자치 단체가 비용을 전액 부담하는 것을 원칙으로 한다.

루스벨트 대통령

친애하는 후버 대통령과 대법원장, 그리고 여러분! 지금 저와 여러분은 공통적인 난국에 직면해 있습니다. 이러한 난국은 다행히 물질적인 것에만 관련된 것입니다. 물가는 믿을 수 없을 정도로 떨어졌습니다. 상업 거래에서는 돈이 돌지 않고, 생산 기업은 말라 죽은 잎사귀처럼 여기저기에 흩어져 있습니다. 농민들은 생산물을 팔 시장을 찾을 수가 없고, 수만 가정에 수년 동안 저축해 온 돈은 삽시간에 사라졌습니다. 더욱 중대한 것은 다수의 실업자들이 냉혹한 생존 문제에 직면해 있습니다. …(중략)… '검은 목요일'로부터

대공황(1929년 10월 24일)

시작된 지금의 난국으로 인해 우리 미국 국민들은 좌절할 일이 없습니다. 그들은 지도자가 규율과 방향을 제시해 줄 것을 요구하며 저를 자신들의 소원을 실현시키는 인물로 만들고 있습니다. 저는 이 임무를 소명으로 기꺼이 받아들일 것이며, 대통령으로서의 헌신을 서약함에 있어 겸허하게 신의 축복을 기원하는 바입니다.

① 자본가와 노동자 간의 계급 투쟁을 강조하였다. → 마르크스
② 대규모 공공사업을 벌이는 등 뉴딜 정책을 실시하였다.
　　　　　　　→ 수정 자본주의에 입각
③ 신자유주의에 근거하여 노동 시장의 유연성을 강화하였다.
　　　　　　　　　　　　　　　　→ 프리드먼, 하이에크
④ 제1차 석유 파동으로 인한 경기 침체를 극복하고자 하였다.
　　　　　　　　　　　　→ 신자유주의
⑤ 국부론을 저술하여 개인의 경제적 자율성 보장을 역설하였다.
　　　　　　　　　　　　　　　→ 애덤 스미스

풀이

　제시문을 통해 1929년에 발생한 대공황 상황을 파악할 수 있다. 따라서 밑줄 친 '저'는 루스벨트 대통령이다.
① 자본가와 노동자 간의 계급 투쟁을 강조한 사람은 마르크스이다.
② 대공황 발생 당시 미국의 루스벨트 대통령은 수정 자본주의에 입각한 뉴딜 정책을 통해 국가의 경제적 위기를 타개해 나갔다. 즉, 재기 가능한 은행에 자금을 빌려줌으로써 파산을 막았고, 농산물 가격 폭락을 막기 위해 자금을 지원하였으며, 대규모 공공사업을 통해 일자리를 만들어 유효 수요를 창출하였다.
③ 신자유주의에 근거하여 노동 시장의 유연성을 강화할 것을 주장한 사람은 신자유주의자인 프리드먼과 하이에크이다.
④ 제1차 석유 파동으로 인한 경기 침체를 극복하기 위해 신자유주의가 등장하였다.
⑤ 국부론을 저술하여 개인의 경제적 자율성 보장을 주장한 사람은 애덤 스미스이다.

[평가 요소] 금융 자산 A~C의 일반적 특징

[서술형 문항]
　　　　　　　→ 주식
⟨1⟩ C와 구별되는 A의 일반적 특징을 1가지만 쓰시오. (1점)
⟨2⟩ C와 구별되는 B의 일반적 특징을 1가지만 쓰시오. (1점)
　　　　　　　→ 예금
⟨3⟩ A와 구별되는 C의 일반적 특징을 1가지만 쓰시오. (1점)
　　　　　　　→ 채권

[학생 답안지]

서술형 문항	답안	점수
⟨1⟩	배당 수익을 기대할 수 있다. → 주식	1점
⟨2⟩	예금자 보호 제도의 적용을 받는다. → 예금	1점
⟨3⟩	(가)	㉠

※ 각 문항별로 채점하며, 옳은 답안은 1점, 틀린 답안은 0점을 부여함.

① A는 계약 기간 동안 일정한 금액을 매달 납입하여 만기 시에 원금과 이자를 받는 자산이다. → 정기 적금
　　　　　　　　　　　　　　　높다
② 일반적으로 A는 C보다 안전성이 낮다.
　　　　　　　　　　　　　　　높다
③ 일반적으로 B는 A보다 수익성이 낮다.
④ B와 C는 모두 이자 수익을 기대할 수 있다.
⑤ (가)에 '시세 차익을 기대할 수 있다.'가 들어가면, ㉠은 '1점'이다.
　　　　→ 주식, 채권　　　　　　　　　　　　　　0점

풀이

　예금, 주식, 채권 중 배당 수익을 기대할 수 있는 금융 상품은 주식이고, 예금자 보호 제도의 적용을 받는 금융 상품은 예금이다. 따라서 A는 주식, B는 예금, C는 채권이다.
① 계약 기간 동안 일정한 금액을 매달 납입하여 만기 시에 원금과 이자를 받는 금융 상품은 정기 적금이다.
② 일반적으로 주식은 채권보다 안전성이 낮은 편이다.
③ 일반적으로 예금은 주식보다 수익성이 낮은 편이다.
④ 예금과 채권은 이자 수익을 기대할 수 있고, 주식은 배당 수익을 기대할 수 있다.
⑤ 시세 차익을 기대할 수 있는 금융 상품은 주식과 채권이다. 따라서 해당 내용이 (가)에 들어가면, ㉠은 '0점'이다.

우리는 평화 연구의 전제로서 폭력 연구를 수행해야 합니다. 먼저 직접적 폭력은 전쟁이나 범죄와 같이 그 자체로 보복과 공격적인 소요를 일으킵니다. 이는 인간의 신체와 정신과 영혼을 상하게 합니다. 한편, 간접적 폭력은 구조나 문화에 의해 발생하는 폭력을 의미합니다. 이는 비의도적일 수 있지만 그 자체로 반복되며 또 다른 폭력을 낳습니다. 우리가 지향해야 하는 진정한 평화란 직접적 폭력뿐만 아니라 간접적 폭력까지 사라진 상태를 의미합니다.

→ 적극적 평화(갈퉁)

① 적극적 평화를 실현하는 것이 폭력에 대한 최선의 방어이다.

☑② 폭력은 소극적 평화를 실현하는 수단으로서만 허용될 수 있다.
　　　　　　　　　　　　　　　　　　　　　허용되지 않는다

③ 직접적 폭력과 간접적 폭력은 서로 유기적으로 연결되어 있다.

④ 폭력은 의도하지 않아도 생길 수 있으며 또 다른 폭력으로 이어질 수 있다.

⑤ 국제 사회의 행위 주체인 국제기구는 갈등 해결을 위해 평화적 수단을 활용해야 한다.

풀이

강연자는 직접적 폭력뿐만 아니라 간접적 폭력까지 사라진 상태인 진정한 평화, 즉 적극적 평화를 강조하고 있다. 따라서 강연자는 갈퉁의 입장을 취하고 있다.

①, ③, ④, ⑤ 갈퉁은 물리적 폭력이 제거된 소극적 평화에서 나아가 구조적, 문화적 폭력이 제거된 적극적 평화가 실현되었을 때 진정한 평화가 달성된다고 보고, 목적이 수단을 정당화할 수 없듯이 평화는 평화적 수단으로만 이루어져야 한다고 주장한다. 따라서 해당 내용은 제시된 강연자가 지지할 견해로 적절하다.

② 갈퉁은 평화 실현을 목적으로 한 폭력 역시 정당화될 수 없다고 주장한다. 즉, 갈퉁은 평화를 달성하기 위해 물리적 폭력을 자행하는 것은 옳지 않다고 보았다. 따라서 해당 내용은 제시된 강연자가 지지할 견해로 적절하지 않다.

전 세계적으로 출생률과 사망률이 낮아지는 경향을 보이고 있다. 사망률은 이미 1986년부터 10‰ 미만으로 충분히 낮아져 안정적으로 유지되고 있는 반면, 출생률은 국가에 따라서 상황이 다르다. 여전히 ⊙높은 출생률 문제를 겪고 있는 국가는 경제 수준에 비해 인구 증가율이 높아 인구를 부양하기 쉽지 않으며, ⓒ낮은 출생률 문제에 당면한 국가는 현재 경제 수준이 높지만 해당 문제가 지속될 경우 국가 유지에 어려움을 겪을 수 있다.

국가별 경제 수준 차이는 결국 이민자의 문제라는 전혀 다른 방향의 인구 문제로 이어진다. 많은 인구로 인해 국민들을 부양하기 어려운 국가에서는 사람들이 일자리를 찾아 선진국으로 이주하려고 하고, 자국인 노동력의 부족을 경험하는 선진국에서는 몰려드는 이민자들의 문화적 차이와 자국민과의 일자리 갈등이라는 새로운 문제를 떠안고 있다.

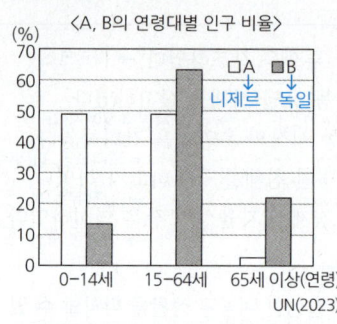

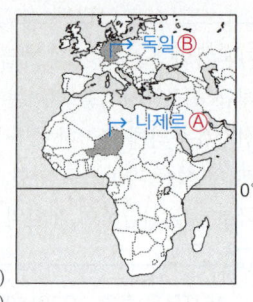

<A, B의 연령대별 인구 비율>

① 유럽에는 인구 문제 ⊙을 겪는 나라가 ⓒ을 겪는 나라보다 많다.
　　　　　　　　　　　　　　　　　　　　　　　　　　　　적다

② A는 경제 수준에 비해 출생률이 낮은 국가에 해당한다.
　　　　　　　　　　　　　　　　높은

③ B는 이민자의 문화적 정체성을 유지하기 위해 용광로 이론에 기반한 정책을 강화해 왔다.
　　　　　　　　　　　　　　　　　　　　　　　샐러드 볼

④ A는 초고령 사회에 도달한 국가로 B보다 중위 연령이 높다.
　 B　　　　　　　　　　　　　　　　A

☑⑤ B는 A보다 총부양비(인구 부양비)가 낮다.

풀이

지도에 표시된 두 국가는 각각 독일과 니제르이다. 그래프에서 A는 B에 비해 유소년 인구 비율이 높은 반면, 부양 인구 비율과 노년 인구 비율이 낮다. 따라서 A는 니제르, B는 독일이다.

① 유럽은 일반적으로 선진국에 해당하는 국가가 많으므로 유럽에서 높은 출생률을 겪는 나라가 낮은 출생률을 겪는 나라보다 적다.

② 니제르(A)는 경제 수준에 비해 출생률이 높은 국가에 해당한다.

③ 독일(B)은 이민자의 문화적 정체성을 유지하기 위해 샐러드 볼 이론에 기반한 정책을 강화해 왔다.

④ 독일(B)은 초고령 사회에 도달한 국가로 니제르(A)보다 중위 연령이 높다.

⑤ 독일(B)은 니제르(A)보다 부양 인구 비율(15~64세)이 높으므로 총부양비가 낮다.

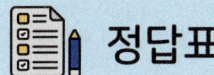
Ⅰ. 통합적 관점

핵심 문제
문제편 p.6 해설편 p.2

1 ⑤	2 ⑤	3 ⑤	4 ②	5 ③
6 ④	7 ⑤	8 ⑤	9 ③	10 ⑤
11 ③	12 ③	13 ③	14 ⑤	15 ②
16 ③	17 ③	18 ①	19 ①	20 ③

심화 문제
문제편 p.12 해설편 p.7

1 ①	2 ①	3 ④

서술형 문제
문제편 p.13 해설편 p.8

1 (1) 갑 사회적 관점 을 윤리적 관점 병 시간적 관점 정 공간적 관점 (2) 모범답안: 하나의 관점이 아닌 통합적 관점으로 사회 현상을 이해해야 한다.

2 (1) 학생 A: 공간적 관점 학생 B: 윤리적 관점 (2) 모범답안: 사회 문제에는 다양한 요인이 얽혀 있으므로 올바른 이해를 위해서는 통합적 관점이 필요하기 때문이다. 또한 사회 문제는 구체적 해결 방안을 필요로 한다. 따라서 통합적 관점을 바탕으로 사회 문제에 접근해야 바람직한 해결 방안을 도출할 수 있는 가능성이 높아지기 때문이다.

Ⅱ. 인간, 사회, 환경과 행복

핵심 문제
문제편 p.19 해설편 p.9

1 ②	2 ③	3 ③	4 ③	5 ③
6 ③	7 ③	8 ②	9 ⑤	10 ③
11 ④	12 ③	13 ④	14 ⑤	15 ②
16 ③	17 ③	18 ⑤	19 ②	20 ⑤
21 ③	22 ④	23 ④	24 ⑤	25 ⑤
26 ④	27 ④	28 ①	29 ②	30 ①
31 ④	32 ③	33 ③	34 ③	35 ①
36 ⑤	37 ③	38 ②	39 ②	40 ②
41 ⑤	42 ④	43 ③		

심화 문제
문제편 p.30 해설편 p.18

1 ②	2 ②	3 ②	4 ③	5 ④
6 ③	7 ④	8 ①	9 ③	10 ⑤
11 ④	12 ⑤	13 ③	14 ④	15 ④

서술형 문제
문제편 p.34 해설편 p.22

1 (1) 사상가 에피쿠로스 ㉠ 아타락시아 (2) 모범답안: 사상가(에피쿠로스)는 식욕의 지나친 충족이 쾌락을 줄 수 없다고 보았다. 따라서 A에게 식욕과 같은 필수적인 욕구는 절제하며 충족시키라고 조언할 것이다.

2 (1) (가) 에피쿠로스 (나) 아리스토텔레스 (2) 모범답안: 행복의 기준은 시대적 상황에 따라 다를 수 있다.

3 (1) 갑 질 높은 정주 환경, 경제적 안정 을 경제적 안정, 민주주의의 발전 병 경제적 안정, 도덕적 실천 (2) 모범답안: 갑~병은 모두 물질적 조건의 충족, 즉 경제적 안정이 행복을 실현하기 위한 조건 중 하나라고 보고 있다.

4 (1) (가) 유교 (나) 불교 (2) 모범답안: 옳지 않은 설명은 ㉢이다. 아리스토텔레스는 인간의 고유한 기능인 이성을 잘 발휘하여 상황에 따라 적절한 행동을 하는 중용을 실천할 때 행복에 이를 수 있다고 보았다.

Ⅲ. 자연환경과 인간

핵심 문제 1회차
문제편 p.45 해설편 p.23

1 ①	2 ②	3 ⑤	4 ⑤	5 ①
6 ④	7 ③	8 ⑤	9 ①	10 ⑤
11 ①	12 ④	13 ③	14 ①	15 ④
16 ②	17 ②	18 ③	19 ③	20 ①
21 ②	22 ③	23 ③	24 ③	25 ④
26 ④	27 ④	28 ②	29 ⑤	30 ①
31 ①	32 ④	33 ⑤	34 ①	35 ②
36 ⑤	37 ④	38 ⑤	39 ②	40 ⑤
41 ⑤	42 ④	43 ①	44 ①	45 ④
46 ①	47 ③	48 ①	49 ②	50 ④
51 ⑤	52 ④	53 ③	54 ①	55 ②
56 ④	57 ①	58 ①	59 ⑤	60 ④
61 ④	62 ④	63 ⑤	64 ④	65 ④
66 ⑤	67 ③			

핵심 문제 2회차
문제편 p.63 해설편 p.39

1 ③	2 ④	3 ②	4 ②	5 ②
6 ③	7 ④	8 ④	9 ③	10 ④
11 ⑤	12 ④	13 ④	14 ①	15 ②
16 ②	17 ②	18 ③	19 ③	20 ②
21 ①	22 ④	23 ④	24 ①	25 ⑤
26 ②	27 ②	28 ②	29 ③	30 ①
31 ④	32 ④	33 ④	34 ③	35 ④
36 ③	37 ①	38 ④	39 ③	40 ②
41 ⑤	42 ④	43 ④	44 ①	45 ②
46 ④	47 ④	48 ②	49 ⑤	50 ④
51 ⑤	52 ②	53 ④	54 ⑤	55 ⑤
56 ⑤	57 ④	58 ③	59 ⑤	60 ⑤
61 ⑤	62 ④	63 ②	64 ⑤	65 ④
66 ⑤				

심화 문제
문제편 p.81 해설편 p.55

1 ②	2 ②	3 ②	4 ①	5 ②
6 ②	7 ③	8 ③	9 ④	10 ④
11 ⑤	12 ④	13 ④	14 ②	15 ④
16 ①	17 ①	18 ①	19 ④	20 ④
21 ⑤	22 ⑤	23 ⑤	24 ③	25 ⑤

서술형 문제
문제편 p.88 해설편 p.63

1 (1) 모범답안: 기온의 일교차가 크고, 강수량에 비해 증발량이 많아 습도가 낮고 건조하다. (2) 모범답안: 좁은 골목에 지붕이 평평하며 창문이 작고 두꺼운 벽으로 이루어진 흙집이 분포한다.

2 (1) ㉠ 석회암 (2) 모범답안: 투수성이 양호하고 비옥한 석회암 풍화토는 밭농사로 활용할 수 있고, 풍부한 석회암은 시멘트 공업의 원료로 이용될 수 있으며, 다양한 카르스트 지형은 관광 산업 성장에 기여할 수 있다.

3 (1) ㉠ 인간 중심주의 ㉡ 생태 중심주의 (2) 모범답안: ㉠의 자연관이 지나치게 강조되면 인간은 자연을 하나의 수단으로만 간주하고 자연을 정복하는 것을 당연시한다. 따라서 자연을 함부로 이용하여 훼손한 결과 자원 고갈, 환경오염, 생태계 파괴 등과 같은 환경 위기를 초래하게 된다. ㉡의 자연관이 지나치게 강조되면 생태계에 대한 인간의 개입 자체를 전혀 허용하지 않는다. 따라서 개발에 대해 무조건적으로 부정하며 전체 생태계를 위한 인간의 희생을 당연시하게 되면서 환경 파시즘에 빠지게 된다. (3) 모범답안: ㉡의 관점을 지지한다. 간척 사업을 하게 되면 부족한 용지를 확보할 수 있는 이점이 있지만, 그 결과로 갯벌의 많은 생물의 서식지가 사라지게 된다. 자연 생태계가 파괴되면 그 피해는 궁극적으로 인간에게 되돌아온다. 많은 국가들이 역간척 사업을 시행하고 있는 것도 간척 사업이 미래의 우리 후손에게 돌이킬 수 없는 피해를 준다는 사실을 알기 때문이다.

4 (1) (가) 산성비 (2) 모범답안: 대기 오염 물질에 포함되어 있는 황산화물, 질소 산화물 등의 산성 물질이 대기 중의 수증기와 결합되면서 산성비가 내리게 된다. (3) 모범답안: 정부는 환경 문제 해결을 위한 정책, 법 제도 등을 정비해야 하고, 기업은 환경오염을 줄이기 위한 시설을 구비하고 친환경 제품을 생산하기 위해 노력해야 한다. 시민 사회는 환경 보호 캠페인 등 많은 사람들이 환경에 관심을 가질 수 있는 다양한 시민운동을 전개하고, 기업과 정부가 환경에 역행하는 부분이 없는지 감시하고 비판해야 한다. 개인적으로는 자원과 에너지를 절약하고, 일회용품 대신 친환경 제품을 사용하는 녹색 소비를 실천해야 한다.

Ⅳ. 문화와 다양성

핵심 문제
문제편 p.98 해설편 p.64

1 ③	2 ③	3 ⑤	4 ②	5 ③
6 ④	7 ③	8 ⑤	9 ⑤	10 ⑤
11 ⑤	12 ⑤	13 ③	14 ②	15 ③
16 ⑤	17 ⑤	18 ⑤	19 ①	20 ②
21 ⑤	22 ⑤	23 ⑤	24 ④	25 ②
26 ①	27 ③	28 ⑤	29 ②	30 ②
31 ⑤	32 ②	33 ⑤	34 ③	35 ④

36	①	37	④	38	②	39	④	40	⑤
41	③	42	②	43	⑤	44	②	45	④
46	②	47	⑤	48	⑤	49	②	50	②
51	③	52	④	53	③	54	⑤	55	①
56	②	57	④	58	⑤	59	②	60	②
61	②	62	①	63	①	64	⑤	65	④

심화 문제   문제편 p.116 해설편 p.79

1	④	2	①	3	①	4	③	5	③
6	①	7	②	8	①	9	④	10	⑤
11	②	12	②	13	④	14	④	15	⑤
16	④	17	②	18	①				

서술형 문제   문제편 p.121 해설편 p.84

1 (1) 에스파냐어, 포르투갈어 (2) **모범답안**: 두 지역 모두 영국의 식민지였던 지역으로 영국 문화의 영향을 많이 받았다. 따라서 영어 사용자 비중이 높고, 크리스트교 신자의 비중이 높다. (3) 유목 (4) **모범답안**: E에서는 이슬람교 신봉자가 많고, F에서는 힌두교 신자의 비중이 높다. 이슬람교는 알라를 섬기는 일신교로 신자들은 종교적 교리를 엄격히 지켜야 한다. 정해진 시각에 하루 5번씩 기도를 하고, 라마단 기간에는 금식해야 한다. 그리고 일생에 한 번은 성지인 메카를 방문해야 한다. 또한 돼지를 불결한 짐승으로 여겨 돼지고기 섭취를 금한다. 힌두교는 수많은 신을 섬기는 다신교이다. 윤회 사상을 믿으며 카스트 제도라는 신분 제도를 강조한다. 갠지스강을 신성시하여 갠지스강에서 목욕하는 모습을 자주 볼 수 있고, 소를 신성한 동물로 여기므로 소고기 섭취를 하지 않는다.

2 (1) A 문화 병존 B 문화 동화 C 문화 융합 (2) **모범답안**: 문화 병존, 문화 동화, 문화 융합은 모두 외재적 요인에 의해 발생하는 문화 변동 양상이다. 문화 병존, 문화 동화와 달리 문화 융합은 제3의 새로운 문화 요소가 만들어지는 문화 변동 양상이다.

3 (1) 을 자문화 중심주의 병 문화 사대주의 (2) **모범답안**: 갑의 문화 이해 태도는 극단적 문화 상대주의이다. 갑은 인류의 보편적 가치에 위배되는 행위마저 고유의 문화로 인정하는 반면, 정은 보편윤리의 관점에서 해당 문화를 비판적으로 바라보고 있다.

4 (1) **모범답안**: 다양한 문화와 접촉할 기회가 많아지면서 우리 문화의 단점을 보완하고 새로운 문화를 창조할 수 있다. 외국인 근로자의 유입으로 저출산과 고령화에 따른 노동력 부족 문제를 해소할 수 있다. 결혼 이민자의 유입으로 농어촌의 청장년층 성비 불균형 및 인구 유출 문제가 완화되고, 결혼과 출산을 통해 농어촌을 안정화된 사회로 만들어준다. (2) **모범답안**: 자기 문화뿐만 아니라 다른 문화도 고유한 가치가 있음을 인정하고 존중하는 문화 상대주의의 태도를 지녀야 한다. 자신과 다른 생각, 가치관, 문화, 종교 등을 가진 사람들을 용인하는 관용의 자세를 가져야 한다. 타 문화나

외국인, 이주민에 대한 편견을 갖거나 차별을 하지 않는다.

5 (1) 갑 샐러드 볼 정책 을 용광로 정책 (2) **모범답안**: 갑의 샐러드 볼 정책은 문화의 우열을 가리지 않고 문화들 간의 공존을 추구하려는 입장이고, 을의 용광로 정책은 외부에서 유입된 문화를 기존의 문화에 융해시켜 하나로 만들자는 동화주의적 입장이다.

V. 생활공간과 사회

핵심 문제 1회차   문제편 p.131 해설편 p.86

1	③	2	③	3	②	4	①	5	⑤
6	①	7	③	8	③	9	④	10	③
11	③	12	③	13	③	14	②	15	③
16	①	17	②	18	②	19	⑤	20	①
21	⑤	22	③	23	⑤	24	①	25	⑤
26	⑤	27	①	28	①	29	②	30	①
31	①	32	⑤	33	③	34	⑤	35	③
36	⑤	37	④	38	③	39	④	40	⑤
41	④	42	⑤	43	②	44	④	45	⑤
46	①	47	⑤	48	②	49	③		

핵심 문제 2회차   문제편 p.145 해설편 p.98

1	⑤	2	①	3	④	4	④	5	①
6	①	7	⑤	8	④	9	③	10	⑤
11	②	12	⑤	13	①	14	④	15	②
16	⑤	17	④	18	③	19	③	20	④
21	④	22	④	23	②	24	②	25	③
26	⑤	27	②	28	①	29	③	30	①
31	⑤	32	④	33	①	34	③	35	⑤
36	⑤	37	③	38	②	39	④	40	④
41	③	42	③	43	③	44	④	45	②
46	④								

심화 문제   문제편 p.157 해설편 p.109

1	⑤	2	⑤	3	②	4	①	5	①
6	⑤	7	④	8	②	9	①	10	④
11	④	12	⑤	13	④	14	⑤	15	④
16	④	17	②	18	④	19	⑤	20	③
21	⑤	22	②						

서술형 문제   문제편 p.164 해설편 p.115

1 (1) ㉠ 도시화율 ㉡ 도시 인구 ㉢ 이촌 향도 (2) **모범답안**: 경제가 발전할수록 1차 산업의 비중은 감소하고, 3차 산업의 비중은 증가한다. 2차 산업의 비중은 산업화가 진행되는 산업 사회에서는 증가하지만, 후기 산업 사회에서는 탈공업화 현상의 영향으로 감소 추세를 보인다. 따라서 산업별 생산액 비중, 산업별 종사자 비중 등이 3차 산업>2차 산업>1차 산업 순으로 높게 나타나는데, 이렇게

변화되어 가는 현상을 산업 구조의 고도화라고 한다.

2 (1) ㉠ 교외화 ㉡ 대도시권 ㉢ 위성도시 (2) **모범답안**: 교통 발달과 통신 발달은 교외화를 촉진시켜 대도시권이 확대된다. 또한 지가 상승, 교통 체증, 환경 문제 등 대도시의 집적 불이익은 대도시 내 기능을 주변으로 이전시키는 원인이 되므로 대도시권이 확대된다.

3 (1) ㉠ 고속철도 (2) **모범답안**: 고속철도는 항공기와 선박에 비해 기상 제약을 적게 받고 도심으로서의 접근성이 양호하다. 또한 고속철도는 항공기에 비해 많은 승객을 이동시킬 수 있으며, 선박에 비해 이동 속도가 빠르다. (3) **모범답안**: 교통이 발달하면 긍정적인 변화뿐만 아니라 부정적인 변화도 야기될 수 있는데, 빨대 효과는 교통망 확충이 가져다준 부정적인 영향이다. 빨대 효과란 새로운 교통로의 형성이나 교통망의 확충이 해당 지역의 발전으로 이어지지 못하고, 대도시로 인구나 경제력이 흡수되면서 대도시와 중소도시 간 지역 격차가 심화되는 현상을 의미한다.

4 (1) ㉠ 실내 조사(간접 조사) ㉡ 야외 조사(현장 조사, 직접 조사) (2) **모범답안**: ㉠ 문헌 조사, 인터넷 활용 등으로 통계 자료를 확보하고, 해당 지역의 지도를 분석하여 지리 정보를 수집한다. 또한 설문지 제작 등 야외 조사에서 필요한 활동에 대한 준비 작업을 한다. ㉡ 관찰 및 스케치, 촬영 등으로 지리 정보를 수집하고, 필요한 경우에는 실제 측량한 수치를 기록하기도 한다. 또한 주민들과의 면담, 설문지 조사 등으로 정보를 수집한다.

1회 미니모의고사   문제편 p.166 해설편 p.116

1	①	2	③	3	②	4	①	5	④
6	③	7	③	8	①	9	②	10	③

2회 미니모의고사   문제편 p.169 해설편 p.118

1	⑤	2	⑤	3	③	4	①	5	④
6	④	7	①	8	④	9	③	10	④

2028 수능 예시문항 1   문제편 p.172 해설편 p.120

1	⑤	2	④	3	④	4	②	5	⑤
6	⑤	7	④	8	④	9	②	10	②
11	①	12	③	13	②	14	④	15	②
16	①	17	③	18	④	19	③	20	①
21	②	22	④	23	②	24	②	25	①

2028 수능 예시문항 2   문제편 p.183 해설편 p.133

1	④	2	③	3	⑤	4	④	5	②
6	②	7	①	8	①	9	③	10	⑤
11	②	12	④	13	②	14	④		

빠른 정답표 QR

QR코드를 스캔하시면 정답표 PDF를 다운받으실 수 있습니다.
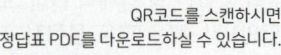

Ⅰ. 통합적 관점

핵심 문제   문제편 p.6 해설편 p.2

1 ⑤	2 ⑤	3 ⑤	4 ②	5 ③
6 ④	7 ⑤	8 ⑤	9 ③	10 ⑤
11 ③	12 ②	13 ②	14 ⑤	15 ②
16 ③	17 ②	18 ①	19 ①	20 ③

심화 문제   문제편 p.12 해설편 p.7

1 ①	2 ①	3 ④

서술형 문제   문제편 p.13 해설편 p.8

1 (1) **갑** 사회적 관점 **을** 윤리적 관점 **병** 시간적 관점 **정** 공간적 관점 (2) **모범답안:** 하나의 관점이 아닌 통합적 관점으로 사회 현상을 이해해야 한다.

2 (1) **학생 A:** 공간적 관점 **학생 B:** 윤리적 관점 (2) **모범답안:** 사회 문제에는 다양한 요인이 얽혀 있으므로 올바른 이해를 위해서는 통합적 관점이 필요하기 때문이다. 또한 사회 문제는 구체적 해결 방안을 필요로 한다. 따라서 통합적 관점을 바탕으로 사회 문제에 접근해야 바람직한 해결 방안을 도출할 수 있는 가능성이 높아지기 때문이다.

Ⅱ. 인간, 사회, 환경과 행복

핵심 문제   문제편 p.19 해설편 p.9

1 ②	2 ③	3 ③	4 ③	5 ③
6 ③	7 ③	8 ②	9 ⑤	10 ③
11 ④	12 ②	13 ④	14 ②	15 ②
16 ③	17 ②	18 ⑤	19 ②	20 ⑤
21 ③	22 ④	23 ④	24 ⑤	25 ③
26 ④	27 ④	28 ①	29 ②	30 ①
31 ④	32 ④	33 ③	34 ④	35 ④
36 ⑤	37 ④	38 ②	39 ③	40 ②
41 ⑤	42 ④	43 ④		

심화 문제   문제편 p.30 해설편 p.18

1 ②	2 ②	3 ②	4 ③	5 ④
6 ③	7 ④	8 ①	9 ②	10 ⑤
11 ②	12 ⑤	13 ②	14 ③	15 ⑤

서술형 문제   문제편 p.34 해설편 p.22

1 (1) **사상가** 에피쿠로스 **㉠** 아타락시아 (2) **모범답안:** 사상가(에피쿠로스)는 식욕의 지나친 충족이 쾌락을 줄 수 없다고 보았다. 따라서 A에게 식욕과 같은 필수적인 욕구는 절제하며 충족시키라고 조언할 것이다.

2 (1) **(가)** 에피쿠로스 **(나)** 아리스토텔레스 (2) **모범답안:** 행복의 기준은 시대적 상황에 따라 다를 수 있다.

3 (1) **갑** 질 높은 정주 환경, 경제적 안정 **을** 경제적 안정, 민주주의의 발전 **병** 경제적 안정, 도덕적 실천 (2) **모범답안:** 갑~병은 모두 물질적 조건의

충족, 즉 경제적 안정이 행복을 실현하기 위한 조건 중 하나라고 보고 있다.

4 (1) **(가)** 유교 **(나)** 불교 (2) **모범답안:** 옳지 않은 설명은 ㉠이다. 아리스토텔레스는 인간의 고유한 기능인 이성을 잘 발휘하여 상황에 따라 적절한 행동을 하는 중용을 실천할 때 행복에 이를 수 있다고 보았다.

Ⅲ. 자연환경과 인간

핵심 문제 1회차   문제편 p.45 해설편 p.23

1 ①	2 ②	3 ⑤	4 ⑤	5 ①
6 ④	7 ③	8 ⑤	9 ①	10 ⑤
11 ①	12 ⑤	13 ③	14 ①	15 ⑤
16 ②	17 ⑤	18 ⑤	19 ③	20 ①
21 ②	22 ⑤	23 ③	24 ⑤	25 ⑤
26 ③	27 ③	28 ②	29 ③	30 ①
31 ③	32 ④	33 ⑤	34 ①	35 ②
36 ⑤	37 ②	38 ⑤	39 ④	40 ⑤
41 ⑤	42 ④	43 ①	44 ①	45 ④
46 ①	47 ③	48 ①	49 ②	50 ④
51 ①	52 ④	53 ④	54 ①	55 ②
56 ④	57 ③	58 ①	59 ⑤	60 ④
61 ①	62 ④	63 ①	64 ④	65 ④
66 ⑤	67 ③			

핵심 문제 2회차   문제편 p.63 해설편 p.39

1 ③	2 ④	3 ②	4 ②	5 ②
6 ③	7 ③	8 ④	9 ④	10 ④
11 ⑤	12 ③	13 ④	14 ①	15 ②
16 ②	17 ③	18 ④	19 ③	20 ②
21 ①	22 ④	23 ④	24 ①	25 ②
26 ①	27 ②	28 ②	29 ③	30 ①
31 ④	32 ③	33 ③	34 ③	35 ④
36 ⑤	37 ④	38 ⑤	39 ③	40 ②
41 ⑤	42 ①	43 ④	44 ①	45 ②
46 ⑤	47 ①	48 ⑤	49 ②	50 ④
51 ⑤	52 ①	53 ④	54 ⑤	55 ③
56 ⑤	57 ④	58 ④	59 ⑤	60 ⑤
61 ①	62 ④	63 ②	64 ②	65 ④
66 ⑤				

심화 문제   문제편 p.81 해설편 p.55

1 ②	2 ②	3 ②	4 ①	5 ③
6 ②	7 ④	8 ①	9 ④	10 ④
11 ①	12 ②	13 ④	14 ②	15 ③
16 ①	17 ①	18 ①	19 ③	20 ①
21 ②	22 ⑤	23 ⑤	24 ③	25 ⑤

서술형 문제   문제편 p.88 해설편 p.63

1 (1) **모범답안:** 기온의 일교차가 크고, 강수량에 비해 증발량이 많아 습도가 낮고 건조하다. (2) **모범답안:** 좁은 골목에 지붕이 평평하며 창문이 작고 두꺼운 벽으로 이루어진 흙집이 분포한다.

2 (1) **㉠** 석회암 (2) **모범답안:** 투수성이 양호하고 비옥한 석회암 풍화토는 밭농사로 활용할 수 있고, 풍부한 석회암은 시멘트 공업의 원료로 이용될 수 있으며, 다양한 카르스트 지형은 관광 산업 성장에 기여할 수 있다.

3 (1) **㉠** 인간 중심주의 **㉡** 생태 중심주의 (2) **모범답안:** ㉠의 자연관이 지나치게 강조되면 인간은 자연을 하나의 수단으로만 간주하고 자연을 정복하는 것을 당연시한다. 따라서 자연을 함부로 이용하여 훼손한 결과 자원 고갈, 환경오염, 생태계 파괴 등과 같은 환경 위기를 초래하게 된다. ㉡의 자연관이 지나치게 강조되면 생태계에 대한 인간의 개입 자체를 전혀 허용하지 않는다. 따라서 개발에 대해 무조건적으로 부정하며 전체 생태계를 위한 인간의 희생을 당연시하게 되면서 환경 파시즘에 빠지게 된다. (3) **모범답안:** ㉡의 관점을 지지한다. 간척 사업을 하게 되면 부족한 용지를 확보할 수 있는 이점이 있지만, 그 결과로 갯벌의 많은 생물의 서식지가 사라지게 된다. 자연 생태계가 파괴되면 그 피해는 궁극적으로 인간에게 되돌아온다. 많은 국가들이 역간척 사업을 시행하고 있는 것도 간척 사업이 미래의 우리 후손에게 돌이킬 수 없는 피해를 준다는 사실을 알기 때문이다.

4 (1) **(가)** 산성비 (2) **모범답안:** 대기 오염 물질에 포함되어 있는 황산화물, 질소 산화물 등의 산성 물질이 대기 중의 수증기와 결합되면서 산성비가 내리게 된다. (3) **모범답안:** 정부는 환경 문제 해결을 위한 정책, 법 제도 등을 정비해야 하고, 기업은 환경오염을 줄이기 위한 시설을 구비하고 친환경 제품을 생산하기 위해 노력해야 한다. 시민 사회는 환경 보호 캠페인 등 많은 사람들이 환경에 관심을 가질 수 있는 다양한 시민운동을 전개하고, 기업과 정부가 환경에 역행하는 부분이 없는지 감시하고 비판해야 한다. 개인적으로는 자원과 에너지를 절약하고, 일회용품 대신 친환경 제품을 사용하는 녹색 소비를 실천해야 한다.

Ⅳ. 문화와 다양성

핵심 문제   문제편 p.98 해설편 p.64

1 ③	2 ③	3 ⑤	4 ②	5 ③
6 ④	7 ③	8 ③	9 ⑤	10 ⑤
11 ⑤	12 ⑤	13 ②	14 ②	15 ③
16 ⑤	17 ②	18 ⑤	19 ⑤	20 ②
21 ③	22 ⑤	23 ②	24 ②	25 ①
26 ①	27 ②	28 ①	29 ③	30 ②
31 ⑤	32 ②	33 ①	34 ③	35 ④

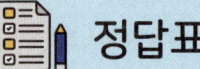
36 ①	37 ④	38 ②	39 ④	40 ⑤
41 ③	42 ②	43 ⑤	44 ②	45 ④
46 ②	47 ⑤	48 ⑤	49 ②	50 ④
51 ③	52 ④	53 ③	54 ②	55 ⑤
56 ③	57 ④	58 ②	59 ②	60 ⑤
61 ③	62 ①	63 ①	64 ②	65 ⑤

심화 문제   문제편 p.116 해설편 p.79

1 ④	2 ①	3 ①	4 ③	5 ③
6 ①	7 ②	8 ①	9 ④	10 ④
11 ②	12 ②	13 ④	14 ②	15 ⑤
16 ④	17 ⑤	18 ⑤		

서술형 문제   문제편 p.121 해설편 p.84

1 (1) 에스파냐어, 포르투갈어 **(2) 모범답안:** 두 지역 모두 영국의 식민지였던 지역으로 영국 문화의 영향을 많이 받았다. 따라서 영어 사용자 비중이 높고, 크리스트교 신자의 비중이 높다. **(3)** 유목 **(4) 모범답안:** E에서는 이슬람교 신봉자가 많고, F에서는 힌두교 신자의 비중이 높다. 이슬람교는 알라를 섬기는 일신교로 신자들은 종교적 교리를 엄격히 지켜야 한다. 정해진 시각에 하루 5번씩 기도를 하고, 라마단 기간에는 금식해야 한다. 그리고 일생에 한 번은 성지인 메카를 방문해야 한다. 또한 돼지를 불결한 짐승으로 여겨 돼지고기 섭취를 금한다. 힌두교는 수많은 신을 섬기는 다신교이다. 윤회 사상을 믿으며 카스트 제도라는 신분 제도를 강조한다. 갠지스강을 신성시하여 갠지스강에서 목욕하는 모습을 자주 볼 수 있고, 소를 신성한 동물로 여기므로 소고기 섭취를 하지 않는다.

2 (1) A 문화 병존 B 문화 동화 C 문화 융합 **(2) 모범답안:** 문화 병존, 문화 동화, 문화 융합은 모두 외재적 요인에 의해 발생하는 문화 변동 양상이다. 문화 병존, 문화 동화와 달리 문화 융합은 제3의 새로운 문화 요소가 만들어지는 문화 변동 양상이다.

3 (1) 을 자문화 중심주의 **병** 문화 사대주의 **(2) 모범답안:** 갑의 문화 이해 태도는 극단적 문화 상대주의이다. 갑은 인류의 보편적 가치에 위배되는 행위마저 고유의 문화로 인정하는 반면, 정은 보편 윤리의 관점에서 해당 문화를 비판적으로 바라보고 있다.

4 (1) 모범답안: 다양한 문화와 접촉할 기회가 많아지면서 우리 문화의 단점을 보완하고 새로운 문화를 창조할 수 있다. 외국인 근로자의 유입으로 저출산과 고령화에 따른 노동력 부족 문제를 해소할 수 있다. 결혼 이민자의 유입으로 농어촌의 청장년층 성비 불균형 및 인구 유출 문제가 완화되고, 결혼과 출산을 통해 농어촌을 안정화된 사회로 만들어준다. **(2) 모범답안:** 자기 문화뿐만 아니라 다른 문화도 고유한 가치가 있음을 인정하고 존중하는 문화 상대주의의 태도를 지녀야 한다. 자신과 다른 생각, 가치관, 문화, 종교 등을 가진 사람들을 용인하는 관용의 자세를 가져야 한다. 타 문화나

외국인, 이주민에 대한 편견을 갖거나 차별을 하지 않는다.

5 (1) 갑 샐러드 볼 정책 을 용광로 정책 **(2) 모범답안:** 갑의 샐러드 볼 정책은 문화의 우열을 가리지 않고 문화들 간의 공존을 추구하려는 입장이고, 을의 용광로 정책은 외부에서 유입된 문화를 기존의 문화에 용해시켜 하나로 만들자는 동화주의적 입장이다.

Ⅴ. 생활공간과 사회

핵심 문제 1회차   문제편 p.131 해설편 p.86

1 ③	2 ③	3 ②	4 ①	5 ⑤
6 ①	7 ③	8 ③	9 ④	10 ③
11 ③	12 ③	13 ③	14 ③	15 ③
16 ①	17 ①	18 ②	19 ⑤	20 ①
21 ①	22 ③	23 ⑤	24 ①	25 ②
26 ⑤	27 ④	28 ①	29 ②	30 ①
31 ①	32 ③	33 ②	34 ⑤	35 ②
36 ⑤	37 ④	38 ③	39 ④	40 ⑤
41 ④	42 ⑤	43 ④	44 ①	45 ③
46 ①	47 ①	48 ②	49 ③	

핵심 문제 2회차   문제편 p.145 해설편 p.98

1 ⑤	2 ①	3 ④	4 ④	5 ①
6 ①	7 ⑤	8 ④	9 ③	10 ⑤
11 ②	12 ⑤	13 ①	14 ④	15 ②
16 ⑤	17 ④	18 ④	19 ③	20 ④
21 ④	22 ④	23 ②	24 ②	25 ③
26 ①	27 ②	28 ①	29 ⑤	30 ④
31 ⑤	32 ④	33 ①	34 ④	35 ⑤
36 ④	37 ①	38 ②	39 ④	40 ④
41 ③	42 ④	43 ①	44 ④	45 ②
46 ④				

심화 문제   문제편 p.157 해설편 p.109

1 ⑤	2 ⑤	3 ④	4 ①	5 ①
6 ③	7 ④	8 ②	9 ①	10 ④
11 ④	12 ⑤	13 ④	14 ⑤	15 ④
16 ①	17 ④	18 ④	19 ⑤	20 ③
21 ①	22 ④			

서술형 문제   문제편 p.164 해설편 p.115

1 (1) ㉠ 도시화율 ㉡ 도시 인구 ㉢ 이촌 향도 **(2) 모범답안:** 경제가 발전할수록 1차 산업의 비중은 감소하고, 3차 산업의 비중은 증가한다. 2차 산업의 비중은 산업화가 진행되는 산업 사회에서는 증가하지만, 후기 산업 사회에서는 탈공업화 현상의 영향으로 감소 추세를 보인다. 따라서 산업별 생산액 비중, 산업별 종사자 비중 등이 3차 산업>2차 산업>1차 산업 순으로 높게 나타나는데, 이렇게

변화되어 가는 현상을 산업 구조의 고도화라고 한다.

2 (1) ㉠ 교외화 ㉡ 대도시권 ㉢ 위성도시 **(2) 모범답안:** 교통 발달과 통신 발달은 교외화를 촉진시켜 대도시권이 확대된다. 또한 지가 상승, 교통 체증, 환경 문제 등 대도시의 집적 불이익은 대도시 내 기능을 주변으로 이전시키는 원인이 되므로 대도시권이 확대된다.

3 (1) ㉠ 고속철도 **(2) 모범답안:** 고속철도는 항공기와 선박에 비해 기상 제약을 적게 받고 도심으로서의 접근성이 양호하다. 또한 고속철도는 항공기에 비해 많은 승객을 이동시킬 수 있으며, 선박에 비해 이동 속도가 빠르다. **(3) 모범답안:** 교통이 발달하면 긍정적인 변화뿐만 아니라 부정적인 변화도 야기될 수 있는데, 빨대 효과는 교통망 확충이 가져다준 부정적인 영향이다. 빨대 효과란 새로운 교통로의 형성이나 교통망의 확충이 해당 지역의 발전으로 이어지지 못하고, 대도시로 인구나 경제력이 흡수되면서 대도시와 중소도시 간 지역 격차가 심화되는 현상을 의미한다.

4 (1) ㉠ 실내 조사(간접 조사) ㉡ 야외 조사(현장 조사, 직접 조사) **(2) 모범답안:** ㉠ 문헌 조사, 인터넷 활용 등으로 통계 자료를 확보하고, 해당 지역의 지도를 분석하여 지리 정보를 수집한다. 또한 설문지 제작 등 야외 조사에서 필요한 활동에 대한 준비 작업을 한다. ㉡ 관찰 및 스케치, 촬영 등으로 지리 정보를 수집하고, 필요한 경우에는 실제 측량한 수치를 기록하기도 한다. 또한 주민들과의 면담, 설문지 조사 등으로 정보를 수집한다.

1회 미니모의고사   문제편 p.166 해설편 p.116

1 ①	2 ③	3 ②	4 ①	5 ④
6 ③	7 ③	8 ①	9 ②	10 ③

2회 미니모의고사   문제편 p.169 해설편 p.118

1 ⑤	2 ⑤	3 ③	4 ①	5 ④
6 ④	7 ①	8 ④	9 ③	10 ④

2028 수능 예시문항 1   문제편 p.172 해설편 p.120

1 ⑤	2 ④	3 ④	4 ②	5 ③
6 ⑤	7 ④	8 ③	9 ③	10 ②
11 ①	12 ③	13 ②	14 ③	15 ②
16 ①	17 ③	18 ④	19 ③	20 ①
21 ⑤	22 ④	23 ②	24 ①	25 ④

2028 수능 예시문항 2   문제편 p.183 해설편 p.133

1 ④	2 ③	3 ⑤	4 ④	5 ②
6 ②	7 ①	8 ①	9 ③	10 ⑤
11 ②	12 ④	13 ④	14 ④	

빠른 정답표 QR

QR코드를 스캔하시면 정답표 PDF를 다운로드하실 수 있습니다.

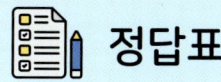
Ⅰ. 통합적 관점

핵심 문제 문제편 p.6 해설편 p.2

1 ⑤	2 ⑤	3 ⑤	4 ②	5 ③
6 ④	7 ⑤	8 ⑤	9 ③	10 ⑤
11 ③	12 ②	13 ③	14 ⑤	15 ②
16 ③	17 ②	18 ①	19 ①	20 ③

심화 문제 문제편 p.12 해설편 p.7

1 ①	2 ①	3 ④

Ⅱ. 인간, 사회, 환경과 행복

핵심 문제 문제편 p.19 해설편 p.9

1 ②	2 ③	3 ③	4 ③	5 ③
6 ③	7 ③	8 ②	9 ⑤	10 ③
11 ④	12 ③	13 ④	14 ⑤	15 ②
16 ③	17 ③	18 ⑤	19 ②	20 ⑤
21 ③	22 ④	23 ④	24 ⑤	25 ⑤
26 ④	27 ④	28 ①	29 ②	30 ①
31 ④	32 ③	33 ③	34 ③	35 ①
36 ⑤	37 ④	38 ⑤	39 ②	40 ②
41 ⑤	42 ④	43 ④		

심화 문제 문제편 p.30 해설편 p.18

1 ②	2 ④	3 ②	4 ③	5 ④
6 ③	7 ④	8 ①	9 ②	10 ⑤
11 ②	12 ③	13 ②	14 ④	15 ④

Ⅲ. 자연환경과 인간

핵심 문제 1회차 문제편 p.45 해설편 p.23

1 ①	2 ②	3 ⑤	4 ⑤	5 ①
6 ④	7 ③	8 ⑤	9 ①	10 ⑤
11 ①	12 ②	13 ③	14 ①	15 ⑤
16 ②	17 ②	18 ③	19 ③	20 ①
21 ②	22 ④	23 ③	24 ③	25 ④
26 ④	27 ④	28 ②	29 ③	30 ①
31 ③	32 ④	33 ③	34 ①	35 ②
36 ⑤	37 ④	38 ⑤	39 ②	40 ⑤
41 ⑤	42 ④	43 ①	44 ④	45 ④
46 ①	47 ②	48 ①	49 ②	50 ④
51 ⑤	52 ④	53 ④	54 ④	55 ②
56 ④	57 ①	58 ④	59 ⑤	60 ④
61 ⑤	62 ④	63 ④	64 ④	65 ④
66 ⑤	67 ③			

핵심 문제 2회차 문제편 p.63 해설편 p.39

1 ③	2 ④	3 ②	4 ②	5 ②
6 ③	7 ③	8 ④	9 ③	10 ④
11 ②	12 ④	13 ④	14 ①	15 ②

---

16 ②	17 ③	18 ④	19 ③	20 ②
21 ①	22 ④	23 ④	24 ①	25 ⑤
26 ①	27 ②	28 ②	29 ④	30 ①
31 ④	32 ④	33 ⑤	34 ③	35 ④
36 ⑤	37 ①	38 ①	39 ④	40 ②
41 ⑤	42 ④	43 ④	44 ①	45 ②
46 ⑤	47 ①	48 ①	49 ②	50 ④
51 ⑤	52 ②	53 ④	54 ⑤	55 ①
56 ⑤	57 ③	58 ③	59 ⑤	60 ⑤
61 ①	62 ④	63 ②	64 ②	65 ④
66 ⑤				

심화 문제 문제편 p.81 해설편 p.55

1 ②	2 ④	3 ②	4 ①	5 ③
6 ②	7 ③	8 ①	9 ④	10 ④
11 ③	12 ④	13 ④	14 ②	15 ④
16 ③	17 ④	18 ④	19 ④	20 ④
21 ⑤	22 ⑤	23 ⑤	24 ③	25 ⑤

Ⅳ. 문화와 다양성

핵심 문제 문제편 p.98 해설편 p.64

1 ③	2 ③	3 ⑤	4 ②	5 ③
6 ④	7 ③	8 ⑤	9 ⑤	10 ⑤
11 ⑤	12 ④	13 ④	14 ②	15 ③
16 ⑤	17 ④	18 ⑤	19 ①	20 ②
21 ⑤	22 ⑤	23 ②	24 ④	25 ①
26 ①	27 ③	28 ①	29 ③	30 ④
31 ⑤	32 ②	33 ①	34 ③	35 ⑤
36 ①	37 ④	38 ②	39 ④	40 ⑤
41 ④	42 ②	43 ④	44 ②	45 ④
46 ①	47 ⑤	48 ①	49 ②	50 ④
51 ④	52 ④	53 ②	54 ⑤	55 ①
56 ③	57 ④	58 ①	59 ②	60 ③
61 ②	62 ①	63 ①	64 ⑤	65 ④

심화 문제 문제편 p.116 해설편 p.79

1 ④	2 ①	3 ①	4 ③	5 ③
6 ①	7 ②	8 ①	9 ④	10 ④
11 ②	12 ②	13 ④	14 ③	15 ⑤
16 ④	17 ⑤	18 ⑤		

Ⅴ. 생활공간과 사회

핵심 문제 1회차 문제편 p.131 해설편 p.86

1 ③	2 ③	3 ②	4 ①	5 ⑤
6 ①	7 ③	8 ④	9 ④	10 ③
11 ③	12 ④	13 ④	14 ①	15 ③
16 ①	17 ①	18 ④	19 ⑤	20 ①

---

21 ④	22 ③	23 ⑤	24 ①	25 ②
26 ⑤	27 ①	28 ①	29 ②	30 ①
31 ②	32 ⑤	33 ⑤	34 ⑤	35 ⑤
36 ⑤	37 ④	38 ③	39 ④	40 ⑤
41 ②	42 ④	43 ②	44 ②	45 ③
46 ①	47 ①	48 ②	49 ③	

핵심 문제 2회차 문제편 p.145 해설편 p.98

1 ⑤	2 ①	3 ③	4 ④	5 ①
6 ①	7 ⑤	8 ④	9 ③	10 ⑤
11 ②	12 ⑤	13 ①	14 ④	15 ②
16 ⑤	17 ①	18 ③	19 ③	20 ④
21 ④	22 ④	23 ③	24 ②	25 ⑤
26 ①	27 ②	28 ①	29 ⑤	30 ①
31 ⑤	32 ④	33 ①	34 ④	35 ④
36 ③	37 ②	38 ②	39 ③	40 ④
41 ①	42 ⑤	43 ③	44 ⑤	45 ②
46 ④				

심화 문제 문제편 p.157 해설편 p.109

1 ②	2 ⑤	3 ②	4 ①	5 ①
6 ③	7 ④	8 ②	9 ①	10 ④
11 ④	12 ⑤	13 ④	14 ⑤	15 ④
16 ②	17 ④	18 ④	19 ⑤	20 ④
21 ③	22 ②			

1회 미니모의고사 문제편 p.166 해설편 p.116

1 ①	2 ③	3 ②	4 ①	5 ④
6 ③	7 ⑤	8 ①	9 ②	10 ③

2회 미니모의고사 문제편 p.169 해설편 p.118

1 ⑤	2 ④	3 ③	4 ①	5 ④
6 ④	7 ①	8 ④	9 ③	10 ④

2028 수능 예시문항 1 문제편 p.172 해설편 p.120

1 ⑤	2 ④	3 ④	4 ②	5 ③
6 ⑤	7 ④	8 ⑤	9 ②	10 ②
11 ④	12 ②	13 ①	14 ④	15 ②
16 ①	17 ④	18 ⑤	19 ⑤	20 ①
21 ⑤	22 ⑤	23 ②	24 ④	25 ①

2028 수능 예시문항 2 문제편 p.183 해설편 p.133

1 ②	2 ③	3 ⑤	4 ④	5 ②
6 ②	7 ④	8 ①	9 ③	10 ⑤
11 ②	12 ④	13 ②	14 ⑤	

빠른 정답표 QR
QR코드를 스캔하시면
정답표 PDF를 다운로드하실 수 있습니다.

2026 마더텅 전국연합 학력평가 기출문제집 시리즈

학교 시험에 자주 출제되는 유형을 철저히 분석하여 적용한 유형별 기출문제집
중간·기말고사와 전국연합 학력평가 대비를 위한 기출문제집

This book belongs to

마더텅은 1999년 창업 이래 2025년까지 3,642만 부의 교재를 판매했습니다. 2025년 판매량은 322만 부로 자사 교재의 품질은 학원 강의와 온/오프라인 서점 판매량으로 검증받았습니다. [마더텅 수능기출문제집 시리즈]는 친절하고 자세한 해설로 수험생님들의 전폭적인 지지를 받으며 누적 판매 950만 부, 2025년 한 해에만 95만 부가 판매된 베스트셀러입니다. 또한 [중학영문법 3800제]는 2007년부터 2025년까지 19년 동안 중학 영문법 부문 판매 1위를 지키며 명실공히 대한민국 최고의 영문법 교재로 자리매김했습니다. 그리고 2018년 출간된 [뿌리깊은 초등국어 독해력 시리즈]는 2025년까지 323만 부가 판매되면서 초등 국어 부문 판매 1위를 차지하였습니다.(교보문고/YES24 판매량 기준, EBS 제외) 이처럼 마더텅은 초·중·고 학습 참고서를 대표하는 대한민국 제일의 교육 브랜드로 자리잡게 되었습니다. 이와 같은 성원에 감사드리며, 앞으로도 효율적인 학습에 보탬이 되는 교재로 보답하겠습니다.

3차 개정판 1쇄 2025년 10월 31일 **발행처** (주)마더텅 **발행인** 문숙영
책임 편집 장윤미
해설 집필 및 감수 김은지, 이병천(속초여고), 조아영, 배준호(홍대앞사회탐구)
교정 유혜주, 정상민, 최병찬, 장기선
컷 오은진 **디자인** 김연실, 양은선 **인디자인 편집** 오현주
제작 이주영 **홍보** 정반석
주소 서울시 금천구 가마산로 96, 708호 **등록번호** 제1-2423호(1999년 1월 8일)

＊이 책의 내용은 (주)마더텅의 사전 동의 없이 어떠한 형태나 수단으로도 전재, 복사, 배포되거나 정보검색시스템에 저장될 수 없습니다.
＊잘못 만들어진 책은 구입처에서 바꾸어 드립니다.   ＊교재 및 기타 문의 사항은 이메일(mothert1004@toptutor.co.kr)로 보내 주시면 감사하겠습니다.
＊이 책에는 네이버에서 제공한 나눔글꼴이 적용되어 있습니다.   ＊교재 구입 시 온/오프라인 서점에 교재가 없는 경우 고객센터 전화 1661-1064(07:00~22:00)로 문의해 주시기 바랍니다.

마더텅 교재를 풀면서 궁금한 점이 생기셨나요? 교재 관련 내용 문의나 오류신고 사항이 있으면 아래 문의처로 보내 주세요!
문의하신 내용에 대해 성심성의껏 답변해 드리겠습니다. 또한 교재의 내용 오류 또는 오·탈자, 그 외 수정이 필요한 사항에 대해 가장 먼저 신고해 주신 분께는 감사의 마음을 담아 네이버페이 포인트 1천 원 을 보내 드립니다!

＊기한: 2026년 12월 31일 ＊오류신고 이벤트는 당사 사정에 따라 조기 종료될 수 있습니다.
＊홈페이지에 게시된 정오표 기준으로 최초 신고된 오류에 한하여 상품권을 보내 드립니다.

🏠 홈페이지 www.toptutor.co.kr 🖥 교재Q&A게시판 💬 카카오톡 mothertongue ◎ 이메일 mothert1004@toptutor.co.kr
🎧 고객센터 전화 1661-1064(07:00~22:00) ✉ 문자 010-6640-1064(문자수신전용)

book.toptutor.co.kr

구하기 어려운 교재는 마더텅
모바일(인터넷)을 이용하세요.
즉시 배송해 드립니다.

마더텅 학습 교재 이벤트에 참여해 주세요. 참여해 주신 분께 선물을 드립니다.

이벤트 1   1분 간단 교재 사용 후기 이벤트

마더텅은 고객님의 소중한 의견을 반영하여 보다 좋은 책을 만들고자 합니다. 교재 구매 후, <교재 사용 후기 이벤트>에 참여해 주신 모든 분께 감사의 마음을 담아 네이버페이 포인트 1천 원 을 보내 드립니다. 지금 바로 QR 코드를 스캔해 소중한 의견을 보내 주세요!

이벤트 2   마더텅 기출문제집 인증샷 이벤트

SNS에 <마더텅 기출문제집> 인증샷을 올려 주시면 참여해 주신 모든 분께 감사의 마음을 담아
네이버페이 포인트 2천 원 을 보내 드립니다. 지금 바로 QR 코드를 스캔해 작성한 게시물의 URL을 입력해 주세요!

필수 태그 #마더텅 #마더텅기출

이벤트 3   미니모의고사 이벤트

본 교재의 미니모의고사 문제편 페이지를 오려서 마더텅으로 보내 주세요! 추첨을 통해 소정의 상품을 보내 드립니다.

참여 방법 1회 미니모의고사(p.166~168) 풀이 및 채점 완료 → 해당 페이지를 모두 오려서 마더텅에 발송(우편, 택배 등)
     → QR 코드를 스캔하고 발송 인증

주소 (08501) 서울특별시 금천구 가마산로 96, 대륭테크노타운 8차 708호, 마더텅 이벤트 담당자 앞 / 010-6640-1064

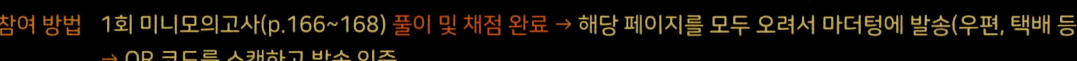

※ 이벤트 기간: 2026년 12월 31일까지 (※해당 이벤트는 당사 사정에 따라 조기 종료될 수 있습니다.)

※ 자세한 사항은 해당 QR 코드를 스캔하거나 홈페이지 이벤트 공지 글을 참고해 주세요.   ※ 당사 사정에 따라 이벤트의 내용이나 상품이 변경될 수 있으며 변경 시 홈페이지에 공지합니다.
※ 상품은 이벤트 참여일로부터 4~5일(영업일 기준) 내에 발송됩니다. (단, 이벤트 3은 예외)   ※ 동일 교재로 세 가지 이벤트 모두 참여 가능합니다. (단, 같은 이벤트 중복 참여는 불가합니다.)

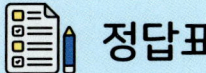

정답표

Ⅰ. 통합적 관점

핵심 문제
문제편 p.6 해설편 p.2

1 ⑤	2 ⑤	3 ⑤	4 ②	5 ③
6 ④	7 ⑤	8 ⑤	9 ③	10 ⑤
11 ③	12 ②	13 ②	14 ⑤	15 ②
16 ③	17 ②	18 ①	19 ①	20 ③

심화 문제
문제편 p.12 해설편 p.7

1 ①	2 ①	3 ④

서술형 문제
문제편 p.13 해설편 p.8

1 (1) 갑 사회적 관점 을 윤리적 관점 병 시간적 관점 정 공간적 관점 (2) **모범답안:** 하나의 관점이 아닌 통합적 관점으로 사회 현상을 이해해야 한다.

2 (1) **학생 A:** 공간적 관점 **학생 B:** 윤리적 관점 (2) **모범답안:** 사회 문제에는 다양한 요인이 얽혀 있으므로 올바른 이해를 위해서는 통합적 관점이 필요하기 때문이다. 또한 사회 문제는 구체적 해결 방안을 필요로 한다. 따라서 통합적 관점을 바탕으로 사회 문제에 접근해야 바람직한 해결 방안을 도출할 수 있는 가능성이 높아지기 때문이다.

Ⅱ. 인간, 사회, 환경과 행복

핵심 문제
문제편 p.19 해설편 p.9

1 ②	2 ③	3 ③	4 ③	5 ③
6 ③	7 ③	8 ③	9 ⑤	10 ③
11 ④	12 ④	13 ④	14 ⑤	15 ②
16 ③	17 ③	18 ④	19 ②	20 ⑤
21 ④	22 ④	23 ④	24 ⑤	25 ⑤
26 ④	27 ④	28 ④	29 ②	30 ①
31 ④	32 ③	33 ③	34 ③	35 ①
36 ⑤	37 ④	38 ②	39 ②	40 ②
41 ⑤	42 ④	43 ③		

심화 문제
문제편 p.30 해설편 p.18

1 ②	2 ②	3 ④	4 ③	5 ④
6 ③	7 ④	8 ①	9 ②	10 ⑤
11 ②	12 ⑤	13 ③	14 ④	15 ④

서술형 문제
문제편 p.34 해설편 p.22

1 (1) **사상가** 에피쿠로스 ㉠ 아타락시아 (2) **모범답안:** 사상가(에피쿠로스)는 식욕의 지나친 충족이 쾌락을 줄 수 없다고 보았다. 따라서 A에게 식욕과 같은 필수적인 욕구는 절제하며 충족시키라고 조언할 것이다.

2 (1) **(가)** 에피쿠로스 **(나)** 아리스토텔레스 (2) **모범답안:** 행복의 기준은 시대적 상황에 따라 다를 수 있다.

3 (1) 갑 질 높은 정주 환경, 경제적 안정 을 경제적 안정, 민주주의의 발전 병 경제적 안정, 도덕적 실천 (2) **모범답안:** 갑~병은 모두 물질적 조건의

충족, 즉 경제적 안정이 행복을 실현하기 위한 조건 중 하나라고 보고 있다.

4 (1) **(가)** 유교 **(나)** 불교 (2) **모범답안:** 옳지 않은 설명은 ㉠이다. 아리스토텔레스는 인간의 고유한 기능인 이성을 잘 발휘하여 상황에 따라 적절한 행동을 하는 중용을 실천할 때 행복에 이를 수 있다고 보았다.

Ⅲ. 자연환경과 인간

핵심 문제 1회차
문제편 p.45 해설편 p.23

1 ①	2 ②	3 ⑤	4 ⑤	5 ①
6 ④	7 ③	8 ⑤	9 ①	10 ⑤
11 ①	12 ③	13 ③	14 ①	15 ⑤
16 ③	17 ②	18 ③	19 ③	20 ①
21 ②	22 ③	23 ③	24 ③	25 ③
26 ④	27 ③	28 ②	29 ⑤	30 ①
31 ③	32 ④	33 ⑤	34 ①	35 ②
36 ③	37 ②	38 ⑤	39 ②	40 ⑤
41 ③	42 ④	43 ①	44 ①	45 ④
46 ⑤	47 ③	48 ①	49 ②	50 ④
51 ⑤	52 ③	53 ④	54 ③	55 ③
56 ④	57 ①	58 ①	59 ⑤	60 ④
61 ④	62 ③	63 ⑤	64 ⑤	65 ④
66 ⑤	67 ③			

핵심 문제 2회차
문제편 p.63 해설편 p.39

1 ③	2 ④	3 ②	4 ②	5 ③
6 ③	7 ③	8 ④	9 ③	10 ④
11 ⑤	12 ③	13 ④	14 ①	15 ②
16 ②	17 ③	18 ④	19 ③	20 ②
21 ①	22 ④	23 ④	24 ①	25 ⑤
26 ①	27 ②	28 ④	29 ③	30 ①
31 ④	32 ④	33 ③	34 ①	35 ④
36 ⑤	37 ③	38 ①	39 ③	40 ②
41 ⑤	42 ①	43 ④	44 ①	45 ②
46 ⑤	47 ②	48 ②	49 ⑤	50 ④
51 ①	52 ②	53 ②	54 ⑤	55 ③
56 ⑤	57 ④	58 ③	59 ⑤	60 ⑤
61 ①	62 ④	63 ②	64 ④	65 ④
66 ⑤				

심화 문제
문제편 p.81 해설편 p.55

1 ②	2 ②	3 ②	4 ③	5 ③
6 ②	7 ④	8 ①	9 ④	10 ④
11 ④	12 ⑤	13 ④	14 ②	15 ②
16 ②	17 ①	18 ①	19 ④	20 ④
21 ⑤	22 ⑤	23 ④	24 ③	25 ⑤

서술형 문제
문제편 p.88 해설편 p.63

1 (1) **모범답안:** 기온의 일교차가 크고, 강수량에 비해 증발량이 많아 습도가 낮고 건조하다. (2) **모범답안:** 좁은 골목에 지붕이 평평하며 창문이 작고 두꺼운 벽으로 이루어진 흙집이 분포한다.

2 (1) ㉠ 석회암 (2) **모범답안:** 투수성이 양호하고 비옥한 석회암 풍화토는 밭농사로 활용할 수 있고, 풍부한 석회암은 시멘트 공업의 원료로 이용될 수 있으며, 다양한 카르스트 지형은 관광 산업 성장에 기여할 수 있다.

3 (1) ㉠ 인간 중심주의 ㉡ 생태 중심주의 (2) **모범답안:** ㉠의 자연관이 지나치게 강조되면 인간은 자연을 하나의 수단으로만 간주하고 자연을 정복하는 것을 당연시한다. 따라서 자연을 함부로 이용하여 훼손한 결과 자원 고갈, 환경오염, 생태계 파괴 등과 같은 환경 위기를 초래하게 된다. ㉡의 자연관이 지나치게 강조되면 생태계에 대한 인간의 개입 자체를 전혀 허용하지 않는다. 따라서 개발에 대해 무조건적으로 부정하며 전체 생태계를 위한 인간의 희생을 당연시하게 되면서 환경 파시즘에 빠지게 된다. (3) **모범답안:** ㉡의 관점을 지지한다. 간척 사업을 하게 되면 부족한 용지를 확보할 수 있는 이점이 있지만, 그 결과로 갯벌의 많은 생물의 서식지가 사라지게 된다. 자연 생태계가 파괴되면 그 피해는 궁극적으로 인간에게 되돌아온다. 많은 국가들이 역간척 사업을 시행하고 있는 것도 간척 사업이 미래의 우리 후손에게 돌이킬 수 없는 피해를 준다는 사실을 알기 때문이다.

4 (1) **(가)** 산성비 (2) **모범답안:** 대기 오염 물질에 포함되어 있는 황산화물, 질소 산화물 등의 산성 물질이 대기 중의 수증기와 결합되면서 산성비가 내리게 된다. (3) **모범답안:** 정부는 환경 문제 해결을 위한 정책, 법 제도 등을 정비해야 하고, 기업은 환경오염을 줄이기 위한 시설을 구비하고 친환경 제품을 생산하기 위해 노력해야 한다. 시민 사회는 환경 보호 캠페인 등 많은 사람들이 환경에 관심을 가질 수 있는 다양한 시민운동을 전개하고, 기업과 정부가 환경에 역행하는 부분이 없는지 감시하고 비판해야 한다. 개인적으로는 자원과 에너지를 절약하고, 일회용품 대신 친환경 제품을 사용하는 녹색 소비를 실천해야 한다.

Ⅳ. 문화와 다양성

핵심 문제
문제편 p.98 해설편 p.64

1 ③	2 ③	3 ⑤	4 ②	5 ③
6 ④	7 ③	8 ③	9 ⑤	10 ⑤
11 ⑤	12 ⑤	13 ②	14 ⑤	15 ⑤
16 ⑤	17 ②	18 ⑤	19 ①	20 ②
21 ⑤	22 ⑤	23 ⑤	24 ③	25 ①
26 ③	27 ②	28 ①	29 ④	30 ④
31 ⑤	32 ②	33 ③	34 ③	35 ④

>> 다음 장에 이어집니다.

36	①	37	④	38	②	39	④	40	⑤
41	③	42	②	43	⑤	44	②	45	④
46	②	47	⑤	48	⑤	49	②	50	①
51	②	52	④	53	④	54	⑤	55	①
56	③	57	④	58	①	59	②	60	⑤
61	②	62	①	63	①	64	⑤	65	①

심화 문제 문제편 p.116 해설편 p.79

1	④	2	①	3	①	4	③	5	③
6	①	7	②	8	①	9	④	10	④
11	②	12	②	13	④	14	③	15	⑤
16	④	17	⑤	18	⑤				

서술형 문제 문제편 p.121 해설편 p.84

1 (1) 에스파냐어, 포르투갈어 (2) **모범답안:** 두 지역 모두 영국의 식민지였던 지역으로 영국 문화의 영향을 많이 받았다. 따라서 영어 사용자 비중이 높고, 크리스트교 신자의 비중이 높다. (3) 유목 (4) **모범답안:** E에서는 이슬람교 신봉자가 많고, F에서는 힌두교 신자의 비중이 높다. 이슬람교는 알라를 섬기는 일신교로 신자들은 종교적 교리를 엄격히 지켜야 한다. 정해진 시각에 하루 5번씩 기도를 하고, 라마단 기간에는 금식해야 한다. 그리고 일생에 한 번은 성지인 메카를 방문해야 한다. 또한 돼지를 불결한 짐승으로 여겨 돼지고기 섭취를 금한다. 힌두교는 수많은 신을 섬기는 다신교이다. 윤회 사상을 믿으며 카스트 제도라는 신분 제도를 강조한다. 갠지스강을 신성시하여 갠지스강에서 목욕하는 모습을 자주 볼 수 있고, 소를 신성한 동물로 여기므로 소고기 섭취를 하지 않는다.

2 (1) A 문화 병존 B 문화 동화 C 문화 융합 (2) **모범답안:** 문화 병존, 문화 동화, 문화 융합은 모두 외재적 요인에 의해 발생하는 문화 변동 양상이다. 문화 병존, 문화 동화와 달리 문화 융합은 제3의 새로운 문화 요소가 만들어지는 문화 변동 양상이다.

3 (1) 을 자문화 중심주의 병 문화 사대주의 (2) **모범답안:** 갑의 문화 이해 태도는 극단적 문화 상대주의이다. 갑은 인류의 보편적 가치에 위배되는 행위마저 고유의 문화로 인정하는 반면, 정은 보편 윤리의 관점에서 해당 문화를 비판적으로 바라보고 있다.

4 (1) **모범답안:** 다양한 문화와 접촉할 기회가 많아지면서 우리 문화의 단점을 보완하고 새로운 문화를 창조할 수 있다. 외국인 근로자의 유입으로 저출산과 고령화에 따른 노동력 부족 문제를 해소할 수 있다. 결혼 이민자의 유입으로 농어촌의 청장년층 성비 불균형 및 인구 유출 문제가 완화되고, 결혼과 출산을 통해 농어촌을 안정화된 사회로 만들어준다. (2) **모범답안:** 자기 문화뿐만 아니라 다른 문화도 고유한 가치가 있음을 인정하고 존중하는 문화 상대주의의 태도를 지녀야 한다. 자신과 다른 생각, 가치관, 문화, 종교 등을 가진 사람들을 용인하는 관용의 자세를 가져야 한다. 타 문화나 외국인, 이주민에 대한 편견을 갖거나 차별을 하지 않는다.

5 (1) 갑 샐러드 볼 정책 을 용광로 정책 (2) **모범답안:** 갑의 샐러드 볼 정책은 문화의 우열을 가리지 않고 문화들 간의 공존을 추구하려는 입장이고, 을의 용광로 정책은 외부에서 유입된 문화를 기존의 문화에 용해시켜 하나로 만들자는 동화주의적 입장이다.

Ⅴ. 생활공간과 사회

핵심 문제 1회차 문제편 p.131 해설편 p.86

1	③	2	③	3	②	4	①	5	⑤
6	①	7	④	8	③	9	④	10	③
11	③	12	②	13	③	14	①	15	③
16	①	17	③	18	②	19	⑤	20	①
21	④	22	③	23	②	24	①	25	②
26	⑤	27	④	28	①	29	②	30	①
31	③	32	⑤	33	③	34	⑤	35	②
36	⑤	37	④	38	③	39	④	40	①
41	④	42	②	43	②	44	②	45	④
46	①	47	①	48	②	49	③		

핵심 문제 2회차 문제편 p.145 해설편 p.98

1	⑤	2	①	3	④	4	④	5	①
6	①	7	⑤	8	④	9	③	10	⑤
11	②	12	④	13	①	14	④	15	②
16	⑤	17	④	18	③	19	③	20	④
21	④	22	④	23	②	24	⑤	25	③
26	②	27	④	28	①	29	④	30	①
31	⑤	32	④	33	①	34	③	35	④
36	④	37	①	38	②	39	④	40	④
41	③	42	③	43	③	44	③	45	②
46	④								

심화 문제 문제편 p.157 해설편 p.109

1	⑤	2	⑤	3	②	4	①	5	①
6	③	7	④	8	②	9	①	10	④
11	④	12	①	13	④	14	⑤	15	④
16	④	17	⑤	18	④	19	⑤	20	③
21	③	22	②						

서술형 문제 문제편 p.164 해설편 p.115

1 (1) ㉠ 도시화율 ㉡ 도시 인구 ㉢ 이촌 향도 (2) **모범답안:** 경제가 발전할수록 1차 산업의 비중은 감소하고, 3차 산업의 비중은 증가한다. 2차 산업의 비중은 산업화가 진행되는 산업 사회에서는 증가하지만, 후기 산업 사회에서는 탈공업화 현상의 영향으로 감소 추세를 보인다. 따라서 산업별 생산액 비중, 산업별 종사자 비중 등이 3차 산업>2차 산업>1차 산업 순으로 높게 나타나는데, 이렇게 변화되어 가는 현상을 산업 구조의 고도화라고 한다.

2 (1) ㉠ 교외화 ㉡ 대도시권 ㉢ 위성도시 (2) **모범답안:** 교통 발달과 통신 발달은 교외화를 촉진시켜 대도시권이 확대된다. 또한 지가 상승, 교통 체증, 환경 문제 등 대도시의 집적 불이익은 대도시 내 기능을 주변으로 이전시키는 원인이 되므로 대도시권이 확대된다.

3 (1) ㉠ 고속철도 (2) **모범답안:** 고속철도는 항공기와 선박에 비해 기상 제약을 적게 받고 도심으로서의 접근성이 양호하다. 또한 고속철도는 항공기에 비해 많은 승객을 이동시킬 수 있으며, 선박에 비해 이동 속도가 빠르다. (3) **모범답안:** 교통이 발달하면 긍정적인 변화뿐만 아니라 부정적인 변화도 야기될 수 있는데, 빨대 효과는 교통망 확충이 가져다준 부정적인 영향이다. 빨대 효과란 새로운 교통로의 형성이나 교통망의 확충이 해당 지역의 발전으로 이어지지 못하고, 대도시로 인구나 경제력이 흡수되면서 대도시와 중소도시 간 지역 격차가 심화되는 현상을 의미한다.

4 (1) ㉠ 실내 조사(간접 조사) ㉡ 야외 조사(현장 조사, 직접 조사) (2) **모범답안:** ㉠ 문헌 조사, 인터넷 활용 등으로 통계 자료를 확보하고, 해당 지역의 지도를 분석하여 지리 정보를 수집한다. 또한 설문지 제작 등 야외 조사에서 필요한 활동에 대한 준비 작업을 한다. ㉡ 관찰 및 스케치, 촬영 등으로 지리 정보를 수집하고, 필요한 경우에는 실제 측량한 수치를 기록하기도 한다. 또한 주민들과의 면담, 설문지 조사 등으로 정보를 수집한다.

1회 미니모의고사 문제편 p.166 해설편 p.116

1	①	2	③	3	②	4	①	5	④
6	③	7	③	8	①	9	②	10	③

2회 미니모의고사 문제편 p.169 해설편 p.118

1	⑤	2	⑤	3	④	4	①	5	④
6	④	7	①	8	④	9	④	10	③

2028 수능 예시문항 1 문제편 p.172 해설편 p.120

1	⑤	2	④	3	④	4	②	5	③
6	⑤	7	④	8	⑤	9	④	10	②
11	①	12	③	13	②	14	③	15	②
16	①	17	③	18	③	19	③	20	①
21	⑤	22	④	23	②	24	④	25	②

2028 수능 예시문항 2 문제편 p.183 해설편 p.133

1	④	2	③	3	⑤	4	④	5	②
6	②	7	①	8	④	9	③	10	⑤
11	④	12	④	13	④	14	⑤		

빠른 정답표 QR

QR코드를 스캔하시면 정답표 PDF를 다운로드하실 수 있습니다.